LE G

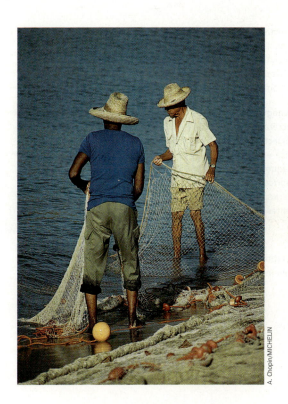

Guadeloupe
Martinique
Petites Antilles

Direction	Hervé Deguine
Rédaction en chef	Nadia Bosquès
Rédaction	Amaury de Valroger, Philippe Hurlin
Informations pratiques	Maryvonne Kerihuel, France-Lise Wachter
Cartographie	Alain Baldet, Geneviève Corbic, Cécile Lisiecki, Thierry Rocher, Sandrine Tourari
Iconographie	Stéphane Sauvignier, Anne Autissier
Secrétariat de rédaction	Mathilde Vergnault
Correction	Florence Michel
Mise en page	Marie-Pierre Renier, Alain Fossé, Annie Cortesi
Maquette de couverture	Agence Carré Noir à Paris 17e
Fabrication	Pierre Ballochard
Marketing	Cécile Petiau
Ventes	Antoine Baron (France), Robert Van Keerberghen (Belgique), Christian Verdon (Suisse), Nadia Naudet (Canada), Sylvaine Cuniberti (grand export)
Relations publiques	Gonzague de Jarnac
Pour nous contacter	Le Guide Vert Michelin – Éditions des Voyages 46, avenue de Breteuil 75324 Paris Cedex 07 ☎ 01 45 66 12 34 Fax : 01 45 66 13 75 www.ViaMichelin.fr LeGuideVert@fr.michelin.com

Note au lecteur

Ce guide tient compte des conditions de tourisme connues au moment de sa rédaction. Certains renseignements (prix, adresses, numéros de téléphone, horaires...) peuvent perdre de leur actualité, de même que des établissements ou des curiosités peuvent fermer. Michelin Éditions des Voyages ne saurait être tenu responsable des conséquences dues à ces éventuels changements.

À la découverte des Antilles

Fort-de-France, Pointe-à-Pitre, Marie-Galante, la Désirade... Des noms qui font rêver! Les Petites Antilles sont une intrigue. La découverte de la Guadeloupe et de la Martinique – et d'un chapelet de petites îles qui protègent la mer des Caraïbes de l'océan Atlantique –, c'est d'abord la rencontre d'une population métissée, souvent joviale, parfois mélancolique, toujours étonnante. C'est aussi l'émerveillement devant une nature exceptionnellement riche et foisonnante : au pied des volcans, malgré les cyclones, « roses de porcelaine », « flamboyants » et autres « oiseaux de paradis » ont depuis longtemps conquis les cœurs des métropolitains avec leurs charmes colorés et leurs parfums subtils. C'est enfin un creuset de cultures enracinées dans les méandres des générations d'explorateurs, flibustiers, administrateurs et colons qui se sont succédé sur ces terres convoitées.

Et, contrairement à ce que l'on croit souvent, la réalité touristique de ces terres bouge. L'édition 2003 du guide Guadeloupe-Martinique a donc été entièrement revue. Sous la direction de Nadia Bosquès, rédactrice en chef des Guides Verts, Amaury de Valroger, responsable du guide, et Philippe Hurlin, rédacteur passionné de voile et de plongée, ont mis à jour les informations qui faciliteront votre séjour. Voyage culturel, vacances en famille, itinéraire sportif, tourisme d'affaires... chacun trouvera dans les pages qui suivent les conseils dont il a besoin.

Une attention particulière a été portée à la mise en page, au choix des photos et des dessins, ainsi qu'à la sélection des adresses de restaurants et d'hôtels. Les informations pratiques ont été précautionneusement vérifiées sur le terrain. Les plans de ville et les cartes ont été revus par notre équipe de cartographes. Si toutefois une erreur s'était glissée dans nos pages, alertez-nous ! Car notre souhait est de vous offrir le meilleur des guides, dans la tradition des guides Michelin.

Merci d'avoir choisi le Guide Vert et bon voyage aux Antilles !

Hervé Deguine
Directeur des Guides Verts
LeGuideVert@fr.michelin.com

Sommaire

Informations pratiques 16

Avant le départ	18
Séjourner aux Petites Antilles	21
Hébergement, restauration	24
Quelques précautions	26
À la plage	27
Loisirs sportifs	30
Plaisance, croisières	33
Autres distractions	34
Au marché	35
Petites Antilles en métropole	38
Livres, films et disques	39
Principales manifestations	42

Invitation au voyage 47

Le décor naturel	48
Les ressources	64
Quelques faits historiques	69
Art et architecture	80
Les Antillais	88
Traditions et culture	94

Natifs libres de la Dominique, *gravure aquarellée de L.-C. Ruste (vers 1780).*

J.+M./Musée du Nouveau Monde. La Rochelle

Une palette incomparable de saveurs fait la richesse de la cuisine antillaise.

Guadeloupe 109

Basse-Terre 111 – Bouillante 114 – Réserve naturelle de Bouillante 116 – Capesterre-Belle-Eau 118 – Chutes du Carbet 120 – Deshaies 121 – Île de la Désirade 124 – Maison de la Forêt 127 – Gosier 128 – Le Grand Cul-de-Sac Marin 130 – Le Nord de la Grande-Terre 132 – Île de Marie-Galante 136 – Les Monts Caraïbes 142 – Le Moule 143 – Pointe-à-Pitre 145 – Pointe des Châteaux 150 – Pointe-Noire 152 – Port-Louis 154 – Saint-Claude 155 – Saint-François 156 – Sainte-Anne 159 – Sainte-Rose 160 – Archipel des Saintes 164 – La Soufrière 169 – Route de la Traversée 173 – Trois-Rivières 174 – Domaine de Valombreuse (parc floral de la Guadeloupe) 175

Saint-Barthélemy – Saint Martin 177

Île de Saint-Barthélemy 178 – Île de Saint-Martin 184

Martinique 193

L'Ajoupa-Bouillon 195 – Route des Anses 196 – Jardins de Balata 199 – Presqu'île de la Caravelle 200 – Le Carbet 202 – Case-Pilote 205 – Habitation Clément 206 – Le Diamant 208 – Rocher du Diamant 210 – Fonds-Saint-Denis 211– Fort-de-France 212 – Le François 219 – Route de Grand'Rivière 221 – Plantation Leyritz 223 – Le Marin 224 – La Montagne Pelée 226 – Le Nord-Ouest Caraïbe 229 – Les Pitons du Carbet 233 – « Route du Rhum » 234 – Rivière-Salée 238 – Le Robert 238 – Route du Saint-Esprit 240– Saint-Pierre 242 – Sainte-Anne 247 – Presqu'île de Sainte-Anne 249 – Sainte-Luce 251 – Sainte-Marie 254 – Route de la Trace 256 – Trace des Jésuites 257 – Route Transversale 258 – Les Trois-Îlets 259

Découverte des Petites Antilles 265

Anguilla 266 – Antigua et Barbuda 269 – La Barbade 275 – La Dominique 283 – La Grenade 289 – Montserrat 296 – Saba 297 – Saint-Christophe et Niévès 300 – Sainte-Lucie 311 – Saint-Vincent et les Grenadines 319

Conditions de visite 330
Index 338

La canne à sucre ou « doux roseau », une tige aux vertus magiques.

À l'image du monde sous-marin, les filets se parent de vives couleurs.

Cartes et plans

J.-+M./Musée du Nouveau-Monde, La Rochelle

« Puis un jour, ce fut l'infini de la mer.
Un jour ce fut la mer, et l'arrivée dans ce pays
de boucles, de détours, d'anses, de goulets. »

Édouard Glissant, *Le Quatrième Siècle*

Cartes thématiques

Les plus belles îles	10
Les plus beaux sites	12
Loisirs – Lieux de séjour	14
Relief	49
Paysages	54
Végétation et mise en valeur agricole	66
Carte historique	76
Plan type d'une habitation	79
Catastrophe du 8 mai 1902 à St-Pierre	242

Plans de villes

Pointe-à-Pitre	148
Fort-de-France	217

Plans d'îles et de sites

Le Nord de la Grande-Terre	133
Île de Marie-Galante	136
La Soufrière	170
Île de Saint-Barthélemy	179
Île de Saint-Martin	185
Route des Anses	198
La Montagne Pelée	228
Antigua	272
La Barbade	276
La Dominique	287
La Grenade	294
Saint-Christophe et Niévès	302
Sainte-Lucie	315
Saint-Vincent et les Grenadines	320

Légende

Monuments et sites

- Itinéraire décrit, départ de la visite
- Église
- Temple
- Synagogue - Mosquée
- Bâtiment
- Statue, petit bâtiment
- Calvaire
- Fontaine
- Rempart - Tour - Porte
- Château
- Ruine
- Barrage
- Usine
- Fort
- Grotte
- Habitat troglodytique
- Monument mégalithique
- Table d'orientation
- Vue
- Autre lieu d'intérêt

Sports et loisirs

- Hippodrome
- Patinoire
- Piscine : de plein air, couverte
- Cinéma Multiplex
- Port de plaisance
- Refuge
- Téléphérique, télécabine
- Funiculaire, voie à crémaillère
- Chemin de fer touristique
- Base de loisirs
- Parc d'attractions
- Parc animalier, zoo
- Parc floral, arboretum
- Parc ornithologique, réserve d'oiseaux
- Promenade à pied
- Intéressant pour les enfants

	site	station balnéaire	station de sports d'hiver	station thermale
vaut le voyage	★★★	♨♨♨	❄❄❄	⚕⚕⚕
mérite un détour	★★	♨♨	❄❄	⚕⚕
intéressant	★	♨	❄	⚕

Autres symboles

🛈	Information touristique
═══ ═══	Autoroute ou assimilée
❶ ❶	Échangeur : complet ou partiel
▭▭▭ ▭▭▭	Rue piétonne
I═══I	Rue impraticable, réglementée
▪▪▪▪▪ ----	Escalier - Sentier
🚂 🚉	Gare - Gare auto-train
🚌 S.N.C.F.	Gare routière
—•—•—	Tramway
Ⓜ	Métro
PR	Parking-relais
♿	Facilité d'accès pour les handicapés
✉	Poste restante
☏	Téléphone
✉	Marché couvert
✧✕✧	Caserne
⚠	Pont mobile
⋃	Carrière
⚒	Mine
B F	Bac passant voitures et passagers
🛥	Transport des voitures et des passagers
🛥	Transport des passagers
③	Sortie de ville identique sur les plans et les cartes Michelin
Bert (R.)...	Rue commerçante
AZ B	Localisation sur le plan
▶▶	Si vous le pouvez : voyez encore...

Signes particuliers

🏖	Plage
🤿	Club et site de plongée
🏄	Surf
⛵	Voile
🪁	Planche à voile
🛶	Kayak
◐	Canyoning
🐗	Aire de pique-nique
▦ ▦	Parc naturel – Réserve

Abréviations

A	Chambre d'agriculture
C	Chambre de commerce
H	Hôtel de ville
J	Palais de justice
M	Musée
P	Préfecture, sous-préfecture
POL.	Police
🛡	Gendarmerie
T	Théâtre
U	Université, grande école

Les plus belles îles

GUADELOUPE	★★★	Vaut le voyage
ST-LUCIA	★★	Mérite un détour
DOMINICA	★	Intéressant
MARIE-GALANTE		Autre site décrit dans ce guide.

A. Chopin/MICHELIN

Les plus beaux sites

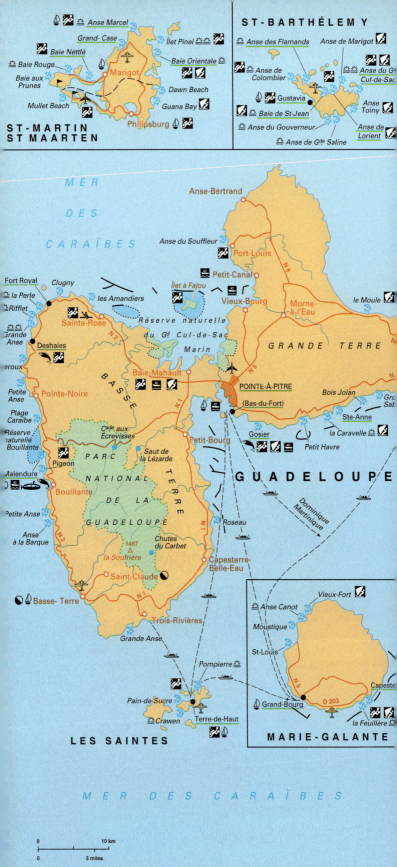

Loisirs-Lieux de séjour

- Plage
  La cotation des plages répond à des critères liés à leur activité.
- Baignade
- Gosier — Lieu de séjour
- Parc naturel
- Réserve naturelle
- Réserve sous-marine
- Port de plaisance
- Activités nautiques
- Sous-marin touristique, bateau à fond panoramique
- Canyoning-randonnées
- Pêche au gros
- Excursions en bateau
- Liaisons inter-îles
- Golf
- Aéroport, aérodrome
- Promenade équestre
- Club et site de plongée

LA DÉSIRADE

Petite-Rivière, le Souffleur, Beauséjour Fifi

Anse à la Gourde, Anse à Plume Grande Anse, Anse des Châteaux

St-François

OCÉAN ATLANTIQUE

CANAL DE LA DOMINIQUE

MARTINIQUE

Anse à Voile, Anse Lévrier, Grand'Rivière, Plantation Leyritz, le Lorrain
Anse Couleuvre, Anse Céron
1395 Montagne Pelée, Gges de la Falaise
Parc naturel régional de la Martinique
Ste-Marie, Tartane, Anse l'Étang
Saint-Pierre
Réserve naturelle de la Caravelle
le Carbet, Cascade Saut de Gendarme, la Trinité, Baie du Galion
le Coin
le Robert
Schoelcher, le Lamentin, le François
Dominique Guadeloupe
FORT-DE-FRANCE
Pointe du Bout
Anse Noire, Anse Dufour, Les Trois Îlets
Parc naturel régional de la Martinique
Grande Anse les Anses-d'Arlets
Gde Anse Macabo
Anse Figuier, Pointe Marin, Cap Macré
Petite Anse du Diamant, Rocher du Diamant, Anse Corps de Garde
Cap Chevalier
Grande Anse du Diamant, Ste-Anne, Grande Anse des Salines, Anse à Prunes

CANAL DE SAINTE-LUCIE

« Bois-dresser » – Bascule sur yole

Informations pratiques

Avant le départ

OÙ SE RENSEIGNER ?

Pour organiser son voyage, rassembler la documentation nécessaire, vérifier certaines informations, s'adresser en premier lieu aux offices de tourisme.

Guadeloupe – Office du tourisme de la Guadeloupe, 43, rue des Tilleuls, 92100 Boulogne-Billancourt, ☎ 01 46 04 00 88, fax 01 46 04 74 03. www.guadeloupe-fr.com Office départemental du tourisme de la Guadeloupe, 5, square de la Banque, 97110 Pointe-à-Pitre, ☎ 05 90 82 09 30, fax 05 90 83 89 22.
Minitel 3615 GUADE (informations émises par l'Office départemental de tourisme). E-mail : office.tourisme.guadeloupe@wanadoo.fr

Martinique – Office du tourisme de la Martinique, 2, rue des Moulins, 75001 Paris. ☎ 01 44 77 86 00, fax 01 49 26 03 63. www.touristmartinique.com, www.martinique.org (en anglais).
Office départemental du tourisme de la Martinique, 2, rue Ernest-Deproge, 97200 Fort-de-France. ☎ 05 96 63 79 60, fax 05 96 73 66 93.
Minitel 3615 ANTILL, AUXANTILLE ou INFOTOUR.

Anguilla – www.anguilla-vacation.com ou www.net.ai (en anglais).

Antigua and Barbuda – Office du tourisme d'Antigua and Barbuda, 43, avenue de Friedland, 75008 Paris, ☎ 01 53 75 15 71, fax 01 53 75 15 69. Minitel 3615 ANTILL. www.interknowledge.com/antigua-barbuda (en anglais).

Dominica – www.delphis.dm/home, www.dominica.org (en anglais).

Grenada – Minitel 3615 ANTILL.

Saint Kitts and Nevis – Office du tourisme de Saint Kitts and Nevis, 10, Kensington Court, W85DL London, ☎ (00 44) 1 71 376 0881, fax 937 3611. www.stkittsnevis.com (en anglais).

Saint Lucia – Minitel 3615 AUXANTILLE ou INFOTOUR. www.stlucia.org

Saint-Martin – Office du tourisme de Saint-Martin, 12, rue de Madrid, 75008 Paris, ☎ 01 53 42 41 33, fax 01 43 87 32 85. Ouvert du lundi au jeudi de 9 h à 18 h et le vendredi de 9 h à 17 h. www.st-martin.org

Autres sites Internet – Voir plus loin, Séjourner aux Petites Antilles.

COMMENT SE RENDRE AUX PETITES ANTILLES ?

Compagnies aériennes

Outre les aérodromes locaux réservés aux avions de petite capacité qui relient les îles entre elles, on dénombre huit aéroports internationaux (à Saint-Martin, Antigua, Guadeloupe, Martinique, Sainte-Lucie, Saint-Vincent, Grenade et Barbade). À partir de l'Europe et de l'Amérique, les plus grandes compagnies desservent directement certaines îles. Paris est la ville qui assure la plus vaste desserte vers les Petites Antilles avec, par exemple, des vols directs vers Antigua. Pour certaines destinations comme la Barbade ou Sainte-Lucie, il faut transiter par l'Angleterre (vols assurés par British Airways). Compter 8 h de vol pour un aller Paris-Fort-de-France.

Air France – ☎ 0 802 802 802 (numéro indigo). www.airfrance.fr. Pour la Guadeloupe et la Martinique, six à huit vols par semaine au départ de Roissy-Charles-de-Gaulle, et un vol quotidien depuis Orly Ouest. Pour Saint-Martin, départ tous les jours de Roissy-Charles-de-Gaulle ; le vol continue ensuite vers Saint-Domingue. Il est possible d'acheter un « Pass » inter-îles avec Air Caraïbes (compter 227 € pour 7 jours et 303 € pour 14 jours) ou avec LIAT. Le « Pass » Air Caraïbes est plus avantageux, mais il ne dessert pas toutes les destinations.

Air Lib – ☎ 0 825 805 805 (info. et résa.). Les deux compagnies Air Liberté et AOM ont fusionné en Air Lib. Des vols réguliers à destination de Pointe-à-Pitre et Fort-de-France partent tous les jours de l'aéroport d'Orly. Les tarifs sont alignés sur ceux des compagnies concurrentes.

Corsair (Nouvelles Frontières) – ☎ 0 825 000 825. Au départ d'Orly Ouest, vol non-stop vers la Guadeloupe et la Martinique ; rotation en basse saison. Vol Lyon/Fort-de-France le vendredi, et Lyon/Pointe-à-Pitre le samedi. Rotations à partir de Brest et de Marseille le mardi, de Toulouse le mercredi et de Nantes le jeudi. Vol Orly Ouest/Saint-Martin (avec possibilité de continuer vers Saint-Domingue) le jeudi et le dimanche.

British Airways – ☎ 0 825 825 400. www.britishairways.com. Vols vers les Antilles via Londres-Gatwick pour la Barbade, Sainte-Lucie et Antigua.

KLM – ☎ 0 810 556 556. www.klm.com. Au départ de Paris via Amsterdam vers Saint-Martin.

Correspondances locales – Elles sont principalement assurées par **Air Guadeloupe** (à Paris, ☎ 01 47 47 51 20 ; à Pointe-à-Pitre, ☎ 05 90 82 47 47 ; à Fort-de-France, ☎ 05 96 42 16 60) et la **LIAT** (à St John's, Antigua, siège de la compagnie, ☎ 00 1 268 462 07 00).
En France, la LIAT est représentée par Air France. Il est intéressant de se procurer les billets inter-îles avant le départ. La LIAT propose trois options :

LIAT Explorer, donne droit à trois escales maximum parmi ces destinations : Tortola, Saint-John, Antigua, Saint Kitts, Nevis, Montserrat, Saint-Martin, la Guadeloupe, la Martinique, Sainte-Lucie, la Barbade, Saint-Vincent, Moustique, Carriacou, Grenade, Trinidad et Tobago. Le coupon est valable 21 jours et coûte US$ 262.

LIAT Air Pass, nombre de vols illimité ; chaque trajet est établi à un tarif forfaitaire de US$ 85. Le « Pass » est valable 21 jours.

Caribbean Pass, nombre de vols illimité ; un trajet coûte entre US$ 39 et US$ 110, selon la destination et la saison. Plus avantageux que le LIAT Air Pass, mais il faut **impérativement** voyager avec Air France entre la métropole et les Antilles. Ne dessert pas toutes les îles.

Couleurs d'automne à la plage des Raisins Clairs (Saint-François, Guadeloupe).

Les organismes de voyage

Pour organiser votre séjour aux Antilles, adressez-vous à une agence de voyages ou renseignez-vous directement auprès d'un tour opérateur spécialisé. Plusieurs formules vous seront proposées : voyage à la carte, séjour sur mesure ou encore forfaits (billet d'avion+hébergement) à des prix avantageux selon la période choisie. Sachez qu'il existe également des séjours combinés (Martinique-Guadeloupe, St-Martin-St-Barthélemy...) pour ceux qui désirent découvrir plusieurs îles.
Afin de préparer au mieux votre séjour, vous trouverez ci-dessous une liste non exhaustive des agences proposant la destination :

Anyway – Anyway propose une gamme de produits élargie et de nombreux séjours pour les Antilles en hôtel-club. L'offre aérienne est très complète. Renseignements et réservations : ☎ 0 892 893 892. www.anyway.com

Directours – Spécialiste des séjours à la carte, Directours pratique des tarifs avantageux en toute saison, en distribuant lui-même ses voyages. Des séjours combinés (Martinique-Guadeloupe) sont proposés sur demande. Renseignements et réservations : 90, avenue des Champs-Élysées, 75008 Paris, ☎ 01 45 62 62 62 ou 0 811 90 62 62. www.directours.com

Jet Tours – Ce voyagiste propose une large gamme de formules dont le voyage à la carte « Jumbo » qui vous permet de composer vous-même votre voyage et de partir en toute autonomie. Renseignements et réservations : 23, rue de Raspail, 94858 Ivry-sur-Seine, ☎ 0 820 815 000. www.jettours.com

Look voyages – Ce spécialiste du vol sec offre une grande variété de produits (séjours à l'hôtel, séjours en club, croisières...), et propose une nouvelle formule vol sec combiné avec location de voiture ou nuits à l'hôtel. Renseignements et réservations : 87, boulevard du Montparnasse, 75006 Paris, ☎ 0 803 36 17 17. www.look-voyages.com

Nouvelles Frontières – Un voyagiste incontournable qui propose un choix illimité de formules pour tous les budgets. Nouvelles Frontières possède de nombreuses filiales spécialisées (croisières, plongée...) pour répondre à une demande diversifiée. L'offre aérienne est également très complète. Renseignements et réservations : 87, boulevard de Grenelle, 75015 Paris, ☎ 0 825 000 825. www.nouvelles-frontières.fr

JV – Spécialisé dans les Antilles, JV possède de nombreux points de vente directe en France et aux Antilles. Ce tour opérateur propose des forfaits de séjours économiques, vols réguliers et charters. Renseignements et réservations : 54, rue des Écoles, 75005 Paris, ☎ 0 825 343 343. www.jvdirect.com

Rêve-Azur Voyages – Agence spécialisée des séjours dans les Caraïbes et les Antilles. Elle propose de nombreux séjours pour familles et groupes à prix compétitifs, susceptibles de répondre à une large demande. Renseignements et réservations : 45, rue Broca, 75005 Paris, ☎ 01 41 35 13 97.

Îles du Monde – Ce tour opérateur spécialiste des îles propose des voyages sur mesure pour des individuels et des groupes déjà constitués. Il offre notamment une large palette de produits croisières à prix modérés. Renseignements et réservations : 7, rue Cochin, 75005 Paris, ☎ 01 43 26 68 68. www.ilesdumonde.com

Rev'vacances – Cette agence spécialisée dans les Antilles propose une gamme complète de séjours et de croisières, en garantissant des prestations fiables et de qualité. Renseignements et réservations : 12, rue Godot-de-Mauroy, 75009 Paris, ☎ 01 47 42 16 31.

UCPA – Cet organisme basé sur la pratique du sport possède cinq centres dans les Antilles. Des séjours tout compris sont proposés à des prix compétitifs à choisir parmi cinq nouvelles formules associant sport et détente. Renseignements et réservations : 28, boulevard de Sébastopol, 75004 Paris, ☎ 0 803 820 830. www.ucpa.com

Ultramarina – Ce tour opérateur organise des séjours de plongée sous-marine pour découvrir les beautés cachées des îles antillaises. Renseignements et réservations : 25, rue Thiboumery, 75015 Paris, ☎ 0 825 02 98 02.

Madinima – Cette agence spécialiste des Antilles offre un large choix de produits à la carte (croisières, excursions, séjours combinés...), et propose de nombreux forfaits sur vols réguliers. Renseignements et réservations : 52, avenue Gabriel-Péri, 91260 Juvisy-sur-Orge, ☎ 01 69 56 93 95.

Quelques sites Internet spécialisés : www.travelprice.com, www.lastminute.fr, www.degriftour.com

Formalités d'entrée

Pièces d'identité – Pour les deux départements français que sont la Martinique et la Guadeloupe, une carte d'identité ou un passeport suffit.

Les inspections de bagages sont plus minutieuses pour les passagers en provenance des ports francs de Saint-Barthélemy et, surtout, de Saint-Martin. C'est principalement le trafic de drogue qui est visé, mais les factures (ou leur photocopie) des appareils photo, montres ou de tout effet pouvant faire l'objet d'un contrôle particulier sont parfois demandées. Les douaniers de la Dominique font aussi du zèle (un briquet dans un bagage à main sera impitoyablement confisqué ; pas bien grave s'il est en plastique, mais s'il est en or...). Pour entrer sur les îles anglophones, un passeport valide est obligatoire, ainsi qu'un billet de retour ou de continuation de voyage. Il est d'usage de remplir une fiche d'entrée dans le territoire, où l'on indique la durée totale du séjour ; n'oubliez pas les dépendances comme Carriacou pour la Grenade, et Nevis pour Saint Kitts. Le nom d'un hébergement est également demandé : vous pouvez inscrire n'importe quel nom d'hôtel (mais il vaut mieux qu'il existe !), ce type de renseignement n'étant pas vérifié. *Pour toute information complémentaire, se reporter au carnet pratique accompagnant la description de chaque île.*

Animaux domestiques – La Barbade interdit l'accès à tout animal pouvant répandre la rage sur son territoire ; un carnet de vaccinations à jour permet de faciliter l'entrée d'un animal. Il est toutefois conseillé de ne pas emmener son chien ou son chat sous des latitudes auxquelles il n'est pas habitué.

Santé, vaccins – Il n'y a pas de vaccin obligatoire, mais il est conseillé de se faire vacciner contre l'hépatite A. D'une façon générale, mieux vaut partir avec un carnet de santé à jour.

Vérifiez également l'état de vos dents, de vos lunettes ou de vos lentilles de contact ; pensez à prendre l'ordonnance de votre médecin si vous suivez un traitement médical particulier (diabète, asthme, allergie...).

En cas de grossesse, évitez de partir sous les tropiques sans prendre toutes les précautions nécessaires ; votre médecin saura vous conseiller.

Munissez-vous d'une trousse à pharmacie contenant de l'aspirine, des sels de réhydratation, un anti-diarrhéique, un spray désinfectant, des pansements, une crème contre les piqûres d'insectes, des crèmes solaires à fort indice.

Météo

La saison la plus agréable est celle du carême, de janvier à mai environ : clémence des températures (autour de 25 °C) et modération des vents et des pluies constituent le cocktail idéal pour des vacances. Durant l'hivernage, les températures sont plus élevées (parfois au-dessus de 30 °C) et les pluies régulières ; des risques de cyclone sont à prévoir de juillet à octobre. En revanche, les prix pratiqués par les hôtels sont inférieurs de 15 à 40 %.

Météo France donne des bulletins météorologiques pour la Martinique et la Guadeloupe, ☎ 08 92 68 08 08.
Des vêtements légers conviennent au climat tropical : chemisette, T-shirt en coton, short, casquette... Prévoir un sweat-shirt ou un pull pour les sorties le soir ou les marches en altitude, et un blouson imperméable (genre K-Way) pour les balades en montagne (randonnée à la Soufrière ou à la Montagne Pelée : taux d'humidité de 90 %).

Prévoir son budget

Le coût de la vie étant assez élevé aux Petites Antilles, il est indispensable de penser à son budget si l'on veut profiter d'un maximum de prestations. Moyen de locomotion sur place, catégorie d'hébergement et de restauration seront à prendre en compte pour optimiser son séjour. Les hôtels de standing sont néanmoins souvent plus abordables, à catégorie égale, que sur les rivieras de métropole, surtout en basse saison. On peut se nourrir à prix raisonnable, à condition de manger créole et de savoir éviter les « pièges à touristes ».
Pensez à vous munir de monnaie pour les petits frais et les pourboires. Permis de conduire locaux, taxes d'aéroport, voyages inter-îles en avion et faux frais risquent d'alourdir sensiblement la dépense, aussi est-il prudent de planifier, avant votre départ, votre itinéraire, vos activités et les îles que vous souhaitez visiter.

E. Souty/MICHELIN

Séjourner aux Petites Antilles

Poste

Îles françaises – Les bureaux de poste sont ouverts de 7 h ou 7 h 30 à 17 h ou 17 h 30. Le tarif d'affranchissement est identique à celui de la métropole. Le délai d'acheminement varie entre trois et cinq jours si la lettre ou la carte postale porte la mention « par avion » (dans le cas contraire, elle sera expédiée par bateau ; le délai d'acheminement sera alors d'un mois). Attention, les timbres ne se vendent que dans les bureaux de poste.
Le code postal de la Martinique commence par 972, et celui de la Guadeloupe (et des îles administrativement rattachées) par 971 ; ces indicatifs sont suivis de deux chiffres. Depuis la métropole, il n'est pas utile d'indiquer le nom de l'île.

Îles anglophones – Pour écrire vers ces îles depuis la France (Guadeloupe et Martinique comprises), il suffit d'inscrire le nom de l'île en français, ainsi que la mention « Petites Antilles ».
Pour les lettres expédiées des îles anglophones, le nom du pays doit être écrit en anglais : France (pas de changement), Belgium (Belgique), Germany (Allemagne), England ou United Kingdom (Royaume-Uni)...
Pour écrire d'une île anglophone dans une autre île anglophone, il faut rajouter, après le nom en anglais, la mention « West Indies ».

Téléphone

Îles françaises – Pour téléphoner de la métropole ou de Martinique en Guadeloupe, composez le 05 90 suivi des six chiffres de votre correspondant (idem pour Marie-Galante, la Désirade, les Saintes, Saint-Martin partie française et Saint-Barthélemy). Sur place, composez également les dix chiffres.
Pour téléphoner de la métropole ou de Guadeloupe en Martinique, composez le 05 96 suivi des six chiffres de votre correspondant. Sur place, faites les dix chiffres. De la Guadeloupe ou de la Martinique vers la métropole, composez directement les dix chiffres de votre correspondant.
Des téléphones publics sont disposés un peu partout et fonctionnent avec les télécartes de France Télécom.

Antilles néerlandaises – Pour joindre la partie néerlandaise de Saint-Martin, composez le 0 599, suivi du 5 ; pour joindre Saba, composez le 0 599 suivi du 4 ; complétez par le numéro de téléphone à cinq chiffres. Pour téléphoner des Antilles néerlandaises vers les îles françaises, composez le 33 suivi du 590 pour la Guadeloupe et du 596 pour la Martinique ; complétez par les six chiffres de votre correspondant. Pour appeler la France depuis les Antilles néerlandaises, faites le 00 33 suivi des neuf chiffres de votre correspondant (annuler le 0 initial).

Les autres îles – Pour téléphoner à Anguilla, composez le (00) 1 264, à Antigua et Barbuda le (00) 1 268, à la Barbade le (00) 1 246, à la Dominique le (00) 1 767, à la Grenade le (00) 1 473, à Saint-Vincent et les Grenadines le (00) 1 809, à Saint Kitts et Nevis le (00) 1 784, à Sainte-Lucie le (00) 1 758 et à Montserrat le (00) 1 664 ; faites suivre du numéro de votre correspondant. Pour joindre les îles françaises depuis ces îles, *voir ci-dessus « Antilles néerlandaises »*. Pour appeler la France depuis Anguilla, Antigua et Barbuda, la Barbade, la Dominique, la Grenade, Montserrat et Saint Kitts et Nevis, composez le 011 33 plus les neuf chiffres du correspondant (supprimez le 0 initial) ; depuis Sainte-Lucie ou Saint-Vincent, composez le 00 33 suivi des neuf chiffres du correspondant.

Monnaies

Pas moins de quatre monnaies ont cours dans les îles décrites dans ce guide ; le dollar américain y est, de plus, accepté pratiquement partout.

Îles françaises – L'euro a cours en Martinique et en Guadeloupe, ainsi qu'à Saint-Martin partie française (où le dollar est la monnaie usuelle) et Saint-Barthélemy. On trouve des distributeurs dans la plupart des localités ; il est cependant conseillé de se munir de liquidités au départ de la métropole si l'on arrive pendant le week-end, les distributeurs étant le plus souvent vides en fin de semaine. Les chèques « hors place » (c'est-à-dire tirés sur une agence hors Antilles) étant refusés, mieux vaut utiliser une carte de crédit ou des chèques de voyage. Prévoir de l'argent liquide si l'on doit se rendre à la Désirade ou aux Saintes.
Les banques sont généralement ouvertes de 8 h à 12 h et de 14 h 30 à 16 h, du lundi au vendredi.
En cas de perte ou de vol de chéquier ou de carte bancaire : contactez votre banque.

La Barbade – Le dollar de la Barbade, BDS$, n'est convertible que sur place, à partir de dollars américains : 1 US$ vaut à peu près 2 BDS$.

Saint-Martin et Saba – La partie hollandaise de l'île de Saint-Martin et Saba utilisent le florin des Antilles néerlandaises, ANG, mais pour un court séjour, il est préférable de se munir de dollars américains.

Les autres îles – Le dollar Est Caraïbe, EC$, intéresse les autres Petites Antilles, d'Anguilla à la Grenade. Cette monnaie n'est convertible que sur place, à partir du dollar américain (ou canadien) et de la livre sterling : 1 US$ vaut à peu près 2,70 EC$.

Médias

Radios – La radio est omniprésente aux Petites Antilles, en particulier pour la diffusion de musique, antillaise bien entendu. Radio-Caraïbes International (RCI) est diffusée en Martinique (FM 89.9 ou 98.7), en Guadeloupe et à Sainte-Lucie. Radio France Outre-Mer (RFO) est présente en Martinique et en Guadeloupe sur FM 92 ou 94, Alizés FM en Martinique sur FM 105.2, Radio Saint-Barth à Saint-Barthélemy et en Guadeloupe sur FM 98.7 ou 103.7.

Presse – *France Antilles* est le quotidien de plus grande diffusion dans les îles francophones. Dans les îles anglophones, le *Caribbean Week* donne chaque semaine des informations sur l'ensemble des Caraïbes. *St-Martin's week* couvre la partie française de Saint-Martin.

Sites Internet – Quantité d'informations sur les Antilles sont disponibles sur différents sites ; voici une sélection d'adresses intéressantes, en plus des adresses indiquées dans ce guide :

http://caribbeansupersite.com : site le plus complet sur les Caraïbes. Sélectionnez l'île qui vous concerne (toutes les îles décrites dans ce guide sont traitées, ainsi que d'autres destinations des Caraïbes) et vous aurez une série de renseignements sur les hébergements, les télécommunications, les restaurants, les endroits pour sortir, les plages, les sports, les excursions, etc.

swww.domtomfr.com : portail vers l'Outre-Mer.

www.where2stay.com : pour chaque île des Caraïbes, liste d'hôtels et d'appartements à louer, avec coordonnées et tarifs.

www.cr-guadeloupe.fr : site du conseil régional de la Guadeloupe.

www.rhumagricole.com : le rhum à la Guadeloupe.

www.nhc.noaa.gov : informations en anglais sur les cyclones.

www.outremer.com : renseignements pratiques sur la Guadeloupe et la Martinique.

www.outre-mer.gouv.fr : revue de presse de l'Outre-Mer.
www.cananews.com : l'actualité des Caraïbes. Radio live.
www.interknowledge.com/indx02.htm : informations culturelles et pratiques (en anglais) sur les Petites Antilles.
www.stlucia.org : site sur Sainte-Lucie, mis à jour régulièrement. Liste d'hôtels, de villas et d'appartements à louer avec descriptifs et tarifs, inventaire des restaurants, informations culturelles et pratiques.
www.barbados.org : site complet sur la Barbade.
www.caraïbes-webdo.net : magazine hebdomadaire en ligne sur l'actualité Caraïbes (sport, politique, culture, etc.).
www.zoukarchive.com : tout sur la musique des Antilles, Top 10 du Zouk, actualisé chaque semaine.

Transports sur place

Liaisons aériennes – Toutes les îles sont desservies par au moins un aérodrome *(voir cartes au début du guide)*. Les liaisons inter-îles sont principalement assurées par la LIAT, compagnie phare des Petites Antilles, dont le siège est à Antigua. Attention, les horaires sont susceptibles de changer, notamment en fonction de l'évolution de la météo ; se renseigner suffisamment à l'avance.

Pointe-à-Pitre – Aéroport international Pôle-Caraïbes aux Abymes, ☎ 05 90 93 73 73 ; aéroport du Raizet, ☎ 05 90 93 73 73.

Fort-de-France – Aéroport international du Lamentin, ☎ 05 96 42 16 00.

Pour les autres îles, se reporter au carnet pratique qui accompagne leur description.

LIAT Grenada

Liaisons maritimes – Il existe des navettes quotidiennes en ferry, en ferry-catamaran rapide ou en vedette entre la Martinique, la Guadeloupe et la Dominique, entre la Guadeloupe, les Saintes, Marie-Galante et la Désirade, entre Saint-Vincent et les Grenadines, entre Saint-Martin et Anguilla, Saint-Martin et Saba, entre Saint Kitts et Nevis, et entre Saint-Martin et Saint-Barthélemy. *Voir les détails dans le carnet pratique accompagnant la description de chaque île.*

Location de voitures – C'est le mode de découverte et de déplacement le plus agréable, mais aussi le plus onéreux. Ne pas hésiter à discuter les prix, surtout en basse saison. *Voir les détails dans le carnet pratique accompagnant la description de chaque île.*

Îles françaises – Toutes les grandes compagnies sont représentées. Il est intéressant de comparer les prix (quoiqu'ils soient le plus souvent alignés), ainsi que les forfaits. Contrôler l'état du véhicule et vérifier que vous êtes couvert contre un éventuel accident (assurance tierce collision). Le permis national est naturellement valable. À Saint-Martin, les compagnies se situent principalement du côté néerlandais, à l'aéroport Juliana.

Îles anglophones – Attention : conduite à gauche. Un permis temporaire local est requis ; les agences de location s'occupent généralement de pourvoir à son obtention (compter entre 5 et 18 US$). Vérifier que la location du véhicule comprend l'assurance tierce collision (mention « CDW »), le plus souvent proposée par l'agence moyennant l'acquittement d'un supplément. Opter pour un véhicule à boîte de vitesses automatique est prudent si l'on n'est pas habitué à la conduite à gauche. Prendre garde en ouvrant les portières, signaler par les différents avertisseurs (sonore et lumineux) tout changement de direction et conduire à allure modérée.

Îles néerlandaises – Conduite à droite.

QUELQUES MOTS D'ANGLAIS UTILES POUR LA CONDUITE

To rent a car	louer une voiture
Driving licence	permis de conduire
Left	gauche
Right	droite
Straight on	tout droit
Speed	vitesse
Automatic car	voiture à boîte de vitesses automatique
One way	sens unique
Traffic lights	feu rouge
Gas	essence

Autocars et bus – C'est peut-être la manière la plus pittoresque de découvrir un pays ; cependant, les horaires ne sont pas toujours réguliers. La plupart des autocars et bus partent de la ville principale de l'île (gare routière) et irriguent l'intérieur des terres. Si la conduite est « nerveuse », pour ne pas dire dangereuse, le prix des trajets est très attractif. C'est aussi l'occasion de converser avec les insulaires et de mieux connaître leurs us et coutumes... ainsi que les bonnes adresses d'hébergement ou de restauration.

Taxis collectifs – Idéal pour une excursion routière, seul ou avec des amis. Il est à chaque fois possible de s'arranger sur le prix de la course, le changement de trajet et les arrêts. N'hésitez pas à discuter avec le chauffeur pour vous faire expliquer le paysage, la petite histoire, ou pour lui demander quelques bonnes adresses. Le service débute généralement à 5 h 30 et s'arrête à 18 h.

Hébergement, restauration

Il y a deux périodes touristiques aux Petites Antilles : l'été, qui correspond à la basse saison, et l'hiver (particulièrement entre mi-décembre et février), la haute saison. Les prix varient parfois de façon considérable entre ces deux périodes. Dans le cas d'un séjour effectué en été, il ne faut pas hésiter à négocier le prix des chambres, surtout si l'on reste plusieurs nuits dans le même établissement. En outre, en septembre et plus largement durant la période cyclonique, beaucoup d'établissements sont fermés. Pour choisir et réserver un hôtel, on peut consulter Internet *(voir Séjourner aux Petites Antilles)*, s'adresser aux différents offices de tourisme des îles ou, pour la Martinique, à la centrale de réservation, BP 823, 97200 Fort-de-France Cedex, ☎ 05 96 71 56 11 ou 05 96 63 79 60.

Catégories d'établissements

Plusieurs adresses d'hôtels et de restaurants sont données dans le carnet pratique accompagnant la description de chaque curiosité ou île. Ces établissements ont été sélectionnés pour leur cadre exceptionnel ou typique, la qualité de leurs services, leur tranquillité, la cuisine locale qu'ils servent et les activités sportives ou culturelles qu'ils proposent.

Les hôtels internationaux – Ce sont des hôtels de grand confort proposant des prestations diverses (plage privée, piscine, matériel pour sports nautiques, excursions, etc.). Ils sont concentrés dans les zones balnéaires de la côte. Le type de clientèle qui les fréquente est bien « international », ce qui peut sembler à certains très convenu. Les tarifs sont assez élevés, notamment sur les îles anglophones, à Saint-Barthélemy et Saint-Martin, où ce type d'hébergement est majoritaire.

Résidences hôtelières – Elles sont très pratiques pour les séjours de plusieurs jours. Les chambres sont aussi bien équipées qu'en hôtel de confort, avec un coin cuisine en plus. Des animations sont souvent proposées (soirées à thème, excursions, etc.).

Saint Aubin Hôtel (Martinique)

Fleurons du patrimoine architectural – D'anciennes habitations et certains bâtiments utilitaires (distilleries, entrepôts) sont aujourd'hui reconvertis dans le tourisme. Hôtels et restaurants s'installent volontiers dans ces fleurons du patrimoine antillais, dont le cadre et l'atmosphère ne manqueront pas de charmer le visiteur.

Guadeloupe

Basse-Terre	**Le Bison Bleu** – *Restaurant* (habitation du début du 19e s.) – *p. 112*	
Sainte-Rose	**Domaine de Séverin** – *Restaurant* (habitation) – *p. 161*	

Martinique

La Caravelle	**Saint Aubin** – *Hôtel* (demeure créole) – *p. 201*
Le François	**La Maison de l'îlet Oscar** – *Hôtel-restaurant* (villégiature de planteur) – *p. 219*
Macouba	**Pointe-Nord** – *Restaurant* (distillerie de l'habitation Perpigna) – *p. 221*
Basse-Pointe	**Plantation Leyritz** – *Hôtel-restaurant* (habitation du 18e s.) – *p. 224*
Sainte-Anne	**Le Manoir de Beauregard** – *Hôtel-restaurant* (habitation du 18e s.) – *p. 248*
	Restaurant Frédéric – *Restaurant* (demeure créole) – *p. 248*

Autres îles

Antigua, Barbuda	**The Admiral's Inn, Nelson's Dockyard** – *Hôtel* (ancien entrepôt de la base navale) – *p. 271*
Barbade	**Crane Beach Hotel** – *Hôtel-restaurant* (manoir de la fin du 18e s.) – *p. 278*
Grenade	**Betty Mascoll's Plantation House, Morne Fendue** – *Restaurant* (habitation) – *p. 291*
Saint Kitts	**Fairview Inn** – *Hôtel-restaurant* (habitation) – *p. 304*
	Ottley's Plantation Inn – *Hôtel* (habitation) – *p. 304*
	The Golden Lemon – *Hôtel-restaurant* (entrepôt du 17^e s.) – *p. 304*
Nevis	**Rawlins Plantation Inn** – *Hôtel-restaurant* (habitation) – *p. 304*
	The Hermitage – *Hôtel-restaurant* (habitation) – *p. 306*
	Montpelier Plantation Inn – *Hôtel-restaurant* (habitation) – *p. 306*
	Old Manor Estate – *Hôtel-restaurant* (habitation) – *p. 306*
	Golden Rock Plantation – *Hôtel-restaurant* (habitation) – *p. 306*
Sainte-Lucie	**San Antoine** – *Restaurant* (habitation) – *p. 313*
	The Still – *Restaurant* (ancienne distillerie) – *p. 313*
Saint-Vincent	**Basil's Bar & Restaurant** – *Restaurant* (ancien entrepôt de sucre et d'*arrow-root*) – *p. 323*
	The Cobblestone Inn – *Hôtel* (ancien entrepôt) – *p. 322*

Hôtels de petite et moyenne catégories – L'ambiance y est plus conviviale que dans les grands hôtels internationaux, mais les prestations sont moins nombreuses et le confort plus rudimentaire. Ce type d'hébergement est relativement rare, en particulier dans les îles anglophones.

Locations – Les meublés (du bungalow à la villa) se louent à la semaine, et sont équipés en literie et linge de maison. La liste des locations peut être obtenue auprès des offices de tourisme.

Gîtes ruraux et chambres d'hôte – C'est une formule particulière aux îles françaises, indiquée pour les touristes qui veulent en savoir plus sur la vie locale. Les gîtes ruraux sont des logements indépendants pour deux à dix personnes, situés hors agglomération et qui se louent à des tarifs intéressants, à la semaine ou au week-end. La chambre d'hôte est située chez l'habitant, qui sert le petit déjeuner.
S'adresser aux Gîtes de France, 59 r. St-Lazare, 75439 Paris Cedex 09, ☎ 01 49 70 75 75. Cet organisme donne les adresses des relais départementaux et publie des guides sur les différentes possibilités d'hébergement en milieu rural (gîte rural, chambres et tables d'hôte, gîtes d'étape, chambres d'hôte et gîtes de charme, gîtes de pêche, gîtes d'enfants, gîtes équestres). Renseignements et réservation possibles 3615 gites de France et www.gites-de-france.fr
Dans les îles anglophones, l'Office de tourisme local propose en général une liste d'hébergements bon marché (pensions, logements chez l'habitant).

Camping – Le camping existe dans les îles françaises, mais les terrains sont rares. Le camping sauvage est interdit. Dans les îles anglophones, le camping est tout simplement interdit partout.

Classement du Guide Vert

Les établissements retenus dans ce guide sont classés selon trois catégories.

La catégorie « **À bon compte** » regroupe les restaurants où l'on peut déguster un repas à moins de 17 € (entrée, plat et dessert) et les hôtels dont la chambre double ne dépasse pas 67 € en haute saison, tout en étant bien tenus et de qualité.

La catégorie « **Valeur sûre** » propose des prix plus élevés mais raisonnables dans des établissements de grand confort (repas autour de 33 €, chambre double entre 67 et 100 €).

Enfin, la catégorie « **Une petite folie !** » sélectionne les adresses de confort supérieur, voire de luxe, pour ceux qui souhaitent s'offrir une petite folie ou un séjour exceptionnel.

Taxes et pourboires

En Guadeloupe et Martinique, même si le service est compris, il est d'usage de laisser un pourboire. À Saint-Martin, le service n'est pas compris.
Dans les îles anglophones, le pourboire sert à tout : à trouver une place pour se garer, à pouvoir prendre une photo, à obtenir un extra à l'hôtel, etc. En outre, les prix indiqués par les hôtels et restaurants ne comprennent pas les taxes de service (environ 10 % du prix) et du gouvernement (en principe 8 %).

Quelques précautions

Santé

Certains moustiques sont porteurs du virus de la dengue, maladie parasitaire des tropiques. Il faut donc s'en protéger par des systèmes anti-moustiques : crèmes le jour et en soirée, prises électriques ou spirales à brûler et moustiquaire dans les chambres non climatisées. Cette protection contre les moustiques est indispensable lorsqu'on visite les zones de mangrove et de marécages.
Pensez aux préservatifs, les Petites Antilles sont très touchées par le virus du sida. On peut d'ailleurs lire sur les vitrines des pharmacies françaises ce slogan en créole : *Si nou mé chapo pa ni bobo.*
Ne pas se baigner dans les rivières ou à proximité des embouchures ; ne pas boire l'eau (risques de bilharziose).
Ne pas effectuer de plongée sous-marine moins de 24 heures avant de prendre un avion.

Conduite automobile

Conduire aux Petites Antilles nécessite un certain nombre de précautions. Il faut tout d'abord se méfier de l'alcool au volant : un ti-punch ça va... Sachez que, si vous respectez les conseils de modération dans ce domaine, tous les conducteurs ne peuvent en dire autant ; boisson forte, le rhum est l'ennemi numéro un en matière de sécurité routière.
La prudence et la vigilance sont de rigueur au volant : il faut anticiper les réactions des autres conducteurs autant que surveiller sa propre conduite. Les règles de priorité ne sont pas toujours respectées. Les accidents sont proportionnellement plus nombreux qu'en métropole, en particulier la nuit.
En Guadeloupe et en Martinique, la gendarmerie ne se déplace pas en cas d'accident simplement matériel ; établir clairement la responsabilité de chacun dans le sinistre s'avère parfois, dans ces conditions, assez délicat.
Dans les îles anglophones, l'état des routes est souvent très mauvais (Antigua, Grenade, Dominique, Saint-Vincent) ; se méfier des nids-de-poule, redoutables pour les amortisseurs, voire les pneumatiques (attention aux têtes également !). Il est conseillé d'utiliser l'avertisseur sonore avant tout virage, bus et camions ayant la dangereuse habitude de les couper et de rouler trop vite. Soyez particulièrement vigilant la nuit, car les sorties de night-clubs et l'état de certaines routes multiplient les risques d'accident.

Nuit

La nuit tombe tôt sous les tropiques (18 h) et de façon très rapide : il n'y a pour ainsi dire pas de crépuscule. Calculer le temps de randonnée en fonction de ce phénomène pour ne pas se laisser surprendre par l'obscurité. Même chose pour regagner son hôtel après un repas pris ailleurs.

Usages, tenue vestimentaire

Les tenues de plage sont à proscrire ailleurs que sur la plage. D'une façon générale, il faut éviter les tenues trop ostentatoires et ne pas faire étalage de billets de banque ; le manque de retenue n'est pas mieux perçu ici qu'ailleurs. Pour sortir le soir, pantalon et robe sont parfois indiqués.
L'augmentation de la petite délinquance se fait sentir dans les Antilles françaises, notamment dans les zones très touristiques. Les femmes seules éviteront l'auto-stop, les promenades sur les « traces » et les sorties nocturnes.
La courtoisie est de rigueur, même dans les refus. Ne pas oublier qu'avec politesse et sourire, on obtient tout.
Dans les îles anglophones, les touristes sont souvent sollicités pour l'achat de quelques bananes, d'un collier, ou pour un service comme l'obtention d'une place de parking, d'une adresse de restaurant, etc. Toute proposition d'aide étant suivie d'une demande de rétribution, ne pas hésiter à convenir auparavant d'un « tarif ».

Photographie

On peut facilement se procurer des films papier dans la plupart des îles. Les films diapositives sont, en revanche, plus difficiles à trouver. Les pellicules professionnelles, à acquérir avant le départ, doivent être conservées au frais tant qu'elles ne sont pas utilisées.
Avant de prendre des personnes en photo, demandez-leur toujours l'autorisation.
Pour les photos de plage, il est conseillé de protéger l'appareil du sable, qui peut occasionner de graves dommages. Utiliser un appareil jetable pouvant aller sous l'eau peut être intéressant pour photographier les poissons et les coraux.
L'usage d'un filtre polarisant est utile en cas de très forte luminosité.
Compte tenu de la chaleur et de l'humidité ambiantes, il est conseillé de faire développer ses pellicules le plus rapidement possible (ne pas les garder plus de deux semaines) ; Martinique et Guadeloupe possèdent des laboratoires de développement photo express d'excellente qualité.

À la plage

Les plages représentent une part importante du potentiel touristique des Petites Antilles. Le sable blanc, l'eau transparente et les cocotiers penchant leurs palmes vers la mer forment un décor paradisiaque pour des moments de farniente rêvés. Afin de ne pas gâcher son plaisir, il faut être capable d'éviter un certain nombre de déconvenues, dues en priorité au soleil.

Le soleil – Aux Petites Antilles, le soleil est dangereux, particulièrement pour les peaux qui ne sont pas habituées à une telle intensité de rayonnement. Aussi faut-il avant tout se protéger avec des crèmes solaires de type écran total, choisir un coin de plage offrant l'ombrage d'un cocotier ou d'un raisinier, et ne pas s'exposer trop longtemps. Se munir, en outre, de lunettes de soleil à fort pouvoir filtrant et d'un chapeau.

Le coup de soleil – Dû à une trop longue exposition au soleil, il peut être bénin (1er degré), signe du début du bronzage (peau rose et picotements), ou plus grave (2e degré) lorsque la peau, gonflée et rouge vif, très sensible au moindre contact, se couvre de cloques et pèle les jours suivants. Les brûlures au 3e degré affectent tout l'organisme : forte fièvre, vertiges et maux de tête exigent l'intervention d'un médecin.
Pour soulager un coup de soleil aux 1er et 2e degrés, on peut appliquer de l'huile de millepertuis, de coco, d'aloès vera ou de jojoba, ou à défaut du vinaigre. Sur les brûlures plus importantes, utiliser de la Biafine, crème que l'on achète sans ordonnance en pharmacie. Les jours suivants, rester impérativement à l'ombre.
Pour prévenir ce genre de désagrément, il faut préparer sa peau. Avant de partir, consommer des légumes riches en carotène (carottes, épinards, abricots). Attention aux crèmes autobronzantes qui assurent un hâle léger, mais ne protègent pas. Les premiers jours d'exposition, utiliser un écran total, sans oublier de renouveler l'application après chaque bain, en particulier si le produit n'est pas résistant à l'eau. S'exposer progressivement, sans dépasser une heure d'immobilité au soleil ; éviter les heures les plus chaudes (12 h-16 h) et s'essuyer après chaque bain (la peau mouillée absorbe plus facilement les rayons solaires). Penser à bien protéger son dos quand on veut observer les fonds marins (les ultras-violets pénètrent dans l'eau jusqu'à 1 m de profondeur).
Bien s'hydrater en buvant de l'eau fraîche mais non glacée.

L'insolation – L'insolation est un coup de soleil sur la tête. Visage rougi, fièvre peu élevée, fatigue et gêne respiratoire en sont les symptômes. Dans les cas les plus graves, elle provoque d'importants maux de tête, une forte fièvre, des vertiges, des éblouissements et des vomissements.
Installer la personne dans un endroit frais et ombragé, et lui faire boire de l'eau fraîche. Consulter un médecin.
Pour prévenir l'insolation, porter un couvre-chef ou se mouiller fréquemment la tête.

Le coup de chaleur – Il s'agit d'une brusque élévation de la température du corps due à une déshydratation après une longue exposition à la chaleur ambiante ou un important effort physique au soleil. Il se manifeste par de la fièvre, des douleurs musculaires, accompagnées parfois de délire et d'évanouissements.
Placer avant tout la personne dans un endroit frais, lui donner à boire, lui passer des compresses d'eau fraîche sur le visage, lui faire prendre un bain. Ne pas attendre l'évanouissement pour appeler le médecin. Pour prévenir le coup de chaleur, boire régulièrement et éviter les longues expositions au soleil.

Les mancenilliers – Le mancenillier est un arbre dangereux, signalé la plupart du temps par des croix rouges peintes sur son tronc. De taille moyenne, il ressemble à un petit pommier aux fruits appétissants : en réalité, tout est toxique chez lui, des feuilles aux fruits. Certaines plages en ont été débarrassées, d'autres non ; aussi, faire attention à ne pas s'abriter sous l'un d'eux surtout lorsqu'il pleut, car la pluie se charge de sève

Gare au mancenillier !

toxique et corrosive au contact des feuilles ; des brûlures de peau s'ensuivent. Les fruits qui pendent des frondaisons sont mortels s'ils sont absorbés.

Les vagues – La côte atlantique reçoit de plein fouet les assauts répétés de l'océan : il est par conséquent dangereux de se baigner sur ces côtes, hormis dans les anses abritées. La côte caraïbe est plus accueillante ; là se dessinent de magnifiques plages, véritables invitations à la paresse.

Les plages des Petites Antilles ne sont pas surveillées. Il faut donc être vigilant, y compris sur la côte caraïbe, où courants et lames de fond peuvent sévir. Attention en particulier aux jeunes enfants et aux nageurs inexpérimentés ou peu sportifs ; mieux vaut, pour eux, rester là où ils ont pied.

Dans l'eau – La température des mers antillaises est particulièrement agréable (entre 25 et 29 °C). La sensation de bien-être éprouvée par le baigneur ne doit cependant pas lui faire oublier que quelques dangers le guettent. Les anémones et le corail sont munis de cellules urticantes causant des démangeaisons durables, et les méduses provoquent des brûlures douloureuses. Les puissantes mâchoires des murènes, qui se cachent dans les creux des rochers, peuvent laisser des souvenirs douloureux aux importuns.

Des sandales en plastique s'avèrent bien utiles pour se protéger des oursins noirs, ou « diadèmes des Antilles », dont les piquants se cassent une fois entrés sous la peau, et pour se déplacer sur les rochers coupants.

Les équipements – Aménagées ou non, les plages sont généralement équipées de poubelles où on jettera papiers gras, bouteilles en plastique, etc. Les plus réputées et les plus fréquentées sont dotées de constructions sanitaires abritant douches et toilettes. Certaines possèdent des aires de jeu pour les enfants et des points d'eau potable. Des marchands ambulants proposent généralement une restauration rapide.

Usages à la plage – Les seins nus ne sont tolérés que sur quelques plages à forte fréquentation de touristes européens. Quant au naturisme, il est confiné à de rares criques d'accès difficile (anse Tarare par exemple), à l'exception de la baie orientale à Saint-Martin.

D'une manière générale, évitez de troubler la sérénité du site s'il était calme à votre arrivée (poste de radio, conversations animées, voire emportées, etc.).

Certaines plages sont surpeuplées le week-end. Préférer les petites plages isolées, surtout celles qui ne peuvent être atteintes qu'à pied.

Les plus belles plages des Petites Antilles

Elles sont décrites en détail dans la nomenclature du guide.

Anguilla	Rendezvous Bay
	Maunday's Bay
	Shoal Bay West
	Meads Bay
	Shoal Bay East
Barbade	Paynes Bay
	Sandy Lane Bay
	Mullins Beach
	Silver Sands Beach
	Crane Beach
	Bottom Bay
Barbuda	Plage du Sud
Carriacou	Sandy Island
	Paradise Beach
Désirade	Plage du Souffleur

Grenade	Grenada Beach
Grenadines	Tobago Cays
Guadeloupe	Grande Anse, plage de la Perle à Deshaies Plage des Amandiers à Sainte-Rose Plage de la Caravelle à Sainte-Anne
Marie-Galante	Anse Canot Plage de Moustique Plage de la Feuillère
Martinique	Anse Dufour et Anse-Noire Anse à Voile Anse Lévrier Anse Couleuvre Grande Anse des Salines sur la presqu'île de Sainte-Anne Anse Figuier et Anse Corps de Garde à Sainte-Luce Grande Anse au Diamant Anse l'Étang et plage de Tartane sur la presqu'île de la Caravelle Grande Anse d'Arlets Anse Céron Plage du Coin au Carbet
Nevis	Nisbet Beach Oualie Beach Pinney's Beach
Saint-Barthélemy	Anse du Grand Cul-de-Sac Baie de Saint-Jean Anse de Colombier Anse des Flamands Anse du Gouverneur
Saint Kitts	South Frigate Bay South Friar's Bay Turtle Beach
Saint-Martin	Baie Rouge Anse Marcel Baie Orientale (Orient Bay)
Saint Vincent	Mount Twin Wallilabou Beach
Les Saintes	Crawen Pompierre

Plage de Deshaies (Grande Anse)

Loisirs sportifs

Sports nautiques

Plongée sous-marine – Les mers des Petites Antilles offrent des paysages sous-marins d'une incomparable richesse. La limpidité des eaux permet de voir une multitude de poissons aux couleurs extraordinaires et les épaves constituent de bons sites de découverte. La plongée est plus intéressante en saison sèche, car la mer est plus calme et donc plus claire.

Plongée à Bouillante (Guadeloupe)

Les principaux sites de plongée se trouvent à Anguilla (Sandy Island et au large de Road Bay), Antigua (épaves au large de la côte Nord-Est), la Barbade (Folkestone National Marine Reserve à Holetown), Barbuda (épaves autour de l'île), la Dominique (Cabrits National Park, Douglas Bay, Toucari), Guadeloupe (îlets de Pigeon), la Martinique (Pointe-du-Bout et le Diamant), Saint-Barthélemy (Anse de Colombier, récif du Grand Cul-de-Sac, île Chevreau), Saint-Martin (épaves de Simson Bay) et Saba (côte sous le vent entre Tent Bay et Diamond Rock).

Il existe de nombreux clubs de plongée s'adressant aux amateurs de tous niveaux et proposant des sorties au large ; certains travaillent en collaboration avec des établissements hôteliers. Un bon prestataire doit fournir le matériel et offrir un encadrement sérieux (moniteurs brevetés). N'oubliez pas votre brevet, qui seul vous permettra de louer du matériel. Les fusils avec harpon sont interdits dans les eaux côtières. Des adresses de clubs sont fournies pour Antigua, la Guadeloupe, la Martinique, la Dominique, Sainte-Lucie, Saint-Vincent, Saint-Barthélemy, Saint Kitts et Saba.

Attention, les fonds marins antillais, dont la beauté laisse rêveur plus d'un plongeur, sont très fragiles et même parfois déjà abîmés : ne rien toucher, ne rien cueillir, se contenter d'admirer.

Plongée de surface – Plus accessible au grand public que la plongée avec bouteilles, la plongée de surface présente l'avantage d'être bon marché et de faire découvrir des richesses insoupçonnées à proximité de la plage. Un masque et un tuba suffisent pour admirer coraux, éponges, étoiles de mer et, parfois, poissons des rivages côtiers. Les eaux protégées par un récif corallien, où règnent la transparence et le calme, sont idéales pour la plongée de surface. Attention, le ressac peut vous faire dériver vers le récif où le contact avec les coraux peut être douloureux ; des palmes seront les bienvenues pour s'en éloigner rapidement.

Planche à voile, surf – Les inconditionnels de ce type d'activité ne seront pas déçus : le vent, omniprésent au large des côtes, attire les véliplanchistes et les surfeurs de tous niveaux. D'une façon générale, la côte au vent (côté Atlantique) exposée à l'alizé, fournit de très bons spots aux véliplanchistes ou aux surfeurs confirmés. La côte sous le vent (côté mer des Caraïbes) est souvent plus facile d'accès pour les néophytes.

Pêche en mer – Les mers des Petites Antilles sont le paradis des pêcheurs. Des prestataires proposent des sorties (demi-journée ou journée complète) en haute mer pour y pratiquer la pêche au gros, d'autres louent simplement leurs bateaux. L'hiver est la saison idéale pour pêcher de gros poissons (espadons, thons, marlins bleus, thazars, etc.). Les offices de tourisme fournissent, pour la plupart, la liste des sites de pêche les plus intéressants. L'Office du tourisme d'Antigua donne la liste des bateaux pour la pêche au gros, ainsi que les prix des sorties et des locations.
Martinique : **Centre de pêche**, Yves Pelisson, La Pointe, 97223 Le Diamant, ☎ 05 96 76 24 20.
Guadeloupe : **Le Rocher de Malendure**, Le jardin Tropical, 97125 Bouillante, ☎ 05 96 90 97 51.

Promenades et randonnées

Randonnées pédestres – Après les sports nautiques, c'est l'activité reine des Petites Antilles. La randonnée permet de découvrir de somptueux paysages, à son rythme. Se munir d'un pantalon et d'une chemise à manches longues, d'un pull léger, de chaussures de marche pour moyenne montagne, d'un vêtement pour la pluie et d'un sac à dos léger. Prévoir également de l'eau et un en-cas pour reprendre des forces. Une

	Véliplanchistes débutants	Véliplanchistes confirmés	Surfeurs
Antigua	Côte Ouest	Côte Est	
La Barbade	Maxwell	Silver Sands (Sud)	Soup Bowl (après Bathsheba)
Bequia		Admiralty Bay, Spring Bay, Friendship Bay, Paget Farm, Industry Beach	
Guadeloupe	Côte Sud de Grande-Terre (Sainte-Anne, Saint-François) et Terre-de-Haut	Sainte-Anne, Saint-François	Le Moule, Port-Louis, Anse Bertrand, Sainte-Anne, Saint-François, Petit Havre
Nevis	Newcastle Bay, Oualie Beach	Oualie Beach	
Saint-Martin		Baie Orientale et Baie de l'Embouchure	Guana Bay
Saint-Barthélemy		Grand Cul-de-Sac et Saint-Jean	Anses des Cayes et Toiny (Lorient)
Sainte-Lucie		Région de Vieux Fort (Sud)	

bonne carte détaillée est souvent très utile (IGN, rue de La Boétie à Paris). Il est souvent intéressant de louer les services d'un guide afin de profiter de son savoir et de sa connaissance du terrain. Certaines randonnées sont d'ailleurs pratiquement impossibles sans avoir recours à l'un d'eux. Pour plus de sécurité, ne jamais partir seul et communiquer sa destination à l'hôtel ou à l'hôte.

Randonnées en Guadeloupe – Pour une bonne approche des randonnées de Guadeloupe, vous pouvez vous procurer des livres et des cartes : *28 randonnées en Basse-Terre*, Parc national de la Guadeloupe (1994) ; *topo-guide du GR G1, la trace des Alizés*, Fédération française de la randonnée pédestre et Parc national de la Guadeloupe (1996) ; cartes IGN n°s 4602 G (Pointe-Noire/Sainte-Rose/Lamentin), 4605 G (Bouillante/La Soufrière/Capesterre-Belle-Eau) et 4606 G (Basse-Terre/Les Saintes).

Randonnées en Martinique – *31 sentiers balisés en Martinique*, édité par l'Office national des forêts et le conseil général de la Martinique.

VTT – C'est une activité encore peu pratiquée aux Petites Antilles, mais qui se développe en Guadeloupe et en Martinique.

Jeunes vététistes

Martinique : **VT TILT**, Anse Mitan, 97229 les Trois-Îlets, ☎ 05 96 66 01 01.
Guadeloupe : **Guadeloupe Découverte**, 80 marina Pieds-dans-l'Eau, 97110 Pointe-à-Pitre, ☎ 05 90 90 92 35.
Location de VTT à The Valley (Anguilla), Saint John's (Antigua), à Hastings et Maxwell (la Barbade), à Petite Valley (Lance aux Épines – la Grenade).

Randonnées équestres – Les promenades à cheval sur la plage ou à l'intérieur des îles peuvent constituer une activité agréable en dehors des heures chaudes de la journée, permettant de découvrir les paysages et la nature environnante. Certains prestataires proposent des promenades en charrette à bœufs. Si vous êtes cavalier, ne cautionnez pas les ranchs qui proposent des chevaux en mauvais état (blessés au garrot ou aux membres). Ce genre d'usines à touristes, heureusement peu fréquentes, nuisent à l'image de l'équitation et diminuent de beaucoup le plaisir de la promenade.
Guadeloupe : **Le Grand Morne**, Domaine Lalanne, 97117 Port-Louis, ☎ 05 90 22 84 19.
Voir également le carnet pratique accompagnant la description de Saint-François.

Autres activités

Golf – Trace de l'héritage britannique, le golf est présent quasiment sur toutes les îles avec des parcours de neuf trous, généralement placés à proximité des grands complexes touristiques : à Antigua (Half Moon Bay), la Barbade (Heywoods Resort Golf Course à Saint Peter, et Rockley Resort Golf Club à Christ Church), la Grenade (Grenada Golf Club), Saint Kitts (Golden Rock Golf Course) et Sainte-Lucie (Cape Estate Golf Course, et La Toc Hotel Golf Course). Des parcours de dix-huit trous existent en Martinique *(voir le carnet pratique accompagnant la description des Trois-Îlets)*, en Guadeloupe *(voir le carnet pratique accompagnant la description de Saint-François)*, à Antigua (Cedar Valley Golf Club), la Barbade (Sandy Lane Golf Club), Saint Kitts (Frigate Bay Golf Course) et Saint-Martin (Mullet Bay Resort Golf Course). Les aménagements de ces golfs, dont les tracés s'inscrivent dans de luxuriants îlots de végétation tropicale, sont toujours somptueux ; celui des Trois-Îlets offre un cadre unique entre la baie de Fort-de-France et les abords de la Pagerie.

Les joies du golf

Sports d'eau vive – Canoë-kayak, canyoning, rafting et randonnée aquatique prennent de l'envergure dans les îles françaises, en raison de la multitude de rivières qui dévalent les pentes abruptes des hauts reliefs. Ces activités nécessitent néanmoins une certaine technique et une bonne connaissance du terrain. Il est donc indispensable de les pratiquer avec un moniteur sachant « lire » le cours d'eau emprunté et connaissant les particularités de la météo locale. Les prestataires fournissent le matériel.
Martinique : **Les Kayaks du Robert**, rue Courbaril, 97231 Le Robert, ☎ 05 96 65 70 68.
Guadeloupe : **Parfum d'Aventure**, avenue de l'Europe, 97118 Saint-François, ☎ 05 90 88 47 62.

Les Petites Antilles vues du ciel – Diverses activités aériennes comme l'ULM ou l'hélicoptère permettent de découvrir les îles sous un autre angle, et de goûter à la beauté des paysages vus du ciel.
Martinique : **Heliblue**, Marina Pointe du Bout, 97229 les Trois-Îlets, ☎ 05 96 10 66 10 80. www.heliblue.com
Guadeloupe : **Alpha Aviation**, aérodrome de Saint-François, 97118 Saint-François. ☎ 88 70 10. **Ailes Guadeloupéennes**, aéroport du Raizet, ☎ 05 90 83 24 44.

Plaisance, croisières

La navigation de plaisance, tout comme les croisières organisées, constitue une très agréable façon de découvrir la région d'île en île. Les Petites Antilles abritent quelques ports de plaisance mais aussi de ravissantes baies protégées qui peuvent faire l'objet d'une escale improvisée.

La plaisance

La plaisance permet de découvrir les îles à son gré. Les mouillages sont présents sur chaque île et il est relativement aisé de relier plusieurs d'entre eux au cours d'un périple bien organisé. Les eaux calmes de la mer des Caraïbes sont propices à la voile (on ne navigue pratiquement jamais du côté de l'Atlantique).

Les locations de bateaux – On peut louer des bateaux avec ou sans équipage (en général un skipper et une cuisinière qui s'occupe des provisions). Dans ce dernier cas, le permis bateau n'est pas obligatoire, il suffit de prouver au loueur qu'on maîtrise la navigation. La compagnie **ATM/Stardust**, l'une des plus importantes des Petites Antilles, a des agences à la Guadeloupe (place Créole, Bas-du-Fort, 97190 Le Gosier, ☎ 05 90 90 92 02), à la Martinique (Marina du Marin, 97290 Le Marin, ☎ 05 96 74 98 17 ou 87 88), à Saint-Martin (Anse Marcel, 97150 Saint-Martin, ☎ 05 90 87 45 66) et à Saint-Vincent.

Le mouillage – Les plaisanciers doivent déclarer entrée et sortie aux bureaux de douane des principaux ports des îles. Dans les îles anglophones, il faut s'acquitter d'une taxe d'entrée et/ou de sortie.

Anguilla : à Road Bay ou au port de Blowing Point.
Antigua et Barbuda : à English Harbour ou Deep Water Harbour.
La Barbade : absence d'infrastructures pour la plaisance, car la mer est dangereuse.
La Dominique : à Roseau ou à Portsmouth. Le mouillage dans la baie de Soufrière est interdit.
La Grenade : à Saint George's ou à Prickly Bay ; à Hillsborough (Carriacou).
Guadeloupe : à Pointe-à-Pitre (sur la marina du Bas-du-Fort), à Saint-François (sur la marina), à Basse-Terre (sur la marina de rivière Sens) ou à Deshaies ; à Grand-Bourg (Marie-Galante).
Martinique : à Fort-de-France (ponton de la baie des Flamands) ou au Marin (sur la marina).
Montserrat : à Plymouth.
Saba : à Fort Bay.
Saint-Barthélemy : à la capitainerie de Gustavia.
Saint Kitts et Nevis : à Basseterre et Charlestown.
Saint-Martin : à Philipsburg ou au Marigot.
Saint-Vincent et les Grenadines : à Kingstown ou Wallilabou Bay, à Britannia Bay (Mustique), à Admiralty Bay (Bequia), à Clifton (Union Island).
Sainte-Lucie : aux douanes de Rodney Bay, Marigot Bay, Castries ou Vieux Fort.
Il est recommandé de réserver pour accoster et passer la nuit.

Les croisières

Un climat idéal, exception faite des alertes cycloniques, a fait des Antilles la première zone mondiale de la croisière organisée. Les anciens transatlantiques reconvertis cèdent la place à des navires spécialement équipés pour offrir, à un bon millier de touristes, animations (musique, danse, casino, bar) et activités sportives. Certains passagers ne descendent même pas lors des escales : la quantité des visiteurs, plus que la durée de leur séjour, fait, pour les Petites Antilles, l'intérêt économique des croisières.
La clientèle Nord-américaine – 2/3 du marché – s'embarque en Floride, et croise surtout entre les Caïmans et Saint-Martin. Au départ de Porto Rico, les navires s'enfoncent plus avant dans l'arc antillais, de Saint Kitts aux Grenadines. Fort-de-France, où l'on caresse l'ambitieux projet d'un port-base, est une escale fréquente. Moins populaire, la Guadeloupe rattrape peu à peu son retard, grâce à la mise en valeur de ses petites îles du Nord, déjà très appréciées (Saint-Barthélemy et Saint-Martin), et du Sud, plus méconnues (les Saintes, Marie-Galante).

Croisières à partir de la métropole – Il est possible de s'embarquer depuis la métropole sur des cargos bananiers pourvus de quelques cabines équipées pour les passagers en mal d'aventure. Il est recommandé de réserver longtemps à l'avance auprès de la **Compagnie Générale Maritime** (CGM) : 22, quai Galliéni, 92158 Suresnes Cedex, ☎ 01 46 25 70 00 (autres bureaux à Dunkerque, ☎ 03 28 58 46 00 ; Le Havre, ☎ 02 35 53 60 00 ; Bordeaux, ☎ 05 56 11 96 00).

Paquebot de croisière en escale à Sainte-Lucie

Croisières dans les Caraïbes – Il existe une multitude de compagnies qui proposent tout un éventail de forfaits allant de la simple journée à la semaine entière. *Voir les adresses données dans le carnet pratique accompagnant la description de Saint-Barthélemy et de Saint Vincent and the Grenadines.*
Saint-Martin est une plaque tournante des croisières, situation qui s'explique par son statut de port franc et sa position géographique.

À savoir avant de réserver : l'ambiance des croisières caribéennes les moins onéreuses est généralement très « club », et il faut aimer se distraire en groupe pour pouvoir les apprécier pleinement ; les escales à terre sont souvent courtes et laissent donc peu de temps pour découvrir le pays.

« (...) elle a sur la même pointe deux rochers sortant de la mer, au milieu une faille jusqu'à la mer où seuls des canoës peuvent passer. De là, la partie ouest est très élevée, la partie la plus haute est la partie sud-est. Dans cette partie sud, à la pointe, on trouve un rocher et deux autres dans la partie nord vers Montserrat et près de ce rocher dans le sud s'élèvent les Saintes qui sont quatre îlots. » (Description de la Guadeloupe dans le routier de Baltasar Vellerino, 1592 ; les routiers étaient des sortes de guides de voyage destinés aux navigateurs.)

Autres distractions

Les distractions typiques

Ce sont celles qui permettent de se mêler à la foule des Antillais et de goûter à leur bonne humeur, aussi légendaire que communicative.

Léwoz et zouks – Ces fêtes locales sont organisées en fin de semaine dans les villages ou sur la plage. On y mange, on y danse et on y boit : des poissons ou des morceaux de poulet sont grillés sur des barbecues de fortune et la buvette accueille son cortège d'habitués du ti-punch. L'animation musicale est assurée par un groupe qui a pour première mission de « chauffer » la foule, ce qui est relativement aisé lorsqu'on s'adresse à un public antillais.

Dominos – L'engouement pour les dominos touche toutes les Petites Antilles. On y joue jusque dans les coins les plus reculés, principalement sous les vérandas des « lolos » ; parfois, des sommes importantes sont mises en jeu. À Saba, le personnel de l'aéroport en fait son passe-temps favori entre deux atterrissages. À Bequia, ce sont les pêcheurs de baleines qui y jouent tout en sirotant un rhum vieux. Dans le parc floral de Fort-de-France, les dominos claquent sur les tables en bois disposées un peu partout. Créant autour d'eux une vive animation, voire un sacré tapage, ils conditionnent les fins d'après-midi entre amis, rythmées de rondes de « ti pape » *(voir p. 68)*.

Combats de coqs – Ils rassemblent toujours une foule de parieurs et de spectateurs enthousiastes. Ils ont lieu sur toutes les îles des Petites Antilles de novembre à avril, généralement le samedi et le dimanche *(voir Sainte-Luce en Martinique)*.

Les distractions « touristiques »

Casinos – Installés dans de grands hôtels de bord de mer, les casinos accueillent principalement les touristes fortunés. Ces établissements sont peu nombreux dans les Petites Antilles, mais contribuent à égayer les soirées parfois un peu ternes de l'hébergement international de standing. Une tenue correcte est exigée à l'entrée ; les jeux d'argent sont interdits aux mineurs de moins de 18 ans.

Antigua	Heritage Quay à Saint John's, hôtel Royal Antigua, Saint-James Club au Sud-Est de l'île.
Guadeloupe	Gosier (à partir de 21 h sauf le dimanche), Saint-François.
Martinique	Hôtel Méridien aux Trois-Îlets, hôtel La Batelière à Schœlcher.
Saint-Martin	Maho Bay, Philipsburg.

Discothèques – Les discothèques sont avant tout destinées aux touristes, car les Antillais eux-mêmes sortent peu le soir. Elles sont le plus souvent implantées à proximité des hôtels internationaux, lorsqu'elles n'en dépendent pas directement. Une tenue vestimentaire correcte est conseillée (éviter de porter des parures de valeur).

Cinémas – Pour les amoureux des salles obscures, le cinéma est toujours envisageable... les jours de pluie.

Guadeloupe	Renaissance, place de la Victoire, Pointe-à-Pitre. ☎ 05 90 82 01 94. Rex, rue René-Wachter, Pointe-à-Pitre. ☎ 05 90 82 20 20. Ciné-Théâtre, Mairie du Lamentin. ☎ 05 90 25 89 74 ou 73. D'Arbaud, boulevard du Général-Félix-Éboué, Basse-Terre. ☎ 05 90 81 18 35.
Martinique	Olympia, 46, avenue des Caraïbes, Fort-de-France. ☎ 05 96 73 24 05. Ciné-Théâtre, 106, rue Victor-Sévère, Fort-de-France. ☎ 05 96 60 59 59 ou 05 96 50 60 61. Élysée, rue Lucy, Saint-Pierre. ☎ 05 96 78 18 06.

Journaux locaux détaillant les distractions dans les îles

Anguilla	*What We Do In Anguilla*.
Antigua et Barbuda	*Antiguan Nights*, disponible à l'Office de tourisme.
Barbade	*The Visitor*, hebdomadaire gratuit.
Grenade	*The Greeting* et *Discover Grenada*, disponibles gratuitement à l'Office de tourisme.
Guadeloupe	*Sept Mag*, tous les jeudis.
Martinique	*Choubouloute*, tous les jeudis.
Saint-Barthélemy	*Saint-Barth Magazine*, mensuel gratuit.
Saint-Martin	*Discover Saint-Martin/Sint Maarten*, journal bilingue disponible gratuitement à l'Office de tourisme et à l'aéroport.
Saint-Vincent	*Discover Saint Vincent and the Grenadines*, disponible gratuitement à l'Office de tourisme.
Sainte-Lucie	*Tropical Traveller*, mensuel gratuit disponible à l'Office de tourisme et dans les hôtels.

Au marché

Pittoresques, colorés, chaleureux, parfumés ; les qualificatifs abondent pour décrire les marchés antillais, véritables concentrés de vie locale avec leurs bavardages, leurs cris et leurs rencontres. On y discute, on compare, on palabre en créole, on prend des nouvelles de la famille : le marché est un lieu convivial où l'on a ses habitudes.
La richesse et la diversité des marchandises peuvent dérouter le touriste : comment distinguer un fruit d'un légume ? Que cuisiner avec telle épice ? Autant de questions qu'on peut poser directement aux marchandes, toujours prêtes, en échange d'un sourire et d'un mot aimable, à révéler les secrets de la gastronomie créole.

Où, quand, comment ? – Le marché se tient traditionnellement sur la place du village ; dans les centres-villes, il s'abrite sous des halles.
Les marchés ont lieu deux ou trois fois par semaine, mais c'est le samedi qu'ils sont les plus étendus, les plus fréquentés, les plus achalandés, bref, les plus vivants. Ils débutent tôt le matin, autour de 6 h, et peuvent durer jusqu'à la tombée de la nuit. Malgré le sentiment de confusion qui semble y régner, les marchés sont bien organisés. Sous la halle sont rassemblées les marchandes d'épices qui proposent leurs sachets de poudre de colombo, de roucou, etc., et leurs bouteilles remplies de préparations « maison » aux diverses vertus. À l'extérieur, on trouve les marchandes de fruits et légumes qui épluchent ou nettoient leurs produits à l'ombre d'un parasol. Viennent enfin les poissonniers avec leur balance de Roberval et leurs bassines au-dessus desquelles ils écaillent les poissons. Parfois, des volaillers et des particuliers venus vendre leurs poules ou leurs coquelets les côtoient.

Il existe des marchés spécialisés, le plus souvent dans les grandes villes : marché aux fruits et légumes, marché aux fleurs, marché aux poissons localisé en principe sur le port.

Qu'acheter ? – Poissons, fruits et légumes sont des produits de première qualité lorsqu'on veut cuisiner sur place ; il est en revanche difficile d'en ramener en métropole. Seules les épices, le chocolat et les punchs peuvent faire l'objet d'un « rapatriement gastronomique ». Pour éviter d'embaumer tout le contenu de la valise pour plusieurs mois ou de déchirer l'enveloppe des épices, il est recommandé d'emporter dans ses bagages une boîte hermétique en plastique, de forme allongée.

Pour prendre des photos, la courtoisie est de rigueur ;
aussi est-il bienvenu de demander l'autorisation à la personne concernée.
D'autre part, le marchandage n'est pas en usage.

Ci-dessous sont énumérés quelques produits que nous n'avons pas l'habitude de voir sur les marchés de métropole.

Épices

Bois d'Inde	Feuilles et baies sont utilisées dans les ragoûts, les blaffs de poisson et pour la salaison du porc.
Cannelle	Écorce souvent vendue en copeaux ; parfume admirablement entremets, confitures, punchs et gâteaux.
Colombo	Mélange d'épices moulues proche du curry, qui agrémente viandes et poissons.
Fenugrec	Son odeur tenace parfume les courts-bouillons, les soupes de poissons, ainsi que les plats de légumes.
Roucou	Macérées dans de l'huile, ses graines rouges sont utilisées pour les sauces.
Safran	Accommode les soupes de poisson et surtout le riz.

Fruits

Ananas	Les petits (ananas Victoria, ananas-bouteille) sont les plus sucrés.
Banane figue et ti-nain	Mûre, la banane figue se consomme en dessert ; verte, la ti-nain est cuite pour servir de légume d'accompagnement.
Carambole	Coupé en tranche, il a la forme d'une étoile ; sert surtout de décoration.
Corossol	Gros fruit vert riche en vitamines, utilisé en jus et sorbet ou cuit en flan.
Goyave	Sa chair fait d'excellents sorbets, jus de fruits et confitures.
Quénette	Petit fruit à noyau entouré d'une pulpe gélatineuse. Se consomme nature.

On retrouve en outre sur les étals noix de coco, pamplemousses, etc., bien connus de tous.

Légumes

Banane plantain	Cuite, elle accompagne la morue et la viande.
Christophine	Délicieuse en gratin.
Dachine	Appelée aussi « chou de Chine » ; tubercule qui peut être préparé en purée ; entre dans la composition du calalou.
Fruit à pain	Consommé en frites, croquettes, soufflé et purée.
Giraumon	Légume entrant dans la composition de la soupe antillaise.
Gombo	Sorte de petite courge qui est servie en soupe.
Igname	Racine dont le goût rappelle celui de la pomme de terre.
Patate douce	Même usage que la pomme de terre.
Pois d'Angole	Consommé à Noël avec des ignames et du porc en ragoût.

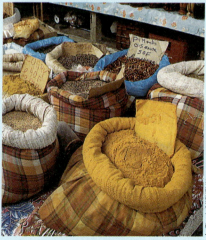

Petites Antilles en métropole

Pour s'imprégner de l'ambiance des îles avant un voyage, ou se rappeler les douceurs vécues là-bas, voici une série de bonnes adresses où peuvent aller les « métros ». Ce sont des établissements où les Antillais de métropole aiment se rendre lorsqu'ils ont le « mal de l'île ».
Un peu moins d'un quart de la population martiniquaise et guadeloupéenne habite la métropole dont 60 % en Île-de-France. Loin de leur île, les uns et les autres forment une communauté qui se reconnaît d'abord comme étant « antillaise » avant de se dire « martiniquaise » ou « guadeloupéenne ».

Restaurants

La Barbacane : 13, rue du Cardinal-Lemoine, 75005 Paris, ☎ 01 43 26 37 01. Métro Cardinal-Lemoine.
La Créole : 122, boulevard du Montparnasse, 75014 Paris, ☎ 01 43 20 62 12. Métro Vavin.
Le Flamboyant : 11, rue Boyer-Barret, 75014 Paris, ☎ 01 45 41 00 22. Métro Pernety. Spécialités martiniquaises.

Spécialités antillaises (épiceries, traiteurs, bars)

Aux Spécialités Antillaises : 14-16, boulevard de Belleville, 75020 Paris, ☎ 01 43 58 31 30. Métro Ménilmontant ou Couronne. Produits antillais et plats préparés ; restaurant le midi.
La Rhumerie : 166, boulevard Saint-Germain, 75006 Paris, ☎ 01 43 54 28 94. Métro Saint-Germain-des-Prés. Ouvert tous les jours de 9 h jusqu'à 2 h du matin en semaine, 3 h le week-end. Grand choix de rhums de la Martinique, la Guadeloupe, Marie-Galante, la Barbade, la Réunion, Cuba et le Brésil, punchs, planteurs et autres cocktails ; assiettes antillaises le midi (jusqu'à 16 h).
Exotic Center : 44, rue de la République, 93200 Saint-Denis, ☎ 01 48 09 14 67. Métro Saint-Denis Basilique.
Than Long : 2, rue Corbillon, 93200 Saint-Denis, ☎ 01 48 20 89 79. Métro Saint-Denis Basilique.

Bijoux

Antilles bijoux : 11, avenue de Saint-Ouen, 75017 Paris, ☎ 01 43 87 67 62. Métro La Fourche.

Disquaires

Afric Music : 3, rue des Plantes, 75014 Paris, ☎ 01 45 42 43 52. Métro Mouton-Duvernet.
Crocodisc : 42, rue des Écoles, 75005 Paris, ☎ 01 43 54 47 95. Métro Maubert-Mutualité.
Debs Musique : 170, rue du Faubourg Poissonnière, 75010 Paris, ☎ 01 42 81 17 42. Métro Barbès-Rochechouart.
Moradisc : 51, boulevard de Rochechouart, 75009 Paris, ☎ 01 42 81 14 89. Métro Pigalle ou Anvers.
FNAC : 136, rue de Rennes, 75006 Paris, ☎ 01 49 54 30 00. Métro Montparnasse ou Saint-Placide.
Virgin Megastore : 52-60, avenue des Champs-Élysées, 75008 Paris, ☎ 01 49 53 50 00. Métro Franklin-D.-Roosevelt.

Libraires

L'Harmattan : 16, rue des Écoles, 75005 Paris, ☎ 01 40 46 79 11. Métro Maubert-Mutualité.
Ulysse : 26, rue Saint-Louis-en-l'Île, 75004 Paris, ☎ 01 43 25 17 35. Métro Pont Marie. Ouvert du mardi au samedi de 14 h à 20 h.
Librairie-cartothèque du **Vieux Campeur**, 2, rue Latran, 75005 Paris, ☎ 01 53 10 48 37. Métro Maubert-Mutualité.
FNAC : 136, rue de Rennes, 75006 Paris, ☎ 01 49 54 30 00. Métro Montparnasse ou Saint-Placide. Rayon consacré à la littérature antillaise.

Discothèques

Le Balisier : 47, rue Berger, 75001 Paris, ☎ 01 42 33 74 26. Métro/RER Les Halles. Shows d'artistes le dimanche soir.
La Chapelle des Lombards : 19, rue de Lappe, 75011 Paris, ☎ 01 43 57 24 24. Métro Bastille. Concerts zouk et salsa.

L'Alizé Club : 14, rue de la Croix-Nivert, 75015 Paris, ☎ 01 45 66 63 62. Métro Cambronne. Chanteur ou groupe le jeudi.

Le Mambo Club : 20, rue Cujas, 75005 Paris, ☎ 01 43 54 89 21. Métro/RER Cluny-Sorbonne ou RER Luxembourg. Spectacle le dimanche à 23 h.

Cours de danse

Centre de danse Alésia : 119, avenue du Général-Leclerc, 75014 Paris, ☎ 01 45 43 56 57. Métro Porte d'Orléans.

Médias

Radio

Média Tropical, la « radio de l'outre-mer en région parisienne », sur FM 92.6 (66, avenue des Champs-Élysées, 75008 Paris, ☎ 01 44 35 70 26).

Espace FM, « le son métissé de la région parisienne », sur FM 98.8 (92-98, boulevard Victor-Hugo, 92115 Clichy, ☎ 01 40 87 79 00).

Africa n° 1, FM 107.5 (193, rue du Faubourg Poissonnière, 75009 Paris, ☎ 01 55 07 58 01). Programmation afro-caribéenne.

Presse

Dom Hebdo (54, avenue Jean-Jaurès, 93500 Pantin, ☎ 01 49 15 04 75). Paraît tous les 15 jours. En vente dans les kiosques d'Île-de-France.

Tempo Kreyol, « véhicule de l'information kreyol et caribéenne » (20, rue des Olivettes, 44000 Nantes, ☎ 02 51 72 33 47). Mensuel en vente dans certains kiosques.

Télévision – RFO diffuse le dimanche matin les émissions « Outremers » (35, rue Danton, 92240 Malakoff, ☎ 01 55 22 71 00).

Livres, films et disques

LIVRES ET CARTES

Cartes routières

Les îles françaises sont couvertes par les cartes de l'IGN à échelles intéressantes : 1/100 000 et 1/25 000. Les autres îles sont parfois cartographiées par Ordnance Survey. Blay Foldex publie une carte représentant la Guadeloupe, la Martinique, Sainte-Lucie et la Dominique au 1/125 000 et au 1/165 000 (Série internationale n° 348). Les agences de location de voitures fournissent fréquemment une carte de l'île suffisamment détaillée pour se repérer.
Pour se procurer les cartes, voir le chapitre précédent (Petites Antilles en métropole).

Dictionnaires, encyclopédies

Madras, dictionnaire encyclopédique pratique de la Martinique *(Exbrayat, 1993)*
Dictionnaire encyclopédique des Antilles et de la Guyane *(Désormeaux, 1995)*

Nature

Les Plus Belles Balades à la Guadeloupe par G. Berry et B. Pambour *(Les Créations du pélican)*
Les Plus Belles Balades à la Martinique par J.-M. Renault *(Les Créations du pélican)*
Balades aux Saintes par J.-M. Renault *(Les Créations du Pélican)*
Les Milieux humides du littoral guadeloupéen *(Office national des forêts/Direction régionale de la Guadeloupe)*
Plantes fabuleuses des Antilles par C. Sastre et J. Portecop *(Éditions caribéennes)*
Guide des plantes tropicales par Andreas Bärtels *(Ulmer)*
Guides géologiques régionaux, Vol. Martinique Guadeloupe, par D. Westercamp et H. Tazieff *(Masson)*
The Nature of the Islands par V. Barlow *(A Chris Dowle Guide)*

Histoire, art et architecture

Antilles, Guyanes, la mer des Caraïbes de 1492 à 1789 par D. Devèze *(SEDES/Regards sur l'histoire)*
Les Petites Antilles de Christophe Colomb à Richelieu par J.-P. Moreau *(Karthala)*
La Guadeloupe 1492-1848 par H. Bangou *(L'Harmattan)*

Histoire de l'architecture dans la Caraïbe par D. Buissert *(Éditions caribéennes)*
La Guadeloupe en 1900 (cartes postales commentées) par J.-M. Renault *(Les Éditions du pélican)*
Musiques caraïbes par I. Leymarie *(Actes Sud/Cité de la Musique)*

Essais sur la littérature, témoignages

La Littérature franco-antillaise par R. Antoine *(Karthala)*
Cahier d'un retour au pays natal par Aimé Césaire *(Présence africaine)*
Écrire la « parole de nuit », ouvrage collectif *(Gallimard, collection Folio)*
Les Maîtres de la parole créole par Raphaël Confiant *(Gallimard)*. Recueil de contes et biographies de conteurs.
Voyages aux Isles par le Père J.-B. Labat *(Phébus, collection D'ailleurs)*
Un flibustier français dans la mer des Antilles présenté par J.-P. Moreau *(Petite Bibliothèque Payot/Voyageurs)*
Les Flibustiers du nouveau monde par Alexandre Olivier Oexmelin *(Phébus, collection D'ailleurs)*

Romans

Zonzon tête carrée par Ina Césaire, *Éditions du Rocher* (Martinique)
Chronique des sept misères par Patrick Chamoiseau, *Gallimard /Folio* (Martinique)
Texaco par Patrick Chamoiseau, *Gallimard/Folio*, Prix Goncourt 1992 (Martinique)
Traversée de la mangrove par Maryse Condé, *Gallimard /Folio* (Guadeloupe)
Le Nègre et l'Amiral par Raphaël Confiant, *Le Livre de Poche* (Martinique)
Le Quatrième Siècle par Édouard Glissant, *Gallimard /L'Imaginaire* (Martinique)
Annie John par Jamaica Kincaid, *Éditions de l'Olivier* (Antigua)
Tambour-Babel par Ernest Pépin, *Gallimard* (Guadeloupe)
La Grande Drive des esprits par Gisèle Pineau, *Le serpent à plumes* (Guadeloupe)
La Mulâtresse Solitude par André Schwarz-Bart, *Seuil/Points* (Guadeloupe)
Pluie et vent sur Télumée Miracle par Simone Schwarz-Bart, *Seuil /Points* (Guadeloupe)

Divers

Antilles *(Autrement, hors série n° 41, 1989)*
Quimbois, magie noire et sorcellerie aux Antilles par Ary Ebroïn *(La Pensée moderne)*
Guadeloupe, produits du terroir et recettes traditionnelles, ouvrage collectif *(Albin Michel)*
Martinique, produits du terroir et recettes traditionnelles, ouvrage collectif *(Albin Michel)*

SÉLECTION DE FILMS TOURNÉS DANS LES PETITES ANTILLES

Island in the Sun, 1957, de Robert Rossen avec James Mason, Harry Belafonte et Joan Collins *(la Barbade)*.
Doctor Dolittle *(L'Extravagant Dr Dolittle)*, 1967, de Richard Fleischer avec Rex Harison *(Sainte-Lucie)*.
Le Sauvage, 1975, de Jean-Paul Rappeneau avec Yves Montand et Catherine Deneuve *(Martinique)*.
Le Candidat Coco la Fleur, 1978, de Christian Lara avec Robert Liensol et Jennifer – En créole et en français.
Fire Power *(L'Arme au poing)*, 1979, de Michaël Winner avec Sophia Loren *(Sainte-Lucie)*.
Rue Cases-Nègres, 1983, d'Euzhan Palcy, d'après le roman de Joseph Zobel, avec Darling Legitimus et Gary Cadenat *(Martinique)*.
Water *(Ouragan sur l'eau plate)*, 1985, de Dick Clément avec Michael Caine *(Sainte-Lucie)*.
Une saison blanche et sèche, 1989, d'Euzhan Palcy, d'après le roman d'André Brink, avec Donald Sutherland, Janet Suzman, Susan Sarandon et Marlon Brandon *(Martinique)*.
Béhanzin, 1993, de Guy Deslauriers, scénario de Patrick Chamoiseau, avec Delroy Lindo et France Zobda *(Martinique)*.

DISQUES COMPACTS

Pour la classification des genres musicaux, se reporter p. 96. Pour se procurer en France les titres conseillés ci-dessous, s'adresser aux disquaires dont l'adresse est donnée dans le chapitre Petites Antilles en métropole.

Biguines, mazurkas et valses créoles

Biguine : Biguine, valse et mazurka créoles, Vol. 1 : 1929-40 et Vol. 2 : 1930-43 *(Frémeaux & Associés, 1994)*. L'âge d'or des bals nègres.
Henri Debs et son Combo de 1958 à 1972 *(Henri Debs Productions, 1997)*. Biguines.

Une scène du film *Rue Cases-Nègres*

Gros-ka, belair, boula gyel...

Dekatman, Akiyo *(Blue Silver, 1995)*. Mindé : gros-ka rythme carnaval (Guadeloupe).
Flanm'a la viktwa, Esnard Boisdur et son groupe Katel *(Sonodisc, 1995)*. Gros-ka (Guadeloupe).
Yé, Jodi, Dèmen, Kan'Nida *(Sonodisc)*. Gros-ka, Boula gyel (Guadeloupe).
Michel Laurent, Michel Laurent *(Debs Music)*. Gros-ka (Guadeloupe).
Mi Bélé A, Ti Raoul Grivalliers *(Ethnic, 1996)*. Calenda, laghia, biguine, grand bélé, etc. (Martinique).
Musical Traditions of St Lucia, West Indies *(Smithsonian Folkways, 1993)*. Chanté abwé, chants de travail, quadrille, léwoz, bélé de funérailles, etc. (Sainte-Lucie).

Autres traditions musicales renouvelées

The Very Best of, Malavoi *(Arcade, 1995)*. Musique traditionnelle antillaise (Martinique).
Chouval Bwa sans frontières, Dédé Saint-Prix *(Blue Silver, 1995)*. Chouval Bwa, salsa et autres rythmes populaires « newlook » (Martinique).
Vaval, le meilleur du carnaval des Antilles, Vol. 1 *(Déclic Communication, 1996)*. Biguine-vidé, zouk, etc.
Chawa, Mario Canonge *(Mélodie, 1997)*. Jazz antillais (Martinique).
Punch en musique, Mario Canonge *(Mélodie, 1999)*. Jazz antillais (Martinique).
Rétrospective, Henri Guédon, *(Frémeaux & A, 1996)*. Latin jazz (Martinique).
Piano Biguines, Alain Jean-Marie, *(Debs Music, 1993)*. Jazz antillais (Martinique).

Zouk

Majestik Zouk, Kassav *(Sony Music)*. Zouk (Martinique).
Planète Zouk, Vol. 1, *(Déclic communication)*. Zouk.
Enminm' Rev', Prestige *(Sonodisc, 1995)*. Zouk love (Martinique).
The Rhythm of the Times, Ophélia *(Island Music, 1996)*. Zouk love influence kadans (Dominique).

Steel-drums, calypso, soca, kadans

Steel Drum Festival, *(Tradition/hifi, 1996)*. Steel-drums (Antigua).
The King of Soca, the Best of Arrow, Arrow *(Sonodisc, 1994)*. Soca (Montserrat).
One More, Red Plastic Bag & Mac Fingall *(WIRL, 1996)*. Soca (Saint-Vincent).
The Complete Collection, Vol. 1 : 1976-1977, Exile One *(Gohen Music)*. Kadans (Dominique).
Cé Vou, Midnight Groovers *(Sonodisc)*. Kadans (Dominique).
Ooh la la, Ruff & Reddy, Cornel *(Phillip, 1996)*. Calypso, Kadans (Dominique).

Reggae, raga

Ragga-Kolor, Vol. 1, Ronald Rubinel *(Mélodie, 1995)*. Raga (Martinique).
Reggae Dom, The Best of Reggae French West-Indies *(Blue Silver, 1996)*. Reggae.

Principales manifestations

Janvier
La Barbade .... Coupe du monde de planche à voile à Silver Sands.

Mi-janvier
Saint-Barthélemy .... Festival de musique (jazz, classique, danse) pendant deux semaines.

Fin janvier
Saint-Barthélemy .... Régate de trois jours.

Février
La Barbade .... Holetown Festival (commémoration du débarquement anglais).
Carriacou .... Festival.
Guadeloupe .... Tour de l'île à la voile.
Martinique .... Semaine nautique de Schœlcher.

Mardi gras/mercredi des Cendres
Dominique, Guadeloupe, ... Carnaval.
Martinique, Saint-Barthélemy
Saint-Martin et Sainte-Lucie ..

Mars
Saint-Martin .... Tournoi annuel de pêche.

17 mars
Montserrat .... Saint Patrick.

Fin mars, début avril
Saint-Barthélemy .... Festival international de l'image sous-marine.

Week-end de Pâques
La Barbade .... Oistins Fish Festival (courses de bateaux, artisanat...).
Bequia .... Régate.

Lundi de Pâques
Guadeloupe .... Journée du crabe à Morne-à-l'Eau.

Deuxième semaine après Pâques
Saint Martin .... Carnaval (deux semaines).

Avril
Martinique .... Fête de l'astronomie.

Dernier dimanche d'avril
Antigua .... Antigua Sailing Week (courses nautiques).

Mai
Saint-Martin .... Grand prix cycliste.

8 mai
Martinique .... Commémoration de la tragédie de Saint-Pierre.

Mi-mai
Saint-Barthélemy .... Régate internationale.

Fin mai
Sainte-Lucie .... Festival de jazz.

21 juin
Guadeloupe, Martinique .... Fête de la musique.

29 juin
Dominique .... Fête de saint Pierre, avec bénédiction des bateaux.

Juillet
Guadeloupe .... Festival du Gros-ka à Sainte-Anne.
Tour de l'île à la voile en neuf étapes.
Marie-Galante .... Fête de la canne.

Début juillet
Saint-Vincent .... Carnaval de Vincy Mas (deux semaines).
Martinique .... Festival culturel de Fort-de-France.

14 juillet
Guadeloupe, Martinique .... Fête nationale.

Mi juillet
La Barbade .... Crop-Over Festival (trois semaines).
Martinique .... Tour cycliste (une semaine).

Fin juillet
Antigua .... Carnaval.
Saba .... Festival d'été.

Fin juillet ou début août
Carriacou .... Régate.

Août
Anguilla .... Carnaval (une semaine).
Guadeloupe .... Course cycliste internationale (dix jours).
Martinique .... Festival culturel du Marin.

Début août
Guadeloupe .... Fête des cuisinières.
Martinique .... Tour des yoles rondes (une semaine).

2e week-end d'août
La Grenade .... Carnaval.

24 août
Saint-Barthélemy .... Fête de saint Barthélemy (feux d'artifice, courses nautiques...).

Fin août
La Barbade .... Banks Fields Hockey Festival.

Octobre
Guadeloupe .... Grand prix des Caraïbes de pêche au gros.
.... Festival de jazz.

Novembre
Dominique .... Creole Day (festival de musique).
Guadeloupe .... Festival de la chanson créole.
                                         Arrivée (tous les quatre ans : 2006, etc.) de la « Route du Rhum ».
Martinique .... Tournoi international de pêche sportive du Marin.
                                         Festival de la clarinette.
Saint-Barthélemy .... Marathon suédois (la Gustavialopette).

1er novembre
Guadeloupe, Martinique .... Illumination des cimetières.

Course de yoles

Début novembre
La Barbade .... Championnat international de surf à Bathsheba.

22 novembre
Guadeloupe .... Fête de sainte Cécile (patronne des musiciens).

Décembre
Martinique .... Festival de jazz (années impaires) ou festival de guitare (années paires).
Semi-marathon international de Fort-de-France.
Montserrat .... Carnaval.
Saint Kitts .... Carnaval (une semaine).
Sainte-Lucie .... Atlantic Rallye for Cruisers (course transatlantique).

Début décembre
La Barbade .... Marathon de Run Barbados.
Saba .... Saba Days (orchestres de steel-drums, danses, événements sportifs...).

Mi-décembre
Saint-Barthélemy .... Route du Rosé (course transatlantique de Saint-Tropez à Gustavia ; les navires transportent la cuvée des vins rosés de l'année).

Saint-Pierre et la Montagne Pelée

Invitation au voyage

Le décor naturel

ANTILLES, CARAÏBE, WEST INDIES... ET LES AUTRES

Le terme « Antilia » qui désignait, au Moyen Âge, une île légendaire située au milieu de l'océan Atlantique fut délaissé après les voyages de découverte de Christophe Colomb, sauf par les Portugais qui se plaisaient à colporter la légende et baptisèrent ainsi Saint-Domingue ; les Espagnols lui préférèrent celui d'« Indes » qui finit par désigner l'ensemble du continent américain nouvellement découvert ; cependant, les Petites Antilles actuelles étaient parfois appelées « Îles des Cannibales » (déformation de Kalinas c'est-à-dire Caraïbes).

Aux 17ᵉ et 18ᵉ s., la dénomination « Antilles » est encore rarement utilisée ; l'archipel antillais est surtout désigné sous le nom d'« Indes occidentales » ou celui d'« Isles d'Amérique ». Français et Espagnols qualifient les îles du Sud, de Saint-Thomas à Trinidad, d'« Îles du Vent » et les îles du Nord d'« Îles Sous-le-Vent ». Il faut attendre la période révolutionnaire pour voir s'imposer, en France du moins, le terme « Antilles ».

Aujourd'hui on distingue, d'après leur taille, les Grandes Antilles, au Nord et à l'Ouest (Cuba, Haïti, Jamaïque, Porto Rico), des Petites Antilles, à l'Est et au Sud de l'archipel. Celles-ci sont parfois partagées entre « Îles Sous-le-Vent » au large de la côte vénézuélienne et « Îles du Vent » sur l'arc antillais. La « Caraïbe », enfin, englobe une vaste région comprenant l'ensemble des Antilles et une partie des terres bordant la mer... des Caraïbes.

Fidèles à la tradition, les Anglais conservent la dénomination *West Indies* (Indes occidentales) pour les Petites Antilles ; ils désignent par *Windward Islands* (Îles du Vent) les îles États membres du Commonwealth situées dans le Sud des Petites Antilles (Grenade, Saint-Vincent et les Grenadines, Sainte-Lucie, Dominique) ; les îles de la partie septentrionale (Montserrat, Antigua et Barbuda, Saint Kitts et Nevis, Anguilla) sont alors les *Leeward Islands* (Îles Sous-le-Vent).

DES ÎLES ET DES VOLCANS

L'arc des Petites Antilles

Bordées par l'océan Atlantique à l'Est et la mer des Caraïbes à l'Ouest, les Petites Antilles dessinent un arc d'îles et d'îlots, véritable « collier de perles » égrenées sur près de 750 km depuis le passage d'Anegada au Nord jusqu'à la pointe méridionale de la Grenade. Ces petits mondes sont proches les uns des autres par la distance – il n'est pas rare d'apercevoir d'une île la silhouette de sa voisine – mais, marque de l'insularité, ils possèdent chacun leur spécificité et offrent une gamme étendue de paysages traduisant la diversité de leurs reliefs, de leurs nuances climatiques et de leurs formations végétales.

L'arc des Petites Antilles épouse le tracé d'une ligne de fracture de l'écorce terrestre, à l'endroit où la « plaque » Atlantique se glisse sous la « plaque » Caraïbe (phénomène de subduction). Depuis environ 50 millions d'années, une intense activité volcanique, responsable du chapelet d'îles que nous connaissons aujourd'hui, règne dans cette zone de contact et de turbulence. En fait, trois arcs parallèles, mis en place successivement, composent cette cordillère en formation : l'arc externe, qui comprend, entre autres, Saint-Barthélemy, Saint-Martin, Antigua et la Désirade, est le plus ancien ; l'arc intermédiaire, avec notamment la Grande-Terre de la Guadeloupe, Marie-Galante et l'Est de la Martinique, s'est formé entre - 16 et - 6,5 millions d'années ; l'arc interne enfin, le plus récent, englobe les îles dont le volcanisme est actif ou subactif : Saba, Nevis, Montserrat, la Basse-Terre de la Guadeloupe, la Dominique, l'Ouest de la Martinique avec la Montagne Pelée, etc.

Dans les îles les plus anciennes, les massifs volcaniques ont été usés par l'érosion avant d'être en grande partie recouverts de sédiments calcaires d'origine récifale. Plaines et plateaux constituent l'essentiel de leurs paysages.

Ces îles au relief modéré contrastent avec celles de l'arc interne, montagneuses, souvent difficilement pénétrables, où se dressent les plus hauts sommets (la Soufrière de la Guadeloupe, avec 1 467 m, est le point culminant des Petites Antilles) ; les plaines y sont, sauf exception, exiguës, voire absentes. Presque toute la panoplie des formes du relief volcanique est présente : cônes, cratères, coulées de laves ou de ponces, matériaux de projections (blocs, bombes, lapilli, cendres), dômes, pitons et aiguilles, brèches... Les versants escarpés, disséqués en planèzes, sont parcourus de profondes ravines (les « guts » ou « ghauts » de Saint Kitts ou Montserrat).

Outre les secousses telluriques, qui peuvent être violentes comme à Saint Kitts et Nevis les 29 et 31 décembre 1950, le volcanisme actuel de l'arc interne se manifeste par des éruptions magmatiques, dont les Soufrière Hills de Montserrat offrent depuis 1995 un exemple spectaculaire *(voir Montserrat)*, des éruptions phréatiques *(voir ci-dessous)*, des émissions fumerolliennes, solfatares (Sainte-Lucie), jets de vapeur d'eau (Soufrière de la Guadeloupe), lacs bouillonnants (Vallée de la Désolation à la Dominique), sources d'eau chaude, etc.

Presqu'île de la Caravelle (Martinique)

Le volcanisme aux Petites Antilles

Les Petites Antilles, particulièrement la Guadeloupe et la Martinique, se distinguent par la prééminence de volcans, parfois actifs, que les géologues appellent strato-volcans, cumulo-volcans ou encore volcans de type **péléen**, dont les caractéristiques ont été définies à la suite de l'éruption de la Montagne Pelée qui détruisit Saint-Pierre de la Martinique en 1902 (voir p. 226 et p. 242).
Ce type de volcan émet des laves très visqueuses souvent riches en gaz, essentiellement des andésites, plus rarement des dacites, qui refroidissent rapidement sans s'écouler, en formant des dômes et des aiguilles qui obstruent la cheminée. Les éruptions, séparées par de longues périodes de repos, sont donc souvent explosives, car en arrière du « bouchon » constitué par le magma solidifié, la pression des gaz devient formidable ; l'explosion les libère, provoquant de meurtrières nuées ardentes : un mélange de blocs rocheux, de cendres et de gaz à haute température qui dévale les pentes du volcan avec une extraordinaire vélocité.
La Soufrière de la Guadeloupe (1590), la Montagne Pelée (1902, 1929-1932) et la Soufrière de Saint-Vincent (1718, 1812, 1902, 1979) ont été le théâtre de telles éruptions. Toutefois, si la quantité de gaz est insuffisante, le volcan péléen n'entraînera pas de telles catastrophes : ainsi en 1971-1972, un dôme de magma visqueux a-t-il poussé sur la Soufrière de Saint-Vincent sans provoquer d'explosion.
À côté de ces éruptions magmatiques, les cumulo-volcans peuvent être le siège d'éruptions dites phréatiques ; certains d'entre eux, comme le mont Liamuiga (autrefois Mount Misery) à Saint Kitts ou la Vallée de la Désolation à la Dominique, n'ont connu que ce type d'activité durant la période historique. Ces éruptions se caractérisent par des lahars (coulées de boue) et des projections de blocs et de cendres mêlées de vapeur d'eau, dont la température ne dépasse pas 200 °C. Parfois accompagnées

Volcans tueurs

L'éruption particulièrement meurtrière de la Montagne Pelée du 8 mai 1902 a touché cinq villes ou villages situés en contrebas : Saint-Pierre, le Prêcheur, Grand'Rivière, Macouba, Basse-Pointe, et deux villages sur les versants mêmes du volcan : le Morne-Rouge et l'Ajoupa-Bouillon. Cette catastrophe n'est pourtant pas l'une de celles qui émaillent l'histoire récente des volcans. En 1815, la nuée ardente de Tambora en Indonésie causa la mort de 92 000 personnes. L'explosion du Krakatoa et le raz-de-marée qu'elle provoqua firent 36 000 victimes en 1883. En 1985, un lahar sorti du volcan colombien Nevado del Ruiz a tué 25 000 personnes. D'autres tragédies moins connues jalonnent cette histoire : 9 100 morts à Java (volcan Kelut, 1919), 3 000 en Nouvelle-Guinée (Lamington, 1951), plus de 5 000 au Mexique (El Chichon, 1982). Mais chaque tragédie est un enseignement : on apprend peu à peu à reconnaître les avertissements qu'un volcan ne manque pas de lancer. Des dispositifs de surveillance (voir ci-après) et d'évacuation systématique permettent parfois d'éviter le pire, comme cela a été le cas à Saint-Vincent en 1979.

d'explosions et de phénomènes sismiques, les émissions de matière sont déclenchées par la montée de la pression de la vapeur d'eau à l'intérieur du volcan ; quoique brèves, elles peuvent se répéter plusieurs fois par jour et prendre des proportions dramatiques. À la Dominique, des nuages de cendres obscurcirent le ciel de Roseau durant 24 heures en 1880. De juillet 1976 à mars 1977, la Soufrière de la Guadeloupe a connu la plus violente phase éruptive phréatique décrite par les hommes *(voir p. 169)* ; celle-ci s'accompagna d'une activité sismique qui atteignit son apogée le 18 août : 1 000 secousses telluriques en 24 heures !

Risques volcaniques et prévision – De nombreux volcans sont actifs dans les Petites Antilles : les Soufrières de Saint-Vincent, Sainte-Lucie, Guadeloupe et Montserrat, le mont Liamuiga à Saint Kitts, la Vallée de la Désolation à la Dominique, la Montagne Pelée en Martinique, etc. Des efforts ont été entrepris afin de mieux prévoir leurs crises éruptives et d'éviter des hécatombes humaines comme celles de 1902 à Saint-Pierre de la Martinique et à Saint-Vincent. Tremblements de terre et éruptions volcaniques étant souvent liés, tout un réseau de sismographes, entre autres, a été mis en place depuis le début des années 1930. Des observatoires dépendant de l'Institut de physique du globe de Paris furent créés en 1932 à la Martinique et en 1950 à la Guadeloupe ; les Anglais installèrent à leur tour des sismographes sur l'ensemble des îles qu'ils gouvernaient à partir de 1952. Les observatoires volcanologiques et sismologiques de l'IPGP n'ont eu de cesse, depuis, de se moderniser afin de traiter rapidement les données et d'affiner les recherches. À présent, ils publient un bilan mensuel communiqué aux médias et accessible sur Internet (http://volcano.ipgp.jussieu.fr:8080/). Enfin, des plans de secours spécialisés ont été établis afin de sensibiliser aux dangers et d'assurer au mieux la sécurité de la population.

La prévision demeure cependant aléatoire : la richesse en gaz du magma, dont dépendra la gravité de la phase paroxysmique, varie fortement d'une éruption à l'autre ; or, dans l'état actuel des connaissances, on ne parvient pas à expliquer les causes et les modalités de ces changements.

Guadeloupe et Martinique, terres de contrastes

La Guadeloupe, « archipel-papillon » – Vu du ciel, le « continent » guadeloupéen (ensemble formé par la Grande-Terre et la Basse-Terre) ressemble à un papillon dont les deux îles-ailes déployées, séparées par l'étroit bras de mer de la Rivière Salée, sont dissemblables. Les îles plus petites de Marie-Galante et de la Désirade, l'archipel des Saintes ainsi que les « dépendances du Nord », Saint-Martin et Saint-Barthélemy, éloignées d'environ 200 km, sont rattachées administrativement à la Guadeloupe.

Le substratum volcanique de la **Grande-Terre**, appartenant aux arcs ancien et intermédiaire, a été totalement recouvert de calcaire il y a 3 ou 4 millions d'années. L'île est formée de plaines – plaine d'effondrement de Grippon, plaine littorale des Abymes – et de plateaux « en marches d'escalier » qui forment sur le littoral de hautes falaises. La région des Grands Fonds, bombement disséqué en collines aux pentes convexes, est la plus élevée (135 m au morne l'Escade).

La marque du modelé karstique (dissolution du calcaire par les eaux chargées de gaz carbonique) est partout présente sur la Grande-Terre : dolines (dépressions tapissées d'argile) occupées par des étangs, et grottes dans le Sud-Est ; vallées sèches à fond plat, appelées « coulées » ou « fonds », dans la région des Grands Fonds ; pitons calcaires résiduels, vers la plaine des Abymes par exemple.

Panorama à la pointe de la Grande Vigie (Guadeloupe)

La **Basse-Terre**, une des plus jeunes îles des Petites Antilles, constitue la partie récente et montagneuse de la Guadeloupe. Si l'on excepte la plaine du Lamentin au Nord-Est, elle est entièrement occupée par une chaîne d'édifices volcaniques que recouvre presque toujours la forêt tropicale humide, véritable obstacle à sa pénétration. Dans la partie septentrionale, la moins élevée, se concentrent les volcans surgis les premiers (entre -4 et -2 millions d'années), dont la topographie initiale a été fortement modifiée par l'érosion. Les sommets sont émoussés, les pentes ravinées par les torrents. Débutant avec les Deux Mamelles, le volcanisme méridional, plus récent, est représenté par des formes hardies ; les pitons de Bouillante, les sommets de Matéliane et du Sans Toucher, qui dépassent 1 000 m, dominent un ensemble de caldeiras (cratères d'explosion) dont la plus grandiose est celle de Vieux-Habitants.

Plus au Sud, le massif Madeleine-Soufrière, formé il y a moins de 100 000 ans, comprend plusieurs édifices volcaniques accolés, parmi lesquels le dôme de la Soufrière, seul volcan actif, et son sommet le plus élevé de l'île (1 467 m) ; celui-ci émet en permanence des vapeurs d'eau et de soufre. Des toponymes comme « Ravine-Chaude » ou « Bouillante » indiquent la présence de sources thermales et d'émissaires d'eau chaude jusque dans la mer.

Cet ensemble montagneux se termine à la pointe méridionale de la Basse-Terre par les volcans des Monts Caraïbes, plus anciens et de nature différente.

Le relief de Marie-Galante, île calcaire dont le point culminant dépasse de peu les 200 m, rappelle beaucoup celui de la Grande-Terre. Sur le plateau du Sud – les Hauts – se développent de belles formes karstiques : vallées sèches, profondes dolines en entonnoir et grottes, dont l'aven du Trou du Diable à Garel, le plus bel exemple de caverne en Guadeloupe.

La Désirade, étroit plateau calcaire perché sur des formations volcaniques anciennes, domine la mer par de hautes falaises.

Les Saintes se composent de deux îles principales et de quelques îlets, bosselés de mornes volcaniques assez semblables aux édifices du Nord de la Basse-Terre, dont la mise en place est contemporaine. Culminant à 309 m (le Chameau à Terre-de-Haut), elles possèdent une unique et minuscule plaine.

Saint-Martin, volcanique et calcaire, présente un relief confus de mornes aux pentes raides (le plus élevé, le pic du Paradis, atteint 424 m). Lagunes et étangs salés colonisent les plaines intérieures et les littoraux.

Saint-Barthélemy, également volcanique et calcaire, offre une topographie variée, plus aérée et morcelée que Saint-Martin. Son sommet, le morne du Vitet, n'atteint pas 300 m.

La Martinique, condensé de l'histoire géologique des Petites Antilles – Les presqu'îles de la Caravelle et de Sainte-Anne, à l'Est et au Sud-Est de l'île, sont des vestiges de l'arc externe. Partiellement recouvertes de calcaire, ces formations volcaniques anciennes au relief modéré contenaient autrefois, dans la région de la Savane des Pétrifications, de nombreux spécimens de bois silicifié dus à des phénomènes hydrothermaux (infiltrations d'eaux siliceuses à travers la roche).

Sur un axe Nord-Ouest/Sud-Est s'alignent, de la presqu'île de Sainte-Anne à celle de la Caravelle, les jalons de l'arc intermédiaire, une suite d'édifices volcaniques (morne Vert-Pré, morne Pitault, morne Sulpice, montagne du Vauclin) à la topographie plus collinaire que montagnarde, dont la mise en place a eu lieu essentiellement sous la mer.

Enfin, à l'Ouest, de part et d'autre de la plaine du Lamentin, un fossé d'effondrement drainé par la rivière Lézarde, s'étend la zone volcanique la plus récente, celle de l'arc interne.

L'îlet de Sainte-Marie (Martinique)

Au Sud de la plaine, la presqu'île des Trois-Îlets, véritable musée du volcanisme, offre une grande variété de formes auxquelles il convient d'associer le spectaculaire rocher du Diamant.

Au Nord se dressent les deux plus imposants ensembles volcaniques.

Les Pitons du Carbet (1 196 m), aux pentes très escarpées, et le morne Jacob (884 m), volcans effusifs d'où se sont épanchées d'énormes coulées de lave semi-visqueuse, forment un complexe de hautes terres au relief accidenté de dômes et de pitons : l'érosion a épargné les coulées et culots de lave, et déblayé cendres, lapilli et ponces. Figure emblématique et ô combien évocatrice de l'histoire de la Martinique, la Montagne Pelée, volcan toujours actif quoique temporairement assoupi, est apparue il y a environ 500 000 ans. Sa silhouette majestueuse et inquiétante domine l'île du haut de ses 1 395 m.

Les autres îles

Au Nord de la Guadeloupe

Montserrat – À 50 km au Nord-Ouest de la Guadeloupe, cet îlot (102 km^2) est formé de quatre massifs principaux (le plus élevé culmine à 741 m). Sa topographie est tourmentée par les catastrophes naturelles : les cyclones et la soufrière de Hills en éruption depuis 1995 constituent des menaces permanentes.

Antigua et Barbuda – Ces petites îles calcaires sont édifiées sur un soubassement de roches volcaniques. Antigua (280 km^2) compte nombre de petits ports naturels sur ses côtes très découpées, tandis qu'à l'intérieur alternent plaines et collines. La partie Sud-Ouest est la plus vallonnée dans un relief peu accidenté dans l'ensemble. De même, Barbuda (160 km^2) est une île plate comprenant une vaste lagune dans sa partie Ouest.

Saint Kitts et Saint Nevis – Séparées par un détroit et partageant un même récif corallien, on les surnomme « îles mère et fille ». Saints Kitts (169 km^2) se compose de trois chaînes volcaniques jeunes (point culminant à 1 156 m) dans sa partie Nord ; à l'opposé de ce relief accidenté, la partie Sud présente une étroite péninsule marécageuse qui s'élargit autour d'un étang salé. Saint Nevis (93 km^2) épouse la forme circulaire d'un cône volcanique actif s'élevant à 985 m.

Saba – Dite « l'île volcan » (13 km^2), car c'est le sommet émergé (877 m) d'un volcan en sommeil depuis fort longtemps. Au-delà de ses abords abrupts et rocheux apparaît une végétation étagée très diverse.

Anguilla – Accessible depuis Saint-Martin, cet îlot (91 km^2) corallien plat, formé de calcaire caverneux, offre de magnifiques plages.

Entre Guadeloupe et Martinique

Dominica – L'alignement de trois massifs volcaniques forme la plus montagneuse des îles des Antilles (750 km^2), dominée par le volcan morne Diablotin (1 447 m). Son relief très accidenté laisse peu de place aux plaines côtières et les plages de sable gris ou de galets sont clairsemées. Au Nord de Portsmouth, le baie Douglas abrite un récif corallien. La Dominique est également appelée « l'île aux 365 rivières » car les précipitations y sont abondantes. Dans ce climat tropical humide s'est développée, sur la majorité du territoire, une forêt qui abrite une faune extraordinaire.

Au Sud de la Martinique

Saint Lucia – À 35 km au Sud de la Martinique, cette île volcanique (616 km^2) est connue pour ses deux pitons qui se dressent au Sud de la Soufrière, sur la côte Ouest. Le Nord vallonné, le centre montagneux et les plaines littorales du Sud assurent la variété du relief.

Saint Vincent et les Grenadines – Le volcan de la Soufrière (environ 1 300 m) domine Saint Vincent (344 km^2) et occupe toute sa partie Nord. Sillonnée de nombreuses rivières, l'île est largement recouverte d'une forêt tropicale. L'archipel des Grenadines (125 îles parsemées sur 113 km) apparaît comme paradisiaque avec ses plages et eaux protégées par des barrières de corail.

Barbados – Cette petite île (431 km^2) de calcaire corallien est située un peu à l'écart, à 200 km à l'Est de l'arc des Petites Antilles. Relativement plate (340 m en son point le plus haut), elle présente un littoral varié, bordé de belles plages sur les côtes Sud et Ouest, et plus découpé sur la côte Nord-Est.

Grenada – La plus méridionale des petites Antilles se caractérise par un territoire exigu au relief tourmenté qui limite son développement. Le *mount* Saint Catherine, volcan éteint de 840 m, et deux lacs de cratère témoignent de son origine volcanique. De nombreuses rivières liées aux précipitations arrosent de profondes vallées, tandis que les rivages de la côte au vent sont déserts.

Les premières représentations cartographiques de l'archipel des Petites Antilles remontent à 1500 (carte de Juan de la Cosa) et 1502 (mappemonde de Cantino) ; les îles, aux contours imprécis et aux localisations incertaines, portent le nom que leur a donné Christophe Colomb, plus rarement un nom caraïbe, ou un toponyme espagnol se rapportant à leur forme. Il faut attendre 1528 et l'édition à Venise de l'Isolario di Benedetto Bordone pour que les localisations et contours se précisent, et que les noms des îles se pérennisent.

PAYSAGES DE LA GUADELOUPE ET DE LA MARTINIQUE

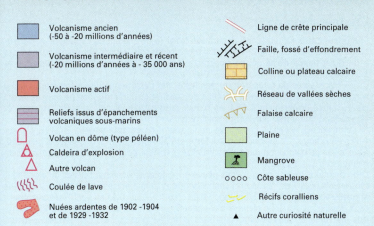
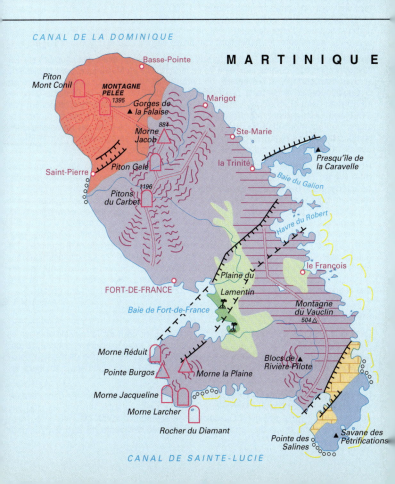

ATMOSPHÈRE TROPICALE

Chaleur humide

Comprises entre 12° et 18°35 de latitude Nord (à mi-chemin de l'équateur et du tropique du Cancer) et baignées par des mers tièdes, les Petites Antilles sont soumises à un **climat tropical d'alizé** qui se caractérise par une forte humidité atmosphérique et une chaleur constante : 24 °C à 27 °C en moyenne.

Élevée sans excès, la température manifeste une faible amplitude saisonnière : il n'y a pas d'hiver thermique car la hauteur du soleil et la durée du jour (le jour se lève à 6 h et tombe brutalement à 18 h en toutes saisons) varient peu sous ces latitudes, et les écarts d'une année sur l'autre sont réduits.

Si l'atmosphère est dans l'ensemble lumineuse — on compte environ 3 000 h d'ensoleillement annuel —, l'évaporation est forte et l'air, chargé en permanence d'humidité, leste le ciel de cumuli qui, poussés par l'alizé, viennent buter sur les pentes et sommets des massifs volcaniques.

Des conditions locales particulières peuvent modifier ce schéma. Les îles du Nord sont plus ensoleillées. Les montagnes connaissent des températures plus fraîches (moyenne annuelle au sommet de la Montagne Pelée : 16 °C). Les côtes au vent (littoraux orientaux des îles) et les îlots, bien ventilés, bénéficient d'une atmosphère moins étouffante que les versants sous le vent, plus secs et à l'air plus stable ; ces derniers peuvent jouir cependant, en moyenne altitude, d'agréables microclimats, comme celui de Saint-Claude en Guadeloupe.

Sous le signe de l'alizé

Les Petites Antilles reçoivent dans l'ensemble des précipitations abondantes, dues essentiellement aux vents alizés, chargés d'humidité océanique, qui soufflent régulièrement de secteur Sud-Est, Est ou Nord-Est. Aux pluies d'alizé s'ajoutent, en été et en automne, celles que provoque la « convergence intertropicale », zone très humide de basses pressions qui, balayant au cours de l'année les basses latitudes, intéresse les Antilles de juillet à décembre.

Versants au vent ou sous le vent — Sur les îles montagneuses, de loin les plus arrosées — plus de 3 m d'eau par an en moyenne, près de 9 m au sommet de la Montagne Pelée, et plus de 10 m sur la Soufrière de la Guadeloupe ! —, le contraste est net entre versants au vent et versants sous le vent. Les premiers, face aux alizés ascendants, reçoivent des précipitations abondantes : 1 500 à 2 000 mm sur le littoral, avec une progression régulière au fur et à mesure que croît l'altitude ; les seconds, en position d'abri et soumis à l'effet de fœhn (vent descendant qui fait disparaître les nuages), sont plus secs : sur la côte, les pluies sont comprises entre 1 250 et 1 500 mm par an.

Îles hautes et îles basses — Les littoraux au vent situés à l'écart des hauteurs sur les îles montagneuses, comme la presqu'île de la Caravelle en Martinique, sont faiblement arrosés, tout comme les îles basses, où l'effet-relief ne joue pas : la Grande-Terre de la Guadeloupe et la Barbade recueillent moins de 2 000 mm, la Désirade à peine 1 250 mm, Saint-Barthélemy, Barbuda et le littoral de Marie-Galante n'atteignent pas 1 000 mm. Cette carence, autrefois préjudiciable à la mise en valeur agricole, représente aujourd'hui un atout majeur pour le tourisme balnéaire : ce n'est pas un hasard si les stations balnéaires et autres grands complexes hôteliers se concentrent sur le littoral Sud de la Grande-Terre, qui compte parmi les secteurs les plus secs de la Guadeloupe.

Hivernage et carême — À ces oppositions géographiques se superposent les contrastes saisonniers. L'« hivernage », de juin à décembre, est normalement la saison humide, caractérisée par des précipitations fréquentes allant de la pluie fine aux « avalasses » (grains orageux), auxquelles s'ajoutent parfois les trombes d'eau des cyclones (voir ci-dessous). La période sèche, ou « carême », s'étend en principe de janvier à mai, et correspond à la haute saison touristique. Mais la réalité est plus complexe : d'une année sur l'autre, le nombre de jours de pluie peut varier considérablement ; le carême peut être très long et très sec, ou au contraire dénaturé par des pluies fréquentes. De nombreuses nuances locales compliquent encore ce scénario : le balancement carême-hivernage est moins net sur les côtes au vent, la saison sèche inexistante sur les sommets encapuchonnés de nuages ; ainsi, même pendant le carême, il est très rare que le sommet de la Soufrière de la Guadeloupe apparaisse entièrement dégagé.

Hurakan !

Dans la langue des Caraïbes, le mot « hurakan », dont dérivent le français ouragan et l'anglais *hurricane*, désignait le cyclone, phénomène extraordinaire et, bien entendu, inexplicable. Pour les spécialistes d'aujourd'hui, un cyclone est une dépression barométrique fortement creusée, dont les Petites Antilles subissent depuis toujours les effets dévastateurs.

Les ravages des cyclones — On compte en moyenne six cyclones par an dans l'espace atlantique Nord-Caraïbe ; la Martinique, pour sa part, en subit un tous les cinq ans environ. Hugo, qui a ravagé la Guadeloupe en septembre 1989, est considéré, triste privilège, comme le cyclone antillais du siècle avec des vents de 250 à 270 km/h

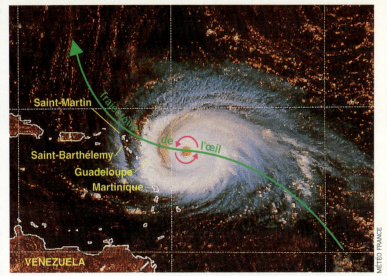

Le cyclone Luis (septembre 1995)

(niveau IV), et même des pointes de plus de 300 km/h, dignes des super-typhons du Pacifique. Luis, qui causa de gros dégâts à Saint-Barthélemy et Saint-Martin en septembre 1995, était animé de flux d'une vitesse nettement supérieure à 200 km/h. Vents violents arrachant tout sur leur passage, pluies diluviennes s'abattant avec une force inouïe, crues noyant champs, routes et habitations, glissements de terrain, ondes de tempête soulevant de gigantesques vagues qui viennent se fracasser sur les quais et les plages : ainsi se manifeste la cruauté des cyclones tropicaux. L'image parfois idyllique que l'on se fait du climat antillais oublie la menace des cyclones, et les ravages dont ils se rendent coupables, jusqu'à déstabiliser les économies nationales.

Vie et mort des cyclones – Les Petites Antilles présentent pendant l'hivernage toutes les conditions favorables à la cyclogénèse. Vers les mois d'août et de septembre, les perturbations nées sur le continent africain, et progressant d'Est en Ouest, se creusent pendant leur parcours au-dessus des eaux océaniques particulièrement échauffées (au moins 26,5 °C en surface), emmagasinant une énergie propre à générer des ouragans ; ceux-ci prennent toute leur ampleur quand les conditions de flux favorables sont réunies dans la basse et dans la haute troposphère.
Infléchissant leur course vers le Nord-Nord/Ouest aux abords des Antilles, la plupart des cyclones passent au large des îles, qui ne ressentent alors que des pluies et des vents forts. Ils ne deviennent vraiment dangereux que lorsque leur « œil » (aire de calme), entouré d'une ceinture de nuages agitée de formidables turbulences, aborde ou frôle une terre. Qu'ils s'avèrent ou non destructeurs, les cyclones finissent tous par aller « mourir » à des latitudes plus septentrionales, souvent dans le Sud-Est des États-Unis.

Classification des cyclones – L'intensité d'un cyclone est évaluée en calculant la vitesse des vents tourbillonnant autour de son œil, qu'il ne faut pas confondre avec sa vitesse de déplacement.
– On parlera de **dépression tropicale** si la vitesse des vents est inférieure à 63 km/h (34 nœuds).

Les niveaux d'alerte du Plan Urgence Cyclone

Vigilance – Une tempête tropicale ou un ouragan pourrait atteindre l'île dans les prochaines 36 heures : distante des côtes, sa trajectoire peut encore varier. Prendre des dispositions pour mettre en sûreté biens et personnes, et rester à l'écoute de la radio.
Pré-alerte – Une tempête tropicale ou un ouragan se dirige rapidement sur l'île ; ce niveau d'alerte est déclenché 4 à 6 heures avant son arrivée. Regagner immédiatement habitations et abris, et couper le courant électrique.
Alerte – Les effets du cyclone sont ressentis sur l'île ; circulation interdite, mise à l'abri immédiate des personnes.
Fin d'alerte – Organisation des secours après le passage du cyclone ; signaler les blessés et aider les équipes de secours ; éviter les déplacements non indispensables.
Deux bouées météorologiques, Antilles 1 et Antilles 2, déposées en 1999 à l'Est de l'arc antillais, peuvent désormais avertir plus tôt les populations du passage d'un cyclone.

– Si les vents sont compris entre 63 et 117 km/h (34 à 64 nœuds), il s'agit d'une **tempête tropicale** ; le cyclone est alors « baptisé » d'après une liste de noms préétablie, le premier de l'année recevant un prénom commençant par la lettre A. Les mouvements féministes ont obtenu que ces prénoms, autrefois uniquement féminins, soient alternativement masculins et féminins.
– Au-delà de 118 km/h, on est en présence d'un **ouragan** ou cyclone tropical. Cette catégorie se subdivise en cinq types, toujours définis en fonction de la vitesse des vents.

BERCEAUX DE VERDURE

Presque toutes les formations végétales caractéristiques des régions tropicales sont présentes dans les Petites Antilles. Leur répartition tient à la combinaison de conditions locales particulières : proximité de la mer, exposition au vent ou sous le vent, altitude, interventions des hommes.

Les pieds dans l'eau : la mangrove – Cette forêt tropicale amphibie colonise les estuaires ou les « culs-de-sac » bien abrités et soumis au balancement des marées. Les palétuviers ou mangles, « rouges » dans la zone pionnière du bord de mer, « gris » et « blancs » dans les étendues marécageuses en arrière de celle-ci, sont adaptés à la salinité et à des sols régulièrement immergés, pauvres en oxygène.
Leurs racines-échasses, qui s'extraient largement de l'eau, assurent un ancrage solide, et se comportent en véritables organes respiratoires grâce à leurs pneumatophores, excroissances qui s'ouvrent à marée basse et se referment à marée haute. L'enchevêtrement de ces racines sub-aériennes rend difficilement pénétrable la mangrove, refuge de nombreuses nichées d'oiseaux tels le « cayali » ou « kio » (un petit héron vert cendré), le héron garde-bœufs ou la frégate noire ; les crabes (petit « cirique », « mantou » à longs poils), les jeunes langoustes et les coquillages y trouvent aussi un environnement favorable à leur développement ; quant aux « maringouins » (moustiques), ils y pullulent.
Écosystème fragile, la mangrove recule devant l'urbanisation et l'industrialisation. En Guadeloupe, elle occupe principalement le pourtour du Grand Cul-de-Sac Marin *(voir ce nom)* ; en Martinique, de beaux peuplements subsistent de la presqu'île de la Caravelle à la baie du Robert ainsi que sur le littoral Est de la presqu'île de Sainte-Anne *(voir ce nom)*.

Fille du carême : la forêt sèche – Installée sur des sols peu développés, la forêt sèche supporte un long carême et une pluviosité réduite (entre 700 et 1 500 mm par an). Elle se compose de plantes adaptées à la sécheresse : petites feuilles, parfois coriaces comme celles du bois-cannelle, enracinement étalé, perte fréquente du feuillage durant la saison sèche.
À l'origine, ses arbres pouvaient atteindre 10 à 15 m, mais elle a été profondément dégradée par les défrichements qui sont également responsables de son recul au profit de taillis ou de brousses à lantana et ti-baume (croton) et, dans les régions les plus sèches, d'une steppe d'arbustes épineux, de plantes grasses et de cactées.
Certaines espèces ont été surexploitées, tel le gaïac utilisé dans la confection des poulies de navire ; d'autres, comme l'acacia ou le campêche, ont été introduites par l'homme. La forêt d'aujourd'hui a l'allure d'un fourré dont les arbres caractéristiques, le gommier rouge, le poirier-pays, le bois gli-gli, le mapou, ne dépassent pas quelques mètres de hauteur.
Ces formations **xérophiles**, forestières, arbustives ou buissonnantes sont typiques des îles basses, des presqu'îles peu arrosées et des côtes sous le vent. Couleuvres et lézards, entre autres, y élisent domicile ; aux Saintes, Terre-de-Haut et Terre-de-Bas servent de refuge aux iguanes, et l'îlet à Cabrit abrite des agoutis, sortes de petits lapins à oreilles de rat qui habitent aussi la Désirade. Des colonies d'oiseaux (sternes, noddis, etc.) vivent en toute quiétude dans la réserve de Sainte-Anne *(voir Presqu'île de Sainte-Anne)* en Martinique.

Contreforts

Abreuvée d'eau : la forêt tropicale humide – Cette forêt est particulièrement étendue et bien conservée sur la Basse-Terre de Guadeloupe ainsi qu'à Saint-Vincent et en Dominique. Installée entre 500 et 1 100 m d'altitude sur les pentes des grands massifs volcaniques, elle acquiert son plein épanouissement dans les zones recevant entre 2 000 et 5 000 mm de pluie par an. Les qualificatifs ne manquent pas alors pour la désigner : forêt dense, forêt hygrophile

(« qui préfère les milieux humides »), forêt **ombrophile** (« qui aime la pluie »), forêt pluviale... La majestueuse *rain forest* des Anglo-Saxons baigne dans un air stable constamment chaud et humide, microclimat particulier où prolifèrent un grand nombre d'espèces végétales organisées en strates *(voir p. 256)*.

Les plus hauts arbres (de 30 à 40 m) constituent l'étage supérieur, ou canopée, dont les houppiers forment une voûte presque continue. La couche inférieure (de 15 à 20 m) rassemble des arbres au fût plus grêle. La troisième strate (de 3 à 7 m) est le domaine des petits arbres et des arbustes. De hautes plantes vivaces comme les balisiers égayent le sous-bois de leurs fleurs aux couleurs vives.

Toute une chevelure de lianes relie les arbres ou tombe des frondaisons. Dans les anfractuosités des troncs, aux fourches des branches et sur les lianes mêmes, se développent des épiphytes *(voir p. 127)*.

Malgré leur épaisseur, due à une forte altération de la roche, les sols restent pauvres en éléments nutritifs, et les plantes ne peuvent trouver leur alimentation que dans la couche supérieure d'humus. S'ensuit un enracinement très superficiel qui pousse les géants de la forêt, châtaigniers aux grandes feuilles ou acomats-boucan, à se doter d'impressionnants contreforts ; ces embases de côtes plates très saillantes, véritables fortifications de bois, leur permettent de résister aux « cyclones avec leurs grosses mâchoires de vent fou » (Ernest Pépin, *L'Homme-au-Bâton*). Les palétuviers jaunes utilisent un autre système d'étais en s'entourant de longues racines-échasses.

Les hôtes de ces bois

La forêt est le refuge d'une multitude d'oiseaux : oiseaux-mouches de Saba, colibris madère de Guadeloupe, loriots noirs et jaunes endémiques de Montserrat, siffleurs de montagne de la Martinique, sisserou et jaco de la Dominique et autres perroquets indigènes de Sainte-Lucie ou Saint-Vincent, etc. On y rencontre aussi diverses espèces de chauves-souris, des singes (singes Mona de Grenade, vervets de Saint Kitts et Nevis...), des lézards tel le minuscule anoli, des myriades d'insectes et d'inquiétantes araignées *(voir Le Nord-Ouest caraïbe en Martinique)*, d'énormes serpents comme les boas constrictors de Grenade qui peuvent atteindre 3 m de long. Gros crapauds (*mountain chicken* de la Dominique et de Montserrat) et gracieuses rainettes conjuguent leurs coassements nocturnes. Le manicou, variété régionale d'opossum, aime s'isoler sur les branches hautes. Quant au « racoon » (raton laveur), emblème du Parc national de la Guadeloupe où il fut introduit au 18e s., il fréquente aussi bien la forêt humide que les taillis secs ou la mangrove.

La tête dans les nuages : l'étage montagnard – Au-dessus de 1 000 m environ sur la côte au vent et de 1 100 m sur la côte sous le vent, les conditions climatiques deviennent plus rudes : hautes pentes et cimes aux sols acides disparaissent dans les nuages ; soumises à des précipitations surabondantes et des températures plus basses, elles subissent en outre les assauts de vents violents qui font obstacle à la poussée des arbres.

Progressivement, la forêt tropicale humide se rabougrit et se transforme en forêt pluviale d'altitude, formation d'arbustes et d'arbres nains où domine le mangle-montagne aux racines en arc-boutant. Au-dessus règne une « savane » d'altitude où « la terre se couvre de broméliacées aux fleurs violettes et sans parfum, d'orchidées blanches striées de veinules couleur robe d'évêque » (Maryse Condé, *Traversée de la mangrove*). Enfin, les plus hauts sommets, au-delà de 1 400 m, sont tapissés de sphaignes gorgées d'eau, de mousses noires, d'éponges d'altitude couleur orangée et de laîches de bord de mare auxquelles se mêlent parfois des touffes de thym-montagne.

Parfaitement naturalisés – Un certain nombre d'espèces qu'il nous paraît naturel de rencontrer

Cocotier

Arbre du voyageur

dans les Petites Antilles sont en fait des plantes allogènes parfaitement acclimatées à leur milieu d'adoption.

Le **cocotier** est un palmier originaire d'Amérique du Sud ou de Polynésie ; le Père Diego Lorenzo, qui venait des îles du Cap Vert, aurait introduit les premières noix à Porto Rico vers 1525. Le cocotier s'est si bien intégré qu'il constitue le décor caractéristique des plages antillaises ; son fruit, ou drupe, contient une boisson désaltérante très appréciée des Antillais et entre dans la composition de nombreuses préparations culinaires créoles.

Ornant les jardins ou les façades d'édifices publics, l'**arbre du voyageur** est facilement reconnaissable à sa gracieuse touffe de feuilles gigantesques disposées en éventail. Venu de Madagascar, il doit son nom à la réserve d'eau, pourtant peu ragoûtante, qu'il stocke à la base de ses tiges.

Le campêche, originaire d'Amérique centrale, s'est particulièrement bien acclimaté aux Antilles ; cet arbuste abonde dans les formations dégradées de la forêt xérophile, en particulier dans les « savanes à cabris » de la côte sous le vent guadeloupéenne.

Quantité d'autres espèces ont été introduites aux Antilles depuis le 16e s. En voici quelques exemples :
– arbre à pain (Polynésie), fin du 18e s. *(voir Saint Vincent and the Grenadines)*
– mahogany (Honduras)
– manguier (Inde), milieu du 18e s.
– caféier (Éthiopie), début du 18e s.
– vanillier (Amérique centrale), fin du 17e s.
– flamboyant (Madagascar)
– hibiscus (Chine, Japon)
– bougainvillée (Brésil)
– rose de porcelaine (Indonésie)

FÉERIE MARINE

« L'azur phosphorescent de la mer des Tropiques
Enchantait leur sommeil d'un mirage doré » (J. M. de Heredia)

Les îles des Petites Antilles tournent leur « capesterre » (côte au vent) vers les immensités de l'océan Atlantique et leur « basse-terre » (côte sous le vent) vers la mer des Caraïbes, une « Méditerranée américaine » semi-fermée. Des échanges intimes unissent ces deux espaces maritimes : après avoir traversé l'océan, les courants marins chauds venus des côtes africaines franchissent les passages inter-îliens, et viennent conforter la tiédeur des eaux caraïbes. Antillais et touristes peuvent ainsi profiter toute l'année d'eaux entre 24 °C et 29 °C.

Des jardins extraordinaires – Le **corail** jouit de conditions idéales, et prospère dans ces mers limpides et constamment tièdes. La plupart des côtes sont ceinturées par des récifs frangeants ou des barrières coralliennes : côtes de Saint-Martin et Saint-Barthélemy, de Saba, de Saint Kitts et Nevis, de la Barbade, côte Nord-orientale d'Antigua, côte sous le vent de la Basse-Terre et Grand Cul-de-Sac Marin en Guadeloupe, Sud de la Martinique, archipel des Grenadines...

Le récif corallien se construit progressivement à partir des squelettes calcaires de coraux morts ; à sa surface se développent les fleurs, les bosquets ou les touffes de branches : autant de colonies de madréporaires (on compte aux Antilles entre 60 et 80 espèces de coraux) dont chacune apporte sa pierre à l'édifice. D'une extraordinaire variété de formes, les coraux offrent aux plongeurs la beauté fascinante d'un étrange jardin dont chaque « plante » consacre l'effort et la persévérance de toute une société d'animaux microscopiques.

Le corail corne-d'élan déploie l'ombrelle de ses branches aplanies où s'abritent de nombreux poissons ; le corail corne-de-cerf forme des buissons aux fins rameaux orangés et les coraux étoilés s'épanouissent en bouquets de petites constellations florales ; le corail de feu lance vers la surface ses branches évocatrices de flammes, d'ailleurs cuisantes pour le plongeur inconscient qui s'en approche de trop près ; l'inattendu cerveau de Neptune se pare d'un labyrinthe de circonvolutions. Les gorgones dessinent de souples éventails à la fine dentelle colorée ou de verts plumets ondoyant au gré des courants.

Rose de porcelaine

Flamboyant

Bougainvillée

Oiseau de paradis

Hibiscus

Alamanda

Balisier

Anthurium

Alpinia

Rançon de leur splendeur, les coraux sont victimes de collectes sauvages les amputant de leurs rameaux les plus fragiles, qui mettront parfois des siècles à se reconstituer ; ils sont aujourd'hui protégés par une législation interdisant leur récolte. Parures d'anémones de mer aux tentacules transparents, tapis de spongiaires jaunes, rouges et orangés, en forme de vases, de cornets, de tubes ou de buissons, ophiures prises pour de grêles étoiles de mer, et maints ravissants coquillages, dont le plus connu est le strombe géant ou « lambi » *(voir encadré)*, complètent le décor des profondeurs.

Chorégraphies sous-marines – La **plongée sous-marine** permet aux plus sportifs d'explorer les barrières de coraux éloignées ou encore les épaves, mondes fascinants emplis de mystère, et qui offrent le gîte et le couvert aux poissons. Outre les navires sombrés à la suite d'un naufrage et dont les cargaisons supposées suscitent parfois les fantasmes les plus extravagants, certaines épaves sont coulées volontairement dans des sites choisis afin d'en favoriser le peuplement animal et d'animer les sorties des plongeurs.

Mais il suffit souvent d'un masque et d'un tuba, éventuellement d'une paire de palmes, pour admirer, autour de récifs situés à quelques brasses du rivage, une multitude de poissons et un bel échantillonnage de crustacés.

Partir à la découverte de ce monde sous-marin, c'est connaître l'ivresse d'évoluer parmi un banc de poissons argentés scintillant sous le soleil, ou d'accompagner dans ses pérégrinations un calamar translucide. Le poisson-ange zébré de jaune et le *Rock Beauty* bicolore, peu craintifs, nagent à votre rencontre. Les poissons-papillons aux multiples parures, les sergents-majors galonnés de noir, les chromis habillés de bleu phosphorescent ou les gros-yeux écarlates zigzaguent à proximité des bouches d'éponges, refuges des crevettes. Les petites girelles jaunes et blanches virevoltent sans cesse et les grogneurs, dérangés, bougonnent. Le poisson-serpent (murène) sort sa tête inquiétante de l'anfractuosité du rocher où il est embusqué. Les oursins-diadèmes menacent les imprudents de leurs longues aiguilles. À la moindre alerte, le paisible diodon se gonfle comme un ballon et se hérisse d'épines pour impressionner l'intrus ; plus dangereux, mais heureusement rare, le « vingt-quatre heures » darde son aiguillon venimeux.

Au large des côtes, il n'est pas rare de rencontrer de plus grosses espèces comme les carangues, les thazars ou les barracudas – ces derniers à Saba et à Saint-Martin notamment. Certains sites comme la Pointe des Châteaux en Guadeloupe ou les îlets atlantiques de Saint-Barthélemy sont réputés être visités par les requins.

Enfin, quelques baleines à bosse, dont la taille peut atteindre une vingtaine de mètres, fréquentent les eaux des Petites Antilles, particulièrement celles de Saint-Vincent et des Grenadines *(voir p. 328)*. Un moment menacées d'extinction, elles sont en recrudescence depuis l'interdiction de leur pêche industrielle en 1966.

Une civilisation du lambi

Le lambi est un gros mollusque gastéropode marin long de 20 à 30 cm ; sa conque spiralée, hérissée de pointes à l'extérieur, s'habille à l'intérieur d'une nacre lisse et rosée.

Les Caraïbes, qui le nommaient « ouatabovi », appréciaient sa chair blanche cuite « avec de l'eau de manioc pour l'amollir » (Père Du Tertre). Dans le calcaire très dur de sa conque, ils fabriquaient couteaux, haches et parures ; brûlée, la coquille fournissait aussi de la chaux.

Dès le 17e s., les nouveaux habitants des Antilles – surtout les plus pauvres – adoptèrent ce mollusque, désormais appelé « lambi », qu'ils accommodaient avec des sauces pimentées. En ces temps de colonisation, la conque devint un instrument sacré, symbole de la libération des esclaves : remplaçant le tambour interdit par les Blancs, elle était le moyen de communication des Nègres marrons pour appeler aux rassemblements ou avertir d'un danger. Dans la même tradition, elle a longtemps servi de trompe d'appel, annonçant les décès à la campagne, le retour au port des pêcheurs, ou l'organisation d'un « laghia » (combat rituel) opposant les « majors » de deux quartiers rivaux.

Aujourd'hui encore, on brûle la coquille de lambi qui, mélangée à du sable de rivière, donne un ciment particulièrement résistant. Étroitement liées à la destinée du petit peuple, les conques ornent toujours les sépultures en terre des familles les plus modestes, notamment dans le cimetière de Port-Louis en Grande-Terre de Guadeloupe, ou dans celui de Terre-de-Haut (archipel des Saintes).

Les ressources

Les principales ressources des Petites Antilles proviennent du tourisme qui occupe le premier rang de l'économie dans des îles comme Saint-Martin, la Grenade ou Antigua et Barbuda, mais aussi de l'agriculture, de la fabrication du rhum et, dans une moindre mesure, de la pêche.

L'AGRICULTURE TOUJOURS DOMINANTE

Dominant les exportations, l'agriculture connaît aujourd'hui des difficultés liées à la faiblesse de la mécanisation, aux problèmes sanitaires, à l'éloignement des marchés extérieurs et à l'étroitesse des marchés locaux. Son maintien semble dans bien des cas suspendu aux subventions et indemnités versées chaque année par les états économiquement plus forts.

La canne à sucre – La canne à sucre a longtemps été exploitée en monoculture dans les îles des Petites Antilles *(voir p. 78 et 132)*. Cette graminée parfaitement adaptée au climat tropical occupe encore aujourd'hui une place prépondérante, bien qu'ayant nettement régressé depuis une quarantaine d'années. À titre d'exemple, entre 1991 et 1996, les terres consacrées à la canne ont reculé de 20 % en Guadeloupe. Dans les îles anglophones, la superficie dévolue aux plantations de canne ne cesse également de diminuer.

La banane – La culture de la banane, dont le véritable essor eut lieu au milieu du 20e s., s'est substituée à celle de la canne à sucre pour devenir la culture principale dans plusieurs îles des Petites Antilles : Martinique, Dominique, Saint-Vincent, Sainte-Lucie. Cependant, la concurrence internationale est rude et nombre de producteurs sont aujourd'hui d'autant plus endettés que le coût de production est élevé (le travail étant essentiellement manuel), le rendement faible et la qualité du produit souvent insuffisante.
L'activité est de plus en proie aux difficultés créés par la « guerre de la banane » opposant les États-Unis à l'Union européenne.

Les autres cultures de fruits et légumes – En Martinique, la culture de l'ananas s'est développée à partir des années 1950 sur d'anciennes terres à canne ; on exporte des fruits frais et des conserves.
La culture de l'aubergine a connu un certain essor depuis les années 1970. Martinique et Guadeloupe se partagent les exportations vers l'Union européenne. En Guadeloupe la culture du melon a fait un bond en avant ces derniers temps.
La superficie consacrée aux avocats en Martinique et Guadeloupe recule face à la concurrence d'Israël. Les deux îles produisent aussi des limes (variété de citron sans pépin et à peau très fine), des citrons verts, des goyaves et des grenadilles pour la conserverie et les jus de fruits.
La majeure partie de la production de noix de coco de la Dominique est utilisée dans la fabrication de savons et d'huiles corporelles. Saint-Vincent, qui exporte de la noix de coco et du cacao, est également le premier producteur mondial d'*arrow-root (voir p. 319)*.
La Grenade est la traditionnelle « île aux épices » de l'archipel antillais ; deuxième producteur mondial de noix de muscade, elle complète sa production avec d'autres épices comme les clous de girofle et la cannelle.

Les cultures florales – Des efforts sont entrepris en faveur de la culture de plantes et fleurs exotiques. Les essais les plus concluants ont été réalisés en Martinique, dont la région centrale très arrosée accueille des plantations d'anthuriums. Le marché est tributaire des performances des serres de Hollande et des fréquentes maladies. Les autres productions florales de la Martinique concernent l'hibiscus, la bougainvillée, l'héliconia, l'alpinia.

Une politique de diversification des productions – Face aux difficultés que rencontrent les grands produits agricoles d'exportation, les gouvernements des îles des Petites Antilles encouragent les agriculteurs à diversifier leurs cultures en vue de la satisfaction des marchés locaux. Montserrat et Saba ont une production légumière et fruitière (patate douce, tomate, chou, laitue, poivron rouge, citron vert, papaye) autosuffisante ; Saba ou Saint-Vincent en exportent en outre une partie vers les îles voisines. Nevis tente pour sa part de réhabiliter le coton, une culture traditionnelle des îles.
Les régions maraîchères productives de Guadeloupe sont les Grands Fonds, les hauteurs de Matouba-Papaye, le secteur de Baillif et Vieux-Habitants ; mais certaines productions – ignames, malanga, bananes-plantain –, sont en net recul car la consommation des fruits et légumes locaux tend à baisser dans les foyers urbains qui s'européanisent. Quant au petit maraîchage des « jardins créoles » et « jardins caraïbes » *(voir p. 241)*, il contribue d'une manière non négligeable à garnir les étals des marchés locaux.

L'EXPLOITATION FORESTIÈRE

L'exploitation du bois en tant que matière première est très faible, si bien que la Martinique et la Guadeloupe ont recours aux importations venues de métropole, de Guyane (21 %) et du Brésil (6 %). À la Martinique, la production de bois d'œuvre de qualité est principalement destinée à l'artisanat de la charpente.

Les efforts de l'Office national des forêts se portent vers la protection de l'environnement, le développement du tourisme (création du Parc national de la Guadeloupe en 1989, aménagement de sentiers pédestres), et la recherche scientifique afin d'enrichir la forêt naturelle par l'acclimatation d'espèces tropicales non indigènes utilisées dans l'ébénisterie (mahogany dont les premières plantations remontent à 1903, hibiscus elatus et pin des Caraïbes).

LA PÊCHE

Le secteur de la pêche est, sauf exception – il représente encore la principale ressource d'Anguilla et des îles Grenadines –, assez peu actif, suffisant à peine à couvrir la demande intérieure en Guadeloupe et en Martinique.

La pêche, essentiellement côtière et artisanale, utilise des techniques traditionnelles comme la senne *(voir Case-Pilote en Martinique)* ou la nasse *(voir Saint-François en Guadeloupe)*. Cependant, la « pêche à Miquelon », ou pêche au large, représente en Martinique un tiers des prises : thons, dorades coryphènes, espadons, poissons volants, thazars.

Les techniques de pêche littorale se heurtent à l'appauvrissement des fonds. Néanmoins, les nasses capturent des poissons rouges (marignans, capitaines, sardes, vivaneaux), des carpes et des chirurgiens, la pêche à la senne des maquereaux, des bonites ou thons bariolés, des coulirous, des tcha-tcha ou chinchards et des balaous. Nombreux sont les pêcheurs qui concentrent leurs efforts sur les langoustes, car les débouchés sont importants dans les îles touristiques.

Le développement de l'aquaculture est timide. En Martinique, se sont mis en place des élevages d'écrevisses, crustacés de rivière (les « ouassous » ou « z'habitants »). Outre l'écloserie installée à Saint-Pierre, on trouve des élevages en bassins d'eau douce au Robert, au Marigot et à la Trinité. L'élevage de loups caraïbes (ou *red-fish*) en bassins d'eau de mer, également à la Martinique, donne des résultats encourageants.

LE RHUM AVANT TOUT

Histoires d'appellations – Introduite aux Antilles en 1638, la canne à sucre a donné naissance à une eau-de-vie appelée « guildive », mot peut-être dérivé de l'expression anglaise *kill devil* (tue démon), ou encore « tafia » (terme supposé d'origine africaine). Le mot « rhum », introduit à la Martinique durant l'occupation de l'île par les Anglais, viendrait de l'anglais *rum*, peut-être la dernière syllabe du nom générique de la canne à sucre, *saccharum*. Ou bien il serait dérivé du mot *rumbullion*, qui aurait lui-même deux origines possibles : la première formée par l'association de *rheu*, qui signifie « tige » en patois créole de Barbade, et de *bullion*, « bouillon », ce qui donnerait « canne bouillie » ; la deuxième veut que *rumbullion* signifie « grand tumulte » ou « bagarre de voyous » en patois ancien du Yorkshire. Quant au mot « punch », il vient de l'indien *panch* qui veut dire « cinq » car initialement, le cocktail comprenait cinq ingrédients (alcool, thé, sucre, cannelle et citron).

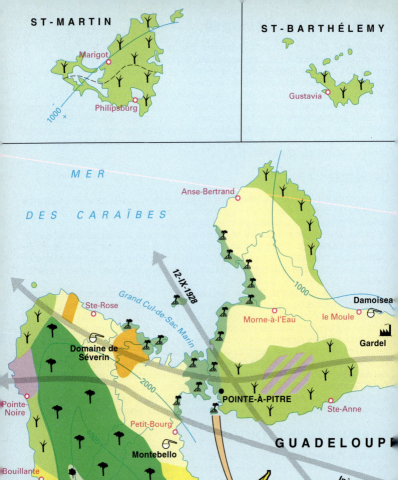

VÉGÉTATION ET MISE EN VALEUR AGRICOLE DE LA GUADELOUPE ET DE LA MARTINIQUE

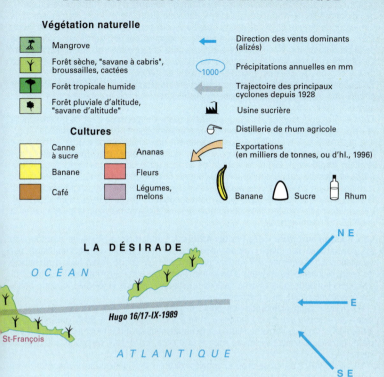
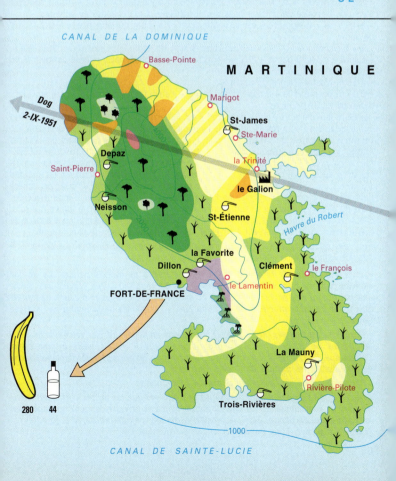

Rhum agricole et rhum industriel – Le rhum agricole est une tradition martiniquaise puisqu'au 18ᵉ s., les petits exploitants décident de fabriquer le rhum sans passer par la fabrication du sucre : ils inventent le « rhum d'habitants », ou « rhum de vesou cuit », qui s'oppose au « rhum de mélasse » fabriqué jusqu'alors. Puis, ils passent à la fermentation directe du jus de canne frais (le vesou) pour produire un « rhum de vesou cru », appelé de nos jours « rhum agricole ». Aujourd'hui, en Martinique, l'ensemble de la production de canne à sucre est consacré à la fabrication du rhum (sauf la part de récolte réservée à l'usine sucrière du Galion), d'autant plus privilégié désormais, qu'il a obtenu l'Appellation d'origine contrôlée en 1996.

En Guadeloupe, on fabrique traditionnellement du rhum léger (c'est-à-dire contenant peu de non-alcool), mais la douzaine de distilleries se tourne maintenant vers le rhum agricole, plus coté.

Dans les îles anglophones, le rhum est fait à partir de mélasse ; c'est ce qu'on appelle le « rhum industriel ». Cet alcool parfumé sert essentiellement à la confection de grogs, à la pâtisserie et à la cuisine. Il existe également un « rhum grand arôme », très corsé car il contient un taux de non-alcool (ce qui donne l'arôme) trois fois plus élevé que le rhum traditionnel. Enfin, le « rhum de sirop » est produit à partir du sirop, c'est-à-dire du jus de canne concentré, qui donne finesse et fruité à l'alcool. Ces rhums connaissent un certain succès auprès de la clientèle américaine et anglo-saxonne. En France, alors que les métropolitains n'ont longtemps connu que le rhum industriel, des amateurs de plus en plus nombreux découvrent avec bonheur la puissance et la subtilité du rhum agricole.

La « boisson nationale » des Petites Antilles – En Martinique, 45 % de la production est consommée sur place ; autant dire que le rhum est la boisson antillaise par excellence. Le rhum joue aux Antilles un véritable rôle social : c'est lui qui rassemble les gens, réconcilie les ennemis d'un jour et met à l'aise les plus timides. Il est bien sûr de toutes les fêtes, bals comme veillées funèbres. Il rythme la journée, chaque heure marquant une pause bien méritée :

– à 5 h, au « pipiri chantant », on prend le premier verre de la journée : le « décollage » ou « rouvè yeux » ou encore « mise à feu » (rhum sec à 50°), qui permet de « décoller ». Chaque verre de rhum est généralement suivi d'un « crasé », verre d'eau plate, gazeuse ou mentholée, de soda ou de coca, ou d'un « cocoyage » à l'eau de coco ;

– 10 h est l'heure du casse-croûte, appelé « didico » en Guadeloupe, « macadam » ou « étouffe-chrétien » en Martinique, qu'on accompagne d'un « gazèz », rhum contenu dans une bouteille de boisson gazeuse, et acheté aux marchandes ambulantes ;

– à 11 h, le « ti-lagoutte » est la petite goutte de rhum qui annonce le « ti-punch » de midi ;

– le « ti-punch » ou « CRS » (citron-rhum-sucre) de midi, agité avec un « bâton-lélé », est suivi à 12 h 30 par le « ti-5 % », verre de rhum blanc nature censé contenir 5 % du premier verre bu ;

– à 15 h, c'est « l'heure du Christ » ;

– à 17 h, on prend le « ti-pape » ou « pape », verre de rhum dégusté entre amis lors d'une partie de dominos ;

– à 22 h, la « partante » ou « pété pied » est le dernier verre de la journée qui amène immanquablement un réveil difficile le lendemain, qu'il faut conjurer en « décollant »...

Le rhum fait partie de l'identité antillaise. Il est à l'image des habitants des Petites Antilles : chaleureux, joyeux, prêt à tous les mélanges pour former de savoureux cocktails *(voir p. 237)*. Le rhum sert à tout : à vivre et à être de bonne humeur, on l'a vu, mais aussi à soigner. Il est en effet utilisé en friction pour soulager les piqûres d'insectes ou comme désinfectant. Le « bay rum » ou « guéritout », que l'on achète dans les pittoresques lolos, est une lotion à base de feuilles de bois d'Inde macérées dans du rhum ; il guérit les rhumatismes, les maux de tête, de gorge, de ventre, etc. D'autres savants mélanges, comme le célèbre « bois bandé », macération d'écorce de marbri dans du rhum, servent à réveiller les ardeurs de l'amant le plus fatigué...

Pour des informations supplémentaires sur la fabrication du rhum et les boissons à base de rhum, voir la « Route du Rhum » en Martinique.

« ... Il s'approcha de la grande table et se servit à nouveau du rhum. Le liquide explosa dans sa tête, s'insinua brûlant à travers tout son corps jusqu'à ses pieds, leur imprimant une envie de se mettre en mouvement, de battre la mesure, de danser qui, d'une certaine manière, ne l'étonna pas. » (Traversée de la mangrove, Maryse Condé.)

« Posant sa valise à ses pieds, il avait commandé un décollage. Ses yeux avaient suivi les gestes de Man Juliette, la propriétaire, puis il s'était assis à une table. Longtemps, il était resté là comme ça, sans bouger, les yeux plongés dans son verre, se remplissant les narines de l'odeur du rhum.

– Tu es descendu du Colombie, demanda Man Juliette.

Arraché à ses pensées, il avait sursauté. Il s'aperçut que les autres clients du privé, dockers et charbonnières qui chaque matin venaient prendre force et courage dans le traditionnel décollage, pété-pié, absinthe, madou, pain-la-morue, le regardaient. » (Lycée Schœlcher, Tony Delsham.)

Quelques faits historiques

Les Antilles précolombiennes

Avant J.-C.
- **Vers 1600-1500** — Premiers sites habités dans les Petites Antilles par des populations amérindiennes.
- **Vers 600** — Arrivée des Arawaks.

Après J.-C.
- **4ᵉ-7ᵉ s.** — Époque probable de diffusion des pétroglyphes, en particulier dans la région de Trois-Rivières en Guadeloupe.
- **Vers 1000** — Premières incursions de Caraïbes, à partir des Guyanes.
- **Vers 1350** — Les Caraïbes se sédentarisent et chassent les Arawaks des Petites Antilles.

Le temps des découvertes

- **12 octobre 1492** — Christophe Colomb débarque à Guanahani (aujourd'hui San Salvador) aux Bahamas.
- **Novembre 1493** — Christophe Colomb découvre la Guadeloupe, Marie-Galante et les Saintes.
- **1502** — Christophe Colomb découvre la Martinique et en prend possession au nom du roi d'Espagne.

La colonisation des Petites Antilles

- **Vers 1530** — Premiers navires non espagnols aux Antilles.
- **1544** — Traité de Crespy reconnaissant le droit des Espagnols sur les Antilles. L'activité des corsaires se développe.
- **1564** — Première escale connue d'un navire anglais dans les Petites Antilles : le corsaire Hawkins à la Dominique.
- **1581-1590** — *Asiento* (monopole commercial) octroyé par l'Espagne aux Portugais, pourvoyeurs d'esclaves noirs.
- **1588** — Défaite de l'Invincible Armada.
- **1595** — Escale du corsaire Francis Drake à la Guadeloupe, à Marie-Galante et aux Saintes.
- **1605** — Première véritable tentative de colonisation dans les Petites Antilles, à Sainte-Lucie par les Anglais.
- **1621-1625** — Les flibustiers Thomas Warner et Pierre Belain d'Esnambuc s'installent à Saint-Christophe qui devient possession anglaise et française.
- **1622** — Début de la colonisation de la Barbade par les Anglais.
- **1635** — Installation des Français à la Martinique et à la Guadeloupe.
- **1646** — Premiers moulins à sucre en Guadeloupe et Martinique.
- **1648** — Traité de Münster mettant fin au monopole commercial de l'Espagne dans les Petites Antilles. Les Français s'installent aux Saintes, à Marie-Galante et à Saint-Barthélemy.

Carte de l'île de la Martinique (vers 1730) – Détail

L'économie de plantation

1660	Le recensement Brunetti compte en Martinique 2 580 Blancs et 2 683 Noirs, mulâtres et « sauvages » (Amérindiens).
1664	Création par Colbert de la Compagnie des Indes occidentales.
1670	Accélération de la traite des Noirs. La Barbade devient l'île la plus prospère des Petites Antilles.
1680	Déclin de la flibuste, fermement réprimée par les États.
1685	Promulgation du Code noir en France.
Vers 1720	Introduction du café en Martinique par le chevalier de Clieu.
1742	La Martinique compte 546 sucreries.
1759	Prise de la Guadeloupe par les Anglais et fondation de Pointe-à-Pitre.
1762-1763	Occupation de la Martinique par les Anglais.
5 février 1794	Abolition de l'esclavage dans les colonies françaises.
1794-1798	Dictature de Victor Hugues en Guadeloupe.
Mai 1802	Le colonel Delgrès et ses partisans tentent d'empêcher le rétablissement de l'esclavage en Guadeloupe.
1809-1814	La Guadeloupe et la Martinique sont occupées par les Anglais.

Les temps modernes

1833	Abolition de l'esclavage dans les îles anglaises.
1843	Pointe-à-Pitre est détruit par un violent séisme.
27 avril 1848	Décret d'abolition de l'esclavage dans les colonies françaises, préparé par Victor Schœlcher.
1853-1884	Arrivées massives de travailleurs indiens ou « coolies ».
1863	Abolition de l'esclavage dans les îles néerlandaises.
1875	Martinique et Guadeloupe sont représentées en métropole par des députés et sénateurs.
8 mai 1902	L'éruption de la Montagne Pelée détruit Saint-Pierre et fait près de 30 000 morts.
1914-1918	52 000 Antillais mobilisés ; 1 500 sont tués et près de 30 000 blessés au cours de la Grande Guerre.
1928	La Guadeloupe est dévastée par un terrible cyclone.
1936	Félix Éboué devient le premier gouverneur Noir de la Guadeloupe.
1940-1943	La Dominique et Sainte-Lucie accueillent des Français voulant rejoindre les Forces françaises libres. Les gouverneurs Sorin et Robert sont fidèles au Régime de Vichy.
19 mars 1946	Martinique et Guadeloupe deviennent des départements français. Aimé Césaire est élu maire de Fort-de-France et député de la Martinique.
1966	Indépendance progressivement accordée aux Petites Antilles britanniques (1966 : la Barbade ; 1974 : la Grenade, etc.).
1973	Création du CARICOM (Caribbean Community and the Common Market : Marché commun des pays anglophones des Caraïbes).
1976	Éruption de la Soufrière en Guadeloupe.
1980	Le cyclone Allen provoque des dégâts considérables, en particulier à Sainte-Lucie.
1983	Loi de décentralisation régionale appliquée à la Martinique et à la Guadeloupe.
1986	Loi instituant le principe de la parité sociale globale entre la métropole et les départements d'outre-mer.
1989	Le cyclone Hugo ravage la Guadeloupe.
Depuis 1995	Éruption de Soufrière Hills à Montserrat.

« Mathieu couvait pourtant le petit volume vert, de seize pages ou à peu près, qui rapportait à sa manière l'histoire du pays : la Découverte, les Pionniers, le Rattachement, la Lutte contre les Anglais, le Bon naturel des natifs, la Mère ou la Grande Patrie. » (Le Quatrième Siècle, Édouard Glissant.)

LES AMÉRINDIENS

Les premiers habitants connus des îles antillaises appartiennent à des groupes de pêcheurs-cueilleurs nomades, les Mésoindiens, venus d'Amérique du Sud peut-être dès 5 000 ans avant J.-C. Ils se servent d'outils en conques de lambi et en pierre taillée ou polie. Plusieurs sites datant de 1600-1500 avant J.-C. ont été mis au jour à Saint-Martin, sur la côte Nord-Est d'Antigua, à Saint-Vincent et à la Grenade.

Les Arawaks – Les groupes ethniques de langue arawak sont des cultivateurs céramistes venus de l'embouchure de l'Orénoque via Trinidad à partir de 700 avant J.-C. et plus particulièrement autour de l'ère chrétienne. Installés à proximité du littoral, ils cultivent le manioc amer qu'ils consomment surtout sous forme de « cassaves », sortes de galettes qu'ils cuisent sur une « platine » en terre cuite *(voir p. 258)*, la patate douce, le maïs, l'ananas et le piment.
La hiérarchie sociale fait ressortir plusieurs grands chefs héréditaires placés à la tête de « peuples » et distingue des castes sociales dont une rassemblant des esclaves. La fusion des Arawaks avec les peuples de cueilleurs-pêcheurs marque une phase de leur adaptation à l'environnement insulaire antillais.
Bons marins – ils se déplacent sur de longues pirogues maniées à la rame et pouvant embarquer jusqu'à 80 personnes –, ils sont aussi excellents céramistes, façonnant des poteries campaniformes décorées de motifs blancs sur engobe de couleur rouge orangé ou sépia (styles **« huécoïde »** puis **« saladoïde »**), dont les anses s'agrémentent d'*adornos* (« ornements », en espagnol) représentant majoritairement des animaux : manicous, chauves-souris, oiseaux, tortues marines... Un art rupestre se développe entre le 4e et le 7e s. : les **pétroglyphes** (pierres gravées) du site de Trois-Rivières en Guadeloupe *(voir ce nom)* semblent être l'expression des pratiques religieuses et des croyances de ces peuplades.
Vers 700, les Arawaks se rapprochent encore du littoral et leur mode de vie intègre parfaitement les conditions insulaires, comme le montre l'exploitation rationnelle des ressources de la mangrove. Le site d'Indian Creek, à Antigua, atteste de cette évolution économique mais aussi artistique (style **« suazoïde »**).
Cependant, le manque d'intérêt des Arawaks pour le maniement des armes, s'il a contribué à créer l'image du « bon sauvage » dès les premières rencontres avec les Européens, a précipité leur anéantissement par les Caraïbes.

Les Caraïbes – Les incursions de Caraïbes, stationnés dès les 8e et 9e s. dans les Guyanes, débutent vers l'an mil dans les Petites Antilles. Ces guerriers venus du Sud de l'Amazone, qui se nomment eux-mêmes *Kalinas*, ou *Kallinagos*, sont d'excellents marins particulièrement mobiles, naviguant sur des canots de plus de 20 m de long faits de pièces de bois cousues les unes aux autres. Leur connaissance du milieu naturel et le profit qu'ils en tirent sont impressionnants *(voir les Monts Caraïbes en Guadeloupe)*.
Les Caraïbes effectuent des razzias dans les îles peuplées d'Arawaks et mangent les prisonniers mâles : le terme **« cannibale »** leur est donné par Colomb qui comprit « Cariba » ou « Caniba » au lieu de « Kalina » lorsqu'il apprit le nom de ce peuple. Ils capturent les femmes arawaks pour en faire leurs secondes épouses (ils sont polygames). La présence de ces femmes au sein de la communauté caraïbe explique la survivance de dialectes arawaks, encore au temps des découvertes, dans les Petites Antilles, alors que la population arawak y a pratiquement disparu. Les épouses tissent le coton et d'autres plantes, confectionnant, entre autres, des lits suspendus ou *hamacs*, et tressent des paniers selon une technique originale dont la tradition s'est maintenue jusqu'à nos jours *(voir p. 100)*. En revanche, leur poterie, dont le décor se limite à des striures et grattages, est assez grossière.
La société caraïbe est peu hiérarchisée ; chaque village, constitué des membres d'une même famille, se choisit un « capitaine » parmi ses guerriers les plus braves.

Destinée des Amérindiens après les découvertes – Au 15e s., les Caraïbes n'ont pas laissé beaucoup d'Arawaks en vie ; ces derniers seront anéantis par l'arrivée des Espagnols. C'est donc en majorité aux Caraïbes que les premiers colons ont affaire lorsqu'ils jettent l'ancre dans les Petites Antilles.
Le cannibalisme de ce peuple devient vite un prétexte à l'esclavage des Indiens ; Isabelle la Catholique, qui avait été leur protectrice dans les premiers temps, signe elle-même en 1503 un ordre permettant la capture et l'esclavage de « cannibales rebelles ». Des raids esclavagistes sont alors entrepris auprès des Indiens des Petites Antilles afin de fournir de la main-d'œuvre à la grande île d'Hispaniola (Saint-Domingue) ; ils se concluent par des déportations et des massacres. La disparition des Indiens résultera également de l'introduction par les Espagnols de maladies contagieuses comme la variole, la tuberculose ou la rougeole.

Amulette en bois
Le Moule (culture huécoïde)

DÉCOUVERTE ET COLONISATION DES PETITES ANTILLES

Les découvertes de Christophe Colomb – De nombreuses îles des Petites Antilles furent découvertes et baptisées par Colomb lors de ses 2e, 3e et 4e voyages vers les « Indes ». Le 3 novembre 1493, après 21 ou 22 jours de traversée depuis les Canaries, l'Amiral de la Mer Océane découvre une première île qu'il nomme Dominique, car ce jour est un dimanche, puis une autre Marie-Galante (nom du navire amiral la *Santa María*

Galanda). Le lendemain, il jette l'ancre à la Guadeloupe, nommée *Nuestra Señora de la Guadalupe* pour tenir une promesse faite aux moines du monastère du même nom en Espagne. La flotte y fera escale du 4 au 10 novembre. Il aperçoit aussi *Todos los Santos*, les Saintes, dont le nom commémore la fête de la Toussaint. Le 11, Colomb trouve sur sa route Montserrat *(Santa María de Montserrate, voir p. 297)*, Antigua *(Santa María la Antigua, voir p. 269)*, et enfin Nevis (baptisée *San Martin*, le 11 novembre étant le jour de la Saint-Martin) ; viennent ensuite Saint Kitts *(San Jorge)*, Sint Eustatius *(Santa Anastasia)* et Saba *(San Cristobal)*.

En 1498, lors de son 3e voyage, Christophe Colomb découvre Saint Vincent et aperçoit la Grenade (nommée *Asunción* ; on est à la veille de l'Assomption).

Lors d'un 4e voyage aux Amériques, Colomb découvre la Martinique le 15 juin 1502 et la baptise *Matinino*, du nom d'une île légendaire – où seules des femmes habiteraient – évoquée par les Arawaks d'Hispaniola ; c'est peut-être au cours du même voyage qu'il découvre Sainte-Lucie.

Les autres Petites Antilles n'ont sans doute pas été découvertes par Colomb. Elles apparaissent cependant sur les cartes peu de temps après ses expéditions ; Anguilla et Saint-Barthélemy figurent ainsi sur la carte de Wolfenbuttel en 1519. Quant aux Grenadines, la première mention n'en sera faite qu'en 1607, dans une publication hollandaise.

Les Espagnols s'intéressent, à l'origine, aux Petites Antilles en tant qu'enjeu stratégique sur la route maritime des Indes occidentales : la Dominique et la Guadeloupe servent de lieu d'aiguade (ravitaillement en eau et en vivres) aux navires empruntant la *carrera de las Indias* pour se rendre en Terre-Ferme (Panama, Colombie, Venezuela actuels) et Nouvelle-Espagne (Mexique actuel). Ils y mènent aussi des raids esclavagistes et des expéditions de représailles, surtout contre les Caraïbes de la Dominique qui harcèlent leurs propres établissements. Mais contrés par ces farouches guerriers, et en l'absence d'or, ils abandonneront peu à peu l'idée de coloniser « ces îles inutiles (...) habitées par des gens idolâtres et de vices, sans connaissance de la foi catholique ».

Hollandais, Français et Anglais entrent en scène – Les indices de la présence de navires autres qu'espagnols avant le milieu du 16e s. sont extrêmement minces. Le traité de Crespy (1544) ayant confirmé le droit des Espagnols sur les Antilles, des corsaires surtout s'aventurent dans les îles, attirés par l'or du Nouveau Monde transporté par les *armadas* de galions. Des Français effectuant les « voyages de l'aval » vers le Brésil et les Guyanes se mettent aussi à fréquenter plus ou moins régulièrement la Caraïbe orientale. Bientôt, les puissances rivales de l'Espagne commanditent les corsaires – ou flibustiers *(voir p. 73)* –, les encourageant au pillage des *naos* ennemies. Les Petites Antilles leur servent d'abord de lieu d'aiguade, puis de base pour préparer leurs coups de main ; pour finir, les flibustiers deviennent des colons.

Au début du 17e s., le déclin de la puissance espagnole aiguise l'appétit des Français, des Anglais et des Hollandais à qui la colonisation des îles offre la perspective de succès commerciaux, et un remède contre misère et surpopulation. La guerre qui éclate en 1621 entre l'Espagne et les Provinces-Unies déclenche l'hallali : les Espagnols ne sont plus capables de s'opposer aux menées étrangères. En 1627, l'ex-flibustier **Pierre Belain d'Esnambuc**, soutenu par Richelieu, installe une poignée de Normands à Saint-Christophe dont il va gouverner la partie française, l'autre partie étant aux ordres de l'Anglais **Thomas Warner**, également ancien corsaire. En 1635, d'Esnambuc débarque avec un premier contingent de colons à la Martinique *(voir p. 242)* au moment où les capitaines Liénart de L'Olive et Duplessis d'Ossonville, autres marins issus de la petite noblesse normande, accostent en Guadeloupe *(voir p. 160)* ; tous ont reçu l'agrément de la Compagnie des Isles d'Amérique. Les débuts de la colonisation sont difficiles, face aux Caraïbes, mais ces derniers sont vite décimés par les nouveaux arrivants.

Saint-Martin, riche en sel – denrée précieuse à l'époque –, est disputée entre Hollandais, Français et Espagnols. Ceux-ci renoncent en 1648, après quoi Français et Hollandais se partagent l'île. En 1630, Thomas Warner prend possession de Montserrat et y installe des colons irlandais. Les Anglais sont à Anguilla en 1650 et obtiennent Antigua au traité de Breda en 1667.

Les premiers colons-planteurs des Petites Antilles sont donc d'anciens flibustiers ou des actionnaires émigrants des compagnies de colonisation ; tous sont roturiers ou de petite noblesse désargentée : cadets aventureux, héritiers ruinés par les guerres de Religion. À ce fond terrien s'ajoutent quelques marchands, des fonctionnaires royaux et un nombre indéterminé de trafiquants divers. Ensemble, ils vont former l'aristocratie des Grands Blancs qui dominera la vie des îles jusqu'à nos jours, et reproduire aux Antilles la société hiérarchisée et inégalitaire de la Vieille Europe : les maîtres auront leurs domestiques et leurs esclaves.

Le système de l'engagement – Les gouvernements royaux français et anglais mettent en place un système d'engagement de travailleurs européens pour renforcer la main-d'œuvre fournie par la traite des Noirs. « **Engagés** » français et *indentured servants* anglais s'embarquent pour les Antilles afin d'y être, pendant au moins trois ans, les serviteurs des colons possessionnés : l'employeur paye le voyage, obtenant en contrepartie des droits étendus sur l'arrivant. Le temps de servitude écoulé, l'engagé libéré peut retourner en Europe, ou s'installer à son compte sur l'île. Beaucoup ne disposent pas d'une somme suffisante pour s'établir et retraversent l'Atlantique, déçus et amers.

Les engagés français sont en majorité originaires de l'Ouest : Bretons, Normands ou Poitevins, jetés sur les routes par la misère et l'ignorance, et séduits par la propagande exercée dans les ports : paysages merveilleux, formidable fécondité de la terre, fortune assurée...

Après 1670, le nombre d'engagés diminue et les gouvernements recourent alors à la contrainte : forçats, prisonniers de guerre de l'Angleterre (Écossais et Irlandais) ou protestants français sont déportés vers le Nouveau Monde ; Colbert y ajoute des contingents d'orphelines ou de femmes sans ressources.

Les engagés vivent dans des conditions très pénibles, exploités par les planteurs au même titre que les esclaves. Le système durera jusqu'en 1774, mais, dès la fin du 17e s., son apport est devenu marginal, comparé à la main-d'œuvre fournie par la traite des Noirs.

LA FLIBUSTE

Le mot « **flibustier** » est issu du hollandais *vrijbuiters* (« libres butineurs »), nom que se donnaient les corsaires des Provinces-Unies. Il entre dans la langue française en 1642, dans un récit de voyage de Daniel le Hirbec de Laval où il est question de « fribuste ». La flibuste, née de la lutte contre l'Espagne, est la première forme de mainmise gouvernementale non espagnole sur les Petites Antilles. Le traité du **Cateau-Cambrésis** (1559) stipule qu'au-delà de la ligne des Amitiés (tropique du Cancer et méridien de l'île de Fer), les rapports habituels entre puissances, fondés sur le droit international, n'ont plus cours ; les gouvernements peuvent donc autoriser quelques « capitaines entretenus » à attaquer en leur nom navires et bases ennemis dans la mer des Antilles, même en temps de paix sur le Vieux Continent. Munis d'une lettre d'habilitation ou « lettre de marque », les flibustiers deviennent des corsaires, soldats irréguliers au service d'une nation. Faute d'un tel document, ce sont des pirates ou forbans (bannis). En pratique, la différence est faible : capturés par les Espagnols, corsaires comme pirates sont exécutés.

Aux 16e et 17e s., les flibustiers français appareillent de La Rochelle ou de Normandie (environ 30 bâtiments par an dans la seconde moitié du 16e s.), autorisés à faire des prises par un « droit de marque ». Embarqués sur des « barcasses » de pêcheurs, ils se consacrent en priorité à la course (pillage des bateaux espagnols) et au trafic de produits européens avec les colons ; ils font aussi du troc avec les Caraïbes, avec lesquels leurs relations sont plutôt bonnes. Ils rapportent en Europe des marchandises recherchées : bois tropicaux, sel et petun (tabac). Les flibustiers anglais, dont les célèbres **Francis Drake** (« *El dragón* ») et **John Hawkins**, parcourent les Petites Antilles dès la seconde moitié du 16e s., faisant aiguade à la Dominique, Sainte-Lucie et la Guadeloupe.

Les pavillons pirates

Pour réussir un abordage, les corsaires se montraient rusés : feignant une attitude paisible et inoffensive, ils hissaient d'abord le pavillon d'un État neutre ou allié de l'adversaire, puis l'échangeaient au dernier moment pour le pavillon de leur propre nation.

L'usage du pavillon national était par contre interdit aux flibustiers durant les combats ; pendant les guerres contre l'Espagne, ils arborèrent un pavillon rouge qui se distinguait du pavillon blanc des Espagnols.

Il semble que les flibustiers français n'aient jamais utilisé le « Jolly Roger », le fameux pavillon noir orné d'une tête de mort et de tibias croisés, ou du moins pas avant les dernières années de la flibuste, lorsqu'ils ne recevaient plus de missions de course de l'État. Le « Jolly Roger » fut surtout le pavillon des pirates anglais de la Jamaïque, repliés ensuite sur les Bahamas. Chaque capitaine pirate hissait alors son propre drapeau, variation personnalisée sur un même thème macabre. Arborer ce type de pavillon était en soi un fait de piraterie passible de la pendaison.

Les flibustiers s'installent d'abord sur l'île de la **Tortue**, au Nord d'Hispaniola (Saint-Domingue), puis sur les côtes Ouest de la grande île. Profitant des troupeaux sauvages laissés par les Espagnols, certains deviennent des « boucaniers ». Ils chassent porcs, chevaux et bœufs dont ils vendent le cuir aux commerçants hollandais, et fument la viande sur des grils pour mieux la conserver (le mot « boucanier » vient de l'indien *boucan*, « viande fumée ou grillée »). La Tortue a très vite acquis une réputation de sordide repaire de brigands, où les flibustiers les plus sanguinaires (François Nau dit l'Olonnois, Michel le Basque, Montbars l'Exterminateur – *voir p. 184* –, etc.) établissent leurs quartiers. La férocité connue des « frères de la côte », propre à terroriser à l'avance les équipages des navires abordés, constituera une part de leur légende, au même titre que la forte personnalité de certains d'entre eux et les innombrables histoires de trésors enfouis.

D'autres îles vont peu à peu servir de bases aux flibustiers : Saint Kitts, la Barbade, Saint-Martin, Saint-Barthélemy, Montserrat... C'est ainsi que vers 1620-1635, une partie de l'archipel antillais va passer sous le contrôle de nations adversaires de l'Espagne. Celles-ci doivent à présent coloniser les terres afin de cultiver les produits dont elles font commerce. Les flibustiers de Saint Kitts sont ainsi chargés, qui par le roi d'Angleterre, qui par le roi de France, d'organiser la colonisation *(voir p. 72)*.

La politique économique mercantiliste de Richelieu le conduit d'autre part à créer en 1626 la Compagnie des Isles d'Amérique qui donne un gouverneur à la Tortue ; l'apogée de la flibuste va se situer entre 1625 et 1680, avant qu'elle ne devienne un obstacle au développement du commerce. En 1713, le traité d'Utrecht met fin à la guerre de la Succession d'Espagne et les flibustiers sont sommés de démobiliser ; certains refusent et deviennent forbans. Les guerres de la Succession d'Autriche (1740-1748) et de Sept Ans (1756-1763) feront encore appel à quelques flibustiers, devenus simples suppléants de l'infanterie, mais la flibuste disparaîtra totalement à la fin du 18e s., après la dispersion du contingent de corsaires mis sur pied par Victor Hugues en Guadeloupe.

GOUVERNEMENT ET ADMINISTRATION

Les compagnies de colonisation — Les compagnies d'actionnaires privés jouèrent un rôle mineur dans les colonies anglaises. Dès 1627, la Couronne retirait aux compagnies Warner et Courteen, fondatrices des premiers établissements, leurs prérogatives pour les attribuer au comte de Carlisle puis, à la mort de celui-ci en 1636, à Lord Willoughby. Le « Lord propriétaire des îles Caraïbes » nommait les gouverneurs qui étaient assistés par une assemblée élue de planteurs. Après 1660, le roi Charles II résilia la concession féodale et plaça directement les colonies des Petites Antilles sous son autorité.

Le rôle des compagnies d'actionnaires a été plus important dans les colonies françaises. Les « seigneurs associés » de la Compagnie de Saint-Christophe (1626-1635) puis de la Compagnie des Isles d'Amérique, de puissants aristocrates proches de Richelieu, sont les premiers maîtres des îles. En 1649, celles-ci sont vendues aux gouverneurs en place, nommés par le roi, et deviennent pour peu de temps des colonies de propriétaires. En 1664, Colbert, après avoir racheté tous les droits aux propriétaires, crée la **Compagnie des Indes occidentales** dont l'autorité s'étend à toute l'Amérique française. En 1674, au bord de la banqueroute, celle-ci perd son privilège et les territoires français des Petites Antilles sont définitivement unis à la Couronne.

Les gouverneurs des colonies françaises — Désormais provinces du royaume, les colonies sont rattachées au secrétariat d'État à la Marine ; le roi choisit le gouverneur général, les intendants et les membres du conseil souverain. Le gouverneur général siège successivement à Saint-Christophe, Saint-Pierre de la Martinique (de 1671 à 1691) et Fort-Royal (Fort-de-France). En 1714, on nomme deux gouverneurs généraux, l'un pour les îles Sous-le-Vent (Saint-Domingue), l'autre pour les îles du Vent (Martinique, Guadeloupe, etc.). Ils sont représentés dans chaque île par des « gouverneurs particuliers » qui partagent l'administration avec l'intendant (responsable des finances et de la monnaie), et président le conseil souverain ou conseil supérieur, composé en outre de l'intendant, du lieutenant du roi et de six à douze conseillers appartenant à la caste des Grands Blancs.
En 1763, les gouverneurs particuliers sont remplacés par quatre gouverneurs généraux, dont l'un est établi en Martinique et un autre en Guadeloupe.

Émancipation des colonies — L'esprit d'indépendance des colons vis-à-vis de la métropole s'est manifesté dès le début de la colonisation, chez les Français comme chez les Anglais. De nombreuses révoltes de planteurs, dont celle du Gaoulé en 1717 à la Martinique, qui se conclut par le renvoi *manu militari* du gouverneur et de l'intendant *(voir p. 208)*, agitent les îles sous l'Ancien Régime.
Dans les colonies anglaises, l'assemblée des planteurs participe plus que dans les îles françaises à l'élaboration de la loi. Très tôt, la lutte s'engage avec le gouverneur pour davantage d'autonomie et une évolution vers un *Self-Government*. À Antigua, siège du gouvernement des *Leeward Islands*, les troubles aboutissent au massacre du gouverneur par les Petits Blancs. Cependant, après 1715, le calme prévaudra en raison de l'absentéisme des grands planteurs et de la constitution, à Londres, du *West Indian Interest*, puissant lobby agissant auprès du Parlement.

Guadeloupe et Martinique pendant la Révolution française — Les principes édictés par la Révolution de 1789 sont refusés ou détournés par les Grands Blancs, bénéficiaires du principe d'inégalité et fidèles à l'esprit monarchique ; après avoir espéré quelque temps du nouveau régime la prise en compte de leurs revendications : indépendance politique et suppression du système de l'Exclusif (liberté de concurrencer la manufacture et le négoce métropolitains), ils se rangent dans le camp de la Réaction. De la Révolution, les esclaves attendent leur émancipation ; encouragés par la réussite de Toussaint Louverture à Saint-Domingue, ils se soulèvent, mais leur révolte est vite réprimée. L'abolition est néanmoins décrétée par la Convention le 4 février 1794, au nom des grands principes chers aux philosophes des Lumières et aussi parce qu'il devient urgent de lever sur place des troupes face aux Anglais : « Oui, lançons la liberté dans les colonies ; c'est à présent que l'Anglais est mort ! » (Danton).
Entre les deux, Petits Blancs, mulâtres et gens de couleur libres réclament avant tout la liberté pour eux-mêmes et l'égalité en leur faveur. Bien que majoritairement opposés à la libération des esclaves, ils forment l'essentiel des « patriotes » partisans de la République bourgeoise.
Les républicains triomphent à Sainte-Lucie *(voir p. 313)*, encore française à cette époque, avant d'y être renversés par les Anglais.

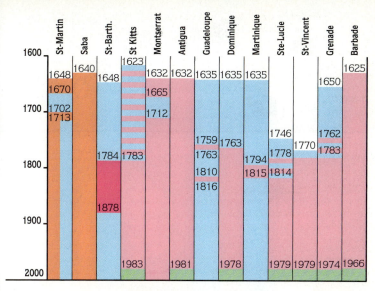

Le chassé-croisé des appartenances

En Guadeloupe, le mouvement des Grands Blancs en faveur de la monarchie est stoppé en janvier 1793 par l'arrivée de Lacrosse, émissaire officiel de la Convention qui a reçu le soutien des Petits Blancs et des mulâtres. Prise par les Anglais en avril 1794, l'île est délivrée par **Victor Hugues**, un Marseillais devenu Petit Blanc à Saint-Domingue, à la fin de 1794 ; l'esclavage est aboli, la dictature de Salut public instaurée. En 1802, Napoléon Bonaparte envoie en Guadeloupe des troupes pour rétablir l'esclavage. Les garnisons locales, composées essentiellement d'officiers et de soldats Noirs ou mulâtres, s'insurgent. Le sacrifice de Delgrès et de ses compagnons d'armes à Matouba *(voir p. 155)* clôt cette période agitée et jalonnée d'événements tragiques.

À la Martinique, les Petits Blancs « patriotes » ont été vaincus par les Grands Blancs qui doivent accepter, au début de 1793, de se soumettre au général Rochambeau, représentant de la République. Mais plutôt que de se plier aux mesures égalitaires, les « Messieurs » préféreront livrer l'île aux Anglais contre une promesse de maintien de leurs privilèges et de garantie de l'ordre social. Le retour à la France n'interviendra qu'en 1802.

L'ESCLAVAGE

Les premiers esclaves noirs des Antilles auraient été acheminés par les Espagnols à Saint-Domingue vers 1503-1508. La traite des Noirs s'amplifie vers 1520 avec les premiers *asientos* (monopoles commerciaux) concédés par la *Casa de contratación* de Séville aux Portugais qui deviennent les premiers grands pourvoyeurs d'esclaves aux Amériques. Le mot « nègre » (milieu du 17ᵉ s.) dérive d'ailleurs du portugais *mauro negro*.

Le commerce triangulaire – Au 17ᵉ s., les Hollandais, puis les Français et les Anglais s'initient au trafic, rompant le monopole de la couronne espagnole. Vers 1670, la traite des Noirs, désormais confiée par les états à des compagnies en monopole, s'organise et « s'industrialise ». La *West Indisches Compagnie* des Provinces-Unies succède aux Portugais comme fournisseur principal. Enfin, la liberté de traite accordée en 1698 en Angleterre et en 1713 en France ouvre le commerce des esclaves aux entrepreneurs privés. En tout, Portugais, Anglais, Français, Hollandais, Danois et « Bostoniens » (Nord-Américains) auraient livré plus de deux millions de Noirs aux colons d'Amérique au cours du 18ᵉ s. La traite, clandestine après son interdiction décidée au Congrès de Vienne en 1815, ne cessera qu'avec l'abolition définitive et généralisée de l'esclavage. Les compagnies puis les négriers indépendants installent des postes de traite en Afrique, principalement sur les côtes orientales du golfe de Guinée. Les esclaves sont achetés aux monarques africains contre de la « pacotille » (étoffes, alcool, armes, quincaillerie diverse...). Ils sont ensuite transportés, dans des conditions effroyables (environ 25 % meurent durant la traversée), jusqu'aux colonies où ils sont vendus aux planteurs. De grands marchés de redistribution fonctionnent à Curaçao, Saint-Eustache et Antigua. La « pièce d'Inde », esclave « idéal » de 25 à 30 ans, grand, fort et sans défaut physique, s'y vend cher et sert à étalonner la valeur du reste de la cargaison : esclave de plus de 40 ans évalué une demi-pièce d'Inde, etc.

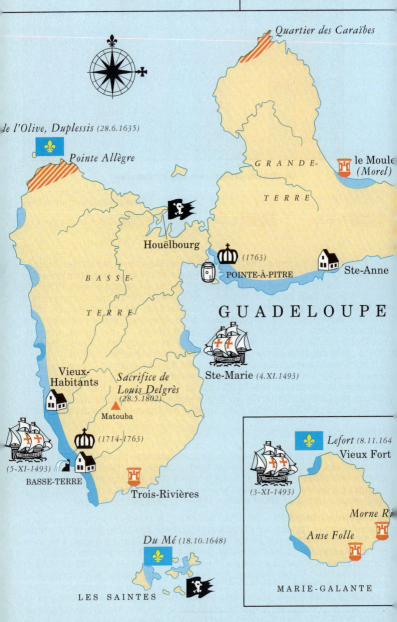

CARTE HISTORIQUE DE LA GUADELOUPE ET DE LA MARTINIQUE

- Principaux sites archéologiques amérindiens
- Derniers îlots de peuplement caraïbe après 1660
- Lieux de mouillage ou de débarquement supposés de Christophe Colomb
- Escale (aiguade) des flottes de la "Carrera de las Indias" (16e s.-milieu du 17e s.)
- Débarquement marquant le début de la colonisation française

- vers 1660 / vers 1700 — Implantation des colons français
- Principaux bourgs vers 1700
- Siège de gouvernement général
- Repaires de flibustiers (17e s.-18e s.)
- Commerce triangulaire (17e s.-milieu du 19e s.)
- Port franc à la fin du 18e s.

OCÉAN

Esclaves Noirs, produits alimentaires (vins, viande, poisson salé, farine), tissus

Site de relégation (proscrits, lépreux) au 18e s.

Anse à l'Eau

LA DÉSIRADE

ATLANTIQUE

Tabac, indigo, épices (gingembre), coton, sucre

le Lorrain *(Vivé, Fond Brûlé)*
Marigot
Ste-Marie
le Prêcheur *(Anse Belleville)*
d'Esnambuc *(15.9.1635)*
SAINT-PIERRE *(1671-1692)*
la Trinité
Presqu'île de la Caravelle
Baie du Galion
le Carbet *(15-VI-1502)*
FORT-ROYAL *(1692)*
le Vauclin *(Paquemar, Macabou)*
le Diamant
Ste-Luce *(Montravail)*
Plage Dizac
Rivière-Pilote
MARTINIQUE
Anse Figuier *(15-VI-1502)*

Ce commerce « triangulaire » a contribué en Europe à la fortune de grands ports de traite comme Nantes, Bordeaux, La Rochelle ou Bristol, et au décollage de la Révolution industrielle (fabrication d'indiennes, d'armes, d'ustensiles en métal...).

Conditions de vie des esclaves noirs – Elles sont différentes selon les législations propres à chaque île. Les Antilles françaises s'appuient sur le Code noir, « ordonnance concernant la discipline de l'Église et la condition des esclaves dans les Indes occidentales », promulgué en 1685. L'esclave ne possède aucun bien mais doit être nourri quotidiennement, logé *(voir p. 236)* et vêtu, soigné en cas de maladie ou de vieillesse par son maître. Un repos dominical doit lui être octroyé ; c'est à cette occasion que les Noirs se réunissent pour faire de la musique et pour danser, perpétuant des traditions venues d'Afrique.

Si le « petit marronnage » (fugue de courte durée) est faiblement puni, la fuite véritable ou « grand marronnage » est sévèrement sanctionnée, punie de mort à la troisième tentative ; néanmoins le marronnage s'intensifie au 18ᵉ s., parallèlement aux mouvements de révolte contre la condition d'esclave.

Le maître qui torture ou met à mort un esclave ne rencontre pas, pour sa part, de témoin à charge et est, sauf exception *(voir p. 132)*, acquitté en cas de plainte.

Les conditions de vie sont plus difficiles pour les esclaves des champs et les esclaves d'usine que pour les « nègres à talents » (ouvriers spécialisés) et les serviteurs travaillant dans la grand'case. Les nègres « bossales », fraîchement arrivés, sont réputés meilleurs travailleurs que les nègres « créoles », c'est-à-dire nés à la colonie.

Les propriétaires ont le droit d'affranchir leurs esclaves, mais seulement après vingt ans de service. Certains métiers sont interdits aux affranchis (emplois publics, professions maritimes, médicales, légales et religieuses) ainsi que les mariages mixtes.

Le mouvement anti-esclavagiste et l'abolition de l'esclavage – Aux 17ᵉ et 18ᵉ s., de nombreux intellectuels européens se penchent sur le système esclavagiste, pour le défendre ou le critiquer ; certains le condamnent pour des raisons humanitaires, d'autres avec des arguments économiques. Une première Société des amis des Noirs est créée par les quakers en 1784 ; d'autres naissent en France à partir de 1787, comptant parmi leurs adeptes Mirabeau, La Fayette, Robespierre et un nombre élevé de députés girondins... L'esclavage est aboli le 5 février 1794 (la Martinique, occupée par les Anglais, ne sera pas concernée), mais rétabli en 1802. En France, **Victor Schœlcher** prend la tête du mouvement abolitionniste et obtient la suppression de l'esclavage le 27 avril 1848, quinze ans après l'Angleterre, mais quinze ans avant les États-Unis.

« Grande jatte aux esclaves » – Faïence de Nevers, 1785

Les propriétaires reçurent entre 430 et 470 francs (francs germinal, somme équivalant à environ 1 400 euros aujourd'hui) par esclave libéré. L'esclave affranchi gardait la jouissance gratuite de la case et du jardin, et recevait en métayage 1 ou 2 ha, avec obligation de vendre la récolte de canne à la sucrerie de l'ancien maître. De nombreux affranchis quittèrent l'habitation où ils avaient été esclaves, obligeant les propriétaires à faire appel à une main-d'œuvre immigrée *(voir p. 119 et 221)*.

L'ÉCONOMIE DE PLANTATION (17ᵉ-18ᵉ S.)

Les concessions foncières sont au début gratuites et de petites dimensions (souvent moins de 1 000 m²). Une fois la terre défrichée et la case édifiée, elles deviennent des « habitations » *(voir Bouillante en Guadeloupe)*. En 1671, en Martinique, la moitié des habitations a moins de 20 ha, un quart a entre 20 et 30 ha ; seules six d'entre elles dépassent 300 ha. Mais à la fin du 17ᵉ s., un regroupement s'opère au profit des colons riches : marchands, fonctionnaires du roi ou de la Compagnie, anciens flibustiers. De cette concentration naissent les grandes « habitations » (îles françaises) ou « plantations » (îles anglaises), véritables « unités de production » agricoles et industrielles dans lesquelles l'arrivée massive d'esclaves va accélérer le passage à l'« économie de plantation ».

L'habitation sucrière – Les cultures vivrières, recommandées par l'administration centrale, sont négligées par les maîtres d'habitation qui préfèrent se consacrer aux produits d'exportation, plus rentables. S'ensuivront des pénuries de denrées alimentaires, généralement comblées par la contrebande. Après les brefs « cycles » du

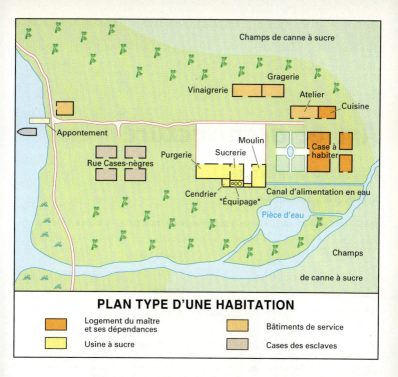

tabac (ou petun, mot d'origine tupi appris par les Français au Brésil) et de l'indigo, les Petites Antilles se tournent vers la canne à sucre, à l'exception de quelques îles trop accidentées ou trop sèches comme Saba, Montserrat ou Saint-Barthélemy. Cultivée dès le début du 16e s. dans les Grandes Antilles espagnoles, la canne est introduite dans les Petites Antilles peu avant 1640. Industrie « lourde » pour l'époque, sa transformation, exigeante en capitaux et en moyens techniques, nécessite aussi une main-d'œuvre abondante et favorise l'esclavage ; rapidement périssable, la canne requiert la présence de l'usine à sucre au cœur des terres agricoles, sur l'habitation même.

L'habitation sucrière importante s'étend sur 200 ou 300 ha ; grand'case du maître et « cases-nègres » voisinent avec les bâtiments de l'usine : moulin à broyer la canne, sucrerie et son « équipage » de chaudières, « purgerie » (raffinerie), étuves pour le séchage des pains de sucre, hangars à « bagasse », « guildiverie » pour la distillation du rhum... S'y ajoutent divers ateliers et bâtiments réservés aux productions annexes (« gragerie » où est râpé le manioc, etc.).

Les planteurs, interdits de raffinage par les gouvernements métropolitains, s'efforcent néanmoins de produire, grâce à d'ingénieux procédés, du **sucre** blanc dit « cassonade » plutôt que du sucre brun ou « moscouade », vendu moins cher. De 1717 à 1753, la Martinique quadruple sa production de sucre. Au milieu du 18e s., elle compte 546 habitations sucrières, la Guadeloupe 266. Mais dès lors, la concurrence des plantations de Java, celles du sucre d'érable Nord-américain et du sucre de betterave européen (le procédé d'extraction est découvert en 1747) changent les données du marché ; la canne à sucre cesse de tenir dans l'économie de l'époque « la place que l'acier occupa dans celle du 19e s. et le pétrole dans celle du 20e s. » (*De Christophe Colomb à Fidel Castro : l'histoire des Caraïbes 1492-1969*, E. Williams).

Les autres cultures spécialisées – D'autres cultures d'exportation, qui nécessitent un investissement moindre (une vingtaine d'esclaves suffit pour faire fonctionner une habitation caféière qui peut par ailleurs s'accommoder de terrains en pente, bon marché) ou des techniques moins élaborées, peuvent être pratiquées par des planteurs plus modestes : indigo à Montserrat et Saint-Christophe, coton à Saint-Vincent et à la Grenade, coton, café et cultures vivrières à Saba, Saint-Martin, Saint-Barthélemy... La culture du café atteint son apogée à la Martinique durant la seconde moitié du 18e s. ; au 19e s., elle sera écrasée par la production brésilienne.

Art et architecture

ÉLÉMENTS D'ARCHITECTURE

Architecture religieuse

BASSE-TERRE (Guadeloupe) – Plan de la cathédrale Notre-Dame (18ᵉ s. – première moitié du 19ᵉ s.)

Église de type basilical, édifiée par les Jésuites au 18ᵉ s. La façade est d'origine, le reste du bâtiment a été reconstruit au 19ᵉ s.

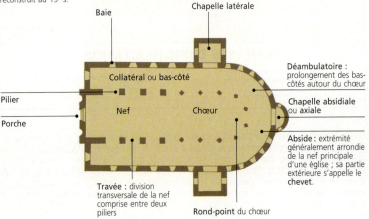

FORT-DE-FRANCE (Martinique) – Vue intérieure de la cathédrale Saint-Louis (1893-1894)

Exemple de l'architecture métallique de la fin du 19ᵉ s., la cathédrale de l'architecte Henri Picq rappelle en même temps, par son aspect extérieur, les églises gothiques.

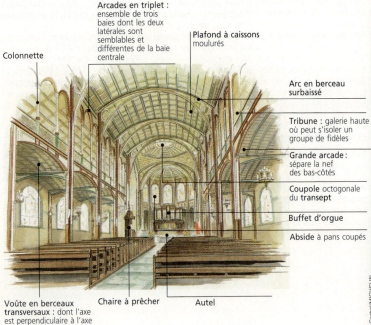

SAINTE-ANNE (Martinique) – Façade de l'église du bourg (19ᵉ s.)

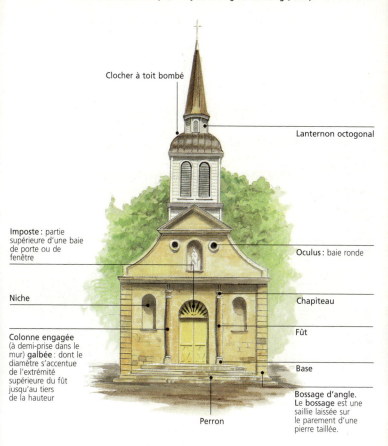

POINTE-À-PITRE (Guadeloupe) – Façade de l'église Saint-Pierre-Saint-Paul (milieu du 19ᵉ s.)

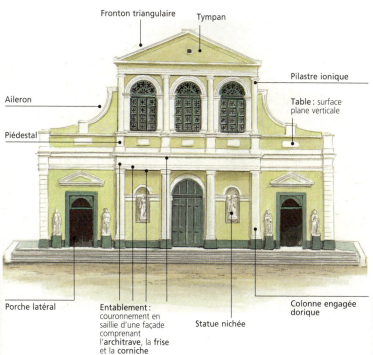

Architecture civile

BASSE-POINTE (Martinique) – Habitation Pécoul (1760)

Les « maisons de maître » martiniquaises adaptent aux exigences du climat tropical des modèles architecturaux français, issus des régions d'origine des planteurs.

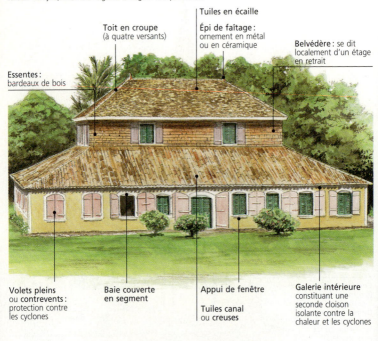

- **Tuiles en écaille**
- **Épi de faîtage :** ornement en métal ou en céramique
- **Toit en croupe** (à quatre versants)
- **Belvédère :** se dit localement d'un étage en retrait
- **Essentes :** bardeaux de bois
- **Volets pleins ou contrevents :** protection contre les cyclones
- **Baie couverte en segment**
- **Appui de fenêtre**
- **Tuiles canal ou creuses**
- **Galerie intérieure** constituant une seconde cloison isolante contre la chaleur et les cyclones

Environs de SCHOELCHER (Martinique) – Grand'case (20ᵉ s.)

Sorte d'intermédiaire entre la case modeste et la maison de maître, la grand'case emprunte à la première l'alternance régulière des portes et fenêtres, et à la seconde, l'étage et la galerie.

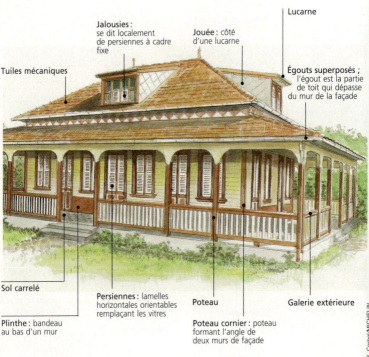

- **Tuiles mécaniques**
- **Jalousies :** se dit localement de persiennes à cadre fixe
- **Jouée :** côté d'une lucarne
- **Lucarne**
- **Égouts superposés ;** l'égout est la partie de toit qui dépasse du mur de la façade
- **Sol carrelé**
- **Plinthe :** bandeau au bas d'un mur
- **Persiennes :** lamelles horizontales orientables remplaçant les vitres
- **Poteau**
- **Poteau cornier :** poteau formant l'angle de deux murs de façade
- **Galerie extérieure**

Route de DIDIER (Martinique) – Maison Primerose (1906-1920)

Demeure créole, par André de Jaham. Au début du 20ᵉ s., l'architecture martiniquaise affiche une créativité nouvelle dans les maisons des riches familles « béké ».

Ferme débordante ; la ferme (ensemble de pièces de bois ou de fer destiné à supporter la couverture d'un édifice) est dite débordante quand elle est en surplomb par rapport à un mur-pignon.

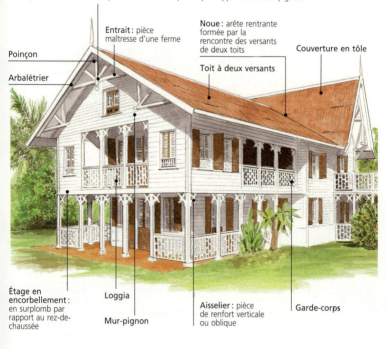

Entrait : pièce maîtresse d'une ferme
Noue : arête rentrante formée par la rencontre des versants de deux toits
Couverture en tôle
Toit à deux versants
Poinçon
Arbalétrier
Étage en encorbellement : en surplomb par rapport au rez-de-chaussée
Loggia
Mur-pignon
Aisselier : pièce de renfort verticale ou oblique
Garde-corps

POINTE-À-PITRE (Guadeloupe) – Maison Hayot (fin 19ᵉ – début 20ᵉ s.)

L'immeuble de rapport traditionnel combine, en ville, un rez-de-chaussée en pierre (contre les incendies) abritant un commerce, et des logements dans les étages en bois (matériau moins dangereux en cas de séisme).

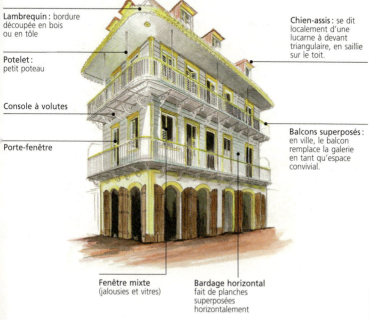

Lambrequin : bordure découpée en bois ou en tôle
Potelet : petit poteau
Console à volutes
Porte-fenêtre
Chien-assis : se dit localement d'une lucarne à devant triangulaire, en saillie sur le toit.
Balcons superposés : en ville, le balcon remplace la galerie en tant qu'espace convivial.
Fenêtre mixte (jalousies et vitres)
Bardage horizontal fait de planches superposées horizontalement

R. Corbel/MICHELIN

Architecture militaire

BASSE-TERRE (Guadeloupe) – Fort Louis-Delgrès (18ᵉ s.)

Construit à partir de 1650 et souvent agrandi et transformé, le fort Delgrès a acquis la silhouette en étoile d'une fortification à la manière de Vauban.

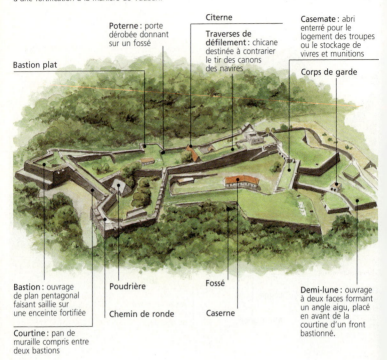

- **Bastion plat**
- **Poterne** : porte dérobée donnant sur un fossé
- **Citerne**
- **Traverses de défilement** : chicane destinée à contrarier le tir des canons des navires
- **Casemate** : abri enterré pour le logement des troupes ou le stockage de vivres et munitions
- **Corps de garde**
- **Bastion** : ouvrage de plan pentagonal faisant saillie sur une enceinte fortifiée
- **Poudrière**
- **Fossé**
- **Demi-lune** : ouvrage à deux faces formant un angle aigu, placé en avant de la courtine d'un front bastionné.
- **Courtine** : pan de muraille compris entre deux bastions
- **Chemin de ronde**
- **Caserne**

Bâtiments publics

BASSE-TERRE (Guadeloupe) – Préfecture (1933)

Les nombreux édifices publics construits en Guadeloupe par G. Ali Tur après le cyclone de 1928 introduisent aux Antilles l'influence de l'Art déco.

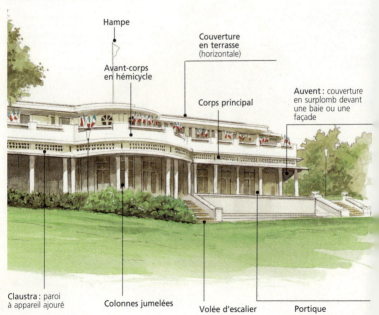

- **Hampe**
- **Avant-corps en hémicycle**
- **Couverture en terrasse** (horizontale)
- **Corps principal**
- **Auvent** : couverture en surplomb devant une baie ou une façade
- **Claustra** : paroi à appareil ajouré
- **Colonnes jumelées**
- **Volée d'escalier**
- **Portique**

L'architecture des Antilles reflète conjointement l'histoire et le climat des îles. L'économie de plantation et l'esclavage, la lutte contre la chaleur et les catastrophes naturelles ont donné naissance à une architecture d'abord imprégnée de modèles européens (français, anglais, espagnols, hollandais, etc.), puis qui a su se dégager de ses origines et créer un style en même temps qu'un art de vivre.

ARCHITECTURE MILITAIRE ET RELIGIEUSE

Les forts – L'hostilité des Indiens, puis la lutte entre puissances coloniales rivales ont nécessité la construction, à partir du milieu du 17e s., d'ouvrages défensifs en général tournés vers la mer, mais peu adaptés au mode de combat insulaire (guérillas et embuscades). De grosses tours cylindriques (« tours du Père Labat », dont celle de Baillif en Guadeloupe) ou des batteries indépendantes (le long de la côte sous le vent à Bouillante et Deshaies en Guadeloupe, à Saint-Pierre en Martinique) ponctuent les côtes. Au 18e s., s'y ajoutent des forts bastionnés à la Vauban, destinés à protéger les villes importantes : cinq furent édifiés en Martinique (le fort Desaix et le fort Saint-Louis par exemple), et six en Guadeloupe, dont le plus récent fort Napoléon, construit au 19e s. aux Saintes. On retrouve dans les Antilles anglophones le même type de bâtiments (tours et tracés en bastion), souvent mieux conservés qu'en Europe, où ils ont été les victimes d'affrontements plus destructeurs et de l'évolution technique.
Autres témoins d'un passé marqué par le choc des armes, les hôpitaux militaires et casernes, parfois transformés ultérieurement en locaux à usage civil (lycée Gerville-Réache à Basse-Terre en Guadeloupe).

Les églises – Villes et bourgs se sont développés autour d'une église, périodiquement endommagée, voire détruite, par un cyclone ou un conflit armé. Les parties les plus anciennes des bâtiments actuels ne remontent pas, en général, au-delà du 18e s. Les façades en maçonnerie des églises de Guadeloupe et de Martinique s'inspirent, en les simplifiant, de celles des églises européennes du 17e s. Charpentes et voûtes en bois utilisent un savoir-faire local, héritier de la charpenterie de marine. Les églises construites depuis le milieu du 19e s., notamment celles des villes les plus importantes, disposent parfois d'une structure métallique jugée préférable après un séisme, un incendie ou un cyclone (Saint-Pierre-Saint-Paul à Pointe-à-Pitre, cathédrale de Fort-de-France, cathédrale de Castries à Sainte-Lucie).
Dans les bourgs martiniquais, le clocher, couvert d'essentes, de tuiles ou plus tard de tôles, surmonte l'entrée de l'église ; en Guadeloupe, il a souvent été construit à part, à proximité du bâtiment principal. L'architecture religieuse montre également une grande diversité dans les îles de tradition anglaise.

ARCHITECTURE CIVILE

Les habitations – La grande époque des plantations sucrières et caféières s'étend de la fin du 17e au milieu du 19e s. L'« habitation » désigne alors le domaine de l'« habitant » *(voir Basse-Terre en Guadeloupe)*, c'est-à-dire du planteur, par opposition à l'engagé *(voir p. 72)* et à l'esclave. Organisée de manière autonome, l'habitation regroupe bâtiments agricoles et logements des esclaves, et surtout la « maison de maître », témoignage de la réussite croissante du propriétaire. Si certaines de ces demeures imitent encore les manoirs aristocratiques français (Mont-Carmel en Guadeloupe, Château Murat à Marie-Galante), d'autres élaborent une architecture originale adaptée au climat. Située sur une hauteur exposée aux alizés, la maison de maître martiniquaise isole, au centre d'une galerie couverte à la fois conviviale et protectrice, des pièces de séjour et de réception ; à l'étage, un « belvédère » abrite les chambres. Les ouvertures symétriques à persiennes, la double épaisseur des murs et le sol carrelé favorisent la ventilation et la fraîcheur.
Les bâtiments fonctionnels sont encore visibles sur certaines habitations, comme la plantation de café la Grivelière en Guadeloupe ou l'habitation sucrière Céron en Martinique. Moulins hydrauliques, à bêtes ou à vent, chaudières avec cheminée, entrepôts et étables, sont cependant le plus souvent en ruine. Les vestiges de moulins à vent *(voir p. 141)* sont particulièrement nombreux sur la Grande-Terre de la Guadeloupe et à Marie-Galante.

Les maisons urbaines – En Guadeloupe, dans la seconde moitié du 19e s., les résidences des directeurs des nouvelles usines sucrières introduisent un nouveau type architectural. Ces élégants pavillons en briques, entourés d'un fin réseau de galeries et de balcons, sont munis d'une structure métallique importée de France ou des États-Unis (maisons Zévallos au Moule, Souques-Pagès à Pointe-à-Pitre). Dans les villes en développement, les formules expérimentées dans les plantations s'adaptent au milieu urbain avec les maisons « haut et bas » : rez-de-chaussée commerçant, fenêtres à persiennes, étages à balcon pour la conversation. Au début du 20e s. en Martinique, les blanches demeures créoles de la route de Didier évoqueront les maisons de Louisiane.
Habitations (« plantations ») et maisons urbaines des Antilles anglaises se distinguent nettement de leurs voisines francophones. L'influence européenne y est plus marquée : mélange des traditions française et anglaise à Saint George's de Grenade, imitation du style anglais du 17e s. à Saint Nicholas Abbey (la Barbade), etc. Plus fantaisiste et plus

ornée, l'architecture traduit aussi une mentalité différente : galeries et vérandas fermées ménagent l'intimité alors que dans les îles françaises, ces mêmes éléments ouvrent au contraire très souvent la maison sur l'extérieur.

Les cases – Les premiers abris des colons s'inspirent sans doute des « carbets » (grandes cases communes) des Indiens caraïbes, et sont construits en végétaux (gaulettes, roseaux) enduits de torchis. Mais la *kaz* est bientôt réservée à l'esclave nègre, le maître seul disposant d'une *mézon*. Dans les « rues cases-nègres » sont groupées des cases rudimentaires, alignées sur un axe et toutes semblables, symbole de l'esclavage des occupants *(voir p. 236)*. Puis l'histoire de la case, principale expression de l'architecture antillaise, prendra toute sa dimension avec la disparition de la condition servile en 1848.

Sur les petites exploitations familiales, cuisine et « case à eau » (pour la lessive et la toilette) sont construites derrière la case principale. Celle-ci abrite au départ une à trois pièces inscrites dans un rectangle d'environ trois mètres sur six, couvert d'un toit en tôles ou en tuiles, à deux (Guadeloupe, Martinique) ou quatre pans (Saint-Barthélemy, Antigua) selon les îles. Elle peut être ensuite « aménagée », c'est-à-dire agrandie de pièces supplémentaires et de vérandas, en fonction des besoins et des moyens des propriétaires.

Le bois est le matériau principal, d'abord laissé à l'état naturel, puis peint de couleurs vives dans les îles anglophones, plus discrètes aux Antilles françaises ; la peinture anime la façade en soulignant portes, fenêtres et volets, et, en Martinique, le soubassement en ciment. La décoration extérieure est souvent soignée, au moyen de *fanfrelich* et *dentel* en bois découpé, appelées *gingerbread* (« pain d'épices ») dans les îles anglophones *(voir Saint Lucia)*.

En Guadeloupe et dans d'autres îles des Antilles, la non-possession du sol conduit aux cases transportables, posées sur des pierres *(chattel houses* de la Barbade, Sainte-Lucie, Antigua, *voir p. 287)*, des murets en ciment ou des poteaux enfoncés dans le sol. L'accession à la propriété et le souci de construire plus solide, face aux cyclones et aux termites, entraînent cependant la croissante « durcification » des cases, où béton et fibrociment remplacent peu à peu le bois.

ARCHITECTURE ET ART MODERNES

Architecture « coloniale » – Les premiers bâtiments officiels antillais ne se différencient guère des demeures des particuliers. Par la suite, si l'exotisme débridé de la bibliothèque Schœlcher reste exceptionnel, les édifices publics de la IIIe République cultivent un style plus ostentatoire, fréquemment inspiré du classicisme français (hôtel de ville de Fort-de-France) ; les Antilles anglaises présentent une évolution comparable quoique souvent plus précoce (dès le 18e s.).

D'autres constructions rappellent davantage l'esprit créole par la profusion de colonnes soutenant porches, balcons et vérandas (mairie de Saint-Claude en Guadeloupe).

L'œuvre d'Ali Tur – C'est à travers les bâtiments officiels que l'architecture moderne pénètre en Guadeloupe après le dévastateur cyclone de 1928. La reconstruction est confiée à l'architecte du ministère des Colonies, Ali Tur (1889-1977) : plus d'une centaine d'édifices publics (mairies, églises, écoles, halles, etc.), dans lesquels le béton armé adapte avec bonheur à des lignes classiques, orientalistes ou Art déco, les caractéristiques climatiques de l'architecture antillaise *(voir Basse-Terre en Guadeloupe)*.

Les arts plastiques – L'esclavage n'a pas favorisé l'apparition aux Antilles d'une tradition artistique. Les rares artistes du 19e s. sont peu ou pas connus, sauf le peintre Guillaume Lethière, né en Guadeloupe, mais qui fera toute sa brillante carrière en France et en Italie. Dans la seconde moitié du 20e s., des peintres et sculpteurs comme René Corail ou René Hibran (fondateur de l'école des Arts appliqués de Fort-de-France) ont voulu construire un art inspiré de l'histoire et du paysage antillais, ainsi que des origines africaines. Le peintre guadeloupéen Rovelas, l'école négro-caraïbe de Laouchez, Gensin et Hélénon, le groupe Fromajé (fondé par Anicet, René Louise, Breleur) poursuivent le même but.

Les Antillais

UN « PEUPLE MOSAÏQUE »

Toute personne née en Guadeloupe ou en Martinique est dite « créole » ; ce terme a pris son sens actuel à la fin du 17e s. : après plus de cinquante ans de colonisation, la distinction se marquait entre les descendants d'Européens et d'Africains nés à la colonie et les nouveaux arrivants. Chaque couche d'immigrants qui a fait souche ensuite dans les îles a rejoint la communauté **créole** et enrichi la palette ethnique antillaise d'une touche originale. Du brassage intense qui dure depuis plus de trois siècles est issu un « peuple mosaïque » (*Écrire en pays dominé*, Patrick Chamoiseau, 1997) dont les principaux clivages et l'infinie variété de nuances se définissent principalement par la couleur de la peau (les Guadeloupéens, par exemple, n'hésitant pas à s'appeler entre eux « nègre », « métisse », « chapé coolie », « chabin », etc.), et secondairement par l'origine géographique (« Blancs métros », Antillais nés en métropole, « insulaires » des Saintes ou de la Désirade, résidents de la Grande-Terre et habitants de la Basse-Terre, Guadeloupéens et Martiniquais...), la religion ou la condition sociale.

La population blanche – Les Blancs représentent moins de 5 % de la population des Petites Antilles. Originellement le « **béké** » (Martinique) ou « **Blanc-pays** » (Guadeloupe) est celui qui a le teint pâle et les cheveux blonds ; le terme s'applique aujourd'hui à tout Blanc né et vivant aux Antilles, mais comporte des nuances : en Martinique, le Blanc de condition modeste est appelé « béké goyave » ou *béké malou*.
Sur les îles peu douées pour la culture de plantation, les Blancs n'ont presque pas recouru à la main-d'œuvre esclave et représentent aujourd'hui l'essentiel de la population : à Saint-Barthélemy *(voir p. 178)*, les Blancs-pays ont la peau laiteuse, les yeux bleus et parlent encore avec un fort accent de l'Ouest de la France ; aux Saintes, les habitants de Terre-de-Haut, faiblement métissés, ont les yeux bleus et les cheveux blonds, tandis que ceux de Terre-de-Bas, où ont fonctionné des plantations, ont la peau plus foncée.
Exceptionnellement, des îlots de peuplement strictement blanc subsistent dans les îles à dominante noire ou métisse : « **Blancs-Matignon** » de la région des Grands Fonds en Guadeloupe *(voir p. 130)*, *Redlegs* (jambes rouges) ou *Mean Whites* (Blancs pauvres) descendants de colons écossais à la Barbade, la Grenade et Saint-Vincent.
Les « **Blancs-métro** » ou « **Blancs-France** », ou encore « **z'oreilles** » (ceux qui tendent l'oreille parce qu'ils ne comprennent pas le créole), métropolitains dont le séjour n'excède généralement pas trois à cinq ans, demeurent le plus souvent en marge de la société antillaise.

Noirs et métis – La population de couleur est majoritairement issue de la main-d'œuvre esclave importée d'Afrique entre le 17e s. et le début du 19e s. Celle-ci était pour l'essentiel originaire du « golfe de Guinée », en fait une vaste zone côtière s'étendant du Sénégal à l'Angola : Ouolofs, Toucouleurs, Foulbés, Bambaras, Ibos, Mandingues, Malinkés, Dioulas...
Pendant la deuxième moitié du 19e s., des Africains originaires de Guinée et surtout du Congo sont venus travailler sur les plantations qui avaient été désertées par les esclaves libérés. Mal acceptés au début, les « **nègres-Congos** » ou « **nèg' Guinin** » se sont progressivement intégrés à la société antillaise. Ils continuent de se distinguer par leurs patronymes africains : Louemba, N'Géla, etc.
À ces populations établies de longue date dans les Petites Antilles s'ajoutent, en particulier à Saint-Martin, des immigrants récents venus principalement d'autres pays de la Caraïbe : Haïti, Saint-Domingue, etc.

Les métis constituent plus de la moitié de la population des Petites Antilles. La gamme des métissages s'étend des « **câpres** » et « **câpresses** », type le plus répandu dont les caractéristiques physiques tiennent à la prédominance de sang noir, aux « **chabins** », métis à la peau, aux yeux et aux cheveux clairs. Initialement, le « **mulâtre** » est un métis partagé également entre sang blanc et sang noir, mais le terme a pris progressivement une dimension plus sociale qu'ethnique.

Petites filles caraïbes en Dominique

Les derniers des Caraïbes – En dépit d'un important métissage, les **Indiens caraïbes** rassemblés dans une réserve au Nord-Est de la Dominique (voir p. 119) ont conservé quelques traits physiques de leurs ancêtres : corps trapu, cheveux noirs raides, pommettes saillantes, yeux légèrement bridés.
À Saint-Vincent vivent les **« Black Caribs »**, descendants d'esclaves marrons et de Caraïbes métissés au 17e s.

Les Indiens d'Inde – Autrefois péjorativement surnommés **« coolies »**, les **Indiens**, des Tamouls surtout, originaires du Sud du Deccan, vinrent à partir du milieu du 19e s. remplacer les esclaves libérés qui abandonnaient les plantations (voir p. 119 et 221).

Syriens et Libanais – Arrivés à la fin du 19e s. et au début du 20e s., ils sont très présents dans le petit commerce (bijoux, tissus, ameublement).

CROYANCES ET RELIGIONS

Sur ces îles qui ont accueilli des populations et des cultures très diverses, croyances et religions issues de quatre continents se sont interpénétrées, et liées aux traditions profanes. Aux Petites Antilles, le quotidien se retrouve de ce fait tout imprégné de rites et de références au sacré hérités du christianisme, de l'hindouisme ou des magies africaines, quand ce n'est pas du vieux fond animiste caraïbe.

Les chrétiens – Ils sont très majoritaires aux Petites Antilles. Le catholicisme a posé le pied en Guadeloupe et en Martinique dans le sillage des premiers colons. Le rôle des missionnaires dominicains, capucins, et surtout jésuites qui eurent longtemps la préférence des autorités politiques, consista à évangéliser les esclaves en réduisant le catéchisme à des préceptes destinés à maintenir l'ordre social : obéissance et interdits. Très superficiellement instruits de la parole du Christ, les Africains continuèrent à célébrer leurs divinités qu'ils déguisèrent sous des noms de saints chrétiens.
Si l'Église catholique ne compte plus aujourd'hui la même proportion de fidèles qu'autrefois, c'est qu'elle incarne aux yeux de beaucoup d'Antillais le colonialisme et cet état de servitude dans lequel leurs ancêtres ont été malgré eux maintenus, même après l'abolition de l'esclavage. On assiste en revanche au succès croissant, dans les îles à forte tradition catholique, d'autres cultes chrétiens venus des États-Unis : adventistes du 7e jour qui ont accompli une véritable percée à partir de 1965, témoins de Jéhovah, méthodistes, baptistes, évangélistes, pentecôtistes… L'engouement des habitants de ces îles pour des doctrines peu accordées à l'esprit antillais (relations sexuelles, fêtes, danse, musique, alcool et certains aliments comme le boudin et le crabe sont souvent interdits) paraît cependant paradoxal.

L'hindouisme – Les Indiens ont apporté avec eux leurs pratiques religieuses qui sont aujourd'hui les véritables garantes du maintien de leur culture (voir p. 288). De petits temples hindouistes parsèment les régions où est rassemblée la population d'origine indienne. La fête du Mouton attire une foule de curieux, pratiquants ou non : elle s'ordonne autour du sacrifice d'un mouton à la déesse Mariamman et s'accompagne de prières, de chants sacrés et de purifications. Mariamman a la réputation d'accomplir des miracles, c'est pourquoi nombre d'habitants des Petites Antilles, même non Indiens, lui font des offrandes.

Le cocktail magico-religieux – La **magie**, amalgame d'une multitude de superstitions importées aussi bien par les colons européens que par les esclaves africains et plus tard par les Indiens, est partout présente dans les Petites Antilles. Les missionnaires chargés

---

Fêtes religieuses chrétiennes et ferveur antillaise

La ferveur des croyants se manifeste aujourd'hui avant tout lors des fêtes religieuses et patronales, relayée par le goût de la réjouissance et du faste propre aux habitants des Petites Antilles.
Les fêtes de Pâques débutent par des processions au calvaire le Vendredi saint ; le « Samedi Gloria », on se jette dans la mer pour un « bain de chance » protecteur pour toute l'année ; le dimanche est consacré à la préparation du grand pique-nique qui a lieu le lundi sur la plage.
Le 9 août, les cuisinières guadeloupéennes, habillées de madras, arborant « tête » et bijoux, et portant un panier garni de tout le nécessaire du parfait cordon bleu (victuailles, produits d'entretien, ustensiles…), se rendent à la grand-messe en une longue procession où elles présentent des offrandes à leur patron, saint Laurent. La journée se poursuit en banquets et bals.
La veille de la Toussaint, les femmes vont nettoyer le cimetière, le fleurir et allumer des milliers de bougies qui scintilleront toute la nuit ; toute la famille et les amis se réunissent alors sur les tombes où ils se recueillent, pique-niquent, écoutent de la musique et trinquent avec un verre de rhum.
Noël s'accompagne comme en métropole de son cortège de sapins (importés à grands frais d'Europe) et de neige (ici artificielle). Autrefois, la tradition voulait que l'on chante des cantiques ; aujourd'hui, on entend surtout des biguines. Le repas traditionnel de Noël se compose de boudin créole pimenté et de cochon de lait grillé accompagné de pois d'Angole et d'ignames.

de l'évangélisation des Noirs, en entretenant leur naïveté et leur crédulité, rendaient ceux-ci plus craintifs et dociles ; les esclaves avaient recours à la magie pour se protéger de l'injustice et de l'oppression. Ce cocktail magico-religieux perdure dans la société actuelle : la religion est avant tout perçue comme un système de protection contre les malheurs et les Antillais n'hésitent pas à s'adresser à un quimboiseur lorsque le prêtre s'est révélé inefficace.

La magie blanche, pratiquée par un « séancier » qui accomplit sur ses consultants des rites de « protègement », est bénéfique. Le séancier est également guérisseur car la maladie est considérée comme d'origine maligne ; il pratique donc une médecine empirique à base de plantes et de massages, couplée à des rites magiques où la part du psychisme est importante. La magie noire est maléfique ; elle est l'œuvre du « quimboiseur » qui accomplit des envoûtements. Il existe aussi un certain nombre d'esprits malins qu'on s'efforce de tenir le plus au large possible : « ti-bonhommes », « soucougnans », « volants », « z'esprits », « morphosés » ou encore « zombis ». Le vaudou, importé en Haïti par les esclaves originaires du Dahomey, ne concerne que certains immigrants originaires de cette île.

Les habitants des Petites Antilles consultent séanciers et quimboiseurs pour toutes sortes de raisons : favoriser leurs amours, gagner des élections, hâter la conclusion d'un mariage ou être reçu à un examen. Ces pratiques n'encouragent pas les individus à se prendre eux-mêmes en charge.

L'ÂME ANTILLAISE

L'émancipation négriste – Dès l'abolition de l'esclavage, les Noirs antillais ont œuvré à l'affirmation d'une identité fondée sur leurs origines africaines. Cette revendication a été en partie alimentée par le courant panafricaniste, manifestation de solidarité exprimée par les Noirs des Antilles ou d'Amérique du Nord descendants d'esclaves, face au colonialisme, à la ségrégation et aux progrès du « racisme scientifique ». Parmi les leaders de ce mouvement figuraient W. E. B. Du Bois (1868-1963), qui combattit pour l'égalité des droits civiques en Amérique du Nord, Marcus Garvey (1885-1940), prédicateur à l'origine du rastafarisme (*voir p. 295*), et Jean Price-Mars (1876-1969) qui incarne le panafricanisme culturel aux côtés d'Aimé Césaire, le représentant francophone de ce mouvement. C'est effectivement en 1935 que Césaire élabore le principe de **négritude** qui revendique les origines africaines des Noirs des Petites Antilles et élève leur culture ancestrale au rang d'identité.

Mais c'était ne pas prendre en considération cette spécificité propre aux îles antillaises : une histoire, une culture, donc une identité se sont créées autour de l'esclavage et du brassage ethnico-culturel, qui relèguent désormais au second plan les racines africaines ; c'est ce que l'écrivain martiniquais Édouard Glissant explique aujourd'hui à travers l'énoncé du principe d'**antillanité**, qui passe entre autres par le maintien de la langue créole.

Indépendance et autonomie – Les Petites Antilles se sont construites loin de l'Afrique et de l'Europe, il est donc logique que la recherche d'une identité antillaise passe par une aspiration à l'indépendance, avant tout politique, mais aussi économique et culturelle. C'est au lendemain de la Seconde Guerre mondiale que les consciences se sont mobilisées, dévoilant au grand jour les faiblesses des États européens incapables jusque-là d'assurer paix et prospérité. Les mouvements indépendantistes ont conduit les nations européennes, en particulier le Royaume-Uni, à se détacher de leurs possessions antillaises à partir des années 1960. Ces « affranchissements » ne se sont pas systématiquement déroulés dans le calme : affrontements, manifestations, revendications ont émaillé les processus d'émancipation.

Les îles francophones sont restées étroitement liées à la métropole. Promues au rang de départements en 1946, la Martinique et la Guadeloupe, au deuxième et au troisième rang de la Caraïbe pour le revenu par habitant, bénéficient d'un certain traitement de faveur par rapport à leurs voisines indépendantes et anglophones. C'est sans doute pourquoi les mouvements indépendantistes, après avoir secoué la Guadeloupe d'actes terroristes dans les années 1980 (assassinat du conseiller général Raymond Viviès, explosion d'une bombe à l'hôtel Méridien de Pointe-à-Pitre, etc.) manifestent plus de discrétion aujourd'hui. Les mouvements indépendantistes actuels n'intègrent pas la violence dans leur stratégie mais entendent négocier un « statut transitoire » prévoyant une large émancipation de ces îles qui ont aujourd'hui, face au déséquilibre où elles se trouvent par rapport à la métropole, la volonté de diriger leurs affaires politiques et sociales, tout en restant attachées économiquement à celle-ci.

Les Petites Antilles entre l'Amérique et l'Europe – Séparées du Vieux Continent par 7 000 km d'océan Atlantique, les îles des Petites Antilles que leur statut rattache étroitement à la France, au Royaume-Uni ou aux Pays-Bas, comme la Martinique et la Guadeloupe, sont incluses dans l'espace économique européen et bénéficient de subventions allouées par les caisses de l'Union européenne pour leur permettre de rattraper leur retard économique. Martinique et Guadeloupe bénéficient également, sous certaines conditions, d'avantages tels qu'une fiscalité allégée concernant le rhum local, et un régime spécifique de la TVA. Cependant, cette appartenance les exclut des organisations économiques régionales, plus ou moins soutenues financièrement par les États-Unis : CARIFTA (association caraïbe de libre-échange créée en 1968), CARICOM

(Marché commun des Caraïbes né en 1973), CBI *(Caribbean Basin Initiative)* lancé en 1983 par le président Reagan en faveur des 27 États du bassin caraïbe... La position des îles françaises s'avère donc délicate au sein d'une aire géographique qui s'américanise de plus en plus.

> *Ni vraiment libre et pas vraiment soumis*
> *À chacun son pays, à chacun sa patrie*
> *Qui suis-je ?*
> *Où sont les couleurs de mon pays ?*
>
> Chanson Cale de bateau *par J. Duboyer, 1996,*
> *chantée par le groupe* Metal Sound.

LA SOCIÉTÉ ANTILLAISE

La société antillaise d'aujourd'hui ressemble encore, par certains côtés, à ce qu'elle était au milieu du 19e s. : bien que l'esclavage n'existe plus et que le statut colonial ait disparu, les rapports sociaux, encore fortement conditionnés par la couleur de peau des individus, restent marqués par l'esprit colonialiste, et les mentalités évoluent peu. Seule l'incursion de la modernité et l'amélioration consécutive du confort ont suscité quelques changements : on observera, par exemple, que l'esprit de solidarité, de rigueur partout aux Antilles jusqu'au milieu du 20e s., tend parfois à disparaître au profit de l'individualisme. Il est vrai que, durant ces dernières décennies, la vie des Antillais a changé plus rapidement que les comportements : l'électricité alimente en énergie les « fonds » les plus isolés, les routes sont presque toutes bitumées, les maisons sont construites en dur, les magasins modernes supplantent les traditionnels « lolos », et la télévision régente presque tous les foyers.

Les rapports sociaux

Une hiérarchie rigide et contrastée – Aux Petites Antilles, la hiérarchie sociale est souvent établie en fonction de la couleur de la peau : les békés ou Blancs-pays, qui possèdent la majorité des terres et occupent en outre les postes-clés de la finance, de l'import-export et de l'industrie, forment la classe dominante, maîtresse de la politique et de l'économie. La bourgeoisie métisse détient des postes importants dans la distillerie et le commerce d'importation ; à la base de l'échelle sociale, Noirs et métis « câpres » constituent la masse des ouvriers et des paysans.
La peau foncée est ressentie comme un handicap chez les Noirs eux-mêmes : on dit d'un enfant qui a des traits négroïdes plus marqués que ses frères et sœurs qu'il est « mal sorti » ; les cheveux lissés sont au contraire considérés comme de « bons cheveux ».
Les mulâtres souffrent d'une situation en porte-à-faux par rapport aux Blancs et aux Noirs : ils appartiennent aux deux communautés sans les représenter vraiment, et sont tenus à l'écart par les uns comme par les autres. Eux-mêmes se laissent parfois aller à mépriser les Noirs et jalouser les Blancs.
Les Blancs créoles, en particulier les plus pauvres, respectent l'endogamie raciale. Les femmes békés ont tendance à vivre isolées de la population de couleur ; les hommes békés s'autorisent parfois des rapports amicaux avec des Noirs, rapports publics n'ayant qu'exceptionnellement des prolongements privés. Quant aux « métros », ils sont mieux acceptés des Noirs que les békés, à condition de ne pas commettre d'impairs vis-à-vis du savoir-vivre antillais et de s'intéresser aux coutumes locales.

Une solidarité réelle – Au-delà des clivages ethnico-sociaux, une forte solidarité règne entre gens de même condition et entre membres d'une même **famille**.
Les liens familiaux sont très forts, même si la conception de la famille n'est pas exactement celle des Européens. Le divorce étant très mal vu, les couples ne sont généralement pas mariés et il arrive que les hommes aient plusieurs foyers, laissant à leurs diverses concubines la charge de trois ou quatre enfants : « Les enfants ont des noms de papa sans papa dans la case de leur manman » (*Lycée Schœlcher*, Tony Delsham). Ce comportement est à ce point répandu qu'un homme qui n'a pas plusieurs femmes passe pour un *ababa* (idiot du village). De ce fait, en Martinique 60 % des naissances sont illégitimes.
Dans la famille antillaise, l'enfant est roi et une naissance est toujours accueillie favorablement ; si les parents ont des difficultés à élever leurs enfants, il y aura toujours une grand-mère, une tante ou une marraine pour les prendre en charge. Mais habituellement, c'est la mère de famille qui élève ses enfants et doit bien souvent se débrouiller seule financièrement : petits travaux et allocation de parent isolé (API) suffisent à l'entretien des enfants, mais aussi des parents, des frères, des oncles et même du concubin. L'« argent braguette », celui que les Guadeloupéens ou les Martiniquais obtiennent des caisses d'allocations familiales, a longtemps maintenu une forte natalité ; malgré un recul sensible de celle-ci (plus de 5 enfants par femme au début des années 1960, 2,5 en 1990) en dehors des zones profondément rurales, les *ti-moune* (enfants) restent plus nombreux que les *gwan-moune* (grands-parents). Jusqu'à la promulgation de la loi sur l'égalité sociale au début de l'année 1997, le montant des aides sociales versées par l'administration française était trois fois moins élevé en Martinique et en Guadeloupe qu'en métropole. Avec les nouvelles dispositions, la famille constitue plus que jamais le meilleur soutien face à l'adversité.

Dans cette société qui a gardé quelques traits du patriarcat africain, le culte des ancêtres est très marqué. La mémoire des défunts est constamment entretenue ; on la manifeste plus particulièrement à la Toussaint *(voir p. 89)* et lors des veillées funèbres. À cette occasion, parents et amis viennent saluer le défunt ; autour de la table dressée à l'extérieur de la maison, chacun raconte une anecdote sur celui-ci ; la « veillée » dure ainsi jusqu'à l'inhumation du corps (lire *Traversée de la mangrove*, de Maryse Condé). Le cortège funéraire, accompagné de musique religieuse diffusée par un haut-parleur, s'achemine en une longue file jusqu'au cimetière. Venir saluer une dernière fois un parent ou une connaissance revêt une telle importance que les avis d'obsèques sont diffusés avec solennité deux fois par jour à la radio en Guadeloupe et en Martinique. Les liens entre amis ou voisins sont également solides. Le soir, après le travail, il n'est pas rare de voir les gens se réunir pour bavarder dehors, bien que de nos jours, la disparition des « cours » urbaines et la généralisation de la télévision tendent de plus en plus à casser cette sociabilité. Un autre lieu de rencontre est le « lolo » local, petite épicerie de quartier dont l'arrière-boutique ou l'étroite véranda sert de salle de jeu aux inconditionnels des dominos *(voir Sainte-Rose en Guadeloupe)*. « Coup de main » et « convoi » sont encore souvent pratiqués dans les campagnes entre petits cultivateurs : les voisins viennent aider au labourage d'un champ, à la construction d'une maison ou au râpage du manioc ; le tout s'opère en musique et avec la bonne humeur légendaire des Antillais.

Les liens inter-insulaires – À part les migrations de main-d'œuvre – saisonniers Haïtiens, Saint-Luciens ou Dominicains, bien souvent clandestins, venant couper la canne en Guadeloupe et en Martinique, habitants d'Anguilla, dont les ressources sont insuffisantes, cherchant du travail à Saint-Martin – les échanges entre îles sont assez restreints et il existe même une certaine défiance entre elles ; les Martiniquais, dont l'île concentre tous les organes directionnels métropolitains, affectent un certain mépris pour les Guadeloupéens, reflet de ce que « ces Messieurs de la Martinique » exprimaient à l'égard des « bonnes gens de Guadeloupe » au 19e s.

Toutefois, des efforts pour améliorer la communication et développer la coopération sont régulièrement entrepris : échanges scolaires, programmes d'irrigation, promotion de séjours touristiques « combinés », etc.

Travail et chômage

La question de l'emploi est un problème majeur aux Petites Antilles ; le taux de chômage atteignait, par exemple, 26 % en Martinique et en Guadeloupe en 1995. On dit les Antillais nonchalants et peu travailleurs, mais il faut préciser que le travail est rare dans la Caraïbe orientale et, lorsqu'il existe, le climat tropical le rend pénible. Aussi, la majeure partie de la population vit-elle des divers subsides qu'elle reçoit de l'État (allocation de chômage, RMI, allocations familiales, etc.), de l'entraide familiale et de *djobs* (« petits boulots ») multiples et variés : femmes et enfants vendent au marché ou sur le bord des routes fruits et légumes, fleurs, noix de coco, sorbets coco, « boules de neige » ou *snowballs* (glace pilée arrosée de sirop), « tourments d'amour » (gâteaux à la noix de coco fabriqués aux Saintes) ; les hommes se font cordonniers (sur les trottoirs de la rue Frébault à Pointe-à-Pitre), tresseurs de fibres de cocotiers sur les plages à touristes, chercheurs de places de parking, etc.

Le secteur public est le plus recherché par les Guadeloupéens et les Martiniquais, sur place ou en métropole : les femmes dans les emplois de santé, les hommes à la SNCF ou à La Poste.

Le niveau de vie est faible dans les îles anglophones indépendantes. Aussi les îles francophones paraissent-elles privilégiées avec leur PIB (produit intérieur brut) par habitant d'environ 6 100 € par an ; il est pourtant trois fois moins élevé qu'en métropole. Mais, qu'ils disposent de revenus confortables, modestes ou insignifiants, les habitants des Petites Antilles ont le goût des objets de prestige ; vêtements luxueux et voiture rutilante confortent la supériorité de la gent masculine sur la gent féminine : les poncifs du machisme appartiennent ici à la norme du quotidien.

La bonne humeur antillaise

Après ce tableau plutôt sombre des conditions d'existence de la majorité des habitants des Petites Antilles, il convient de mettre en avant la gaieté de vie et l'ambiance chaleureuse qui règnent sur chaque île, où la musique omniprésente se mêle aux éclats de rire et où la solidarité au sein des communautés réchauffe le cœur, même des plus démunis.

Des îles en fête – En ce sens, la fête joue un rôle primordial dans la vie des habitants des Petites Antilles. La musique appelant la danse, expression corporelle de l'antillanité, mélange de sensualité, de joie de vivre et de nonchalance qui caractérise la population des îles, un musicien entamant un morceau a vite fait de rassembler une foule de danseurs. En outre, l'homme se doit d'être un danseur hors pair s'il ne veut pas trahir sa réputation. Lors des grandes fêtes comme la fête des Cuisinières à Pointe-à-Pitre, les femmes revêtent le costume traditionnel : madras et grande robe, bijoux en or. *Pour plus de précisions, lire les chapitres sur la musique et les costumes créoles.*

Les jeux – Comment occuper une journée de loisirs aux Antilles ? Rien de plus facile lorsqu'on connaît l'engouement que les gens d'ici ont pour les jeux. Le plus populaire, avec les parties mouvementées de dominos, est le combat de coqs, « sport » quasiment national qui se pratique dans un « pitt » avec des coqs parfaitement entraînés ; plus rares sont les combats de mangoustes et de serpents *(voir p. 252)*.
Les jeux de dés (*serbi* en Martinique) sont pratiqués en particulier lors des fêtes patronales ; la bourgeoisie préfère les jeux de cartes, comme le bridge et le poker, qui se jouent dans des clubs privés. Il existe aussi à Antigua un jeu d'origine africaine, le *warri* (« maison »), qui se présente sous la forme d'un socle en bois creusé de douze trous (les « maisons ») dans lesquels les joueurs placent et déplacent des graines.

Guadeloupe et Martinique, vivier de grands champions

Athlétisme

Christine Arron (Guadeloupéenne), championne et recordwoman d'Europe en 1998 sur 100 m.

Roger Bambuck (Guadeloupéen), champion d'Europe du 200 m et du 4x100 m en 1966, co-recordman du monde du 100 m en 1968, médaillé de bronze du 4x100 m aux J. O. de Mexico.

Stéphane Caristan (Antillais de métropole), champion et recordman d'Europe en 1986 sur 110 m haies.

Marie-José Pérec (Guadeloupéenne), double championne du monde, triple championne olympique : à Barcelone en 1992 au 400 m et à Atlanta en 1996 sur 200 et 400 m *(voir Basse-Terre en Guadeloupe)*.

Jacques Rousseau (Guadeloupéen), recordman de France du saut en longueur de 1976 à 1997, champion d'Europe en 1978.

Basket

Jim Bilba (Guadeloupéen), champion d'Europe en 1993 avec Limoges, sélectionné en équipe de France.

Jacques Cachemire (Guadeloupéen), grand basketteur des années 70, sélectionné 248 fois en équipe de France.

Escrime

Laura Flessel (Guadeloupéenne), championne olympique (1996) et championne du monde (1998) d'épée individuelle et par équipe.

Football

Jocelyn Angloma (Guadeloupéen), champion d'Europe avec l'Olympique de Marseille en 1993.

Thierry Henry (Antillais de métropole), champion du monde en 1998 avec l'équipe de France.

Lilian Thuram (Guadeloupéen), champion du monde en 1998 avec l'équipe de France.

Marius Trésor (Guadeloupéen), sélectionné en équipe de France de 1971 à 1983, demi-finaliste de la Coupe du monde 1982 face à l'Allemagne.

La passion du sport – Les habitants des Petites Antilles, et en particulier les hommes, se passionnent pour le sport ; en outre, un physique entretenu par le sport et la pratique d'un sport sont des critères de virilité qui constituent de solides arguments de séduction auprès des femmes. La tradition sportive existe depuis longtemps, les premiers clubs datant de 1896 ; le tout premier fut celui de « La Française » à la Martinique. Le premier championnat d'athlétisme de Martinique fut organisé en 1934 par Marcel Marie-Perrine, figure de la promotion du sport sur l'île.

Le dimanche, les stades se remplissent d'amateurs de football, spectateurs autant que joueurs, et pour rien au monde on ne raterait un match important à la télévision, quitte à aller le regarder chez le voisin. Le décalage horaire place en début d'après-midi la diffusion des grands matchs joués en Europe, qui permettent de suivre les exploits des « enfants du pays » évoluant dans les grands clubs français, anglais ou italiens.

Les habitants des Petites Antilles apprécient également la course cycliste : si l'on voit souvent sur les routes des coureurs en tenue moulante, plus nombreux encore sont les spectateurs qui viennent acclamer les champions du Tour de la Martinique ou du Tour de la Guadeloupe, dont les étapes respectives de la Trace et du col des Mamelles suscitent, parmi le peloton, la même appréhension que l'ascension du Tourmalet sur le parcours du Tour de France. À cette occasion, les Martiniquais et les Guadeloupéens n'hésitent pas à quitter momentanément leur travail pour aller asperger d'eau leur coureur préféré, en général originaire du même village qu'eux.

Le Tour de Martinique en yoles existe depuis 1985 et déchaîne lui aussi les passions. Cette compétition a pour origine la course que menaient entre eux les pêcheurs du Robert et ceux du François au retour d'une pêche fructueuse *(voir le François en Martinique)*. Ce spectacle très populaire dure huit jours, au mois de juillet, et voit le littoral se couvrir de petites embarcations pleines de supporters enthousiastes.

Traditions et culture

COSTUMES CRÉOLES

Le costume féminin créole – car il n'y a pas de costume masculin spécial aux îles – est né du brassage d'influences diverses ; Européens, Noirs, Métis, commerçants important des Indes soieries et cotonnades colorées, et artisans locaux ont contribué à créer un costume propre aux Antilles que les musées ou les manifestations folkloriques permettent aujourd'hui d'apprécier.

Vêtement et société coloniale – Jusqu'au milieu du 18ᵉ s., il n'y a pas de costume antillais spécifique. Les Européens ont amené avec eux la manière de s'habiller de leurs groupes sociaux, parfois de leur province, d'origine. D'abord quasiment nus, les esclaves reçoivent ensuite de leurs maîtres des vêtements de travail, l'habit de l'ouvrière des champs différant de celui de la domestique ; quand elles ont quelques économies, les « négresses » s'empressent d'acquérir une tenue d'apparat comprenant deux jupes superposées, l'une blanche et l'autre colorée, accompagnées d'un corsage à basques et d'une coiffe blanche ; elles portent alors des bijoux en pierres de couleur, en argent et parfois en or, mais continuent à marcher pieds nus. Dans le même temps, les gens de couleur libres s'attachent de plus en plus à choisir des tenues rivalisant d'éclat avec celles des Blancs. L'administration coloniale accepte mal ce « luxe extravagant » et des lois somptuaires (fin du 17ᵉ s. et 18ᵉ s.) réglementent bientôt l'habillement des esclaves et des affranchis.

Des tenues d'apparat pour éblouir – Ces instructions rencontrent vite l'opposition des Blancs eux-mêmes, pour qui la livrée des domestiques ou les toilettes de leurs maîtresses mulâtres constituent la preuve tangible de leur réussite sociale. Pour les gens de couleur, le vêtement est un véritable moyen d'affirmer leur identité et ils n'hésitent pas à passer outre les réglementations.

Les tenues traditionnelles de cérémonie, fixées à partir du milieu du 18ᵉ s., se caractérisent donc par une opulence ostentatoire. Le costume jupe-chemise est composé d'une longue chemise blanche brodée et d'une jupe ample retroussée de manière à montrer le bas du jupon abondamment garni de dentelles. De cette époque datent le foulard porté sur les épaules et le **madras**, une coiffe en tissu de madras disposée en édifices de plus en plus complexes, dont le nombre de pointes acquiert une signification sentimentale précise. « La plupart portaient un madras sur les cheveux dont il fallait deviner le message dans la lueur blafarde des lampes-tempête au risque de subir une rebuffade du tonnerre : jaune avec deux pointes en avant, cela signifiait « je suis libre mais jalouse, prenez-moi à vos risques et périls, mon cher » ; vert à parements marron : « je suis mariée mais déçue, le premier cœur qui s'offre à moi, je m'y engouffre de suite mais pas pour la vie. Ah ça, non, plus jamais ! » ; rouge avec une seule pointe : « je suis une fiancée qui n'a l'œil que pour son coco-lapin chéri alors écartez-vous de moi sinon les coups de rasoir vont partir, mon bon monsieur (...) » (*Le Nègre et l'Amiral*, Raphaël Confiant).

Au 19e s. apparaît la grande robe de cérémonie coupée dans un tissu brillant. Toujours à manches longues, elle comporte un corsage froncé sur le devant et rattaché à une large jupe ; cette dernière est « piquée » (fortement relevée sur les côtés), découvrant le jupon dont la couleur est assortie à la petite cape ou « visite ». La « tête calendrée » accompagne la grand-robe : cette coiffe, réalisée dans un madras dont on intensifie les jaunes au pinceau, est habilement plissée en escargot et surmontée d'une unique pointe très fine.

Une profusion de bijoux – Les femmes arborent, particulièrement avec ces tenues de cérémonie, une débauche de bijoux : broches sur le corsage et la coiffe, ornée aussi d'épingles tremblantes, boucles d'oreilles, bracelets. Les colliers grains d'or souvent constitués perle par perle (achetées personnellement, parfois offertes par le maître ou l'amant) sont de ce fait de longueur variable ; ils s'enroulent en plusieurs rangs autour du cou, mêlés à d'autres : chaîne « forçat » ou « gros-sirop », « collier-choux » d'origine sénégalaise, « collier-corde » torsadé, « grains de concombre » aux mailles ajourées, ou encore collier de perles dites « de grenat ».

Les habits du quotidien – Dans la vie courante, les femmes revêtent des tenues moins sophistiquées, telle la « gaule », robe flottante de tissu souvent de couleur blanche qui ne manque cependant ni d'allure ni de charme. La « douillette » est le vêtement habituel de tous les jours, surtout dans les milieux populaires : c'est une robe ample, d'une seule pièce de cotonnade unie ou imprimée. Pour bouger à leur aise, les femmes la relèvent souvent à la taille au moyen d'une pièce de madras pliée en triangle et ont ainsi les reins « marrés ».

MIZIK ANTIYÉ

On ne peut concevoir les Petites Antilles sans ces musiques au tempo si communicatif qui, associées aux chants et aux danses, rythment tous les moments, joyeux ou tristes, de la vie. Fruits de l'interpénétration, au cours des siècles, d'influences africaines, européennes et américaines, elles doivent à ce profond métissage, constamment renouvelé, leur richesse et leur actuel succès international.

L'empreinte africaine – Son importance se marque par la place donnée au rythme : omniprésence des percussions – tambours *gwo-ka* (gros-ka) en Guadeloupe ou *bélé* (belair) en Martinique, accompagnés des *ti-bwa* (baguettes) et des *cha-cha* (hochets) –, battements de mains, effets vocaux rappelant les tambours *(boula gyel)*, *répondés* scandés entre soliste et chœurs. Les coutumes antillaises reflètent aussi cet héritage africain : chants de travail qui allégeaient les pénibles tâches collectives, *cantics à mô* (cantiques de mort) interprétés lors des veillées funèbres, *big drums* de Carriacou qui honorent la mémoire des ancêtres, *ti-chansons* entrecoupées de contes de Sainte-Lucie ou danse des *mayoleurs* (lutte au bâton) de l'anse Bertrand en Guadeloupe.
Les courts moments de détente du samedi soir et du dimanche après-midi, les fêtes religieuses et les *guiambel* (réjouissances marquant la fin des récoltes) étaient, pour les esclaves, les seules occasions de se divertir. Leurs rassemblements effrayèrent très tôt l'administration coloniale et l'Église ; exutoires de leurs souffrances ou manifestations de leurs cultes ancestraux, les tambours, notamment le gros-ka, et certaines danses furent interdits par des Blancs soucieux du maintien de l'ordre public et du respect de la morale. Mais les « Ordonnances dans les Îles » eurent bien peu d'effet ; dansée clandestinement, la lascive *calenda*, invocation animiste de la fécondité au « frotter-nombrils » très suggestif, a triomphé de la censure pour parvenir jusqu'à nous ; le *laghia* du Dahomey, combat à l'issue souvent fatale interdit par les colons, a également survécu, déguisé en danse pugilistique.

Naissance d'une musique créole – Synthèse des influences africaines et européennes, la musique créole s'élabore dès le 17e s., mais c'est avec la libération des esclaves en 1848 que le métissage musical atteindra sa plénitude. Saint-Pierre de la Martinique, « le petit Paris des Antilles », puis Fort-de-France après 1902 en seront les principaux centres de diffusion.
Sous l'impulsion des musiciens de couleur, « nègres à talent » ou mulâtres affranchis initiés dès le 18e s. à la musique européenne qu'ils interprètent pour les Blancs, les danses du Vieux Continent se métamorphosent : violon, accordéon et triangle s'unissent aux percussions, les rythmes se font plus syncopés. La mazurka devient *mazouk*, la valse se « créolise », la polka se transforme en *biguine*. Les quadrilles antillais tels la « haute taille » adaptent les figures européennes au tempérament insulaire. Ce métissage prend parfois des allures insolites, comme cette « mazourka » pierrotaine annexant un air de *La Favorite*, opéra de Donizetti.
Dès le milieu du 19e s., la *biguine* connaît un engouement considérable lors des festivités carnavalesques et dans les bals populaires ; les paroles qui l'accompagnent traitent avec humour et raillerie, voire sarcasme, de sujets aussi variés que les problèmes sentimentaux ou les événements politiques locaux. Cette danse qui, comme son nom l'indique (en anglais, *to begin* signifie commencer), doit ouvrir le bal, adopte le tempo et les instruments (clarinette, banjo, trombone...) des orchestres de jazz louisianais. À partir des années 1920, grâce notamment à Alexandre Stellio, elle devient la coqueluche de la métropole ; les Parisiens se pressent au Bal colonial de la rue Blomet ou à la Boule Blanche, rue Vavin, pris de passion pour ces mouvements de hanches quelque peu débridés, exécutés en couple. La *biguine* atteint son apogée dans les années 1930 avec des succès comme *Ba moin en ti bo doudou*, érigé ensuite en emblème de la musique créole traditionnelle.

Nouveaux métissages... – Après la Seconde Guerre mondiale, Guadeloupe et Martinique se laissent séduire par le *calypso* originaire de Trinidad et par la *salsa*, pot-pourri de rythmes afro-latino-américains. Puis elles s'enflamment pour le *kompa direk* (compas direct) et sa version moderne le *mini-jazz*, venus de Haïti et qui régneront sur les « paillotes » (bals) des années 1960 aux années 1980. Pendant la décennie 1970, les deux îles découvrent aussi le *soucous* africain (dérivé de la *rumba*), et balancent au rythme de la *kadans (cadence-lypso* issue de la cadence haïtienne et du *calypso*), créée par le dominicain Gordon Henderson, du groupe *Exile One*.

Le « phénomène *zouk* », qui explose au début des années 1980, se veut une réaction à cette déferlante d'influences extérieures ; retrouvant l'esprit d'une tradition musicale locale renouvelée, il forme un creuset dans lequel se mêlent harmonieusement, sur fond de *biguine*, des éléments du *funk*, du *calypso*, de la *salsa* et d'autres rythmes antillais, retravaillés par les synthétiseurs. Lancé par Marius Cultier, le *zouk* atteint sa maturité avec le succès international du groupe *Kassav*. Cinquante ans après la *biguine*, il s'impose à son tour comme une musique créole à part entière. Son succès populaire est tel qu'il se décline en de nouveaux styles comme le plus langoureux *zouk love*, et que se multiplient les groupes adeptes : *Zouk Machine, Taxi créole, Kwak, Prestige*...

Orchestre gros-ka

... et retour aux sources – Chanté en créole, le *zouk* contribue à la valorisation de cette langue et participe en même temps d'un mouvement de retour aux sources musicales : considérés longtemps comme *mizik à vié nèg* (« musique de vieux nègres »), gros-ka et belair sont aujourd'hui remis à l'honneur. On réhabilite les soirées *léwoz* (autrefois baptisées *bamboulas*). La musique *chouval-bwa*, qui faisait tourner les manèges, connaît une seconde jeunesse grâce à Dédé Saint-Prix. Mazurkas, biguines ou quadrilles sont repris et modernisés par le groupe *Malavoi*, célèbre pour sa section de violons. Ce sont aussi des mélodies traditionnelles, plus ou moins teintées de *latin-jazz* – un jazz matiné de rythmes cubains – qui inspirent les pianistes Alain Jean-Marie et Mario Canonge.

Dans les Petites Antilles anglophones – Les Petites Antilles ex-britanniques, quant à elles, dansent surtout au rythme des *steel-drums* du *calypso* trinidadien ou du *soca* (contraction de *soul* et *calypso*) qui donnent lieu à des concours prisés des touristes comme le *Crop Over Festival* de la Barbade. Elles montrent aussi une prédilection pour le lancinant *reggae* et le *raga* au « chanter parlé » répétitif et syncopé, originaires de la Jamaïque. La musique de la Dominique et de Sainte-Lucie présente l'originalité de procéder à la fois de la culture créole d'origine française et de celle des îles anglophones.

Bouillon de cultures – Le métissage musical si caractéristique du monde antillais est loin de se tarir : les brassages inter-îliens se poursuivent et s'enrichissent des apports de l'importante diaspora caraïbe installée en Europe ou en Amérique. Les exemples ne manquent pas : le *zouk*, façonné en partie par des Antillais de la diaspora et qui a su acclimater de si nombreux rythmes venus d'ailleurs, influence à son tour des formations haïtiennes, faisant éclore de nouveaux genres musicaux. À la Dominique, les foules se trémoussent depuis peu sur le rythme du *bouillon*, véritable « bouillon de cultures » assaisonné de *reggae*, de *zouk*, de *calypso*, de *rock* et de bien d'autres tempos, dans la plus pure tradition créole.

Ainsi l'évolution musicale corrobore-t-elle les paroles du poète martiniquais Gilbert Gratiant qui croyait en la force de cette culture de « métis remélangé septante fois ».

LA FOLIE CARNAVAL

Dès le 17ᵉ s., les Européens introduisirent aux Antilles la tradition du carnaval, donnant des fêtes avec défilés et bals où toilettes et costumes rivalisaient de luxe et d'ostentation. Dans le même temps, ils permirent à leurs esclaves de participer à des réjouissances de Mardi gras, limitées au cadre strict de l'habitation, et au début du 19ᵉ s., les esclaves de maison purent organiser leurs propres bals masqués imitant ceux de leurs maîtres. En 1848, avec l'abolition de l'esclavage, apparurent des défilés populaires de rue : s'opposant aux réunions des békés et gens de couleur fortunés, ces manifestations débridées et contestataires « créolisèrent » le carnaval, introduisant de nouveaux déguisements souvent inspirés par l'histoire du petit peuple, sur fond de chansons satiriques au rythme très syncopé. Le carnaval de Saint-Pierre fut ainsi, jusqu'en 1902, l'occasion d'un défilé nègre spontané, joyeux, gouailleur, mais aussi irrévérencieux, voire agressif, en total contraste avec les fêtes sages et de bon ton où se retrouvaient les Blancs.

Le *vidé* actuel, héritier de cette tumultueuse cavalcade, revivifié dans les années 1960, est une véritable fête populaire, une période de dévergondage durant laquelle on n'hésite pas à épingler la politique ou les dirigeants selon le thème d'actualité choisi. Cependant, il ne s'agit plus, comme autrefois, d'une remise en cause globale de la société : les camions publicitaires sont de plus en plus nombreux et les chansons ont perdu la virulence des *biguines vidé* d'antan.

Les temps forts du carnaval – Le carnaval commence le dimanche suivant l'Épiphanie ; les fins de semaine, notamment, sont l'occasion de *zouks*, de « tours d'essai » des *mass* (masques, déguisements), de concours de chansons d'où sortiront les « tubes » des défilés, d'élections de reines ; le carnaval des écoles rencontre un vif succès. Mais aujourd'hui, c'est surtout durant les quatre jours gras que la fête prend toute son ampleur. Le dimanche a lieu la parade des *mass* et des chars ; la circulation automobile reste interrompue de longues heures durant lesquelles la foule envahit les trottoirs et les perchoirs les plus insolites. Celui qui parvient à apercevoir le défilé à travers la presse assiste à un spectacle haut en couleur : costumes aux teintes vives et contrastées, profusion de paillettes, d'ornementations clinquantes, de plumes multicolores... ; on remarque aussi les déguisements traditionnels : *Marianne la po figue* (« Marianne peau de banane ») couverte de feuilles séchées de bananier, le groupe des esclaves surveillés par un commandeur autoritaire, les facétieux *Neg Gwo Siwo* (« nègres gros-sirop ») le corps enduit de suif et de sirop de canne, symboles de la libération des esclaves. La foule ondule au rythme des tambours des orchestres de rue auxquels se mêlent les coups de sifflet et, défiant le tout, les chansons à la mode diffusées avec force par d'énormes sonorisations.

Le lundi est le jour des mariages burlesques aux déguisements inversés, moquerie destinée, à l'époque, aux bourgeoises « en situation » obligées de se marier rapidement. Mardi gras voit défiler les *mass à kon'n* (« masques à cornes »), diables rouges aux vêtements décorés de fragments de miroir ; c'est là une réminiscence de l'Afrique noire animiste où les jeunes gens ayant subi les rites d'initiation portent des masques semblables.

Le mercredi des Cendres est le jour des *guiablesses* (« diablesses »), celui de l'enterrement de *Vaval Rwa Bwa Bwa*, Sa Majesté Carnaval, une immense marionnette à thème ; les *mass lan mô*, à tête de mort et couverts d'un drap, effraient toujours les plus jeunes parmi les spectateurs dont la plupart ont revêtu les couleurs noir et blanc du deuil. Le soir, Sa Majesté est brûlée ; autour du bûcher, la foule chante et danse jusqu'à l'aube.

Carnaval par-ci, carnaval par-là – Le carnaval se retrouve dans toutes les Petites Antilles où il constitue un événement majeur, sujet à des variantes locales. Le *mass* en trompe-l'œil de *Caroline Zié Kokli* (« Caroline yeux aveugles ») est propre à la Martinique. Le carnaval a lieu avant carême à Saint-Barthélemy, Sainte-Lucie et la Dominique ; il se déroule en été à la Grenade, Anguilla, Antigua, ainsi qu'à Saint-Vincent, et coïncide avec les fêtes de Noël à Saint Kitts, Montserrat et la Barbade. Dans la partie hollandaise de Saint-Martin, il est organisé après Pâques.

Alors qu'en Guadeloupe et en Martinique le *vidé* descend dans la rue dès les premiers jours de janvier, il en va autrement dans les Antilles anglophones : le *soca* et le *calypso* rythment ici la fête, un *calypso* longtemps interdit de représentations publiques car il critiquait la société coloniale. Les traces de cette censure passée sont encore visibles, notamment à Antigua où la plupart des manifestations carnavalesques se déroulent dans une enceinte fermée. C'est aussi la forte empreinte du passé qui donne au carnaval saint-lucien son caractère dualiste si particulier : son roi, nommé Vaval à la créole, défile sur un tempo de *soca* typiquement trinidadien.

ART POPULAIRE ET ARTISANAT

La plupart des îles des Petites Antilles cultivent un artisanat qui perpétue un savoir-faire traditionnel en même temps qu'il procure aux habitants un intéressant revenu supplémentaire. Certains souvenirs, comme les bijoux en corail ou les objets en écaille de tortue, rencontrent des obstacles à l'exportation, érigés dans un souci de protection de l'environnement ; mais d'autres beaux objets, que l'on a parfois la chance de voir fabriquer devant soi et qui ne sont soumis à aucune restriction, font tout autant le bonheur des touristes.

Les bijoux créoles traditionnels (colliers et boucles d'oreilles en or jaune) sont encore fabriqués dans le centre de Fort-de-France. À la Désirade, un artisan réserve ses maquettes de bateaux à des clients avertis et fortunés, amateurs de miniatures en bois précieux. Les maquettes des Saintes ou des Grenadines sont plus abordables : à Bequia, les artisans de Port Elisabeth créent à partir de simples morceaux de bois de superbes coques de baleinières ou de gommiers. Les textiles sont à l'honneur dans plusieurs îles : batiks à la Grenade, Anguilla, Saint Kitts et Nevis, couvertures tissées à la Dominique, produits en coton local à Montserrat, broderies (tabliers, mouchoirs, sets de table, etc.) à Saba et en Guadeloupe (Vieux-Fort).

La vannerie et la poterie restent les objets traditionnels les plus classiques. Les derniers Caraïbes de la Dominique fabriquent des paniers, « bakouas » et ustensiles divers de grande qualité, qui reproduisent les décors amérindiens traditionnels. En Martinique, à Morne des Esses, une coopérative fondée vers 1968 a ressuscité les techniques de vannerie tressée des Caraïbes : on y fabrique, exclusivement à la main et au couteau, corbeilles, tapis, paniers, vases ou bouteilles recouverts de vannerie, etc. Les couleurs sont obtenues naturellement, sans produits chimiques, par séchage ou bain de boue des fibres utilisées : l'aroman peut être marron ou noir, le cachibou blanc ou orangé ; ces teintes permettent de multiplier les décors contrastés en chevrons.

Les fouilles archéologiques ont révélé que la poterie était l'une des activités principales des premières peuplades des Petites Antilles. Aujourd'hui, on pourra trouver des vases, pots ou cruches de toutes tailles et de toutes formes, sans compter d'autres petits objets, dans de nombreux ateliers et magasins de vente. On fabrique encore de la céramique caraïbe à Sainte-Anne en Martinique, mais les poteries martiniquaises les plus réputées sont créées aux Trois-Îlets ; les poteries de Choiseul, centre artisanal de Sainte-Lucie, sont tournées à la main, séchées au soleil et polies avec un morceau de coquillage ou de calebasse avant cuisson.

À Saint-Barthélemy, les vieilles dames de Corossol tissent toujours les feuilles de latanier, comme le firent les premiers arrivants originaires de l'Ouest de la France : sacs, paniers, éventails ou chapeaux de paille, tel le légendaire panama de la Belle Époque, sortent de leurs mains habiles. Quant aux chapeaux fantaisistes (mais sur mesure !) en fibres de cocotier proposés sur les plages de Guadeloupe, mieux vaut les considérer comme des souvenirs amusants que s'en coiffer.

Marie-Galante est connue pour ses jouets en fibres végétales ou en bois : « popôts » (poupées dont la tête est une noix de cajou, les yeux des graines de coriandre et les cheveux du coton ou du kapok), toupies en bois de citronnier ou de goyavier, bateaux à coque en gommier et voiles en coton.

Vannerie d'inspiration caraïbe au Morne des Esses (Martinique)

LA LANGUE CRÉOLE

Formation du créole – Langage parlé avant tout, le créole est né de la nécessité pour divers groupes mêlant Européens, Africains, Amérindiens, de communiquer entre eux. Il existe plusieurs créoles, mais celui des Petites Antilles repose sur une base lexicale française, c'est-à-dire qu'il s'est formé à partir de mots français. Plusieurs hypothèses expliquent la naissance des parlers créoles. Selon la théorie monogénétique, il aurait existé, antérieurement aux contacts entre Africains et Européens, un mélange de langues (« pidgin ») à base lexicale portugaise, créé dès les découvertes de Colomb et qui serait à l'origine de tous les créoles. La théorie polygénétique veut que chaque créole à base lexicale X ou Y soit directement issu d'une langue européenne X ou Y ; dans ce cas, les patois créoles seraient l'évolution des divers patois régionaux européens. Enfin, la théorie africaniste avance que les créoles seraient des langues à la structure syntaxique africaine et au vocabulaire français.

La création du créole, langue d'appoint, répondit à un besoin réel de communication. Les Blancs pouvaient pratiquer leur langue d'origine, mais les Noirs, vite dépossédés de leur langue maternelle ont été contraints, des membres d'ethnies différentes étant réunis sur une même plantation, d'adopter le créole comme langue usuelle, en faisant ainsi une langue à part entière.

Le vocabulaire créole des Petites Antilles est en grande partie issu des dialectes régionaux français, importés au 17e s. par les premiers colons, avec lesquels il présente une grande ressemblance phonétique. Mais le créole intègre aussi des mots d'origines amérindienne, anglaise, espagnole, néerlandaise et africaine. Les premières transcriptions du créole datent du 19e s. et suivent le modèle orthographique français. Aujourd'hui, la grammaire créole a conquis son autonomie grâce à des systèmes d'écriture élaborés et diffusés par le GEREC (Groupe d'études et de recherches en espace créolophone) dès 1976.

Une longue tradition orale – Mémoire orale née aux premiers temps de l'esclavage en réponse à un traumatisme vécu en commun, le créole est le garant de l'identité du peuple antillais. Fables et contes populaires racontés lors des soirées et des veillées mortuaires, proverbes et chants : toute une culture orale issue de l'expérience du colonialisme passe par le créole. La langue fait le lien entre les Antillais dont elle conte l'histoire et les souffrances face aux inégalités de leur société.

On entend parler créole partout dans les lieux publics, sur certaines ondes radiophoniques (Radio-Caraïbes est diffusée depuis Sainte-Lucie), dans de nombreux slogans publicitaires et des campagnes de prévention médicale, dans les chansons ; on le lit dans des revues et des romans *(voir le chapitre sur la littérature antillaise)* ; on l'étudie à l'école et à l'université après l'y avoir impitoyablement combattu, comme s'en souvient douloureusement Patrick Chamoiseau dans *Une enfance créole* : « Mais parler vraiment pour dire, lâcher une émotion, balancer un senti, se confier à soi-même, s'exprimer longtemps, exigeait cette langue-manman qui ayeayeaye, dans l'espace de l'école devenait inutile. Et dangereux. »

Le créole aujourd'hui – Dans les Petites Antilles, la pratique du créole demeure cependant inégale : en Martinique et en Guadeloupe, français et créole à base lexicale française sont pratiqués à égalité ; à Sainte-Lucie et à la Dominique, le créole est en perte de vitesse par rapport à la langue officielle, l'anglais ; enfin, à la Grenade et à Trinidad, le créole à base lexicale anglaise a presque complètement disparu.

Mais de nouveaux mélanges de langues apparaissent aux Antilles, parallèlement à la disparition du créole. Ces nouveaux langages résultent de la « décréolisation » : ils comportent des formes résiduelles du créole parlé jusqu'au début du 20e s. Dans les Antilles francophones, le contact du créole avec le français donne aujourd'hui du « créole francisé » ou du « français créolisé ». Il existe tout un lexique de mots mi-créoles, mi-français que l'on entend partout : onomatopées et interjections (« ouaille, ouaille, ouaille ! », « manman ! »), dérivations de mots (« tout-à-faitement », « dérespecter », « enrageaison ») et fréquent usage du mot « ti ». À la Barbade, le « bajan » est un dialecte de l'anglais conservant quelques traits de créole à base lexicale anglaise. À Saint-Martin, le papiamento *(voir p. 186)* est né de la juxtaposition de langues aussi diverses que l'espagnol, l'anglais, le français, le néerlandais, l'hindi, le chinois ou le portugais.

Langue en constante évolution, le créole s'enrichit au contact des nombreuses populations qui transitent par les Antilles ou s'y établissent.

La signification de nombreux mots de français « créolisé », mis entre guillemets dans les textes de ce guide, est donnée dans la liste ci-dessous. Les termes de la langue créole proprement dite apparaissent quant à eux en italique dans le texte, tout comme les mots anglais, espagnols, etc.

QUELQUES MOTS EN USAGE À LA GUADELOUPE ET EN MARTINIQUE

Pour les termes culinaires, se reporter à la p. 105.

Ajoupa	Abri ou hutte sommaire faite de branchages ; d'origine arawak.
Anoli	Petit lézard vert.
Anse	Petite baie, plage de sable.
Bagasse	Résidu de la canne servant de combustible dans les usines à sucre.
Bakoua	Arbuste ornemental ; chapeau de paille tressée à larges bords.
Bamboula	Historiquement, danse d'esclaves exécutée le soir ; à l'origine du gros-ka, de la calenda, du belair, etc.
Béké	Nom donné aux Blancs créoles de la Martinique et de la Guadeloupe.
Biguine	Rythme traditionnel issu des fêtes où les nègres avaient l'autorisation d'utiliser les instruments des Blancs.

Boucan	Feu de bois vert servant à sécher ou « boucaner » la viande ; à partir de la seconde moitié du 17ᵉ s., sorte de partie de campagne durant laquelle on cuisait la viande de cette manière.
Cabrouet	Charrette à deux roues en bois ; muni de pneus, le cabrouet devient un « michelin ».
Capesterre	Nom donné à la partie atlantique des îles.
Câpre ou câpresse	Type ethnique dominant ; Noir ou Noire légèrement métissé(e).
Carbet	Grande hutte commune des hommes chez les Caraïbes.
Carême	Période sèche qui s'étend en principe de janvier à mai.
Case	Maison (de l'espagnol *casa*). Sans nuance dépréciative.
Cassave	Galette de farine de manioc qui servait de pain aux Amérindiens.
Caye	Récif corallien émergé.
Chabin ou chabine	Métis(se) à peau et cheveux clairs.
Chadron	Oursin. Le chadron noir est réputé pour ses piquants, le chadron blanc pour ses œufs.
Chatrou	Petit poulpe.
Coco-merlo	Rhum de mauvaise qualité.
Compère Lapin	Héros rusé des contes créoles ; symbole de la débrouillardise du Martiniquais.
Coolie	Créole d'origine indienne. Le terme contient une nuance péjorative.
Créole	Toute personne née aux îles. C'est à partir de la fin du 17ᵉ s. que le mot désigne les descendants des Européens ou des Africains nés aux colonies pour les distinguer de ceux qui viennent d'arriver ; la mentalité coloniale oppose aussi le nègre « bossale » ou « danda » (né en Afrique) au nègre « créole ».
Diablesse	Personnage surnaturel se présentant sous les traits d'une très belle femme aux pieds fourchus qui entraîne les hommes pour les perdre.
Doudou	Mot affectueux synonyme de « chéri » ; terme exprimant également la compromission avec la puissance colonisatrice (« doudouisme » : vision idyllique des Petites Antilles destinée au public métropolitain).
Fer-de-lance	Vipère venimeuse endémique de la Martinique et de Sainte-Lucie.
Figue	Nom courant de la banane.
Gaule	Robe féminine ample, sans taille, froncée et flottante.
Gaulettes	Branchages entrecroisés, technique de construction de certaines cases traditionnelles.
Gommier	Arbre dont on utilise la gomme comme encens. Embarcation primitive caractéristique de la Martinique, de Sainte-Lucie et de la Dominique, consistant en une pirogue creusée dans le tronc d'un gommier ; elle se propulse à la rame ou à l'aide d'une voile rectangulaire.
Gros-ka	Tambour guadeloupéen.
Gros-poil	Chagrin d'amour.
Habitation	Propriété agricole comportant une résidence principale appelée autrefois « grand'case », divers communs, hangars, etc. et une certaine étendue de terres.
Hivernage	Saison humide et pluvieuse s'étalant de juin à décembre.
Îlet	Îlot.
Lambi	Gros coquillage comestible à coquille nacrée de couleur rose.
Lolo	Petite épicerie où l'on trouve de tout, à la campagne ou dans les banlieues guadeloupéennes ; équivalent du « débit-de-la-régie » martiniquais.
Macoute	Grand sac que les paysans portent avec eux pour de multiples usages.
Madras	Coiffe traditionnelle en madras, étoffe de coton fabriquée à l'origine en Inde et dont les couleurs vives et tranchantes dessinent un quadrillage serré.
Major	Homme fort du village ou du quartier.
Manicou	Petit marsupial de mœurs nocturnes, variété régionale d'opossum.
Manman	Mère. Terme très fréquent qui s'utilise dans diverses expressions signifiant l'abondance, la générosité (une « manman yich » est une mère de famille nombreuse).
Marigot	Marécage.
Maringouin	Moustique.
Matadore	Femme coquette et dominatrice.
Matoutou-falaise	Espèce de mygale aux pattes velues, de mœurs nocturnes.
Michel Morin	S'applique à quelqu'un de bricoleur, de débrouillard.
Miquelon	Pêcher à miquelon, c'est pêcher hors de vue des terres.

Morne	Colline.
Mulâtre	S'applique dès le 18ᵉ s. aux métis, en particulier ceux d'ascendance moitié-blanche, moitié-noire.
Nègre marron	Autrefois esclave en fuite (de l'espagnol *cimarron*, qui signifie sauvage ou fainéant) ; désigne aujourd'hui un militant indépendantiste en cavale.
Ouassou	Synonyme guadeloupéen de « z'habitant ».
Pipiri	Oiseau du matin (« au pipiri chantant » : au lever du jour).
Pistache	Cacahuète.
Pitt	Arène des combats de coqs.
Planteur	Cocktail à base de rhum, de sirop de sucre de canne et de jus de fruits.
Punch	Boisson à base de rhum et de sirop de sucre de canne.
Quimbois	Ensemble de superstitions liées à des pratiques de médecine par les plantes, mais aussi à la sorcellerie et à la magie noire.
Racoon	Raton laveur.
Ravet	Espèce de blatte.
Saintoise	Barque de pêche construite à l'origine aux Saintes.
Savane	Pré et, par extension, place.
Soucougnan	Humain qui s'est débarrassé de sa peau pour voler la nuit et vaquer à des occupations malfaisantes.
Sucrote	Moulin sucrier.
Ti-baume	Végétation de broussailles sur la côte sous le vent des îles.
Ti-bo	Baiser affectueux.
Ti-punch	Boisson « nationale » des Petites Antilles composée de rhum blanc, de sirop de sucre de canne et de jus de citron vert ; les proportions sont à la convenance de chacun.
Trace	Sentier de montagne.
Usine centrale	Usine à sucre.
Vaval	Roi carnaval.
Vidé	Défilé de carnaval.
Yenyen	Moucheron, moustique.
Yole	Embarcation traditionnelle à voile, équipée spécialement pour la compétition.
Z'habitant	Sorte de grosse écrevisse.
Z'oreille	Métropolitain.
Zombi	Esprit, revenant.
Zouk	Bal chaud ; musique très rythmée (« zouk béton » ou « zouk chiré ») ou plutôt langoureuse (« zouk love »).

LA LITTÉRATURE

Les Antilles francophones

Les origines – Les premiers témoignages écrits connus sur les Antilles sont les récits de voyage d'ecclésiastiques (*Nouveaux Voyages aux Îles de l'Amérique*, par le Père Labat, 1722) ou d'aventuriers. Il ne s'agit donc pas à proprement parler d'écrits autochtones. En effet, au début de la colonisation, les Blancs créoles s'intéressent davantage à l'économie qu'à la culture et les esclaves n'ont pas accès à l'écrit. C'est cependant grâce à ces derniers que s'édifie une culture orale autour d'une langue nouvellement inventée : le créole. À la nuit tombée, les Noirs se rassemblent pour écouter des récits imaginaires inspirés de contes africains et européens. Cette tradition orale constituera un fond culturel dans lequel puiseront les écrivains du 20ᵉ s.

La littérature antillaise se développe véritablement au 19ᵉ s., d'abord sous l'impulsion de quelques Blancs créoles qui publient des ouvrages savants (Daney et Lacour écrivent une histoire de leur île) ou des poèmes pro-esclavagistes (*Les Veillées du Tropique*, 1850, par Poirié de Saint-Aurèle). Seul Saint-John Perse réussira, dans la première moitié du 20ᵉ s., à créer une poésie loin des clichés békés, fondée sur le souvenir mythique de la Guadeloupe de son enfance.

Après l'abolition de l'esclavage, les Noirs accèdent à l'instruction et à l'écrit. Naît alors, sous la plume d'auteurs blancs, mulâtres et plus rarement noirs une littérature « régionaliste » ou « doudouiste » qui met en scène des gens de couleur s'efforçant d'imiter la culture métropolitaine, dans un décor paradisiaque où tout n'est que douceur de vivre. Bien entendu, les thèmes de l'esclavagisme ou du racisme sont habilement contournés. Destinés à un public blanc continental, romans et surtout poésies académiques développent un exotisme caricatural qui édulcore la réalité humaine et sociale des îles (*Je suis martiniquaise*, par Mayotte Capécia).

Aimé Césaire

Parallèlement à cette littérature, la culture populaire connaît une nouvelle croissance. Le créole fait son apparition dans quelques écrits comme les *Fables de La Fontaine travesties en patois par un vieux commandeur*, par François Marbot, dans lesquelles le conte, ou la fable, dénonce les oppositions raciales et sociales des îles.

La négritude – Vers 1930 naît un courant littéraire contestataire autour de la revue *Légitime Défense* (1932). Des écrivains Noirs antillais revendiquent dans leurs écrits la « négritude », c'est-à-dire l'identité nègre débarrassée des emprunts occidentaux au profit de l'affirmation de ses origines africaines. Le terme est employé pour la première fois en 1935 dans le *Cahier d'un retour au pays natal* d'**Aimé Césaire** et le concept sera repris dans la revue *Tropiques*, dirigée par Césaire et **René Ménil** de 1941 à 1945. La littérature antillaise s'autonomise enfin. À la suite de Césaire paraissent de nombreux écrits militants, en particulier des romans : *Peau noire, masques blancs* de **Frantz Fanon**, *La Rue Cases-Nègres* de **Joseph Zobel**.

L'antillanité – Le concept de négritude évolue ensuite vers celui d'« antillanité », mot inventé par **Édouard Glissant**. Il ne s'agit plus d'affirmer l'identité nègre mais l'identité antillaise, celle qui génère des particularités sociales et culturelles propres aux Antilles. Cette fois, le concept passe par la créolisation de la langue française (*Texaco* de **Patrick Chamoiseau**, prix Goncourt en 1992 ; *Pluie et vent sur Télumée Miracle* de **Simone Schwarz-Bart** ; *Le Quatrième Siècle* d'**Édouard Glissant**), ou directement par l'écriture créole (*Gran parad ti Kou baton* de **Sonny Rupaire**). Glissant insiste sur le rôle majeur que doit jouer l'écrivain dans la formation et l'éveil à la conscience des populations insulaires. De nombreux ouvrages critiques établissent les fondements de cette nouvelle littérature antillaise (*Éloge de la créolité*, par Chamoiseau, Confiant et Bernabé), une littérature qui mêle l'écrit à l'oral, la prose à la poésie, le rêve à la réalité.
Aujourd'hui, la création littéraire antillaise est très active autour d'écrivains dont la renommée dépasse le territoire antillais : les Guadeloupéens **Ernest Pépin** (*Tambour-Babel*), **Maryse Condé** (*Traversée de la mangrove*) et **Gisèle Pineau** (*La Grande Drive des esprits*), les Martiniquais **Raphaël Confiant** (*Le Nègre et l'Amiral*) et **Ina Césaire** (*Zonzon tête carrée*), etc.

Les Antilles anglophones

Les îles anglophones ont été parcourues du même courant contestataire, en particulier avec les écrits de **George Lamming**, figure de proue de la littérature anglophone de la Caraïbe durant les années 1960 et 1970. Cet écrivain barbadien exploite le thème de l'identité antillaise à travers des récits autobiographiques comme *In the Castle of my Skin* (1953) ou *The Emigrants* (1954). Le thème des relations entre Blancs et Noirs des îles est évoqué par **Dereck Walcott**, écrivain mulâtre distingué par le prix Nobel de littérature de 1992, et qui utilise volontiers l'anglais standard mêlé au créole saint-lucien dans ses poèmes (*25 Poems*, 1948, *Epigraph for the Young*, 1948) et ses pièces de théâtre (*Ti-Jean and his Brothers*, 1958).
La littérature anglophone des îles s'exprime également par une forme de théâtre « total » inspiré des réalités locales et comprenant chants, danses, contes, poèmes, etc.

LE MANGER CRÉOLE

Un creuset culinaire

La cuisine antillaise est une mosaïque de recettes du cru ou venues d'ailleurs, utilisant les ressources locales de la pêche, de la chasse et d'une agriculture enrichie d'animaux ou de plantes allogènes. Le souvenir des Indiens caraïbes se perpétue dans le matoutou de ouassous, l'importance des produits de la mer, l'utilisation du piment ou encore le boucanage. De l'Afrique viennent l'acra, le calalou, le bélélé ou le trempage *(voir p. 255)*. Le colombo est un proche parent du curry indien introduit d'abord par les Anglais, puis largement répandu au 19ᵉ s. avec l'arrivée des Asiatiques.
Les Européens ont imprimé à la gastronomie des Antilles la marque profonde de leur influence : le boudin, le court-bouillon de poissons ou le tourment d'amour dérivent de recettes françaises. Avec les Juifs hollandais sont arrivés le blaff et les dombrés. Le *johnnycake* et un certain nombre de gâteaux des îles ex-britanniques s'inspirent de la cuisine anglaise.
Chaque île, suivant l'origine des colons et le cours de son histoire, a bénéficié d'apports particuliers à partir desquels elle a créé ses propres spécialités ; toutes ces recettes créoles se rejoignent cependant dans l'art de marier l'arôme du piment aux saveurs des épices, subtil mélange dont les cuisinières antillaises gardent jalousement le secret des proportions.

Dans les canaris

Dans les « canaris » (marmites) des « manmans » guadeloupéennes ou martiniquaises mijotent ainsi des mets riches de goûts et de couleurs, parfois préparés dans l'ensemble des Petites Antilles. Au-delà de la Caraïbe, l'importante diaspora antillaise a fait connaître ces plats dans nombre de pays. Mais c'est à l'ombre des cocotiers, devant une mer turquoise, que vous apprécierez réellement toute la richesse de cette cuisine dont voici un aperçu.

Soupes

Calalou : soupe épaisse de feuilles de dachine et de gombos, parfois enrichie de viande salée ou de crabe. Se cuisine avec le « bâton lélé » à extrémité fourchue.

Pâté en pot : soupe d'abats de mouton ou de cabri, plat traditionnel des fêtes familiales martiniquaises.

Légumes

Gratin de christophines : purée de christophines agrémentée de fromage et de poitrine fumée et gratinée.

Migan de fruit à pain : ragoût de fruit à pain cuit avec une queue et un groin de cochon (ou du lard). Le cochon salé peut être remplacé par un morceau de morue.

Pois d'Angole : appelés « pois de bois » à la Martinique et *pigeon peas* dans les îles anglophones ; cuisinés avec des petits pois et servis avec du riz.

Viandes

Bélélé : ragoût épicé de tripes et de bananes vertes dites « bananes figues » ou « poyos ».

Boudin : dit aussi « boudin-pays » ou « boudin créole » ; petit boudin fortement épicé, autrefois consommé surtout à Noël.

Colombo : plat de poulet, de porc ou de cabri cuit dans une sauce à base de « poudre à colombo », mélange d'épices qui s'apparente au curry indien ; se consomme traditionnellement le samedi de Carnaval. Peut être réalisé avec du poisson.

Dombrés : nom antillais des *knèfes* juives ; boulettes de pâte accompagnant divers plats en sauce.

Poulet boucané : poulet grillé sur un feu de bois, souvent vendu par les marchands ambulants.

Produits de la mer et des rivières

Acras de morue : aussi appelés « marinades » ou « bonbons à l'huile », ces beignets traditionnellement consommés les jours saints peuvent également être préparés avec des crevettes, des oursins ou des légumes (acra-chou, acra-pois).

Blaff : plat de poisson poché dans un court-bouillon très aromatisé. Doit son nom au bruit du poisson plongé dans l'eau bouillante.

Chiquetaille de morue : salade épicée de morue grillée puis « déchiquetée ». Se consomme seule ou en accompagnement du calalou ; entre aussi dans la composition d'autres plats comme le féroce.

Court-bouillon de poissons : poissons cuits dans une sauce tomate très aromatisée.

Blaff de vivaneau

Crabe farci : chair de crabe mêlée d'aromates et cuite au four dans la carapace du crustacé.

Féroce de morue à l'avocat : salade à base de chiquetaille de morue, de chair d'avocat écrasée et de farine de manioc, le tout « férocement » épicé.

Fricassée de chatrous ou de lambis : ragoût de petits poulpes ou de lambis, mollusques marins connus aussi pour leurs énormes coquilles décoratives. Suite à une exploitation trop intensive, le lambi est désormais interdit à la pêche (Convention de Genève). De nombreux restaurants continuent cependant de proposer du lambi provenant alors de pêches illégales ou de stocks surgelés des États-Unis.

Langouste grillée sauce chien : « homa » grillé servi avec une vinaigrette tiède où ont infusé divers aromates.

Macadam de morue : ragoût de morue servi avec un riz blanc très collant (« riz en pâte »).

Matété de crabes : plat de riz au crabe, traditionnel à Pâques et à la Pentecôte. Peut aussi être réalisé avec des « ouassous » (variété locale de grosses crevettes).

Matoutou de ouassous : mélange de manioc et de ouassous (qu'on appelle « z'habitants » en Martinique). Peut aussi se préparer avec du crabe.

Touffée de titiris : minuscules alevins cuits à l'étouffée.

Desserts

Blanc-manger : sorte de flan à base de lait parfumé à la vanille et de lait de coco.

Chadec : gros pamplemousse dont on consomme les tranches confites. Doit son nom au capitaine britannique Shaddock qui introduisit cet agrume en Jamaïque au 17e s.

Tourment d'amour : tarte fourrée de confiture de coco. Grande spécialité des Saintes.

Caribbean cooking

Les Petites Antilles anglophones ont leurs propres spécialités culinaires qui ne manquent ni de variété ni de saveur. Le *goat water*, un ragoût de chèvre souvent parfumé au rhum, est un plat de fête à Montserrat et à Saba ; composé de cochon cuit dans du lait de coco, de calalou et de fruit à pain, le *oil down* est originaire de la Dominique. Cette île et celle de Montserrat abritent un gros crapaud, le *mountain chicken*, dont les cuisses sont servies frites ou sautées au beurre d'ail ; le *pepperpot* associe plusieurs viandes et des poivrons, le tout arrosé de jus de racine de manioc. On apprécie les travers de porc ou les pilons de poulet, marinés puis frits ou boucanés, que l'on accompagne d'un *johnnycake*, une galette de farine de maïs bien dorée, ou d'un *cornmeal coo-coo*, purée de maïs et d'okras (gombos).

Ces îles ont la particularité de proposer des sortes de sandwiches qui constituent à eux seuls un repas nourrissant. La spécialité incontournable est le « rôti », une omelette fourrée de poulet et de pommes de terre accompagnée d'une sauce au curry ; on peut aussi déguster un *cutter*, pain roulé farci de viande, ou encore, notamment à la Barbade, à Antigua et à Nevis, de « mahimahi » (*dolphin*, à ne pas confondre avec son homonyme mammifère) ou de poisson volant. Le *banana bread*, les *cinnamon rolls* parfumés à la cannelle, le gâteau à la carotte ou le *corn pone* barbadien, garni de raisins et de cerises confites, sont des desserts très appréciés.

Hameau de pêcheurs à Sainte-Anne

La Guadeloupe

LA GUADELOUPE EN QUELQUES LIGNES

Nom caraïbe : Karukéra (Île aux belles eaux)
Surnom : L'île aux belles eaux

La Guadeloupe est située à 7 000 km de la France et à 140 km de la Martinique.
L'archipel guadeloupéen est composé d'une île mère, la Guadeloupe, et d'une série d'îles plus petites qui lui sont administrativement rattachées : l'archipel des Saintes, Marie-Galante, la Désirade, Saint-Martin et Saint-Barthélemy.

Superficie – 2 052 km^2 dont 1 780 km^2 pour l'île mère (Basse-Terre et Grande-Terre).

Nombre d'habitants – 422 500 en 1999 (dernier recensement) sur l'ensemble des îles.

Statut – Département français d'outre-mer (DOM) depuis 1946 ; région monodépartementale depuis 1982. La Guadeloupe est représentée par 4 députés à l'Assemblée nationale et par 2 sénateurs au Sénat.

Indicatifs téléphoniques

Téléphoner en métropole depuis la Guadeloupe – Composez directement les 10 chiffres de votre correspondant.

Téléphoner en Guadeloupe depuis la métropole – Composez les 10 chiffres de votre correspondant (le numéro commence par 05 90).

Téléphoner en zone Caraïbes – *Voir p. 21.*

Poste – Tarif en vigueur en métropole (délai d'acheminement entre 3 et 5 jours).

Argent – Euro. Attention, le règlement par chèque bancaire ou postal est souvent refusé ; préférer l'argent liquide ou les cartes de crédit.

Heure locale – 6 h de moins par rapport à la métropole en été et 5 h de moins en hiver. Le soleil se lève vers 5 h 30 et se couche vers 18 h en été, 17 h en hiver. La nuit tombe particulièrement vite sous les tropiques.

Saisons – La saison la plus ensoleillée est celle du carême, de janvier à mai. Risques de cyclone de juillet à octobre. Moyennes mensuelles des températures et des précipitations à Pointe-à-Pitre (le Raizet) : 23,4 °C et 91 mm en janvier, 26 °C et 86 mm en avril, 26,7 °C et 179 mm en juillet, 26,1 °C et 229 mm en octobre.

Quelques mots de créole

Bonjou : bonjour
Bonswa : bonsoir
Si ou plé : je vous en prie
Méci boucou : merci beaucoup
Doudou an mwen : ma chérie
Pani pwoblem : pas de problème !
A pa vré : ce n'est pas vrai

BASSE-TERRE

Basse-Terre – Carte « Les plus beaux sites », p. 12, **CK**
12 500 habitants (les Basse-Terriens)

GUADELOUPE

Dans le langage des marins d'autrefois, la « basse-terre » désignait le versant sous le vent d'une île, par opposition à la « capesterre » balayée par les vents alizés. Le terme s'est progressivement étendu à l'aile occidentale montagneuse du « papillon » que dessine la Guadeloupe, à la côte caraïbe de celle-ci et à sa principale ville.
Bâtie au pied de la Soufrière, Basse-Terre, capitale administrative de la Guadeloupe, nostalgique de son riche passé et de ses pouvoirs évanouis, vit au rythme nonchalant des petites préfectures de province.

UNE HISTOIRE DÉJÀ LONGUE

Le temps des escales – Au moment de la découverte des Petites Antilles, la Guadeloupe paraît avoir été, avec la Dominique, l'île la plus densément peuplée par les Indiens caraïbes ; le site de Basse-Terre, en particulier, comptait de nombreux villages. Bien abrité par les Monts Caraïbes, parcouru par plusieurs rivières et offrant un mouillage en eau profonde, il se révéla propice aux « aiguades » (ravitaillement en eau et en vivres des navires). Bientôt, la large baie devint une escale favorite des convois de galions espagnols qui parcouraient la *carrera de las Indias*, route maritime entre Cadix et les Amériques. À partir de 1593, ce fut même, malgré les embuscades des guerriers caraïbes, l'escale unique pour les flottes se rendant en Nouvelle-Espagne (Mexique). Ces ravitaillements se poursuivirent encore quelques années après le début de la colonisation française.

Les premiers colons – C'est autour de la maison fortifiée – sorte de donjon médiéval – du gouverneur de la Guadeloupe Houël du Petit-Pré que s'édifie peu à peu Basse-Terre à partir de 1643. Les pères dominicains ont préféré pour leur part s'établir à proximité de la « rivière de la poincte des Gallions » (aujourd'hui rivière des Pères), à quelque distance de l'autorité politique dont ils ne partagent pas la manière de traiter les Caraïbes. La ville prend un peu plus tard son essor avec l'arrivée de Hollandais chassés du Brésil, dont les connaissances techniques vont permettre d'améliorer la fabrication du sucre ; l'activité commerciale se développe, de même que les fonctions administratives et militaires.

Les maîtres sucriers hollandais

En 1642, Daniel Trézel, marchand de Rouen, fut chargé par la Compagnie des Isles d'Amérique d'introduire la culture de la canne à sucre en Guadeloupe. Celle-ci s'accommoda bien des sols volcaniques et du climat de la Basse-Terre où ne tarda pas à s'élever un premier moulin à sucre.
En 1654, le gouverneur Houël décida d'accueillir des maîtres sucriers hollandais expulsés du Brésil, accompagnés de leurs esclaves et des techniciens de leurs plantations. En tout, un millier de personnes trouva asile sur l'île, s'installant principalement dans la ville de Basse-Terre et alentour. Les nouveaux venus connaissaient une technique de broyage de la canne à sucre particulièrement efficace, peut-être apprise des Péruviens, qui consistait à substituer aux deux meules horizontales du moulin trois rouleaux verticaux en fer. Toutes les « sucrotes » allaient rapidement adopter ce système de « rolles » dont quelques exemplaires sont encore visibles dans les musées.
Les Hollandais montraient aussi des qualités dans la construction des moulins, dans la manière de cuire le jus de canne et dans la transformation du sucre roux ou « moscouade » en sucre blanc ou « cassonade », d'un meilleur rapport sur les marchés européens. Surtout, ils possédaient les capitaux susceptibles de faire décoller la production sucrière dont ils devinrent les principaux artisans : en 1669, la majorité des 113 sucreries que comptait la Guadeloupe leur appartenait.

Prospérité et déclin – La fin du 17e s. et le 18e s. sont des périodes fastes pour la ville entourée de plantations prospères et suscitant un intense trafic maritime. Les attaques des Anglais ne ralentissent pas son essor, jusqu'à ce qu'ils s'en emparent en 1759, provoquant la fondation de Pointe-à-Pitre qui n'allait pas tarder à devenir sa rivale.
La fin du 18e s. et la première moitié du 19e s. voient s'abattre sur Basse-Terre une succession de fléaux : les furieux combats de la période révolutionnaire (1794-1802), les secousses telluriques de 1797 et 1798, le raz-de-marée et l'éruption de la Soufrière en 1818, les trois cyclones successifs de 1816, 1821 et surtout 1825, l'épidémie de choléra de 1865-1866 enfin, qui tua un sixième des habitants, endommagent et affaiblissent la cité qui plonge dans la léthargie.
La départementalisation de 1946 redynamise quelque peu l'activité, mais le réveil de la Soufrière en 1976, et l'évacuation forcée de la population pour plusieurs mois portent un nouveau coup au chef-lieu. Bien que siège de la préfecture, du conseil général et du conseil régional, Basse-Terre somnole économiquement, à l'image de son port qui a perdu, au profit de Pointe-à-Pitre, l'essentiel de son trafic bananier.

BASSE-TERRE

L'abolition de l'esclavage – De tragiques combats marquèrent, en 1802 à Basse-Terre, le rétablissement de l'esclavage *(voir ci-dessous le fort Louis-Delgrès)*. En 1848, pour éviter que ne s'étende à la Guadeloupe la révolte qui avait éclaté à Saint-Pierre en Martinique, le gouverneur Layrle dut proclamer l'abolition de l'esclavage le 29 mai à Basse-Terre, anticipant ainsi sur l'arrivée (par bateau) des décrets officiels une semaine plus tard.

CURIOSITÉS

La ville s'étire parallèlement au rivage que borde une large avenue livrée au trafic automobile. Quelques maisons possèdent de sympathiques façades colorées et fleuries (rues Baudot, Peynier et Perrinon). La rue du Cours-Nolivos, prolongée par la rue de la République, regroupe l'essentiel des boutiques.

Cathédrale – Place Saint-François. Bâtiment bas et massif de style baroque, construit en pierre de taille au 19ᵉ s.

CARNET PRATIQUE

Office du tourisme de Basse-Terre – *Place de la Liberté, Maison du Port,* ☎ *05 90 81 61 54, fax 05 90 81 18 10. E-mail : otb@outremer.com*

Visiter

Des visites guidées vous promèneront à travers les quartiers du Carmel et de Saint-François ainsi qu'au Fort Louis-Delgrès, les mardi, jeudi et vendredi de 9 h à 11 h 30 au départ de l'Office du tourisme.

Restauration

Le Bison Bleu *(Valeur sûre)* – Ouvert tous les jours midi et soir, sauf samedi midi et dimanche soir. *Sur la route de la Soufrière, distillerie Desmarais,* ☎ *05 90 81 01 01.* Cuisine évolutive qui ne manquera pas de charmer les gastronomes en quête d'exotisme culinaire dans le cadre d'une authentique maison coloniale datant de 1823. Plat du jour à 10 € ; à la carte, compter de 30 € à 40 €.

Loisirs

Vert-Intense – *38, rue J. Pitat, 97100 Basse-Terre,* ☎ *05 90 99 34 73, www.vert-intense.com.* Randonnées à la découverte de la Soufrière ou au plus profond de la forêt tropicale, raids VTT, canyoning... Une équipe d'accompagnateurs diplômés d'État organisent et encadrent vos loisirs en toute sécurité.

Faire son marché

Le marché se tient tous les jours de la semaine sur le vaste parvis couvert récemment aménagé entre la rue de la République et le boulevard du Général-de-Gaulle. C'est le samedi matin qu'il est le plus animé et offre son visage le plus attachant. Véritable festival de parfums et de couleurs, il propose toute la gamme des produits tropicaux ; achats intéressants : « gros caco » (bâton de cacao à râper), punchs aux fruits, épices (poudre de colombo, roucou, bois d'Inde, fenugrec...), bananes-fruits, chadec glacé (sorte de pamplemousse confit), chapeaux en fibres de cocotier, de bakoua ou de latanier. Pour les tissus en madras, le choix est plus étendu rue du Cours-Nolivos.

Le marché

BASSE-TERRE

Place du Champ-d'Arbaud
– De rares maisons coloniales bordent encore cette vaste esplanade caractérisée par son imposant monument aux morts et ses palmiers.

Entre le Champ d'Arbaud et le conseil général, le jardin Pichon, où s'élève désormais le centre pluriculturel **Artchipel**, édifice contemporain le plus original de la Guadeloupe et de la Martinique, concentre l'animation de la ville le samedi soir (les cinémas sont en face).

Les édifices d'Ali Tur – Cet architecte né en Tunisie a apposé sa griffe sur la majorité des bâtiments administratifs construits à Basse-Terre au lendemain du cyclone de 1928. De part et d'autre de l'avenue du Gouverneur-Général-Félix-Éboué, le **palais de justice** et le **conseil général** résument l'inspiration de l'architecte : sobriété des lignes, utilisation des formes géométriques, façades abritées du soleil. On peut gravir les marches du palais de justice pour

Place du Champ-d'Arbaud – Le monument aux morts

aller admirer les palmiers de sa rotonde intérieure. La ville doit aussi à Ali Tur l'ancien palais du gouverneur devenu **préfecture** (voir illustration au chapitre Art et architecture – Éléments d'architecture) ; édifié en 1935, c'est véritablement le morceau de bravoure de ce prolifique architecte.

Quartier du Carmel – Au Sud de l'avenue du Gouverneur-Général-Félix-Éboué, on pénètre dans le quartier plus résidentiel du Carmel, ancienne paroisse des jésuites dont l'habitation, le Mont-Carmel, se trouvait à l'emplacement actuel de la préfecture. Remarquer, rue de la République, l'entrée semi-circulaire et les bâtiments à galeries superposées du **lycée Gerville-Réache**, ancien hôpital militaire Saint-Louis.
Prendre à gauche la rue Ignace. Au bout de celle-ci s'élève l'église Notre-Dame-du-Mont-Carmel ; l'édifice construit à la fin du 17e s. par les jésuites, seul subsiste le portail en pierre de taille.
Par la rue du Fromager, sur la droite, on atteint la préfecture et son parc *(voir ci-dessus, les édifices d'Ali Tur)*.

Fort Louis-Delgrès ⓥ – Au bout de la rue Patrice-Lumumba (parallèle à la mer, un peu après la poste) ; suivre la signalisation « Fort Saint-Charles ». Construit vers 1650 à partir de la maison fortifiée du gouverneur Houël *(voir ci-dessus, Les premiers colons)* finalement détruite en 1703, et plusieurs fois remanié au cours des 17e et 18e s., le fort Saint-Charles, récemment rebaptisé fort Louis-Delgrès, n'a pas véritablement connu d'heures glorieuses, n'ayant pratiquement jamais résisté aux assiégeants. Le colonel Delgrès lui-même, qui s'y était retranché à la tête des partisans de l'abolition de l'esclavage, dut l'évacuer le 21 mai 1802 ; cet échec devait conduire au sacrifice de Matouba *(voir Saint-Claude)*. La partie la plus ancienne (17e s.), située au sommet de la falaise dominant le Galion, comprend le bastion plat et celui dit du Galion. Le bastion de la Basse-Terre, dont les casemates servent de salles d'exposition, date de 1720. Enfin, le bastion du Génie, l'entrée et les ruines de la grande caserne et des cuisines remontent à la fin du 18e s. *(voir illustration au chapitre Art et architecture – Éléments d'architecture)*. Par beau temps, on jouit d'une superbe **vue** sur l'archipel des Saintes.

La « gazelle des Antilles »

Difficile d'évoquer le chef-lieu de la Guadeloupe sans mentionner le nom de **Marie-José Pérec**, née à Basse-Terre en 1968. La frêle jeune fille aux jambes interminables s'est peu à peu forgé un palmarès exceptionnel. Ses triomphes olympiques – une double victoire sur 200 et 400 m aux jeux d'Atlanta après un premier succès sur 400 m en 1992 – l'ont consacrée reine du sprint long.

BASSE-TERRE

ENVIRONS

Distillerie Bologne ⓥ – *Sur la N 2, avant Baillif*. On visite librement cette distillerie qui a conservé le nom d'une famille du Dauphiné dont elle fut la propriété aux 17e et 18e s. Quelques vestiges intéressants subsistent dans cette distillerie en activité de février à juin.

Saint-Claude – *Voir ce nom.*

EXCURSION

★★★**La Soufrière** – *Voir ce nom.*

BOUILLANTE

Basse-Terre – Carte « Les plus beaux sites », p. 12, **CK**
7 007 habitants (les Bouillantais)

Bouillante doit son nom à l'activité géothermique qui caractérise son site : plusieurs sources d'eau chaude jaillissent le long de la côte, dont certaines sous la mer. La centrale géothermique installée en 1969, qui transforme en une heure 30 tonnes de vapeur de 180 à 240 °C, assure 3,5 % de la production électrique de l'île. Cette contribution ne règle pas, tant s'en faut, le problème de l'approvisionnement en énergie de la Guadeloupe, et son coût reste élevé.

L'activité du village, inscrit dans une jolie anse, reste tournée vers la mer, avec pour spécialités la pêche au gros et le fumage de l'espadon. Le bourg même, considéré comme la capitale de l'écotourisme en Guadeloupe, ne possède pas de plage, mais quelques criques s'ouvrent au Sud dont celle, agréable, de Petite Anse.

CURIOSITÉS

Le village – L'église Saint-Louis, le monument aux morts et surtout le buste de Marianne juché sur une colonne bleu ciel sont de pittoresques curiosités à ne pas négliger.

Habitant et habitation

Les mots « habitant » et « habitation » se généralisent dans les Petites Antilles sous domination française à partir de 1640.

Au début, l'« habitation » est simplement le lieu où sont établies une ou plusieurs personnes ; le terme prend ensuite le sens de terre défrichée portant des cases, puis finit par désigner l'unité d'exploitation avec ses différentes composantes : « case à habiter » ou « grand'case », etc. *(voir p. 79)*. Progressivement, une spécialisation s'opère : habitation sucrière, habitation caféière...

À partir de 1655-1660, par suite du regroupement des terres au profit de quelques colons enrichis ou de marchands, l'habitation devient, dans la grande majorité des cas, un important domaine de plusieurs hectares, équivalent de la « plantation » des colonies anglaises.

Parallèlement, les « habitants », de conditions très diverses au début, mais appartenant toujours à la catégorie des « libres », sont progressivement devenus des « maîtres de case » ou « maîtres d'habitation », disposant de revenus élevés et formant l'aristocratie des îles.

ENVIRONS

★**Parc zoologique et botanique des Mamelles** – *Voir Route de la Traversée.*

Plage de Petite Anse – Située au cœur du domaine du même nom *(voir encadré ci-dessus)*, cette plage de galets et de sable gris respire une atmosphère familiale. W.-C.-douches, snack-bar, tables de pique-nique. En nageant environ 100 m le long des rochers du côté gauche de l'anse, on peut observer des poissons multicolores et quelques beaux coraux.

Anse à la Barque – On aperçoit cette échancrure profonde d'un point de vue bien dégagé, sur la route Vieux-Habitants. Discrète et bien abritée, elle sert de mouillage à de nombreuses petites embarcations. Elle est également très photogénique grâce à son phare et à sa belle rangée de cocotiers ; dommage que la proximité de la route vienne troubler la sérénité du lieu.

Vieux-Habitants – À mi-chemin entre Bouillante et Basse-Terre, ce village est l'un des plus anciens de la Guadeloupe : à partir de 1636, la petite région appelée Fond des Habitants accueillit les premiers « engagés » de la Compagnie des Isles

BOUILLANTE

CARNET PRATIQUE

Office du tourisme de Bouillante – *Le Bourg,* ☏ *05 90 98 73 48 ; plage de Malendure,* ☏ *05 90 98 86 87.*

Hébergement

Hôtel-restaurant Le Paradis Créole *(Valeur sûre)* – *Sur la route de Poirier à Pigeon,* ☏ *05 90 98 71 62, fax 05 90 98 77 76. M. Derame.* 10 chambres doubles ou triples et 3 bungalows autour d'une jolie piscine. Club de plongée. Chambre double 76 € en basse saison, 95 € en haute saison. Excellent restaurant *(voir Restauration).*

Domaine de Petite Anse *(Valeur sûre) – 5 km au Sud de Bouillante,* ☏ *05 90 98 78 78, fax 05 90 98 80 28.* L'une des meilleures villégiatures de la Basse-Terre. Le complexe groupe chambres et bungalows, piscine, plage (publique), et propose une multitude d'activités dont des soirées à thème et des excursions terrestres ou nautiques. Chambre double à partir de 80 € en basse saison et de 143,30 € en haute saison.

Restauration

Les Tortues *(Valeur sûre) – 4 km au Sud de Bouillante,* ☏ *05 90 98 82 83.* Ouvert tous les jours, midi et soir, sauf le dimanche soir et le lundi soir. Ce restaurant les pieds dans l'eau, niché dans la petite crique de l'Anse Duché, est une adresse fleurant bon l'exotisme. Spécialités locales (filet de marlin aux deux sauces). Menu à 20 €.

La Paradis Créole *(Valeur sûre)* – Ouvert tous les soirs et le dimanche midi, fermé le mercredi. Cuisine de qualité dans un cadre agréable et calme. Menu à 24 €, carte de 16 à 38 €.

Achats

Café Chaulet – *Le Bouchu, Vieux-Habitants,* ☏ *05 90 98 54 96.* Cette entreprise familiale dont on peut visiter les installations, produit du café 100 % arabica si bien adapté à cette région baptisée « côte sous le vent ». Les fins gourmets ne manqueront pas de tomber sous le charme du célèbre « café bonifieur de Guadeloupe » aux arômes inimitables.

Anse Duché

d'Amérique *(voir p. 74)* ; en fin de contrat, ces anciens semi-esclaves qui retrouvaient la liberté aspiraient à oublier leur passé en s'établissant à l'écart des sites où était domiciliée la Compagnie, Vieux-Fort et Basse-Terre. Ils furent les premiers colons à se faire appeler « habitants ».

L'**église Saint-Joseph**, un massif et sobre édifice puissamment contreforté, date de la fin du 17e s. et appartient à la première génération des édifices religieux bâtis en dur en Guadeloupe, succédant aux constructions pionnières en fourches et roseaux ; la façade possède une certaine noblesse avec son appareillage de pierres grises et son portail ouvragé, sculpté par des artisans originaires du Limousin. À l'intérieur, la nef est couverte d'une charpente en carène renversée assemblée par des charpentiers de marine.

BOUILLANTE

Habitation caféière la Grivelière – Vieux-Habitants ⊙ – Renseignements et achats de produits à la Maison de la Vallée, au début de la route. En remontant la très belle vallée de Grande Rivière, on parvient *(7 km de mauvaise route)* à une habitation *(classée monument historique en 1987)* qui date de la période pionnière de la culture du café aux Petites Antilles (18e s.). Dans un site exceptionnel et protégé, vallon orné de mandariniers, de jaquiers et de cacaoyers, la plantation est remise en production (plantation de plus de 30 000 caféiers) selon les techniques traditionnelles. Les bâtiments sont progressivement réhabilités : maison du maître et sa cuisine, boucan, grand hangar de séchage... En contrebas, les cases d'esclaves attendent leur tour. Dégustation de café et table d'hôte.

Plage de Rocroy – *Au Sud de Vieux-Habitants (suivre la signalisation).* Plage un peu à l'écart de la route, au creux d'une petite anse ; sable gris, galets près du rivage. W.-C.-douches, tables de pique-nique sous kiosques, parking ombragé. Possibilité de restauration.

Réserve naturelle de BOUILLANTE★★★
Basse-Terre – Carte « Les plus beaux sites », p. 12, CK

Ce site sous-marin est aussi connu sous le nom communément utilisé de **« réserve Cousteau »** rappelant que le commandant Jacques-Yves Cousteau (1910-1997) y aurait tourné quelques scènes du *Monde du Silence*, Palme d'Or au Festival de Cannes en 1956 et point de départ d'une longue série de documentaires consacrés à la découverte des fonds marins.

L'arrêté préfectoral créant une zone protégée *(l'appellation de « réserve » pourrait d'ailleurs prochainement obtenir sa légitimité grâce à l'action conjuguée des moniteurs du site qui tiennent à la préservation de leurs fonds sous-marins)*, d'environ 400 ha de superficie a cherché à protéger les fonds et à limiter la pêche au large de Malendure,

La première plongée

Au seuil d'un monde inconnu, royaume du silence, la première plongée se place sous le signe de la fébrilité. Une fois le capelage (harnachement de la bouteille et du gilet) effectué et les palmes enfilées, l'expérience initiatique peut commencer. Un pas en avant pour unique passeport, et c'est la projection dans le « grand bleu ».

Le baptême a lieu entre 3 et 5 m de profondeur, sous la conduite du moniteur et entouré de la palanquée (ensemble des plongeurs de la session). Il faut apprendre à stabiliser son corps, à respirer régulièrement par la bouche tout en serrant l'embout de caoutchouc pour ne pas « embarquer » d'eau, à interpréter correctement le langage des signes... Après quelques dizaines de mètres parcourus parmi poissons et coraux, et tandis que la confiance en ses propres aptitudes s'est progressivement établie, le signal de la remontée est perçu comme un véritable arrachement, la sérénité des lieux et la beauté du spectacle invitant à prolonger le séjour ; seule la perspective d'une nouvelle plongée dès le lendemain parviendra à convaincre le novice de regagner la surface.

Balaous queue jaune

CARNET PRATIQUE

Hébergement, restauration

La Touna *(À bon compte)* – ☎ *05 90 98 70 10. Fermé le dimanche soir et le lundi (ouvert le lundi midi de janvier à avril), ainsi que du 15 septembre au 15 octobre.* Situé sur la plage de Malendure, ce restaurant les pieds dans l'eau propose diverses préparations de poissons et de crustacés. Menu à partir de 13,60 €.

Le Domaine de Malendure *(Valeur sûre)* – *Morne Tarare. En venant de Malendure, à gauche avant le pont.* ☎ *05 90 98 92 12, fax 05 90 98 92 10. E-mail : malendure@leaderhotels.gp. Fermé en septembre et début octobre.* Agréable villégiature composée de vastes bungalows en duplex étagés sur le versant d'un morne, offrant une superbe vue sur les îlets de Pigeon. Piscine à débordement et bar aquatique. Cuisine créole classique : poissons grillés, blaff, brochettes. Chambre double avec petit déjeuner : 70 € en basse saison, 124 € en haute saison.

Le Rocher de Malendure *(Valeur sûre)* – ☎ *05 90 98 70 84, fax 05 90 98 89 92. Fermé le dimanche soir.* Ce restaurant établi sur le rocher dispose ses tables sur plusieurs niveaux, sous des constructions légères en bois. Dans un cadre superbe, on peut déguster des spécialités de poisson (mousse de thazar). Menu à partir de 20 €.

Excursions en bateau

Cette excursion nautique (environ 1 h 15) permet d'effectuer une incursion dans la réserve naturelle de Bouillante (ou « réserve Cousteau ») sans devoir obligatoirement se mettre à l'eau *(mais cela est vraiment conseillé, prévoir un maillot de bain pour la baignade)*. Les fonds marins, d'une étonnante diversité, apparaissent distinctement à travers la paroi de verre du bateau à l'approche des îlets de Pigeon : coraux, éponges, poissons dévoilent petit à petit les secrets de leur apparence. Des explications sont données sur le « monde du silence » ainsi que sur les us et coutumes de la vie guadeloupéenne. On contourne les îlets avant de mouiller et de pouvoir « piquer une tête » dans les eaux bleues limpides (mise à disposition de masques et de tubas) ; expérience amusante : des poissons multicolores se précipitent dès qu'on les appâte avec du pain ! Retour sur Bouillante en achevant le tour des îlets. Deux bateaux proposent quatre visites par jour :

Antilles Vision – Bateau à fond de verre. ☎ *05 90 98 70 34.*

Le Nautilus – Bateau à coque vitrée. ☎ *05 90 98 89 08.*

Plongée

Les Heures Saines – ☎ *05 90 98 86 63, fax 05 90 98 77 76. www.heures-saines.gp.* Le plus important centre de plongée de la Guadeloupe. Il est ouvert tous les jours et propose trois sorties quotidiennes. Jouxtant le restaurant « Le Rocher de Malendure », ce centre de plongée est animé par une sympathique équipe de dix moniteurs expérimentés. Matériel fourni ; formation personnalisée, depuis le baptême de plongée jusqu'aux niveaux supérieurs. Agréé FFESSM, NAUI, PADI. Une structure sérieuse et conviviale.

Plaisir Plongée Caraïbes – ☎ *05 90 98 82 43. www.plaisir-plongee-caraibes.com.* Juste en face de l'Office du tourisme de Malendure, Guy et Christian disposent de deux unités (15 et 35 plongeurs) d'un matériel sans reproches et de dix moniteurs brevetés.

UCPA – ☎/fax : *05 90 98 89 78. À Pigeon, chemin de l'Anse à Sable.* Possibilité de plonger avec les stagiaires en fonction des places disponibles et de bénéficier des tarifs préférentiels de l'UCPA. Réservation obligatoire.

Plongée de surface – Certains prestataires assurent le transport, vers les « spots » les plus intéressants, des amateurs qui souhaitent observer les fonds simplement équipés d'une paire de palmes, d'un masque et d'un tuba. Le bateau stationne sur zone une vingtaine de minutes en général, puis repart après avoir récupéré tous les nageurs.

« Plongée verte »

Canopée – ☎ *05 90 26 95 59, fax 05 90 26 83 65. www.knopgwadloup.com. Plage de Malendure.* Grimper, passer d'arbre en arbre, de cime en fourche, descendre les cascades en rappel, plonger dans les vasques de la rivière, c'est ce que propose cette nouvelle activité « verte ». Tous niveaux, guides diplômés d'État. Une autre vision de la forêt.

Souvenirs

Les petites échoppes de la plage de Malendure proposent de nombreux souvenirs, souvent à des prix avantageux : vêtements, paréos, serviettes de plage, poupées, perroquets en bois, objets réalisés à partir de calebasses, etc.

Réserve naturelle de BOUILLANTE

ainsi qu'autour des îlets de Pigeon. La situation idéale de ces deux rochers coralliens (à cinq minutes de la côte), les plongées accessibles aux débutants comme aux confirmés, l'abondance et la qualité de la faune et de la flore ainsi préservées font aujourd'hui de cet espace un lieu touristique très fréquenté, royaume de la plongée et de la découverte des fonds marins en général.

CURIOSITÉS

***Les fonds marins autour des îlets de Pigeon** – Plusieurs possibilités existent pour découvrir l'éblouissant spectacle de ces profondeurs, où abondent les poissons aux coloris les plus époustouflants et les coraux ou les éponges aux formes les plus étonnantes. Le moyen le plus indiqué pour visiter la réserve *(voir carnet pratique)* est la **plongée** avec bouteille ; même la séance d'initiation d'une demi-heure, qui entraîne le débutant à 4-5 m seulement sous la surface de l'eau, comporte son lot d'émerveillement et d'émotions inoubliables. La plongée avec équipement léger (palmes-masque-tuba) est également intéressante.
À ceux qui ne voudraient pas se mouiller s'offre encore la possibilité d'une exploration en bateau à fond de verre *(voir carnet pratique)*.
Toutes les espèces de **coraux** communes dans la mer Caraïbe sont représentées, à commencer par les spectaculaires madrépores globuleux, nommés aussi coraux fleuris ou coraux étoilés, dont les polypes s'épanouissent la nuit en corolles. Le corail cerveau et le corail champignon se rencontrent aussi en abondance.

Plage de Malendure – Le foisonnement des établissements installés sur la plage ou sur le rocher de Malendure ternit quelque peu les abords de ce site enchanteur. Un endroit à éviter si l'on apprécie les plages calmes et préservées, sauf les fins d'après-midi où règne une agréable quiétude.

CAPESTERRE-BELLE-EAU

Basse-Terre – Carte « Les plus beaux sites », p. 12, **DK**
19 081 habitants (les Capesterriens)

Capesterre est un bourg commerçant dont la prospérité dépend étroitement des fluctuations de l'économie de la banane ; de Goyave à Trois-Rivières, celle-ci a conquis les pentes jusqu'à la limite inférieure de la forêt tropicale.
Dans la langue du 17e s., la « capesterre » ou « cabesterre » désigne le versant au vent des îles, celui qui est directement exposé aux alizés et que les navires venus d'Europe aperçoivent en premier : *caput terrae* ; primitivement, le terme s'est appliqué à l'ensemble du versant oriental de la Basse-Terre, de Petit-Bourg jusqu'à Vieux-Fort.

CURIOSITÉS

Sainte-Marie – *6 km au Nord du village de Capesterre par la N 1*. Christophe Colomb aurait débarqué ici le 4 novembre 1493 pour se ravitailler en eau, découvrant ainsi la Guadeloupe lors de son deuxième voyage aux Antilles. En fait, une seule des dix-sept caravelles composant l'escadre se serait détachée vers ce rivage, le reste de la flotte, conduit par l'Amiral de la Mer Océane, accostant sous le vent

Plantation de bananiers

CAPESTERRE-BELLE-EAU

de la Basse-Terre. Quoi qu'il en soit, l'événement est commémoré à l'entrée du bourg qui aurait été baptisé du nom du vaisseau amiral la *Santa María Galanda* ; au milieu d'une petite place, une frêle colonne porte le buste de l'illustre navigateur.

Plage de Roseau – *Juste au Sud du bourg de Sainte-Marie, accès signalé depuis la N 1.* Plage payante, mais accueillante (ambiance familiale) et bien équipée : parking ombragé, restauration, rafraîchissements, location de pédalos, tables sous abri pour pique-niquer, toilettes. Ruban de sable gris assez étroit, baignade protégée des vagues par un récif frangeant et par des jetées artificielles.

Plantation Grand Café Bélair ⓘ – *À 2 km au Sud du bourg de Sainte-Marie, tourner à gauche, puis suivre la signalisation sur environ 3 km.* Contrairement à ce que l'on pourrait croire, il ne s'agit pas d'une plantation de café. La plantation Bélair, qui s'étend sur 30 ha au pied de la Soufrière, exploite 6 000 pieds de bananier et réalise une production annuelle de 1 200 tonnes de bananes.

Avant de grimper dans la remorque qui effectuera le tour des plantations, le visiteur est invité à découvrir la collection de bananiers, riche de multiples variétés : « banane-poteau », « banane rose », *Fehi banana* originaire de Polynésie, *Musa balbisiana* native de Malaisie… C'est aussi l'occasion de se familiariser avec les diverses étapes de croissance de la banane à partir de l'éclosion de la fleur. Réponse à une interrogation fréquente des visiteurs : les sacs bleus qui enveloppent les régimes de bananes servent à faire grossir les fruits et à les protéger de la pluie et des insectes.

On parcourt ensuite, assis sur les bancs d'une grande remorque, une impressionnante mer de feuilles vertes. Un ouvrier de la plantation sert de guide, livrant les secrets de la « banane-extra qui-ne-doit-jamais-dépasser-17 cm », décrivant, gestes à l'appui, le travail d'élimination des feuilles sèches ou exposant les procédés pour vaincre les charançons.

Particulièrement étonnants, la piste aérienne et l'avion pulvérisateur permettent de mesurer la complexité de l'activité.

Cette plongée dans l'univers de la banane se poursuit sur les lieux de lavage et de conditionnement. Malheureusement, l'emballage des bananes n'a que rarement lieu aux heures de visite. La présentation s'achève par une dégustation gratuite de fruits et rafraîchissements, de ti-punch et de café à la boutique qui propose, outre divers produits dérivés de la banane, des souvenirs classiques.

Temple hindou de Changy – *3 km au Nord du village de Capesterre par la N 1. Mal signalé et mal entretenu.* Les travailleurs indiens que la Guadeloupe fit venir après l'abolition de l'esclavage en 1848 pour relever l'économie sucrière en perdition ont débarqué aux Antilles avec leurs coutumes et leur religion.

Le temple de Changy, le plus important lieu de culte hindouiste de la Guadeloupe, témoigne de la ferveur religieuse. Il appartient à la catégorie des temples de Mariamman, fréquentés par les Tamouls originaires du Sud de l'Inde. L'édifice, d'une architecture typiquement indienne, est blanchi à la chaux et orné de statues polychromes (remarquer sur le fronton, la déesse à quatre bras Mariamman, le dieu à tête d'éléphant Vinayagar et la déesse des arts Sarasvati).

★ **Allée Dumanoir** – Bordant joliment la N 1 au Sud de Capesterre, cette quadruple rangée de 430 palmiers royaux sur 1 km de long, aux allures de colonnade antique, fut plantée en 1850 par Pinel Dumanoir, auteur créole qui traduisit et adapta au théâtre *La Case de l'oncle Tom*.

EXCURSION

★★ **Chutes du Carbet** – *Voir ci-après.*

Allée Dumanoir

Chutes du CARBET★★

Basse-Terre — Carte « Les plus beaux sites », p. 12, **DK**
Schéma p. 170

Ce sont les fameuses chutes décrites en 1493 par Christophe Colomb comme « une très grande source qui répandait l'eau de tous côtés de la montagne ». Aujourd'hui, leur beauté est restée intacte, inscrite et conservée dans le prestigieux décor du massif forestier de la Soufrière. Au nombre de trois, elles ne se laissent pas toutes découvrir avec une égale facilité. La deuxième est la plus fréquentée, car c'est à la fois la plus aisément accessible et la plus impressionnante.

Filles du volcan — Le cours en marches d'escalier de la rivière Carbet, entrecoupé de trois chutes importantes sur moins de 4 km, s'explique par l'extrême jeunesse du relief de cette partie de la Basse-Terre. Le Carbet prend en effet naissance sur le dôme sommital du volcan de la Soufrière, dont la physionomie évolue à chaque éruption. Des coulées récentes (à l'échelle géologique) d'andésite, lave résistante que la rivière n'a pas encore eu le temps d'inciser, sont venues barrer sa vallée, l'obligeant à ces quelques numéros de voltige.

CARNET PRATIQUE

Hébergement

Gîtes de l'Habituée *(Valeur sûre)* – *Chemin Édouard-Baron,* ☎ *05 90 86 44 13, fax 05 90 86 85 85.* À deux pas du jardin de Cantamerle, trois bungalows-studios pour deux à quatre personnes autour d'une agréable piscine. Ventilateur dans la chambre, télévision, terrasse. De 50 à 55 € la nuit pour deux personnes, 350 € la semaine.

Toucoucou *(Une petite folie !)* – *À la sortie de Saint-Sauveur, en direction de Pointe-à-Pitre,* ☎ *05 90 86 97 43, fax 05 90 28 16 93.* Pittoresques bungalows en bois bien aménagés (cuisine, lits superposés, télévision), pouvant accueillir jusqu'à quatre personnes. Une sympathique adresse pour rayonner dans la région. Bungalow deux personnes : 183 € en basse saison, 229 € en haute saison.

★★LA DEUXIÈME CHUTE

De la N 1 au niveau de Saint-Sauveur, s'engager sur la D 4 en direction des Chutes du Carbet ; se montrer vigilant en croisant les nombreux cars qui empruntent l'étroite route. Sur la gauche, avant d'arriver aux chutes, fléchage vers le Grand Étang (1/4 h à pied AR).

Deuxième chute

Nettement moins fréquenté que les chutes voisines, le **Grand Étang** (20 ha) n'est pas un lieu de baignade (risque de bilharziose), mais le sentier qui en fait le tour (environ 1 h) permet de découvrir l'écosystème d'une zone humide en Guadeloupe ; palétuviers jaunes, bambous... Nombreuses possibilités de randonnées dans le Parc national à partir de l'étang.

Rejoindre le parking des chutes, très fréquenté en saison. L'excursion peut être entreprise par tout type de public, des chaussures à semelles antidérapantes suffisent. Bon à savoir : la passerelle suspendue se balance très légèrement. Compter 1 h AR. Arrivé au parking, on profite de la splendide **perspective**★ sur les première et deuxième chutes superposées ; si les nuages ne les cachent pas, on contemple de gauche à

Chutes du CARBET

droite les sommets de la Citerne (1 155 m), de l'Échelle (1 397 m), de la Soufrière (1 467 m), du Carmichaël (1 414 m) et la crête du Carbet. C'est le plus beau point de vue sur les chutes, mais c'est malheureusement aussi le plus fréquenté
Le sentier aménagé conduit au pied de la deuxième chute *(20 mn de marche tranquille)*, très impressionnante avec ses 110 m de hauteur et le fracas de l'eau dans le bassin ; le spectacle, qui se déroule au cœur d'un cirque aux parois couvertes d'épiphytes, est proprement fascinant. Sur la gauche, une petite source chaude connaît également un certain succès.

Au retour, la petite source entrevue à l'aller permet de nettoyer ses chaussures et de se rafraîchir.

RANDONNÉES VERS LES DEUX AUTRES CHUTES
Éviter d'effectuer ces randonnées en période de pluie ou après une averse.

★**La première chute** – *Compter 3 h AR à partir du parking. En revenant de la deuxième chute, emprunter le sentier qui monte sur la gauche ; après 10 mn, prendre de nouveau à gauche. Chaussures de marche indispensables.* Beaucoup moins de monde sur cet itinéraire qui conduit à la plus haute des trois chutes. *Après avoir traversé la ravine Longueteau (eau potable), on parvient à un nouveau carrefour ; prendre à droite.* Le sentier descend dans la vallée du Carbet et suit le cours de la rivière jusqu'au pied de la chute de 115 m de hauteur. Paysage forestier exubérant et frais. La source de la rivière du Carbet se situe à peu de distance en amont.

La troisième chute – *Accès à partir de Capesterre-Belle-Eau ; prendre la D 3 en direction de Marquisat. La route devient une piste que l'on peut emprunter jusqu'au deuxième parking dans la forêt. Chaussures de marche et eau indispensables. Compter 4 h 30 AR (réservé aux bons randonneurs bien équipés).* Moins spectaculaire que les deux premières, cette chute de 20 m impressionne cependant par son important débit, le plus fort de l'île. La randonnée débute facilement, au sein d'une forêt humide dont les arbres les plus imposants, souvent munis de puissants contreforts (mahogany, châtaignier grandes feuilles, acomat-boucan, bois rouge, gommier blanc qui est l'espèce la plus représentée...), dépassent 40 m de haut. La dernière partie de la randonnée, en forte déclivité, nécessite de la prudence ; on parvient enfin à la chute entourée de châtaigniers.

D'autres chutes spectaculaires :
Guadeloupe
Saut Acomat, chute du Galion, saut de la Lézarde, saut d'Eau du Matouba et cascade Vauchelet.
Martinique
Cascade du Saut de Gendarme, sources chaudes et cascades de la Montagne Pelée, Saut Babin, chute de la rivière Trois-Bras et gorges de la Falaise.

DESHAIES★

Basse-Terre – Carte « Les plus beaux sites », p. 12, **CK**
4 152 habitants (les Deshaisiens)

Petite cité à fort potentiel touristique, halte appréciée des plaisanciers qui, des Saintes ou de Basse-Terre, se rendent à Antigua, Deshaies, lovée au creux d'une profonde anse environnée de mornes aux versants abrupts, bénéficie d'un **site**★★ exceptionnel. C'est en venant du Sud, dans l'enchaînement des lacets de la route, qu'on en a la meilleure vue, spécialement au coucher du soleil.

LE VILLAGE

Deshaies possède quelques maisons de caractère en bois, alignées le long du rivage. Malgré les échoppes et les restaurants qui ont envahi la rue principale, la bourgade a conservé son authenticité ; jusqu'en 1957, on y accédait seulement depuis Sainte-Rose par la route du Nord de la Basse-Terre. L'isolement du passé devrait se muer aujourd'hui en atout touristique pour Deshaies, excellent point de départ pour la découverte de nombreuses plages.

Perroquet du jardin botanique

CARNET PRATIQUE

Syndicat d'initiative – *Face à la mairie, place de la Vague-Bleue,* ☎ *05 90 68 01 48. Ouvert en principe tous les jours (8 h à 12 h, 14 h 30 à 18 h sauf samedi après midi et dimanche).* Informations sur Deshaies, Pointe Noire et Sainte-Rose.

Hébergement

Habitation Tendacayou *(Valeur sûre)* – ☎ *05 90 28 42 72. www.apidom.com/ tendacayou. Sylvie et Georges ont créé un petit coin de paradis à la sortie de Deshaies. Vue magnifique sur la baie, calme et confort des bungalows, agrémenté d'une petite piscine d'eau de source, une excellente adresse. De 46 à 133 € en haute saison par nuit (pour CINQ jours mini), selon le nombre de personnes et le type de bungalow choisi. Table d'hôte 25 €.*

Le Rayon Vert *(Valeur sûre)* – *Lieu-dit La Coque, Ferry,* ☎ *05 90 28 43 23, fax 05 90 28 46 27. Un petit hôtel de charme sur les hauteurs de l'anse Ferry. Piscine, climatisation, télévision avec magnétoscope dans les chambres. Restauration sur place. 23 chambres avec terrasse de 75 à 90 € selon la situation.*

Habitation Grande Anse *(Une petite folie !)* – ☎ *05 90 28 45 36. www.HotelHga.com. Étagé sur une colline toute proche de la célèbre plage de Grande Anse, ce vaste ensemble hôtelier offre un large choix de logements dans un cadre enchanteur. De 99 à 198 € par nuit en haute saison. Piscine, cuisine américaine, climatisation, chaîne hi-fi... Bar-restaurant Le Papillon (cuisine créole et internationale).*

Restauration

Le Mouillage *(Valeur sûre)* – *À côté du ponton,* ☎ *05 90 28 41 12. Ouvert tous les jours midi et soir, sauf le mardi. On y déguste une cuisine de qualité : palourdes à la nage, ouassous en sauce, etc. Vue imprenable sur la mer. À la carte, plats de 9,15 à 19,80 €.*

Le Karacoli *(Valeur sûre)* – *Sur la plage de Grande Anse,* ☎ *05 90 28 41 17. Ouvert le midi seulement, tous les jours. Une bonne adresse pour goûter à des plats typiquement créoles. À la carte, plats de 13 à 23 €.*

L'Amer *(Valeur sûre)* – *Dans la rue principale,* ☎ *05 90 28 50 43. Ouvert tous les jours midi et soir, sauf dimanche et lundi midi. Un endroit précieux pour son cadre et sa cuisine. Ambiance feutrée, musique douce, cuisine raffinée. Environ 20 € à la carte.*

Plongée

Tropical Sub – *Centre de plongée de l'hôtel Fort Royal,* ☎ *05 90 28 52 67. Sorties tous les jours 9 h et 14 h sauf dimanche matin. Deux bateaux (20 ou 12 plongeurs). Plongées sur l'îlet Kawane et la Tête à l'Anglais.*

La Note Bleue – *À la sortie de Deshaies jouxtant le restaurant du même nom,* ☎ *05 90 28 53 74. www.plongeenotebleue.com. Ambiance conviviale sous la houlette de Thiebault Denouelle, moniteur d'État qui vous amènera sur des sites magnifiques. Appelez pour les heures de départs. Du baptême à la plongée de nuit, matériel impeccable, baby sitting possible.*

CURIOSITÉS

★★ **Le jardin botanique de Deshaies** ⓥ – Sortie de Deshaies en direction de Pointe-Noire. Quelque 800 espèces végétales (arbres et plantes) rivalisent d'originalité et d'élégance dans ce parc de 5 hectares très joliment dessiné. Le fait que ce jardin se situe sur l'ancienne propriété de Coluche attire évidemment beaucoup de nostalgiques admirateurs du célèbre comique. L'intérêt principal reste pourtant cette magnifique collection tropicale rassemblée par Michel Gaillard et son équipe de jardiniers. Plusieurs **arbres remarquables**★ jalonnent le parcours : grand fromager à l'écorce hérissée de piquants, gigantesque banian dans lequel Coluche avait aménagé un belvédère, exceptionnel palmier talipot, unique dans la région, dont les feuilles pèsent 50 kg ! Perroquets et flamands roses, petites rivières et cascade, réveillent le calme enchanteur d'une promenade ombragée, rafraîchie par des brumisateurs. Seule ombre à ce tableau idyllique : les panneaux publicitaires qui polluent un peu trop le paysage. Restaurant panoramique et gastronomique.

La Montagne aux Orchidées ⓥ – *Route du Boeing.* Une longue route, parfois en forte montée, conduit à cette belle maison coloniale entourée d'un parc paysagé de 3 ha. La magie de ce lieu tient au charme de son décor intérieur, mais aussi et surtout au magnifique **panorama**★ sur la mer des Caraïbes. Le parcours extérieur dévoile de rares orchidées et un grand nombre d'essences locales avant de terminer par un importante collection de bonsaïs. Table d'hôte (cuisine créole) pour groupes sur réservation.

DESHAIES

GUADELOUPE

LES PLAGES DU NORD-OUEST DE LA BASSE-TERRE

Plage de Grande Anse – *2 km au Nord de Deshaies. Deux accès sont possibles, l'un au Nord, l'autre en face de la station-service de Ziotte, plus court, goudronné et débouchant sur un vaste parking ombragé.*
Certainement la plus belle plage de la Basse-Terre, malgré les ravages du cyclone Luis en 1995. Les vagues déferlantes assaillant le rivage ne semblent pas impressionner les habitués qui fréquentent cette chaude étendue de sable couleur caramel ; il faut pourtant se méfier car le sac et le ressac peuvent être violents. Bars, boutiques de souvenirs et restaurants sont installés en retrait de la plage. Nombreux sites de pique-nique et de sieste prolongée.

Point de vue Gadet – *Sur la N 2, au Nord de la plage de Grande Anse.* Il offre un large **panorama** sur la côte. On peut descendre à pied jusqu'au rivage où une petite plage discrète attend les amoureux de la solitude. Le sentier longeant la mer aboutit à un hameau et, de là, rattrape la route (et le parking).

Plage de Rifflet – *Au Nord de la plage de Grande Anse. Prendre à gauche au hameau de Rifflet.* Ni parking ni ombrage ; cette longue et large plage (qui, en fait, prolonge au Sud celle de la Perle) jouit d'une tranquillité certaine, car la mer, souvent houleuse, se charge de sable doré et rend quasi déserte cette portion de littoral.

Plage de la Perle – *4 km au Nord de Deshaies.* La plage de la Perle possède ombrage et parking. Un récif frangeant dompte les eaux agitées et délimite une petite piscine naturelle. L'endroit est convivial, fréquenté. Un restaurant propose plats de style snack et crêpes.

Plage de Clugny – Cette plage étroite présente le défaut d'être longée par la route. Mais l'étendue de sable doré et son mince rideau de cocotiers sont avenants. En face émergent l'îlet à **Kahouanne** et la **Tête à l'Anglais**.

Le village

123

Île de la DÉSIRADE★

Carte « Les plus beaux sites », p. 13, **FJ**
1 605 habitants (les Désiradiens) – 22 km²

Ressemblant de loin à une barque chavirée, la Désirade émerge à seulement 8 km à l'Est de la Guadeloupe appelée ici « le continent ». L'île étonne par sa physionomie filiforme et ses falaises abruptes semblables à des murailles. Déjà impressionnante pour qui l'aperçoit de la Pointe des Châteaux, captivante aux yeux des touristes qui la découvrent avant d'atterrir à Pointe-à-Pitre, elle offre une vision proprement saisissante aux rares visiteurs qui s'y rendent en vedette maritime.

À l'écart des flux touristiques, la Désirade est l'île guadeloupéenne dont le mode d'existence demeure le plus proche de la tradition. La vie s'y écoule paisiblement, pour ainsi dire hors du temps ; personne parmi les Désiradiens, descendants de colons, d'exilés ou d'esclaves libérés par la Révolution française, n'est véritablement riche. Les maigres ressources disponibles proviennent de la pêche, de l'élevage de moutons ou de chèvres et de la production de chaux. Le cyclone Hugo, dont l'île fut en 1989 la principale victime, a puissamment contrarié les efforts de développement entrepris depuis les années 1960.

UNE ÎLE SINGULIÈRE

Un récif surgi de l'océan – De forme très allongée (11 km de long pour 2 km de large), la Désirade est un gros récif corallien émergé de 50 à 100 m d'épaisseur, posé sur un édifice volcanique sous-marin en cours de soulèvement. Cette structure géologique représente un cas unique dans les Petites Antilles. L'île se compose en presque totalité d'un plateau calcaire, sorte de causse étroit culminant à Grand-Montagne (alt. 276 m) ; sa surface tabulaire, inclinée vers le Sud, s'interrompt par un vif escarpement tout le long des côtes Nord et Sud-Est. Du côté du Sud-Ouest, elle vient mourir en gradins collinaires sur une frange de terres basses où se concentrent population et activité.

Dame sécheresse – La faiblesse des précipitations annuelles, combinée à l'omniprésence des vents rasants, ne permet guère sur le plateau qu'une végétation de broussailles, de plantes grasses, telles les agaves, et de cactées : cactus-cierges, « têtes-à-l'anglais » ou « raquettes volantes ». Quelques espèces habituées des milieux plus humides les accompagnent, affectant ici un aspect rabougri : l'inquiétant mancenillier *(voir p. 27)*, le ti-baume, le bois-cannelle. Une « trace » *(déconseillée aux véhicules)* prolongeant le Chemin de croix, au Nord de Beauséjour, s'aventure sur le causse parmi cette végétation typiquement xérophile.

TERRE D'EXIL

Désirée puis délaissée – Ce sont les navigateurs espagnols du 16ᵉ s., impatients d'en finir avec la longue et éprouvante traversée de l'Atlantique, qui auraient baptisé cette île-sentinelle *Deseada*, Désirée.
En 1648, la Désirade est rattachée au gouvernement de la Guadeloupe, mais il faut attendre le 18ᵉ s. et, bizarrement, la construction de la léproserie *(voir ci-dessous)*, pour voir quelques colons s'installer dans la partie Sud-Est et y développer la culture du coton. La « montagne » reste vide, fournissant le charbon de bois, la pierre « savane » pour édifier les maisons, et le poirier-pays utilisé dans la confection des embarcations de pêche.

L'île-maladrerie – 1725 : la lèpre progresse à grande vitesse à la Guadeloupe, surtout en Grande-Terre. L'exil forcé des malades sur l'île proche de la Désirade, habitée seulement par quelques Caraïbes, apparaît comme une solution acceptable. La maladrerie, édifiée à Baie Mahault à l'extrémité orientale de l'île, reçoit ses premiers lépreux en 1728. Les colons blancs déportés, accompagnés de deux esclaves sains, se voient attribuer un lot de terre, six mois de vivres et quelques animaux. Les conditions de vie sont néanmoins effroyables ; la léproserie se délabre au fil des ans. En 1811, l'établissement est enfin érigé en hospice régulier disposant d'un médecin permanent. Les derniers lépreux quitteront l'île en 1958, et les bâtiments seront démolis en 1975.

Plage du Souffleur

Île de la DÉSIRADE

GUADELOUPE

L'île-prison – À partir de 1763, la Désirade va également devenir une prison pour les « malades moraux », c'est-à-dire les « jeunes gens tombés dans des cas de dérangement de conduite capables d'exposer l'honneur et la tranquillité des familles ». Dettes de jeu, affaires matrimoniales, ébriété, désertions et vols étaient les motifs habituels, plus ou moins arbitraires, de la relégation. L'interprétation de l'ordonnance a permis tous les débordements, et le système a connu un vif succès auprès des familles métropolitaines désireuses de voir disparaître un fils un peu trop turbulent ou un gendre infidèle. La prison avait été construite aux Galets, à l'opposé de la léproserie. L'état des internés évoluant de manière lamentable, l'expérience cessa dès 1767.

DE BEAUSÉJOUR À BAIE MAHAULT *itinéraire de 20 km AR*

Beauséjour – Point de départ de toute excursion, Beauséjour est le centre actif de l'île, concentrant les principaux commerces. Sur la place dite du « Maire Mendiant », en retrait de l'embarcadère, s'élève l'église, petite et gracieuse ; la mairie de style Art déco, le buste de Victor Schœlcher et le monument aux morts forment avec celle-ci un ensemble charmant.

Plage de Fifi – *À la sortie de Beauséjour*. Splendide plage de sable blanc, mais dénuée d'ombre. Attention aux coups de soleil ! Restauration possible *(voir carnet pratique)*.

Plage du Souffleur – Cette belle plage de sable fin et clair est ombragée de cocotiers sous lesquels sont disposées des tables ; le site, enchanteur, idéal pour organiser un pique-nique, ravira les amateurs de solitude. On a pied un certain temps au-delà du rivage et la baignade est protégée par un récif frangeant. Remarquer, en se retournant, les éoliennes dressées sur le plateau.

Plage de Petite Rivière – *À droite en arrivant à Baie Mahault*. Attention à la pente sous-marine qui plonge assez rapidement. Les vagues atlantiques se fracassent sur la barrière récifale, puis viennent mourir doucement sur cette large plage dorée. De jeunes cocotiers dispensent un ombrage limité. Possibilité de restauration.

Baie Mahault – Petit village de cases disposées de manière diffuse ; on notera la présence des vestiges de la léproserie au bout de la route, au niveau de la bifurcation.

★**Pointe Doublé** – *Prendre la piste à droite*. Cactées, agaves et autres succulentes (plantes grasses) composent un paysage de bout du monde qui respire la solitude et dégage un charme certain. Le chemin pierreux aboutit à une station météorologique aujourd'hui abandonnée. Le site, balayé par des vents forts, serait désert sans les quelques chèvres sauvages qui arpentent les tapis de pierres.

125

Île de la DÉSIRADE

CARNET PRATIQUE

Accès

Voie maritime – La vedette l'*Impériale* (☎ *05 90 88 58 06*) ou le *Colibri II* (☎ *05 90 20 05 03*) rallient la Désirade en 45 mn à partir de la marina de Saint-François. Environ 20 € AR. Départ à 8 h pour tout le monde, retour à Saint-François vers 16 h.
La mer est souvent agitée, mais l'approche est superbe, et la sensation d'atteindre une terre isolée plus forte qu'en avion.

Voie aérienne – *Air Caraïbes* (☎ *05 90 82 47 00*). Vols quotidiens (service réduit le samedi et le dimanche) entre l'aéroport Pôle-Caraïbes de Pointe-à-Pitre et le petit aérodrome des Sables près de Beauséjour (Grande Anse). Compter environ 110 €.

Argent

Il n'y a pas de banque ou de distributeur de billets sur l'île.

Location de voiture

Guy Villeneuve – Sur l'embarcadère de Beauséjour. Seulement huit véhicules de tourisme et tout-terrain. Il est conseillé de réserver. ☎ *05 90 20 02 65* et *05 90 20 04 26*. 40 € par jour.

Loca 2000 – ☎ *05 90 20 02 78*. Loue aussi quelques voitures, scooters et vélos.

Découverte

À pied – Une seule route en cul-de-sac parcourt le Sud de l'île, reliant entre eux ses trois villages : Beauséjour (également appelé Grande Anse), le Souffleur et Baie Mahault. Elle ne permet qu'une découverte restreinte de la Désirade ; pour mesurer tout le charme et l'authenticité de celle-ci, il ne faut pas hésiter à s'engager à pied sur les chemins de terre. Ils ne présentent ni danger ni difficulté particulière, et favorisent la connivence avec le pays et ses habitants.

Croisière – Embarquez à bord de l'*Iguana Sun* qui propose une journée à Petite Terre et à la Désirade (déjeuner à la Payotte). Départ de la marina de Saint-François à 8 h 30 le vendredi et le dimanche. ☎ *05 90 22 26 31*.

Hébergement

Il n'y a pas sur la Désirade d'hôtel de grand confort, mais de petits établissements proposant des chambres simples. L'île ne possède pas non plus d'office de tourisme, mais la mairie vous donnera tous les renseignements nécessaires à l'agrément de votre séjour. ☎ *05 90 20 01 76*.

Désirada *(À bon compte)* – À Baie Mahault, ☎ *05 90 20 00 48*. Studios et maison de deux à sept personnes. Accueil agréable, petite piscine, chambres simples mais impeccables. De 30,50 à 38 € pour les studios, 76 € pour la maison.

Club Caravelles *(À bon compte)* – *500 m après la plage du Souffleur,* ☎ *05 90 20 04 00*. Studios très bien agencés de deux à cinq personnes face à la mer. Kitchenette sur la petite terrasse, télévision, mezzanine. 53,50 € la nuit pour deux ou trois personnes.

Restauration

La Payotte *(À bon compte)* – À Beauséjour, sur la plage de Fifi, ☎ *05 90 20 01 29*. *Ouvert tous les jours midi et soir, sauf le dimanche soir.* Ce modeste restaurant installé dans une cabane en bois respire le calme, et propose une cuisine typiquement créole à base de produits de la mer. Le cadre est charmant. Menu à 15 €.

Grand Savane – *Revenir sur ses pas et prendre l'autre chemin.* On avance dans un paysage désolé, sauvage, sorte de désert, avant de découvrir une côte découpée et frappée de plein fouet par les vagues rugissantes de l'Atlantique.
De retour vers Beauséjour, on aura tout le loisir d'apprécier la limpidité de la mer.

DE BEAUSÉJOUR À LA POINTE DES COLIBRIS
Itinéraire de 8 km AR

Chemin de croix – *Au Nord de Beauséjour. Attention, la pente est très raide. Il est conseillé de monter effectuer un demi-tour sur le plateau, puis de redescendre vers la chapelle.* Le plateau, sauvage, est semé d'une végétation rase, desséchée par les vents. De la chapelle dédiée à Marie, on jouit d'un magnifique **panorama**★★ sur la côte Sud et Beauséjour, les îles de la Petite Terre *(voir encadré ci-dessous)* et la vertigineuse côte Nord (anse du Bord de la Mer au Frais, Porte d'Enfer), avec pour horizon la Grande-Terre déployée de la Pointe des Châteaux à la Pointe de la Grande Vigie. À travers les mornes du premier plan serpente le chemin du Latanier.

Île de la DÉSIRADE

GUADELOUPE

La Petite Terre

L'archipel de la Petite Terre, classé réserve naturelle, est situé à 8 km au Sud-Est de la Pointe des Châteaux et à 12 km au Sud-Ouest de la Désirade. Rattaché administrativement à la Désirade, il est formé de deux atolls coralliens appelés Terre-de-Haut et Terre-de-Bas. On aperçoit à peine ces îlets de taille réduite (le plus grand mesure 2 km) et très plats depuis la Pointe des Châteaux ou la Désirade. Inhabités depuis l'automatisation du phare, ils abritent des colonies d'oiseaux de mer, et sont fréquentés le week-end par les Guadeloupéens amateurs de plaisance et de pêche sous-marine. Il n'est pas facile pour les touristes de s'y rendre, aussi sont-ils très peu nombreux à en fouler le sol.

Plage de Beauséjour – *Accès après le cimetière, en suivant le rivage.* Très large plage de sable fin et blanc, avec par endroits quelques galets ; l'ombrage, en retrait du rivage, est assuré par de jeunes cocotiers. L'eau est claire mais algueuse. Des tables abritées permettent de pique-niquer.

Anse d'Échelle – *Prendre à droite au carrefour.* Large plage replantée de cocotiers, semée de gros galets et de nombreux coquillages. La prudence est recommandée face à la mer agitée.

Pointe des Colibris – *Revenir au carrefour et prendre deux fois à gauche.* La piste carrossable aboutit à une pointe escarpée dont le toponyme et la croix répondent à leurs « doubles » de la Pointe des Châteaux. Les vagues se brisent avec force sur la côte déchiquetée. Environné de carrières, le site reste marqué par les récents travaux d'adduction de l'eau courante à partir de la Grande-Terre (1991, plaque commémorative).

Maison de la FORÊT★
Basse-Terre – Carte « Les plus beaux sites », p. 12, CK

Située au cœur du Parc national de la Guadeloupe, en bordure de la route de la Traversée, la maison de la Forêt est une halte intéressante permettant de mieux connaître et apprécier la forêt tropicale humide dite aussi « pluviale », « hygrophile » ou encore « ombrophile » *(voir p. 58).*

Lianes et épiphytes

Les épiphytes se développent surtout dans les creux et fissures de la partie inférieure des troncs ou sur les branches basses des arbres, habillant ceux-ci d'un luxuriant décor de verdure. L'humus accumulé dans les anfractuosités végétales apporte les éléments nutritifs nécessaires à ces plantes qui, contrairement à l'idée reçue, ne sont pas parasites. L'ananas-bois ou la siguine rouge utilisent l'eau retenue par leurs feuilles formant réceptacle, tandis que la siguine blanche (un philodendron géant) déploie des racines aériennes et que la barbe à arbre ou queue de cheval absorbe directement dans l'air eau et nourriture grâce à des rideaux de filaments qu'elle suspend aux branches.

Les lianes, dont la longueur peut dépasser cent mètres, projettent leurs troncs extraordinairement grêles à l'assaut de la lumière. Utilisant tout un arsenal de fixations, elles s'enroulent autour des branches ou s'accrochent aux fûts : la liane boudin s'entortille comme un serpentin, la liane molle s'élève à l'aide de vrilles, la liane ailes de mouche progresse au moyen de racines aériennes, d'autres préfèrent s'agripper avec des crochets, des crampons ou des épines, tissant un lacis enchevêtré jusqu'aux houppiers des plus hauts arbres.

LA MAISON ⓥ

Le bâtiment, en bois comme il se doit, abrite des panneaux présentant les différents écosystèmes végétaux, le relief, le climat et leurs interactions. Une carte murale situe, avec leurs caractéristiques, les promenades que l'on peut effectuer dans le massif forestier voisin.

★SENTIERS DE DÉCOUVERTE À TRAVERS LA FORÊT

Deux petites randonnées en boucle de durées différentes (20 mn et 1 h), très bien signalisées, permettent de s'initier de manière ludique aux particularités de la végétation de la forêt tropicale humide.

Départ près de la maison de la Forêt. On franchit la rivière Bras David avant de choisir le circuit que l'on souhaite effectuer. Le plus long est incontestablement le plus intéressant, permettant aux personnes qui n'ont pas la possibilité de parcourir les « traces » plus sportives de connaître tout de même les délices de l'immersion dans le monde si envoûtant et si divers que compose la forêt « pluviale ». La première partie s'effectue en montée ; une fois atteinte la route forestière de Bras David, le circuit se poursuit par un tronçon relativement plat, puis entame une longue descente qui ramène au point de départ. L'indication du nom des espèces rencontrées est certes très parcimonieuse, mais la promenade y gagne en authenticité et on en revient en général enchanté.

Un peu plus haut sur la route, départ pour un 3e circuit de 1 h 30.

GOSIER

Grande-Terre – Carte « Les plus beaux sites », p. 12, **DK**
25 412 habitants (les Gosériens)

Gosier (ou le Gosier) tient son nom du « grand gosier », le pélican brun d'Amérique qui peuplait autrefois en colonies nombreuses l'îlet du Gosier et la côte Sud de la Grande-Terre. Aujourd'hui, ce sont les touristes qui fréquentent en foule ce pôle balnéaire situé à seulement 8 km de Pointe-à-Pitre. La ville, ou plutôt le gros village, dispose de nombreuses structures hôtelières de différentes catégories assurant l'hébergement des vacanciers à la recherche d'un exotisme « bon chic bon genre » ; Gosier profite aussi de la proximité de l'agglomération pointoise d'où déferle une vague de monde chaque fin de semaine. Mais l'afflux de cette clientèle commence à poser quelques problèmes de sécurité. Vols et agressions sont en augmentation. Mieux vaut éviter la plage le soir.

CURIOSITÉS

Le village – Tout en longueur, il groupe pas mal de boutiques et d'échoppes pour touristes, mais conserve quelque charme avec ses petites cases de bois parfois précédées de vérandas. En venant de Saint-François, remarquer la superbe maison blanche avec balcon, où est établi un coiffeur. En flânant dans la rue principale, on s'attardera devant les étals de fruits, de légumes et d'artisanat local (objets réalisés à partir de calebasses et de bois d'acajou). La route des hôtels est bordée de boutiques et d'étalages de serviettes, T-shirts et coquillages.

Plage – Parking à côté du parc municipal, au niveau du cimetière. Nombreux voiliers et longue plage surplombée de résidences hôtelières.

★**Îlet du Gosier** – *Embarcadère des pêcheurs au bas de la rue Félix-Éboué ; se garer si possible bien avant, car la rue est étroite, sans issue et dépourvue de parking. Se présenter sur le ponton et attendre (traversée à la demande). On paie le trajet au retour (compter 3 €).* Les barques abordent une plage paradisiaque de sable fin et blanc ; possibilité de visiter le phare en s'adressant au restaurant. Le tour de l'îlet s'effectue à pied en une vingtaine de minutes.

ENVIRONS

Les plages à l'Ouest de Gosier sont presque toutes artificielles et liées à des hôtels. Si on ne séjourne pas dans l'un d'eux, mieux vaut se rendre sur les petites plages à l'Est du bourg.

Anse du Mont – *3,5 km à l'Est, direction Sainte-Anne ; tourner à droite au niveau de Saint-Félix.* Plage tranquille, sans ombrage, on y trouve encore des débris d'arbres abattus par le cyclone de 1995. Fréquentation locale. Parcours-découverte de la pointe Canot (sentier d'initiation au milieu littoral).

Plage de Petit Havre – *7 km à l'Est, direction Sainte-Anne ; prendre à droite 1,5 km après Mare Gaillard.* Sable fin très clair caressé par les vagues mourantes, eau limpide. L'endroit, convivial, familial, dispose de tables sous abris pour pique-niquer. Possibilité de restauration.

CARNET PRATIQUE

Office de tourisme – 67, boulevard du Général-de-Gaulle, ☎ 05 90 84 28 25. Ouvert du lundi au vendredi de 7 h 30 à 12 h 30 et de 14 h à 17 h 30. Le samedi matin de 8 h 30 à 12 h (en haute saison).

Hébergement

Les Bananiers (À bon compte) – Périnet, juste avant Les Flamboyants, ☎ 05 90 84 10 91, fax 05 90 84 05 47. www.perso.wanadoo.fr/lesbananiers. Au creux d'un petit vallon, une haie de bananiers cache ce petit établissement familial de huit studios (avec ou sans kitchenette) groupés autour de sa piscine. Climatisation. Chambre double avec petit déjeuner à partir de 55 € en haute saison.

Les Flamboyants (À bon compte) – Périnet, en direction de Saint-François ; prendre à droite avant le restaurant « Le Passiflore », ☎ 05 90 84 14 11, fax 05 90 84 53 56. Ici, loin de l'animation du village, tout respire la quiétude, depuis la magnifique vue sur l'îlet du Gosier jusqu'aux imposants bouquets de flamboyants. Chambres simplement équipées, piscine. Une adresse sympathique pour se reposer et bien profiter de ses vacances. Chambre double avec petit déjeuner : 46 € en basse saison, 55 € en pleine saison.

Les Surettiers (À bon compte) – L'Houëzel, impasse Fraidérick, ☎ 05 90 84 00 04, fax 05 90 84 41 77. www.perso.wanadoo.fr/les.surettiers. Six studios très agréables et parfaitement équipés avec climatisation, télévision. Un très beau jardin tropical, une piscine, la vue sur la mer et l'accueil charmant de Madame Funfrock font de cette adresse un enchantement pour une semaine de vacances. Les prix très raisonnables (de 38 à 54 € selon la taille du studio) expliquent que les réservations doivent se faire assez tôt !

La Maison créole (Valeur sûre) – À Montauban, Gosier, ☎ 05 90 84 36 43, fax 05 90 84 55 16. Ensemble de petits studios avec kitchenette, très calme malgré la proximité de la route (préférer tout de même le côté opposé à celle-ci). Piscine, restaurant. Studio deux personnes : 77 € en basse saison, 107,50 € en haute saison.

Le Salako (Une petite folie !) – Pointe de Verdure, Gosier, ☎ 05 90 82 64 64, fax 05 90 84 22 22. www.karibea.com. 120 chambres tout confort, piscine, plage de sable fin avec quelques palmiers. Superbe vue sur l'îlet du Gosier et sur la côte atlantique de la Basse-Terre. Chambre double entre 112 et 188 € selon la période.

Auberge de la Vieille Tour - Sofitel (Une petite folie !) – Montauban, Gosier, ☎ 05 90 84 23 23, fax 05 90 84 33 43, www.accorhotels.com. Hôtel de luxe qui doit son charme au moulin à vent datant du 18e s., et à sa situation exceptionnelle, face à l'îlet du Gosier. Les chambres sont aménagées dans des bâtiments modernes tout confort donnant sur l'océan. Piscine, tennis, restaurants, plage privée, boutiques. Chambre double de 218 à 275 € en haute saison et de 131 à 168 € en basse saison.

Restauration

La Belle Créole (À bon compte) – Au début de la route des hôtels, sur la gauche, ☎ 05 90 84 46 10. Restaurant à l'étage, salle extérieure sur un joli jardin ou intérieure avec climatisation. On y déguste de savoureuses spécialités créoles et des crustacés conservés en vivier (homards, langoustes). Menu créole à 15,10 €, menu caraïbe à 16,80 € et menu langouste à 18,30 €.

Le Relais Caraïbe (À bon compte) – À Montauban, ☎ 05 90 84 42 88. Ouvert tous les jours (de 12 h 30 à 14 h 30 et de 19 h 30 à 23 h) sauf le mardi, fermé en septembre. Cuisine antillaise amoureusement préparée par Cornélia, la patronne. Une bonne étape. Menus à partir de 13,57 €.

Le Bananier (Valeur sûre) – Montauban, ☎ 05 90 84 34 85. Ouvert tous les jours midi et soir, sauf le lundi. Cuisine créole inventive et savoureuse. Accueil attentionné. Le déjeuner à la carte vous coûtera de 18,30 à 38 € environ.

LES GRANDS FONDS

Accès multiples. Par l'Ouest, s'engager sur l'échangeur en direction de Pointe-à-Pitre et prendre la première petite route à droite ; par l'Est, quitter Gosier par la D 119 en direction de Saint-François, prendre ensuite la N 4 vers Pointe-à-Pitre et tourner à droite dans la D 103.

Cette partie du plateau calcaire de la Grande-Terre, la plus fortement soulevée, a été soumise à des processus d'érosion intenses et complexes. Il en résulte un paysage curieux, chaotique, où un réseau très confus de vallées sèches s'insinue parmi une forêt de mornes aux flancs abrupts. Les routes serpentent au fond de ces vallées bordées de petites parcelles jardinées : les Grands Fonds sont désormais une des principales aires maraîchères de la Guadeloupe.

GOSIER

Vers le milieu du 18e s., le site était devenu un vaste refuge pour les esclaves « en marronnage » (en fuite). Ils furent rejoints aux heures troublées de la Révolution par des Blancs appelés par la suite « Blancs-Matignon » *(voir encadré ci-dessous)*. Enfin, lors de l'abolition de l'esclavage en 1848, les Grands Fonds attirèrent des cultivateurs à la recherche de terres libres. Ces populations vécurent en autarcie presque totale jusqu'à la Seconde Guerre mondiale. Aujourd'hui la région, partiellement désenclavée, commence à vivre au rythme de l'agglomération pointoise, où bon nombre de ses habitants vont désormais travailler.

Les « Blancs-Matignon »

L'origine du groupe de « Petits Blancs » surnommés « Blancs-Matignon », qui habite les Grands Fonds, est assez obscure. Vraisemblablement réfugiés dans ce dédale afin d'échapper aux affres de la dictature de Victor Hugues, leur appauvrissement sur cette terre ingrate les aurait ensuite soudés en une communauté formée autour de la famille Matignon. Quoi qu'il en soit, ils ont vécu plus d'un siècle repliés sur eux-mêmes, pratiquant une stricte endogamie et refusant le brassage culturel. Il a fallu attendre les années 1960, avec la pénétration de la radio et de la télévision dans les foyers, pour que fléchisse leur orthodoxie et que soient célébrés les premiers mariages mixtes.

Le GRAND CUL-DE-SAC MARIN★
Carte « Les plus beaux sites », p. 12, DJ

Ce vaste lagon d'environ 15 000 ha, s'ouvrant largement sur la mer des Caraïbes entre la Grande-Terre et la Basse-Terre, est protégé par le plus long récif corallien des Petites Antilles. C'est à partir de Vieux Bourg que l'on pourra envisager une excursion d'une demi-journée ou d'une journée au cœur du Grand Cul-de-Sac, prétexte à de multiples découvertes dont celles de la mangrove et de la barrière de corail.

Un écosystème fragile – À la fin du 17e s., le Père Du Tertre s'extasiait devant l'exubérance de la vie animale dans le Grand Cul-de-Sac : « (...) on ne saurait croire combien de lamantins, de tortues et tous autres poissons se plaisent autour de ces îlets... ». Les espèces citées par l'ecclésiastique explorateur, et d'autres comme le flamant rose ont depuis bien longtemps disparu, mais le lagon reste un paradis pour une multitude d'oiseaux nicheurs et de poissons. Au début des années 1980, il est apparu directement menacé par l'extension urbaine et industrielle de Pointe-à-Pitre. La nécessité de protéger ce site exceptionnel par sa flore et sa faune s'est traduite en 1987 par la création d'une réserve naturelle occupant 2 115 ha de mer et 1 622 ha de formations forestières ou herbacées littorales.

Un univers insolite : la mangrove – La mangrove s'étend en Guadeloupe sur plus de 9 000 ha (5 % de la superficie de l'île) principalement répartis sur le pourtour du Grand Cul-de-Sac Marin *(voir aussi Sainte-Rose)*. Ce milieu amphibie, d'une extraordinaire diversité, se développe au contact des eaux marines tièdes et peu agitées bordant les littoraux bas des régions intertropicales.
La zone frontale de la mangrove, exposée à la houle et aux marées, est le domaine de la forêt de palétuviers ou mangles ; ces arbres résistent à des taux de salinité élevés et leurs racines aériennes, ou pneumatophores, leur permettent de respirer malgré une immersion partielle : palétuvier rouge, mangle blanc.
Une forêt marécageuse constitue l'arrière-mangrove où la salinité est plus faible : bois flot et palétuvier jaune à racines partiellement exondées, grand mangle-médaille. Enfin, sur les terres marécageuses dont le taux de salinité est voisin de zéro, se développe une prairie à grandes herbes et nénuphars.
La mangrove abrite toute une vie terrestre et marine, en particulier dans sa zone frontale dont l'enchevêtrement de racines héberge des coquillages, des crevettes, des crabes, diverses espèces de poissons, et dont les frondaisons sont le refuge de milliers d'oiseaux sédentaires (kio, héron garde-bœufs) ou migrateurs (crabier, chevalier, bécasseau, pluvier).

★★EXCURSIONS EN BATEAU

Voir ci-dessus les prestataires. Le programme de l'excursion varie en fonction du temps, de la disponibilité du capitaine, du prix payé et des goûts des passagers. Convenir à l'avance du parcours, des arrêts et de la durée. Attention aux insolations, aux coups de soleil et aux moustiques.

Îlet Duberran – C'est le plus proche de Vieux Bourg. Pour mettre pied à terre, il faut se frayer un passage entre les échasses des palétuviers. Remarquer les « cocotiers couchés », abattus par les cyclones mais non déracinés, dont le tronc a dû se redresser à angle droit pour continuer sa croissance en direction du soleil. Les boîtes en bois que l'on aperçoit sur le sol sont des pièges à crabes.

Le GRAND CUL-DE-SAC MARIN

CARNET PRATIQUE

Restauration

La Mangrove *(À bon compte)* – *Ouvert le midi*. Minuscule restaurant aux murs bleus, situé sur le port de Vieux Bourg. On y sert, à la bonne franquette, des plats créoles traditionnels.

Excursions

Voir également l'adresse proposée au départ de Sainte-Rose.

Lambada – *À Vieux Bourg*, ☎ *05 90 24 30 60* ou *05 90 34 42 77*. Pierrot, vous emmène à la découverte de la mangrove : observation de la barrière de corail, pêche, repas sur îlet. Réservation recommandée. Tarif à négocier selon vos désirs.

La Saintoise – *À Vieux Bourg*, ☎ *05 90 24 69 25*. Sorties en mer, possibilité de déjeuner sur un îlet ou d'effectuer une plongée. Réservation recommandée.

Aventures des îles – *À Vieux Bourg*, ☎ *05 90 85 02 77. www.vtt-des-mers.com*. Excursion d'une journée (départ à 9 h 15 du port de Vieux Bourg), en VTT de mer mono ou biplace (attention, il faut pédaler !), pour découvrir la mangrove, les forêts de palétuviers, les étangs bois-sec, les frégates, les hérons et les pélicans, retour 17 h. Prévoir maillot de bain, crème solaire et chaussures pour marcher dans l'eau. Réserver. 60 € par adulte, demi-tarif pour les enfants de 8 à 12 ans.

Clarisma Tour – Au départ de la marina de Petit-Canal. Deux possibilités de visite de la mangrove en bateau à fond de verre. Circuit de 2 h 30 (départ à 9 h) le matin avec découverte de la barrière de corail ; sortie de 2 h pour le coucher de soleil (départ 16 h). Il est conseillé de réserver même si certains départs restent aléatoires. Compter de 15 à 20 € selon la visite. ☎ *05 90 22 51 15*.

Îlet Macou – Le sol est tapissé de conques de lambis vides abandonnées par les pêcheurs. Sur le rivage opposé à l'appontement, une délicieuse plage tente les visiteurs. Au bout de l'îlet, la chapelle Notre-Dame-de-Saint-Macou a été reconstruite en dur après le cyclone Hugo de 1989. Dédiée aux marins disparus, elle est un exemple frappant de la piété des Guadeloupéens : presque chaque jour, elle accueille des fidèles qui viennent la fleurir ou déposer une bougie sur les rochers voisins.
On croisera, chemin faisant, d'infatigables bernard-l'ermite en quête du coquillage de leurs rêves, ou bien quelque crabe-violoniste identifiable à sa pince gauche hypertrophiée.

Refuges d'oiseaux – Quelques bosquets de mangrove, formant de minuscules îlots, abritent les nids de milliers d'oiseaux. Peu farouches, les aigrettes, ou les hérons garde-bœufs, se laissent facilement observer tandis que les frégates noires, d'une envergure plus importante et plus méfiantes, tournoient incessamment dans le ciel. L'embarcation approchant très près, il est possible de faire d'intéressantes photographies.

La mangrove – Palétuviers rouges

GUADELOUPE

Le GRAND CUL-DE-SAC MARIN

Canal des Rotours – Autrefois affecté au transport de la canne à sucre vers Pointe-à-Pitre, puis ruiné par la mise en place des voies Decauville, il s'enfonce aujourd'hui sans but dans la mangrove. Celle-ci porte encore la marque des méfaits du cyclone Hugo. Il n'est pas rare d'apercevoir, parmi les racines aériennes des palétuviers rouges, des pêcheurs les pieds dans la vase, à la recherche de palourdes.

Barrière de corail – *Le bateau jette l'ancre à proximité, il faut ensuite nager 30 à 50 m. L'équipement de plongée n'est pas nécessaire, masque et tuba, voire une simple paire de lunettes de nage, suffisent.* Fonds très spectaculaires et faune marine magnifique, à peu de distance de la surface.

Îlet à Fajou – L'îlet le plus étendu du Grand Cul-de-Sac bénéficie d'un statut particulier au sein de la réserve, qui lui assure une protection intégrale. Comme sur les rives du canal des Rotours, on y aperçoit des « étangs bois-sec » couverts de squelettes d'arbres n'ayant pu résister à un taux de salinité trop élevé.

Îlet à Caret – Cette « caye » (petit îlet corallien) presque chauve, popularisée par la carte postale, est équipée d'« ajoupas » et très sollicitée pour les pique-niques organisés. La place est rarement déserte et, sur le coup de midi, l'odeur du poisson grillé flotte habituellement dans ses parages. C'est néanmoins un endroit sympathique où la baignade, dans des eaux peu profondes aux reflets turquoise, est attrayante.

Quelques « remèdes de bonne femme » antillais
Certains sont hérités des pratiques médicales des Caraïbes. La brûlure du suc vénéneux du mancenillier, par exemple, se calme avec des feuilles de catalpa ; les inflammations locales sont soignées avec un cataplasme fait d'une demi-papaye verte cuite sous la cendre, les coupures refermées par l'application d'huile de requin et de feuilles de pimentier, les hématomes résorbés grâce à des emplâtres de gomme du gommier rouge, etc.

Le Nord de la GRANDE-TERRE★
Grande-Terre – Carte « Les plus beaux sites », p. 12, DEJ

Région de grands espaces aux horizons mollement ondulés, le Nord de la Grande-Terre a été, et demeure, un royaume de la canne à sucre. Celle-ci couvre encore près des trois quarts des terres cultivées, mais subit un recul rapide, non compensé par le développement de l'élevage bovin ; bien souvent, des friches lui succèdent, partant à l'assaut des « sucrotes » en ruine, des voies Decauville désertées et de carcasses d'usines à jamais silencieuses.

La côte, souvent très escarpée, peu propice à la baignade, offre les paysages les plus spectaculaires et les points de vue les plus impressionnants de cette partie de la Guadeloupe encore peu ouverte au tourisme.

AU PAYS DE LA CANNE

Des terres propices – Un rapide coup d'œil sur une carte permet de constater la similitude des contours du Nord de la Grande-Terre et de l'île de Marie-Galante qui sont deux énormes récifs coralliens exondés depuis 3 ou 4 millions d'années. Différence sensible cependant : le Nord de la Grande-Terre, plus proche du « continent » guadeloupéen, s'y est agglomérée par le comblement progressif du fossé de Grippon. Des failles le compartimentent en plateaux étagés qui, dès 1658, ont attiré à eux la culture de la canne à sucre, d'abord établie sur la Basse-Terre.

Des esclaves pour la canne – La canne cohabita un certain temps avec le coton, également à son aise sur ces plateaux perméables au climat assez sec, puis s'imposa comme monoculture dans le cadre de vastes habitations-sucreries très gourmandes de main-d'œuvre : la population servile représenta, au 18ᵉ s., jusqu'à 95 % des habitants du Nord de la Grande-Terre. Les tensions étaient souvent très vives entre esclaves et maîtres, conduisant à des séditions, au « marronnage » et, en de rares occasions, à de retentissants procès : en 1840, un maître d'habitation d'Anse-Bertrand, Douillard-Mahaudière, fut jugé pour avoir maintenu deux ans au cachot l'une de ses esclaves.

Le choix de l'étape

Le Château de Feuilles *(Une petite folie !)* – À Campêche, ☎ 05 90 22 30 30. Ouvert pour le déjeuner uniquement, sauf le lundi. *En arrivant du Sud par la D 120, prendre la piste dans le virage à l'entrée du hameau.* Isolé en pleine nature, ce restaurant (réputé être l'une des meilleures tables de Guadeloupe) mitonne des plats originaux : quiche à la langouste, carpaccio d'espadon, gigot de requin aux pâtes fraîches, pâté d'oursins chaud… On déjeune au bord de la piscine (apporter sa serviette) et on peut faire une petite sieste sur l'un des transats mis à la disposition des clients. Réservation recommandée. À la carte, compter 40 €.

Le Nord de la GRANDE-TERRE

Vie et mort des « usines centrales » – La destruction des moulins à canne par le séisme de 1843, puis l'abolition de l'esclavage en 1848 favorisèrent la création d'« usines centrales » dotées de machines à vapeur : Gardel, Beauport, Chabert, etc. rythmèrent dès lors la vie agricole du Nord de la Grande-Terre. Au début du 20e s., après avoir dépassé les habitations-sucreries dans la production de sucre, elles passèrent progressivement, telle la Société sucrière de Port-Louis, sous le contrôle de sociétés métropolitaines.
Touchées de plein fouet par la crise sucrière, les usines centrales ont fermé les unes après les autres à partir de 1970. Carcasses vides ou vestiges ruinés, elles attendent la démolition ou une hypothétique reconversion. Symbole éloquent : l'usine Blanchet, fermée en 1979 et transformée aujourd'hui en crématorium...

DU MOULE AU MORNE-À-L'EAU

Itinéraire de 80 km environ – compter une journée

Le Moule – *Voir ce nom.*
À l'Ouest du Moule, prendre à droite la D 123 en direction de Petit-Canal, puis, de nouveau à droite (2,5 km), la D 120.
En arrière des petites maisons bordant la route et de leurs jardins potagers s'étalent les champs de canne à sucre qui ondulent paresseusement sous la caresse de l'alizé.

Musée de la Préhistoire Edgar-Clerc – *Voir le Moule.*
Au niveau de Gros Cap, tourner à droite vers l'anse Maurice.

Anse Maurice – Logée dans un renfoncement de la côte escarpée (accès en forte pente), cette anse abrite une large plage de sable clair dépourvue d'ombre (attention aux coups de soleil, car l'alizé empêche de sentir les brûlures traîtresses). Les fonds sont cailloutieux ; la côte est exposée aux vagues, mais des récifs atténuent leur virulence. Les gens du voisinage viennent là en famille les fins de semaine ; on y joue au ballon et surtout aux boules.
Tables sous kiosques pour pique-niquer et bar pour se désaltérer. Belle perspective sur la côte à l'Est, jusqu'à la Pointe des Châteaux.
Revenir sur la D 120 et poursuivre vers le Nord.
Après le hameau de Campêche, prendre à droite la « route de la Porte d'Enfer » (D 122) qui longe une portion de l'escarpement de la Montagne, rebord bien visible du plateau septentrional.

Le Nord de la GRANDE-TERRE

Porte d'Enfer – *Se garer le long de la route ou de l'autre côté de la rivière (qui est le plus souvent à sec).* La mer pénètre tout doucement dans cette calanque dont l'entrée fut surmontée d'une arche naturelle jusqu'au séisme de 1843. La petite plage attire les gens du pays, malgré le manque d'attrait de la baignade dans les eaux peu profondes et troublées de l'étroit lagon. Les week-ends, le parking ressemble à un terrain de camping improvisé avec son cortège de tables dressées, de parasols et de barbecues installés pour la journée.

Un court sentier (300 m) accidenté permet d'accéder au front de mer très escarpé *(des chaussures à semelles épaisses et antidérapantes sont vivement conseillées ; veiller à la sécurité des enfants)*, et de parvenir à l'aplomb du **Trou Madame Coco** *(ou « Man Coco » ; pas de signalisation)*, une grotte dans laquelle la mer s'engouffre furieusement. On jouit d'une belle vue sur le lagon de la Porte d'Enfer et son arrière-plan de hautes falaises ; le site, avec sur la gauche l'écueil du Piton, évoque la côte normande vers Étretat.

Porte d'Enfer

★ **Excursion de la Porte d'Enfer à la pointe Petit Nègre**. *S'aider de la carte IGN 1/25000 n° 4601 G « Anse-Bertrand ».* La Porte d'Enfer est le point de départ d'une somptueuse mais difficile randonnée le long du littoral, jusqu'à la pointe Petit Nègre au Sud. *Sentier non balisé, 7 km aller ; compter 4 h environ, avec des passages délicats au-dessus des falaises, susceptibles de donner le vertige. À la pointe Petit Nègre, prendre l'intérieur des terres pour rejoindre l'ancienne usine Mahaudière où l'on retrouve la route carrossable. Prévoir une voiture à l'arrivée.*

★ **Panorama de la Porte d'Enfer** – La route gravit l'escarpement de la Montagne. Du parking, la vue est splendide sur la Porte d'Enfer et le littoral de la Grande-Terre. Un autre parking, situé à l'écart de la route sur la **pointe du Piton**, permet d'embrasser toute la côte Nord, depuis le Piton à l'Est jusqu'à la Pointe de la Grande Vigie à l'Ouest. Une végétation naine, composée d'épineux, de succulentes et d'espèces littorales comme le raisinier bord-de-mer, colonise le plateau. Ces horizons à la fois grandioses et désolés offrent de la Guadeloupe une image bien différente de celle que diffusent habituellement les dépliants touristiques.

★ **Pointe de la Grande Vigie** – C'est le point le plus septentrional de la Guadeloupe, et le plus élevé du Nord de la Grande-Terre (84 m). Une piste en dur conduit à un belvédère d'où, par beau temps, on aperçoit la Désirade. Au-delà, un sentier escarpé *(pierres coupantes, sandales ou nu-pieds déconseillés)* mais bien matérialisé mène jusqu'à la Pointe *(ne pas laisser les enfants sans surveillance)* d'où il est possible d'apercevoir les îles d'Antigua, vers l'Est, et de Montserrat, vers l'Ouest, distantes toutes deux d'environ 75 km. Les vagues viennent se briser en explosions d'écume impressionnantes sur les rochers noirs, 85 m plus bas. Attention au vertige ! En revenant sur ses pas, ne pas manquer, à droite, le coup d'œil sur la pointe Petite Tortue et surtout, devant soi, le magnifique **panorama**★ sur la Grande-Terre.

Suivre la direction d'Anse-Bertrand (D 122).

Anse Laborde – *Avant d'arriver à Anse-Bertrand, tourner à droite en suivant la signalisation du restaurant « Chez Prudence ».* Large plage de sable fin battue par une mer souvent grosse aux courants dangereux. Ici, le vent ne cesse presque jamais. Aménagements pour le pique-nique et possibilité de restauration sur place.

Le Nord de la GRANDE-TERRE

Le « Quartier des Caraïbes »

On estime à environ 25 000 le nombre d'Indiens caraïbes qui habitaient la Guadeloupe aux premiers jours de la présence française dans l'île. La plupart furent massacrés ou expulsés vers la Dominique en 1660, mais de petits groupes réussirent à se maintenir dans le Nord de la Grande-Terre et sur des îlets du Grand Cul-de-Sac. Au 18e s., le Sud et le Sud-Ouest de la Pointe de la Grande Vigie, impropres à la culture, leur furent concédés en contrepartie d'une mission de surveillance des allées et venues des navires anglais. En 1852, le secteur devint officiellement le « Quartier des Caraïbes » où étaient encore signalées quelques familles, certes métissées, mais conservant les caractéristiques physiques des Amérindiens et perpétuant certains traits du mode de vie ancestral. Cette réserve subsista jusqu'au début du 20e s., époque où les derniers descendants des Caraïbes se fondirent définitivement dans le creuset guadeloupéen.

Anse-Bertrand – Ce petit bourg tranquille, qui vit de la pêche et de l'élevage, possède un intéressant cimetière.

À la sortie d'Anse-Bertrand, direction Port-Louis, tourner à droite (rue des Coquillages) pour gagner l'anse de la Chapelle.

Anse de la Chapelle – Le site doit son nom à une ancienne chapelle du 18e s. dont il ne reste que les fondations. Le sable clair, les tables sous abris, et une petite restauration font le succès de cette plage. Attention cependant, lors de la baignade, aux rochers immergés à quelques mètres de la plage.

Port-Louis – *Voir ce nom.*

Petit-Canal – L'ancienne « paroisse des mancenilliers », bourg aujourd'hui somnolent, fut au 19e s. l'un des pôles sucriers de la Guadeloupe. Le haut escalier qui grimpe vers l'église, appelé « marches des esclaves », et un monument commémoratif de l'abolition de l'**esclavage** témoignent de manière émouvante des réalités de la condition servile. Un long bras d'eau a été aménagé en petit port aux embarcations colorées ; il est un point de départ d'excursions dans le Grand Cul-de-Sac marin *(voir ce nom)*.

Parc paysager ⊙ – Attention aux passages en bois parfois dégradés. Un bruissement soutenu de palmes (pritchardia des îles Fidji) vous accueille dans cet agréable jardin qui possède environ 300 différentes essences du Nord de la Grande-Terre ainsi qu'un parterre de plantes médicinales. Une case traditionnelle créole entourée de palmiers royaux de Cuba offre une belle perspective.

Après le hameau de Rougeole, la route descend dans la plaine de Grippon, fossé d'effondrement qui sépare le Nord de la Grande-Terre de la région des Grands Fonds.

★★ Cimetière du Morne-à-l'Eau – Impressionnant ensemble de tombes et chapelles funéraires étagées à flanc de coteau, recouvertes de carreaux de céramique blancs et noirs dessinant des damiers. Nulle part ailleurs, en Guadeloupe ou en Martinique, ne se rencontre, dans l'architecture et la décoration funéraires, une telle unité qui confère à ce lieu la dimension d'une véritable « ville des morts ».

Cimetière du Morne-à-l'Eau

Île de MARIE-GALANTE

Carte « Les plus beaux sites », p. 12-13, **EKL**
13 512 habitants (les Marie-Galantais) – 158 km²

Nom caraïbe : Aïchi
Surnoms : L'île aux cent moulins, la grande galette

À Marie-Galante, le temps semble s'être arrêté avec les ailes des moulins. Épargnée par le développement urbain et touristique, l'île coule des jours tranquilles sinon prospères. La récolte de la canne s'y effectue toujours au son des complaintes d'autrefois et les cabrouets attelés de zébus grande-bosse continuent de sillonner les routes, lourdement chargés de « paquets » de canne.
Outre son authenticité, Marie-Galante offre l'attrait de ses magnifiques plages de sable blanc, souvent désertes, baignées par des eaux translucides.

ÎLE GALETTE, ÎLE À SUCRE

Ronde et presque plate – Reposant sur un édifice volcanique immergé, Marie-Galante, située à 35 km au Sud de la Grande-Terre, est un énorme récif corallien de forme discoïdale incliné vers l'Ouest. Un haut escarpement dû à une faille, la Barre de l'Île (alt. 204 m), divise cette galette gargantuesque en deux parties inégales : au Nord, la région des Bas dont l'altitude ne dépasse pas 50 m ; au Sud, la région des Hauts, plus étendue et dont l'altitude moyenne est de 150 m.
La côte au vent, à l'Est, est abrupte, tandis que la côte sous le vent, bordée d'une plaine littorale, est par endroits marécageuse.

Passage de Colomb – Le dimanche 3 novembre 1493, au terme de sa deuxième traversée de l'Atlantique, Christophe Colomb, à la recherche d'un mouillage sûr pour sa flottille de caravelles, découvre cette île qu'il baptise *Santa María Galanda*, du nom du navire amiral. Le médecin de l'expédition, le docteur Chanca, vantera l'exubérance de sa végétation, les grands défrichements pour la canne à sucre n'ayant pas encore sévi : « Dans cette île, il y avait une telle couverture forestière que c'était une merveille avec tant d'essences différentes inconnues ! »

Place à l'« or brun » – Les Français s'établissent à Marie-Galante à partir de 1648 et cohabitent quelque temps pacifiquement avec les Caraïbes, avant que ne surviennent massacres et extermination. Puis l'île devient un terrain d'affrontement entre les puissances coloniales. Les Hollandais la pillent en 1676, les Anglais y sèment la terreur

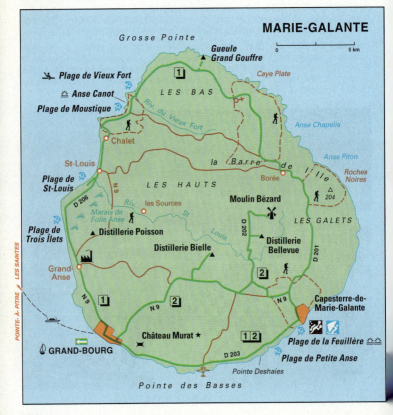

Île de MARIE-GALANTE

GUADELOUPE

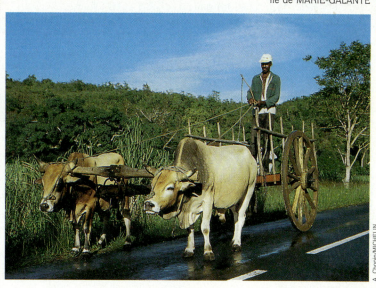

Cabrouet

en 1690. Sortie exsangue de ces luttes, Marie-Galante mettra plusieurs décennies à se relever, fondant sa résurrection sur la culture du coton et de la canne à sucre. Au cours du 18e s., elle s'affirme comme une « île à sucre » et utilise une main-d'œuvre servile pléthorique : l'île compte, en 1790, 9 400 esclaves sur 11 500 habitants. En 1835, on y dénombre 106 habitations-sucreries possédant chacune sa ou ses « sucrotes », 78 moulins à vent et 28 moulins à bêtes, dont les restes hérissent aujourd'hui la campagne *(voir encadré, p. 141)*.

Déclin de l'empire sucrier – La fin du système esclavagiste, puis le cyclone du 12 septembre 1928 qui décoiffa tous les moulins ont amorcé le déclin de l'« or brun ». La chute s'est poursuivie avec la crise sucrière mondiale. Marie-Galante n'a plus actuellement qu'une sucrerie en activité, celle de Grand-Anse dont l'existence est fortement menacée, et trois distilleries de rhum, qui vivotent. Toujours étroitement dépendante de la canne, l'agriculture marie-galantaise s'efforce désormais de diversifier ses productions en favorisant, à côté de cultures commerciales comme le coton ou le café, des cultures légumières destinées au marché local.

CARNET PRATIQUE

Accès

Voie maritime – Plusieurs compagnies assurent la liaison avec Marie-Galante ; la traversée depuis Pointe-à-Pitre s'effectue en 1 h environ. Attention, l'océan est parfois un peu moutonné ; si vous êtes sujet au mal de mer, accoudez-vous au bastingage : au souffle de l'alizé et à la fraîcheur des embruns, la traversée se passera beaucoup mieux.

À partir de la Darse de Pointe-à-Pitre :

Brudey Frères, ☎ 05 90 90 04 48, et l'**Express des Îles**, ☎ 05 90 83 12 45, desservent Grand-Bourg trois fois par jour. Premier départ à 7 h 45 ou 8 h, selon la compagnie, dernier retour de Grand-Bourg vers 15 h 45 ou 16 h. Environ 28 € AR.

Voie aérienne – Deux à trois vols quotidiens depuis l'aéroport du Raizet à Pointe-à-Pitre, avec **Air Guadeloupe** *(au Raizet, ☎ 05 90 82 47 00 ; à Marie-Galante, ☎ 05 90 97 82 21)* à partir de 7 h du matin (durée : 15 mn). Retour possible en fin d'après-midi ; 58,86 € aller simple, 109,46 € AR.

Office du tourisme de Marie-Galante

Rue du Fort, à côté de la mairie, Grand-Bourg, ☎ 05 90 97 56 51, fax 05 90 97 56 54. Ouvert du lundi au vendredi de 9 h à 16 h, samedi, dimanche et jours fériés de 9 h à 12 h. www.ot-mariegalante.com

Circulation dans l'île

Un service de bus dessert toute l'île. Si vous ne passez qu'une journée à Marie-Galante, vous pouvez opter pour un tour commenté en minibus (à partir de 11 €), qui s'arrête aux principaux sites.
Les agences de location de voitures et de deux-roues sont essentiellement concentrées autour du débarcadère de Grand-Bourg ; prix sensiblement identiques.

Location de véhicules à moteur – Les locations sont assez chères sur l'île. Compter environ 28 € par jour pour un scooter et 38 € pour une voiture. Véhicules souvent essoufflés ; station-service à Grand-Bourg, sur la route de Saint-Louis. **Magauto**, *rue de la Savane, Grand-Bourg,* ☎ *05 90 97 98 75 :* voitures, scooters et minibus. **Loca Sol**, *rue de l'Église, Grand-Bourg,* ☎ *05 90 97 76 58.* **Moto Location** *à Saint-Louis,* ☎ *05 90 97 19 42.*

Vie pratique

Aérodrome – ☎ *05 90 97 90 25.*

Centre hospitalier – *Lot Grande-Savane, Grand-Bourg,* ☎ *05 90 97 89 70.*

Poste – *À Grand-Bourg, rue Jeanne-d'Arc,* ☎ *05 90 97 90 53 ; à Capesterre, le Bourg,* ☎ *05 90 97 31 51 ; à Saint-Louis, rue Desmarais,* ☎ *05 90 97 04 79.*

Hébergement

Le Cerisier Créole *(À bon compte)* – *Lotissement Grand Savane à Grand-Bourg, direction Saint-Louis,* ☎ *05 90 97 93 54.* Appartements confortables et calmes comprenant une chambre pour deux personnes, une salle de bain et un séjour-cuisine avec possibilité de couchage pour deux. Logement pour deux personnes : 49 € la nuit, 305 € la semaine ; 7,62 € par personne supplémentaire. Même tarif toute l'année.

Grand Palm *(Valeur sûre)* – Pointe des Basses, entre Grand-Bourg et l'aérodrome, ☎ *05 90 97 73 95, fax 05 90 97 70 34.* Quatre bungalows bien entretenus composés d'une chambre avec lit double, d'un salon deux couchages, d'une kitchenette et d'une terrasse. Jacuzzi. Site mignon et très calme ; un petit sentier mène en 30 secondes à la mer, agitée à cet endroit (spot de surf). Pour la baignade, préférez les plages de Petite Anse et de la Feuillère, situées à 7 km environ. De 69 à 91 € la nuit.

Hôtel Cohoba *(Une petite folie !)* – *Folle Anse,* ☎ *05 90 97 50 50* (réservation depuis la métropole, ☎ *01 42 56 46 98), fax 05 90 97 97 96.* Le plus grand établissement de l'île, installé les pieds dans l'eau. Une centaine de chambres occupant des petites maisons créoles entourées d'une végétation luxuriante. Restaurant, piscine, club nautique. Chambre double avec petit déjeuner à partir de 93 € en basse saison et de 124 € en haute saison.

Restauration

Le Bon Temps *(À bon compte)* – *Section Bontemps,* ☎ *05 90 97 34 96* ou *05 90 97 44 05. Dans Capesterre, prendre la N 9 direction Haut du Morne. Au croisement, tourner à droite et poursuivre sur environ 3,5 km.* Ouvert tous les jours midi et soir, sauf le lundi. Cuisine typiquement créole préparée avec amour. La carte varie quotidiennement en fonction des produits du jour ; laissez-vous guider par le chef. Compter 15,24 €.

La Mousson *(À bon compte)* – *À Grand-Bourg,* ☎ *05 90 97 77 97.* Ouvert tous les jours midi et soir, sauf le dimanche. Restaurant-snack qui propose des plats simples : crevettes persillées, éventail d'avocat, salades, assiettes créoles. Plat du jour de 6 à 15 €.

Le Touloulou *(À bon compte)* – *Sur la plage de Petite Anse à Capesterre,* ☎ *05 90 97 32 63, 05 90 97 33 59. Au Sud de Marie-Galante, à proximité des plus belles plages de l'île,* ce petit complexe réunit un restaurant, un bar, une discothèque et quelques bungalows au confort simple au bord de la mer. Menu à partir de 16,77 €.

Restaurant Les Cent Moulins *(Valeur sûre)* – *65, rue Beaurenon, Grand-Bourg,* ☎ *05 90 97 88 01.* Ouvert tous les jours midi et soir, sauf le mardi. Carte variée de poissons, de fruits de mer et de viandes (entrecôte grillée, fricassée de volaille aux gambas, etc.) à déguster en salle ou en terrasse. Compter 22,87 €. Les « **lolos** » *(voir Sainte-Rose),* assez nombreux, sont une des meilleures façons d'aborder la cuisine et le rythme de vie de Marie-Galante.

Sports

Plongée sous-marine – **Scubaguad**, *section Bernard, Capesterre,* ☎*/fax 05 90 97 20 59. www.scubaguad.com.* Centre tenu par Paul Villevieille, un des grands auteurs de manuels de plongée, et sa femme Élisabeth. Baptême, découverte du milieu sous-marin, sortie à la journée, formation CMAS-FFESSM-SSI, dans une ambiance de détente et de tranquillité. Forfait pour plusieurs plongées. Sites encore vierges, occupés par de nombreuses espèces de la faune caraïbe : perroquets, chirurgiens, trompettes, murènes, langoustes, capitaines, anges caraïbes, mérous, coffres, gorettes, carangues, etc. et parfois raies léopards, raies pastenagues, barracudas et tortues.

Pédalo et kayak – **Cismag**, *plage du Vieux Fort,* ☎ *05 90 97 07 41.* De 10 h 30 à 15 h 30. Remontée de la rivière du Vieux Fort en pédalo ou canoë-kayak : plaisant voyage au cœur de la mangrove.

Île de MARIE-GALANTE

Plage de la Feuillère

Randonnées pédestres – Il existe de nombreux sentiers de randonnée à travers l'île. L'Office de tourisme (à Grand-Bourg) dispose d'une brochure contenant les itinéraires détaillés et la durée des parcours ; 3,80 €.

Murat, *circuit de 3 h 30 au départ de Grand-Bourg* : habitation Murat, Coulée Oulliée (forêt), mare au Punch et Morne Rouge.

Les hauts de Capesterre, *parcours de 3 h au départ de la plage de la Feuillère* : ancienne voie ferrée qui servait au transport de la canne, moulins d'Héloin et de Beauséjour.

La côte Est AR, *circuit de 3 h à partir de Borée* : fabrique de farine de manioc, anse Piton, roches Noires et ruines d'anciennes indigoteries.

Vieux Fort, *randonnée de 3 h au départ de l'anse Canot* : forêt du littoral, Trou Massacre, mangrove des marais de Folle Anse et plages.

Anse du Coq, *parcours d'1 h depuis la chapelle Sainte-Thérèse* : forêt du littoral, perspective sur les îlots et site de nidification d'oiseaux.

Les falaises AR, *randonnée de 6 h de Borée jusqu'à la chapelle Sainte-Thérèse par la côte*.

Les sources, *circuit de 2 h au départ de Siblet (territoire communal de Grand-Bourg)* : anciennes carrières de tuf et rivière Saint-Louis.

1 TOUR DE L'ÎLE *circuit de 48 km – compter une demi-journée*

Grand-Bourg – Le chef-lieu de Marie-Galante se maintient éveillé grâce au trafic des navettes avec le « continent ». L'église Notre-Dame-de-Marie-Galante, colorée en jaune clair, fait face à l'embarcadère. L'hôtel de ville de style Art déco, sur la place, est l'œuvre d'Ali Tur *(voir Basse-Terre, et consulter le chapitre sur l'art en Introduction)*.

Chaque dernier dimanche du mois de juin, les rues de Grand-Bourg revêtent leurs habits de fête en l'honneur des marins. Les habitants, surtout les pêcheurs, défilent alors dans la ville, brandissant le bateau fétiche (la grande maquette que l'on peut voir au musée de la Mer).

Écomusée « Au Mouillage » (musée de la Mer) ⊙ – Rue de la Marine. Tout petit musée retraçant l'évolution des moyens de transport maritimes et aériens entre Marie-Galante et la Guadeloupe depuis le début du 20e s. Cartes, photos.

Prendre la direction de Saint-Louis (N 9), puis bifurquer à droite (toujours la N 9) après la sucrerie de Grand-Anse.

Distillerie Poisson (Domaine du Père Labat) ⊙ – Production de rhum blanc, rhum paille (vieilli moins de trois ans en foudre de chêne), rhum ambré et rhum vieux (vieilli au moins trois ans en fût de chêne). Visite libre ; une brochure explicative est à votre disposition au bar. Dégustation, vente de bouteilles.

Revenir sur ses pas ; au croisement, prendre la D 206 sur la droite.

Ce parcours pittoresque s'inscrit entre la mer et un vaste domaine amphibie connu sous le nom de « marais de Folle Anse ». *La plage de Trois Îlets est sur la gauche.*

Plage de Trois Îlets – Elle est signalée par la présence de tables sous abris le long de la route. Étroite et peu ombragée, cette plage sauvage enchante par son cadre, son calme et son sable doré.

Île de MARIE-GALANTE

Plage de Saint-Louis – *Tourner dans le chemin à gauche un peu avant le cimetière ; parking.* Plage étroite offrant un ombrage généreux. Les hamacs abrités du soleil sont une invitation à la sieste.
Après le hameau de Chalet, la route s'écarte du littoral et louvoie entre champs de canne et prairies où paissent des vaches.

Plage de Moustique – Étendue de sable clair que n'atteint aucun écho de la vie moderne ; attention, l'ombrage est en partie fourni par des mancenilliers.
Continuer vers Vieux Fort et prendre le premier chemin à gauche.

Anse Canot – Petite plage de sable clair ombragée, équipée de tables sous kiosques et appréciée de nombreux plaisanciers. Prendre garde à la pente marquée du rivage. À l'horizon, l'archipel des Saintes forme l'avant-garde de la Basse-Terre dont on aperçoit la première ligne, constituée des Monts Caraïbes.

Plage de Vieux Fort ou du Massacre – Longue plage de sable clair ourlée de raisiniers bord-de-mer et de cocotiers procurant un ombrage limité ; en face émerge l'îlet du Vieux Fort. Attention à la mer agitée. Tables sous kiosque pour le pique-nique.
C'est à Vieux Fort que s'installèrent les premiers colons français, et sur la plage du Massacre qu'ils auraient été assassinés par les Caraïbes.

Gueule Grand Gouffre – *Repérer la signalisation sur la route ; s'engager sur la piste à gauche (500 m).* La mer a creusé là un gouffre béant dans lequel elle pénètre avec violence *(surveiller les enfants).* Par beau temps, on aperçoit la Grande-Terre de la Guadeloupe.

Capesterre-de-Marie-Galante – Petit bourg très paisible dont l'église et la mairie, donnant sur la place, sont de style Art déco. Dans la rue principale, quelques maisons de bois se distinguent parmi les constructions en fibrociment édifiées au lendemain du cyclone de 1956.

Plage de la Feuillère – *Au Sud de Capesterre.* Cocotiers et raisiniers bord-de-mer composent un ombrage idéal pour paresser sur cette plage de sable doré que lèche une mer à la fougue brisée par le récif corallien. Restauration à proximité. Centre de planche à voile.

Plage de Petite Anse – *Au Sud de la précédente.* Parfois envahie d'algues, cette plage bénéficie de nombreux équipements : tables et bancs attendent le promeneur à l'ombre des cocotiers. Douches, sanitaires. Restauration sur place.

★ Château-Murat – Des vestiges de l'habitation dont l'usine à sucre, le moulin à vent et le moulin à bêtes sont disséminés sur le domaine. Ce bel ensemble dont les ruines ont été très bien restaurées est dominé par la maison de maître (1807) qui attire le regard ; construite en calcaire, elle ne manifeste aucune influence créole dans son architecture, évoquant par son volume et l'harmonie de ses lignes une « folie » de l'Île-de-France. Remarquer sur le fronton les initiales « MD », celles de Dominique Murat, un Landais de Capbreton venu chercher fortune aux colonies. Dans le jardin de simples poussent des plantes connues pour leurs propriétés thérapeutiques : patchouli pour atténuer la fièvre, pikannyé soignant les verrues, « tapis vert » contre les baisses de tension…
Le site accueille enfin, dans l'ancien magasin de stockage du sucre, un écomusée et un centre de documentation à qui est confiée la sauvegarde du patrimoine de l'île.

Ancienne habitation Murat

Île de MARIE-GALANTE

La tradition des chants de métiers est longtemps restée vivace à Marie-Galante. Le « bélé » rythmait la coupe et l'amarrage de la canne, les bouviers adressaient à leur attelage des « chants charrue » et c'est en chansons que les pêcheurs se donnaient du cœur à l'ouvrage.

Des moulins sur la galette

La canne à sucre fut d'abord pressée dans des moulins à animaux, mais le coût élevé des bêtes et du fourrage imposa rapidement la solution économique du moulin à vent. Le modèle de base, le moulin à céréales, s'adapta facilement au broyage de la canne et, vers la fin du 17e s., apparurent les premiers moulins-tours constitués d'une tour fixe en pierre ou en brique, de forme tronconique de 6 à 9 m de haut, et d'une coiffe tournante en charpente permettant de prendre le vent. Ce type de « sucrote » se généralise au début du 19e s. ; on le trouve en abondance à Antigua, la Barbade, sur la Grande-Terre de la Guadeloupe et à Marie-Galante qui en comptera près de 80. Conçue pour résister aux cyclones, sa maçonnerie est des plus robustes. À partir de 1830 environ, la traction à vent est progressivement associée aux machines à vapeur dont Le Havre se fait une spécialité.

Le recul de l'industrie sucrière et sa concentration ont abouti à l'abandon des moulins à vent dont les ruines sont la proie du figuier maudit, arbre particulièrement destructeur. Ils ne sont plus que quelques-uns à résister et les restaurations *(voir le moulin Bézard)* sont pour le moment exceptionnelles.

② LES TERRES INTÉRIEURES DE GRAND-BOURG À CAPESTERRE

Circuit de 25 km – 2 h 30

À la sortie Est de Grand-Bourg, prendre à gauche la N 9. 1 km après la bifurcation avec la D 204, tourner à gauche dans la direction de Durocher.

Distillerie Bielle – Petite unité de production de rhum semblant surgie d'une autre époque ; une exposition-vente de poteries lui est associée.

Revenir sur la N 9. À Vidon, emprunter à gauche la D 202 sur 3,5 km ; première route à droite après les virages en épingle.

Distillerie Bellevue ⓥ – Sa production se limite au rhum blanc.

Revenir sur la D 202 et poursuivre vers le Nord sur 1 km, puis tourner à droite.

Moulin Bézard ⓥ – L'un des derniers de Marie-Galante en possession de ses ailes, ce moulin datant de 1814 a conservé en outre son mécanisme de broyage à « rolles » horizontaux ; six à sept hommes sont nécessaires pour faire pivoter sa tête face au vent.
Rénové en 1994, on lui a adjoint plusieurs reconstitutions de cases traditionnelles en gaulettes *(vente de souvenirs et de boissons fraîches)* ; c'est dans le Nord de Marie-Galante qu'on trouve les ensembles les plus représentatifs de cases construites selon cette technique consistant à entrecroiser des branchages.

Reprendre la D 202 vers le Sud ; tourner à droite sur la N 9 en direction de Capesterre. La suite du parcours, par la côte jusqu'à Grand-Bourg, est décrite dans le circuit 1 ci-dessus.

Le rhum de Marie-Galante est réputé pour sa qualité et sa teneur en alcool : celui des distilleries Bellevue, Poisson et Bielle titre 50° et 59°.

Les MONTS CARAÏBES★★

Basse-Terre – Carte « Les plus beaux sites », p. 12, **CK**

Situés à l'extrémité méridionale de la Basse-Terre, les Monts Caraïbes offrent de saisissants panoramas sur l'archipel des Saintes et sur le massif de la Soufrière.

Un volcanisme différent – Les Monts Caraïbes diffèrent par leur constitution et les conditions de leur mise en place des autres volcans de la Basse-Terre. Leur formation, il y a environ 2 millions d'années, résulte de l'empilage de coulées de lave fluide basaltique issues de deux cratères principaux. C'est seulement au crépuscule de leur activité que ces cratères ont émis des laves acides très visqueuses, à l'origine des dômes péléens de Houëlmont et Boucanier.

Iguanes et cactées – Certaines parties des Monts Caraïbes, le versant Sud notamment, sont soumises à un climat particulièrement sec où prospèrent les arbustes xérophiles auxquels se mêlent quelques cactées. On y rencontre l'iguane vert, gros lézard inoffensif, à distinguer de l'iguane antillais beaucoup plus rare, présent seulement aux Saintes *(voir ce nom)*.

Le choix de l'étape

La Pointe à l'Aunay *(Valeur sûre)* – À Vieux-Fort, rue Sylvain-Janoë, ☏ 05 90 92 07 92. Ouvert tous les jours midi et soir, sauf le dimanche soir. Cuisine traditionnelle, carte variée de poissons et de fruits de mer. Terrasse face à l'océan. Plats autour de 11,50 €.

DÉCOUVERTE PÉDESTRE DES MONTS CARAÏBES

Les Monts Caraïbes peuvent être explorés à partir de Champfleury, Rivière Sens ou Vieux-Fort. L'excursion décrite ci-dessous, sans doute la plus attrayante, part de Champfleury. Le sentier qui débute à Rivière Sens est actuellement en mauvais état, et, de plus, défiguré par l'extension d'une carrière.

Comme aucune de ces randonnées n'effectue de boucle, il est conseillé de prendre des dispositions pour pouvoir revenir à son point de départ avec un véhicule. Les différents parcours sont sans difficulté particulière ; cependant, le terrain pouvant devenir glissant, il faut éviter de s'y aventurer par temps pluvieux ou au lendemain d'averses. Chaussures de marche et réserves d'eau indispensables.

De Champfleury à Vieux-Fort – *À la sortie Est de Gourbeyre, au carrefour Dos d'Âne, prendre à droite vers Dolé, puis tourner dans la première route à droite vers Champfleury. Se garer avant le Centre d'aide au travail. Le trajet aller s'effectue calmement en 3 h 30.*

Emprunter le chemin cimenté qui franchit la ravine Coco, puis grimpe de plus en plus sèchement. Bien suivre la signalisation. En se retournant, on peut contempler le massif de la Soufrière, les cultures vivrières de madère (ou dachine, reconnaissable à ses grandes feuilles peltées) et de malanga (chou caraïbe), ainsi que les bananeraies de Dolé et de Trois-Rivières. Le sentier devient herbeux, noyé sous une végétation de fougères arborescentes, balisiers, bambous, bois-canon, etc. On parvient rapidement (30 mn) au col Gros Acajou (520 m) où se divise la trace ; s'engager sur la droite vers Rivière Sens, jusqu'au Vent Soufflé, point culminant des Monts Caraïbes (687 m). Un vaste **panorama** s'ouvre sur les Saintes vers le Sud et embrasse la Soufrière vers le Nord.

Savants de la nature

« Des Caraïbes j'ai retenu la technique du couvert en profitant des matériaux du paysage. Roseaux. Lataniers. Palmistes. Ils nous ont appris les tuiles végétales et les lianes mibi qui amarrent les gaulettes. Métier c'est belle mémoire. »
Cahier N° 4 de Marie-Sophie Laborieux, 1965,
cité par Patrick Chamoiseau dans *Texaco*.

La connaissance et la maîtrise de leur environnement naturel étaient très poussées chez les **Indiens caraïbes** ; malgré le génocide dont ils furent victimes, une partie de leur savoir s'est transmise aux populations qui les ont remplacés, établissant le fondement de bien des traditions populaires créoles. Ainsi, de nombreuses essences forestières trouvaient-elles entre leurs mains la meilleure destination qui fût : l'acacia fournissait les poteaux des cases également couvertes de feuilles de latanier ; les pirogues, dont la quille était taillée dans le dur gaïac, étaient creusées dans des troncs de gommier blanc et leurs voiles constituées de grandes feuilles de palmier cousues les unes aux autres au moyen de petites lianes ; avec le campêche on fabriquait les arcs les plus sûrs, tandis que les flèches, en roseau marin, étaient enduites du suc vénéneux du mancenillier ; les nattes consistaient souvent en fibres de balisier entrelacées, les cordes étaient tressées avec la liane « mahot » ou l'herbe « picte », les paniers et autres vanneries confectionnés avec deux plantes de la mangrove : l'« aroman » et le « cachibou », etc.

Revenir au carrefour et descendre sur la droite vers Vieux-Fort. On marche dans la forêt mésophile (moyennement humide) qui ménage parfois des échappées sur les Saintes. *Rester prudent dans la descente plutôt raide.* Juste après avoir franchi la Ravine Déjeuner, cacaoyers, arbres à pain et bananiers témoignent d'une occupation humaine ancienne. Laisser le sentier vers Beauséjour sur la gauche, et poursuivre à travers la forêt sèche où s'épanouissent poiriers pays et gommiers rouges, et les fourrés de « tendres à caillou » (acacia), campêches et ti-baumes. La randonnée s'achève au niveau de la route de Fond Ravine ; Vieux-Fort est sur la gauche.

VIEUX-FORT

Ce paisible village, le plus méridional de la Basse-Terre, fut occupé dès 1636 par les premiers colons français, découragés par l'environnement difficile de la région de la Pointe Allègre *(voir Sainte-Rose)*. Sa position stratégique, à la rencontre des eaux agitées du canal des Saintes et des eaux calmes de la mer des Antilles, était déjà utilisée par les Caraïbes qui furent contraints de céder la place. De l'Olive y construisit une maison forte qu'on prit l'habitude d'appeler « Vieux-Fort l'Olive ». On remarquera la massive **église** (1830), séparée de son curieux clocher trapu pyramidal. Dans l'enceinte du fort ruiné, le **Centre de broderie** forme les jeunes filles aux techniques minutieuses des points traditionnels. Le développement de cet artisanat tient sans doute à la place essentielle occupée autrefois dans la région par la culture du coton.

Le MOULE

Grande-Terre – Carte « Les plus beaux sites », p. 12, **EJ**
20 780 habitants (les Mouliens)

Le Moule s'est développé autour du seul havre naturel de la côte au vent, qui fut le premier port de la Grande-Terre, spécialisé dans le commerce du sucre. Longtemps la deuxième agglomération de Guadeloupe par le nombre d'habitants, elle commandait aux destinées d'une grande région sucrière qui ne comptait pas moins de cinq « usines centrales ». Une ligne de chemin de fer, que les voyageurs pouvaient emprunter en fin de semaine, la reliait à l'usine Darboussier de Pointe-à-Pitre. C'est aujourd'hui une petite ville quelque peu assoupie, à l'écart de l'agitation des pôles touristiques de la côte Sud. Durement éprouvée par les cyclones de 1928 et 1989, elle a été partiellement rebâtie ; ses petites maisons blanches s'ordonnent autour de la place centrale et de l'église. Une centrale thermique à alimentation mixte bagasse (locale)-charbon (importé de Colombie) a été mise en service en 1999. Cette technologie originale doit fournir le tiers de l'électricité consommée en Guadeloupe.

CURIOSITÉS

Plage de l'Autre Bord – À l'entrée Est du Moule. Longue étendue de sable blond, ombragée de cocotiers et de raisiniers et protégée par une barrière de corail. Eaux claires propices à la baignade et à la pratique de la planche à voile.

Église du Moule

Le MOULE

CARNET PRATIQUE

Office de tourisme – *32, rue Duchassaing,* ☎ *05 90 23 89 03. www.antilles-info-tourisme.com/le-moule/.* La mairie du Moule s'est dotée d'une équipe sympathique pour promouvoir ses pôles d'intérêt. Tous les renseignements vous serons donnés avec un grand sourire, ne vous en privez pas.

Hébergement, restauration

Au P'tit Jardin, Chez Lucile *(À bon compte) – Tout au bout de la rue St-Jean, à gauche,* ☎ *05 90 23 51 63.* Ambiance familiale dans cette grande salle de restaurant prisée des Antillais. Cuisine créole très correcte. Animation musicale le dimanche. Menus de 13 à 30 €.

Tropical Club Hôtel *(Valeur sûre) – Les Alizés, l'Autre Bord, Le Moule,* ☎ *05 90 93 97 97, fax 05 90 93 97 00.* Établissement donnant sur la plage de l'Autre Bord. Les chambres réparties dans quatre bâtiments modernes un peu en retrait du rivage, et comprennent une kitchenette et une terrasse ou un balcon. Préférez les chambres au 1er ou au 2e étage d'où le regard embrasse le turquoise de l'Atlantique. Restaurant, piscine, planche, plongée, animations le soir. Chambre double : 69 € en basse saison, 94,50 € en haute saison.

Loisirs

Spot de surf – À l'entrée Ouest de la ville, spot réputé, accueillant une étape du championnat du monde. Belles vagues réservées aux initiés. Possibilité de prendre des cours de surf à l'**Arawak Surf Club** (☎ *05 90 23 60 68*) avec un moniteur de la Fédération française. Cours particulier de 2 h, 46 €, cours collectif, 30,50 €.

Église Saint-Jean-Baptiste – Construite au milieu du 19e s. en pierre calcaire de la Grande-Terre, elle retient tout d'abord l'attention par sa sobre façade de style néoclassique précédée d'un portique à colonnes ioniques. L'intérieur surprend par son plan en croix latine avec transept, bas-côtés et déambulatoire, peu commun en Guadeloupe et Martinique, et par l'harmonie de sa décoration : boiseries polychromes, ensemble de vitraux et fresques des années 1930 relatant la vie de saint Jean-Baptiste (chœur) et la Passion du Christ (chemin de croix). Notez la charpente en bois qui, malgré les ouragans, protège toujours le lieu sacré.

ENVIRONS

Musée de la Préhistoire Edgar-Clerc – *3,5 km à l'Ouest du Moule par la N 5, puis la D 123 en direction de Petit-Canal.* Précédé d'un parc décoré de pétroglyphes, ce musée moderne est consacré à l'histoire de l'homme aux Antilles, qui a débuté il y a plus de 6 000 ans. Une place de choix est réservée à l'important site amérindien de Morel situé non loin de là et étudié par Edgar Clerc, pionnier de l'archéologie en Guadeloupe.

Les nombreux objets d'origine mésoindienne, arawak ou caraïbe *(voir p. 71, dont illustration)* découverts lors de fouilles – poteries, masques, colliers, vanneries, offrandes diverses déposées dans les sépultures (remarquer la magnifique parure funéraire datée vers 500 avant J.-C., faite de perles de quartz ou d'améthyste et d'amulettes en pierre verte représentant des animaux) – forment un impressionnant héritage. Celui-ci témoigne de la variété d'expression des civilisations précolombiennes et de leurs dispositions particulières pour tirer parti des ressources naturelles (substrat géologique, essences forestières, faune...).

Cette présentation de mobilier s'accompagne d'une initiation au vocabulaire indigène, aux techniques du travail de la pierre, du bois et des conques de lambi, aux modes de pêche et de chasse, ainsi qu'au large l'éventail des rites en usage chez les Amérindiens.

Distillerie Damoiseau – *Distillerie Bellevue, D 101.* Un beau moulin qui a retrouvé ses ailes, et de vastes champs de canne vous accueillent dans cette célèbre entreprise, devenue l'une des plus importantes de la région. Large choix de rhums souvent primés dans la boutique. Dégustation.

Maison Zévallos – *6,5 km à l'Est, sur la N 5. On ne visite pas.* L'élégance de cette maison de style colonial repose sur la délicatesse de ses composantes métalliques : marquise à lambrequins, galeries superposées soutenues par de graciles potelets et bordées de fines balustrades. Comme sa sœur pointoise devenue musée Saint-John-Perse *(voir Pointe-à-Pitre)*, elle aurait été commandée en France au siècle dernier aux ateliers de Gustave Eiffel et acheminée en « kit » jusqu'en Guadeloupe.

La légende des Peaux-Rouges

« *Quoique les sauvages des Antilles aillent nus, on peut dire néanmoins qu'ils sont presque tous vêtus d'un habit écarlate (...). C'est une certaine peinture détrempée dans de l'huile, qui sèche comme de l'huile de noix, et dont les femmes ne manquent pas de frotter tous les matins leurs maris.* »

Le MOULE

Cet extrait d'un récit du 17ᵉ s. intitulé Particularités curieuses de l'Île de Saint-Christophe et de la province de Bemarin dans les Antilles *décrit une pratique répandue chez les Arawaks et surtout chez les Caraïbes : les uns comme les autres se teignaient le corps avec la graine rouge du roucou, afin de se protéger du soleil et des insectes. D'où la méprise des premiers explorateurs européens, qui crurent se trouver en présence d'une race d'hommes inconnue à la peau rouge.*

POINTE-À-PITRE★

Grande-Terre – Carte « Les plus beaux sites », p. 12, **DEK**
Agglomération 88 892 habitants (les Pointois)

Poumon économique et cité-phare de la Guadeloupe, l'agglomération de Pointe-à-Pitre regroupe environ 120 000 habitants, soit plus du quart de la population de l'archipel. Peu séduisante au premier abord, la ville, rescapée de maintes catastrophes dont le terrible séisme de 1843, mérite une visite approfondie, à la découverte de son atmosphère typiquement antillaise et des vestiges architecturaux de son passé colonial.

LA FONDATION

Un nom mystérieux – L'étymologie de « Pointe-à-Pitre » garde encore son mystère. Vers le milieu du 17ᵉ s., un marin hollandais du nom de Peter s'établit comme pêcheur sur une pointe proche (actuel îlet à Monrou) ; la « pointe à Peter », déformée par l'usage, serait devenue « Pointe-à-Pitre ». Cette hypothèse est contestée par les tenants d'une origine végétale qui font dériver « Pitre » de l'espagnol *pitera* (agave) ; en témoignerait la « rivière aux pitres » mentionnée sur les cartes du 17ᵉ s.

Le rôle des Anglais – Au début du 18ᵉ s., la mise en valeur de la Grande-Terre révèle l'intérêt du mouillage protégé du Petit Cul-de-Sac dont l'éloignement de Basse-Terre met de plus les marchands à l'abri des contrôles administratifs. Mais les marécages rendent la région malsaine et les habitants de la nouvelle paroisse des Abymes se comptent encore, pour ainsi dire, sur les doigts d'une main.
Les Anglais, qui occupent la Guadeloupe de 1759 à 1763, influent sur le destin de la région en construisant un nouveau bourg sur le morne Renfermé et en commençant les travaux d'assainissement du littoral. Quelques années plus tard, un tribunal d'amirauté s'installe au morne Renfermé redevenu français : il n'est plus nécessaire de se rendre à Basse-Terre pour les formalités. Le bourg se développe et on le rebaptise du nom de l'ancien mouillage, Pointe-à-Pitre.

UN DESTIN CONTRASTÉ

Rivale de Basse-Terre – Capitale administrative dont le rôle ne cessera plus de s'amoindrir, Basse-Terre subit aussi des revers économiques face à sa jeune rivale, que sert sa position centrale et proche des nouvelles zones sucrières de la Grande-Terre : en 1785, 234 navires exportent 80 % du sucre de Guadeloupe au départ de Pointe-à-Pitre, contre seulement 25 vaisseaux partis de Basse-Terre. L'insalubrité (des marécages occupant le site émanait, selon l'expression des colons, le « drap mortuaire des savanes », sorte de brouillard putride), le manque d'eau douce et des fortifications insuffisantes nuisent encore à Pointe-à-Pitre. À la Révolution, la ville, devenue Port-de-la-Liberté, se veut ardente républicaine et supplante temporairement Basse-Terre comme capitale politique ; le commissaire de la Convention Victor Hugues

Musée Saint-John-Perse

en fait le siège de son pouvoir et renforce les défenses du fort Fleur d'Épée. Durant la première moitié du 19ᵉ s., Pointe-à-Pitre se développe encore : investissements et aménagements urbains la dotent de trottoirs, de boutiques et de belles maisons. En 1820, la ville compte plus de 9 000 habitants, le double de Basse-Terre.

D'une tragédie à l'autre – Mais Pointe-à-Pitre doit aussi à plusieurs reprises panser ses plaies. Détruite en 1780 par un incendie et rebâtie selon un plan déjà proche du damier actuel, la ville connaît à nouveau le drame en 1843 : le 8 février, un séisme suivi d'un incendie ne laisse debout qu'une quinzaine de maisons. Au cours du 19ᵉ s., la ville va

POINTE-À-PITRE

CARNET PRATIQUE

Office du tourisme de la Guadeloupe – *5, square de la Banque, Pointe-à-Pitre (en face du marché de la Darse),* ☏ *05 90 82 09 30, fax 05 90 83 89 22. E-mail : office.tourisme.guadeloupe@wanadoo.fr.* Ouvert du lundi au vendredi de 8 h à 17 h et le samedi de 8 h à 12 h.

Vie pratique

Aéroport Pôle-Caraïbes – *Les Abymes,* ☏ *05 90 21 14 32.* **Infos vols :** ☏ *08 36 68 97 55.* **Répondeur arrivées :** ☏ *05 90 90 32 32,* **Répondeur départs :** ☏ *05 90 90 34 34.* Possibilité de rejoindre le réseau de bus de Pointe-à-Pitre en empruntant la navette gratuite de la Chambre de Commerce *(voir horaires près des taxis).* Cette liaison économique est peu utilisée et pas très fiable car certains trajets sont annulés, faute de passagers.

Compagnies aériennes – **Air France**, ☏ *05 90 82 60 00 (résa : 05 90 82 61 61) ;* **AOM/Air Liberté,** ☏ *05 90 21 14 68,* **Nouvelles Frontières/Corsair**, ☏ *05 90 90 36 36* ou *05 90 21 12 50 ;* **Air Guadeloupe**, ☏ *05 90 21 12 90,* **Air Caraïbes**, ☏ *05 90 21 13 34,* **Liat**, ☏ *05 90 21 13 93.*

Gîtes Ruraux – ☏ *05 90 91 64 33. www.gîtes-de-France.fr.* On y trouve l'annuaire complet des gîtes de Guadeloupe pour 10 €.

Hôpital – ☏ *05 90 89 10 10.* **SAMU** – ☏ *05 90 91 39 39* et *05 90 89 11 00.*

Police – ☏ *17* ou *05 90 82 00 05.*

Transports maritimes – De la Darse, plusieurs liaisons quotidiennes avec Marie-Galante (Grand-Bourg ou Saint-Louis) et les Saintes : **ATE (l'Express des Îles)** quai Gâtines, ☏ *05 90 83 12 45 ;* **Brudey Frères,** ☏ *05 90 90 04 48* et *05 90 91 60 87.* 26 € AR. Autre liaison avec Marie-Galante (Saint-Louis) : **TMC Archipel**, ☏ *05 90 21 35 03,* 20 € AR – *Voir détails pratiques aux Saintes et à Marie-Galante.*

Croisière – **Sun Évasion,** ☏ *05 90 90 83 90. www.sunevasion.com.* Pour une visite des Saintes à la voile. Départ de la marina de Bas-du-Fort à 7 h 30 à bord du *Ti Saintois,* catamaran de 18,50 m, pêche à la traîne, visite des Saintes, déjeuner créole dans le village de Terre-de-Haut, baignade, plongée, cocktail à bord et retour vers 18 h 30. 64 € la journée, 76,20 € déjeuner inclus. Réserver.

La Darse

régulièrement devoir affronter de nouvelles catastrophes : incendies en 1850 et 1871, séismes en 1851 et 1897, cyclone en 1865, sans oublier l'épidémie de choléra qui, en 1865-1866, décime 8 % de la population. Plusieurs reconstructions, tantôt en bois, tantôt en pierre, donneront à la cité pointoise sa physionomie caractéristique.

Une ville moderne – De 1867 à sa fermeture en 1980, l'usine Darboussier, première usine sucrière construite aux Antilles, rythme la vie de Pointe-à-Pitre et génère de nouveaux quartiers : le Carénage et le Bas-de-la-Source. Dans les années 1950, en parallèle au développement du quartier de l'Assainissement, opération exemplaire de rénovation urbaine qui donne à Pointe-à-Pitre un aspect résolument moderne, apparaissent les premiers « bidonvilles » que des plans récents ont pour but de résorber. Aux prises avec d'autres projets de réaménagement qui témoignent de sa vitalité, l'agglomération actuelle reflète le visage de l'économie guadeloupéenne d'aujourd'hui, à la croisée des destins entre développement et sous-développement, intégration et émancipation.

POINTE-À-PITRE

Privilège Croisières – ☎ 05 90 84 66 36 ou 06 90 35 17 92. Marina de Bas-du-Fort. Sorties à la journée vers les Saintes (75 €), Marie-Galante ou la Dominique (130 €) à bord du *Tip Top One*, catamaran de 23 mètres très rapide. Repas compris, boissons fraîches à volonté, palmes, masques, tubas, cannes à pêche, canoës, tout est prévu pour profiter pleinement des eaux turquoises et tièdes de la Caraïbe.

Hébergement

L'hébergement en centre-ville ne présente pas grand intérêt, sauf impératif à cause d'un départ de bonne heure. La marina située entre Gosier et Pointe-à-Pitre regroupe, en revanche, un bon choix d'hôtels et de restaurants. C'est le rendez-vous des « métros » et des amateurs de vie nocturne.

Hôtel Saint-John *(Valeur sûre)* – *Dans le nouveau quartier commercial Saint-John-Perse, quai Ferdinand-de-Lesseps,* ☎ 05 90 82 51 57, fax 05 90 82 52 61. Moderne tout en conservant les caractéristiques du style colonial (galeries), cet hôtel situé en plein centre-ville possède 44 belles chambres tout confort, dont certaines avec vue sur la Darse. Parking privé. Chambre double avec petit déjeuner, télévision satellite, climatisation : 72 € en basse saison, 80 € en haute saison.

Hôtel Fleur d'Épée – Novotel *(Une petite folie !)* – *Quartier Bas-du-Fort (marina)*, ☎ 05 90 90 40 00. Soirées dansantes et dîners-spectacles donnent le ton dans les trois restaurants du complexe. Éventail d'activités, deux piscines, plage aménagée. Chambres tout confort. La double avec petit déjeuner : 145 € en basse saison et 201 € en haute saison.

Restauration

Quelques établissements sympathiques bordent la place de la Victoire, offrant des plats simples mais typiquement antillais. Pour une cuisine plus recherchée ou plus spécialisée, le quartier de la marina recèle des adresses propres à satisfaire les plus exigeants.

Côté Jardin *(Une petite folie !)* – *La marina de Pointe-à-Pitre*, ☎ 05 90 90 91 28. Ouvert tous les jours midi et soir, sauf samedi midi et dimanche toute la journée. Cuisine aux saveurs françaises et créoles. Goûter, par exemple, aux crevettes de Guyane flambées à l'anis ou au dos de dorade rôti au roucou. Formule entrée et plat à 30 €, menu complet à 35 €.

LE CENTRE-VILLE

Il faut prendre le temps de découvrir le centre de Pointe-à-Pitre, en commençant par flâner dans son quadrillage régulier de joyeuses rues commerçantes où se pressent les petites boutiques : **rue Frébault**, rue Schœlcher, rue de Nozières, etc.

La **rue Peynier** présente quelques belles façades fleuries ; au n° 24, une maison élégante aux murs cramoisis, aux encadrements crème et aux ferronneries pistache abrite le musée Schœlcher.

Musée Schœlcher (AZ) ⓥ – *24, rue Peynier*. Il rassemble des objets d'art ayant appartenu à Victor Schœlcher et légués par celui-ci à la Guadeloupe en 1883, en même temps qu'il faisait don d'une partie de sa bibliothèque à la Martinique *(voir Fort-de-France)*. Des documents sur l'histoire de la condition servile y sont également exposés. L'ensemble évoque aussi bien l'écrivain, l'amateur de musique et le collectionneur passionné que le politicien engagé dans l'œuvre d'abolition de l'esclavage.

Rue Peynier – Case de ville

GUADELOUPE

POINTE-A-PITRE

Amitié des Peuples de la Caraïbe (Bd de l')	AY 3
Chambertrand (R. de)	BYZ
Chemin Neuf (R. du)	BZ 6
Citées Unies (R. des)	BY 7
Delgrès (R.)	AZ
Église (R. de l')	BY 10
Foulon (Quai)	AZ 12
Frébault (Fg)	BY 13
Frébault (R.)	AYZ
Gasparin (Quai A. de)	AZ 14
Gatine (Quai)	BZ 15
Hôpital (Bd de l')	BY 16
Hugues (R. V.)	ABZ 18
Isaac (Fg A.)	BZ 19
Lardenoy (Quai)	AZ 21
Layrle (Quai)	ABZ 22
Nozières (R. de)	AZBY
Peynier (R.)	AZ
Provence (R. de)	ABZ 24
Raspail (R.)	BZ 25
René-Boisneuf (R. A.)	AZ
République (R. de la)	BYZ 27
Ruillier (R. Gén.)	BY 28
Sadi Carnot (R.)	AZ
St-John Perse (R.)	ABZ
Schoelcher (R. V.)	AYZ
Victor Hugo (Fg)	BZ 30
Ancienne Chambre d'agriculture	AYZ B

Rue Achille-René-Boisneuf (AZ) – Au n° 51, l'**ancienne mairie**, harmonieux bâtiment restauré qui accueille une médiathèque. Au n° 54 s'élève la **maison familiale d'Alexis Léger**, dit Saint-John Perse, qui y vécut jusqu'à l'âge de douze ans.

★ **Musée Saint-John-Perse (AZ)** ⓥ – *9, rue de Nozières.* Consacré au grand poète pointois, prix Nobel de littérature en 1960, il est installé dans l'ancienne maison Souques-Pagès où habitaient les directeurs de la sucrerie Darboussier. Cette demeure de style colonial, la plus élégante de Pointe-à-Pitre, fut conçue en France métropolitaine dans un atelier de type Eiffel spécialisé dans l'architecture métallique, puis transportée en pièces détachées, tout comme sa « sœur » la maison Zévallos *(voir le Moule)*, jusqu'en Guadeloupe. Sa fine armature de fonte délicatement ciselée et sa large galerie en encorbellement s'inspirent cependant de modèles louisianais, au même titre que les carreaux de zinc de la façade principale, imitant la céramique et rappelant les *azulejos* ibériques.

Le rez-de-chaussée, égayé de mannequins en tenue d'époque, recrée un intérieur créole de la fin du 19e s. ; les cartes murales du salon proviennent de la maison varoise du poète. Remarquer les quelques souvenirs personnels de Saint-John Perse : canne, chapeau, encres et stylos, etc. À l'étage, expositions temporaires.

Place de la Victoire (BZ) – Cette vaste esplanade semble prolonger le bassin de la **Darse**, très animé en matinée *(voir ci-dessous le marché de la Darse)* et d'où partent les navettes pour Marie-Galante et les Saintes. Elle doit son nom à la victoire du conventionnel Victor Hugues sur les Anglais en 1794.
Bordée de palmiers royaux et de manguiers, elle accueille les bustes du gouverneur général Félix Éboué et du général Frébault. Sur ses côtés Nord et Est s'alignent quelques façades caractéristiques de l'architecture urbaine créole. Dans l'angle Sud-Ouest (square de la Banque), un beau **bâtiment** blanc de style néo-classique, datant de 1927, abrite l'Office de tourisme.

Gagner le quartier du Carénage par la rue Duplessis (à droite de la sous-préfecture), la rue Denfert et la rue du Chemin-Neuf.

Souvenirs d'enfance à la Guadeloupe

Le poète et diplomate Saint-John Perse, de son véritable nom Alexis Léger, est né en 1887 à Saint-Léger-les-Feuilles, petit îlet de la baie de Pointe-à-Pitre appartenant à ses parents. Il passe son enfance à Pointe-à-Pitre, sur l'îlet et dans les deux plantations qui appartiennent à sa famille maternelle : « la Joséphine », au pied de la Soufrière, et « Bois-Debout », face aux îles des Saintes et de Marie-Galante.

Après le tremblement de terre de 1897, la famille Léger quitte la Guadeloupe et s'installe à Pau. Devenu diplomate en 1914, Alexis Léger effectue de nombreux voyages, s'exile aux États-Unis (il a été déchu de la nationalité française en 1940 par le gouvernement de Vichy), revient en France en 1957 et meurt à Giens en 1975. Durant toute sa vie, il écrit des poèmes publiés sous forme de recueils (*Éloges* en 1911, *Anabases* en 1924, *Vents* en 1946) dont certains évoquent son enfance à la Guadeloupe :

> « (...) Ma bonne était métisse et sentait le ricin ;
> toujours j'ai vu qu'il y avait des perles d'une sueur
> brillante sur son front, à l'entour de ses yeux – et
> si tiède, sa bouche avait le goût des pommes-rose,
> dans la rivière, avant midi. »
>
> *Pour fêter une enfance, Éloges.*

Cour Zamia (**BZ**) – *Ce secteur échappe aux circuits touristiques classiques. Il est recommandé d'y faire preuve de discrétion et de savoir-vivre.* Le quartier déshérité du Carénage, dont la cour Zamia est la partie la plus typique, se compose de petites cases à l'architecture souvent sommaire. L'ensemble, qu'une opération de résorption de l'habitat insalubre est en train de remanier rapidement et en profondeur, ne manque ni de charme ni de pittoresque.
De l'autre côté de la rue Raspail croupit l'immense carcasse rouillée de la sucrerie Darboussier qui fut la plus importante « usine centrale » de la Guadeloupe. De 1867 à 1980, elle nimba d'un brouillard scoriacé la métropole guadeloupéenne.
Revenir sur la place de la Victoire et gagner la rue Alsace-Lorraine.

★**Rue Alsace-Lorraine** (**BYZ**) – Elle est bordée de maisons colorées de style colonial, exhibant fièrement leurs superpositions de fins balcons métalliques. La plus remarquable est la **maison Hayot**, au n° 1 *(voir illustration au chapitre de l'Art – Éléments d'architecture en Introduction)*, bien dans la tradition pointoise avec son rez-de-chaussée maçonné réservé à l'entrepôt et ses étages d'habitation en bois.

Église Saint-Pierre-Saint-Paul (**BY**) – *Voir illustration au chapitre de l'Art – Éléments d'architecture en Introduction.* Remplaçant un édifice détruit par le séisme de 1843, cette église fut édifiée selon les normes antisismiques imposées à la suite de cette catastrophe. Sa structure métallique, que dissimule un parement maçonné d'inspiration baroque, autorise une grande amplitude du volume intérieur. L'allure pimpante de la façade est due à une récente restauration.

Ancienne Chambre d'agriculture (**AYZ B**) – À l'angle des rues Sadi-Carnot et Jean-Jaurès s'élève cette belle maison de briques dans le goût colonial, siège jusqu'en 1987 de la Chambre d'agriculture de Pointe-à-Pitre. Sa grâce tient à la finesse de ses colonnettes cannelées et aux délicates arabesques de ses balcons en ferronnerie.
Remonter la rue Frébault jusqu'au boulevard Légitimus qui la prolonge vers le Nord.

Centre Rémy-Nainsouta (hors plan) – Ce bâtiment de bois peint en jaune et bleu, vestige de l'ancien hospice Saint-Jules construit à la fin du 19e s., a été transformé en centre culturel.

LES MARCHÉS

Les marchés font partie intégrante du paysage urbain de Pointe-à-Pitre et incarnent en quelque sorte l'âme de la ville. Le marchandage y est convenu, les rencontres pullulent ; on prend des nouvelles, on se salue, se congratule ou se réconforte, le tout dans un délicieux brouhaha aux accents créoles.

★**Marché Saint-Antoine** (**AZ**) – Situé au cœur de la ville, il abrite sous sa halle métallique une kyrielle d'étals dont les produits composent une mosaïque multicolore. Les marchandes en madras happent le visiteur pour lui faire miroiter leurs épices, leurs punchs, leurs fruits, leurs légumes ou encore leurs savantes et secrètes préparations aux vertus magiques. Clous de girofle, safran, fenugrec, gingembre, coriandre, roucou, noix de muscade, poivre, piment, cannelle, gousses de vanille, poudre de colombo, thés divers interprètent une symphonie odorante qui met au jour la richesse des saveurs culinaires antillaises. Des objets d'artisanat local réalisés à partir de calebasses, des chapeaux, des paniers ou encore des balais en fibres

POINTE-À-PITRE

Marché Saint-Antoine

de bananier, de cocotier ou de latanier sont également exposés. Le marché déborde généreusement de la halle : fruits et légumes du potager sont dès lors disposés sur des tables pliantes à l'ombre de parasols. Parfois, des crabes vivants s'agitent à même le sol.

Marché de la Darse (BZ) – Il s'étire le long du quai de la Darse et sous une halle, face à la place de la Victoire. Il y règne une animation que ne contredisent pas le trafic maritime des navettes et les manœuvres des cars de la gare routière voisine. On se laisse très vite submerger par un festival de produits tropicaux disposés par terre aussi bien que sur les étals. Une autre touche colorée est celle des embarcations de pêcheurs saintois amarrées au quai : la tradition veut qu'ils ne débarquent pas leurs prises.

Marché aux fleurs (BY) – Juste devant l'église Saint-Pierre-Saint-Paul, ce petit marché expose sur quelques étals de splendides gerbes de fleurs tropicales : anthuriums, alpinias, roses de porcelaine, balisiers, etc.

MARINA ET BAS-DU-FORT

Ces quartiers de la périphérie Sud-Est, résidentiels et touristiques, sont en soirée les seuls lieux animés de l'agglomération pointoise. Leur ambiance et leur aspect annoncent le pôle touristique de Gosier, situé un peu plus à l'Est.

Marina de Pointe-à-Pitre – *Quitter le centre-ville par la rue Raspail au Sud de la Darse ou par la voie rapide en direction de Gosier et de Saint-François. Au rond-point, s'engager vers la marina.* Une pléiade de restaurants propres à satisfaire tous les goûts se concentrent le long des quais de ce moderne port de plaisance qui accueille tous les quatre ans, depuis 1978, le vainqueur de la Route du Rhum *(prochaine édition : 2006).* L'arrivée triomphale et tumultueuse de Florence Arthaud en 1990 est restée dans toutes les mémoires. Laurent Bourgnon s'est imposé en 1994 et 1998.

Quartier Bas-du-Fort – *Pour y accéder depuis la marina, revenir au rond-point et s'engager à nouveau sur la voie rapide vers Gosier et Saint-François ; sortir au premier embranchement.* Quartier hautement résidentiel, le Bas-du-Fort compte de nombreux hôtels de standing.

Aquarium de la Guadeloupe ⊙ – Présentation classique de la faune sous-marine tropicale : poissons multicolores, requins, tortues, murènes, coraux, etc. Environ un millier d'espèces. Possibilité de visites pédagogiques dans la réserve marine du Parc national, excursion à la journée ou la 1/2 journée (réservation préalable).
Du **fort Fleur d'Épée**, agréable lieu de promenade, belle vue sur la Grande Baie et les aménagements hôteliers de Gosier.

POINTE DES CHÂTEAUX★★

Grande-Terre – Carte « Les plus beaux sites », p. 13, FK

À l'Est, le plateau calcaire de la Grande-Terre se termine par un éperon effilé qui, tel un doigt pointé, s'enfonce dans l'océan. Ce cap balayé par les vents, assailli par la mer, porte une végétation rase qui rappelle, fugitivement, la lande bretonne. L'ensemble est d'une sauvage beauté et offre un contraste saisissant avec les paysages forestiers de la Basse-Terre.
Il n'y a jamais eu de château dans ce « finisterre » désolé. C'est le chapelet d'îlots rocheux s'en détachant qui évoque des forteresses féodales.

CURIOSITÉS

Parking aménagé au bout de la route en cul-de-sac. Quelques kiosques ambulants proposent rafraîchissements et souvenirs en tout genre (paréos, T-shirts, poupées coquillages...).

POINTE DES CHÂTEAUX

Anse des Châteaux – Tout de suite après le parking, cette plage de sable fin dépourvue d'ombrage, où gisent divers objets rejetés par la mer, n'est pas conseillée pour la baignade en raison des puissantes vagues qui s'y fracassent. Elle attire les surfeurs aguerris, car c'est un des meilleurs endroits où pratiquer ce sport en Guadeloupe. Le **panorama**★ offert depuis la plage est grandiose. À droite de l'anse se détache le morne Pavillon dont le sommet porte une grande croix ; à son pied, la pointe des Colibris s'égrène en chicots rocheux dont le plus imposant est la Roche. Au large se découpe majestueusement la silhouette tabulaire de la Désirade.

> ### Le choix de l'étape
>
> **Restauration**
>
> **Chez Man Michel** *(À bon compte)* – ☎ *05 90 88 72 79*. À l'entrée du chemin menant à l'anse Tarare, à 300 m depuis la route de Saint-François. Une grande salle ouverte et une petite terrasse agréablement ventilées, une bonne cuisine créole et un accueil sympathique font de cette adresse une halte logiquement prisée des Antillais et des touristes. Ouvert le midi, le vendredi et le samedi soir. De 12 à 25 €.

Morne Pavillon – Une courte escapade permet d'accéder *(attention aux rafales de vent qui déséquilibrent)* à la grande croix et à une table d'orientation. On fait là une bonne cure d'iode mêlé au parfum enivrant de la verveine sauvage. Au sommet, immense et superbe **panorama**★★ : outre une vue insolite de la presqu'île s'élargissant en direction de l'Ouest, on découvre par beau temps la Basse-Terre couronnée par le massif de la Soufrière, l'archipel des Saintes, les falaises de Marie-Galante, les îles de la Petite Terre et la longue échine de la Désirade.

Continuer vers la pointe du Souffleur jusqu'au panonceau « retour », puis prendre à droite. Cette variante d'itinéraire permet de parcourir le sentier de découverte, qui serpente à travers une brousse xérophile d'épineux et de succulentes. Différents panneaux aident à identifier la liane sèche, le mapou gris, le poirier nain, plus près du parking le ti-baume (croton) et le romarin blanc, enfin en bordure de plage le raisinier bord-de-mer et le pourpier bord-de-mer. Les rares arbres affectent un port en drapeau (houppier développé d'un seul côté) caractéristique des zones fortement ventées.

Pointe des Châteaux

LES ANSES DE LA CÔTE NORD

Anse à Plume – *Reprendre la voiture ; au bout de 2 km, tourner dans un chemin à droite et se garer sur le parking.* Baignade limitée par la force des vagues, mais site idéal pour une séance de bronzage.

Grande Anse ou Anse des Salines – *Pour l'atteindre depuis l'anse à Plume, revenir vers le parking et prendre le chemin à gauche ou suivre le rivage vers l'Est.* Il faut marcher un certain temps avant d'arriver sur la longue plage de sable fin ; on

POINTE DES CHÂTEAUX

regrette l'absence d'ombrage qui se révèle contraignante lorsque le soleil brille de tous ses feux. Les vagues se brisent sur le récif frangeant. Beaux fonds à observer, mais l'eau est peu profonde. Juste avant la grande plage, quelques paillotes au bord de l'eau servent acras et colombos à l'heure du déjeuner.

Anse à la Gourde – *Reprendre la voiture en direction de Saint-François et, après environ 2 km, s'engager à droite sur la route goudronnée facile à repérer.* Plage favorite des Guadeloupéens les fins de semaine, à éviter durant ces périodes si l'on recherche la tranquillité. Plus d'un kilomètre de sable blanc invite à se dorer au soleil ; le site est agrémenté du rocher de l'Éperon qui pointe sur la droite. Restauration possible sur place.

Anse Tarare – *Juste après l'accès à la précédente, sur la droite.* Un petit chemin descendant sur la gauche du restaurant Man Michel mène à cette toute petite plage naturiste protégée par quelques panneaux de la Fédération. Traditionnellement familiale, cette charmante plage devient le rendez-vous de la communauté gay qui laisse de moins en moins de place aux autres.

POINTE-NOIRE

Basse-Terre – Carte « Les plus beaux sites », p. 12, **CK**
7 561 habitants (les Ponti-Néris ou Pointe-Noiriens)

Nonchalante petite cité commerçante très étirée le long de la côte, Pointe-Noire doit son nom aux roches volcaniques qui l'environnent. Si l'on arrive par le Sud, il est recommandé d'effectuer en totalité la boucle en sens unique qui parcourt la ville et procure un intéressant aperçu du centre.

LE VILLAGE

Église – Sa large façade à fronton et pilastres fait apparaître plusieurs époques de construction. Un clocher carré coiffe le chœur.
Le **cimetière**, aux tombes ornées de carreaux de faïence multicolores, mérite une visite, ainsi que le **monument aux morts** polychrome, hommage aux Antillais décédés pour la patrie (curieusement représentés par un combattant de type européen) et la **mairie** de style Art déco.
Pointe-Noire s'est longtemps consacrée à l'exploitation forestière et quelques belles maisons de bois jalonnent les rues ; une **Maison du bois**, près de l'Office de tourisme, présente cette activité. La demeure située à côté de la mairie est particulièrement typique avec ses balcons superposés. Les quelques « lolos » *(voir Sainte-Rose)* qui bordent la rue principale *(rue en sens unique en direction de Bouillante)* contribuent à l'animation et à la sympathique atmosphère régnant au cœur de ce village.

VERS BOUILLANTE

Maison du Cacao – *2,5 km au Sud de Pointe-Noire, au niveau de Grande Plaine.* Visite en extérieur ; un petit circuit d'initiation retrace, sur des panneaux de bois, l'histoire du cacao. On suit, à travers des exposés botaniques, techniques et historiques la destinée des fèves, depuis leur utilisation monétaire à l'époque

LE CHOIX DE L'ÉTAPE

Office du tourisme – *Route des Plaines*, ☎ 05 90 99 92 43. Ouvert le lundi, mercredi, vendredi de 8 h à 18 h, le mardi et le jeudi de 8 h à 17 h et le samedi de 9 h à 12 h. La commune de Pointe-Noire est très étendue et regroupe une foule d'activités dont le détail vous sera fourni avec le sourire.

Restauration

Le Reflet *(À bon compte)* – *Plage Caraïbe*, ☎ 05 90 98 11 51. Tables au bord de l'eau et joli décor typique pour ce restaurant créole bien agréable. Plats copieux et prix très raisonnables. Ouvert tous les midi sauf le jeudi. Menus de 10 à 20 €.

Chez Jackye *(Valeur sûre)* – *À la sortie Sud de Pointe-Noire*, ☎ 05 90 98 06 98. Fermé le dimanche soir. Entre mer et route, ce restaurant remis à neuf propose des spécialités créoles dont le cocktail de lambis, le velouté de ouassous ou le gratin de christophines. À la carte de 10 à 20 €.

Le Hameau de Bellevue *(Valeur sûre)* – *Suivre le fléchage depuis le village ou téléphoner*, ☎ 05 90 98 20 91. Cette table d'hôte si bien cachée mérite pourtant le détour. Serge, le maître des lieux, vous fera découvrir cette ancienne plantation et vous accueillera à sa table devant un panorama superbe. Baignade possible avant ou après le déjeuner dans un bassin alimenté par une source d'eau fraîche. Ouvert tous les jours, sauf lundi midi et dimanche soir. Repas 23 €. Réservation obligatoire.

POINTE-NOIRE

Cabosses de cacao

précolombienne jusqu'à la fabrication moderne du chocolat. Chemin faisant, on apprend que l'économie coloniale s'est appuyée sur le cacao et le petun (tabac) avant l'avènement de la canne à sucre. Aujourd'hui la production, limitée au cadre familial, est plus que confidentielle. La visite s'achève par une dégustation.

Plage Caraïbe – Plage de sable jaune avec quelques cocotiers, à l'écart de la route. Quelques aménagements : tables sous abris pour le pique-nique, W.-C. Possibilité de restauration sur place.

VERS DESHAIES

Plage de Petite Anse – *8 km au Nord de Pointe-Noire.* Le cadre fait tout le charme de cette profonde plage bordant une anse minuscule enchâssée entre deux éperons de roche volcanique. Ombragée de palmiers, relativement éloignée de la route, elle bénéficie d'un calme certain ; des vagues mourantes caressent son sable gris. W.-C., douches et restauration ambulante.

Plage de Leroux – *Juste avant Ferry. Se garer à droite, sur la route de Petite Rivière Bordenave.* La plage est en contrebas de la route nationale *(attention en traversant)* dont il faut subir les nuisances sonores. Non surveillée, la baignade devient risquée quand la mer est agitée. Sable fin jaune, ombrage restreint.

Ferry – Ce petit village de pêcheurs frangeant le rivage d'une anse ne manque pas de cachet avec ses modestes cases de bois juxtaposées.

Le Parc des Orchidées ⓥ – *Trou Caverne. N 2, 4 km après la sortie de Pointe-Noire.* 2 000 variétés d'orchidées collectionnées dans le monde entier par Jean-Claude Rancé, un passionné captivant.

SUR LES HAUTEURS

Caféière Beauséjour ⓥ – *D 16, en direction d'Acomat.* La commune de Pointe-Noire est réputée pour la culture d'un arabica doux et fruité. Cette exploitation de 4 ha en est l'illustration vivante. Au rez-de-chaussée de cette maison créole du 18e s., un petit musée vous apprendra tout sur le café que vous pourrez déguster tranquillement à la fin de la visite en admirant la **vue**★ magnifique sur la mer des Caraïbes. Table d'hôte sur demande.

Casa Vanille ⓥ – *D 16, un peu après la caféière.* Une petite plantation traditionnelle de vanille en pleine forêt. Un parcours didactique commenté par le propriétaire satisfera votre soif de connaissances concernant cette délicieuse orchidée.

Caféière Beauséjour

PORT-LOUIS

Grande-Terre – Carte « Les plus beaux sites », p. 12, **DJ**
5 653 habitants (les Port-Louisiens)

Ce bourg paisible, autrefois appelé « Pointe d'Antigues », semble avoir hérité son nom actuel du Roi-Soleil. Commandant à une région de plateaux voués à la canne à sucre, Port-Louis a retiré de cette culture l'ensemble de ses joies et de ses peines. L'usine de Beauport et le dense réseau de voies ferrées, aujourd'hui abandonnés à la rouille, témoignent de cette place essentielle de l'économie sucrière dans l'histoire de la commune. Celle-ci, également petit port de pêche, se tourne maintenant vers d'autres activités agricoles.

« Doux roseau », dur labeur

La culture de la canne – le « doux roseau » ou la « canne Bourbon » – est en recul, la sucrerie gloutonne de Beauport, qui fut la deuxième de l'île, vient de fermer ses portes, les méthodes de culture évoluent et la mécanisation progresse ; la main-d'œuvre, recrutée pour une part dans les îles voisines plus pauvres – la Dominique ou Sainte-Lucie – se détourne progressivement d'un travail pénible, terni de plus par le passé esclavagiste.

Au quotidien pourtant, dans les champs autour de Port-Louis et ailleurs sur la Grande-Terre, bien des gestes d'autrefois survivent, comme figés dans le temps. La récolte débute fin février et se poursuit jusqu'au mois de mai. Le coupeur (habituellement un homme) sectionne les tiges une à une, au ras du sol, avec un couteau d'abattage, puis en élimine la hampe florale et les feuilles ; chaque canne est coupée en deux ou trois « bâtons » d'un mètre que les « attacheuses » (généralement des femmes) rassemblent et lient avec les hauts des tiges ou « amarres » pour former des « paquets ». Ces paquets sont ensuite regroupés en piles et emportés immédiatement vers l'usine ou la distillerie sur des chariots tirés par des tracteurs : une fois coupée, la canne doit rapidement être pressée pour ne pas perdre ses qualités.

Lorsque toutes les cannes ont été tranchées, le champ est nettoyé et traité. Au bout de trois semaines, de nouvelles tiges apparaissent et le cycle immuable recommence.

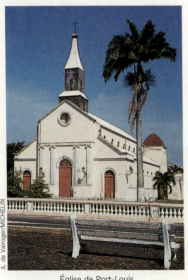

Église de Port-Louis

CURIOSITÉS

Le bourg – Le boulevard Maritime éclairé par des réverbères cruciformes de style Belle Époque, est charmant. Les rues voisines comportent quelques belles maisons de notables et des exemples typiques de cases urbaines, allongées à un seul niveau, ou à deux niveaux superposés (« case de ville »).

Les monuments les plus intéressants sont l'église **Notre-Dame-du-Bon-Secours** dont la façade jaune et gris est flanquée de deux palmiers royaux, et *(en direction de Petit-Canal)* l'hôtel de ville, également en deux tons, jaune et grenat.

Anse du Souffleur – *Suivre vers le Nord la route qui longe le littoral. Essayer de se garer avant le parking payant (le week-end : 1,50 €).* Belle plage agréable en dépit d'un ombrage restreint malgré les cèdres blancs qui la borde. Pour se restaurer, on trouve au choix des tables sous kiosques pour le pique-nique et des commerces ambulants. Une scène est souvent montée sur une petite esplanade à proximité ; des musiciens y jouent des airs de reggae ou de *steel-drums*, donnant ainsi du rythme à la baignade. Une courte balade mène au **cimetière marin**, étonnant avec ses tombes à lambis *(voir le Diamant en Martinique)* ou aménagées dans des baignoires en zinc.

Loisirs

Plongées insolites grâce au petit centre **Blue Dive**, situé sur le port de pêche. ☎ 05 90 22 86 47 *(fermé le dimanche)*. Petites palanquées, ambiance sympathique et plongées superbes (grottes, épave d'avion) sur des spots peu fréquentés, voilà de quoi faire le bonheur des débutants ou des mordus.

SAINT-CLAUDE

Basse-Terre – Carte « Les plus beaux sites », p. 12, **CK**
Schéma p. 170 – 10 370 habitants (les Saint-Claudiens)

Ce bourg, situé à 530 m d'altitude sur la route d'accès à la Soufrière, passe pour enregistrer les températures les plus fraîches de l'île (moyenne annuelle : 20,5 °C) et est en outre réputé pour la qualité de son air. Fondé au milieu du 18e s., il accueillit dans les premiers temps de son existence des colons de Guyane qui n'avaient pu supporter le climat équatorial. Depuis, la vocation sanitaire de Saint-Claude n'a cessé de s'affirmer, et le village compte aujourd'hui plusieurs établissements de soins ou de repos.
C'est aussi une agréable zone résidentielle. Au 19e s., les fonctionnaires de la colonie venaient y trouver la fraîcheur qui manquait à Basse-Terre ; le gouverneur lui-même y avait, au Camp Jacob, une résidence aujourd'hui occupée par le préfet de région. Nombre de familles fortunées l'ont progressivement imité et ont fait construire de très belles villas à Saint-Claude devenu une sorte d'équivalent guadeloupéen du plateau Didier au-dessus de Fort-de-France *(voir p. 219).*

CARNET PRATIQUE

Syndicat d'initiative – *Avenue du Maréchal-Foch,* ☎ *05 90 80 18 93.* Avant l'ancien hôpital militaire, en montant vers la Soufrière. Pour obtenir des informations sur l'hébergement et la restauration.

Parc national de Guadeloupe – *Habitation Beausoleil à Monteran,* ☎ *05 90 80 86 00.* Renseignements concernant le Parc et les chemins de randonnée (traces). Accueil le lundi, mardi, jeudi de 8 h à 12 h 30 et de 14 h à 17 h ; mercredi et vendredi de 8 h à 13 h.

Restauration

La Bonifierie *(Valeur sûre) – Habitation L'Espérance à Morin, route de Choisy,* ☎ *05 90 80 06 05.* Cuisine créole savoureuse et inventive. Formule « Moulin à Café » à 22 € tout compris (repas et visite).

LE BOURG

Ne pas manquer d'admirer la **mairie**, élégant bâtiment rouge et blanc dont les galeries superposées affirment le style colonial. À découvrir au hasard de la promenade, de belles demeures de notables disséminées dans la verdure.

Camp Jacob – *Sur la route de la Soufrière.* L'ancien hôpital militaire de ce camp établi en 1823 est un édifice à ossature métallique dont la gracieuse colonnade supporte deux niveaux de galeries. Il est aujourd'hui abandonné.

Maison du Volcan – *Au carrefour, en face de l'ancien hôpital.* En cours d'aménagement dans une ancienne maison restaurée.

CURIOSITÉ

La Bonifierie ⊙ – Habitation L'Espérance à **Morin**, route de Choisy. L'excellent guide de la maison vous captivera par ses connaissances encyclopédiques concernant aussi bien le café que l'histoire de France. Joli musée sur les moulins à café à travers les âges, objets, photographies, gravures. Boutique et très bon **restaurant** *(voir ci-dessus).*

« Vivre libre ou mourir »

En février 1802, le Premier Consul Napoléon Bonaparte dépêche en Guadeloupe un corps expéditionnaire dirigé par le général Richepance, chargé d'assurer le rétablissement de l'esclavage aboli depuis février 1794. Des officiers et hommes de troupe de couleur, dont le colonel **Louis Delgrès**, fils d'un Noir guadeloupéen et d'une Blanche martiniquaise, le capitaine Ignace et bien d'autres refusent d'obéir et organisent la résistance. Mais le ralliement de Pélage, qui renforce les effectifs de Richepance, et l'échec d'Ignace dans sa tentative de ramener des renforts de la Grande-Terre anéantissent les efforts héroïques de Delgrès qui doit se retrancher avec ses partisans dans le fort Saint-Charles (aujourd'hui fort Louis-Delgrès) à Basse-Terre. Apprenant la mort d'Ignace, les insurgés se replient sur Matouba, dans l'habitation d'Anglemont. Le 28 mai, encerclé mais refusant de se rendre, Delgrès se fait sauter avec 300 compagnons, après avoir prononcé, dit-on, ces mots qui ajouteront à sa gloire : « vivre libre ou mourir. » S'ensuit une répression particulièrement sanglante. Parmi les victimes figure la mulâtresse Solitude *(lire le beau roman d'André Schwarz-Bart, dont la référence est donnée dans les Renseignements pratiques, p. 40).*

SAINT-CLAUDE

MATOUBA

Les cours d'eau de montagne alimentent les restaurants de ce hameau de la commune de Saint-Claude en « ouassous », grosses écrevisses très utilisées dans la gastronomie antillaise.

Matouba a été le théâtre de l'un des plus hauts faits de l'histoire des Antilles ; le souvenir de l'« épopée Delgrès » *(voir encadré p. 155)* y est entretenu par une discrète stèle érigée au carrefour situé au-delà de la Ravine aux Écrevisses.

SAINT-FRANÇOIS

Grande-Terre – Carte « Les plus beaux sites », p. 13, **EK**
10 080 habitants (les Saint-Franciscains)

La sécheresse du climat des confins Est de la Grande-Terre avait rebuté les premiers colons qui tardèrent à s'y installer. Né à la fin du 17e s., Saint-François vécut de l'activité des salines, de la pêche, de la culture du coton et, plus tard, de celle de la canne à sucre. Un temps affecté par le déclin de la pêche et la fermeture de l'usine sucrière Sainte-Marthe, le bourg s'est revitalisé à la fin des années 1970 grâce à l'édification d'un audacieux complexe touristique groupant marina, golf et grands hôtels.

Malgré cette greffe de modernité parfois intempestive, la partie Ouest de Saint-François a conservé un charme agréablement désuet et mérite une halte.

CARNET PRATIQUE

Office du tourisme – *Avenue de l'Europe,* ☎ *05 90 88 48 74.* Ouvert lundi, mardi, jeudi, vendredi de 8 h à 12 h, et de 14 h à 17 h. Le mercredi et le samedi, ouvert seulement le matin. La commune édite une brochure bien faite. L'agglomération de Saint-François étant le second pôle touristique de la Guadeloupe, un grand nombre de possibilités d'hébergement existent dans le bourg, autour de la marina ou dans les environs proches.

Hébergement

Le Golf Marine *(Valeur sûre) – Avenue de l'Europe,* ☎ *05 90 88 60 60, fax 05 90 85 51 43. www.leader-hotels.gp* ou *www.golf-marine.com.* En plein cœur de la ville, entre le golf et la marina, cet établissement moderne offre 70 chambres dont 29 duplex confortables. Boutiques et restaurants à proximité, plage à 10 mn à pied. Piscine, tennis. Chambre double entre 76 et 100 € selon la saison.

Les Boucaniers *(Valeur sûre) – Avenue de l'Europe,* ☎ *05 90 88 49 81, fax 05 90 88 55 34. www.frenchtropics.com/pages/boucaniers/htm.* Jolie résidence de 27 appartements très agréables, piscine. À 50 m de la plage du Lagon. De 44 à 150 € selon la saison et selon la taille de l'appartement (studios, duplex ou suite).

Le Méridien *(Une petite folie !) –* ☎ *05 90 48 05 00, fax 05 90 88 40 71.* Hôtel de quatre étages, chic sans luxe clinquant, bénéficiant du confort habituel à cette catégorie d'établissement. Éventail d'activités et piscine. Chambre double, petit déjeuner inclus : 138 € en basse saison, le double en haute saison.

Plantation Sainte-Marthe *(Une petite folie !) – Sur les hauts de Saint-François : route de la Pointe des Châteaux, puis continuer tout droit dans le virage contournant l'aérodrome,* ☎ *05 90 93 11 11, fax 05 90 88 72 47.* Superbe établissement de quatre étages, de style louisianais, au cœur d'un parc de 7 ha. Piscine de 900 m², tennis, restaurant (voir ci-dessous), golf à 5 mn ; navette gratuite vers le village et la plage. Un agréable lieu de séjour. Chambre double avec petit déjeuner de 100 à 120 € en basse saison et de 134 à 160 € en haute saison.

Restauration

Les Oiseaux *(Valeur sûre) – Sur la N 4 en direction de Sainte-Anne, prendre à gauche vers l'anse des Rochers,* ☎ *05 90 88 56 92.* Ouvert tous les jours midi et soir, sauf le lundi. Ce restaurant à l'écart propose une cuisine soignée : ouassous flambés au pastis, poulet à la langouste ou encore espadon en fumade avec sa glace au melon et ses carambolines. Piscine. À la carte, environ 30 €.

Les Frères de la Côte *(Valeur sûre) – Port de pêche,* ☎ *05 90 88 59 43.* Fermé samedi midi. Décor agréable, accueil agréable et cuisine de marché originale concoctée par les frères Philip, font de cette adresse une étape savoureuse. Dîner à la carte autour de 25 €.

Le Vieux Port *(Une petite folie !) – Sur le quai du port de pêche,* ☎ *05 90 88 46 60.* Ouvert tous les jours, midi et soir. Cuisine de qualité, carte fréquemment renouvelée : croustillant de poisson au curry et à l'ananas, flan d'oursins au beurre de ouassous, lasagnes de langoustes... Belle carte des vins et excellents rhums hors d'âge. Réservation recommandée. Menu découverte à 26 € ou plats à la carte (environ 50 €).

L'Iguane Café *(Une petite folie !) – Route de la Pointe des Châteaux,* ☎ *05 90 88 61 37.* Ouvert le soir (sauf le mardi), et le dimanche midi. Offrez-vous une petite folie culinaire. Une cuisine raffinée et inventive, mélange de saveurs créoles et de finesse française, associée à un délicieux cadre romantique et un

SAINT-FRANÇOIS

accueil de qualité. Pour vous mettre l'eau à la bouche : palet de poissons fumés des îles au giraumon et pistaches, coriandre fraîche ; lapereau à la crème de gingembre parfum d'épices, ananas caramélisé ; miroir passion aux mangues et son craquant de manioc. À la carte, compter entre 35 et 50 €.

La Vallée d'Or *(Une petite folie !)* – Restaurant de la Plantation Sainte-Marthe (voir ci-dessus : hébergement), ☎ *05 90 93 11 07*. Ouvert tous les jours midi et soir. Cuisine de haute volée, proposant des plats créoles et français : carpaccio de langouste, médaillon de veau au jus de canne à sucre... Menu dégustation à 46 € ; à la carte, compter 38 €. En semaine, au déjeuner, le restaurant propose également quelques plats sur le pouce.

Prendre un verre

« Chez les filles » – Bar ouvert tous les soirs à partir de 22 h, sauf le mercredi ; dans le bourg de Saint-François, au 1er étage, au-dessus du magasin « Sold & Co », rue de la République. Tables basses, poufs, intérieur en bois, lumière tamisée, alignement de punchs aux fruits (prune, coco, orange...). Ambiance détendue et fort sympathique.

L'@robas café – *12, galerie du port,* ☎ *05 90 88 73 77*. Jazz sessions, steelband, des soirées concert sont régulièrement organisées dans ce cyber-café au décor agréable.

Loisirs

Golf de Saint-François – *Avenue de l'Europe, sur les hauteurs de Saint-François,* ☎ *05 90 88 41 87*. Superbe parcours 18 trous dessiné par Trent Jones, qui séduira les golfeurs confirmés comme les joueurs moyens (handicap mini. : 36).

Planche à voile – Saint-François est une place renommée pour la pratique de la planche à voile : les débutants profiteront du vaste lagon protégé ; les confirmés pourront s'échapper par les passes. Les souffles alizés sont particulièrement favorables entre décembre et juin. **Windsurfing Club**, plage d'Épis, Saint-François, ☎ *05 90 88 72 04*. Ouvert tous les jours de 9 h à 17 h. Location de planche standard et de funboard à l'heure, ou forfait à la journée et à la semaine. Cours.

ULM – Pour découvrir la Guadeloupe vue du ciel, baptêmes en ULM (38 €) ou vols en parachute ascensionnel (de 46 à 75 € selon le temps de vol). **La Cabane Chez Gilles**, plage du Méridien, ☎ *05 90 85 05 79*.

Voile ou scooter des mers – Au même endroit que ci-dessus. (23 € de l'heure pour un Hobby Cat).

Randonnées – Balades en quad ou à cheval au départ de Saint-François vers la Pointe des Châteaux et anse à la Gourde, ☎ *05 90 55 08 31*.

Canyoning – Descente de rivières, rappels le long des cascades, sauts dans les baignoires naturelles avec **Parfum d'Aventure**, marina de Saint François, ☎ *05 90 88 47 62*. Tous les jours sauf le dimanche. Pour quitter la plage sans s'éloigner de l'eau, programmes établis en fonction des participants, du débutant au confirmé, matériel fourni.

Emplettes

Le marché – Il y règne une atmosphère tranquille et familiale. Abritées sous de grands parasols, les marchandes proposent de splendides étalages, très colorés, de fruits et de légumes. Également un choix important d'objets en acajou, souvent de belle facture.

Souvenirs – Les boutiques de souvenirs sont regroupées dans le centre commercial de l'avenue de l'Europe et autour de la marina.

Véliplanchistes en action

SAINT-FRANÇOIS

CURIOSITÉS

Le bourg – Une rapide promenade dans le centre permet de découvrir quelques cases en bois et tôle, dont beaucoup ont été reconstruites après le cyclone Hugo de 1989 ; mais l'élément le plus attrayant de la visite est le marché, installé autour de la bibliothèque *(voir carnet pratique)*.

Cimetière indien – Entouré de flamboyants et orné de pervenches de Madagascar, sa blancheur éclate sous le soleil. Il rappelle qu'un habitant de Saint-François sur trois descend de ces immigrants venus de Pondichéry ou de Calcutta à la fin du 19e s. *(voir Capesterre, et la Route de Grand'Rivière en Martinique)*.

La marina – Elle tend à devenir le poumon de Saint-François ; bordée de nombreux bars et boutiques de souvenirs, de mode ou de plongée, elle accueille voiliers et yachts, ainsi que les navettes desservant les îles de la Désirade et de Marie-Galante. Les hôtels de grand standing sont établis dans sa partie Nord.

Plage des Raisins Clairs – *À la sortie du bourg, en direction de Sainte-Anne*. Elle tire son nom des raisiniers bord-de-mer qui l'ombragent. Très animée, bien équipée (restauration, tables sous « ajoupas », borne à eau, aire de jeux), cette large plage peut accueillir beaucoup de monde sans être véritablement encombrée. Sable blanc où viennent mourir des vaguelettes, pente du rivage faible.

La pêche à la nasse

Malgré un déclin récent, la pêche occupe encore une place de choix dans les activités de Saint-François dont les prises annuelles représentent, avec celles de la Désirade, 10 % du tonnage pêché en Guadeloupe. Les pêcheurs de Saint-François fréquentent les eaux situées entre la Pointe des Châteaux et les îles de la Petite Terre, et capturent le poisson au filet ou à la nasse.

La pêche à la nasse, technique héritée des Indiens caraïbes, fournit une part notable du poisson frais vendu à Saint-François. Elle se pratique de juin à novembre au moyen de casiers en bois de ti-baume entouré de grillage. Garnis d'appâts – morceaux de sardine, de poulpe ou pulpe de noix de coco – les casiers sont plongés dans la mer. Au bout d'une à quatre semaines, les mains protégées par des bandages de chambres à air, les pêcheurs remontent à la surface ces pièges alourdis de leur butin dont ils déversent, dans la barque, le contenu frétillant : mombins, carpes, chirurgiens bleus, demoiselles, etc.

On utilise aussi d'autres nasses plus traditionnelles en bambou : les « mâchoires », en forme de bouteille, font prisonniers crabes et murènes, tandis que les nasses en Z, plus petites, sont réservées au « tombé levé », une pêche à immersion de courte durée.

Mais la flore et la faune sous-marines locales sont aujourd'hui menacées par l'usage abusif des casiers métalliques râclant les fonds.

SAINTE-ANNE

Grande-Terre – Carte « Les plus beaux sites », p. 12, **EK**
20 480 habitants (les Saintannais)

Baptisée du prénom de la reine Anne d'Autriche, épouse de Louis XIII, Sainte-Anne fut longtemps un des plus coquets villages de la Guadeloupe. Pillé en 1759 par les Anglais, incendié en 1927, ravagé par le cyclone de 1928, ses belles demeures de pierre calcaire ont aujourd'hui disparu. La renommée actuelle de Sainte-Anne tient à sa baie bien abritée, à ses plages et à son infrastructure touristique sur laquelle règne le Club Méditerranée de la Caravelle, à l'Ouest du bourg.

LE BOURG

Son animation se concentre le long de la route nationale où s'égrènent les restaurants et les boutiques. L'intérieur de la petite agglomération semble endormi ; quelques ruelles typiques sont bordées de cases en bois.

LES PLAGES

Plage de Sainte-Anne – *Dans le bourg ; il est conseillé de se garer dans les rues adjacentes afin d'éviter le parking payant.* C'est la plage communale. Parsemée de cocotiers et de raisiniers, cette longue étendue de sable blond attire évidemment un monde fou, y compris les vendeurs ambulants de beignets et de maillots de bain. N'y cherchez pas le calme pour lire un bon bouquin.

CARNET PRATIQUE

Hébergement, restauration

Juste avant de passer le tourniquet pour accéder à la plage de la Caravelle, quelques agréables petits snacks-restaurants comme le **Coin Sauvage** s'alignent face à la mer. On peut y déjeuner bon marché : poulets et poissons grillés, salades, frites, etc.

Auberge Le Grand Large *(À bon compte)* – *Chemin de la plage,* ☎ *05 90 85 48 28. www.aubergelegrandlarge.com.* L'une des plus anciennes adresses de Sainte-Anne à 50 mètres de la plage. Chambres ou bungalows de 40 à 55 € et de 54 à 99 € selon la saison.

Chez Elles *(Valeur sûre)* – *En face du village artisanal,* ☎ *05 90 88 92 36.* Tous les soirs sauf lundi. L'ambiance douce de la lumière des lampes à pétrole, la musique agréable, le décor élégant ne font pas oublier les excellentes grillades au feu de bois préparées devant vous. À la carte, compter autour de 25 €.

Hôtel-restaurant La Toubana *(Une petite folie !)* – *Durivage, à 2 km à l'Ouest du centre de Sainte-Anne,* ☎ *05 90 88 25 57, fax 05 90 88 38 90. www.toubana.gp, e-mail toubana@leaderhotels.gp.* Charmant établissement perché sur une falaise dominant la baie de Sainte-Anne, et les îles de Marie-Galante et des Saintes. Bungalows tout confort (équipés d'une kitchenette) noyés dans un jardin tropical, piscine à débordement, tennis, base nautique, soirées animées. Restaurant Le baobab, ouvert à la clientèle extérieure, proposant un menu langouste à 30 € et un autre menu à 20 €. Venez au moins apprécier la terrasse panoramique en prenant un verre ou en déjeunant au snack-bar. Chambre double avec petit déjeuner à partir de 93 € en basse saison et de 160 € en haute saison.

Sport

Planche à voile – **LCS Funboard**, *à l'entrée de la plage de la Caravelle,* ☎ *05 90 88 15 17, fax 05 90 88 15 21.* Ouvert toute l'année de 8 h 30 à 17 h, sauf en septembre. Location de planche, de funboard et de surf. Forfait à l'heure, à la journée ou sur plusieurs jours. La baie de Sainte-Anne offre de nombreuses possibilités aux véliplanchistes de tous niveaux : un large lagon où l'on a pied presque partout, deux passes, un spot de vagues et l'alizé, soufflant force 4 à 6 de novembre à juillet.

Achats

Un petit marché aux poissons se tient en ville le matin. Quelques étals de fruits et légumes ou de fleurs tropicales sont dressés sur la place de l'église, ainsi que dans la rue principale, le long du front de mer.

Du côté de la plage, on peut acheter chapeaux, objets en calebasse et coquillages directement aux artisans. Sur le chemin qui mène au Club Méditerranée, quelques kiosques vendent aussi des souvenirs ; sur la plage du Club (accès par un portillon), des vendeurs ambulants proposent épices, vêtements et poupées.

À la sortie Ouest de Sainte-Anne, le Village artisanal expose un grand choix de vêtements, chapeaux, bijoux, poteries, coutelas, poupées, peintures, confiseries, liqueurs, épices, etc.

SAINTE-ANNE

Baie de Sainte-Anne – Plage de la Caravelle

Plage de Caravelle – *N 4 en direction de Pointe-à-Pitre ; accès par une petite route proche de la station Esso. Se garer le long de la route, bordée de nombreuses échoppes vendant paréos et T-shirts.* Cette magnifique plage, bien que sur le site du Club Méditerranée, est accessible aux non-résidents par un tourniquet sur le rivage ; étroite, elle est ombragée de petits cocotiers. Sable fin et eau claire, à goûter sans modération... À l'horizon, se profile l'île surbaissée de Marie-Galante.

Plage de Bois Jolan – *3 km à l'Est. Suivre la N 4 vers Saint-François, puis bifurquer vers la droite sur une piste.* Longue plage étroite étirée sur environ 2 km, dont les atouts sont la faible pente du rivage, la limpidité de l'eau et la mollesse des vagues, qui se brisent sur le récif corallien. Très fréquentée par les Guadeloupéens les fins de semaine, elle prend alors des allures de fête avec pique-niques organisés, parties de boules ou de dominos et concerts de musique où se mêlent tous les rythmes de la Caraïbe ; à éviter si l'on recherche le calme.

Anse Gros Sable – *6 km à l'Est. N 4 vers Saint-François ; prendre à droite (repérer le moulin), direction « Le Helleux », puis suivre « l'Échelle ». Emprunter enfin la piste sur la droite.* Petite anse sans ombrage et néanmoins agréable avec son sable très fin, presque blanc ; peu de monde, sauf les week-ends.

EXCURSION

Les Grands Fonds – *Voir Gosier.*

SAINTE-ROSE

Basse-Terre – Carte « Les plus beaux sites », p. 12, **CJ**
17 560 habitants (les Sainte-Rosiens)

Autrefois appelé Grand Cul-de-Sac, le village de Sainte-Rose, établi dans une région ingrate, montagneuse à l'Ouest, marécageuse à l'Est et d'un accès difficile par la mer parsemée d'écueils, s'est développé lentement en se consacrant à la pêche.

Des pionniers malheureux – La région de Sainte-Rose a été le premier site colon de la Guadeloupe : le 28 juin 1635, deux navires, qui avaient quitté Dieppe le 25 mai, abordèrent à l'Ouest de la pointe Allègre. Conduits par Liénard de l'Olive et Duplessis d'Ossonville, les 500 « engagés », pour la plupart Normands, tentèrent courageusement de s'installer sur cette terre dont ils avaient tout à apprendre. Mais le milieu peu propice à une mise en valeur, les « coups de barre » dont souffraient un nombre toujours plus élevé de colons, la famine et surtout l'hostilité des Caraïbes les firent rapidement changer d'avis ; ils rembarquèrent à destination du Sud de la Basse-Terre, plus hospitalier *(voir les Monts Caraïbes).*

La mangrove – De Sainte-Rose à Port-Louis, la côte du Grand Cul-de-Sac Marin *(voir ce nom)* est colonisée par la mangrove, milieu écologique d'une richesse étonnante classé « réserve mondiale de la biosphère » par l'Unesco. On y trouve le « mahot », variété de palétuvier qui aurait donné son nom au village de Baie-Mahault *(voir ci-dessous)* et dont l'écorce fibreuse servait autrefois à confectionner des cordages.

SAINTE-ROSE

CARNET PRATIQUE

Hébergement

La Sucrerie du Comté *(Valeur sûre)* – *À 5 km de Sainte-Rose en direction de Deshaies, fléché,* ☎ *05 90 28 60 17. www.prime-invest-hotels.com.* Sur le site d'une ancienne sucrerie-distillerie, 26 jolis bungalows éparpillés dans un parc tropical de 4,5 ha. Climatisation, terrasse, piscine, restaurant **(La Fleur de Canne)** sur place. Une adresse au calme avec beaucoup de charme. De 45 à 85 € la nuit en chambre double selon la saison.

Habitation Diavet *(Valeur sûre)* – ☎ *05 90 28 71 98 ou 06 90 74 45 32.* Bellevue, juste à côté du musée du Rhum. Une jolie maison de planteur située au milieu d'un hectare de parc. Climatisation, réfrigérateur, télévision dans les chambres, un salon billard-bibliothèque, une piscine et surtout la gentillesse de Charly et Alex vous feront apprécier ce petit paradis. À noter aussi la table d'hôte (apéritif, entrée, plat, dessert et vin compris pour 20 €). De 54 à 68 € selon la saison, petit déjeuner inclus (les confitures maison d'Alex sont un régal).

Restauration

Chez Mémé *(À bon compte)* – *À la sortie de Sainte-Rose, direction Sofaïa,* ☎ *05 90 28 88 31.* Ouvert tous les jours le midi, réserver pour le soir. Véritable ambiance créole chez Edmée, maîtresse des lieux, qui vous servira sur de grandes tables de bois ses délicieuses spécialités pour un prix très raisonnable. Menu à 17 €.

Domaine de Séverin *(Une petite folie !)* – Cadet, en direction de Lamentin, ☎ 05 90 28 34 54. Ouvert le midi du mardi au dimanche, midi et soir du jeudi au samedi, fermé le lundi. Installé dans une très belle maison créole, cet établissement gastronomique de standing propose une cuisine délicate. Vous pourrez vous mettre en appétit en profitant de la piscine. Menu à 32 € avec spécialité d'écrevisses ; à la carte, compter 35 €.

Visiter la mangrove

Nature Passion – **Écotourisme** – *Sur le Port de Morne-Rouge,* ☎ *05 90 28 98 73.* La meilleure manière de découvrir la mangrove et la plus sportive. En effet, il vous faudra pagayer pour faire glisser sur l'eau votre kayak de mer (insubmersible, en principe). Mais quel plaisir d'écouter les explications de Christian, votre guide, en ramant doucement au ras des palétuviers. On s'arrête sur un îlot pour un ti-punch et le déjeuner, et l'on se baigne avant de repartir. De vraies vacances intéressantes ! Départ à 9 h, retour à 12 h 30 (demi-journée) ou vers 16 h pour la journée entière. 50,30 €, déjeuner compris (journée). Penser à prendre crème solaire, lunettes de soleil, chapeau, car au ras de l'eau la réverbération est impitoyable.

LE VILLAGE

La voie principale est bordée de « lolos » *(voir encadré p. 163)* et de snacks. Il faut se diriger vers les rues adjacentes pour contempler les quelques cases traditionnelles qui subsistent. Le port, souvent animé par les pêcheurs et les pélicans, mérite aussi un coup d'œil.

★ **Le Jardin créole** ⓥ – *À environ 1,5 km sur la route de Sofaïa.* Incontournable ! Visite guidée et, si possible, repas sur place recommandés. Héritier des nombreux jardins familiaux *(voir p. 241)* qui ont presque disparu aujourd'hui, ce véritable conservatoire, d'une densité incroyable, est un lieu unique pour découvrir les richesses naturelles et les secrets de la vie traditionnelle créole. Jocelyn, le maître passionné des lieux, n'a pas son pareil pour vanter les vertus insoupçonnées des plantes médicinales, pour présenter les nombreux fruits méconnus qui ont disparu des marchés, pour raconter les inoubliables et truculentes

Jocelyn au Jardin créole

anecdotes glanées pendant des années auprès des anciens. Tous les sens sont à l'honneur dans cette visite interactive et ludique ; toucher de différentes plantes dont celles dites sensitives ou « honteuses », dégustations de fruits de saison et du fameux chocolat « façon grand-mère », maquillage à la graine de roucouyer... Le Jardin créole devait permettre de vivre quasiment en autarcie, ce que le guide démontre en proposant un repas composé avec des produits choisis sur place.

ENVIRONS

Panorama sur le Grand Cul-de-Sac Marin et source sulfureuse de Sofaïa – Au Sud de Sainte-Rose, la D 19, qui conduit à la source sulfureuse de Sofaïa, offre en s'élevant d'excellents points de vue sur le Grand Cul-de-Sac Marin parsemé d'îlets. Alentour, on aperçoit des champs d'ananas dont la culture est nettement moins développée en Guadeloupe qu'en Martinique.
Après 6 km de route sinueuse, on parvient à une source sulfureuse qui a été aménagée en douche.
Cet endroit marque le point de départ du **sentier de découverte du Saut des Trois Cornes**★. Le chemin forestier, balisé, est jonché d'arbres, de lianes, d'épiphytes, et coupé de ravines et de rivières ; il comporte un itinéraire principal avec trois variantes selon le niveau de difficulté que l'on souhaite : un circuit botanique assez facile (1 h 10), moyennement facile (1 h 20) ou assez difficile (1 h). Des panonceaux posés au pied des arbres indiquent leur nom. Prévoir de bonnes chaussures de marche, le sentier se transformant souvent en véritable patinoire boueuse et n'ayez pas peur de vous salir, puisqu'au retour vous retrouverez la douche d'eau chaude sulfureuse.

Plage des Amandiers – *5 km à l'Ouest de Sainte-Rose (N 2), au lieu-dit « Madame ».* Plage de sable doré à l'écart de la route. Vaste parking ombragé, tables abritées pour pique-niquer, sanitaires et « douches ». De grosses vagues déferlantes expliquent sa faible fréquentation.

LE HOUËLBOURG

De Sainte-Rose à la Rivière Salée

Itinéraire de 25 km qui peut être parcouru en milieu de journée (s'il ne fait pas trop chaud), avec halte-déjeuner au domaine de Séverin.
Il est également possible, si l'on est en avance, d'effectuer cette courte excursion avant de prendre l'avion du retour vers l'Europe à l'aéroport du Raizet.
Quitter Sainte-Rose par la N 2 en direction de Pointe-à-Pitre.

Aux 17e et 18e s., avant l'assèchement partiel des marais, le quartier du Houëlbourg, qui s'étend de la rivière Moustique à la Rivière Salée, était jugé « le plus bas, le plus inondé, le plus couvert de mangles et de palétuviers de toute la Guadeloupe » (Boyer de Peyreleau). Envahi de milliards d'insectes, très inhospitalier, il n'était guère fréquenté que par des boucaniers et flibustiers, en quête d'un repaire à l'abri de sanctions et représailles. Les uns et les autres sont à l'origine du peuplement des communes du Lamentin et de Baie-Mahault.

Musée du Rhum ⊙ – *Entre Viard et Bellevue.* Ici, pas de distillerie en activité mais un vrai musée didactique. De grands panneaux bien documentés présentent les différentes étapes de la fabrication du rhum, objets, outils ; vidéo pour tout savoir sur la canne et la fabrication du rhum. L'étage abrite de belles maquettes de bateaux et une très importante collection d'insectes. Plus de 5 000 spécimens provenant du monde entier et amoureusement réunis par M. Chalumeau. Dégustation de rhum en fin de visite.

Domaine de Séverin (distillerie Marsolle) ⊙ – *Au hameau de la Boucan ; suivre les panonceaux.* La visite s'effectue en petit train à travers les 35 ha du domaine ; bassins d'élevage de « ouassous » (possibilité d'assister à la pêche) et fabrique de sauces aux piments. Remarquer la roue à aubes qui sert encore à actionner tout le mécanisme de la distillerie. Vue sur le Grand Cul-de-Sac Marin.

Le Lamentin – Le village tire son nom du mammifère marin dont de nombreuses colonies occupaient autrefois le Grand Cul-de-Sac. On remarquera surtout l'ensemble architectural de style Art déco composé de l'imposante église de la Sainte-Trinité, œuvre d'Ali Tur, de la mairie et du monument aux morts, tous trois sur la place principale.

Sucrerie Grosse Montagne – *5 km au Sud du Lamentin par la D 1.* On est autorisé un jour par semaine, le jeudi, à se promener librement – mais avec prudence – dans cette « usine centrale » sucrière qui a cessé son activité depuis peu.

Baie-Mahault – L'église du village est de style Art déco. La commune de Baie-Mahault héberge en outre le plus important centre commercial de la Guadeloupe, d'une architecture assez soignée.

Les « lolos »

Leur façade colorée, égayée de panonceaux publicitaires, et les bouffées de bonne humeur qui s'en échappent les signalent immanquablement à l'attention des passants : dans ces petites boutiques en bois, souvent d'anciens « débits de la régie » de rhum, on vend de tout et il est quelquefois possible de s'y restaurer simplement. Ils constituent souvent les pôles principaux de l'animation villageoise.

Habitués à débiter la marchandise en très petite quantité, les lolos permettent aux plus démunis d'assurer l'ordinaire sans embarras financier. Modeste bric-à-brac alimentaire, le lolo est aussi un lieu de convivialité où fusent bons mots, critiques, éclats de rire et vociférations autour d'un verre de punch ou d'une partie de dominos. Celle-ci, acharnée au point que les pions claquent sur la table comme des détonations, a généralement pour cadre une minuscule véranda attenante au magasin.

« Lolo »

La Rivière Salée – Ce bras de mer étroit (30 à 120 m), aux eaux troubles envahies par la mangrove, sépare la Basse-Terre de la Grande-Terre. En 1765, les deux ailes du « papillon » guadeloupéen furent reliées par un bac appelé « gabarre », dont la capacité de transport était limitée à une ou deux voitures et dix à quinze passagers.

La gabarre, dont les naufrages n'étaient pas rares, avait une sinistre réputation ; un premier pont, flottant, lui succéda en 1906, remplacé ensuite par un pont-levis puis par le pont de la Gabarre. Écoulant un très dense trafic entre la Basse-Terre et la Grande-Terre, ce point de passage a constitué un sérieux goulet d'étranglement jusqu'à l'ouverture d'un second pont levant, dit de l'Alliance, en 1998.

Dictionnaires caraïbe-français et français-caraïbe
Né à Viteaux (Côte-d'Or) en 1609, le Père Breton, qui appartenait à l'ordre des Dominicains, fut envoyé comme missionnaire à la Guadeloupe au début de la colonisation de l'île. En conflit avec les autorités politiques, il effectua plusieurs séjours à la Dominique où il s'imprégna de la civilisation caraïbe et apprit la langue des indigènes. Rentré en France après 18 années passées dans les Petites Antilles, il est l'auteur de dictionnaires caraïbe-français et français-caraïbe, ainsi que d'une grammaire caraïbe, précieux documents sur un peuple au crépuscule de son histoire.

Archipel des SAINTES★★★

Carte « Les plus beaux sites », p. 12, **DL**
3 050 habitants (les Saintois) – 13 km²

Nom caraïbe : Charoucæra ou Caaroucæra

L'archipel des Saintes se compose de deux îles, Terre-de-Haut et Terre-de-Bas, et de sept îlets. Terre-de-Haut et Terre-de-Bas constituent deux communes distinctes rattachées depuis 1946 au département de la Guadeloupe.

À quelques encablures au Sud de la Basse-Terre, les Saintes apparaissent comme un monde original ; elles abritent une population de métis (descendants de Bretons et de Poitevins) au teint faiblement basané, aux yeux et aux cheveux clairs, se qualifiant eux-mêmes de « Blancs », et ont conservé un environnement naturel caractéristique des milieux secs.

Pour la plupart des touristes, l'archipel représente l'étape d'une journée ; mais plus qu'une halte, les Saintes méritent un véritable séjour si l'on souhaite apprécier pleinement l'accueil des habitants et profiter des randonnées, des plages, des pratiques sportives et des escapades alentour.

FIERS D'ÊTRE SAINTOIS

Parfois traités avec mépris d'« insulaires » par ceux du « continent » guadeloupéen, les Saintois haussent les épaules : il est vrai que le rythme de vie est différent ici, mais l'archipel offre l'ambiance animée et conviviale des îles que le tourisme n'a pas maltraitées, et la rade de Terre-de-Haut est considérée comme la troisième au monde pour sa beauté... D'ailleurs, tous les week-ends, nombre de Guadeloupéens ne viennent-ils pas goûter au charme et à l'atmosphère nonchalante des Saintes ?

Une vocation militaire – Aperçues par Christophe Colomb en novembre 1493 quelques jours après la Toussaint, et baptisées en cette circonstance *Todos los Santos*, ces îles sont apparues, dans le contexte des luttes franco-anglaises des 17ᵉ et 18ᵉ s., comme un site stratégique de première importance. Offrant la protection de la rade abritée de Terre-de-Haut et celle de sommets rapidement fortifiés, elles assistèrent de près aux batailles navales et aux débarquements qui opposèrent Britanniques et Français. La victoire remportée par ces derniers en 1666 est encore commémorée le 15 août.

Après la terrible défaite de l'amiral de Grasse en 1782 au large de l'archipel, on vit se multiplier des ouvrages de défense. Mais ils se révélèrent inutiles puisqu'en 1816, les hostilités cessèrent et les Saintes devinrent définitivement françaises. Les Saintes sont restées une escale pour les navires de la Marine nationale, détenant le privilège – envié par les « continentaux » – d'accueillir régulièrement le bateau-école *Jeanne d'Arc*.

D'excellents pêcheurs – Les Saintes accumulaient les handicaps agricoles : sols pentus et peu fertiles, faibles précipitations... Pauvres en plantations, elles le furent aussi en esclaves. D'où le métissage moindre de leur population, descendante de colons bretons ou poitevins arrivés au milieu du 17ᵉ s. et aussi, sans doute, de soldats des garnisons qui se succédèrent ici.

L'ingratitude de la terre conduisit les Saintois à se tourner vers la mer où ils devinrent, affirme-t-on, les meilleurs pêcheurs des Antilles.

La pêche, si elle conserve un côté artisanal, s'est profondément transformée au cours des dernières décennies. Les bateaux traditionnels ou « saintoises », fruits du savoir-faire des charpentiers de marine bretons, ont perdu leur aspect initial ; plus ventrus,

Terre-de-Haut depuis le sommet du Chameau

Archipel des SAINTES

CARNET PRATIQUE

Office municipal de tourisme – *Rue de la Grande-Anse (à côté de la Mairie), Terre-de-Haut,* ☎ *05 90 99 58 60. www.les-saintes-tourisme.com.* Ouvert du lundi au samedi de 8 h à 12 h et de 14 h à 17 h, le dimanche de 8 h à 11 h. Vous y trouverez une brochure fort bien faite, ainsi que le plan de l'île pour les balades en scooter.

Accès maritime

Depuis Trois-Rivières – Trois départs le matin : 8 h, 8 h 30, 9 h ; compter 20 à 30 mn de traversée. La navette (plusieurs compagnies) effectue parfois un crochet par Terre-de-Bas. Deux retours en fin d'après-midi (trois le dimanche). 16,77 €. ☎ *05 90 99 84 56, 05 90 92 06 39* ou *05 90 92 69 74.*

Depuis Pointe-à-Pitre – *Brudey Frères* et l'*Express des Îles* assurent un aller-retour par jour (départ à 8 h de la Darse de Pointe-à-Pitre, retour à 15 h 45 ou 16 h de Terre-de-Haut) ; la traversée dure de 45 à 60 mn et coûte 28,20 € AR. ☎ *05 90 90 04 48* et *05 90 83 12 45.*

Depuis Saint-François – L'*Express des Îles* propose de mi-décembre à mi-mai et de mi-juillet à fin août un départ le mercredi et le jeudi à 8 h, avec escale à Marie-Galante. Retour à 16 h. *Brudey Frères* assure également une liaison (parfois via Marie-Galante) à 8 h le lundi, mercredi, jeudi et vendredi et à 7 h 30 le mardi. 28 € AR. ☎ *05 90 83 12 45* et *05 90 88 66 67.*

Terre-de-Haut / Terre-de-Bas – La navette l'*Inter* relie les deux îles en 15 mn entre 6 h 45 et 15 h 50 ; 5 départs quotidiens, service réduit le dimanche. Horaires fluctuants ; se renseigner auprès de l'Office de tourisme ou du pilote du bateau amarré au débarcadère. ☎ *05 90 90 04 48.*

Accès aérien

Plusieurs vols quotidiens entre Pointe-à-Pitre et Terre-de-Haut. Aérodrome de Terre-de-Haut, ☎ *05 90 99 51 23*, Air Caraïbes, ☎ *05 90 82 47 00*. Des minibus vous emmènent soit à la plage, soit au village, soit au fort Napoléon.

Argent

L'unique distributeur a rendu l'âme, il vous faudra donc faire la queue à la poste, tout au bout du village, en attendant l'installation d'une nouvelle machine.

Déplacements

Location de scooters – Les voitures étant réservées aux ayants droit, le scooter est le mode de déplacement motorisé le plus répandu à Terre-de-Haut. De nombreuses compagnies (toutes situées dans l'artère principale du bourg, en allant vers l'église), pratiquant des tarifs très proches (compter environ 20 €) se partagent un parc de 140 à 150 scooters. Il est également possible de louer des vélos à côté de l'église ou au bout de la galerie commerciale, mais on peut tout aussi bien se déplacer à pied.

Taxis collectifs – Ils se présentent aux horaires d'arrivée des navettes et proposent notamment un tour de l'île commenté, ponctué d'arrêts aux principales curiosités (dont le fort Napoléon). 2 h 15 environ, 8 €.

Hébergement

Multiples possibilités d'hébergement : quelques petits hôtels et de nombreuses chambres à louer dans le bourg de Terre-de-Haut et à proximité (l'Office de tourisme tient une liste à disposition).

Chez Madame Bonbon *(À bon compte)* – *Rue de la Grande-Anse, Terre-de-Haut (en face de l'Office de tourisme),* ☎ *05 90 99 50 52.* Une bien charmante adresse : la maison, en retrait de la chaussée, abrite des chambres rustiques et propres ; salle de bain et sanitaires communs sur le palier. Chambre double à 32 € toute l'année.

Le Cocoplaya *(Valeur sûre)* – *Rue Benoît-Cassin, Terre-de-Haut,* ☎ *05 90 92 40 00, fax 05 90 99 50 41.* Au bord de plage de Fond-de-Curé, vue magnifique sur la baie des Saintes. Un bien agréable endroit dont chaque chambre est décorée d'une façon différente. Climatisation, télévision câblée, jolie terrasse ombragée pour prendre un verre ou le petit déjeuner au bord de l'eau. De 68 à 130 € en fonction de la chambre choisie et de la saison.

Auberge Les Petits-Saints aux Anarcadiers *(Valeur sûre)* – *La Savane, Terre-de-Haut,* ☎ *05 90 99 50 99, fax 05 90 99 54 51. www.petitssaints.com.* Dominant le bourg et la splendide baie des Saintes, succombez au charme de cette maison créole où règne un accueil particulièrement attentionné. Douze chambres personnalisées, décorées de meubles anciens. Chambre double à partir de 62,5 €

en basse saison et de 90 € en haute saison. Piscine ; plage à 500 m. Déjeuner : copieuses assiettes de crudités et poissons à 13 € ; le soir, table d'hôte, menu gastronomique à 25 €. Réservation recommandée.

Le Bois Joli *(Valeur sûre) – Pointe Bois-Joli, Terre-de-Haut,* ☎ *05 90 99 50 38, fax 05 90 99 55 05. www.ifrance.com/boisjoli.* Ouvert toute l'année. Chambres confortables et bungalows de style créole. Tranquillité assurée. Piscine. Plage devant l'hôtel. Location de planches à voile, canoës et pédalos. Navettes prises en charge par l'établissement. Restaurant avec vue panoramique sur le Pain de Sucre. Chambre double en 1/2 pension : 91 € en basse saison, 123 € en haute saison.

Restauration

Chez Eugénette *(À bon compte) – Grande Anse, Terre-de-Bas,* ☎ *05 90 99 81 83.* Ouvert tous les jours midi et soir. Cuisine maison, avec les traditionnelles spécialités antillaises dont les plats de poisson. Cadre rustique, très authentique. Réservation recommandée. Menus à partir de 11 €.

Café de la Marine *(Valeur sûre) – Quartier Mouillage, Terre-de-Haut,* ☎ *05 90 99 53 78.* Restaurant ouvert en journée (de 11 h 30 à 14 h 30) et le soir (de 18 h 30 à 21 h) d'octobre à mai, sauf le samedi ; de mai à septembre, bar uniquement. Ce restaurant en bord de mer propose une cuisine traditionnelle recherchée : noix de saint-jacques sauce safranée sur fondue de cives, touffée de requin de la baie, gougeonnettes de soles du fort Joséphine, mouillage de saumon en tartare et ses agrumes, etc. Suggestions du jour à partir de 12 € ; à la carte, compter 30,50 €.

La Crique *(Valeur sûre) – Embarcadère, Terre-de-Haut,* ☎ *05 90 35 03 27.* Ouvert dès 8 h, 7 jours/7. Bar-glacier dans la journée, menu à 12,20 € le midi et dîner aux chandelles le soir avec piano-bar. À la carte, autour de 38 €.

Sport et découverte

Plongée – Centre nautique des Saintes *– Terre-de-Haut,* ☎ *05 90 99 54 25, fax 05 90 99 50 96.* Situé à l'extrémité Sud du bourg, après Anse de Fond du Curé, ce centre accueillant propose différentes formules de plongée (unité, forfaits, passages de brevets). On dénombre une quinzaine de sites attrayants autour des neuf îles et îlets de l'archipel, notamment le très réputé « Sec Paté », deux pitons rocheux culminant à –15 m. Plongée à partir de 35 €, différents forfaits.

Club de plongée des Saintes « Pisquettes » *– Le Mouillage, Terre-de-Haut en face de la maison en forme de bateau,* ☎ *05 90 99 88 80, fax : 05 90 99 88 20. www.pisquettes.com.* À la découverte des fonds sous-marins de l'archipel des Saintes à bord d'une saintoise traditionnelle. L'encadrement sympathique et sérieux, le matériel tout neuf, sont un gage de sécurité pour les débutants ; pour les autres, une vingtaine de sites sont au programme. Deux plongées par jour, mêmes prix que ci-dessus.

Croisière - Sun Évasion *– Le Mouillage, Terre-de-Haut,* ☎ *05 90 99 59 07.* Croisière d'une journée en catamaran, avec excursion à la Dominique. Départ à 7 h 30 de Terre-de-Haut, retour vers 18 h 30. Compter environ 76 €, repas, boissons et excursions inclus.

Une yole traditionnelle à Saintes

équipés de moteurs, ils sont désormais construits en contre-plaqué marine. Mais les coques sont toujours aussi colorées et les « boats », comme on les appelle également, ont été adoptés dans toutes les Antilles. Bien qu'en déclin, la pêche fait encore vivre une bonne partie de la population de Terre-de-Haut et approvisionne en poisson frais les marchés du « continent », comme les fumaisons, une spécialité saintoise : thon, espadon, mérou, daurade caurifère.

Les Saintes au naturel – La main de l'homme et l'appétit des cabris ont dégradé le couvert végétal ; en contrepartie, l'environnement a profité du développement tardif du tourisme et d'une politique locale de protection du milieu naturel.

Les Saintes offrent ainsi aux visiteurs des paysages peu touchés par le modernisme : mornes de l'intérieur couverts d'une végétation xérophile de cactées, succulentes, poiriers et cerisiers-pays, « pains de sucre » ciselés d'orgues basaltiques se reflétant dans les eaux bleues, falaises à « souffleurs » où s'engouffrent les vagues, anses tranquilles occupées par d'agréables plages...

L'archipel peut aussi s'enorgueillir d'être un des rares refuges pour la protection d'espèces en voie de disparition comme l'iguane antillais *(voir encadré)* ou le fragile cactus « tête-à-l'Anglais » dont le chapeau rappelle les bonnets à poils de la Garde britannique.

★★ TERRE-DE-HAUT

L'île et le bourg aggloméré autour de l'embarcadère portent le même nom. La marche à pied est le meilleur moyen de les découvrir.

★★ **Le bourg** – Construit sur le rivage d'une **baie**★★★ admirable qui vient d'entrer dans le club très fermé des dix plus belles baies du monde, Terre-de-Haut possède un charme incontestable avec ses petites maisons colorées aux toits de tôle rouge. En accostant, remarquer sur la gauche, au fond de l'anse du Bourg, l'étonnante « maison-bateau » offerte à la commune par un médecin et devenue cabinet médical.

Sur l'accueillante place du débarcadère dominée par le « phare », des femmes et des jeunes filles proposent dans leurs larges paniers des « tourments d'amour » *(voir p. 106)* confectionnés par leurs soins.

Le long de la rue du bord de mer s'alignent les cases de pêcheurs, en bois, aux façades colorées, parfois agrémentées d'une galerie à festons et à demi dissimulées derrière des hibiscus.

Le bourg – Case de pêcheur

À proximité de l'église, ancienne limite entre le quartier des notables et celui des pêcheurs de Fond Curé, la petite mairie de style colonial s'ouvre sur la charmante place Hazier-du-Buisson ombragée d'amandiers-pays.

Îlet à Cabrit – *On peut s'y faire conduire par un pêcheur.* Cet îlet qui fait face au village de Terre-de-Haut fut surnommé « l'îlet-prison » ; les fortifications édifiées au cours du 18e s. par des forçats, appelées ensuite fort Joséphine, devinrent un pénitencier, antichambre du bagne de Cayenne de 1851 à 1902, et durant quelque temps une prison de femmes. Aujourd'hui, l'îlet coiffé de ruines n'est peuplé que d'iguanes, de cabris et de chats à demi sauvages.

Fort Napoléon ⓥ – La route qui y mène se termine par une sérieuse montée en lacet. Le dernier virage offre un splendide **panorama**★★★ sur la baie. La caserne où pouvaient vivre 200 hommes est devenue un musée. Le fort Napoléon, édifié à partir de 1844 sur les ruines du fort Louis, devait protéger la baie des éventuelles offensives anglaises. Mais il ne servit jamais car les conflits avec les Anglais prirent fin avant l'achèvement de sa construction en 1867. Une promenade sur le talus bordant le chemin de ronde aménagé en jardin exotique permet d'observer des iguanes et de profiter de magnifiques coups d'œil sur les Saintes et sur la Guadeloupe.

Vers le Sud

Le Chameau – *Au départ du Bourg, compter, à pied, 1 h 30 environ pour atteindre le sommet. Emprunter la route principale vers le Sud, direction Bois Joli, puis, au deuxième croisement, prendre le chemin sur la gauche. Mieux vaut effectuer l'excursion aux heures les moins chaudes car l'allée n'est pas ombragée. Le chemin serpente autour du mont, il est très praticable, goudronné presque jusqu'au sommet.*

Archipel des SAINTES

Véhicules à moteur interdits. Le Chameau est le point culminant (309 m) de l'archipel. Son sommet est couronné par les ruines d'une tour de vigie de laquelle se déploie un superbe **panorama**★★★ sur la partie Est de l'archipel et sur la Guadeloupe.

Plage du Pain de Sucre – *Du bourg, environ 3/4 h à pied. Depuis la route principale, prendre le sentier qui descend sur la droite.* L'étroit chemin bordé de mancenilliers mène à une très mignonne plage abritée et dominée par un rocher ciselé d'orgues de basalte, le Pain de Sucre. La baie, aux eaux claires, accueille souvent les bateaux de plaisance. Équipé de bonnes chaussures, il est possible d'atteindre en quelques minutes le sommet du morne.

Plage de Crawen – *À l'extrémité Sud-Ouest de Terre-de-Haut. La route principale se termine par un sentier conduisant à un bois de mancenilliers et à la baie.* Cette magnifique plage de sable gris limitée par quelques grosses pierres offre une tranquillité absolue, surtout après 15 h lorsque les visiteurs regagnent l'embarcadère. La baie, orientée Sud, fait face au Grand Îlet et à La Coche.

Vers le Nord

Plage de Grande-Anse – Interdite à la baignade en raison de lames de fond et de forts courants, mais superbe spectacle des énormes rouleaux déferlants sur le sable.

Plage de Pompierre – *Du bourg, 1/2 h à pied. Prendre la route qui longe l'église.* Des iguanes sont parfois visibles dans les vastes prairies précédant la plage. Un alignement de scooters signale la proximité de l'étendue sableuse, qui occupe le fond d'une baie pratiquement fermée par les îlets des Roches Percées.
Des tables et des bancs sont disposés à l'ombre des cocotiers pour le déjeuner. Des poules picorent de-ci de-là, des cabris n'hésitent pas à venir fouiller dans les sacs à la recherche d'un salutaire pique-nique. Dans ce superbe mouillage, probable ancien repaire de flibustiers, les eaux limpides et calmes permettent aux novices une découverte facile de la faune sous-marine (attention cependant aux piquants des oursins). Tout est en fait réuni ici pour passer un bon moment et engranger de pittoresques souvenirs.

Sur les traces des dragons

Les Saintes possèdent la particularité d'abriter deux sortes d'**iguanes**, que les non-spécialistes auront cependant du mal à différencier : l'iguane vert, le plus commun, et le rarissime iguane antillais *(Iguana delicatissima)*.
Gueule d'écailles verdâtres ornée d'un immense fanon, regard froid, échine surmontée d'une crête épineuse, les iguanes adultes, dont la taille dépasse parfois le mètre, ont de quoi effrayer celui qui croise leur chemin. Mais sous cette terrible apparence de dragon préhistorique se cachent en fait des animaux craintifs et inoffensifs, qui passent de longs moments à somnoler sur les branches des arbres ou parmi les pierres.

Iguane

Désormais protégés, ils ne finissent plus dans les casseroles des cuisinières ou empaillés pour les touristes, et se reproduisent en toute quiétude dans l'archipel. Terre-de-Haut en a d'ailleurs placé un sur ses armes.
Bien qu'on puisse apercevoir des iguanes sur tout le territoire des Saintes, certains lieux sont plus propices à leur observation ; au fort Napoléon, « Verlaine », « Apollinaire », « Baudelaire » et quelques autres célébrités se prélassent au creux des fissures des murailles. Une balade sur la trace des Crêtes ou sur l'îlet à Cabrit est aussi l'occasion de croiser ces doux sauriens. La réserve du Grand Îlet renferme quelques groupes plus consistants, mais il est difficile d'obtenir l'autorisation de s'y rendre.

Trace des Crêtes – *Être bien chaussé et éviter les heures trop chaudes. Ce sentier balisé débute à l'extrémité Est de la plage de Pompierre*. En 1 h environ, il permet de rejoindre la plage de Grande-Anse face à un panorama enchanteur sur les parties Nord et centrale de l'île. Chèvres, poules et vaches accompagnent les promeneurs. Le chemin de terre bordé d'arbustes se hisse très rapidement à une hauteur d'environ 100 m, dégageant une perspective sur la plage de Pompierre à droite, et sur les falaises de Grand Souffleur, puis la plage de Grande-Anse à gauche.

TERRE-DE-BAS

Dès le départ de la navette maritime, la côte de l'île de Terre-de-Haut dévoile sa splendeur, avec l'étonnant pointement volcanique du **Pain de Sucre**. Un quart d'heure plus tard, on débarque à l'anse des Mûriers, gardée par les statues de la Vierge et de Poséidon. Des taxis collectifs attendent au débarcadère, mais on pourra préférer la découverte à pied.

Grande Anse – Petit village recroquevillé au fond de l'anse du même nom. Sa plage de sable doré est bordée de cocotiers abritant des tables ; les vagues de la baie attirent les véliplanchistes.

Petites-Anses – Dans ce très paisible bourg, l'animation se concentre aux abords des « lolos » *(voir Sainte-Rose)* et sur le marché à l'angle de la rue menant à l'église. De cette dernière s'échappe une surprenante gouttière sur piles qui traverse le cimetière aux tombes carrelées. Dans l'artère principale, les maisons en pierres appareillées rappellent l'origine bretonne des premiers habitants.

On ne sait pas comment fut introduit aux Saintes le curieux chapeau d'origine asiatique appelé « salako ». Adopté au milieu du 19ᵉ s. par les pêcheurs, notamment ceux de Terre-de-Bas, ce couvre-chef plat, fait de lamelles de bambou et recouvert le plus souvent de madras, est rarement porté aujourd'hui.

La SOUFRIÈRE★★★

Basse-Terre – Carte « Les plus beaux sites », p. 12, **CDK**

La Soufrière est l'âme et le cœur vivant de la Guadeloupe, sur laquelle elle règne sans partage. La « Vieille Dame », comme on l'appelle ici, se coiffe souvent d'une parure de nuages, se dissimulant aisément parmi les autres volcans du voisinage (l'Échelle, la Citerne, Carmichaël...). Son activité fumerollienne a toujours été observée depuis 1635 ; c'est donc un volcan actif, et une réelle menace pour les populations établies à ses pieds, dont la gravité est évaluée en permanence par l'Institut de physique du globe de Saint-Claude qui dispose d'un réseau de surveillance de l'activité sismique. Le danger étant toujours un puissant aimant pour la curiosité humaine, ce ne sont pas moins de 300 000 touristes qui sont attirés chaque année par la montagne faussement endormie.
La Soufrière est aussi un gigantesque réservoir d'eau, puisque ses versants reçoivent, bon an mal an, 10 à 14 m de précipitations, près de 15 fois la quantité de pluie ou de neige tombant annuellement sur Paris.

HISTOIRES DE VOLCAN

Le plus haut sommet des Petites Antilles – Avec 1 467 m d'altitude, la Soufrière est le plus haut sommet des Petites Antilles ; c'est aussi l'un des plus actifs volcans de l'arc insulaire antillais, de type péléen *(voir l'Introduction, et la Montagne Pelée à la Martinique)*, dont l'état actuel ne remonte pas à plus de 4 000 ans. La mise en place de son dôme sommital, énorme tumescence de lave très visqueuse à l'origine, daterait du 16ᵉ s., et serait donc postérieure à la découverte de la Guadeloupe par Christophe Colomb. Ce fut, semble-t-il, sa dernière éruption magmatique ; depuis, le volcan ne se manifeste que par des éruptions phréatiques, résultat de la surchauffe, par les gaz ou le magma, d'une nappe d'eau prisonnière de sa masse : émissions de vapeur d'eau mêlée de poussières, lahars (coulées de boue), geysers...

L'éruption de 1976-1977 – Entre juillet 1976 et mars 1977, la Soufrière a vécu l'une des phases éruptives les plus violentes de sa jeune histoire : secousses telluriques (plus de 1 000 dans la seule journée du 18 août), fissurations, projections de poussières (1 million de m³), de vapeur d'eau (10 millions de tonnes) et de blocs (d'un poids pouvant atteindre plusieurs tonnes), coulées de boue se sont succédé à un rythme soutenu. Le Sud de la Basse-Terre, de Vieux-Habitants à Capesterre-Belle-Eau, fut déclaré zone interdite, ce qui entraîna l'évacuation, du 15 août au 15 décembre 1976, de près de 72 000 personnes.
Depuis mars 1977, l'activité du volcan se réduit à l'émission continue d'un petit panache de fumerolles *(voir ci-dessous l'excursion au sommet de la Soufrière)*.

La SOUFRIÈRE

Le syndrome de Saint-Pierre – Les spécialistes sont partagés sur le danger représenté par l'activité volcanique de la Soufrière et la probabilité de voir un jour ce volcan émettre des nuées ardentes comparables à celle qui détruisit Saint-Pierre en 1902 *(voir la Montagne Pelée et Saint-Pierre, à la Martinique)*, présente dans tous les esprits pendant l'éruption de 1976. Le volcanologue Haroun Tazieff s'était élevé avec vigueur, à l'époque, contre les mesures d'évacuation totale de la population qui, il faut le reconnaître, aggravèrent sérieusement par la suite les difficultés économiques de la région *(voir Basse-Terre)*. Plusieurs indices relevés en 1976-1977, tels que la température peu élevée des gaz expulsés ou la non-concordance entre sismicité et paroxysmes éruptifs, militent en faveur d'une absence de risque immédiat d'éruption magmatique ; d'autres, comme le réveil brutal de Soufrière Hills sur la proche voisine Montserrat, entretiennent le pessimisme.

Pelée, elle aussi – À partir de 1 000 ou 1 100 m, selon l'exposition, la forêt tropicale cède normalement la place, sur les pentes de la Soufrière, à un fourré arbustif, puis à une savane d'altitude que favorisent la violence des vents, la nébulosité permanente et la très forte pluviosité. En outre, la phase éruptive de 1976-1977 a comme « désherbé » la végétation. Au début des années 1980, toute la zone sommitale demeurait un royaume exclusif du minéral. Aujourd'hui, patiemment, un tapis végétal ras mais dense reprend possession des lieux, colonisant les moindres recoins du relief.

CURIOSITÉS

Après Saint-Claude *(voir ce nom)*, la D 11 grimpe parmi les bananeraies vers la Soufrière. L'aire de pique-nique de Beausoleil (alt. 748 m), ombragée de majestueuses fougères arborescentes, offre une belle vue sur Saint-Claude. La route pénètre ensuite dans la forêt tropicale peuplée d'acomats-boucan, de gommiers blancs et de châtaigniers grandes feuilles.

Bains Jaunes – Ce bassin de pierre situé juste à côté de l'ancienne maison du Volcan date de 1818, époque où l'on découvrait les vertus thérapeutiques des eaux sulfureuses issues de la partie la plus active du volcan. Celles-ci étaient indiquées pour soigner les maladies de la peau, les affections des voies respiratoires et les rhumatismes. Depuis 1976, les canalisations sont obstruées ; la température de l'eau (actuellement : 25 °C) est en constante diminution.

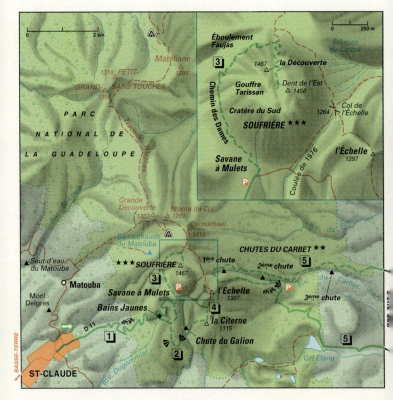

La SOUFRIÈRE

GUADELOUPE

Sommet de la Soufrière – Panorama sur les Saintes

RANDONNÉES PÉDESTRES À PARTIR DES BAINS JAUNES

1 Des Bains Jaunes à la Savane à Mulets – *30 mn aller ; se munir de chaussures de marche car le chemin, parfois pavé ou aménagé de marches en rondins de bois, est très glissant.* Cette courte randonnée emprunte le sentier du Pas du Roy qui fut longtemps le seul moyen d'atteindre la Soufrière. Accessible à tous, elle a le mérite de faire pénétrer dans la moiteur de la forêt tropicale ceux qui, habituellement, ne peuvent ou n'osent s'aventurer sur les « traces » plus sportives. À la bifurcation, s'engager sur la gauche en direction de la Savane à Mulets ; on quitte progressivement la forêt pour une savane d'altitude, formation végétale ouverte et basse où dominent mangles-montagne et ananas-montagne.

2 Chute du Galion – *1 h 30 AR ; chaussures de marche recommandées.* Mêmes départ et trajet que la randonnée précédente jusqu'à la bifurcation ; là, prendre le sentier de droite, en descente, qui contourne le relief. Le parcours procure de belles échappées sur la ville de Basse-Terre et les Monts Caraïbes, puis, au détour d'une courbe, une vue d'ensemble sur les massifs de la Citerne, de l'Échelle et de la Soufrière. Le sentier décrit quelques lacets avant d'atteindre la rivière du Galion qui a creusé une étroite gorge. Pour parvenir à la chute, on peut soit continuer sur le sentier qui conduit à un promontoire la dominant, soit marcher le long du lit jusqu'au pied de la cascade *(parcours plus difficile, baignade possible dans la vasque)*. Le Galion chute d'une quarantaine de mètres dans un décor de rêve.
Revenir au point de départ en rebroussant chemin ; il est également possible de continuer vers l'Est sur la trace de l'Armistice qui mène à la Citerne.

CONSEILS PRATIQUES

La randonnée au sommet de la Soufrière n'est vraiment intéressante que par très beau temps. Si les nuages envahissent le parking de la Savane à Mulets, mieux vaut renoncer car on ne verra pas grand-chose, tout en risquant de chuter, de se perdre sur le plateau sommital ou tout bonnement d'attraper froid.
Par temps couvert, en effet, la température est très fraîche. Quelle que soit la météo, prévoir pull-over et K-way, car les conditions changent très vite. Si la pluie survient à un quelconque moment de l'excursion, la sagesse impose de redescendre sans tarder.
Autres recommandations : emporter boisson et coupe-faim, ne pas sortir des sentiers principaux ni cueillir d'espèces végétales ; par beau temps, se protéger contre les coups de soleil et ne pas oublier son appareil photo.

La SOUFRIÈRE

RANDONNÉES PÉDESTRES À PARTIR DE LA SAVANE À MULETS

Pour effectuer la randonnée pédestre vers le sommet de la Soufrière ou le cratère de la Citerne, reprendre la voiture et poursuivre sur la D 11 jusqu'au parking de la Savane à Mulets (alt. 1 142 m).

★★★ 3 **Sommet de la Soufrière** – *Compter 2 h AR et 40 mn pour parcourir le sommet. Il fait plutôt frais, même froid, sur les hauteurs du volcan : pull et blouson imperméable ou coupe-vent sont indispensables. Chaussures de marche vivement conseillées.* Le sentier dit du « Chemin des Dames », très fréquenté lorsque les conditions météorologiques sont favorables, gravit doucement le dôme volcanique. Ananas-montagne, thym-montagne, fuschia-montagne et siguine forment une dense et basse couverture végétale sur les versants. On arrive sans effort particulier en vue de l'éboulement Faujas où les émanations de soufre brûlent les plantes. Mousses, lichens et sphaignes tapissent les parois de tout un camaïeu aux couleurs du feu.

La dernière partie de l'ascension, par la Grande Faille (ou Fente du Nord), est plus pénible. Cependant 15 mn suffisent pour se hisser jusqu'au plateau sommital au relief craquelé, percé et bosselé, mais sans cratère (le Cratère du Sud, au nom trompeur, est en réalité un gouffre). Suivre, à droite, la signalisation « la Découverte » qui conduit au point le plus élevé, la **Découverte de la Soufrière** (alt. 1 467 m) ; son paysage lunaire et le panorama extraordinaire qu'il offre par temps dégagé justifient ce court effort supplémentaire. Prendre garde au vent, souvent violent (les rafales peuvent atteindre les 100 km/h).

Cratère du Sud

Continuer sur le même sentier, qui se dirige vers le Sud du plateau. Une odeur caractéristique d'œuf pourri annonce le **Cratère du Sud**★★, où se manifeste de la manière la plus spectaculaire l'activité du volcan : cet antre, que l'imagination identifie facilement aux portes de l'enfer, émet en permanence des fumerolles de vapeur d'eau mêlée de soufre, à une température constante de 96 °C, et produit en même temps un grondement caverneux : ici, la nature ne plaisante pas !

En continuant la boucle qui repart vers le Nord, on atteint le **gouffre Tarissan** (du nom d'un vétérinaire du 19e s. qui y serait tombé), autre bouche de l'enfer dont la profondeur serait évaluée à 500 m.

Reprendre le « Chemin des Dames » qui ramène au parking de la Savane à Mulets.

4 **La Citerne** – *1 km. Accès par la route goudronnée au bout du parking de la Savane à Mulets.* Ce volcan, aussi jeune que la Soufrière mais d'un type très différent, est formé d'un cône de scories d'andésite ; à son sommet s'ouvre un beau cratère circulaire dans lequel s'est formé le lac Flammarion. Panorama sur les Monts Caraïbes et la côte Sud.

★★ 5 **Chutes du Carbet** – *Voir p. 120.*

Route de la TRAVERSÉE★

Basse-Terre – Carte « Les plus beaux sites », p. 12, CDK

Ouverte en 1967 à travers la barrière montagneuse de la Basse-Terre, la route de la Traversée a permis de désenclaver la côte sous le vent de Vieux-Habitants à Deshaies, jusque-là d'un accès difficile.

Leçon de tropiques – C'est souvent en empruntant cette route que le touriste néophyte, fraîchement débarqué de l'avion et pressé de rejoindre son hôtel de la côte sous le vent, s'offre une première plongée dans la moiteur tropicale. Étonné par une petite averse (il a quitté Pointe-à-Pitre sous le soleil) ou par le brouillard qui campe sur le col des Mamelles, séduit par la luxuriance du paysage forestier et enivré par le bouquet de senteurs qui s'en dégage, il gardera un souvenir enthousiaste de ce premier contact avec la nature guadeloupéenne.

S'il parcourt cette route de nuit, c'est à un spectacle sonore tout aussi inoubliable, où se mêlent et se répondent les chants les plus mélodieux et les cris les plus déroutants, qu'il sera convié.

DE VERSAILLES À MAHAUT

Itinéraire de 36 km – compter une demi-journée avec les arrêts et les promenades. N 1 vers Basse-Terre puis, au carrefour de Versailles, D 23, direction Pointe-Noire.

Saut de la Lézarde – *À Barboteau, prendre à gauche la D 1 vers Vernou. 1 h AR. Chaussures de marche recommandées. Ne pas s'aventurer sur ce parcours en cas de pluie, car le terrain est très glissant et la rivière risque de grossir rapidement. Prévoir éventuellement serviette et maillot de bain. Restauration possible au niveau du parking.* Sympathique randonnée accessible à tous, qui peut se conclure par un bain réparateur. Le sentier serpente à travers une bananeraie, puis descend jusqu'au lit de la Lézarde. L'eau se déverse en éventail sur une hauteur de 10 m, chutant dans un petit bassin circulaire ; l'endroit est frais et très vert, peuplé de châtaigniers, bambous, lianes, épiphytes « ailes de mouche », etc. Baignade dans le bassin ou dans la rivière cristalline après avoir passé les rochers.

Revenir sur la D 23 et reprendre la direction de Pointe-Noire. Là débute véritablement la route de la Traversée.

On pénètre dans le massif forestier en même temps que dans la zone centrale du Parc national de la Guadeloupe ; la route est bordée de talus couverts d'épiphytes et de fougères arborescentes.

Cascade aux Écrevisses – *Juste avant de franchir la rivière Bras Saint-Jean (ou Corossol), se garer à gauche sur le parking. Restauration rapide et possibilité de pique-niquer sur les tables disposées de l'autre côté de la route.* Courte escapade forestière et aquatique *(15 mn AR)* ; la modeste cascade de la rivière aux Écrevisses fait la joie des baigneurs, petits et grands. Inutile de vous dire que s'il y a eu un jour des écrevisses dans la rivière Corossol, elles ont fui depuis longtemps.

Aire de pique-nique de la rivière Bras Saint-Jean (ou Corossol) – *1 km plus loin, piste sur la gauche, quelque peu défoncée.* Espace accueillant au bord d'une rivière tapissée de galets, fréquenté par les gens du pays ; baignade recommandée, bien qu'un peu fraîche.

★**Maison de la Forêt** – *Voir ce nom.*

Aire de pique-nique de la rivière Petit David – *2 km après la maison de la Forêt, tourner à gauche dans la piste en mauvais état.* Paysage et aménagements identiques à ceux de la rivière Corossol.

La route s'enfonce toujours un peu plus dans la forêt dense humide, contournant les Mamelles avant de franchir le col du même nom.

Les Mamelles – *Compter 2 h AR pour chacune des randonnées, à effectuer uniquement lorsque le ciel est bien dégagé afin de profiter pleinement des panoramas.* Les Mamelles sont des dômes volcaniques jumeaux de type péléen, formés, comme le rocher du Diamant en Martinique, de dacite, lave très visqueuse au moment de son épanchement. Leur sommet, couvert d'une végétation caractéristique de l'étage tropical de montagne, est accessible à tous, moyennant un petit effort.

Mamelle de Petit Bourg – *1 km avant le col des Mamelles ; parking sur le bas-côté de la route. S'engager dans la trace des Crêtes sur la gauche de la D 23, puis prendre le sentier tout de suite à gauche.* Du haut du morne (716 m), la vue s'étend au Sud sur une somptueuse marée verte dominée par la Soufrière, tandis qu'à l'Est se déploie un magnifique **panorama** sur la Grande-Terre avec, en plan intermédiaire, l'agglomération pointoise.

Mamelle de Pigeon ou Déboulé – *Sentier sur la gauche au col des Mamelles.* Plus élevée (768 m), elle offre à son sommet un **panorama**★ sur les cimes volcaniques et les deux côtes de la Basse-Terre, ainsi que sur la Grande-Terre. Remarquer l'allure rabougrie d'espèces autrement plus altières quelques centaines de mètres plus bas : mauricif, résolu-montagne.

Route de la TRAVERSÉE

Morne à Louis – *Moins de 1 km après le col, une petite route sur la droite permet d'accéder au sommet de ce morne identifiable à son relais hertzien.* De là, on contemple le moutonnement de la forêt qui semble s'étendre jusqu'à la mer.
Revenir sur la D 23.

★ **Parc zoologique et botanique des Mamelles** ⓥ – Sur la commune de Bouillante. Plongez au cœur de la forêt tropicale, à la découverte des espèces méconnues et protégées de Guadeloupe. L'agouti, le pic noir, l'iguane ou l'emblématique racoon (raton laveur) vous attendent dans ce cadre sauvage où les arbres géants abritent de belles fleurs aux couleurs éclatantes. Le parcours est jalonné de panneaux didactiques très clairs sur la protection des espèces, l'utilisation des plantes médicinales (recettes surprenantes !) et les mille et un secrets de cette nature luxuriante... Option possible : circuit de 200 m près des cimes, à 20 m de hauteur et en toute sécurité, pour découvrir la canopée ; sensations garanties !
Après une courte série de virages, la route file vers Mahaut et la côte sous le vent.

TROIS-RIVIÈRES

Basse-Terre – Carte « Les plus beaux sites », p. 12, **DK**
8 780 habitants (les Trois-Riverains)

Le village de Trois-Rivières s'est établi au pied de la Madeleine, volcan de type péléen culminant à 972 m. Comme en témoignent les pétroglyphes (gravures sur pierre) présentés dans le parc archéologique des Roches Gravées, le site était déjà connu et apprécié des Amérindiens. La commune fut le théâtre de la première révolte des esclaves, menée par le rebelle Jean-le-Blanc en 1656.
Le cœur du village est aujourd'hui assez animé, notamment autour des arrêts de bus, des commerces et des débits de boissons. C'est aussi l'un des embarcadères pour les Saintes que l'on voit très bien à 10 km au large.

SÉJOURNER À TROIS-RIVIÈRES

Office du tourisme – *Place de l'Église*, ☎ *05 90 92 77 01*. Renseignements sur les randonnées, l'hébergement et surtout, les départs de bateaux vers les Saintes.

Hébergement

Grand-Anse Hôtel *(À bon compte)* – *Sur la route de Vieux-Fort*, ☎ *05 90 92 90 47, fax 05 90 92 93 69*. Sympathique villégiature répartie en 15 bungalows. Piscine. Cuisine classique. Chambre double avec petit déjeuner : 60 € en basse saison, 76 € en pleine saison.

Le Jardin Malanga *(Une petite folie!)* – *Hermitage, Trois-Rivières*, ☎ *05 90 92 67 57, fax 05 90 92 67 58*. Dans une bananeraie de 6 ha, hôtel composé de trois villas de bois comportant deux chambres confortables (lit « king size », télévision et vidéo, mini-bar, hamac et transat sur la terrasse). L'authentique maison créole abrite la réception. Panorama sur l'archipel des Saintes. Piscine à débordement, table d'hôte servant une cuisine créole raffinée. Chambre double, petit déjeuner inclus : 173 € en basse saison, 203 € en haute saison.

CURIOSITÉ

Parc archéologique des Roches Gravées ⓥ – *Accès sur le chemin de l'embarcadère pour les Saintes. Petit dépliant explicatif distribué à l'entrée.* Classé monument historique depuis 1974, le parc archéologique des Roches Gravées recèle de précieux témoignages des civilisations précolombiennes dans l'archipel antillais. Aux environs de l'an 300 après J.-C., les Arawaks auraient réalisé des milliers de **pétroglyphes** sur l'ensemble de la commune de Trois-Rivières. Plus de 800 d'entre eux ont été retrouvés. Le visiteur pourra en observer environ 200, originaux ou copies, aux allures de dessins enfantins. Les archéologues les ont classés en six catégories (« personnages », « animaux », « figures superposées », « figures aux yeux entourés », « yeux entourés », « figures simples »), sans pouvoir préciser à quels mythes et légendes ils se rattacheraient. Tout juste se hasardent-ils à leur attribuer une signification religieuse.
À l'entrée, un ensemble de panneaux retrace l'histoire des Arawaks jusqu'à leur anéantissement par les Caraïbes : mode de vie, coutumes alimentaires, comportement social, rites d'initiation... et dresse le bilan des travaux archéologiques récents en Guadeloupe et sur les îles qui en dépendent. Si la nécessité de mener des fouilles sur les sites à pétroglyphes est apparue à certains dès 1920, il a fallu attendre 1994 pour qu'une véritable campagne soit lancée ; une opération fructueuse qui a aussi permis de découvrir des traces d'activité et d'habitat.

TROIS-RIVIÈRES

Outre son intérêt historique, le parc séduira par son cadre. Un circuit pédestre serpente entre les goyaviers, les calebassiers, les avocatiers, les mombins, les corossoliers, et sur la partie haute parmi les figuiers maudits identifiables à leurs puissants contreforts. D'énormes blocs, vestiges d'une coulée d'andésite échappée du volcan de la Madeleine (âge : 800 000 ans), forment un impressionnant chaos rocheux.

ENVIRONS

Embarcadère pour les Saintes, à Bord de Mer – *1 km au Sud de Trois-Rivières. Parking payant.* Quelques snacks pour se désaltérer ou casser la croûte au retour des Saintes.

Roche gravée

Plage de Grande Anse – *Prendre la route de Vieux-Fort.* Longue et large plage de sable noir, dans un joli site, avec vue sur les Saintes et petit parking ombragé. Mais la mer houleuse et la proximité de la route contrebalancent ces atouts. Possibilité de restauration.

Domaine de VALOMBREUSE★★ (Parc floral de la Guadeloupe)

Basse-Terre – Carte « Les plus beaux sites », p. 12, **DK**

Inauguré en 1990, ce parc botanique, véritable éden à la végétation exubérante, renferme plus de 300 espèces de plantes à fleurs, arbres et arbustes originaires de milieux tropicaux et subtropicaux.

VISITE

Direction Grande-Savane. En venant de Pointe-à-Pitre par la N 1, avant d'arriver à Petit-Bourg, tourner à droite après le pont sur la rivière Lézarde, puis suivre la signalisation du Parc floral sur 5 km.

Un plan distribué à l'entrée permet de se repérer parmi les 5 ha du domaine. Chacun peut ainsi parcourir les allées au gré de sa fantaisie, découvrant au hasard du parcours fougères bleues, orchidées de terre, tibouchinas, ixoras, bégonias, alpinias... Crotons et philodendrons, qui végètent dans les appartements métropolitains, atteignent ici la taille de véritables arbres. À proximité des serres de plantes

---

POUR APPRÉCIER PLEINEMENT LE PARC FLORAL

Restauration

Le Pipirite *(Valeur sûre)* – ☎ *05 90 95 50 50*. Ouvert le midi seulement. Dans un cadre végétal unique, au calme à peine troublé par le gazouillis des grosbecs, sucriers ou tourterelles, ce restaurant dont la terrasse domine un petit cours d'eau propose la dégustation de spécialités locales : court-bouillon de poisson, ouassous, lambis... À la carte, entrée-plat-dessert à partir de 26 €. Possibilité de menu pour les groupes. Réservation recommandée le week-end.

Achat de fleurs

En fin de parcours, une boutique vend des confiseries et divers souvenirs, mais c'est à l'accueil que s'effectuent les achats de balisiers, roses de porcelaine et autres anthuriums ; on peut, au choix, les emporter avec soi ou les faire livrer par Chronopost. *www.valombreuse.com/boutique*

Domaine de VALOMBREUSE

Dans les allées du parc

vertes et orchidées sont rassemblés tous les condiments et épices qui font le raffinement de la cuisine locale, comme la noix de muscade, le piment-oiseau, l'anis étoilé ou le mapou-baril.

À quelques pas de là, un espace est consacré aux très nombreuses espèces de palmiers ; on apprend à distinguer le latanier au port en éventail, le petit cycas, le palmier à huile, le palmier royal, le palmier triangulaire...

Dans une immense volière, quantité d'oiseaux multicolores volent en tous sens ou se dissimulent derrière d'épaisses frondaisons ; pour les observer à loisir, il faut s'éloigner des groupes de visiteurs trop nombreux et ensuite s'imposer un calme absolu. À l'extérieur des grillages, par contre, aucune difficulté pour obtenir que des dizaines de colibris cabotins se livrent sans s'effaroucher aux séances de photos ! La partie la plus encaissée du parc (attention à ne pas glisser par temps humide) a conservé sa couverture forestière ombrophile, dans laquelle on peut pénétrer grâce à de petits sentiers (près de la rivière notamment). Halte possible au restaurant.

PROVERBES CRÉOLES

La sagesse populaire se moquant des kilomètres, on peut parfois s'amuser à chercher, derrière la formulation propre aux Antilles, les équivalents métropolitains de ces dictons.

Pa fe bouden avan ou tjwé kochon.
Il ne faut pas faire le boudin avant d'avoir tué le cochon.

An bateau coulé pa empêché lé zautes navigué.
Un bateau coulé n'empêche pas les autres de naviguer.

Ravète pa janmain ni raison douvant poule.
Le ravet (cafard) n'a jamais raison face à la poule.

Manman makak pa ka janmain di ich li lèd.
Mère-singe ne dit jamais que son enfant est laid.

Tiré chik an piè neg i ka mandé'w kous-kouri.
Quant tu as ôté les tiques des pieds du nègre, il te défie à la course.

An caille sans iches cé an jadin sans fleurs.
Une maison sans enfants c'est un jardin sans fleurs.

Zaffai nègue pa zaffai béké ou encore *zaffai cabrit pa zaffai mouton.*
Les affaires du nègre ne sont pas les affaires du béké (ou) les affaires du cabri ne sont pas les affaires du mouton.

Vant plen dit : « korossol si ! »
Ventre plein dit que les corossols sont acides.

Femme sans quimbois cé en paquet longnon sans zépices.
Femme sans quimbois (sortilège) c'est un paquet d'oignons sans épices.

Tout manjé bon pou manjé, tout paròl pa bon pou di.
Tout repas est bon à prendre, mais toute parole n'est pas bonne à dire.

Saint-Barthélemy
Saint-Martin
(Sint Maarten)

Île de SAINT-BARTHÉLEMY ★

Carte « Les plus belles îles », p. 11, R
5 043 habitants (les Saint-Barthéleminois) – 25 km²

Nom caraïbe : Ouanalao

Située à 30 km au Sud-Est de Saint-Martin et à 175 km au Nord-Ouest de la Guadeloupe dont elle dépend administrativement, Saint-Barthélemy, longue de 8 km et large de 3 km au maximum, se range parmi les îles basses et faiblement arrosées des Petites Antilles, au paysage marqué par l'aridité. Sa population clairsemée et longtemps repliée sur elle-même, composée à 95 % de Blancs, a longtemps su maintenir de fortes traditions et un rythme de vie propre. Alliant plages de rêve, charme suranné et ambiance sécuritaire, Saint-Barthélemy s'est peu à peu affirmée comme destination touristique de luxe et vit, en conséquence, des bouleversements profonds.

LE SUCCÈS APRÈS L'OUBLI

Parmi les mornes assoiffés – Saint-Barthélemy a hérité de son origine volcanique un paysage tourmenté de mornes abrupts, bien que peu élevés : le morne du Vitet, sommet de l'île, culmine à 281 m. Les plaines sont inexistantes. Sur la côte, très découpée, surtout dans la partie orientale, alternent les pointes rocheuses et les anses de sable fin. La végétation, hormis quelques bosquets de cocotiers, lataniers et frangipaniers en bordure des plages, consiste en broussailles, cactées et maigres savanes. En l'absence de source, Saint-Barthélemy s'approvisionne en eau potable grâce à des citernes et à une usine de dessalement de l'eau de mer. L'agriculture n'est pas à son aise : la canne à sucre, en particulier, n'y a jamais prospéré, tenant l'île à l'écart de l'esclavage. C'est pourquoi les Noirs et mulâtres sont aujourd'hui très faiblement représentés parmi les Saint-Barths'.

Normande et bretonne, puis suédoise – Les premiers Français qui, à partir de l'île de Saint-Christophe (Saint Kitts), tentèrent en 1648 de s'établir durablement à Saint-Barthélemy étaient originaires de Normandie. Rapidement massacrés par les Caraïbes, ils furent remplacés par des paysans normands et bretons. En 1784, Saint-Barthélemy est cédée par le roi Louis XVI à la Suède, en échange d'un droit d'entrepôt dans le port de Göteborg. Une ère de prospérité s'ouvre pour l'île dont le chef-lieu, Gustavia, devient un port franc ; des milliers de navires s'y précipitent pour remplir leurs soutes

Rade de Gustavia

Île de SAINT-BARTHÉLEMY

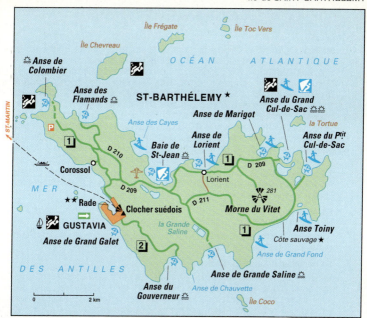

avec toutes sortes de marchandises. Cependant les colons français, repliés dans les collines, ne profitent guère de ce pactole ; le déclin du trafic après 1820, essentiellement dû au remplacement des voiliers par des bateaux à vapeur qui préfèrent rallier l'Amérique par la route du Nord, ne les concerne donc pas. Les commerçants suédois, par contre, menacés de faillite, finissent par quitter Saint-Barthélemy qui sera rattachée à la France en 1878.
Si le port des « calèches » et autres quichenottes se confine désormais aux manifestations folkloriques, l'apparence physique des « Saint-Barths' », souvent blonds aux yeux clairs, leur accent, l'usage de quelques mots de patois issus de nos vieilles provinces, leur abord austère et leur tempérament réservé viennent toujours rappeler avec force leurs origines, dont ils tirent beaucoup de fierté. Le référendum organisé en 1878 donna 350 oui au rattachement à la France contre un seul non ! Incluse en 1946 dans le département de la Guadeloupe dont elle forme un canton, l'île considère depuis avec méfiance tout projet d'évolution du statut des DOM susceptible de l'éloigner de la France métropolitaine.

Éden tropical – Après son rattachement à la France, Saint-Barthélemy vécut oubliée de tous, et en premier lieu de la métropole qui délégua sur place, pour toute représentation de l'État, un unique gendarme. La Prohibition aux États-Unis relança timidement l'activité du port franc et fit renaître la prospérité. L'arrivée en 1937 d'un Hollandais entreprenant, Rémy de Haenen, allait définitivement infléchir la destinée de ce petit bout de terre. Haenen organise, pendant la Seconde Guerre mondiale, le ravitaillement d'autres îles antillaises, puis, après 1945, ouvre Saint-Barthélemy au tourisme. Un aéroport et le premier hôtel, l'Eden Rock, sont construits sur la baie de Saint-Jean. En quelques années, le paisible écueil devient le rendez-vous de la « jet-set » internationale. Les Rothschild, les Rockefeller, Greta Garbo, Rudolf Noureïev, Mick Jagger, Eddy Barclay et la bande des « Tropéziens », la princesse Caroline de Monaco vont bâtir la réputation de cet éden tropical, expression du rêve exotique pour portefeuilles bien garnis. Saint-Barthélemy, malgré la démocratisation du voyage aérien, est en effet demeuré une destination « branchée » s'adressant prioritairement, avec ses hôtels luxueux et ses enseignes de marques prestigieuses, à une clientèle aisée sinon véritablement fortunée.

Enchantement sous-marin – Un autre atout de Saint-Barthélemy, plus récemment révélé, est l'abondance et la variété de sa faune sous-marine : 83 espèces de poissons recensées, et présence de 42 des 54 espèces de coraux connues en Guadeloupe et Martinique. Des sites de plongée tels que l'anse de Colombier, le récif de Grand Cul-de-Sac ou l'île Chevreau offrent de somptueux spectacles aquatiques.
Prenant conscience de cette richesse, le ministère de l'Environnement a décidé, en octobre 1996, la création d'une réserve naturelle marine de 1 200 ha répartis en cinq zones, dont certaines bénéficiaires d'une protection intégrale.

SAINT-BARTH' PRATIQUE

Accès

Par les airs – Plusieurs liaisons par jour entre Pointe-à-Pitre et Saint-Barthélemy avec **Air Caraïbes** (☎ 05 90 82 47 00), durée du vol 50 mn, compter entre 250 et 272 €. Nombreux vols quotidiens au départ de Saint-Martin (Princess Juliana Airport) avec Air Caraïbes, **Saint Barth Commuter** (☎ 05 90 27 54 54) et **Windward/Winair** (☎ 05 90 27 61 01). Occupant la minuscule plaine de la Tourmente, un des deux sites à peu près plats de l'île, l'aéroport constitue une vraie curiosité. L'atterrissage y est particulièrement spectaculaire, les avions passant en rase-mottes au-dessus d'une colline, puis de la route, avant de plonger vers la piste qui mesure seulement 600 m de long. Cet exercice d'acrobatie aérienne est susceptible de procurer quelques émotions, mais pas d'inquiétude car seuls des pilotes spécialement brevetés sont autorisés à y atterrir.

Par bateau – Plusieurs navettes quotidiennes (durée du trajet aller : 45 mn à 1 h 30) au départ de Saint-Martin ; **Oyster Lines** au départ d'Oyster Pond (45 mn, 23 €), **Voyager** au départ de Marigot (1 h 30, 39 €).

Formalités

Les voyageurs membres de l'Union européenne doivent présenter leur carte d'identité à l'arrivée. Le passeport est conseillé pour ceux qui souhaiteraient visiter les îles anglophones voisines.

Se déplacer à Saint-Barthélemy

Voitures – Saint-Barthélemy est le royaume des petits 4X4, bien adaptés au terrain et au climat de l'île, mais la « mini-Moke » tend à disparaître pour des raisons de sécurité ; agences de location dans et autour de l'aéroport. Vitesse limitée à 45 km/h ; attention aux nombreux dos d'âne. Il n'y a que deux stations-service (la plus pratique est située face à l'aéroport, distribution 24 h/24 par carte de crédit), mais l'essence est bon marché. **Budget**, ☎ 05 90 27 66 30, **Tropical All Rent** à Gustavia, ☎ 05 90 27 64 76.

Scooter – Location de deux-roues : **Chez Béranger**, *Gustavia*, ☎ 05 90 27 89 00 ; **Méca Moto**, *rue Courbet, Gustavia*, ☎ 05 90 29 72 28.

Stop – Pratique très répandue sur l'île, même de la part des habitants.

Taxi – Assez cher et à la course (tarification fixée par arrêté) ; se mettre d'accord sur le prix avant de partir. Aéroport : ☎ 05 90 27 75 81. Port : ☎ 05 90 27 66 31.

Information touristique

Office municipal du tourisme de Saint-Barthélemy – *Quai du Général-de-Gaulle, Gustavia*, ☎ 05 90 27 87 27 ; propose des découvertes de l'île en minibus et taxis. Ouvert de 8 h 30 à 12 h 30 et de 14 h à 17 h 30 (17 h le vendredi) du lundi au vendredi.

Guide Internet : www.stbarth.fr

Centre d'informations et de réservations touristiques – **Caraïbes Welcome**, ☎ 05 90 27 82 54.

Poste – **À Gustavia**, *rue Jeanne-d'Arc-rue du Centenaire*, ☎ 05 90 27 62 00 ; ouverte de 8 h à 15 h, de 8 h à 12 h le mercredi et le samedi – **À Saint-Jean**, dans la galerie commerciale à côté de l'aéroport, ☎ 05 90 27 64 02 ; ouverte de 8 h à 14 h, de 7 h 30 à 11 h le mercredi et le samedi.

Hébergement

Manoir de Saint-Barthélemy *(À bon compte)* – *Lorient, à 100 m de la plage*, ☎ 05 90 27 79 27, fax 05 90 27 65 75. La maison d'hôtes adossée au morne est une véritable demeure normande du 17e s., transportée par bateau dans les années 1980, puis reconstruite à Saint-Barthélemy. Vous logerez dans de douillettes maisonnettes de style normand, décorées à l'ancienne et équipées d'une cuisine. Accueil très attentionné. Chambre double à partir de 47 € en basse saison et de 62 € en haute saison.

Sunset Hôtel *(Valeur sûre)* – *Rue de la République, Gustavia*, ☎ 05 90 27 77 21, fax 05 90 27 81 59. Petit établissement de deux étages, situé à l'entrée de la ville. Le long balcon et certaines chambres donnent sur la magnifique rade de Gustavia. Chambres colorées, simples et confortables. Chambre double à partir de 69 € en basse saison et de 87 € en haute saison, tarif réduit pour un séjour d'une semaine.

Auberge de la Petite Anse *(Valeur sûre)* – *Entre l'anse de Colombier et l'anse des Flamands*, ☎ 05 90 27 64 89, fax 05 90 27 83 09. Joli site, très calme ; quelques bungalows sont perchés sur les rochers à proximité de la plage des Flamands. Bungalow deux personnes : environ 68 € en basse saison, 118 € en haute saison.

Tropical Hôtel *(Une petite folie !)* – *Baie de Saint-Jean*, ☎ 05 90 27 55 67, fax 05 90 27 81 74. Une vingtaine de chambres sont disposées dans de mignons bungalows de style créole, entourés d'un jardin verdoyant et fleuri. La somptueuse baie de Saint-Jean vous tend les bras. Piscine, restaurant. Chambre double avec petit déjeuner à partir de 120 € en basse saison et de 175 € en haute saison.

Île de SAINT-BARTHÉLEMY

Saint Barths Beach Hotel *(Une petite folie !)* – Au Grand Cul-de-Sac, ☎ *05 90 27 60 70, fax 05 90 27 75 57. www.saintbarthbeachhotel.com.* Villas et chambres avec terrasse sur la plage. Piscine, tennis, restaurant de qualité ouvert midi et soir. Chambre double : 144 € en basse saison, 249 € en haute saison.

Se restaurer, prendre un verre

La Marine *(Valeur sûre)* – *La Pointe (rive Ouest du port), Gustavia,* ☎ *05 90 27 68 91.* Ouvert tous les jours midi et soir. Bar-restaurant où se retrouvent les gens de mer. On y déguste poissons et fruits de mer. À la carte, 32 €.

Le Select *(Valeur sûre)* – *Rue de la France, Gustavia,* ☎ *05 90 27 86 87.* Du lundi au samedi de 10 h à 23 h, le dimanche à partir de 14 h. Ouvert en 1949, le Select est le plus ancien bar de Saint-Barthélemy ; il constitue depuis 50 ans, le lieu de rendez-vous musical et animé des Saint-Barthéleminois. On sirote un planteur, un ti-punch ou une autre boisson, dans l'agréable jardin ombragé ou en salle. Carte de snack.

L'entra'cte *(Valeur sûre)* – *Sur un des quais de Gustavia,* ☎ *05 90 27 70 11.* Ouvert tous les jours du matin jusqu'à minuit. Bar proposant aussi des pizzas et quelques plats. Musique latino, ambiance assurée.

Le Toiny *(Une petite folie !)* – *Côte sauvage, Anse Toiny,* ☎ *05 90 27 88 88.* Un des hôtels les plus luxueux de l'île, accueillant fréquemment, dans ses splendides et intimes villas, des célébrités du monde entier. Si vous souhaitez approcher les lieux et profiter de la vue envoûtante sur la côte sauvage, pourquoi ne pas vous offrir le buffet du dimanche midi ? (salades, viandes froides, saumon, etc.). 32 €, de 12 h à 14 h 30. Réservation préférable.

Location de bateaux, excursions maritimes, pêche

Ocean Must, *la Pointe Gustavia,* ☎ *05 90 27 62 25 ;* **Nautica** *à Gustavia,* ☎ *05 90 27 56 50 ;* **Marine Service** (bateau à fond transparent), *rue Jeanne-d'Arc,* ☎ *05 90 27 70 34.*

Sports nautiques

Plongée – **Saint Barth Diving Center**, *rue Jeanne-d'Arc, Gustavia,* ☎ *05 90 27 70 34 ;* **Saint-Barth Plongée,** ☎ *05 90 27 54 44 ;* **West Indies Dive,** ☎ *05 90 27 70 34.* Excursions de plongée palmes-masque-tuba chez **Marine Service** *(adresse et téléphone, voir ci-dessus).*

Surf – *Anse des Cayes, anse de Lorient, anse Toiny et anse de Grand Fond sont les meilleurs sites ; plus à l'abri : anse de Marigot, anses du Grand et du Petit Cul-de-Sac.*

Planche à voile – *Anse du Grand Cul-de-Sac* (**Wind Wave Power**, *hôtel Saint Barths Beach,* ☎ *05 90 27 82 57*)*, baie de St-Jean* (**St-Barth Water Play**, ☎ *05 90 27 32 62*)*.*

Achats

La faible taxation des marchandises, limitée à 4 % de leur valeur, rend attrayants les prix des alcools, cigarettes, montres, magnétoscopes, appareils photos, vêtements, bijoux, parfums... Cependant, la douane veille hors de la zone franche, et il vaut mieux se renseigner avant tout achat.

Parmi les produits de l'artisanat local, le travail de la fibre de latanier est le plus représentatif : sets de table, paniers, panamas, capelines ; la technique de confection dite « tresse fine à jour », encore appliquée à Corossol *(voir ci-après)* est la plus traditionnelle.

Voilier dans la baie de Saint-Jean

GUSTAVIA

Le chef-lieu de l'île, qui compte moins de 2 000 habitants, s'appelait Carénage avant la cession de Saint-Barthélemy à la Suède ; il fut rebaptisé Gustavia en l'honneur du souverain Gustave III et conserva ce nom après le départ des Suédois.
Blottie dans sa magnifique **rade**★★ rectangulaire où mouillent les plus beaux voiliers qu'il se puisse imaginer, Gustavia offre aussi l'attrait de ses petites maisons de bois propres et colorées dont la hauteur, comme partout ailleurs dans l'île, ne devrait jamais excéder... celle d'un palmier ! Les vestiges architecturaux sont cependant rares dans cette bourgade plusieurs fois ravagée par des cyclones, et en grande partie détruite par un incendie en 1852 ; on y fait surtout halte pour flâner dans ses ruelles ou autour du port, « lécher » les vitrines des magasins de luxe, siroter un rafraîchissement à la terrasse d'un café et rechercher, dans l'impression de netteté et l'allure pimpante du centre-ville, des vestiges de la parenthèse suédoise.

Clocher suédois

Musée ⓥ – *Rue Schœlcher.* Aménagé dans un entrepôt de la période suédoise, Wall House, il renferme quelques documents intéressants sur l'île et ses habitants : objets amérindiens, embarcations et matériel de pêche, maquettes de maisons traditionnelles, costumes « au vent » et « sous le vent ».

Clocher suédois – Coquet campanile en bois et pierre, seul vestige d'une église détruite par un cyclone. De ce belvédère, **vue**★ superbe sur la rade de Gustavia et l'île de Saint-Martin.

TOUR DE L'ÎLE

Au départ de Gustavia, circuit dans le sens des aiguilles d'une montre.

Corossol – Ce village de pêcheurs serait le sanctuaire des traditions de Saint-Barthélemy, en particulier par la qualité de ses vanneries en fibres de latanier. Les traditions se perdant, Corossol n'est plus aussi attractif qu'autrefois.

Anse de Colombier – *Garer la voiture sur le parking et emprunter, à droite, le sentier en pente ; 20 mn pour descendre, 30 mn pour remonter.* Très belle plage ombragée de cocotiers et inscrite dans un **site**★★ sauvage qui a séduit la famille Rockefeller, propriétaire d'une résidence à la pointe de Petit-Jean. Les bateaux de plaisance apprécient également cette anse abritée d'où la vue s'évade vers Saint-Martin.
Beaux fonds sous-marins à observer dans les parages des deux pointes.

Anse des Flamands – Grande plage de sable fin moins abritée que la précédente (les vagues assez fortes peuvent mettre en danger les personnes non aguerries), bordée de cocotiers et occupée par quelques maisons et un hôtel. Elle fut l'une des plus touchées par le cyclone Luis en 1995.
Observation des fonds sous-marins autour de la pointe qui sépare l'anse des Flamands de la Petite Anse.

Baie de Saint-Jean – Avec son sable blanc et l'harmonieuse courbe en demi-lune de son rivage, elle serait la plage « carte postale » par excellence si elle ne se situait dans l'axe de la piste de l'aéroport. À découvrir pour la splendeur du **site**★★ ; certains trouveront, de plus, insolite le fait de bronzer en se divertissant du ballet acrobatique des avions. Plusieurs restaurants, centres commerciaux, et un club de planche à voile sur place.

Anse de Lorient – Le village de Lorient, où s'établirent les premiers colons français en 1648, mérite une halte pour son **cimetière** égayé de centaines de fleurs multicolores... toutes artificielles en raison du manque d'eau ; à côté, l'**église Notre-Dame-de-l'Assomption** est aussi remarquable par son couvrement en charpente et son autel ouvragé.
Le vent et les fonds rocheux proches du rivage limitent un peu le plaisir de la baignade sur la plage de l'anse. Cependant, l'observation des fonds sous-marins est intéressante face à la pointe située à l'Ouest.
Possibilités d'hébergement et de restauration sur place.

Île de SAINT-BARTHÉLEMY

Anse des Flamands

Morne du Vitet – *Petite route à droite, moins de 1 km après Lorient ; la fin du parcours s'effectue à pied.* Le point culminant de l'île, couvert d'une végétation d'épineux et de cactées dont les célèbres « têtes à l'Anglais », offre des points de vue étendus sur l'enchevêtrement des mornes abrupts et les contours de l'île.

Anse de Marigot – Plage de sable blanc entourée d'une végétation xérophile et dominée par quelques maisons, bien protégée mais aux eaux assez troublées. Pas de possibilité de restauration sur la plage même.
Le hameau de Marigot compte quelques spécimens de « cases à vent », type d'architecture caractéristique de la côte au vent conçu pour résister aux cyclones *(voir illustration au chapitre de l'Art – Éléments d'architecture).*

Anse du Grand Cul-de-Sac – **Site★★** féerique dont la découverte, en venant par l'Ouest, est à couper le souffle. Une flèche de sable barre la baie et sépare une lagune saumâtre de la mer dont les teintes évoquent les lagons polynésiens. Les vagues se brisent avec nonchalance sur une ligne de récifs coralliens (beaux fonds à observer) ; l'îlot de la Tortue ferme la perspective vers le large.
La plage, bordée de bungalows hôteliers et essentiellement privative, est plus agréable dans sa partie Nord-Ouest, ombragée par la cocoteraie du luxueux hôtel Guanahani. Possibilités de restauration sur place. Centre de planche à voile.

Anse du Petit Cul-de-Sac – Une petite barrière de corail, une langue de sable, une lagune : la disposition est la même qu'au Grand Cul-de-Sac ; l'endroit est également bien protégé, mais moins grandiose. La plage est frangée d'une végétation basse et clairsemée, l'eau est chargée d'algues.

Anse Toiny – Plage étroite plongeant rapidement sous les flots, rivage en partie rocheux et présence de courants ; la baignade est dangereuse mais le site, avec en toile de fond la pointe à Toiny, mérite un arrêt ou une balade, et fait la joie des surfeurs.
Entre anse Toiny et anse Grand Fond s'étend la **côte sauvage★**, magistral littoral battu par les flots atlantiques. Au large de cette côte a lieu, une fois par an, le défilé des baleines. C'est ici, face à l'immensité océane et à la magie du souffle de l'alizé, sur une large terrasse en teck, que Rudolf Noureev trouvait l'inspiration de ses derniers ballets. Sa maison a été restaurée par une créatrice de charme, dans le respect et le culte de l'absent. La petite demeure ne se visite pas, mais vous pourrez l'apercevoir, du côté gauche de la route.

Anse de Grande Saline – Considérée comme la plus belle de l'île, elle est fréquentée par les naturistes. L'anse de Chauvette, immédiatement à l'Ouest, et l'île Coco, au large, sont réputées pour leur paysage sous-marin.

Anse du Gouverneur – *Accès par une route en cul-de-sac au Sud de Gustavia, au-delà de l'hôtel Carl-Gustav.* Dans un cadre naturel bien préservé, belle plage de sable blanc bordée de lataniers.

Anse de Grand Galet (Shell Beach) – *Au Sud de Gustavia.* Plage calme, couverte de coquillages, idéale pour les couchers de soleil.

Île de SAINT-BARTHÉLEMY

Entre réalité et légende : les flibustiers

Vers le milieu du 17ᵉ s., Saint-Barthélemy servait de repaire à des flibustiers français se livrant à la contrebande ou traquant les navires espagnols. Parmi ces écumeurs des mers, tantôt pirates, tantôt corsaires *(voir p. 73)*, figurait, au premier rang de la renommée, Montbars « l'Exterminateur », gentilhomme languedocien d'une incroyable audace, impitoyable avec ses ennemis, généreux avec ses hommes qui l'admiraient. La légende veut qu'avant de disparaître avec son navire et son équipage dans des conditions restées inexpliquées, Montbars ait dissimulé un trésor dans une grotte située à proximité de l'anse du Gouverneur, où d'aucuns espèrent encore le découvrir.
Ce truculent personnage aurait, en partie du moins, inspiré les créateurs de deux fameux pirates de fiction : *Rackham le Rouge* et le *Capitaine Crochet*.

Le pélican – « grand gosier » en créole – est l'emblème de Saint-Barthélemy et apparaît sur les armoiries de l'île. Excellent pêcheur, cet animal peu farouche et totalement muet arpente assidûment les quais au voisinage des bateaux de pêche.

Île de SAINT-MARTIN★★

SINT MAARTEN – Carte « Les plus belles îles », p. 11, R
28 524 habitants dans la partie française (les Saint-Martinois),
environ 35 000 dans la partie hollandaise – 88 km²

Nom caraïbe : Oualishi ou Sualouiga (Terre de sel)
Surnoms : The Friendly Island (L'île amicale) et La Belle Créole

Située à environ 200 km au Nord-Ouest de la Guadeloupe, Saint-Martin se présente fièrement comme la plus petite île du monde partagée entre deux États souverains. Français et Néerlandais y coexistent en effet très pacifiquement, comme l'atteste l'absence de poste frontalier. La partie française, au Nord, constitue, depuis 1946, à la fois une commune et un arrondissement de la Guadeloupe ; la partie hollandaise, au Sud, appartient aux Antilles néerlandaises dont le gouvernement central se trouve à Curaçao. À la fois volcanique et calcaire, l'île est formée de deux ensembles bien individualisés : la Grande Terre et la péninsule des Terres Basses. La Grande Terre présente un relief confus de mornes relativement escarpés, séparés par des dépressions qu'occupent parfois des étangs saumâtres.

La côte Nord-Est

Le climat assez sec convient à une végétation de savanes herbeuses ponctuées de cactus ou d'aloès, et parsemées de bosquets de manguiers ou de frangipaniers. Saint-Martin, paradis fiscal et port franc mué en « mecque » du shopping, éden tropical aux magnifiques plages de sable blanc, compte depuis une trentaine d'années parmi les hauts lieux du tourisme international.

DE SUALOUIGA À FRIENDLY ISLAND

Une longue présence amérindienne – L'île a été très tôt habitée par les Amérindiens. Depuis l'étude du site de Hope Estate, situé près de l'aérodrome de Grand-Case, l'arrivée des premiers groupes est datée vers 1600-1500 avant J.-C. Les découvertes archéologiques effectuées sur ce site *(visitable de janvier à mars, s'adresser au musée « Sur la trace des Arawaks » à Marigot, décrit ci-dessous)* ont en effet remis en cause bien des idées reçues sur le peuplement initial des Petites Antilles.
Les pétroglyphes (pierres gravées) retrouvés ici et là sont attribuables, comme les *guayzas*, masques sculptés sur des conques de lambis, aux Arawaks. Les derniers occupants précolombiens furent les Caraïbes, exterminés vers le milieu du 16e s.
Contrairement à ce que colporte la légende, il est peu probable que Saint-Martin ait été découverte et baptisée par Christophe Colomb. Le 11 novembre 1493, jour de la Saint-Martin, l'Amiral croisa bien au large d'une terre au Nord d'Antigua, mais il devait s'agir plutôt de Nevis ou de Saint Kitts.

Origine d'une double identité – Au début du 17e s., Français, Hollandais, Espagnols et Anglais se disputèrent l'île, convoitée pour sa position stratégique et ses salines. En 1648, Français et Hollandais, restés seuls en lice, négocièrent le partage du territoire. La légende veut que deux coureurs, placés dos à dos sur une plage, se soient élancé en directions opposées pour accomplir le tour de l'île en suivant le rivage ; leur point de jonction fixa l'autre extrémité de la frontière. Comme la partie française occupe les deux-tiers de la superficie totale (54 km²), d'aucuns avancent que le Français aurait emprunté des raccourcis ou se serait dopé au bon vin de la métropole. Français et Hollandais revendiquèrent tour à tour et à maintes reprises la totalité de Saint-Martin, mais finirent toujours par respecter leurs engagements ; en 1817, la frontière fut définitivement établie, et dès lors l'entente cordiale régna entre les deux nations.

UN MELTING-POT TOURISTIQUE ET CULTUREL

L'île vécut relativement à l'aise, grâce au sel et à la canne à sucre, jusqu'à l'abolition de l'esclavage (1848 dans la partie française, 1863 côté hollandais), puis elle sombra dans une économie de subsistance, malgré son accession au statut de port franc en 1850.

Île de SAINT-MARTIN

Réveillée au début des années 1960 par un « boom » touristique, Saint-Martin attire depuis, en foule, les touristes européens et américains, comme les Antillais désireux de profiter des prix très avantageux offerts par ses magasins hors taxes. Les apports de capitaux originaires des États-Unis et les dispositions fiscales françaises en faveur des investissements immobiliers et hôteliers éclairent son avenir.

Riche et célèbre, Saint-Martin draine aussi inévitablement vers elle immigrants et aventuriers. Ainsi la partie française a-t-elle multiplié par quatre le nombre de ses habitants depuis 1982. À une population totale officiellement évaluée à 60 000 résidents environ s'ajoutent au moins 20 000 clandestins : Haïtiens, Dominicains, citoyens d'Antigua, etc. Dans cette île franco-hollandaise muée en véritable tour de Babel, on communique désormais essentiellement en anglais et les achats se règlent prioritairement en dollars américains ; seulement 20 % des résidents actuels sont nés sur place, et pas moins de 82 nationalités y cohabitent, parlant, outre l'anglais, le français et le néerlandais, le créole haïtien, l'espagnol de Saint-Domingue, le papiamento, etc.

Le papiamento

Dialecte typique des Antilles néerlandaises employé particulièrement dans les tractations d'affaires, le papiamento est originaire de Curaçao. À une base indo-portugaise se superposent des apports linguistiques néerlandais, anglais, espagnols et de plusieurs langues africaines. Le papiamento s'est répandu à Saint-Martin il y a une trentaine d'années, lorsque les immigrants des îles ABC (Aruba, Bonaire, Curaçao) ont afflué ; pour qui connaît l'une des langues qui le composent, l'espagnol notamment, il n'est pas très difficile à déchiffrer, du moins à l'écrit (il existe un quotidien édité en papiamento, *La Prensa*), comme en témoignent les quelques exemples suivants : *aki* signifie « ici », *kaya* « rue », *awa* « eau », *majan* « demain matin », *buki* « livre », etc.

SAINT-MARTIN PRATIQUE

Accès aérien – L'île est desservie par deux aéroports : Princess Juliana (*international Airport*, ☎ *00 599 54 54 224*) côté hollandais et l'Espérance (*aérodrome de Grand-Case*, ☎ *05 90 87 53 03*) côté français, et est reliée quotidiennement à la Guadeloupe et à la Martinique.
Taxe de sortie de 20 US$ à Princess Juliana Airport.
En France – Air France (plusieurs vols par semaine), ☎ *0 802 802 802*.
Aux Antilles – LIAT, ☎ *(00 599 54) 54 203* ; **Air Caraïbes**, ☎ *08 906 44 700* ; **Corsair/Nouvelles frontières**, ☎ *05 90 87 27 79* ou *54 344* ; **Air France**, ☎ *05 90 51 02 02* ou *54 212* ; **KLM**, ☎ *54 344* ; **Winair**, ☎ *52 568* ; **Caribbean Star**, ☎ *52 570* ; **American Airlines**, ☎ *52 040*.
Saint-Martin est en outre une base très commode de laquelle, grâce à l'excellente desserte de Princess Juliana Airport, il est aisé de partir à la découverte de plusieurs îles des Petites Antilles : Saint-Barthélemy bien sûr, mais aussi (liaisons assurées par les compagnies LIAT et Winair, coordonnées ci-dessus) Saba, Sint Eustatius, Saint Kitts et Nevis, Montserrat et les Îles Vierges (Saint-Thomas, Tortola).
Pour se rendre à Anguilla, le plus simple est de prendre le bateau à Marigot.

Accès maritime
Port de Marigot – Bateaux pour Anguilla, Saint-Barthélemy et Saba. Pour **Anguilla**, départ toutes les 1/2 h, de 8 h à 17 h 40 ; retour également toutes les 1/2 h, de 7 h 30 à 17 h 20 et deux trajets en soirée, à 18 h 15 et 19 h. AR : 20 US$, augmentés d'une taxe de 2 US$ dans chaque sens. Durée de la traversée : environ 20 mn. Pour **Saint-Barthélemy**, départ à 9 h tous les jours et à 18 h 15 tous les jours sauf le mercredi. AR : 52 €. Pour **Saba**, départ le mardi à 8 h 45. AR : 55 €.

Informations touristiques
Tourism Office – À Princess Juliana Airport. Informations communiquées en anglais, ☎ *54 211*.
Tourism Office – À Philipsburg. Whatey Square, Front Street, ☎ *22 337*.
Bureau de l'Office de tourisme – *À Marigot (près du musée), route de Sandy Ground*, ☎ *05 90 87 57 21*, fax *05 90 87 56 43*. Ouvert du lundi au vendredi de 8 h 30 à 13 h et de 14 h 30 à 17 h 30, le samedi de 8 h à 12 h. E-mail : sxmto@aol.com .www.st-martin.org

Circulation – Conduite à droite.
Voitures – Toutes les agences de location de voitures sont regroupées à l'aéroport de Juliana. **Avis**, ☎ *52 847* ; **Budget**, ☎ *54 030* ; **Fortuno Car Rental**, ☎ *23 893* ; **Sunshine Car Rental**, ☎ *54 021* ; **Hertz**, ☎ *54 541*.

Île de SAINT-MARTIN

Scooters – À Marigot, à côté du musée, **Eugène Moto**, ☎ 05 90 87 13 97. À Grand-Case, 6, boulevard de Grand-Case. À Baie Nettlé, galerie commerciale, face à l'hôtel Laguna Beach, **Rent A Scoot**, ☎ 05 90 87 20 59.

Bus – Les mini-bus, de couleur blanche, fonctionnent de 7 h à 21 h ; ils font régulièrement le trajet AR Philipsburg-Marigot-Grand-Case. Grand-Case-Marigot : 1 US$, Marigot-Philipsburg : 1,5 US$.

Argent – L'euro et le florin des Antilles néerlandaises (ANG) sont acceptés respectivement dans les parties française et néerlandaise de l'île ; cependant, le dollar américain est la monnaie d'échange la plus courante. Les cartes Visa, Mastercard et American Express sont admises dans la plupart des établissements.

Achats – Saint-Martin est le principal marché franc de la mer des Antilles. Les magasins hors taxes (pas de droits de douane ni de TVA), regroupés principalement à Philipsburg et Marigot (plus de 200 magasins, rien que dans la partie française), proposent des alcools, des cigares (La Havane n'est pas loin), des bijoux, des vêtements, de la maroquinerie, des parfums, des appareils photos et caméscopes, des téléviseurs, magnétoscopes, jeux vidéo, du matériel hi-fi et électro-ménager... Toutes les grandes marques sont représentées.
Le marché traditionnel le plus animé et le plus coloré est celui de Marigot. Une des spécialités de l'île est le Guavaberry, liqueur à base de fruit et de rhum.

Téléphone – Pour appeler la partie hollandaise depuis la partie française, composer le 00 599 54 avant le numéro du correspondant. Pour joindre la partie française depuis la partie hollandaise, faire le 00 590 590 avant le numéro du correspondant. Pour téléphoner de France dans la partie française, procéder comme pour la Guadeloupe.

Poste – À Marigot, Baie Nettlé, Howell Center et Grand-Case. Côté hollandais à Philipsburg.

Urgences – **Pompiers**, ☎ 05 90 87 50 08 ; **gendarmerie**, ☎ 05 90 87 50 10 ; hôpital, ☎ 29 57 57.

Courant électrique – 220 volts et prises à fiches rondes en territoire français, 110 volts et prises à fiches plates côté néerlandais.

Jours fériés particuliers
– 30 avril : Coronation Day (Jour de la reine, partie hollandaise).
– 11 novembre : Concordia Day ou Sint Maartens Day (fête de l'île, anniversaire de sa découverte supposée et commémoration du traité de 1648).
– 15 décembre : Kingdom Day (fête nationale, partie hollandaise).
– 26 décembre : Boxing Day.

Plongée sous-marine

Leeward Islands Divers – À Simson Bay. Simson Bay Yacht Club, ☎ 42 262.

Octopus – Grand-Case, ☎ 05 90 87 20 62.

Hébergement

Hévéa (À bon compte) – 163, boulevard de Grand-Case, ☎ 05 90 87 56 85, fax 05 90 87 83 88. Établissement intime de style colonial aménagé dans une vaste maison créole restaurée ; 3 chambres, 3 studios et 3 appartements personnalisés et décorés avec goût. Il suffit de traverser la rue, calme le soir à cet endroit, pour profiter de la plage de Grand-Case. Restaurant de gastronomie française, ouvert tous les soirs, sauf le lundi en basse saison. Chambre double à partir de 44 € en basse saison et de 61 € en haute saison.

Hôtel Panoramic Privilège (Valeur sûre) – Anse Marcel, ☎ 05 90 87 37 37, fax 05 90 87 33 75. Les chambres spacieuses de cet hôtel de standing disposent de terrasses privatives. Chambre double de 98 € à 118 € selon la saison.

Le Méridien L'Habitation (Une petite folie !) – Anse Marcel, ☎ 05 90 87 67 00, fax 05 90 87 30 38. Hôtel de luxe possédant tous les agréments liés à son rang ; vue sur le rocher de l'anse Marcel et Anguilla. Chambre double entre 168 € et 412 € selon la saison.

Restauration

Il y a un large choix de restaurants sur la marina et le front de mer à Marigot. Il est également possible de se restaurer avec un petit budget auprès des nombreux « lolos » installés en bordure de route ou dans les quartiers animés des agglomérations ; on y « boucane » des poulets, des travers de porc ou du poisson.

Malanga (Valeur sûre) – 103, boulevard de Grand-Case, ☎ 05 90 27 47 96. Ouvert tous les jours midi et soir, fermé le mercredi en basse saison. Savoureux mélange de spécialités créoles de Saint-Domingue et des Antilles françaises : ragoût de porc aux mangues, blaff de vivaneau, christophines farcies, etc. que l'on apprécie dans une atmosphère chaleureuse rythmée de musique latino. Compter 18-23 €.

Île de SAINT-MARTIN

Marché de Marigot

Chez Martine *(Valeur sûre)* – À Grand-Case, ☎ 05 90 87 51 59. Ouvert tous les jours, le soir uniquement. Accueil et cuisine de qualité : poêlée de langouste aux agrumes, nid de tagliatelles aux saint-jacques et estragon, goujonnettes de mérou poêlées au beurre d'orange... Fait également hôtel (6 chambres tout confort). Réservation recommandée. Menu de la semaine à 22 € ; à la carte, compter 23 à 31 €.

L'Hibiscus *(Une petite folie !)* – À Grand-Case, ☎ 05 90 29 17 91. Ouvert le soir à partir de 18 h 30, fermé le dimanche en basse saison. Situé au Nord du village, ce restaurant propose une cuisine française aux délicieux accents antillais : parmentier de langouste et purée de pommes douces au bois de santal, escalope de foie gras chaud au sirop d'hibiscus acidulé au maracudja, blanc-manger coco aux fraises et son nectar à la poudre d'iris. Menu langouste à 40 €.

Le Bec Fin *(Une petite folie !)* – 119, Front Street, Philipsburg, ☎ 22 976. Ouvert de 8 h à 18 h, fermé le dimanche en haute saison ; on parle français. Petits déjeuners et déjeuners sont servis « les pieds dans l'eau » et dans un décor du 18e s. ; cuisine française adaptée aux tropiques, dont la roulade de poulet farci au lambi sauce mangue et les filets de canard marinés.

Captain Oliver's *(Une petite folie !)* – À Oyster Pond, ☎ 05 90 87 30 00. Ouvert tous les jours midi et soir. Restaurant sur pilotis avec terrasse panoramique ; vue sur la marina et Saint-Barthélemy. Cuisine française, poissons et crustacés. Buffet le samedi soir à 33 US$ (comprenant la langouste), le dimanche midi à 25 US$. À la carte, compter 40 US$.

Le Santal *(Une petite folie !)* – Baie Nettlé, ☎ 05 90 87 53 48. Ouvert uniquement le soir. Restaurant de qualité ; cadre feutré, avec vue sur la mer. Spécialité de langoustes : velouté de langouste aux émincés de palourdes poêlées, queues de langoustes au sabayon de crustacés... À la carte, environ 76 €, boisson comprise.

PHILIPSBURG

Royaume de l'architecture « kitsch », des boutiques hors taxes et des salles de jeux, Philipsburg, fondée en 1733, constitue l'attrait essentiel de la partie hollandaise de Saint-Martin. La ville, qui s'est développée en longueur sur un cordon littoral, entre la mer et la saline de Great Bay Salt Pond, s'ordonne autour de deux rues parallèles au rivage : Front Street et Back Street.

★**Front Street** – Là se concentrent la plupart des boutiques *free tax (voir le carnet pratique)* et des salles de jeux ; ces dernières comprennent souvent deux parties : l'espace des machines à sous près de l'entrée, et vers le fond le casino, à l'atmosphère plus feutrée, celui où se déroulent les parties de black jack, canasta, etc. L'ambiance de la rue rappelle celle d'une discothèque et son architecture, dont l'excentricité est accentuée par l'emploi de couleurs criardes (le vert pomme rivalise avec le rose bonbon et le « fluo » triomphe), transporte le promeneur dans un parc d'attractions américain. L'influence antillaise se marque cependant par l'abondance de décors en bois découpé dits *gingerbread* (pain d'épice).

★**Court House** (palais de justice) – *Illustration p. 177.* Ce bâtiment vert et blanc, partiellement reconstruit en 1966 de manière à résister aux cyclones (les lattes de bois de l'étage supérieur et du beffroi habillent en fait une structure en béton), tranche par l'harmonie de ses couleurs et de ses formes avec le reste des constructions de Front Street. Au 19e s., il accueillait l'essentiel des administrations de la partie hollandaise de l'île et aujourd'hui, il abrite la cour de première instance.

Église méthodiste – Elle est entièrement construite en bois, y compris la toiture, recouverte d'essentes (tuiles en bois).

Tout au bout de la rue se dresse le **Passangraham Hotel**, ancien hôtel royal où séjournèrent maintes personnalités dont la reine Wilhelmine.

Parmi les ruelles perpendiculaires à Front Street, il faut flâner dans la clinquante **Old Street★**, avec ses grilles d'entrée et son décor de théâtre sur lequel veille un « château » peint de gros carreaux citron et orange, et dans **Village Street** dont les façades à pignons ouvragés s'inspirent du style flamand.

Back Street est moins spectaculaire et moins commerçante, mais tout aussi animée avec ses embouteillages de voitures, ses « boucans » autour desquels flotte une bonne odeur de viande grillée et sa cacophonie de rythmes convergeant de toute la Caraïbe.

Philipsburg – Front Street

★TOUR DE LA GRANDE TERRE

Circuit de 45 km à partir de Philipsburg – compter une journée. Suivre la N 7, direction Marigot.

Du petit belvédère aménagé au détour de la colline Cole Bay Hill, excellent **point de vue★** sur le Grand Étang Simsonbaai et la péninsule des Terres Basses.

Marigot – Le petit chef-lieu (environ 10 000 habitants) de la partie française de Saint-Martin vaut surtout pour son **marché**, plus touristique que maraîcher (objets artisanaux, T-shirts, etc.), qui se tient tous les jours sur le port. L'embarcadère des ferries pour Anguilla, Saint-Barthélemy et Saba est juste au Nord.
On peut aussi déambuler dans les rues (en particulier la rue du Général-de-Gaulle) où les boutiques hors taxes affichent des prix très attractifs ; remarquer, au passage, rue de la Liberté, la façade à décor de faïence.
Dans la journée, l'essentiel de l'animation se concentre dans le port et, le soir, à la marina où bars et restaurants sont souvent combles.

Musée de Saint-Martin, « Sur la trace des Arawaks » ⊙ – *Route de Baie Nettlé (D 208), face au parking de l'Auberge de Mer.* Ce petit musée plonge le visiteur dans l'univers des premiers habitants de l'île. Chaque culture y est identifiée par une production céramique caractéristique : archaïque, huécoïde, saladoïde. Les objets rassemblés dans les vitrines renseignent sur les techniques de travail du bois, de la pierre, du coquillage et de l'os. Quelques pièces retiennent particulièrement l'attention : *adornos* (anses de vases) à motifs zoomorphes, mystérieux trigonolithes dits « pierres à trois pointes », bijoux en pierres semi-précieuses ou nacre, etc. D'autres salles sont consacrées à l'histoire coloniale de Saint-Martin et à des témoignages (reproductions photographiques) de la vie quotidienne à Marigot au début du siècle.

Marina Port la Royale – Des restaurants de toutes catégories (saladeries, pizzerias, crêperies, mais aussi établissements servant une cuisine raffinée), où l'on peut venir dîner tard, des boutiques de produits de luxe et des galeries d'art sont regroupés autour de la petite rade.

Fort Saint-Louis – *Sur la colline au Nord de la ville.* De ce fort en ruine, belle vue sur Marigot, la baie Nettlé et Anguilla.

★**Point de vue du pic du Paradis** – *Au lieu dit Rambaud, tourner à droite.* La route, parfois en mauvais état, gravit sèchement *(utiliser l'avertisseur sonore dans les virages)* la pente du morne. Un peu avant le relais hertzien, un petit chemin de terre à gauche permet d'accéder à un point de vue panoramique sur la côte Est (Quartier d'Orléans, Baie Orientale), les îlets littoraux (Tintamarre, Pinel, Caye Verte) et Saint-Barthélemy. Le relais hertzien marque le point culminant de l'île (424 m). En le contournant le long du grillage, on parvient à un site avancé d'où l'on jouit d'une vue sur la partie occidentale de Saint-Martin (Terres Basses et baie Nettlé).

Revenir sur la N 7.

Grand-Case – Ce bourg, peut-être le plus authentique de l'île, est considéré à juste titre comme sa capitale gastronomique ; il faut absolument venir déjeuner ou dîner dans l'un de ses restaurants dont les chefs à l'imagination fertile inventent régulièrement de subtils mariages de saveurs *(voir le carnet pratique)*. Une longue plage orientée Nord-Ouest s'étend sur toute la longueur du village ; préférez la partie Nord, plus tranquille et plus spacieuse.

Le quartier populaire mérite également une visite.

Anse Marcel – *Après l'aérodrome, prendre la petite route à gauche ; tourner de nouveau à gauche 1,5 km plus loin.* La route franchit un col d'où se dégage un panorama embrassant l'île d'Anguilla au large. Cette anse magnifique bordée d'une plage de sable doré était encore totalement sauvage il y a une dizaine d'années. Elle abrite désormais un vaste complexe hôtelier, cinq restaurants et un port de plaisance *(voir le carnet pratique)*.

La plage se situe dans le périmètre de l'hôtel, mais les non-résidents peuvent y accéder *(s'adresser au gardien à l'entrée du domaine)*. Elle convient bien aux enfants, car la pente du rivage est faible, et les vagues douces.

Îlet Pinel – *Revenir sur ses pas et tourner à gauche à la première intersection. Aller jusqu'à l'étang de la Barrière. Des pêcheurs font traverser (trajet payant) jusqu'à l'îlet.* On aborde du côté des plages, qui attirent les amateurs de calme et les adeptes de la plongée masque-tuba. Sur la gauche, un baraquement ombragé sert des rafraîchissements (possibilité de restauration). Juste derrière débute une sente qui mène, à travers une végétation broussailleuse, sur la côte au vent de l'îlet, assaillie par les vagues atlantiques.

Revenir sur la N 7.

Baie Orientale (Orient Bay) – *Environ 1 km avant le Quartier d'Orléans.* Longue plage de sable fin très touristique et animée ; les adeptes du naturisme se regroupent du côté du Club Orient Naturist Resort. En retrait du rivage s'égrènent hôtels, restaurants, bars, boutiques d'articles de mode, paillotes proposant des activités nautiques (planche à voile, surf, plongée, jet-ski, ski nautique) et établissements louant transats et parasols : du Nord au Sud, Coco Beach, Waikiki Beach, Bikini Beach, Kakao Beach et Kontiki Beach, les trois dernières bénéficiant de zones de baignade protégées.

Pour les traversées vers Caye Verte, l'îlet Pinel ou l'île Tintamarre, s'adresser à Robert's Watersports, à côté du Club Orient, ou à Bikini Watersports, au centre de la plage.

Le site de la Baie Orientale et des îlets qui l'encadrent, classé Réserve naturelle sous-marine, est propice à la plongée.

Anse Marcel

Île de SAINT-MARTIN

De la plage, la vue s'étend à l'îlet Pinel, l'île Tintamarre, la Caye Verte et, au loin, à l'île de Saint-Barthélemy.

Tourner à gauche au Quartier d'Orléans. La route longe l'étang aux Poissons.

Étang aux Huîtres (Oyster Pond) – Partagé par la frontière séparant les parties française et hollandaise de Saint-Martin, ce port naturel admirablement protégé sert de mouillage aux bateaux de plaisance. Les versants qui l'encadrent sont piquetés d'une myriade de villas.

Dawn Beach – Plage de sable blanc baignée par une mer parfaitement limpide recélant de beaux fonds que l'on peut observer en s'équipant d'un masque et d'un tuba. Site également favorable pour la planche à voile. Rafraîchissements sur place.

Reprendre la même route ; au bout de celle-ci, tourner à gauche.

Guana Bay – *1 km avant Philipsburg, prendre à nouveau à gauche (Guana Bay Road) et passer le poste de sécurité. Au pied de la colline, tourner successivement à droite, puis à gauche.* Plage sans ombre, peu fréquentée, dont les vagues hautes et longues sont appréciées des surfeurs ; belle vue sur Saint-Barthélemy.

Retour à Philipsburg.

LES PLAGES AUTOUR DU GRAND ÉTANG DE SIMSONBAAI

Le Grand Étang est un vaste plan d'eau salée emprisonné entre deux cordons de sable reliant à la Grande Terre le bas-plateau calcaire des Terres Basses, région singulière parsemée de villas camouflées derrière des murs ou des haies de végétaux. De nombreuses plages frangent la péninsule.

Simson Bay – *Après le pont mobile.* Longue plage de sable blanc en demi-lune, dans un quartier résidentiel jouxtant l'aéroport.
Une dizaine d'épaves gisent au fond de la baie (dont le *Tiegland*, la *Belle Kinnie* et le *Kacha* coulés intentionnellement en 1994), pour le plus grand plaisir des plongeurs.

Maho Bay – *À l'extrémité occidentale de l'aéroport.* Large plage de sable blanc étincelant, très fréquentée bien que survolée par les longs courriers.
L'endroit est toujours animé en soirée et l'architecture « post-moderne » de ce petit mais rutilant quartier évoque les stations du Sud de la Floride.

Mullet Beach – *Accès à l'extrémité d'une enfilade d'hôtels ; route sur la gauche à l'entrée du Mullet Bay Resort.* Plage de sable blanc ombragée de palmiers et baignée par une eau véritablement émeraude. D'une avancée au-dessus des rochers, très belle vue sur Saba.

Cupecoy Bay – *Passer par l'Ocean Club, puis tourner à gauche. Se garer et suivre à pied le chemin.* Plage bordée de falaises calcaires. Attention : si les rochers abritent du vent, le ressac peut être vigoureux.

Baie Longue – *Accès par la piste côtière qui contourne les Terres Basses ; prendre le petit chemin à l'entrée de La Samanna Hotel.* La mer houleuse s'abat sur cette étendue de sable de près de 2 km de long, dépourvue d'ombre ; au large se profilent, de droite à gauche, les silhouettes de Saba, Sint Eustatius (Statia) et Saint Kitts.

Baie aux Prunes – *Également longée par la piste côtière.* Plage de sable fin bordée de raisiniers bord-de-mer, baignée par une mer plutôt agitée. Joli site de plongée avec masque et tuba dans les parages de la falaise des Oiseaux.

Baie Rouge – *Juste à l'Ouest de la baie Nettlé, au niveau d'un virage assez prononcé, s'engager sur le chemin de terre. Se garer et ne rien laisser à l'intérieur des véhicules.* Cette belle et large plage sans ombrage offre son sable doré aux assauts de vagues mugissantes. Beaux fonds marins à observer sur la droite.

Baie Nettlé – Le cordon littoral séparant la baie Nettlé du Grand Étang de Simsonbaai est colonisé par des établissements hôteliers qui ont aménagé, côté mer ou côté étang, des plages privatives.

Quelques étapes du développement de Saint-Martin :
1917 : première automobile
1921 : télégraphie sans fil
1924 ; éclairage de la voie publique
1944 : ouverture de l'aéroport Princess Juliana
1956 : premier hôtel de tourisme (Little Bay)

Jardin caraïbe

Martinique

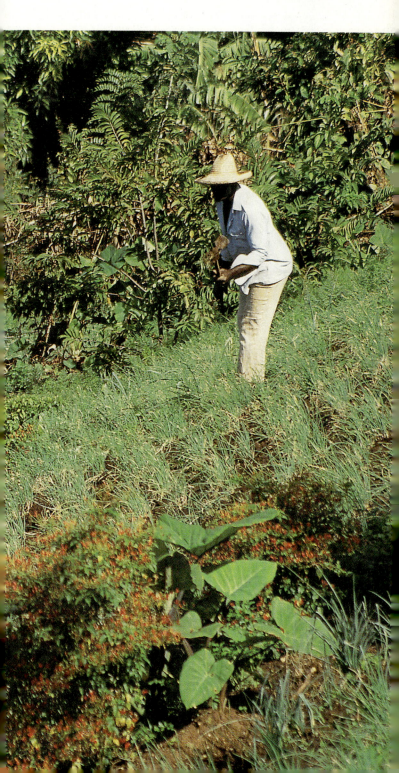

LA MARTINIQUE EN QUELQUES LIGNES

Nom caraïbe : Joannacaira (île des Iguanes)
Surnom : L'île aux fleurs

La Martinique est située à 7 000 km de la France et 130 km de la Guadeloupe.

Superficie – 1 100 km^2.

Point culminant – La Montagne Pelée 1 397 m.

Nombre d'habitants – 390 000.

Statut – Département français d'outre-mer (DOM) depuis 1946, région monodépartementale depuis 1982. La Martinique est représentée par 4 députés à l'Assemblée nationale et par 2 sénateurs au Sénat.

Indicatifs téléphoniques
Téléphoner en métropole depuis la Martinique – Composez directement les 10 chiffres de votre correspondant.
Téléphoner en Martinique depuis la métropole – Composez le 0 596, suivi des 6 chiffres de votre correspondant.
Téléphoner en zone Caraïbes – *Voir p. 21.*

Poste – Tarif en vigueur en métropole. Le courrier doit porter la mention « par avion » (délai d'acheminement entre 3 et 5 jours).

Argent – Euro. Attention, le règlement par chèque bancaire ou postal est la plupart du temps refusé ; préférer l'argent liquide ou les cartes de crédit.

Heure locale – 6 h de moins par rapport à la métropole en été et 5 h de moins en hiver. Le soleil se lève vers 5 h 30 et se couche vers 18 h en été, 17 h en hiver. La nuit tombe particulièrement vite sous les tropiques.

Saisons – La saison la plus ensoleillée est celle du carême, de janvier à mai. Risques de cyclone de juillet à octobre. Moyennes mensuelles des températures et des précipitations à Fort-de-France : 24 °C et 105 mm en janvier, 26 °C et 96 mm en avril, 26 °C et 245 mm en juillet, 26 °C et 225 mm en octobre.

Quelques mots de créole
Ka ou fé ? : comment ça va ?
Sa ka maché : ça va
Ba moin an ti-punch : sers-moi un punch
Pa mannié moin : laisse tomber
Pa moli : tiens bon !
Ki koté ? : où ?

L'AJOUPA-BOUILLON

Nord – Carte « Les plus beaux sites », p. 13, **GY** – schéma p. 228
1 745 habitants (les Ajoupa-Bouillonnais)

MARTINIQUE

Le village a hérité du nom de l'un de ses premiers habitants, Jean Gobert sieur de Bouillon, qui aurait établi un abri de fortune (ajoupa, en caraïbe) pour les voyageurs sur le bord du chemin menant du Lorrain au Morne-Rouge.
Accroché aux premières pentes de la Montagne Pelée et placé au cœur d'une région de petits producteurs vivriers, l'Ajoupa-Bouillon vit au rythme nonchalant des pays retirés. L'habitat se déploie le long de la route, noyé dans une nature on ne peut plus verdoyante où ressortent châtaigniers grandes feuilles et fougères arborescentes ; le cœur du village, fleuri de « roseaux des Indes » aux tons rouge vif, respire la tranquillité.

Des z'habitants par milliers – Les paysages environnants, sauvages, sont marqués par l'entaille de profondes vallées (Falaise, Rivière Capot, etc.) creusées dans les flancs de la Montagne Pelée. Au total, huit rivières dévalent les pentes du volcan dans les limites de la commune ; leurs eaux claires hébergent quantité de grosses écrevisses, nommées en créole « ouassous » (Guadeloupe) ou « z'habitants » (Martinique). Les z'habitants sont naturellement devenus la spécialité culinaire de l'Ajoupa-Bouillon.

Une plantation d'ananas

CARNET PRATIQUE

Syndicat d'initiative d'Ajoupa-Bouillon – *Immeuble Boulon, 97216 Ajoupa-Bouillon,* ☎ *05 96 53 32 87, fax 05 96 53 35 91.* Ouvert du lundi au vendredi de 8 h à 16 h, samedi et dimanche de 8 h à 14 h.

Hébergement

L'Abri Auberge Verte *(À bon compte)* – *Bifurquer à droite dans l'un des virages en épingle, au Nord du village,* ☎ *05 96 53 33 94, fax 05 96 53 32 13.* Bungalows couleur locale, petite piscine ; un endroit agréable et calme. Chambre double : 42 € en basse saison, 46,50 € en haute saison.

Restauration

Le Louis d'Or *(Valeur sûre)* – *Au bourg, sur la gauche en venant du Morne-Rouge,* ☎ *05 96 53 32 86.* Ouvert le midi. Fermé le samedi. Plats créoles, spécialités d'écrevisses. Menu du jour à 13 €.

CURIOSITÉS

Église de l'Immaculée-Conception – D'inspiration baroque, elle est surmontée d'un clocher récent. La façade, toute simple, s'ouvre par un portail encadré de pilastres. La première chapelle fut édifiée en 1846 ; elle s'agrandit au fil du temps et résista « miraculeusement » au cyclone de 1891 et à l'éruption de la Montagne Pelée en 1902.

Les Ombrages ⊙ – *Vers le Nord, après les virages en épingle.* Exposition-vente de produits locaux à l'entrée. Le sentier botanique des Ombrages, agrémenté de panonceaux décrivant les espèces rencontrées (figuier-pays, fromager, immortel, etc.) invite à une balade agréable et fraîche en suivant un ruisseau, à l'ombre d'un dense couvert végétal. Bien suivre les flèches, car le circuit se recoupe en plusieurs endroits.

★ Gorges de la Falaise ⊙ – *Vers le Sud. 1 h 30 AR. Prévoir une tenue appropriée : short ou maillot de bain, sandales en plastique (qui peuvent être louées sur place) ou chaussures de marche légères. Guide possible. Aire de pique-nique.* Très intéressante randonnée débutant par une assez longue et pénible descente (et remontée, au retour) vers le fond de la vallée avant de parvenir à l'entrée des gorges, taillées tel un trait de scie dans une coulée de lave (andésite) par la rivière la Falaise. La progression au sein de l'étroit défilé s'effectue le plus souvent les pieds dans l'eau, avec de petits obstacles à franchir. On atteint une piscine naturelle dans laquelle une cascade se déverse avec fracas. Généralement, un bain ponctué d'un passage sous les eaux de la chute précède les préparatifs du retour.

Route des ANSES★★

Sud – Carte « Les plus beaux sites », p. 13, GZ

Cette route sillonne la presqu'île des Trois-Îlets, une des régions les plus sauvages et authentiques de la Martinique. Elle permet de découvrir, entre deux pôles hôteliers, une côte très découpée et escarpée où se succèdent de fiers mornes volcaniques et des anses aux eaux transparentes, agrémentées de plages dont certaines sont paradisiaques. Une végétation sèche de broussailles et de savane arborée, entrecoupée d'îlots forestiers, habille le paysage. Quelques pittoresques villages côtiers, surgis de cette nature généreuse, fournissent des mouillages sûrs aux plaisanciers. L'ensemble charmera le touriste épris d'exotisme.

Volcanisme et course cycliste – La presqu'île des Trois-Îlets doit son relief tourmenté à une intense activité volcanique qui a débuté il y a environ 7 millions d'années et s'est terminée il y a quelque 500 000 ans. À peu près tous les types d'édifices volcaniques, tous les styles d'éruption y sont représentés : dôme péléen du morne Réduit (307 m) et cône basaltique du morne Champagne qui encadrent Grande Anse, strato-volcan (alternance de couches de lave et de scories) du morne Larcher (478 m) au-dessus de Petite Anse du Diamant, coulées de ponces de la Dizac que traverse l'itinéraire décrit avant d'atteindre l'anse Cafard, vestiges de nuées ardentes... Cet enchevêtrement de montagnes russes sert chaque année de cadre à l'une des plus éreintantes étapes du Tour cycliste international de la Martinique *(voir le chapitre des Principales manifestations)*, fournissant maintes occasions de briller aux grimpeurs régionaux tels, récemment, le Martiniquais Franck Ephestion et le Guadeloupéen André Alexis.

DES TROIS-ÎLETS AU DIAMANT

Itinéraire de 30 km – prévoir une bonne demi-journée

Les Trois-Îlets – *Voir ce nom.*

CARNET PRATIQUE

Restauration

L'Anse Noire *(Valeur sûre)* – *À l'Anse Noire*, ☎ *05 96 68 62 82*. Ouvert le midi seulement, fermé le lundi. Prenez la précaution de réserver car il vous faudra remonter un escalier de près de 150 marches si, comme c'est souvent le cas, le restaurant est complet (surtout le mardi). Établissement chaleureux, installé sur la plage. Fruits de mer, grillades de poisson ou de langouste sont servis sur de longues tables en bois, sous une vaste paillote. Possibilité de choisir un plat unique, souvent un poisson grillé accompagné de légumes et d'une sauce « chien » que le chef adapte au tempérament des convives. Menu (la « carte » est amusante) à partir de 22 €.

Le Tamarin Plage *(Valeur sûre)* – *À Grande Anse*, ☎ *05 96 68 71 30*. Cuisine typiquement créole, servie au bord de l'eau : chiquetaille de morue, fricassées de chatrous et d'écrevisses, colombos, langoustes... À la carte, compter entre 15 et 25 €.

Le Fatzo *(Valeur sûre)* – *Bourg des Anses-d'Arlet, à côté de la pharmacie*, ☎ *05 96 68 62 79*. Ouvert tous les soirs sauf lundi. Situé dans une jolie maison créole bleue et blanche, ce restaurant propose une cuisine traditionnelle très correcte. Environ 20 € pour un dîner.

Hébergement

Hôtel Madinakay *(À bon compte)* – *Les Anses-d'Arlet. En face de la petite halle à poisson, à deux pas de la plage*, ☎ *05 96 68 70 76*. Studios bien meublés, télévision, climatisation, kitchenette sur la terrasse. Réveil matinal assuré par les cloches de l'église voisine. Le tout petit jardin tropical est parsemé de « buvettes » pour oiseaux ; c'est un bonheur de prendre son petit-déjeuner en compagnie des colibris. L'accueil est des plus agréables et les prix sont légers : 53 € (double et canapé).

Villas Félicité *(Valeur sûre)* – *Les Anses d'Arlet. 5, rue du Calvaire*, ☎ *05 96 68 72 19 ou 26 11 97. www.arlet-felicite@wanadoo.fr*. Sur les hauts du village, sept appartements ou studios tout neufs avec une superbe vue sur la mer. Pour deux à cinq personnes, climatisation ou ventilateurs, kitchenette bien aménagée. De 275 à 556 € la semaine en basse saison et de 397 à 823 € en haute saison selon la superficie.

Localizé *(Valeur sûre)* – *Sur la plage de Grande Anse*, ☎ *05 96 68 64 78, www.localize.fr*. Anna et Alban vous proposent huit studios pour deux personnes, les pieds dans le sable, quatre côté mer et quatre côté jardin. Terrasse, barbecue, hamac et la mer des Caraïbes à 20 m. De 320 à 374 € haute saison et de 240 à 294 € en basse saison.

Route des ANSES

MARTINIQUE

Anse Noire

Anse à l'Âne – Sable grossier et cailloux ; sans grand caractère, la plage n'invite guère à la baignade. Beau panorama sur Fort-de-France *(liaison par navettes, voir les Trois-Îlets)* et la Montagne Pelée, et intéressants fonds marins autour des rochers qui pointent vers l'extrémité gauche de l'anse *(s'équiper d'un masque, d'un tuba et d'une paire de palmes)*.

Anse Dufour et anse Noire – *Signalisation sur la droite au sommet d'une côte. Après le carrefour, 2,5 km à parcourir ; garer sa voiture avant les encombrements (le petit parking au bout de la route est pris d'assaut à partir de 10-11 h).* En contrebas apparaît la crique de l'**anse Dufour**, parée d'une large plage de sable blanc frangée de cocotiers et raisiniers bord-de-mer. L'anse, profonde, offre aux bateaux un mouillage sûr. Les gommiers colorés, les cases des pêcheurs et le calme des flots confèrent à l'endroit une atmosphère pittoresque et conviviale, très différente de l'univers de la pointe du Bout. Les rochers situés sur la gauche surplombent des fonds qui méritent le coup d'œil. *Possibilité de se restaurer à l'épicerie et de louer palmes, parasols et transats.*
À l'extrémité du parking, un escalier descend jusqu'à l'**anse Noire**. Curiosité géologique : à quelques dizaines de mètres du sable blanc de l'anse Dufour apparaît une plage couleur cendre, ombragée de cocotiers. L'anse Noire est un havre de tranquillité perdu dans la végétation, une parfaite évocation du rêve tropical. Pour savourer au mieux la quiétude de cet écrin paradisiaque, il convient de s'y installer vers le milieu de la matinée, et après la baignade, de déjeuner dans le petit restaurant établi sous les arbres *(voir carnet pratique)*. *Possibilité de se doucher (service payant, mais prix modique)*.

Grande Anse – C'est l'un des mouillages favoris des plaisanciers. Le rivage est bordé d'un alignement de cases légères couvertes de tôle ondulée, qui donnent parfois, certes, une impression d'insalubrité, mais qui expriment aussi l'authenticité du lieu ; des opérations de réhabilitation de l'habitat sont en cours. Certaines de ces cases abritent de petits restaurants. Au-delà, on découvre une anse aux eaux limpides et parfaitement calmes. Il vaut mieux se rendre à pied à la plage, située à droite de la baie *(difficultés de parking)* ; peu de place pour étendre sa serviette car, si le sable blanc est accueillant, il ne forme qu'une étroite bande en arrière de la zone de ressac.

> **Les couleurs du sable**
>
> En Martinique et en Guadeloupe, on peut classer les plages en deux catégories selon la couleur de leur sable. Les plages de sable blanc ou doré bordent de bas plateaux calcaires ou font face à des récifs frangeants ; elles sont constituées de fragments de coquillages, de corail, etc. Les plages de sable gris ou noir se rencontrent au pied des reliefs volcaniques ; leur couleur tient à une forte présence de minéraux lourds dans la lave des volcans : amphibole, fer, titane... Mais si on y regarde de plus près, ces îles offrent une palette incroyable de couleurs utilisée par quelques artistes régionaux pour d'originales compositions *(voir p. 252)*.

Route des ANSES

Les Anses-d'Arlets – Ce petit bourg fleuri, qui affirme sans précipitation sa vocation balnéaire, est touché par une douce léthargie à laquelle on aimerait s'abandonner. On s'y arrêtera pour observer les pêcheurs et leurs gommiers, ainsi que les belles cases en bois le long de la promenade du bord de mer. Remarquer aussi une rare **case traditionnelle en gaulettes**, juste derrière l'église. La plage, à droite du ponton, incite à un agréable farniente tranquille à l'ombre des raisiniers.

Petite Anse du Diamant – Son charme tient à sa situation appréciée des plaisanciers, à l'abri d'un arrière-plan formé des imposants mornes Jacqueline et Larcher. Le tranquille village égrène ses cases le long de la route ; quelques snacks et « lolos » *(voir Sainte-Rose en Guadeloupe)* apportent un semblant d'animation. Peu fréquentée, bien que facile d'accès et très typique avec ses gommiers colorés alignés sous les cocotiers et ses pêcheurs tantôt assoupis, tantôt en grande conversation, la plage de sable noir est surtout agréable dans sa partie Nord. Par beau temps, on aperçoit fort bien l'île de Sainte-Lucie au large.

★★ Panorama sur le rocher du Diamant – En arrivant par le Sud, la découverte du rocher est proprement saisissante et il ne faut pas manquer l'instant où se révèle, au détour d'un virage, son extraordinaire masse caverneuse. *Description du rocher du Diamant, voir ce nom.*

Anse Cafard – Elle marque l'extrémité Ouest de la vaste anse du Diamant ; sa large plage de sable clair, bordée de cocotiers, disposant d'un petit parking et d'un débit de boissons, offre une vue superbe sur le rocher du Diamant. La baignade (on a pied jusqu'à une distance de 20 m environ) est rendue assez dangereuse par les fortes vagues qui viennent fouetter le rivage.

Maison du Bagnard – *Au bord de la D 37, à l'Ouest de la Grande Anse.* Cette case lilliputienne en bois coloré, décorée de *dentel (voir Saint Lucia)* est un incontournable sujet photographique pour les touristes, car elle fournit un avant-plan idéal au rocher du Diamant. Médard Aribot, un artisan sculpteur sur bois, l'aurait construite et décorée après un séjour au bagne de Cayenne dans les années 1930.

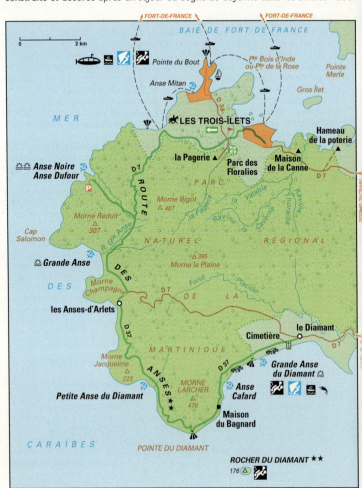

Route des ANSES

MARTINIQUE

Les Anses-d'Arlets

Mémorial de l'anse Cafard – Un peu avant le Diamant, se détache sur la droite un groupe de massives silhouettes blanches qui semblent figées dans la douleur face à la mer. Cette émouvante réalisation du sculpteur Laurent Valère rappelle la terrible tragédie du 8 avril 1830. Ce jour-là, malgré l'abolition officielle de l'esclavage en 1815, un brick négrier a sombré dans cette anse avec sa cargaison d'esclaves enchaînés. Il y eut 46 morts et les 86 rescapés ne furent pas libérés, mais envoyés à Cayenne.

Grande Anse du Diamant – *Voir le Diamant.*

Jardins de BALATA★★
Centre – Carte « les plus beaux sites », p. 13, GY

Aménagés au beau milieu de la forêt tropicale dans un secteur particulièrement arrosé (4 m de précipitations par an), les jardins de Balata bénéficient d'un environnement et d'un paysage forestiers exceptionnels, sur les bas-flancs des Pitons du Carbet. Ouverts en 1986, ils ont été composés par leur propriétaire Jean-Philippe Thoze autour d'une maison créole que lui avait léguée sa grand-mère.
Accès : 10 km au Nord de Fort-de-France par la N 3 (Route de la Trace).

VISITE

Photos à usage personnel autorisées. La petite maison coloniale de bois, dont les meubles entretiennent l'atmosphère créole, abrite désormais la billetterie et une librairie. La numérotation des végétaux le long du parcours, et la longue et savante liste (un peu ardue !) remise gratuitement à l'entrée, permettent de reconnaître environ 200 espèces botaniques parmi les 3 000 que compte la plantation. Suivre le « sens de la visite » s'avère cependant difficile, en raison de la carence de panonceaux directionnels. Presque toutes les plantes présentées sont originaires de la zone tropicale, issues soit de l'aire antillaise, soit d'autres régions chaudes et humides de la planète : fleurs (orchidées, balisiers, roses de porcelaine, anthuriums, alpinias), arbustes et arbres décoratifs et fruitiers (palmiers, bananiers), bambous... Le **bosquet d'épiphytes**★ est spectaculaire : ces plantes, qui poussent aussi bien en pleine terre que sur un support naturel *(voir la maison de la Forêt en Guadeloupe),* meurent après avoir fleuri, mais se régénèrent grâce à leurs rejets latéraux.
Les allées ouvrent sur quelques belvédères réservant de belles échappées sur le paysage forestier environnant et sur la baie de Fort-de-France.

ENVIRONS

Sacré-Cœur de Balata – *4 km au Sud des jardins.* Le « Montmartre martiniquais », librement inspiré de son modèle parisien, a été construit en 1928 sur l'une des hauteurs dominant Fort-de-France par l'architecte d'origine anglaise Charles-Albert Wulfleff. L'éruption de la Montagne Pelée avait déplacé, depuis la région de Saint-Pierre, une population très importante et la nécessité d'une nouvelle église s'était fait sentir depuis 1915. L'œuvre n'est pas véritablement une réussite esthétique, mais émeut par sa silhouette familière le touriste parisien et apporte une note insolite dans le contexte tropical. En revanche, le panorama découvert depuis les marches de cette « mini » basilique vaut le coup d'œil : les Pitons du Carbet sur la gauche et Fort-de-France sur la droite.

Jardins de BALATA

Bosquet d'épiphytes

Presqu'île de la CARAVELLE★
Centre – Carte « Les plus beaux sites », p. 13, HY

Cette langue rocheuse qui s'avance de près de 15 km dans l'Atlantique tire de sa beauté sauvage un réel pouvoir de séduction.
Malgré des dimensions réduites (sa largeur n'excède jamais 900 m), la Caravelle offre un véritable condensé de l'histoire géologique martiniquaise. C'est en effet, avec la presqu'île de Sainte-Anne au Sud, le premier morceau de Martinique surgi de l'océan, il y a plus de 20 millions d'années. On y observe des témoignages de l'activité volcanique originelle, des bancs de calcaire corallien et surtout un magnifique échantillonnage de minéraux. La variété de la flore et de la faune, la diversité des paysages littoraux viennent renforcer l'intérêt de cette presqu'île qui a été érigée en réserve naturelle dans le cadre du Parc naturel régional de la Martinique en 1976. Une très belle **vue**★ d'ensemble se dégage sur la presqu'île de la Caravelle dans la montée vers le morne des Esses par la D 25e ou la D 25.

LA CARAVELLE SE DÉVOILE

Morne Pavillon – *Sur la D 2 qui mène à la Caravelle, tourner à droite au panneau indiquant « Route de Morne Pavillon » et « Base de plein air et loisir ». Suivre la petite route goudronnée jusqu'au croisement avec le « Chemin du sémaphore » ; prendre alors à gauche.* Point culminant de la presqu'île (189 m), le morne Pavillon offre une splendide **perspective**★★ sur l'ensemble de la Caravelle et les îlets alentour.

Plage de Tartane – Sur la côte Nord de la presqu'île. Des eaux turquoise faiblement agitées, une longue bande de sable blanc bordée de cocotiers, peu de monde... Une plage très agréable dont la zone de baignade est cependant strictement délimitée. Possibilités de restauration sur place (hôtel-restaurant et snacks). Le récif corallien au large de la plage, riche de vie sous-marine, se repère grâce aux vagues qui s'y brisent ; son observation est possible avec un équipement léger : palmes, masque et tuba.
Casiers, filets et gommiers tirés sur le sable témoignent de la permanence de la pêche traditionnelle à Tartane. En fin de matinée, on trouve les pêcheurs près de la route, occupés à écailler, sur quelques tables en bois, congres, poissons-coffres et « poissons rouges » (vivaneaux). Crabes et langoustes sont aussi proposés à la vente.

Anse l'Étang – Encore une très belle étendue de sable blanc, propre, frangée de hauts cocotiers. Il faut surveiller les plus petits, car la mer est agitée de rouleaux, et leur conseiller d'aller plutôt jouer avec les toboggans et « cages à poules » installés sous les arbres. Quelques tables pour pique-niquer à l'ombre, dans un cadre rêvé. Parking en retrait de la plage.

Presqu'île de la CARAVELLE

CARNET PRATIQUE

Hébergement

VVF de Tartane (À bon compte) – Anse l'Étang, Tartane, ☎ 05 96 58 04 54, fax 58 07 79. En juillet et août, hôtel réservé aux bénéficiaires de la CAF. Fermeture annuelle de mi-septembre à fin octobre. Une centaine de studios équipés de terrasse et kitchenette sont dispersés dans un jardin tropical au bord de la très belle plage de l'anse l'Étang. Idéal pour les vacances en famille. Excursions, sports, animations le soir. Petite piscine. Bungalow pour deux à trois personnes à partir de 40 € en basse saison, 50,30 € en haute saison. Forfait 1/2 pension et location à la semaine. Réservation depuis Paris : VVF – 172, boulevard de la Villette, 75019 Paris, ☎ 0 803 808 808.

Hôtel Le Manguier (À bon compte) – Morne Pavillon, Trinité, ☎ 05 96 58 48 95, fax 58 27 58. Sur les hauteurs de Tartane. Ensemble de jolis bungalows (divisés en quatre appartements chacun) blancs et bleus sur pilotis disséminés sur un versant. Les chambres, aérées de jalousies, respirent une atmosphère tropicale ; petite cuisine avec réfrigérateur sur le balcon, climatisation ou ventilateur de plafond. On profite de la magnifique vue sur la mer, sauf pour les bungalows 3, 13 et 24. Piscine, bar. Chambre double à partir de 45 € en basse saison et de 65 € en haute saison. Tarif préférentiel à la semaine, enfants – de 12 ans, gratuit.

Saint Aubin Hôtel (Valeur sûre) – Dans les hauts, entre Sainte-Marie et la Trinité, ☎ 05 96 69 34 77, fax 05 96 69 41 14. Assise au cœur d'une vaste plantation de cannes et de bananiers, cette demeure créole séduit par son charme quelque peu suranné et par le panorama enchanteur sur la presqu'île de la Caravelle. Tranquillité absolue. Piscine. Un petit sentier mène en 20 mn à la plage de Cosny. Chambre double à partir de 58 € en basse saison et de 73 € en haute saison. Restaurant pour les clients de l'hôtel, le soir uniquement. Menu créole à 16 €.

La Baie du Galion (Une petite folie !) – ☎ 05 96 58 65 30, fax 58 25 76. www.karibea.com. Après la plage de Tartane, au sommet de la côte. Cet hôtel de standing de la chaîne Karibéa, dispose de 145 chambres tout confort dont la plupart offrent une magnifique vue sur la mer et une grande terrasse. La vaste piscine est bordée d'un bar que surplombe la salle du restaurant Le Surcouf. Animation en soirée, tennis, salle de sport, boutique. Chambre double avec petit déjeuner : 90 € en basse saison et 137 € en haute saison. Navette pour la plage.

Restauration

La Caravelle (Valeur sûre) – Sur la route de Château Dubuc, ☎ 05 96 58 07 32. Ouvert tous les jours midi et soir. L'établissement fait crêperie-saladerie le midi (belle terrasse avec vue sur la mer) et restaurant le soir : terrine de mérou anisée sauce basilic, poêlée de saint-jacques aux queues de crevettes, magret de canard à la compote d'ananas, mousse au maracudja... Une bonne étape. Déjeuner, environ 14 €. Dîner : menu à 20 € ; à la carte, compter 23 €. Il est conseillé de réserver pour le soir. Location de studios de deux à quatre personnes.

Le Phare (Valeur sûre) – Anses Bonneville (château Dubuc), ☎ 05 96 58 08 48. Ouvert midi et soir sauf lundi et dimanche soir. Une toute nouvelle équipe vient de prendre les commandes avec des projets de décoration qui seront sans doute menés à bien lors de notre parution. La vue magnifique et l'excellente cuisine, elles, ne changeront pas. De 12 à 22 €.

Le Surcouf – Restaurant de l'hôtel La Baie du Galion, voir ci-dessus.

CHÂTEAU DUBUC

Après l'anse l'Étang, rouler jusqu'au bout de la route goudronnée. À la fourche, prendre à droite sur le chemin carrossable. Parking. 20 mn à pied AR.

Dans un **site**★ exceptionnel très bien entretenu se dressent les ruines d'une ancienne habitation sucrière construite, si l'on en croit la légende, grâce à un fructueux trafic d'esclaves doublé de lucratives activités de contrebande.
Cernés par la forêt sèche, cachots, enclos et quelques pans de murs préservés de la maison de maître sont tout ce qui reste de l'ancien « château ». Au-delà, le regard s'évade vers les rivages accidentés, puis se perd dans le grand large. Noter que l'embarcadère est aujourd'hui à une cinquantaine de mètres du rivage à cause de l'avancée de la mangrove sur la mer.
Le mini-musée situé à l'entrée permet d'identifier les ruines et donne quelques explications sur les mœurs et coutumes du 17e s.

Presqu'île de la CARAVELLE

SENTIERS DE DÉCOUVERTE DE LA PRESQU'ÎLE
Partir du parking du château Dubuc.

Deux sentiers de découverte, documentés par des panneaux explicatifs très réussis, s'aventurent dans la réserve naturelle de la Caravelle.

Petit sentier – *1 h 30. Balisage jaune et blanc. Sans difficulté, ombragé en partie.* Il explore la forêt tropicale sèche à ti-baumes et gommiers, puis la mangrove, au cœur de laquelle on pénètre grâce à des plateformes d'observation et des passerelles sur pilotis.

Grand sentier – *3 h 15. Balisage bleu et blanc. Quelques talus assez raides. Chapeau et ravitaillement en eau indispensables. Récolte d'échantillons de roches ou de minéraux interdite.* Prolongeant le petit sentier, il permet de découvrir, parmi des paysages superbes, la flore et la faune du littoral, et d'atteindre des sites riches en roches remarquables – orgues labradoriques, sources thermales pétrifiées – et en minéraux d'origine hydrothermale (filons remplissant les interstices entre les strates des roches, dont la Caravelle possède un très bel éventail) : hématite de couleur rouge-brun à noir, jaspe beige, rouge, marron ou vert, barytine ressemblant à la calcite, mais présentant un aspect crêté, etc.

Des contrôles des eaux de baignade sont effectués une ou deux fois par mois par le Laboratoire départemental d'hygiène sur les plages les plus fréquentées de Guadeloupe et de Martinique. Les eaux sont classées en quatre catégories. Plus de 80 % des plages appartiennent aux catégories A (bonne qualité) ou B (baignade sans danger) ; le classement en catégorie D (baignade déconseillée) est exceptionnel. Renseignements au service de la DDAS.

Plage de Tartane

Le CARBET★★
Nord – Carte « Les plus beaux sites », p. 13, **GY**
3 022 habitants (les Carbétiens)

Le site du Carbet, dont le nom évoque la grande case du village caraïbe, a vraisemblablement été habité par les Amérindiens avant d'accueillir les premiers colonisateurs de la Martinique. Devenu un incontournable site touristique sur les routes de Saint-Pierre et de la Montagne Pelée, la localité a su rester pittoresque en ne cédant pas à l'emprise du béton.

Colomb le premier ? – Selon la tradition, Christophe Colomb, découvrant la Martinique le 15 juin 1502, aurait débarqué au Carbet. Mais les historiens admettent aujourd'hui que la flottille du grand navigateur s'est contentée de mouiller au plus près de la côte sous le vent, peut-être en face de la rivière du Carbet, peut-être ailleurs. En revanche, il est certain que Duplessis d'Ossonville et Liénard de l'Olive débarquèrent ici en 1635 pour prendre possession de la Martinique au nom de la Compagnie des Isles d'Amérique créée par Richelieu. Cependant, contrariés par la présence des Indiens caraïbes et l'hostilité apparente du milieu, les deux chevaliers et leur petite troupe rembarquèrent presque aussitôt. La colonisation française de l'île en fut retardée de quelques semaines, jusqu'à l'arrivée de Belain d'Esnambuc sur le site de Saint-Pierre *(voir ce nom)*, 3 km plus au Nord. Ce fut son neveu, le gouverneur Duparquet, qui bâtit la première chapelle du Carbet en 1645.

Le CARBET

CARNET PRATIQUE

Syndicat d'initiative – Grande Anse, ☎ 05 96 78 05 19. Ouvert de 9 h à 16 h en semaine, de 9 h à 12 h le samedi et le dimanche.

Hébergement

Plusieurs locations de bungalows le long de la plage du Coin.

Hôtel de l'Anse (À bon compte) – Anse Latouche, direction Saint-Pierre, ☎ 05 96 78 30 82, fax 05 96 78 21 45. Un charmant petit hôtel de neuf chambres aménagé dans une ancienne chapelle du 18e s. Vue sur la mer ou la montagne. 38 € la nuit pour une double, gratuit aux – de 12 ans. Restaurant Le 1643 dans le parc de l'habitation.

Le Christophe Colomb (À bon compte) – Au-dessus de la supérette Huit à Huit du Coin, ☎ 05 96 78 05 38, fax 05 96 78 06 42. Ce petit hôtel propose cinq studios et cinq chambres propres mais simples. Bon rapport qualité-prix. Parking. 40 € la chambre double. Forfaits à la semaine, 245 € le studio. Restauration « Chez les Pêcheurs » sur la plage.

Les Carbets de Madinina (Valeur sûre) – Le Fromager, le Carbet, ☎ 05 96 78 08 08, fax 05 96 78 06 92. Dans le Carbet, prendre l'itinéraire touristique direction Saint-Pierre ; la résidence hôtelière se trouve 900 m plus loin. Accrochées au flanc d'une colline verdoyante et fleurie dominant la mer des Caraïbes, les petites maisons façon créole peuvent accueillir une à six personnes. Intérieur moderne et confortable, kitchenette intégrée. Piscine, plage à 1,2 km (navette). Bungalow pour deux personnes, autour de 60 € en basse saison et de 80 € en haute saison.

Hôtel Club Marouba Paladien (Une petite folie !) – Le Coin, le Carbet, ☎ 05 96 78 00 21, fax 05 96 78 00 65. Cadre idéal, tranquille, en bordure du rivage. 124 chambres tout confort ; activités sportives variées, sorties à thème plusieurs fois par semaine et services divers (baby-sitting, location de voiture, club de plongée, ski nautique, tennis, ...) renforcent la qualité du séjour. Restauration sous forme de buffet (ouvert aux non-résidents). Piscine, plage, bar, boutique, discothèque. Chambre double autour de 106 € en basse saison et de 153 € en haute saison. Intéressantes formules « vol-hébergement » via Nouvelles Frontières.

Restauration

Chez les Pêcheurs (À bon compte) – Atmosphère animée et conviviale dans ce carbet bâché installé sur la plage derrière le Huit à Huit. Les pêcheurs, mais aussi leurs produits, y sont naturellement à l'honneur avec la pêche du jour. Compter autour de 13 €.

La Datcha (Valeur sûre) – Plage du Coin, le Carbet, ☎ 05 96 78 04 45. Ouvert tous les jours midi et soir, sauf le lundi et le dimanche soir. Restaurant à même la plage. Spécialités de fruits de mer : fricassée d'écrevisses ou de langoustes du vivier – vous pouvez choisir – colombo de poisson, friture de balaous. Dîner dansant le samedi. Langouste : 38 € le kg.

Le Trou Crabe (Valeur sûre) – Le Coin, le Carbet, ☎ 05 96 78 04 34. Fermé le dimanche soir. Congés annuels en juin et septembre. Outre la cuisine, excellente, préparée chez Corinne et Frédéric, l'attraction est un grand aquarium abritant un petit requin pointe noire. Langoustes et cigales du vivier, viandes grillées, spécialité d'écrevisses à la vanille. Bar. Musique *live* le samedi soir. Menus de 15 à 38 €.

Loisirs

HydroCaraïbes aviation – Le Coin, Le Carbet, ☎ 05 96 78 47 76, fax 05 96 78 47 17. Amateur de sensations aériennes et de paysages spectaculaires, pourquoi ne pas vous offrir une envolée au-dessus de la baie de Saint-Pierre et de la Montagne Pelée ? 34 € le 1/4 h (temps suffisant pour aller à Saint-Pierre et au volcan), un seul passager par vol.

Quad'Evasion – Quartier Four, ☎ 05 96 78 48 84 ou 05 96 29 29 32. Balades sur des sentiers privés sur les flancs de la Montagne Pelée. De 1 h à 3 h (30,50 € à 60 €) avec des moniteurs agréés.

CURIOSITÉS

★**Cases traditionnelles du Coin et du Carbet** – Le village est séparé en deux parties par la rivière du Carbet. En venant du Sud, on traverse d'abord le Coin où se serrent de petites maisons de bois colorées, couvertes de tuiles mécaniques plates. C'est l'un des plus importants ensembles de cases traditionnelles de l'île, avec leur soubassement en maçonnerie, leur structure portante en planches et leurs volets en bois plein. Une opération de valorisation architecturale a su redonner à ces constructions leur cachet d'antan. Passée la rivière, on découvre le cœur administratif du village, moins pittoresque. Attardez-vous cependant dans la rue du Commandant-Philippe-Paraclet, bordée également de maisonnettes de bois.

Le CARBET

Case du Carbet

Plage du Coin – *Accès multiples.* À l'écart de la N 2, la large et longue plage de sable gris, peu fréquentée, s'égaye des coloris chatoyants des quelques rares gommiers encore présents que les pêcheurs entreposent à l'ombre des cocotiers, des palmiers et des raisiniers bord-de-mer ; autour des « ajoupas » utilisés comme remises, la quiétude règne, loin des assauts touristiques. Un site cher aux amateurs de vacances calmes et décontractées.
La plage se prolonge en direction de Saint-Pierre, elle prend alors le nom de **Grande Anse**.

Distillerie Neisson – *À l'entrée Sud du Coin.* Domaine Thieubert. Son équipement et ses méthodes de production sont demeurés traditionnels. Visites guidées par les ouvrières de la petite distillerie. Le rhum Neisson, surnommé le « zépaules carrées » en raison de la forme de la bouteille, est considéré comme l'un des meilleurs de la Martinique.

Galerie d'Histoire et de la Mer – *Sur la place du village du Carbet, dans l'ancien marché couvert.* Reproductions photographiques et tableaux synoptiques exposent l'histoire du Carbet à travers les siècles, notamment à l'heure de l'éruption de la Montagne Pelée. L'étage est consacré à la mer et aux différents types de pêche.

Église Saint-Jacques – Petite église de caractère surmontée d'un joli clocher, récemment repeinte avec des tons de pierre blanc cassé et gris-bleu, en accord avec la polychromie traditionnelle. À côté, pittoresque place ornée d'une fontaine.

ENVIRONS

Plage de l'anse Turin – *Au Nord du village ; se garer le long de la chaussée.* En bordure de la route (fort passante). Très fréquentée par les Martiniquais, cette large plage de sable gris foncé, parcimonieusement ombragée de grands cocotiers, plonge rapidement dans la mer ; la prudence est par conséquent recommandée face aux vagues déferlantes. Quelques échoppes ambulantes permettent de se restaurer. Toilettes et douches.
Entre le Carbet et l'anse Turin, plusieurs criques au sable noir offrent de bonnes possibilités de plongée facile avec masque et tuba.

Musée Paul-Gauguin – *Au niveau de l'anse Turin, prendre le chemin sous le pont routier.* Le célèbre peintre aurait réalisé quelques toiles, reproduites ici, lors des cinq mois de son séjour martiniquais en 1887.

Anse Latouche – *Au Nord de l'anse Turin.*
Détruite par la nuée ardente du 8 mai 1902, l'habitation Anse Latouche *(une maquette très instructive en est présentée à la maison de la Canne des Trois-Îlets)* fut une des premières à voir le jour en Martinique, dès avant le milieu du 17e s. Quelques vestiges d'aménagements témoignent de la succession des activités sur le domaine : sucre, café, indigo, rhum... La roue hydraulique, dont le diamètre atteint presque 10 m, était peut-être la plus importante de l'île.

Canal de Beauregard – *Voir Fonds-Saint-Denis.*

Le CARBET

MARTINIQUE

Un touriste inspiré

Paul Gauguin vécut au Carbet de juin à novembre 1887, entre deux séjours à Pont-Aven. Déçu de sa visite à Panama où il était allé rejoindre sa sœur, mariée à un Colombien, il se rabat, accompagné de son ami Charles Laval, sur la Martinique qu'il pense être « un beau pays avec la vie facile et bon marché ». Atteint de dysenterie et de paludisme, il saura néanmoins mettre à profit ce court passage aux Antilles pour faire évoluer de façon significative son style : « L'expérience que j'ai faite à la Martinique est décisive. Là seulement je me suis senti vraiment moi-même, et c'est dans ce que j'ai rapporté qu'il faut me chercher, pour savoir qui je suis, plus encore que dans mes œuvres de Bretagne », confiera-t-il plus tard.

Gauguin disait avoir peint au Carbet une dizaine d'œuvres, aujourd'hui réparties entre divers musées et collections particulières : *La Mare* (Nouvelle Pinacothèque de Munich), *Végétation tropicale* (National Gallery of Scotland à Édimbourg), *Bord de mer* (NY Carlsberg Glyptotek à Copenhague), *Autour des huttes* (Suita Trading Co à Tokyo), *Au bord de l'étang* et *Aux mangos* (Van Gogh Museum à Amsterdam), etc.

Revenu en Europe pour se soigner, l'artiste, convaincu que l'avenir appartient « aux peintres des tropiques qui n'ont pas encore été peints », envisage de retourner en Martinique pour y fonder un atelier. Cependant, visitant l'Exposition universelle à Paris en 1889, il découvre d'autres cieux tropicaux et se détourne des Antilles.

CASE-PILOTE

Centre – Carte « les plus beaux sites », p. 13, **GYZ**
3 657 habitants (les Pilotins ou Case-Pilotins)

Ce paisible village aurait hérité du nom d'un pacifique chef caraïbe que les Français avaient surnommé « le Pilote ». Ce fut l'une des toutes premières bourgades de la Martinique, où vinrent s'établir des planteurs de petun (tabac). Depuis 1992, une unité de traitement et de fumage du poisson fonctionne à Case-Pilote dont l'activité reste tournée vers la pêche.

L'ami caraïbe – Le Pilote, ou Pilote, un capitaine caraïbe dont l'autorité s'étendait, entre autres, sur la région du Carbet, fut prompt à admettre la supériorité militaire des Français et à pactiser avec eux. Il traita avec bienveillance les pères jésuites auxquels il aurait servi de pilote-conducteur, avant de concéder le Nord de son territoire aux colons et d'aller s'établir dans le Sud de l'île en un lieu appelé aujourd'hui Rivière-Pilote. Son frère Arlet, également capitaine, suivit son exemple en s'installant dans les anses qui portent aujourd'hui son nom.

Le choix de l'étape

Restauration

Torgiléo *(Valeur sûre)* – *Rue du Bateau. Situé à flanc de colline, dans les hauteurs de Bellefontaine, accès par une petite route très escarpée. Ouvert du mardi midi au dimanche midi,* ☎ *05 96 55 02 92. Cadre étonnant, en forme de proue de navire blanc et bleu, pour cet endroit qui bénéficie d'une superbe vue sur la mer des Caraïbes. On y savoure des spécialités créoles : acras, boudin, blaff, fricassée de chatrous. Déjeuner, menus entre 13 et 15 € ; le soir, compter 32 € à la carte.*

CURIOSITÉS

Église – C'est l'une des plus anciennes et des plus élégantes de la Martinique. Son harmonieuse façade en pierre, de style baroque (18e s.), classée monument historique, s'orne d'une suite de pilastres et d'un fronton agrémenté de pots à feu. Le clocher en bois est surmonté d'un coq de résurrection doré. À l'intérieur, la nef est couverte d'une charpente en carène renversée. Pour l'anecdote, notez près des fonds baptismaux, une mosaïque représentant le baptême du Christ. Elle fut réalisée de 1953 à 1957 par un moine hollandais, avec des tessons de vaisselle brûlés lors de l'éruption de la Montagne Pelée.

La place – Remarquer la jolie fontaine (19e s.) en céramique et fonte rehaussée de couleurs vives, ainsi que la coquette mairie. Marché le samedi matin.

CASE-PILOTE

> **La pêche à la senne**
>
> La senne ou « ti-senne » est un filet haut de 5 ou 6 m et dont la longueur, de 100 à 300 m, varie selon les espèces pêchées, en général les petits poissons pélagiques (balaous queue jaune, coulirous, bonites ou thons bariolés) dont les bancs, inconscients du péril, longent la plage de trop près ; ses mailles sont plus serrées au centre (la « foncière »), là où les poissons seront pris au piège, que sur les côtés (les « ailes »).
> Selon une technique séculaire, un bateau va lancer le filet au large, jusqu'à 300 m du rivage ; la senne dessine alors un arc de cercle dont les deux extrémités attendent sur la plage. Au moment adéquat, toutes les bonnes volontés sont mobilisées et chacun donne un « coup de main » pour tirer le filet et ramener le poisson sur la plage. Le produit de la pêche est le plus souvent divisé en trois parts destinées au patron, à l'équipage et aux tireurs.
> Fabriquée autrefois en ficelle de chanvre, la senne était un bien familial et un signe de richesse, entretenu et réparé avec soin par le « maître de senne ». Après la pêche, le filet, délesté, séché et réparé, était plié sur les « trays » (plateaux) et mis à l'abri. Le nylon a remplacé le chanvre, la pêche à la senne a décliné et il est devenu rare d'assister au tirage. *Voir illustration p. 1.*

Habitation CLÉMENT★★
Centre – Carte « Les plus beaux sites », p. 13, **HZ**

Le terme « habitation » désignait à l'époque coloniale l'ensemble des terres et des bâtiments qui forment un domaine *(voir p. 114)*. Classée monument historique, l'habitation Clément présente la particularité d'associer, sur plus de 16 ha, des lieux chargés d'histoire et une entreprise en activité. Restaurée, régulièrement fleurie et richement meublée – c'est la seule demeure créole ainsi transformée en musée en Martinique –, la maison principale constitue un précieux témoignage sur les « cases à demeurer » des grandes plantations sucrières martiniquaises.

La fondation Clément : sauvegarder le patrimoine – Homère Clément, médecin originaire de la Trinité et député-maire du François, acquit la propriété en 1887. Il se prit de passion pour le rhum et relança la distillerie alors en déclin ; son fils Charles Clément perpétua l'activité. Le domaine appartient aujourd'hui au groupe Bernard Hayot, à l'origine de la fondation Clément dont l'objectif est la sauvegarde et le développement du patrimoine martiniquais.

VISITE ⊙ *compter 2 h 30*

La maison de maître et ses dépendances – Dès 1770, une habitation-sucrerie, appelée domaine Acajou, occupait le site. La maison qui nous est parvenue date des années 1820-1840. Faisant une large place au bois, son architecture est restée fidèle à celle des maisons de plantation du 18e s., avec ses façades couvertes d'essentes en bois de wapa importées du Guyana britannique ; cette essence était préférée pour sa longévité (40 à 50 ans) inhabituelle aux bois tropicaux, son immunité contre les termites et sa bonne résistance aux cyclones.
Le rez-de-chaussée, ventilé par des jalousies et agrémenté de compositions florales, regroupe une belle collection de meubles de style « Compagnie des Indes orientales et occidentales » (Barbade et océan Indien). L'imposante table en mahogany provenant de la Barbade a vu se succéder autour d'elle, le temps d'un repas, de nombreux hommes politiques parmi lesquels le président François Mitterrand et son homologue américain George Bush *(voir ci-dessous, la Maison de la rencontre des présidents)*. D'autres très beaux meubles décorent la galerie et le corps central : la vitrine de style « Chippendale » aux nombreuses pièces d'argenterie, le fauteuil « planteur » à bras rétractables, la grande table ronde et la bibliothèque en teck originaires de l'île Maurice, etc.
Le premier étage comprend deux chambres dont celle dite d'Homère Clément, avec son majestueux **lit à colonnes**★ en courbaril. Noter l'astucieux système de douche prévoyant la récupération de l'eau du toit.
Derrière la maison de maître se côtoient quelques dépendances dont les cuisines *(on ne visite pas)* et les écuries. Un petit bâtiment, baptisé **Maison de la rencontre des présidents**, a été spécialement dédié à la rencontre des présidents Bush et Mitterrand le 14 mars 1991, à l'issue de la guerre du Golfe ; coupures de presse, vidéo et photographies retracent cette entrevue qui s'est déroulée dans le cadre de l'habitation Clément.

La distillerie – Fondée par Homère Clément, modernisée par son fils, la distillerie a fonctionné pendant plus d'un siècle, jusqu'en 1986, produisant l'un des rhums les plus réputés des Antilles. Elle est devenue un espace muséographique où l'on peut suivre le processus de fabrication du rhum au milieu de vieilles machines quelquefois plus que centenaires. Depuis 1988, seuls le stockage du rhum blanc et le

Habitation CLÉMENT

Salle à manger de l'habitation Clément

vieillissement des rhums vieux sont effectués sur place, et c'est désormais la distillerie du Simon *(à 3 km du François en direction du Vauclin)*, ouverte au public en période de récolte de la canne, qui en assure la fabrication.

Les chais de vieillissement représentent donc le principal intérêt de la partie technique de la visite. D'innombrables fûts en chêne du Limousin conservent plus de 1 500 000 litres de rhum, exhalant d'enivrantes odeurs. Dans un ancien foudre de 33 000 litres sont exposés les outils traditionnels du tonnelier. Une intéressante exposition didactique sur la conquête de la Caraïbe avec gravures, maquettes de bateaux et extraits de textes d'époque, fait suite à la visite des chais.

Le parc – Maison de maître et distillerie se dressent au sein d'un parc riche de plus de 300 espèces botaniques, comptant plusieurs individus largement centenaires. Parmi les plus remarquables : les figuiers maudits aux puissants contreforts, le grand rameau, de magnifiques flamboyants et palmiers royaux.

La case à Lucie – À l'entrée du domaine, c'était autrefois la maison du « géreur », responsable de l'organisation matérielle des cultures. Le visiteur peut y déguster gratuitement un verre de rhum ou acquérir l'une des multiples bouteilles mises en vente. Il peut aussi y assister à la projection d'un film sur la tradition du rhum et sur les réclames cinématographiques créées par Charles Clément au début du 20e s.

Apprécié après des agapes bien arrosées, le mabi est une décoction d'écorce de bois mabi et de gaïac ; autrefois consommée par les Amérindiens, cette boisson a conservé son nom caraïbe qui désigne la patate douce, avec laquelle elle était fabriquée à l'origine.

Les meubles de style créole

Les meubles fabriqués dans les Petites Antilles aux 18e et 19e s. présentent un style original émanant conjointement d'influences anglaise, canadienne ou espagnole et de l'utilisation de bois durs tropicaux : acajou, bois de rose et courbaril. Beaucoup d'entre eux ont disparu, victimes de l'usure du temps, et parfois de catastrophes naturelles ; d'autres furent expédiés en Europe. Du coup, les pièces authentiques sont rares en Guadeloupe et Martinique et résultent souvent d'acquisitions récentes dans les îles anglophones. Lits à colonnes (celles-ci soutenaient la moustiquaire) et lits « corsaires » qui en dérivent, hautes consoles, « sofas » (canapés à dossier et accoudoirs en bois plein), fauteuils « planteurs » (sortes de demi-chaises longues fixes) aux longs bras articulés et « berceuses » (rocking-chairs) figurent parmi les meubles les plus typiques.

Le DIAMANT

Sud – Cartes « Les plus beaux sites », p. 13, **GZ**
3 351 habitants (les Diamantinois)

Avec le célèbre rocher pour sentinelle *(voir ci-après)*, un amphithéâtre de verdure pour toile de fond et le long ruban argenté de la plage de Grande Anse en avant-scène, le village du Diamant s'inscrit dans un **site**★ exceptionnel, l'un des plus beaux de la Martinique.

Le Diamant marque le terme de la **route des Anses**★★ *(voir ce nom)*. C'est un attachant lieu de villégiature ayant su conserver, avec ses petites maisons de bois et son atmosphère paisible, quelque chose de son charme d'antan malgré la poussée de béton survenue dans le quartier de Dizac.

Le tumulte du gaoulé – Le Diamant a connu des heures plus agitées : le 17 mai 1717 éclata la révolte dite du « gaoulé », mot d'origine française (cahouler ou gahouler) passé au créole qui signifiait « rassemblement tumultueux, licencieux ou séditieux » (tumulte est aujourd'hui *ouélélé* en créole). Conduite par des familles de planteurs, elle naquit de l'application stricte de l'« Exclusif » attribuant à la France le monopole du commerce avec ses colonies ; ce système, dont la conséquence la plus douloureuse était le contingentement de la canne à sucre (on cultivait alors dans la région la canne à sucre et le coton), exaspéra à un tel point les colons qu'ils accomplirent, pour s'en débarrasser, leur premier acte de rébellion contre le pouvoir royal : le gouverneur La Varenne et l'intendant Ricouart, envoyés du régent Philippe d'Orléans, furent séquestrés dans l'habitation Bourgeot, avant d'être prestement conduits sous bonne escorte jusqu'à l'anse Latouche où ils furent embarqués de force pour La Rochelle.

L'habitation Bourgeot, baptisée par la suite **maison du Gaoulé (habitation O'Mullane)**, a été conservée ; elle se trouve à proximité de la D 7, à la sortie du Diamant en direction de Sainte-Luce *(propriété privée, on ne visite pas)*.

Un dimanche à la mer

Un des loisirs les plus classiques, en Martinique comme en Guadeloupe, consiste à passer la journée du dimanche à la mer. Familles et amis s'efforcent de se lever tôt ; les hommes partent en avant-garde, souvent accompagnés des enfants, pour réserver les meilleures places, tandis que les femmes terminent les préparatifs. En fin de matinée, tout le monde est réuni pour le premier bain dans les eaux claires et chaudes de la Caraïbe ou de l'océan. À l'ombre des cocotiers sont maintenant rassemblés tous les éléments indispensables à un pique-nique confortable : glacières, barbecue, table et chaises, radios...

Le ti-punch vient heureusement conclure cette entrée en matière, suivi d'un repas souvent copieux et élaboré : au menu, poulet grillé ou boucané, riz, avocats, colombo parfois. Entrecoupé de blagues et facéties, de « milans » (potins) et de trempettes rafraîchissantes, il se termine par la dégustation d'un ananas frais, de « quénettes » (sortes de grosses cerises à chair verte) ou de glaces (sorbets, « floups ») achetées à des marchands ambulants.

Après la sieste, les baignades alternent avec les jeux de circonstance : cartes, dominos, football. Vers 17 h, il faut envisager le retour et son cortège d'embouteillages, spécialement si l'on se dirige vers Fort-de-France.

Les week-ends de Pâques et de Pentecôte sont l'occasion de pique-niques-marathons qui attirent sur les plages nombre de familles et de bandes de copains. À table, les convives dégustent le « matoutou-crabe », fricassée de crabes de terre constituant le plat pascal traditionnel.

CURIOSITÉS

Église – Agréable édifice aux murs blanchis, d'inspiration baroque. La large et sobre façade donne accès à une nef couverte en charpente ; un chemin de croix s'inscrit entre les baies closes par des jalousies.

Cimetière – Il renferme quelques **tombes à lambis**, sépultures de terre décorées de gros coquillages roses qui signalent habituellement les plus modestes inhumations.

Grande Anse du Diamant – *À l'Ouest du village, au Sud de la D 37*. Plage de sable blanc longue de plus de 3 km, ourlée d'un épais rideau de cocotiers et de raisiniers bord-de-mer sous lesquels on peut garer sa voiture et pique-niquer *(nombreuses tables en bois)*. Isolé de la route, c'est un site de baignade populaire très fréquenté les fins de semaine. Néanmoins, les rouleaux déferlant avec violence et les courants littoraux sont à redouter ; soyez très prudents car malgré les mises en garde, on déplore tous les ans, plusieurs morts à cet endroit. Préférez la plage du Novotel, à 1,5 km de là, sans danger mais malheureusement souvent surpeuplée.
Panorama★★ sur le rocher du Diamant *(voir ce nom)*.

Maison du Bagnard – *Voir p. 198*.

★★ **Rocher du Diamant** – *Voir ce nom*.

CARNET PRATIQUE

Syndicat d'initiative : *Route de Dizac,* ☏ *05 96 76 14 36.*

Hébergement

Hôtel Diamant-les-Bains *(À bon compte) – Bourg, 92, rue Justin-Roc, le Diamant,* ☏ *05 96 76 40 14, fax 05 96 76 27 00. www.martinique-hotel.com. Fermé en septembre. Au cœur du village. Ce petit établissement à l'atmosphère familiale dispose d'un accès direct à l'étroite plage frangée de cocotiers, d'une piscine entourée d'un jardin tropical, de chambres (préférer la vue sur la mer) et de bungalows (situés à quelques pas du rivage). Vaste salle de restaurant offrant des spécialités créoles. Chambre double à partir de 58 € en basse saison, 84 € en haute saison.*

Le Village du Diamant *(Valeur sûre) – Dizac, Le Diamant,* ☏ *05 96 76 41 89, fax 05 96 76 25 21. Hôtel-bar-restaurant en bord de plage, en direction de l'anse Cafard. Studios et bungalows modernes, tout confort. Piscine. Chambre double : 87 € en basse saison, 106 € en haute saison.*

Diamant Beach *(Valeur sûre) – Ravine Gens Bois,* ☏ *05 96 76 16 16, fax 05 96 76 16 00. www.diamant-beach.com. Hôtel de standing, tout de blanc vêtu, discrètement établi à la sortie Est du village sur le bord de la plage. Hébergement en studios très bien agencés pouvant accueillir de deux à six personnes. Piscine, nombreuses activités. Magnifique vue sur la baie et le rocher. Chambre double : entre 75 € et 142 € selon la saison et le type de logement.*

Restauration

L'Assiette Créole *(Valeur sûre) –* Restaurant de l'**Hôtel Diamant-les-Bains** *(voir ci-dessus). Accessible aux non-résidents. Menu à 18,3 €.*

Le Poisson Rouge *(Valeur sûre) – 4 km à l'Est du village en direction de Sainte-Luce, au lieu dit Taupinière ; tourner à droite sur la D 7,* ☏ *05 96 76 43 74. Ouvert midi et soir, sauf le mercredi. Petit restaurant de caractère bordant une rivière où sont amarrés quelques gommiers. Endroit calme et convivial, cuisine familiale proposant, entre autres, palourdes grillées, blaff ou acras d'oursins, ciriques farcis. À la carte, plats entre 6 (acras à la langouste ou aux oursins) et 23 € (langouste). Réservation recommandée le soir et le week-end.*

Cap 110 *(Valeur sûre) – Plage de l'Anse Cafard,* ☏ *05 96 76 12 99. Caroline et Patrick, les nouveaux patrons, ont redonné une nouvelle vie à cette adresse. Décor sympa, cuisine impeccable et ambiance bon enfant vous feront passer un excellent moment et, pour ne rien gâcher, les prix sont tout à fait raisonnables. Compter entre 18 et 25 €. Cuisine créole et française.*

Plongée

Okeanos-Club *– Village Pierre et Vacances de Sainte-Luce,* ☏ *05 96 62 52 36, fax 05 96 62 24 64. www.okeanos-club.com. Centre ouvert tous les jours. Plongée au rocher du Diamant, site classé parmi les 80 plus beaux de la mer des Caraïbes. Deux sorties par jour : 8 h 30 et 13 h 30 ; tous niveaux, deux vedettes de 8 et 10 m. Crevettes, bancs de sardes à queue jaune, poissons trompettes, langoustes, poissons coffres, murènes et, avec un peu de chance, raies pastenagues et barracudas. Une longue faille complètement immergée permet de traverser le rocher. Plongée avec équipement : 38 € ; forfait pour plusieurs sorties. Initiation gratuite en piscine, puis baptême au Diamant pour les débutants, 45 €.*

Acqua-Sud *– Hôtel Mercure, Le Diamant, Pointe de la Cherry,* ☏ *05 96 76 51 01. Mêmes plongées que ci-dessus. Sorties à 9 h et 14 h 30. Plongée-explo : 40 €. Initiation piscine et baptême en mer : 50 €.*

Antilles Plongée *– Hôtel Novotel, Le Diamant,* ☏ *05 96 76 25 80, fax 05 96 76 10 65. Même chose que précédemment et prix sensiblement égaux. Pour ces trois clubs : matériel récent et en excellent état, moniteurs diplômés et possibilité de stages de formation.*

Rocher du DIAMANT★★

Sud – Carte « Les plus beaux sites », p. 13, **GZ**

C'est en venant de Petite Anse par la **route des Anses**★★ *(voir ce nom)* que l'on découvre sous son meilleur profil, au détour d'un virage, ce majestueux rocher qui se dresse, à 1 800 mètres de la côte, à 176 m au-dessus des flots. Le soleil, sous un certain angle, le fait miroiter à la manière d'une pierre précieuse, d'où son nom de rocher du Diamant. Ses arêtes vives et sa physionomie caverneuse indiquent une origine volcanique.

Salué encore aujourd'hui par tous les navires britanniques croisant dans les parages, le rocher du Diamant limite la passe des Fours, redoutée des marins-pêcheurs qui craignent la rencontre des eaux du canal de Sainte-Lucie avec celles de la mer des Antilles.

RIFIFI ON THE ROCK

Un site stratégique – C'est en 1804 que le commodore anglais Hood, décidé à renforcer le blocus de la Martinique alors assiégée, prit possession du rocher. Sa position permettait de contrôler les passes environnantes et l'entrée du port de Fort-Royal, tout en surveillant du côté du large l'approche des bâtiments ennemis ou des convois marchands venus ravitailler les troupes françaises. Ce poste avancé, par nature immuable, battu par la houle, résistait aux plus terrifiantes tempêtes ; quelques hommes pourraient suffire pour y tenir en respect des centaines de soldats français.

L'occupation militaire – Les Anglais débarquèrent sur l'îlot, le fortifièrent et y installèrent de redoutables batteries ; baptisé *HMS Diamond Rock*, il fut promu « navire de guerre de Sa Majesté la reine d'Angleterre » et investi par une garnison de 200 hommes dirigée par le capitaine James Wilkes Maurice. Les conditions d'existence étaient plutôt spartiates : vivres et munitions étaient acheminés par un ingénieux système de nacelles depuis un navire ancré au large *Le Centaure*. Il faudra aux Français huit mois de bombardements et d'assauts répétés pour déloger l'assaillant.

La bataille de mai 1805 – Le gouverneur général Villaret-Joyeuse décida qu'il était temps de mettre un terme à cette occupation arrogante en surprenant les Anglais de nuit. Le 14 mai, une première tentative échoua, accueillie par les salves britanniques. Le 27, une nouvelle offensive fut déclenchée, dirigée par l'état-major français depuis les bois du morne Larcher. Le 29, la flotte française commandée par l'amiral Villeneuve commença à canonner le rocher. Dans la journée du 31, le feu des 80 canons français contraignit les Anglais à se réfugier dans les grottes, permettant aux troupes françaises de débarquer et de s'emparer des vivres et des munitions. Acculé à la reddition, Maurice hissa le drapeau blanc et ses hommes déposèrent les armes.

LE ROCHER AUJOURD'HUI

Un **point de vue**★★ avec parking a été aménagé à la pointe du Diamant *(sur la D 37 à 5 km à l'Ouest du village du Diamant)*, embrassant l'imposant îlot et un panorama qui s'étend vers Sainte-Lucie et sur les mornes de la côte Sud jusqu'à Sainte-Anne. C'est la meilleure approche possible du rocher, car aucune excursion régulière n'est organisée pour le visiter. Il reste avant tout un spot de plongée très fréquenté.

La formidable masse minérale du rocher du Diamant est un volcan de type péléen, un dôme de dacite (lave visqueuse, très acide) surgi en pleine mer, qui s'est solidifié au fur et à mesure de son érection. Les nombreuses cavités qui éventrent ses flancs correspondent à des poches de gaz emprisonnées dans le magma au moment de l'éruption.

Seuls les oiseaux : fous, sternes, « moines », frégates, continuent de l'occuper. Quatre vestiges de batterie sont encore visibles : celles de la Reine et du Centaure au niveau de la mer, Hood à mi-pente et Dauphine tout en haut. Il subsiste également des éléments de maçonnerie de l'hôpital. Les canons, jetés à la mer par les Français vainqueurs, ont été récupérés et sont maintenant exposés à l'entrée du fort Saint-Louis à Fort-de-France, ainsi que le long des allées du Club Méditerranée à Sainte-Anne.

Le rocher est enfin réputé pour la qualité des fonds qui l'entourent, riches en coraux et spongiaires, poissons multicolores et crustacés (crevettes, langoustes). Du côté du large, les branchies des spirographes se déploient en panaches magnifiques ; quelques barracudas viennent faire apprécier leur taille imposante et leurs dents tranchantes *(ces poissons peuvent devenir dangereux s'ils se sentent attaqués ; éviter toute attitude agressive)*. Les plus belles découvertes ont lieu entre 8 et 40 m de profondeur ; la plongée est accessible à tous niveaux, à condition d'être encadré par un moniteur *(voir le Diamant)*.

FONDS-SAINT-DENIS
Nord – Carte « Les plus beaux sites », p. 13, GY
982 habitants (les Denisiens)

Venant de Saint-Pierre ou de Deux Choux, la **route Transversale★** *(voir ce nom)* s'inscrit en lacet à travers d'extraordinaires paysages de montagne, offrant de superbes échappées sur le couvert forestier et ses différentes strates ; seules quelques menues parcelles défrichées, égratignant par-ci par-là les pentes des mornes, trahissent une présence humaine. Puis, soudainement, au détour d'un virage, surgit de cette hégémonie végétale Fonds-Saint-Denis avec la masse colorée de son église. Ce village fleuri, en équilibre sur une ligne de crête dominant les rivières du Carbet et du Jardin des Plantes, semble suspendu dans la montagne.

Fonds-Saint-Denis, ou la difficile conquête de l'intérieur de l'île – Le flanc Nord des Pitons du Carbet, région montagneuse et sauvage, est longtemps resté à l'écart de la mise en valeur de l'île, n'étant désenclavé qu'en 1835 par l'ouverture de la route de Saint-Pierre à la Trinité, puis de la branche Sud de la route de la Trace en direction de Fort-de-France. C'est alors seulement qu'un petit quartier d'habitation a commencé à se former à hauteur de Fonds-Saint-Denis, érigé en commune en 1888. Après plus d'un siècle de lente expansion dans des conditions pionnières, cette région, qui n'a finalement pu vaincre son isolement, est à nouveau frappée d'anémie ; alors que la population a légèrement crû en Martinique, Fonds-Saint-Denis partage avec Grand-Rivière, le fait d'être resté sous la barre du millier d'âmes et perd une partie de sa population, les jeunes notamment qui ne trouvent sur place ni travail ni distraction.

CURIOSITÉS

Le socle massif du **monument aux morts** s'orne d'un tout petit soldat en bronze. On dit que le socle étant déjà en place, le sculpteur se serait trompé dans les proportions...

Église – Depuis le parvis, très belle **vue** sur les Pitons et la rivière du Carbet. En contrebas, quelques offrandes, dont des anthuriums, égayent un petit oratoire dédié à Marie.

Le **cimetière** mérite un coup d'œil nocturne : une multitude de bougies éclaire alors les plus modestes sépultures comme les grandes tombes décorées de carreaux de céramique.

Observatoire de la Montagne Pelée ⊙ – *D 12, puis petite route à gauche, à 1 km du village en direction de Saint-Pierre.* Créé par l'université de Paris pour surveiller le volcan assoupi, il occupe depuis 1935 le sommet du morne Moustin. Modernisé à la suite de l'éruption de la Soufrière de la Guadeloupe en 1976, ses inclinomètres et magnétomètres surveillent en permanence non seulement la Montagne Pelée, mais aussi la sismicité de l'ensemble de l'île et des fonds marins.
Même si la porte de l'observatoire est souvent close, on ne monte pas là-haut pour rien : la **vue★** sur les Pitons du Carbet et sur la Montagne Pelée dominant la rade de Saint-Pierre justifie largement le détour.

Canal de Beauregard (ou Canal des Esclaves) – *Il est préférable d'effectuer cette agréable excursion dans le sens Fonds-Saint-Denis - le Carbet afin de profiter de superbes panoramas sur les Pitons du Carbet et sur la côte caraïbe. Pantalon et chaussures de marche recommandés ; personnes sujettes au vertige ou familles avec enfants s'abstenir.* Prendre la direction de Fond Mascret, puis bifurquer sur la droite

FONDS-SAINT-DENIS

Église de Fonds-Saint-Denis

(épingle) jusqu'au canal (après le gué). Des balises jaune et bleu indiquent le point de départ. Entreprendre la randonnée tôt le matin ou bien l'après-midi permettra de profiter de l'ombre. Se confondant avec l'architecture du canal, le sentier est partiellement recouvert de grandes herbes et ses pierres sont parfois glissantes. Le canal de Beauregard a été construit à flanc de montagne par des esclaves en 1776-1777, dans le but d'irriguer les distilleries de Saint-Pierre et du Carbet avec l'eau des Pitons du Carbet ; large de 0,80 m et profond d'1 m, il est toujours en activité. On imagine sans peine les difficultés techniques et les conditions de travail insupportables qui ont marqué sa construction (les pierres ont été acheminées à dos d'homme). Le parcours, mené sous le frais couvert d'une végétation de fougères arborescentes, de bois-canons et de manguiers, procure de vertigineuses sensations et de très impressionnantes vues plongeantes sur la rivière du Carbet.

FORT-DE-FRANCE★

Centre – Carte « Les plus beaux sites », p. 13, **GZ**
149 820 habitants (les Foyalais)

Poumon économique de la Martinique et siège de la plupart des services locaux de l'État, Fort-de-France offre, à l'échelle de la Caraïbe orientale, l'aspect d'une vraie capitale. La présence des touristes, le mouvement du port, l'animation des rues commerçantes, l'activité des banques et centres commerciaux, la circulation automobile souvent très dense procurent au visiteur une sensation d'affairement exceptionnelle dans le contexte des Petites Antilles dont les villes sont habituellement nonchalantes. L'agglomération, que son site marécageux environné de mornes pentus (Trénelle, Didier, Abélard, etc.) ne prédisposait pas à une telle destinée, tire aujourd'hui partie de sa situation privilégiée au fond de sa magnifique baie : le port se classe au quatrième rang français pour le trafic de conteneurs, et la proximité de l'aéroport international et des principales concentrations hôtelières lui confère un rôle de premier plan dans le développement touristique.

MONTÉE EN PUISSANCE

Les origines – Jacques Dyel du Parquet, neveu de Belain d'Esnambuc *(voir p. 246)* et premier gouverneur de la Martinique, s'intéresse en 1637 à un carénage abrité de la baie des Flamands dénommé Cul-de-Sac Royal. L'année suivante, un fortin voit le jour sur la rive, bientôt entouré de quelques habitations. Louis XIV, passablement abusé sur la valeur stratégique de la baie par la « Victoire du rhum » face aux Hollandais en 1674, ordonne l'édification d'un vrai fort qui prend le nom de fort Royal, futur fort Saint-Louis ; une ville du même nom ne tarde pas à s'édifier sous sa protection, grâce en particulier au gouverneur comte de Blénac qui y transfère, outre le gouvernement, le conseil souverain de la colonie. Ainsi prend corps la fonction de capitale militaire, politique et administrative du futur Fort-de-France qui, très vite, manifeste également des dispositions en économie : 57 sucreries y sont installées vers 1690.

De Fort-Royal à Fort-de-France – Si la première moitié du 18e s. est favorable à la ville qui poursuit sa croissance (4 000 habitants environ vers 1750, contre 15 000 à Saint-Pierre), la seconde moitié n'est, en revanche, qu'une succession d'épidémies, d'incendies, de cyclones et d'inondations catastrophiques. L'année 1766, où s'additionnent plusieurs de ces fléaux, est particulièrement éprouvante.

Baptisée Fort-la-République ou République-Ville au début de la Révolution, Fort-de-France en 1802, redevenue Fort-Royal en 1815 à la Restauration, la ville est définitivement appelée Fort-de-France en 1848 et subit au cours de la deuxième moitié du 19e s. d'importantes transformations. Reconstruite en bois après le dramatique séisme de 1839, plus de mille de ses maisons sont la proie des flammes en 1890. L'année suivante, un cyclone particulièrement dévastateur s'abat sur toute la partie Sud de l'île ; Fort-de-France, de nouveau durement touchée, décide alors de faire entrer le métal dans la reconstruction de ses édifices principaux.

Bibliothèque Schœlcher

Capitale économique – La destruction de Saint-Pierre le 8 mai 1902 *(voir Saint-Pierre)* change la destinée de la ville dont l'essor commercial était réel, mais entravé par le dynamisme du « petit Paris des Antilles ». Promue subitement capitale économique de la Martinique, elle assume sans hésitation son nouveau rôle, comme le proclame son maire Victor Sévère : « ... un impérieux devoir incombe à la municipalité du chef-lieu, celui de faciliter le développement du commerce de la colonie dont Fort-de-France deviendra forcément le centre définitif ».
Mais en même temps, Fort-de-France doit faire face à l'arrivée de près de 6 000 réfugiés des villages du Nord. Hébergés au début, tant bien que mal, au casino, au séminaire ou encore dans le fort Saint-Louis, ils seront ensuite relogés dans les quartiers de Dillon, des Tourelles et de Tivoli ; le nombre des habitants grimpe, de ce fait, à plus de 27 000.

L'ÈRE CÉSAIRE

Après 1945, la ville, administrée par Aimé Césaire *(voir Route de Grand'Rivière)*, enregistre une nouvelle poussée démographique, passant de 58 763 habitants en 1954 à 96 943 en 1967. La croissance accélérée est surtout due à l'exode rural qui touche fortement les campagnes. Le paysage urbain s'en trouve profondément modifié. On construit dans toutes les directions, de nouveaux quartiers apparaissent à la périphérie dont certains, comme Volga-Plage, tiennent de l'urbanisation spontanée et forment des « bidonvilles ». Fort-de-France s'étend jusqu'à former une vaste agglomération de plus de 100 000 habitants, concentrant le tiers de la population martiniquaise et l'essentiel des activités du département. L'agglomération acquiert la réputation d'une ville en chantier perpétuel, image qu'elle entretient, comme en témoignent quelques spectaculaires réalisations récentes : le stade de Dillon, la gare maritime de la pointe Simon et, un peu plus loin, la nouvelle aérogare du Lamentin.

FORT-DE-FRANCE COLONIAL

La métropole martiniquaise a conservé un certain nombre d'édifices monumentaux de l'époque dite « coloniale » censée se terminer en 1946, année de la départementalisation. Tous sont situés à faible distance les uns des autres et peuvent être découverts au cours d'une flânerie qui permettra de contempler également quelques maisons de bois typiques de l'architecture traditionnelle urbaine. Citons, entre autres, celles de la **rue Galliéni** (**7**) et de la **rue Perrinon** (**16**), égayées de petits balcons en fer forgé.

Place de la Savane (**B**) – L'ancien champ de manœuvres, plus tard reconverti en Jardin du roy, puis en place d'Armes, est aujourd'hui un vaste parc public abritant de nombreuses essences tropicales, notamment un magnifique bosquet de palmiers royaux. Autrefois bénéficiaire de leur ombrage, la **statue de l'impératrice Joséphine** (**E**),

FORT-DE-FRANCE

CARNET PRATIQUE

Renseignements touristiques

Office départemental de tourisme de Martinique

Dans l'aéroport, ☎ 05 96 42 18 05. Ouvert à partir de 7 h 30 (en principe) et jusqu'à l'arrivée du dernier avion (toujours en principe). Bien pratique si vous n'avez pas de réservation d'hôtel.
2, rue Ernest-Deproge, ☎ 05 96 63 79 60, fax 05 96 73 66 93. www.tourist martinique.com. Ouvert du lundi au vendredi de 7 h 45 à 17 h, le samedi de 8 h à 12 h. C'est le bureau qui gère tout le tourisme de l'île. On y trouve notamment le « Guide pratique » et les locations touristiques pour tout le département.

Office du tourisme de Fort-de-France – *76, rue Lazare-Carnot*, ☎ 05 96 60 27 73, fax 05 96 60 27 95. Ouvert du lundi au vendredi de 8 h à 17 h, le samedi de 8 h 30 à 12 h 30. On y trouve un excellent plan de la ville.

Vie pratique

Aéroport – *Le Lamentin*, ☎ 05 96 42 16 00 (standard), 05 96 42 19 95 (service infos). Il n'existe pas de navettes pour Fort-de-France. Il faut prendre un taxi (compter 23 €) ou une voiture de location.

Compagnies aériennes – **Air France**, ☎ 05 96 55 33 33 ; **AOM/Air Liberté**, ☎ 05 96 59 05 60 ou 05 96 42 16 22 ; **Nouvelles frontières/Corsair**, ☎ 05 96 70 59 70. Pour les liaisons inter-îles il y a également **Air Caraïbes**, ☎ 05 90 82 47 00 et **Liat Guadeloupe**, ☎ 05 90 21 13 93.

Stationnement – Difficile et coûteux à Fort-de-France. Le seul parking longue durée est celui de la Savane.

La Poste, recette principale – 11, rue de la Liberté. Ouvert lundi, mardi, jeudi et vendredi de 7 h à 18 h, mercredi de 7 h à 17 h et samedi de 7 h à 12 h. Prévoyez de la lecture, il y très souvent de l'attente !

Hébergement

La Malmaison *(À bon compte)* – *7, rue de la Liberté (place de la Savane côté poste)*, ☎ 05 96 63 90 85, fax 05 96 60 03 93. Charme désuet des vieilles institutions. Confort et ameublement un peu disparates, demander à voir les chambres. Télévision câblée, réfrigérateur. Chambre double de 51 à 56 €.

L'Impératrice *(À bon compte)* – *15, rue de la Liberté (à côté du précédent)*, ☎ 05 96 63 06 82, fax 05 96 72 66 30. Même commentaire que précédemment. Le temps s'est arrêté dans ce lieu très central, rendez-vous des notables de Fort-de-France depuis les années 1960. Confort à l'ancienne et ambiance un peu compassée. Simple : de 46 à 55 €, double : 55 à 86 €.

Squash Hôtel *(Valeur sûre)* – *203, boulevard de la Marne (en direction de Schœlcher) à 10 mn de l'aéroport*, ☎ 05 96 72 80 80, fax 05 96 63 00 Hôtel de très bon standing avec piscine, 108 chambres avec climatisation, télévision, minibar, salons, activités sportives, etc. Cuisine créole et internationale au Bistrot de la Marne. Chambre double avec petit-déjeuner : 85 € en basse saison, 102 € en haute saison.

Akena Foyatel *(Valeur sûre)* – *68, avenue des Caraïbes (place de la Savane)*, ☎ 05 96 73 28 23. www.hotels-akena.com. Un hôtel tout neuf au centre-ville. Plutôt une clientèle d'hommes d'affaires. Parfait pour passer un ou deux jours à Fort-de-France. Confort habituel à cette catégorie, télévision, climatisation, prise modem. Petit déjeuner (buffet) inclus, de 68 à 83 €.

Hôtel Valmenière *(Une petite folie !)* – *Avenue des Arawaks. À 5 mn de l'aéroport, sortie Châteaubœuf*, ☎ 05 96 75 75 75, fax 05 96 75 69 70. Hôtel luxueux avec chambres très bien équipées. Loisirs sportifs et piscine. Restaurant panoramique sur la baie. Chambre double, petit déjeuner inclus : 103 € en basse saison et 118 € en haute saison.

en marbre de Carrare, a été reléguée à un angle de la place : humiliation supplémentaire pour l'effigie de l'épouse de Napoléon Ier, régulièrement décapitée par ses détracteurs qui tiennent la « belle Créole » pour responsable du rétablissement de l'esclavage en 1802.

Autrefois lieu de prédilection des promenades où l'on exhibait ses toilettes, des rendez-vous amoureux – il existait une allée des Soupirs – et des grands rassemblements populaires, la Savane n'exerce plus la même attraction sur les Foyalais, et les touristes ne s'y attardent pas.

★★ **Musée départemental d'Archéologie et de Préhistoire de la Martinique** (A)
– *9, rue de la Liberté, juste à côté de la poste*. Une riche collection de plus de mille pièces provenant de fouilles archéologiques retrace 2 000 ans de l'histoire martiniquaise précolombienne. À travers cartes, outillages, céramiques et costumes, on découvre la vie quotidienne et l'environnement des civilisations Arawak et Caraïbe.

FORT-DE-FRANCE

Hôtel La Batelière *(Une petite folie !)* – *En direction de Schœlcher*, ☏ *05 96 61 49 49, fax 05 96 61 62 29*. Hôtellerie haut de gamme offrant toutes les conditions d'un agréable séjour : galerie commerciale, salons de réception, coiffeur, repas à thème, piano-bar, buffet, piscine, plage aménagée, etc. Chambre double à partir de 115 € en basse saison et de 230 € en haute saison.

Restauration

Le Marie-Sainte *(À bon compte)* – *160-162, rue Victor-Hugo,* ☏ *05 96 63 82 24*. À l'extrémité Ouest de la rue Victor-Hugo, à côté de la rivière Madame. Une véritable institution foyalaise depuis près de 50 ans. Ouvert du lundi au samedi de 8 h à 15 h. Goûtez à la cuisine locale : acras, boudin, crabe farci, légumes du pays, écrevisses, dans une ambiance familiale et animée. Intérieur simple mais propre. Assiette créole à 10,10 €, menu du jour à 15,25 €.

Le Planteur *(Valeur sûre)* – *1, rue de la Liberté (1ᵉʳ étage), Fort-de-France*, ☏ *05 96 63 17 45*. Fermé le samedi toute la journée et le dimanche midi. Situé en plein cœur de la ville. Intérieur habillé de boiseries jaune et bleu, vue sur la baie de Fort-de-France : ou comment allier chaleur du cadre et de l'accueil au plaisir d'une savoureuse cuisine créole. Vaste choix de fruits de mer, poissons et viandes. Déjeuner, menu à 12,20 € ; le soir, menus à partir de 18,30 € ; le vendredi soir, menu spécial à 29,75 €, boisson comprise.

La Mouïna *(Une petite folie !)* – *Au Nord, 127, route de la Redoute, à 10 mn en voiture de Fort-de-France*, ☏ *05 96 79 34 57*. Fermé le samedi à midi et le dimanche, ainsi que du 15 août au 15 septembre. Restaurant gastronomique fréquenté par le « gratin » foyalais qui apprécie sa cuisine recherchée française et créole. Réservation recommandée. À la carte, compter environ 35 €.

Achats

Toutes les rues du centre-ville sont bordées de petits commerces. Les principales sont la rue Victor-Hugo et la rue Victor-Schœlcher. Sur la place de la Savane, en bordure du boulevard Alfassa, échoppes de souvenirs : poupées, chapeaux, foulards, coquillages...

Sortir le soir

Étonnant : dès la fermeture des magasins, lorsque tombe la nuit vers 18 h, les rues se vident instantanément, le silence s'installe sur le centre-ville si palpitant quelques minutes auparavant. Peu ou pas de monde dans les cafés, peu d'endroits éclairés, pas d'animation si ce n'est autour des cinémas de l'avenue du Parquet ; pour danser et faire la fête, mieux vaut aller dans les discothèques de la Pointe-du-Bout, de l'autre côté de la baie *(pour s'y rendre, voir ci-dessous)* ou essayer les quelques adresses suivantes :

Boire un verre au Terminal, *104, rue Ernest-Deproge*, ouvert jusqu'à 23 h, fermé le dimanche. Dans une atmosphère agréable, près de 300 bouteilles de rhum vous attendent !

Consulter ses e-mails au **Web Cyber Café**, 4, rue Blénac, jusqu'à 1 h, ambiance branchée comme les dix terminaux. Il vous en coûtera 4 € les 15 mn si vous voulez surfer sur la « Toile » en sirotant un ti'punch.

Danser au **Cheyenne**, *8, rue Joseph-Compère. www.cheyenne-caraïbe.com*. Ouvert tous les soirs à partir de 21 h. Restaurant, bar, boîte de nuit-discothèque. L'endroit à la mode à Fort-de-France.

Vedettes maritimes

Plusieurs compagnies de vedettes assurent la liaison avec les Trois-Îlets et la Pointe-du-Bout. Départ du quai d'Esnambuc (face à la Savane) toutes les heures ; durée du trajet 15 à 20 mn.

Une compagnie propose la liaison avec Sainte-Anne (45 mn). L'*Express des Îles* effectue des trajets quotidiens vers la Guadeloupe, et plusieurs fois par semaine vers la Dominique et Sainte-Lucie, ☏ *05 96 63 12 11, fax 05 96 63 34 47*.

Au premier étage, dans la salle « formes et décors », remarquez les séries d'*adornos*, figurines représentant des faciès humains et animaux que l'on retrouve fréquemment sur les anses des vases. Ce musée offre une bonne approche historique et propose, en fin de visite, des classeurs thématiques intéressants pour ceux qui veulent approfondir certains sujets.

★★ **Bibliothèque Schœlcher (B)** – *À l'angle des rues Victor-Sévère et de la Liberté*. Cet édifice, le plus remarquable de la ville, fut construit pour abriter la bibliothèque personnelle de Victor Schœlcher, léguée au conseil général de la Martinique en 1883 *(voir encadré)*. Malheureusement, ce fonds très riche fut en grande partie détruit par l'incendie de 1890, trois ans avant l'ouverture au public de la salle de lecture. Le bâtiment fut édifié d'après les plans de l'architecte Henri Picq (1833-1911) qui avait confié aux ateliers Eiffel, à Paris, la conception de la structure métallique. Le résultat, évoquant certains palais de l'architecture thermale métropolitaine, au

FORT-DE-FRANCE

> **Le legs de Victor Schœlcher**
>
> Le grand philanthrope Victor Schœlcher, qui prépara le décret abolissant l'esclavage dans les colonies françaises en 1848 *(voir p. 78)*, considérait l'éducation et la culture comme indispensables à une réelle émancipation des esclaves libérés. Il fit don de sa propre collection de livres et obligea les autorités coloniales à construire à Fort-de-France une bibliothèque dont l'accès serait gratuit. 10 000 volumes quittèrent Le Havre en juin 1884 et furent entreposés, à leur arrivée, dans une maison située au croisement des actuelles rues Schœlcher et Victor-Hugo. La collection comprenait de nombreux livres d'auteurs étrangers, des traductions de classiques grecs et latins, des journaux coloniaux, des traités consacrés aux colonies, aux Antilles, à l'histoire du monde, des essais, des livres d'art. L'incendie de 1890 n'épargna que 1 200 volumes dont un exemplaire de *Quatre-vingt-treize* de Victor Hugo, dédicacé à Victor Schœlcher.
> La bibliothèque conserve aujourd'hui 180 000 volumes et des documents divers : cartes géographiques, photographies, cartes postales.

style teinté d'orientalisme, est des plus heureux. Le corps principal est couronné d'un dôme « à l'impériale » en fer et verre. Les structures portantes apparentes, des poutrelles en fer gris-bleu, sont surmontées de chapiteaux corinthiens. Les murs, constitués de plaques de ciment coloré crème et ocre-rouge, sont percés de baies en plein cintre. La façade est ornée d'une précieuse mosaïque. L'intérieur, avec sa colonnade en fonte et ses espaces bien éclairés, mérite aussi le coup d'œil.

★★ **Fort Saint-Louis** (B) ⊙ – *Entrée par le boulevard Chevalier-de-Sainte-Marthe.* Après une débâcle face aux Hollandais, Louis XIV ordonne l'édification d'un fort plus conséquent. Les gouverneurs généraux successifs, et notamment le comte de Blénac, feront prendre à l'édifice son allure définitive. Les lieux ont conservé leur vocation militaire : ils abritent toujours le siège du commandement de la Marine. La visite guidée, ponctuée d'anecdotes historiques, retrace les étapes de la colonisation de l'île. Le parcours mène au *Grand Cavalier* d'où s'offre un superbe **panorama**★★ : côté mer, la baie des Flamands, la baie du Carénage et la Pointe-du-Bout, et, côté terre, la découpe des Pitons du Carbet. Vous apercevrez certainement dans les arbres tropicaux de curieux habitants : des iguanes pouvant atteindre 1,50 m de long, dont la crête dorsale s'arme d'écailles pointues.

Préfecture (B) – *À l'angle des rues Victor-Sévère et du Gouverneur-Félix-Éboué.* L'ancien hôtel du gouverneur de la colonie, construit de 1925 à 1928 en style néoclassique, abrite les locaux de la préfecture de région.

Cathédrale Saint-Louis

Pavillon Bougenot (B) – *À côté de la préfecture.* Cette élégante maison jaune est représentative des résidences de la haute-bourgeoisie foyalaise construites à la fin du 19e s. L'architecture métallique leur fut imposée à la suite du grand incendie de 1890.

Ancien hôtel de ville (A) – *Revenir dans la rue Victor-Sévère et la remonter jusqu'à la rue de la République.* Datant de 1901, ce bâtiment blanc aux encadrements soulignés de vert accueille quelques services municipaux et un théâtre.

Palais de justice (A J) – *Entre les rues Perrinon et Moreau-de-Jonnes.* Dans le jardin qui précède la sobre façade néoclassique, statue de Victor Schœlcher en marbre de Carrare par Marquet de Vasselot.

Cathédrale Saint-Louis (A) – Les multiples séismes et incendies qu'elle eut à

subir ont imposé sa reconstruction selon une architecture à dominante métallique due, comme la bibliothèque Schœlcher, à Henri Picq : les murs, en béton armé recouvert de plaques d'aluminium, s'appuient sur une ossature en fonte. L'intérieur séduit par ses volumes agréables et bien éclairés, ses structures portantes surprenantes de finesse et l'harmonie de son décor peint *(voir illustration au chapitre de l'Art – Éléments d'architecture)*. Les vitraux retracent la vie de Saint Louis.

★ **Musée régional d'Histoire et d'Ethnographie de la Martinique** ⓥ – *10, boulevard du Général-de-Gaulle.* Une des dernières belles villas du 19e s. à Fort-de-France – arrêtez-vous un peu à l'extérieur pour observer son architecture – accueille cet important lieu de recherche et d'exposition. Le rez-de-chaussée est consacré à d'intéressantes expositions temporaires, tandis qu'au premier étage, ont été reconstituées plusieurs pièces d'un intérieur bourgeois de la fin du 19e s. Panneaux didactiques, gravures, et documents évoquent les grandes heures de l'île et une série de poupées présente les costumes traditionnels.

Musée du Carnaval et des Traditions populaires de la Martinique ⓥ – *Rue des Gabares (en face du terminal croisières de la pointe Simon).* Connaissez-vous *Marianne la po figue*, la *diablesse* (ou guiablesse), le *nègre gros sirop (voir p. 98)* ? Si ce n'est pas le cas, ce petit musée vous présente les personnages emblématiques du carnaval, de beaux costumes créoles et les principales danses qui rythment ces jours de fête.

FORT-DE-FRANCE

Parc floral (A) – *Place José-Marti, à l'extrémité du boulevard du Général-de-Gaulle, le long de la rivière Madame.* Quelques baraques exposent des objets d'artisanat, les dominos claquent sur les tables en bois. Dans la **galerie de Géologie** ⓥ, panneaux bien documentés sur le volcanisme et la sismicité du domaine caraïbe.

LES MARCHÉS

Grand marché (A) – *À l'angle des rues Blénac et Isambert.* Hormis ses déballages colorés et odorants où s'entassent pêle-mêle ananas et régimes de bananes, ce marché couvert est une bénédiction pour qui veut se familiariser avec les préparations locales aux vertus curatives ou gastronomiques. En échange d'un sourire ou de quelque achat symbolique, les « doudous » en madras ne rechignent pas à livrer de longues explications sur les secrets de leurs mixtures. Sur leurs étals se côtoient le bay rum, indiqué pour les soins de la peau, le sirop de cresson, remède aux maux d'estomac, le sirop pied-bœuf, réputé pour assurer une remise en forme générale. Citons encore le citrocol, voué aux frictions à la sortie du bain, l'huile de roucou qui, si elle favorise un teint basané, ne protège en rien contre les coups de soleil, et l'incontournable bois-bandé, qu'on ne présente plus.
La vaste armature métallique abrite aussi tout ce qui fait les « petits plus » de la cuisine créole : les sirops d'amande ou de banane pour agrémenter la pâtisserie, la poudre de roucou qui colore le court-bouillon, la crème de piment accompagnant idéalement le poisson grillé...
Une flânerie dans ce marché donnera aussi l'occasion de goûter des biscuits au gingembre ou de la cannelle de coco, délicieuse pulpe de noix de coco caramélisée.

Marché de la rivière Madame

Marché aux viandes (A B) – *À deux pas du marché aux fruits et légumes.* On y trouve le poulet dit « boucané », l'une des spécialités locales.

Marché aux poissons (A) – *À l'extrémité du boulevard du Général-de-Gaulle, le long de la rivière Madame.* Marché très animé, surtout le samedi matin. Les étals-blocs carrelés regorgent de vivaneaux, thazars et autres coulirous. Au dehors, des marchandes vendent leur pêche dans de larges cuvettes et écaillent les poissons, tout en discutant à l'ombre d'un parasol. Si on y vient assez tôt, on assistera au spectacle des gommiers multicolores de la rivière Madame déchargeant leurs prises.

Marché de la rivière Madame (A D) – Dans le prolongement de la place José-Marti ce marché plutôt « informel », où les femmes s'installent à même le sol pour vendre leurs produits, exhale une ambiance des plus vivantes et des plus pittoresques. Là encore, toute une gamme d'épices (cannelle, safran, colombo, muscade), des légumes (patate douce, fruit à pain, igname, christophine), divers « remèdes » et des fleurs, principalement de superbes anthuriums.

ENVIRONS

Distillerie Dillon ⓥ – *Au Nord de Fort-de-France, direction Châteaubœuf.* Dans le bâtiment de l'accueil, des panneaux relatent l'histoire de la distillerie. Dans l'unité de production, on découvre depuis une plateforme tout le processus de fabrication. Trois groupes de trois moulins broient entre 120 et 150 t de canne par jour, soit la récolte de 120 planteurs se répartissant entre Ducos, Saint-Esprit et le Lamentin. 2 000 fûts de 220 litres sont entassés dans les chais de vieillissement. L'embouteillage mécanisé fournit 50 000 bouteilles de rhum par heure, destinées au marché local (30 %) ou exportées vers la métropole et la Guyane.

Plateau Didier – L'ouverture sous le Second Empire de la route de Didier, destinée à faciliter l'approvisionnement en eau de Fort-de-France, a stimulé le développement d'un quartier résidentiel sur les hauteurs Ouest de la ville. Ancien domaine des classes aisées de Fort-de-France, à l'écart du quartier populaire des Terres Sainville, le plateau Didier conserve encore aujourd'hui quelques « maisons folles », ces belles demeures créoles élevées au début du 20e s. et où le pastiche architectural se met au service de la fantaisie la plus débridée *(voir illustration au chapitre de l'Art – Éléments d'architecture).*

Le FRANÇOIS

Centre – Carte « Les plus beaux sites », p. 13, HZ
17 065 habitants (les Franciscains)

Le François est une bourgade active et riante, blottie au fond d'une baie qui en constitue le principal intérêt avec son cortège d'îlets volcaniques et ses hauts-fonds de sable blanc, les fameux **Fonds-Blancs** où se trouve la **Baignoire de Joséphine**. La côte très découpée et escarpée offre de nombreux mouillages naturels dont l'un abrite la **marina du Forçat**. Cette région de la Martinique est restée chère aux « békés », les Blancs créoles *(voir p. 88)* qui y possèdent des villégiatures et s'y adonnent à la plaisance.
Les conditions de navigation assez délicates de la baie du François, dont les multiples brisants requièrent habileté et adresse, ont par ailleurs fait des Franciscains (pas les moines !) d'excellents marins disputant souvent, dans les courses de yoles, la victoire à leurs voisins du Robert.

CARNET PRATIQUE

Office du tourisme – *Cité La Jetée,* ☎ *05 96 54 67 50.* Ouvert du lundi au vendredi de 8 h à 17 h (sauf mercredi : 9 à 16 h et samedi : 9 h à 12 h). Une hôtesse sympathique vous fournira tous les renseignements sur les hébergements et les activités du François.

Accès aux îlets
Plusieurs prestataires organisent des excursions d'une journée avec tour des îlets et étapes : baignade, baignoire de Joséphine, déjeuner sur la plage ou dans une construction légère dominant la mer, aménagée spécialement à flanc de colline. Préférer les compagnies embarquant un faible nombre de passagers ou les yoles de pêcheurs, qui permettent de profiter au mieux du site et de son calme : vedettes *Pipo* ☎ *05 96 54 96 46* et *Évasion* ☎ *05 96 54 96 87,* à la baie du Simon ou *River Cat* à la base nautique du François, ☎ *05 96 74 96 79.* Il vaut mieux réserver. Compter 30 € en moyenne avec un ti-punch ou un planteur.

Hébergement
La Frégate Bleue *(Valeur sûre) – Le François,* ☎ *05 96 54 54 66, fax 05 96 54 78 48.* 5 km, direction le Vauclin, au lieu dit Dostaly (signalisation discrète). Cet « hôtel-villa » a beaucoup d'atouts : la quiétude du cadre et l'accueil « à la carte » justifient son appartenance aux « Relais du silence ». Les sept chambres spacieuses, meublées avec goût (lits à baldaquins, meubles antillais, anciens mais aussi télévision et climatisation), donnent sur les îlets. Piscine. Chambre double avec petit déjeuner : 120 € en basse saison, 152,50 € en pleine saison.
Plein Soleil, maison d'hôtes *(Valeur sûre) – Villa Lagon, Pointe Thalémont, le François,* ☎ *05 96 38 07 77, fax 05 96 65 58 13.* Réservation possible depuis Paris, ☎ *01 42 58 70 70, fax 01 42 58 04 57.* À mi-parcours entre Le François et Le Robert, au bout d'une petite route, une délicieuse adresse pour séjourner dans une ambiance romantique et reposante. Dominant la baie, trois maisons créoles décorées avec soin et délicatesse abritent chacune une cuisine et quelques spacieuses chambres prolongées d'un balcon ou d'une véranda. La maison principale sert de lieu de restauration (repas traditionnels). Discrète attention, jusqu'au moindre détail. Piscine. Possibilités d'excursions. Chambre double à partir de 72 € en basse saison et de 116 € en haute saison.
La Maison de l'îlet Oscar *(Une petite folie !) –* ☎ *05 96 45 46 17* ou *05 96 65 82 30, fax 05 96 53 50 58.* Cadre enchanteur : cet hôtel-restaurant isolé sur l'îlet Oscar à 10 mn de bateau, est aménagé dans une ancienne villégiature de planteur. Quatre chambres de caractère et restaurant (ouvert le midi ; le soir, sur réservation seulement – six personnes minimum) à la cuisine raffinée. L'établissement propose des excursions : baignoire de Joséphine, pêche, plongée ; possibilité de promenades avec des pêcheurs. Chambre double en 1/2-pension avec transfert bateau : 190 € en basse saison, 221 € en haute saison. Tarif réduit au-delà de trois nuits.

Le FRANÇOIS

Les îlets

CURIOSITÉS

Le village – Autour de la place centrale, ombragée de manguiers, sont rassemblés la mairie, bâtie en pierre et bois, l'église en verre et métal, résolument moderne, et un bâtiment qui abrita successivement la gendarmerie, le collège, le centre culturel et le marché du bourg avant d'être la proie des flammes.

Les îlets du François** – *Plusieurs compagnies (voir ci-dessus) proposent cette excursion généralement très prisée des touristes. Le parcours décrit est l'une des options possibles à partir de la baie du François. Emporter son appareil photo. Après avoir contourné l'îlet Métrente, le bateau aborde le Cul-de-Sac Frégate ; quelques belles villas idéalement situées sont disséminées sur son pourtour. La ligne de mornes qui précède la montagne du Vauclin (504 m, point culminant du Sud de la Martinique) prend de l'envergure au fur et à mesure qu'on s'éloigne de la côte. La visite se poursuit avec l'îlet Thiéry, puis l'îlet Oscar**★* *qui est le plus fréquenté. Quelques cocotiers sur la plage assurent un peu d'ombre près du petit hôtel (voir carnet pratique).*
Plus loin, une intensification du trafic nautique signale la présence des « fonds blancs » : ce sont des bancs de sable corallien où l'on a pied, à plusieurs centaines de mètres du rivage. La **baignoire de Joséphine** est l'un des plus connus. Vous entendrez différentes versions sur l'origine du nom du lieu : le récif aurait la forme d'un sabot qui rappelait la baignoire de *Joséphine* ; un vieux pêcheur aurait possédé un

---

Les courses de yoles

Colorées et spectaculaires, les courses de yoles se déroulent sur les côtes martiniquaises, de la Trinité au Marin, tous les dimanches de juin à janvier. Les équipages, encouragés depuis la plage par la foule des parieurs (non réglementaires…), disputent des courses de dix à quinze milles, pendant environ une heure et demie.
La yole est un voilier à fond plat (ou « semelle ») en bois, pouvant embarquer un équipage d'une quinzaine de personnes. Pour les courses, une « quille » triangulaire rapportée la transforme en « yole ronde ». Elle reste très difficile à manœuvrer, ce qui occasionne bien des chavirages et autres collisions entre concurrents.
La stabilité de l'embarcation dépend surtout de l'adresse des équipiers. Ceux-ci assurent l'assiette du bateau, accrochés à de longues perches en bois très dur (ou « bois-dresser ») et se trouvent suspendus au-dessus de l'eau, complètement à l'extérieur de la coque.
L'ambiance festive de ces compétitions dont le temps fort est le Tour de la Martinique, les couleurs des grandes voiles rectangulaires, la performance sportive des équipages souvent composés de marins pêcheurs, font des courses de yoles un spectacle plein d'attraits et typique de la Martinique.
Voir illustrations p. 16 et 43.

bateau nommé Joséphine ; ou encore, explication la moins probable, la future impératrice serait venue se baigner dans ces fonds. On y célèbre le « baptême du rhum » : immergés jusqu'à la taille dans l'eau tiède, les passagers des bateaux de promenade sont invités à boire le rhum (agricole) directement à la bouteille, dans une ambiance sonore à forte tendance zouk et calypso. Les touristes les plus conquis par cette tradition d'origine béké ont souvent du mal à regagner leur bord...

ENVIRONS

★★ **Habitation Clément** – *Voir ce nom.*

Route de GRAND'RIVIÈRE★

Nord – Carte « Les plus beaux sites », p. 13, **GY** – Schéma p. 228

Cette route qui se termine en cul-de-sac à Grand'Rivière, village le plus septentrional de l'île avec Macouba, se fraye péniblement un passage entre la côte escarpée, les flancs abrupts de la Montagne Pelée et un faisceau de profondes ravines qui se plaisent à lui barrer le passage. La végétation tropicale omniprésente, le franchissement des rivières par des ponts d'un autre âge ajoutent au pittoresque de ce parcours, dont les derniers kilomètres longent les falaises volcaniques composant le site de Grand'Rivière.

La région, autrefois dynamique et attractive pour la main-d'œuvre, souffre de sa situation de « bout du monde » (aucune route ne relie la côte au vent à la côte sous le vent dans le Nord de la Martinique), et se dépeuple inexorablement : en vingt ans, Grand'Rivière a perdu le quart de ses habitants.

COLONS ET COOLIES

La marque d'un peuplement ancien – Dès 1658, les colons français avaient expulsé les Indiens caraïbes de la capesterre (région atlantique de l'île) ; aussitôt après, ils s'installèrent nombreux sur le plateau qui s'étend en arrière de la côte entre le Lorrain et Macouba. Une centaine d'habitations, cultivant le petun (tabac), le café et le cacao étaient déjà établies dans le quartier de Basse-Pointe en 1680. Héritage de ces temps pionniers, la région possède aujourd'hui la plus forte concentration d'anciennes « maisons des maîtres » de toute la Martinique. Certaines, comme les habitations Leyritz et Pécoul, bénéficient d'une grande notoriété, d'autres, moins connues *(voir ci-dessous Macouba)*, représentent cependant un patrimoine intéressant. La plupart ne sont pas ouvertes à la visite, mais, situées à faible distance de la route, peuvent néanmoins être aperçues.

L'Inde en Martinique – L'économie de plantation a fortement marqué cette région par le recours massif aux esclaves noirs sur les habitations, de fréquentes révoltes parfois durement réprimées (celle de 1833 entraîna 41 condamnations à mort) et l'installation, après 1848, de plusieurs milliers de paysans venus d'Inde (environ un millier de Chinois et 26 000 Indiens), qui se sont substitués à la main-d'œuvre esclave libérée ; les *coolies* – ce terme péjoratif les a longtemps désignés –, *congos* pour les noirs de nouveau « importés » d'Afrique et *chinois* pour les asiates, furent soumis à leur tour à des conditions de travail et d'existence particulièrement pénibles, du moins dans les premiers temps. Ils furent eux-mêmes victimes de l'ostracisme des créoles. Peu à peu, le métissage a réussi à vaincre ce rejet, si bien qu'il est aujourd'hui difficile de reconnaître les caractéristiques d'origine.

Le choix de l'étape

Hébergement

Plantation Leyritz – *Voir ce nom.*

Restauration

Pointe-Nord *(À bon compte)* – *Habitation Perpigna, 3 km après Macouba,* ☎ 05 96 78 56 56. Ouvert tous les midis de 12 h à 15 h, et le soir sur réservation, à partir de dix personnes. Agréable restaurant aménagé dans une ancienne distillerie à la cuisine soignée : velouté de ti-nains au lard, thazar fumé et poché mariné à la créole, etc. Choix entre sept menus, de 12 à 29 €. Belle vue sur la Dominique par beau temps (il fait presque toujours beau !).

5 DU LORRAIN À GRAND'RIVIÈRE

Itinéraire de 55 km AR – compter une demi-journée

Le Lorrain – D'importants sites archéologiques amérindiens ont été découverts sur la commune, mais la principale attraction du Lorrain est son **monument aux morts** de la Grande Guerre ; le « marsouin » (soldat de l'infanterie coloniale) qui le décore, naïvement veillé par un ange gardien féminin, typique des allégories des années 1920, a présenté suivant les époques un visage tantôt rosé, tantôt noir.

Route de GRAND'RIVIÈRE

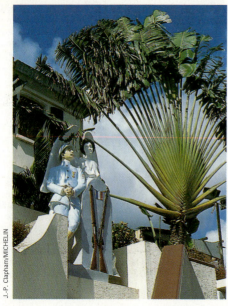

Le Lorrain – Monument aux morts

Depuis une quarantaine d'années, cette terre est devenue un « royaume de la banane » comme le confirme le paysage agricole le long de la route de Basse-Pointe. Au niveau de la rivière Pocquet, entrée de la belle **habitation Pécoul**, du 18e s. classée Monument Historique *(propriété privée, on ne visite pas ; voir illustration au chapitre de l'Art – Éléments d'architecture)*. Tour à tour productrice de sucre, de tabac, de café, d'indigo et même de soie, l'exploitation revint à la canne dans la deuxième partie du 19e s. Aujourd'hui l'habitation Pécoul produit des bananes. Un petit temple hindou est aussi visible au niveau de l'entrée de l'habitation...

Basse-Pointe – Le bourg s'honore en tout premier lieu d'être la patrie d'Aimé Césaire, grand poète apôtre de la « négritude » et maire de Fort-de-France depuis 1945.
Une route à gauche, à l'entrée de la petite agglomération, mène à la **plantation Leyritz★** *(voir ce nom)*.
Le parcours décrit ensuite une série de virages dans un paysage vallonné, laissant apercevoir la mer entre les feuilles des bananiers.

Macouba – Le mot caraïbe « macouba » désigne une petite raie d'eau douce. À son tour le village a donné son nom à une variété de tabac, culture qui fut sa spécialité jusqu'à la fin du 19e s.
Macouba possède un touchant **cimetière marin** aux tombes éclatantes de blancheur. C'est à partir de Macouba que la route, jalonnée d'habitations signalées par des panneaux : **Chéneaux, Perpigna** *(restaurant, voir ci-dessus l'encadré pratique)*, **Potiche, Beauséjour**, devient véritablement spectaculaire. On pénètre dans la forêt tropicale humide (ou « pluviale » : dense, toujours verte, exigeant une humidité perma-

---

Poète et homme politique

Issu d'une famille modeste, Aimé Césaire, dont l'ancêtre aurait été un certain Césaire, esclave noir condamné à mort pour avoir fomenté la révolte de 1833 qui embrasa le Nord de l'île, est né en 1913 à Basse-Pointe. Bon élève, il obtient une bourse qui lui permet d'entrer au lycée Schœlcher à Fort-de-France, puis de partir à Paris où il est reçu à l'École normale supérieure en 1935. Durant ces années parisiennes, il participe à la rédaction de la revue *L'Étudiant Noir* et écrit un long poème qui paraîtra en 1939 dans la revue *Volontés*, le fameux *Cahier d'un retour au pays natal* où il élabore le concept de négritude *(voir p. 104)*. De retour en Martinique en 1939, il enseigne au lycée Schœlcher. En 1941, il fonde la revue *Tropiques* dans laquelle il dénonce l'idéologie raciste.
En 1945, il abandonne l'enseignement pour se consacrer à la politique ; il est élu maire de Fort-de-France, fonction qu'il occupe toujours aujourd'hui, et député à l'Assemblée nationale (il sera réélu jusqu'en 1993). Il s'éloigne progressivement des communistes dont il rejette, entre autres, l'idéal d'assimilation, contraire à son principe de négritude, et fonde en 1958 le Parti progressiste martiniquais qui se prononce en 1967 pour l'autonomie de la Martinique, puis à partir de 1981 pour la décentralisation.
Parallèlement à ses activités politiques, Aimé Césaire continue à écrire : poésies *(Armes miraculeuses* en 1946, *Soleil cou coupé* en 1948, *Discours sur le colonialisme* en 1953), pamphlets politiques *(Ferrements* en 1960, *Cadastre* en 1961, *Noria et Moi, laminaire* en 1982) et pièces de théâtre. *La Tragédie du roi Christophe* (1964), mettant en scène l'histoire d'un esclave qui devient roi d'Haïti mais échoue dans sa politique, véritable reflet du destin des colonies devenues indépendantes, est jouée dans le monde entier.

Route de GRAND'RIVIÈRE

MARTINIQUE

nente) ; de grands arbres, des plantes exubérantes bordent la chaussée, se penchant parfois vers elle. Juste avant la descente sur Grand'Rivière, on franchit le profond ravin de la Hilette (dont le fond est invisible) et un de ses affluents par deux **ponts métalliques** d'un autre âge industriel.

Grand'Rivière – La situation isolée du village, coincé entre mer et falaises à l'extrémité de l'île, en fait une destination originale. La route s'achève au cœur du bourg, aggloméré autour de son petit port où sont tirés au sec quelques gommiers colorés. Malgré les dangers encourus dans le tumultueux canal de la Dominique, c'est la pêche qui reste l'activité principale des Riverains dont la réputation d'excellents marins n'est plus à faire. Grand'Rivière est aussi un excellent point de départ pour de belles excursions ; le Syndicat d'initiative Riverain *(☎ 05 96 55 72 74, www.grand-riviere.com)* vous donnera tous les renseignements sur les randonnées et les quelques hébergements (gîtes). Tout près, un chemin en forte montée conduit au belvédère de la Vierge qui offre une belle **vue**★ sur le village et, par temps clair, sur la Dominique.

Grand'Rivière

RANDONNÉES PÉDESTRES

★★**Trace vers l'anse Couleuvre** – *Description en sens inverse p. 231.*

★★**Sommet de la Montagne Pelée** – Deux départs de randonnée : l'un au niveau de l'habitation Beauséjour (Grand'Rivière), l'autre à hauteur de l'habitation Chéneaux (Macouba).

Plantation LEYRITZ★
Nord – Carte « Les plus beaux sites », p. 13, **GY**

Fondée au début du 18ᵉ s. par le colon bordelais Michel de Leyritz, cette habitation se consacra tour à tour à la culture des épices, du manioc, du tabac, de la canne à sucre et, dernièrement, de la banane, au gré des « cycles » de prospérité et de récession qui caractérisent l'économie de plantation. Ouverte au tourisme depuis 1970, elle est devenue un agréable but de promenade, à la fois l'un des joyaux du patrimoine culturel martiniquais et un lieu de villégiature recherché où se pressent les hôtes de marque justement conquis par son charme.

VISITE ⓥ

On y accède par la D 21, 500 mètres avant d'arriver à Basse-Pointe sur la gauche (très bien indiqué), puis la grande allée sur 1,5 km environ.

Plan remis à l'entrée. On parcourt les allées fleuries de l'ancienne habitation dont les bâtiments, bien restaurés, sont répartis sur les 8 ha de la propriété. Remarquer le gigantesque « figuier élastique » qui fournit une ombre importante et appréciée. La chapelle a été reconvertie en restaurant, tout comme la sucrerie où fonctionne encore une roue à eau. En contrebas, la « rue cases-nègres » *(voir p. 236)*, alignement de maisonnettes en pierre et bois réservées autrefois aux familles d'esclaves, a été reconvertie en bungalows ; l'ancien dortoir pour célibataires abrite d'autres chambres individuelles. En regagnant la hauteur, on passe devant la « case à morue » avant d'atteindre la maison de planteur et ses dépendances *(on ne visite pas)*, d'un pur style français d'Aquitaine avec ses chaînages de pierre, son toit à brisis et ses lucarnes ; à côté, joli jardin agrémenté d'un nymphée, dont seule la bordure de hauts palmiers vient rappeler la situation tropicale.

APPRÉCIER PLEINEMENT LA PLANTATION

Restaurants, hôtel de confort et boutique de souvenirs sont rassemblés dans les bâtiments du domaine. Un séjour ou une soirée-étape à la plantation permettra de se reposer et de se distraire dans un cadre enchanteur et laissera un excellent souvenir. Choisir, si possible, une chambre dans une des dépendances de la maison de maître ou dans une des cases : le dépaysement y est assuré, grâce notamment au mobilier de style créole (lit à colonnes, etc.).
Les restaurants proposent cuisine antillaise et internationale, de manière à satisfaire les goûts de chacun. Les touristes sont nombreux à faire halte pour s'y restaurer à midi. Les soirées sont souvent animées par des groupes musicaux ou de danses folkloriques. Piscine et tennis. Possibilités d'excursions. Réserver en toute circonstance. ☎ 05 96 78 53 92. Chambre double avec petit déjeuner : de 70 à 125 € selon la saison.

Le MARIN

Sud – Carte « Les plus beaux sites », p. 13, **HZ**
6 701 habitants (les Marinois)

Lieu de passage, le Marin commande l'accès à la presqu'île de Sainte-Anne et fait trait d'union entre la côte au vent et le Sud caraïbe. La bourgade s'est développée au fond d'un cul-de-sac protégé par les avancées de la pointe Borgnesse au Nord et de la pointe Marin au Sud. La pêche artisanale déclinant, la plaisance a pris le relais et permis le maintien d'une certaine activité économique.
Le Marin est l'un des plus anciens sites habités de Martinique ; en 1664, lors du premier dénombrement de l'île ordonné par Colbert, la localité figurait sous le nom de « Cul-de-sac de Saint-Étienne du Marin », peuplée de 199 habitants. La dénomination Le Marin fût attribuée au bourg le 5 avril 1700. Dans la seconde moitié du 18e s., son port abrité fut convoité par les Anglais, mais toutes leurs tentatives, terrestres et navales, échouèrent. On trouve encore les vestiges des fortifications et des canons de l'époque.

Un important centre d'ébénisterie – Vers 1850, l'industrie du bois est florissante au Marin où travaillent de nombreux charpentiers de marine. Cette activité, qui nécessite des coupes répétées, modifie profondément le paysage méridional de la Martinique : la forêt y cède progressivement le pas au hallier. Le bourg, outre la construction et l'entretien des navires, confectionne alors des meubles qu'il commercialise sur l'ensemble de l'île et même au-delà : lits à colonnes ou « corsaires », guéridons, consoles et armoires de facture marinoise se rencontreront par la suite jusqu'à Sainte-Lucie.

CURIOSITÉS

Église Saint-Étienne – Datant de la fin du 18e s., cet édifice trapu est accoté d'un clocher à lanternon ayant pu servir d'amer aux marins. La façade en pierre de taille, animée par quatre paires de colonnes engagées, est de style jésuite. À l'intérieur, la nef est couverte d'une carène renversée exécutée par des charpentiers de marine ; l'intéressant autel en marbre polychrome serait une copie de celui destiné à la cathédrale de Lima, et qui aurait fait un beau jour escale au Marin.
À côté de l'église, on jouit d'une belle vue sur le fond du Cul-de-Sac et sur le port de plaisance. Derrière, dans le petit **cimetière** aux tombes curieusement surmontées de baldaquins en fer forgé, sépulture du poète martiniquais Victor Duquesnay (1872-1920).
Remarquer aussi, sur la place, le bâtiment en bois peint abritant l'Office de tourisme.

Port de plaisance – De nombreuses embarcations, parfois luxueuses, mouillent le long de ses pontons. Le Marin est en effet un centre de plaisance particulièrement actif, base de départ des croisières vers Sainte-Lucie, Saint-Vincent et les Grenadines. La baie est l'une des plus protégées de l'île avec celle du Lamentin ; lors des cyclones, elle sert d'ailleurs souvent de refuge aux bateaux habituellement amarrés ailleurs. Le port continue de se développer : de nouveaux pontons sont en cours d'aménagement. Un petit centre commercial assure un ensemble de services liés au nautisme (capitainerie, voilerie, mécanique, sanitaires, restauration...).

Le MARIN

CARNET PRATIQUE

Office de tourisme du Marin – Place Joffre, à côté de l'église, ☎ *05 96 74 63 21, fax 05 96 74 72 96*. Ouvert du lundi au vendredi de 8 h à 17 h 30 et le samedi de 8 h à 13 h.

Restauration

La Carène *(À bon compte) – Sur le port, centre de carénage,* ☎ *05 96 91 51 76*. Ouvert du lundi au samedi. C'est la cantine des marins, ambiance sympathique et bonne cuisine créole à petit prix. Menu à 8,50 €.

Indigo *(Valeur sûre) – Quai Stardust, port de plaisance,* ☎ *05 96 74 76 74*. Ouvert tous les jours, midi et soir. L'intérieur de ce restaurant les pieds dans l'eau évoque l'univers des marins : cordages, lampes-tempête, instruments de navigation... On profite d'une belle vue sur tout le Cul-de-Sac. La carte est subtile – velouté de giraumon et crevettes, pavé de thazar à la fleur de badiane (anis) – et les assiettes copieuses. Menus à partir de 14 €.

Prendre un verre

La Paillotte – Ouvert 7 j./7, la journée et le soir. Sur la plage jouxtant le côté Ouest du port. Ambiance très sympathique pour siroter, les pieds dans le sable, un ti-punch ou un planteur accompagné d'un petit plat.

Tourisme nautique

La Capitainerie – *Bassin Tortue, port de plaisance, le Marin,* ☎ *05 96 74 83 83, fax 05 96 74 92 20*, VHF canal 9. Ouvert tous les jours de 8 h 30 à 12 h 30 et de 15 h à 18 h. 600 anneaux à quai et 70 corps morts. Compter de 9 à 20 € par jour pour un bateau de 9 à 15 m.

Aquabulle – *Port de plaisance, le Marin,* ☎ *05 96 74 69 69*. www.aquabulle.com. Promenade dans les superbes fonds marins à bord d'un navire à vision panoramique. Deux options : 1 h 30 de vision sous-marine, adulte 22 €, enfant 11 € ; 2 h comprenant visite sous-marine et baignade, adulte 26 €, enfant 13 €. L'après-midi, arrêt baignade avec palmes, masques et tubas (fournis). Réservation recommandée.

Alizé Yole – *Port de plaisance, le Marin,* ☎ *05 96 74 91 21*. Ouvert de 9 h à 17 h, fermé le dimanche. Initiation à la yole ronde, location de scooters de mer et excursions sur catamarans, monocoques et goélettes, enfin possibilité de balades à cheval et découverte de la mangrove.

ENVIRONS

Cul-de-Sac du Marin – Sur la N 5 en direction de Rivière-Pilote, une aire de repos permet d'embrasser un beau panorama sur le Cul-de-Sac. Derrière l'îlet Duquesnay émerge une série de mornes volcaniques dominée par le piton Crève-Cœur (alt. 200 m).

Le port de plaisance

Le MARIN

Plage du Cap Macré – *À 7 Km à l'Est du Marin. Prendre la route du front de mer, direction Sainte-Anne ; au rond-point, suivre le panneau Cap Macré. Après 6 km de petite route mal goudronnée, on parvient à un sous-bois de mancenilliers et de raisiniers qui borde une très belle plage déserte de sable blond. Soyez très attentifs à vos affaires car les vols sont fréquents.*

EXCURSION

★**Route du Saint-Esprit** – *Voir ce nom.*

Avis de coups de vent en mer
Les coups de vent dangereux pour la navigation sont diffusés par appel VHF ou à la radio, dans le cadre de bulletins météorologiques spéciaux :
Avis de grand frais (vitesse du vent comprise entre 28 et 33 nœuds)
Avis de tempête tropicale (vitesse du vent comprise entre 34 et 63 nœuds)
Avis d'ouragan (vitesse du vent dépassant 63 nœuds)

La MONTAGNE PELÉE★★
Nord – Carte « Les plus beaux sites », p. 13, **GY**

La haute et imposante silhouette de la Montagne Pelée (alt. 1 395 m), souvent nimbée de nuages, est presque toujours présente dans le paysage martiniquais : rares sont les lieux d'où on ne peut l'apercevoir. Depuis la tragique éruption de 1902 qui détruisit Saint-Pierre, la destinée de l'île apparaît tributaire de ses humeurs. Aussi, tout un réseau de capteurs surveille-t-il désormais la masse énorme du volcan (120 km^2, 13 km de diamètre) dans le but de déceler la moindre conduite suspecte.

UN PEU DE VOLCANOLOGIE...

Toujours active – Les flancs abrupts de la montagne, sillonnés de rivières encaissées, révèlent son extrême jeunesse. La Montagne Pelée représente en effet la partie la plus récente de la Martinique, surgie de l'océan il y a tout au plus 500 000 ans. Son activité se caractérise par des cycles alternés d'éruptions **pliniennes** (comparables à celle du Vésuve qui ensevelit Pompéi et Herculanum en l'an 79) et d'éruptions **péléennes** (telles ses deux manifestations paroxysmales de 1902-1904 et 1929-1932), séparés par des périodes de sommeil relatif. L'éruption de la fin du 3e s., marquée par de très importantes émissions de ponces, a laissé d'épais dépôts sur les sites d'habitat arawak de Vivé et Fond-Brûlé (commune du Lorrain). En 1792 et 1851, le réveil du volcan se limita à des projections de poussières et de blocs, accompagnées d'émissions de vapeur d'eau et de lahars (coulées de boue). En 1902-1904 *(voir ci-dessous et Saint-Pierre)* et 1929-1932 *(voir le Nord-Ouest caraïbe)*, les éruptions furent de nature magmatique, et donc beaucoup plus dévastatrices.

Les phénomènes éruptifs constatés lors du cataclysme de 1902 n'avaient jamais été observés auparavant. Ils permirent au grand savant Alfred Lacroix de définir le type volcanique **péléen** : le magma qui monte dans la cheminée du volcan bouche celle-ci du fait de sa viscosité et de sa richesse en gaz, et crée, en deçà du bouchon, une

La Montagne Pelée

La MONTAGNE PELÉE

surpression gazeuse extrêmement forte. Une explosion finit par se produire ; elle libère des « nuées ardentes », « émulsion de matériaux solides dans un mélange d'eau et de gaz à haute température » (A. Lacroix) qui dévale les pentes à une vitesse inouïe, et pousse hors de la cheminée des excroissances à allure de dômes ou de pitons.

Début de siècle tragique – En 1889, de petites fumerolles avaient signalé le regain d'activité du volcan. En février 1902, l'activité fumerollienne s'intensifie ; avril est marqué par des secousses telluriques, une explosion, et des projections de poussière et de vapeur d'eau. Le 2 mai, cela devient très sérieux : éclairs dans le cratère et nuages de cendres qui se déposent en une mince pellicule sur toute la région. Le 5, l'usine Guérin est engloutie sous un lahar, on compte 25 morts. Dans les villages alentour et à Saint-Pierre, l'inquiétude est grande, mais une commission scientifique nommée par le gouverneur de la Martinique proclame que « la Montagne Pelée ne présente pas plus de danger pour Saint-Pierre que le Vésuve n'en offre pour Naples ». Le lendemain matin, une explosion suivie d'une nuée ardente (vitesse 400 km/h, température environ 400 °C) détruit entièrement la ville de Saint-Pierre et un territoire de 58 km^2 autour de celle-ci.

Plusieurs nuées ardentes ont lieu après le 8 mai ; celle du 30 août, d'une puissance inouïe, étend ses effets destructeurs vers le Morne-Rouge *(voir ci-dessous)*. Un dôme a poussé dans le cratère de la Montagne Pelée, masse fumante et visqueuse dont émane à son tour, à partir de novembre, une aiguille de lave. Celle-ci atteint une hauteur de 260 m, avant de s'écrouler le 10 août 1903.

Pratiquement plus rien ne se produisit jusqu'en août 1929 où des grondements et des fumerolles annoncèrent le début d'un nouveau cycle éruptif. Celui-ci atteignit son paroxysme en décembre, avec une succession de nuées ardentes accompagnée d'une nouvelle croissance du dôme sommital. Puis l'activité volcanique diminua d'intensité, et cessa en 1932. La population avait été totalement évacuée dès octobre 1929.

PARTIR AVEC UN GUIDE

Il est recommandé d'être accompagné d'un guide si l'on veut poursuivre la randonnée au-delà du rebord du plateau des Palmistes ; son expérience du terrain et la garantie de sécurité qu'il représente s'avéreront, dans ce cas, précieuses. Plusieurs organismes proposent les meilleures options de parcours pour la découverte du volcan.

Bureau de la randonnée – *Office du tourisme de Saint-Pierre,* ☏ *05 96 78 30 77.*
P. S. A. M. CERFASSO – *À Fort-de-France,* ☏ *05 96 61 85 39.*
Parc naturel régional – *À Fort-de-France,* ☏ *05 96 73 19 30.*
Aventures tropicales – *À Fort-de-France,* ☏ *05 96 64 58 49.*

RANDONNÉES SUR LA MONTAGNE PELÉE

[1] **Depuis l'Aileron** – *À la sortie du Morne-Rouge, en direction de l'Ajoupa-Bouillon (N 3), tourner à gauche (D 39) vers le parking de l'Aileron. Ne rien laisser dans les voitures. Chaussures de marche, coupe-vent imperméable, eau et en-cas indispensables. Compter 4 h 30 AR pour les bons marcheurs ; cette randonnée, la plus courte en kilométrage, est aussi la plus raide.* Le parking de l'Aileron permet déjà d'embrasser un magnifique **panorama**★ vers le Sud, de la côte atlantique à la côte caraïbe avec, au centre, les majestueux Pitons du Carbet. Ce site (824 m) marque l'emplacement du premier refuge de la Montagne Pelée ; le sentier s'élève *(suivre le balisage blanc et rouge)* à partir du relais hertzien. On parvient bientôt sur l'Aileron (1 107 m), d'où l'on jouit d'une superbe **vue**★★ sur la baie de Saint-Pierre, les deux côtes et, si le ciel est dégagé, les îles de Sainte-Lucie et Saint-Vincent. Le sentier, de plus en plus raide, atteint ensuite le plateau des Palmistes, crête d'où l'on domine la caldeira (cratère d'explosion) moussue du volcan. En poursuivant sur cette crête, on rencontre le deuxième refuge qui abrite une station de relevés sismiques. Les voies permettant de descendre dans la caldeira et d'accéder aux dômes de 1902 (1 362 m) et 1929 (ce dernier porte le point culminant : le Chinois, 1 397 m) sont actuellement impraticables ; on devra rebrousser chemin après avoir poussé un peu au-delà du deuxième refuge, et profité d'une dernière **vue panoramique**★★.

[2] **Depuis le Prêcheur** – *À l'entrée du Prêcheur, prendre à droite, direction « la Charmeuse », et suivre la route jusqu'au bout (attention aux fortes dénivellations et aux nids-de-poule). Chaussures de marche, blouson imperméable, eau et en-cas indispensables. Guide conseillé (voir encadré ci-dessus). Compter 6 h AR.* Le sentier pédestre n° 19, de niveau 2, débute à 670 m d'altitude. Bien qu'il soit assez abrupt, c'est une randonnée accessible à tous, à condition de grimper à son rythme et de s'arrêter quand on juge nécessaire de reprendre son souffle ; il faut saisir le prétexte, pour cela, des nombreuses échappées sur la côte, sur Saint-Pierre et sur quelques spectaculaires ravines que procure le parcours. Le sentier suit une crête où, en raison de la violence du vent et de l'altitude, la végétation prend un aspect

La MONTAGNE PELÉE

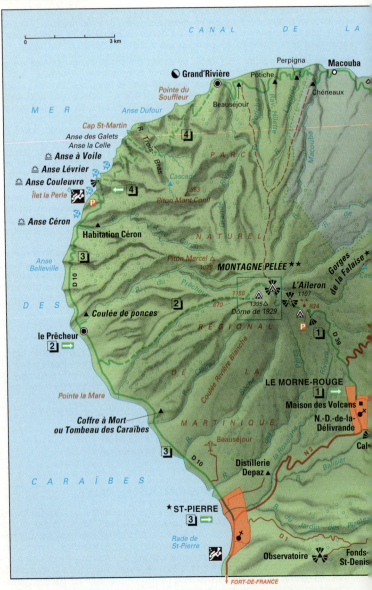

chétif. On atteint bientôt une bifurcation (alt. 1 155 m) ; ne pas s'engager sur la gauche, car les accès à la caldeira et aux dômes de 1902 et 1929, à partir du deuxième refuge, ne peuvent être empruntés pour le moment. Continuer tout droit pour parvenir, par une sente de plus en plus raide, au troisième refuge. Il est possible, à ce point de l'itinéraire, de rejoindre l'Aileron en passant par le deuxième refuge ; pour ce faire, revenir à la bifurcation décrite ci-dessus. Sinon, le retour s'effectuera en faisant le même parcours en sens inverse.

LE MORNE-ROUGE

Le 30 août 1902, le Morne-Rouge fut atteint par une des énormes nuées ardentes émises par la Montagne Pelée après l'éruption du 8 mai. Toutes ses maisons de bois furent détruites, environ 1 000 personnes périrent et il y eut de nombreux brûlés. Les habitants de Morne-Rouge se nomment les Péléens ou Rubie Mornais. La mairie abrite la *Marianne créole*, première Marianne noire, sculptée par Jeanne Babé Tardieu en 1989 à l'occasion du bicentenaire de la Révolution française.

Église Notre-Dame-de-la-Délivrande – Reconstruite après le cyclone de 1891, elle a assez bien résisté à la nuée ardente de 1902. À l'intérieur, remarquer les voûtes, le chemin de croix, l'ex-voto fleuri de Notre-Dame-de-la-Délivrande et l'orgue installé sur une tribune.

La MONTAGNE PELÉE

Place du 22-Mai-1848 – Beau panorama sur la Montagne Pelée et la baie.

Maison des Volcans ⓥ – *Près du stade.* Ce bâtiment récent abrite une série de panneaux renseignant sur les manifestations volcaniques historiques et sur l'évolution de l'attitude des hommes à leur égard, depuis les interprétations mythologiques des Amérindiens jusqu'à l'avènement de la volcanologie scientifique. Une vidéo (30 mn) retrace les événements relatifs à l'éruption de la Montagne Pelée au début du 20e s.

Calvaire – *Se garer sur le parking du supermarché et continuer à pied sur la route, en direction de Fort-de-France ; le calvaire apparaît bientôt sur la droite.* Chemin de croix de 14 stations escaladant un versant pentu ; au sommet s'élève une petite chapelle datant de 1865. Beau panorama sur la Montagne Pelée.

Plantation Mac Intosh ⓥ – *Prendre la première route à droite après le stade.* Cette plantation d'anthuriums aménagée au pied de la crête du Cournan se visite en parcourant un petit circuit botanique qui serpente sous un couvert d'arbres, puis à travers les plantations. Des filets protègent les plants des fortes pluies et d'un rayonnement solaire trop important. Il est possible de déjeuner sur place et d'acheter des fleurs.

AUTOUR DE LA MONTAGNE PELÉE

③ **De Saint-Pierre à l'anse Couleuvre** – *Voir le Nord-Ouest caraïbe.*

★★ ④ **De l'anse Couleuvre à Grand'Rivière** – *Randonnée pédestre, voir le Nord-Ouest caraïbe.*

⑤ **Du Lorrain à Grand'Rivière** – *Voir Route de Grand'Rivière.*

Le NORD-OUEST CARAÏBE★

Nord – Carte « Les plus beaux sites », p. 13, **GY** – Schéma p. 228-229

Pratiquement inhabitée, cette partie de l'île est soumise à une nature dominatrice qui compose de somptueux paysages à découvrir lors de promenades en voiture, de randonnées pédestres et de séjours de détente sur les plages.

Au-dessous du volcan – Toute la frange côtière du Nord-Ouest de la Martinique est dominée par la redoutable Montagne Pelée, aux versants ridés de profondes ravines que parcourent périodiquement des torrents dévastateurs. Le sol pulvérulent, les amoncellements de matériaux de projection les plus divers témoignent de l'inlassable activité du volcan, dont la dernière éruption remonte seulement aux années 1929-32 : des nuées ardentes et avalanches incandescentes, accompagnées d'énormes nuages de cendres, se déversèrent sur ce flanc occidental, atteignant parfois la mer. Bien que d'une intensité comparable à celle de 1902-1904, cette phase éruptive se révéla moins dangereuse, car moins marquée par les phénomènes explosifs et les effets de souffle. De toute façon on avait, cette fois, pris la précaution d'évacuer totalement la région dès les premiers signes avant-coureurs, le 16 septembre 1929.

Le NORD-OUEST CARAÏBE

L'extrême jeunesse de la géologie ainsi que la position abritée, « sous le vent », de cette côte expliquent que la forêt tropicale qui colonise les hauteurs cède souvent la place, sur les basses pentes, à des formations végétales xérophiles *(voir p. 58)* de taillis et de broussailles.

3 DE SAINT-PIERRE À L'ANSE COULEUVRE
30 km AR – une demi-journée – Voir plan de la Montagne Pelée

★**Saint-Pierre** – *Voir ce nom.*

Quitter la ville par la D 10 en direction du Prêcheur.

Coffre à Mort ou Tombeau des Caraïbes – Située tout de suite à droite après avoir franchi la rivière Claire *(attention, la signalisation sur place indique une autre direction)*, cette butte de forme allongée est fortifiée par une coulée de lave, vestige des premières éruptions de la Montagne Pelée survenues il y a quelques centaines de milliers d'années. Selon la légende, les guerriers caraïbes, pourchassés par les premiers colons de l'île, se seraient précipités dans le vide depuis le sommet de ces falaises après avoir absorbé une potion hallucinogène pour échapper esclavage.

Coulée de ponces du Prêcheur – *Dans le village, prendre à droite en direction du stade.* Bientôt apparaît sur la gauche un dépôt de ponces et de cendres volcaniques d'environ 15 m d'épaisseur, témoin d'une phase éruptive récente de la Montagne Pelée datée du 14ᵉ s. Après le gué sur la rivière du Prêcheur, la route grimpe sur un plateau formé d'épaisses accumulations de ponces, cendres volcaniques et nuées ardentes dont les plus récentes résultent du paroxysme éruptif de 1902.

Revenir sur la D 10.

Au-delà du Prêcheur, la route devient sinueuse et pittoresque, bordée, entre autres, d'avocatiers, de cocotiers et de glyricidias (arbustes vivaces ressemblant aux robiniers).

Habitation Céron ⓥ – *Prendre à droite après avoir franchi la rivière de l'anse Céron.* Parking au niveau de l'accueil, aménagé sur une partie des soubassements de l'ancienne rue cases-nègres (logements des esclaves). La visite est gratuite si vous décidez de déjeuner au restaurant. Occupant le fond d'une vallée, cette habitation fut parmi les premières à se constituer en Martinique. Déjà tournée vers la production sucrière en 1671, elle a conservé, en plus ou moins bon état, l'ensemble de ses bâtiments industriels qui datent vraisemblablement de la fin du 18ᵉ s. ; chacun d'eux abritait une activité spécifique : le moulin à cannes mû par la force hydraulique, la sucrerie et son « équipage » de quatre chaudières, la purgerie où le sucre était blanchi, la gragerie (moulin à manioc, typique des grandes habitations), les ateliers... La maison de maître, qui a succédé à la « case à habiter » détruite par l'éruption de 1902, ne se visite pas. On peut déambuler parmi ces vestiges d'un système économique et social révolu, bien évocateurs de l'existence contrastée de ses acteurs, brillante et insouciante pour les uns, pénible et misérable pour les autres.

Anse Céron – Il fait bon s'attarder sur cette longue plage de sable fin de couleur grise, facile d'accès et près de laquelle on peut aisément garer sa voiture. Le cadre, limité au Nord par quelques récifs et un haut morne, est superbe, les flots peu agités. Plusieurs tables en bois permettent de pique-niquer sous les catalpas et

Habitation Céron – La sucrerie

Le NORD-OUEST CARAÏBE

MARTINIQUE

Anse Couleuvre

palmiers royaux, face à l'îlet la Perle (recommandé pour ses fonds spectaculaires) et à la Dominique que l'on aperçoit au large. L'anse possède douches et toilettes, et c'est aussi le dernier endroit où se ravitailler avant la découverte des plages plus sauvages de l'extrême Nord : un petit snack propose sandwichs, salades et boissons.

Anse Couleuvre – À partir de l'anse Céron, la route pénètre dans la forêt tropicale pour aboutir, après un parcours cahoteux et sinueux *(rouler lentement et klaxonner dans les virages)* d'environ 1 km, à un parking. La plage de l'anse Couleuvre n'est qu'à 10 mn de marche ne comportant aucune difficulté. Deux falaises volcaniques enchâssent cette vaste étendue de sable noir dans un écrin de végétation luxuriante. Le paysage est grandiose, le lieu peu fréquenté *(mais la situation évolue rapidement, comme l'atteste l'agrandissement récent du parking ; venir plutôt le matin)* : l'ensemble incarne les tropiques comme on les imagine en métropole, tandis qu'on se prépare à les découvrir. Attention toutefois à ne pas se laisser surprendre par les vagues aux puissants rouleaux, par le latex vénéneux des mancenilliers *(marqués d'une croix rouge)* ou par d'éventuelles chutes de pierres se détachant de la falaise qui borde la partie gauche de la plage, au-delà du ruisseau.

> **Un écosystème unique et protégé**
>
> La plage et, plus largement, la frange littorale de l'anse Céron sont incluses dans les « cinquante pas géométriques » incorporés au domaine privé de l'État depuis 1982, et dont la gestion est confiée à l'Office national des forêts. Outre cette judicieuse protection du littoral, les vallées de l'anse Céron, de l'anse Couleuvre et l'Étage Cocoyer bénéficient d'un classement en Zone naturelle d'intérêt écologique, floristique et faunistique (ZNIEFF) ; elles constituent en effet l'unique exemple, dans les Petites Antilles, d'une telle continuité d'étagement naturel de la végétation, entre la pelouse sommitale de la Montagne Pelée et la forêt tropicale humide qui couvre ses flancs jusqu'aux abords du rivage (plus de cent espèces arborescentes recensées, dont certaines très rares).

★★ 4 DE L'ANSE COULEUVRE À GRAND'RIVIÈRE

Randonnée pédestre de 17 km – une journée
Le sentier pédestre n° 20 (balisage jaune et blanc) conduit à Grand'Rivière en environ 17 km et 6 h de marche. Un panneau sur le parking de l'anse Couleuvre reproduit cet itinéraire qu'il est conseillé d'aborder le matin (il fait moins chaud), muni de chaussures de randonnée et d'une importante quantité d'eau. L'accompagnement par un guide est fortement conseillé.
À l'arrivée à Grand'Rivière, il faut avoir prévu un véhicule si l'on ne veut pas refaire à pied le parcours en sens inverse. Se faire ramener au point de départ en gommier par un pêcheur est d'ordinaire coûteux et aléatoire.

Il n'est cependant pas nécessaire de parcourir la totalité du sentier pour satisfaire les appétits de découverte : à peu de distance de l'anse Couleuvre se trouvent deux autres plages parmi les plus sauvages et les plus attrayantes de la Martinique, l'anse Lévrier et l'anse à Voile. *Dans le cas où l'on choisirait de limiter la promenade*

Le NORD-OUEST CARAÏBE

> ### Partir avec un guide
>
> Cette région sauvage et désertée présente des difficultés d'exploration que seul un guide peut contourner ; il est par conséquent fortement recommandé d'être accompagné de l'un d'entre eux pour la parcourir.
>
> **Bureau de la randonnée** – *Office du tourisme de Saint-Pierre.* ☎ *05 96 78 30 77.*
>
> **P. S. A. M. CERFASSO** – *À Fort-de-France.* ☎ *05 96 61 85 39.*

pédestre à ces deux anses, il est recommandé de quitter l'anse Couleuvre un peu avant la mi-journée afin d'aller pique-niquer sur l'une d'elles et de leur consacrer l'après-midi.

Suivre le balisage jaune et blanc. 10 mn de marche en forte montée sont récompensées par un magnifique **panorama★** *sur l'anse Couleuvre.*

À gauche, un petit sentier descend en pente raide vers l'anse Lévrier et l'anse à Voile. Pour poursuivre la randonnée vers Grand'Rivière, continuer sur la droite.

- **Anse Lévrier** – Longue et belle plage de sable noir, souvent déserte, bordée par une dense végétation forestière *(gare aux mancenilliers !)*. Inconvénient : la mer se fait plus agitée. Sur la droite, un trou souffleur projette des paquets de mer. *Pour accéder à l'anse à Voile, poursuivre le long de la plage et retrouver le sentier balisé jaune et blanc.*

- **Anse à Voile** – À cinq minutes de l'anse Lévrier, c'est aussi une des plus belles plages de l'île, que le Conservatoire du littoral a pris sous sa protection. La découverte de ce site à travers les bosquets de majestueux palmiers royaux est à couper le souffle. Secret, d'une impeccable propreté, il ravira les amoureux de solitude. Comme à l'anse Lévrier, la baignade est assez dangereuse, à déconseiller aux enfants.

Parcourir en sens inverse le chemin par lequel on est arrivé jusqu'au premier embranchement qui se présente ; là, s'engager à gauche dans la sente qui, rapidement, se met à grimper à travers la forêt. Au bout, prendre à gauche (balisage jaune et blanc) pour continuer vers Grand'Rivière, à droite (balisage rouge et blanc) pour rejoindre le parking de l'anse Couleuvre.

La « trace » vers Grand'Rivière, parfois masquée par une végétation exubérante, contourne les mornes à une altitude presque constante. Autrefois plus large et mieux entretenue, elle était empruntée par des cabrouets convoyant des marchandises entre le Prêcheur et Grand'Rivière, comme en témoignent des vestiges de ponts. Progressivement, le parcours s'enfonce dans la forêt tropicale : bois-canon sur lequel prospèrent des épiphytes comme l'ananas-montagne, bois-rivière aux contreforts en lames de couteau, bois-flotte (très léger, il est utilisé pour fabriquer les modestes embarcations de Grand'Rivière) composent avec les lianes pendantes, les bégonias blancs, les balisiers et les massifs de bambous une flore

Rencontre avec la « matoutou-falaise »

L'excursion de la « trace » de Grand'Rivière se déroule au sein d'une nature parfaitement préservée qu'il convient de respecter et qui requiert, pour éviter de sérieux désagréments, l'application de quelques règles élémentaires de conduite. Principe de base : ne jamais aventurer une main dans les fissures des troncs d'arbres ou dans les anfractuosités des roches, au risque d'y déranger un serpent trigonocéphale *(sa morsure est mortelle, voir Sainte-Luce)* ou une « matoutou-falaise », variété de **mygale** endémique de la Martinique où elle constitue une espèce protégée. Observée à distance raisonnable, la matoutou n'attaque pas ; dérangée ou importunée par des inconscients, l'araignée jeune saute dans tous les sens, causant généralement l'effroi du randonneur ; l'araignée adulte prend normalement le large sans précipitation. Cependant, l'une et l'autre peuvent mordre, provoquant une forte fièvre. La piqûre de la « mouche brûlante », gros insecte ressemblant à un taon, peut, elle aussi, causer une forte fièvre ; la meilleure façon d'y échapper est de ne pas paniquer à son approche.

H. Milon

étonnamment variée. Les vigoureux contreforts des grands gommiers rouges servent de refuge à des araignées mygales aux magnifiques reflets pourpres (voir encadré). On pourra aussi apercevoir, avec de la chance, un iguane vert sur les manguiers. Le sentier passe au-dessus de l'anse **la Celle** (inaccessible à pied) où viennent s'accoupler les tortues caret ou caouanne, puis s'engage à flanc de montagne. C'est la partie la plus pittoresque de l'itinéraire, ombragé parfois de fromagers de 30 m de haut. Sur la gauche, on entrevoit l'anse **des Galets**, avant de franchir la rivière Sèche et d'atteindre une clairière servant d'héliport, entourée de beaux manguiers vieux de deux siècles. Après le tunnel, il est possible de remonter, à droite, la **rivière Trois-Bras** (attention aux rochers très glissants ; des cordages aident à la progression) jusqu'à des vasques dans lesquelles on peut se baigner ; un peu plus loin dévalent les eaux d'une superbe cascade de 70 m de haut.

Revenir sur la trace et continuer en direction de Grand'Rivière. La fin du parcours s'effectue parmi des paysages forestiers moins inattendus.

Les PITONS DU CARBET★
Centre – Carte « Les plus beaux sites », p. 13, GY

La montagne des Pitons du Carbet occupe la partie centrale de l'île, au Nord de Fort-de-France et de la plaine du Lamentin. Amenant six de ses sommets, les fameux « Pitons », au-dessus de 1 000 m d'altitude, elle est en importance le deuxième massif volcanique de l'île après la Montagne Pelée dont elle diffère sensiblement.

Histoire de Pitons – Le volcan des Pitons du Carbet appartient à un type mixte, intermédiaire entre le strato-volcan style Montagne Pelée et le volcan effusif. Ses éruptions (- 2 000 000 à - 800 000 ans) firent alterner des phases d'épanchement massif de lave plus ou moins visqueuse qui formèrent de gigantesques coulées, des dômes ou des pitons, et des phases hautement explosives avec projection de ponces et ouragans de cendres. L'érosion a méticuleusement déblayé ces accumulations friables et épargné dômes, pitons et coulées plus résistants, modelant l'étonnant paysage sommital dont la contemplation récompense magnifiquement le randonneur opiniâtre.

> **Partir avec un guide**
>
> La difficile excursion aux Pitons du Carbet nécessite les services d'un guide, car il n'est pas rare que le temps se gâte très rapidement (nuages et pluie), rendant délicate la progression ; quelle que soit la météo, il est de toute façon sécurisant de pouvoir compter, dans un tel environnement, sur la présence d'une personne expérimentée.
>
> **Bureau de la randonnée** – Office du tourisme de Saint-Pierre, ☏ 05 96 78 30 77.
>
> **P. S. A. M. CERFASSO** – À Fort-de-France, ☏ 05 96 61 85 39.

RANDONNÉE AUX PITONS

Environ 6 h. Le circuit débute et se termine au village du Morne-Vert. Guide (voir ci-dessus), chaussures de marche, vêtement de pluie, eau et nourriture indispensables. Ne pas oublier d'emporter son appareil photo. Surveiller la météo ; si le temps est à la pluie, renoncez à votre projet. Les très fortes pentes deviennent extrêmement glissantes et dangereuses (il serait dommage de gâcher votre séjour pour une imprudence, sachez pourtant que cela arrive tous les ans).

La randonnée, de niveau 3, est éprouvante en raison des pentes abruptes et du terrain parfois glissant. Elle comprend l'ascension de trois sommets dont le piton Lacroix, le plus élevé (1 196 m), et permet de jouir de superbes panoramas sur la côte caraïbe. Le départ proprement dit a lieu au morne Modeste (545 m) ; tout de suite se présente l'ascension, plutôt éreintante, d'une arête très abrupte que l'on suit jusqu'au morne Piquet (1 160 m). Cependant, le spectacle de la forêt hygrophile (terme signifiant : « qui préfère les milieux humides », synonyme de forêt tropicale humide), dans laquelle s'enfonce rapidement le sentier, justifie pleinement l'effort fourni. La variété des arbres est étonnante ; il est plus facile d'observer ceux qui composent la strate moyenne : magnolia (à qui 150 ou 200 ans sont nécessaires pour atteindre l'âge adulte), mahot (toxique, mais possédant aussi des vertus médicinales), palmiste, figuier maudit, que les grands arbres dont la taille dépasse 20 m. Des épiphytes : ananas-bois et siguine rouge surtout, s'accrochent à leurs branches et sur leurs troncs. Plus près du sol prospèrent les arbustes : bois-canon, bois-cierge, et des plantes qu'avec un peu de chance, on admirera fleuries : orchidées, bégonias. La faune est représentée par quelques anolis, genre de lézard appartenant à la famille de l'iguane.

Un premier point de vue embrasse, en se retournant, la côte caraïbe, avec au premier plan le Petit Piton (800 m) et le village du Morne-Vert. Plus haut, la végétation se transforme : apparition de lichens (cheveux d'ange) et roses de porcelaine.

Les PITONS DU CARBET

On aura peut-être la chance d'apercevoir un colibri (ou oiseau-mouche), minuscule volatile qui consomme en nourriture, par jour, trois à quatre fois son poids. On arrive enfin au morne Piquet, qui procure des **vues** superbes sur la Montagne Pelée au Nord, la côte atlantique à l'Est et la côte caraïbe à l'Ouest. Le sentier, souvent masqué par les hautes herbes *(prendre garde à l'herbe-couteau, très tranchante)*, suit la crête jusqu'au piton Lacroix ou morne Pavillon. La descente, tout aussi raide que la montée, est éprouvante pour les muscles des jambes et des cuisses. Elle retraverse la forêt hygrophile où il faudra prendre garde de ne pas chuter sur les rondins qui tiennent lieu de marches d'escalier lorsqu'ils sont détrempés par la pluie.

« Route du RHUM »

Centre – Carte « Les plus beaux sites », p. 13, **GHYZ**

Des liens privilégiés unissent la Martinique et les Martiniquais au rhum, cette eau-de-vie « écologique » tirée de la canne à sucre dont la consommation affranchirait, dit-on, de tout statut, condition ou origine. treize distilleries, commercialisant dix-huit marques, se partagent la production de l'île. C'est à la découverte de certaines d'entre elles, parmi les plus renommées, et de quelques lieux dont l'histoire a partie liée avec l'« eau guildive » que convie l'excursion décrite ci-dessous.

LES ÉTAPES DE LA FABRICATION DU RHUM

La matière première : la canne – Il en existe 128 variétés. Un proverbe créole dit que la canne « doit avoir les pieds en terre et la tête au moulin » : le sucre accumulé en son extrémité inférieure doit être récupéré rapidement après la coupe pour éviter que sa concentration ne diminue ; environ 10 kg de canne donneront ainsi un litre de rhum. La récolte a lieu entre fin janvier et début juillet *(voir p. 154)*, chaque distillerie mettant sa touche personnelle dans la manière d'y procéder.

Pressage et fermentation – Aussitôt après le déchargement des cannes fraîchement coupées, celles-ci subissent plusieurs lavages afin de les débarrasser de tous les corps étrangers et de les ramollir ; en général, trois à quatre passages sont nécessaires. Puis viennent le broyage et le pressage au moyen des traditionnels « rolles » qui tournent à une vitesse très lente : quatre à six tours par minute ; il s'en échappe un jus appelé « **vesou** » et un résidu fibreux, la « **bagasse** ». Malgré son humidité (50 %), cette dernière fournit un excellent combustible qui alimente la chaudière de la distillerie (elle peut aussi être recyclée en litière à chat ou intervenir dans la composition de l'aggloméré).

Cuve de fermentation à Dillon

Le vesou est souvent filtré pour supprimer les résidus de bagasse qu'il pourrait contenir. Sa fermentation, à l'aide de levure alimentaire, généralement à l'air libre dans de grandes cuves en inox, dure entre 24 et 48 heures selon les distilleries. Au final, il se transforme en « vin de canne », jus de canne fermenté titrant 4 à 5° d'alcool.

Distillation – Le « vin de canne » est ensuite introduit dans des colonnes à distiller pourvues de plateaux, et chauffé par le bas. À chaque plateau, la vapeur d'eau qui monte à travers la colonne s'enrichit en alcool par phénomène de « barbotage » (passage d'un gaz à travers un liquide). Par condensation de cette vapeur, on obtient la « grappe blanche » qui est le premier rhum, impropre à la consommation car brut et trop alcoolisé (70°). L'adjonction d'eau distillée ou d'eau de source, qui abaisse le titre du liquide et fait ressortir son parfum, va le transformer en « rhum blanc ». Cette opération est parfois précédée (comme à l'habitation Clément) d'une « réduction » : on laisse la « grappe blanche » se reposer pendant trois mois avant de la couper dans des foudres avec l'eau distillée. Ensuite, on brasse tous les jours ce mélange pendant un laps de temps variable (deux ou trois semaines) en fonction du rhum que l'on veut obtenir : rhum blanc à 50, 55 ou 62° destiné à l'embouteillage immédiat, ou rhum vieux à 64°.

Vieillissement – Il se réalise en une ou deux phases. La première consiste à stocker le rhum dans de petits tonneaux de chêne importés de France ou des États-Unis, d'une contenance de 200 litres et souvent déjà utilisés pour d'autres alcools : bourbon, cognac ou whisky. Chaque tonneau est chauffé afin que l'intérieur se fissure, permettant au rhum de pénétrer au cœur du bois et de se charger en tanin ; on obtient ainsi un rhum tannique, de couleur caramel.

« Route du RHUM »

MARTINIQUE

Le rhum peut être mis plus tard à vieillir dans des foudres, tonneaux beaucoup plus volumineux.
Après cette étape de vieillissement, qui peut durer de 18 mois à plus de 15 ans (voir ci-dessous la classification des rhums), le rhum est mis en bouteilles et n'évolue plus.

CLASSIFICATION DES RHUMS

Le « rhum agricole » est exclusivement élaboré à partir de canne à sucre, tandis que le « rhum industriel », d'une qualité inférieure au précédent, est fabriqué à partir de la mélasse et souvent coloré artificiellement. Pratiquement tous les rhums de Martinique sont des rhums agricoles, qu'a distingués la classification AOC accordée en 1996. Les rhums industriels sont essentiellement fabriqués en métropole.
La durée de vieillissement – seuls en bénéficient les rhums agricoles – permet d'établir d'autres distinctions, en premier lieu entre rhums jeunes et rhums vieux.
Les rhums jeunes, qui se dégustent normalement comme apéritifs, se subdivisent en :
– **rhum blanc** ; embouteillé dès la distillation, c'est l'âme du ti-punch et le nerf de nombreux cocktails.
– **rhum paille** ; durée du vieillissement : 18 mois.
– **rhum ambré** ; durée du vieillissement : 3 ans.
Les rhums vieux, qui se consomment en digestifs, comprennent :
– le **rhum vieux traditionnel** ; comptant 5 à 7 ans d'âge, il peut aussi faire d'excellents ti-punchs.
– le **rhum vieux hors d'âge** ; il bénéficie d'un vieillissement de 8 à 12 ans.
– le **rhum vieux millésimé** ; il est conservé 15 ans et plus.
La production de certaines années exceptionnelles peut-être conservée 50, voire 75 ans ; les bouteilles sont vendues très cher, souvent à des collectionneurs.

CIRCUIT AU DÉPART DE FORT-DE-FRANCE

LE CHOIX DE L'ÉTAPE

Hébergement, restauration

Plantation Pays Mêlé (Une petite folie !) – 2 km au Nord du Lamentin (D 15). Direction Jeanne d'Arc, puis tourner à gauche (suivre les panonceaux). ☎ 05 96 50 16 08, fax 05 96 50 26 83. Restaurant fermé samedi midi et dimanche. Site retiré respirant le calme dans une très belle maison coloniale ; restaurant gastronomique, réputé comme l'une des meilleures tables de l'île, proposant des plats savoureux (foie gras mi-cuit au torchon mariné aux fruits de la passion). Compter entre 49 et 70 € à la carte, menu d'affaires à 30,50 €. Côté hébergement, huit bungalows spacieux et agréables vous accueillent pour la nuit : 54,15 €.

Distillerie Dillon – Voir Fort-de-France.
En quittant la distillerie, prendre à gauche (D 13) et continuer tout droit sur 2,5 km. Tourner dans le premier chemin à gauche après avoir franchi la rivière Jambette.

Distillerie La Favorite ⓥ – Le principal atout de cette visite est la possibilité de suivre la chaîne complète de fabrication, depuis le broyage de la canne à sucre jusqu'à l'embouteillage du rhum. L'ensemble de la machinerie fonctionne encore à la vapeur. La distillerie appartient depuis 1842 à la famille Dormoy, derniers propriétaires indépendants de l'île. La marque La Favorite (rhum blanc et rhum vieux) n'est commercialisée qu'en Martinique.

En sortant, prendre la D 13 à gauche et continuer en direction du Lamentin. Après avoir traversé le village, suivre la direction de l'aéroport.

Lareinty – La route passe devant l'habitation Gaigneron (on ne visite pas) ; l'ensemble de petites cases aux murs blanchis et aux volets verts est une rue cases-nègres, l'une des mieux conservées des Petites Antilles (voir aussi la plantation Leyritz). Des locomotives qui sillonnèrent autrefois les voies Decauville réservées au transport de la canne sont remisées à l'entrée du domaine, rappelant que celui-ci fut l'un des grands centres sucriers martiniquais à l'avènement de la machine à vapeur.

S'engager sur la voie rapide (N 5) en direction du Marin, jusqu'à la sortie Trois-Îlets.

Maison de la Canne – Voir les Trois-Îlets.
Reprendre la N 5 en direction du Marin. Sortir au Diamant, tourner à gauche au premier carrefour (D 7), puis à droite (on passe sous la voie rapide). La distillerie Trois-Rivières est sur la droite.

« Route du RHUM »

Distillerie Trois Rivières – *Voir Sainte-Luce.*

Continuer sur la D 7 vers Sainte-Luce, puis Rivière-Pilote. La distillerie « La Mauny » est sur la route de Petit-Bourg.

Distillerie La Mauny – *Voir Sainte-Luce.*

Poursuivre en direction de Petit-Bourg ; après quelques virages en épingle, prendre à droite (D 17) vers le Saint-Esprit. À partir du bourg, suivre la signalisation François et habitation Clément.

★★ Habitation Clément – *Voir Sainte-Marie.*

Continuer vers le François, puis suivre les directions du Robert (D 1), de la Trinité et enfin de Sainte-Marie (N 1).

★★ Rhumerie Saint-James – *Voir Sainte-Marie.*

Retour à Fort-de-France par la D 25, la D 15 et la N 4.

Les rues cases-nègres

Les premiers esclaves vivent dans des cases qu'ils ont eux-mêmes construites sans suivre de plan préconçu. La diversité des formes reflète encore les origines et les coutumes de ces populations brutalement déportées d'Afrique aux Antilles : cases rectangulaires, rondes sous un toit conique, etc.
Mais le développement de l'économie de plantation nécessite bientôt de rationaliser l'espace et la construction : maçons et charpentiers bâtissent désormais les logements des esclaves, uniformément ordonnés le long des « rues cases-nègres ». Situées à proximité des bâtiments agricoles, les cases sont dominées par la maison de maître, que son éloignement et son orientation par rapport au vent garantissent contre le bruit, les mouches, voire l'incendie venant du quartier des esclaves. Car hygiène et confort ne caractérisent pas ces logements impersonnels. Les esclaves jugent les fenêtres inutiles, soucieux, peut-être, de préserver de l'extérieur le seul espace qui leur soit propre.
Après l'abolition de l'esclavage en 1848, certains nouveaux libres, les « casés », habiteront encore ces pauvres maisons blanchies à la chaux sous une couverture végétale. Mais la plupart s'en détourneront et l'essor de la case populaire, construite grâce au « coup de main » des amis et des voisins sera aussi celui de la liberté recouvrée.

Lareinty – Rue Cases-nègres

« Route du RHUM »

LES BOISSONS À BASE DE RHUM

Ti-punch
Boisson nationale des Martiniquais, on le déguste à tout instant de la journée. Les puristes s'élèvent contre l'ajout d'un ou deux glaçons qui noient l'arôme de l'alcool.
- 1/4 de sirop de sucre de canne
- 3/4 de rhum blanc agricole à 50° ou 55°
- un zeste de citron vert

Cocktails
Planteur – Grand classique très en vogue dans les hôtels où sa douceur et son côté fruité rassurent le touriste. Nombreuses variantes.
- 4 mesures de rhum vieux
- 1 mesure de sirop de sucre de canne
- 8 mesures de jus de fruits (orange, pamplemousse, ananas, goyave, fruit de la passion, etc.)
- cannelle, muscade

On peut ajouter du citron vert et une pincée de poivre. Servir glacé.

Punch coco – Tout est dans le choix du fruit. Ne pas oublier de le secouer (même sec !) avant préparation. Verser sur des glaçons :
- 1/10e de sirop de sucre de canne
- 3/10e de rhum blanc
- à défaut de noix de coco fraîchement râpée, 6/10e de lait de noix de coco
- saupoudrer le mélange de muscade râpée.

Daïquiri – Mariage du rhum et du citron dans des proportions variables selon les recettes. Chacun dosera le mélange selon son goût. Verser sur des glaçons :
- 1/3 de jus de citron jaune ou vert
- 2/3 de rhum blanc
- une dose de sirop de sucre de canne

Madinina – Version antillaise du Bloody Mary, sa couleur écarlate et glacée incendie les verres.
- 3 mesures de rhum ambré à 45°
- 6 mesures de jus de tomate
- une dose de jus de citron
- une goutte de tabasco

Calypso – À déguster en comparant le bleu du Curaçao à celui de la mer des Caraïbes. Verser sur des glaçons :
- 3 mesures de rhum blanc à 50° ou 55°
- 1 mesure de Curaçao
- 6 mesures de tonic

Piña colada – Autre grand classique aux multiples variantes. Le mélange sera servi avec de la glace pilée :
- 1/3 de rhum blanc
- 1/3 de crème de coco
- 1/3 de jus d'ananas
- une ou deux tranches d'ananas

Cuba libre – Le plus politique des cocktails au rhum. Verser sur des glaçons :
- 1 large mesure de rhum ambré (ou blanc)
- le jus d'un demi-citron vert
- compléter avec du Coca-Cola.

Punchs macérés
Schrub – La recette de ce traditionnel digestif de Noël serait originaire de la Nouvelle-Orléans. Élaboré à base d'agrumes, d'ananas ou de litchis, il se déguste de plus en plus souvent en apéritif. L'industrie a pris le relais de la fabrication artisanale d'autrefois.
- 3/4 de litre de rhum blanc aromatisé (cannelle, girofle, muscade et vanille) dans lequel auront macéré au soleil pendant un mois cinq pelures séchées de mandarines et d'oranges
- avec 1 kg de sucre de canne brut et 3/4 de litre d'eau, fabriquer un sirop
- filtrer le rhum macéré et y ajouter le sirop (3 mesures de rhum pour 5 mesures de sirop)

Punchs aux fruits – Spécialité de la Guadeloupe où bars et cuisines alignent fièrement des séries de bocaux ; les fruits les plus divers y macèrent dans le rhum, ainsi agrémenté de toutes les saveurs du jardin d'éden. Cette technique suscite les railleries des Martiniquais, soucieux de défendre l'intégrité de leur alcool préféré.

Plonger dans un litre de rhum les fruits coupés en dés, ajouter selon les goûts du sucre de canne brun en poudre, des épices (cannelle, vanille ou muscade) ou un zeste de citron vert. Clore hermétiquement le récipient et l'oublier pendant quinze jours ou quelques mois, au calme dans un coin sombre ou au soleil (tout dépend du fruit).

RIVIÈRE-SALÉE

Centre – Carte « Les plus beaux sites », p. 13, **HZ**
8 785 habitants (les Saléens)

La plaine, par endroits marécageuse, de Rivière-Salée (bras de mer qui remonte de 6 km vers l'intérieur) apparaît encore fortement marquée par l'économie sucrière avec ses vastes « carrés » de canne à sucre et les ruines de ses deux « usines centrales » fermées respectivement en 1970 (Petit Bourg) et 1973 (Rivière-Salée). Celle de Petit Bourg, qui s'élève à la limite Nord de la commune dans le hameau du même nom, figura parmi les décors du film d'Euzhan Palcy *Rue Cases-Nègres*, tiré du célèbre roman de Joseph Zobel, originaire de Rivière-Salée.

La Révolution industrielle en Martinique – Au début du 19e s., les plus puissants planteurs martiniquais possédaient des habitations-sucreries dans cette partie de la plaine du Lamentin. Il n'est donc pas étonnant que la première machine à vapeur de la Martinique ait fonctionné, vers 1820, sur la commune de Rivière-Salée. Importée de France, elle fut acheminée en gabare, sur la Rivière Salée, jusqu'à la propriété Maupéou dont elle remplaça la « sucrote » (moulin à sucre traditionnel). L'arrivée du machinisme allait bouleverser l'économie sucrière antillaise en levant certaines réticences à l'abolition de l'esclavage, et en concentrant la production dans les **usines centrales** qui prirent progressivement l'ascendant sur les sucreries d'habitation. Cet événement eut un tel retentissement que la propriété Maupéou (ou Meaupoux) et le quartier où elle était établie (au Sud-Ouest du bourg) furent rebaptisés « Vapeur ».

LE VILLAGE

Rue Schœlcher – La rue principale du bourg est bordée de typiques maisons de bois colorées. Certaines ont leurs pignons garnis d'essentes ; d'autres se singularisent par leurs balcons en fer forgé, leurs fenêtres à jalousies ou leurs auvents en tôle, ce dernier détail architectural paraissant être une particularité de cette localité.

L'**église**, excentrée, se situe dans la partie Nord de la rue ; sa façade insolite, récemment restaurée, est animée de colonnes jumelées et décorée d'une mosaïque.

Le cimetière est remarquable pour ses belles tombes datant de l'Empire. La **mairie**, bâtiment typique du style Art déco tardif, précédé d'arbres du voyageur et de palmiers royaux, compose avec ses galeries superposées un tableau charmant paraissant tout droit sorti de l'époque coloniale.

Coupe de la canne

Le ROBERT

Centre – Carte « Les plus beaux sites », p. 13, **HY**
17 746 habitants (les Robertins)

Le Robert est une bourgade riante, magnifiquement abritée au fond d'une des plus belles baies de la capesterre, égayée d'îlets que l'on peut découvrir en bateau. C'est aussi un important rendez-vous annuel pour ses fêtes nautiques de la Sainte Rose de Lima, dont le spectacle est haut en couleur.

LE VILLAGE

Église – Datant de la fin du 19e s., c'est l'une des plus chatoyantes de l'île, avec ses façades et son clocher peints en camaïeu de bleu rehaussé de blanc crème, couleurs conformes à la polychromie traditionnelle qu'on retrouve à l'église Saint Jacques du Carbet.

Le ROBERT

MARTINIQUE

Clocher de l'église

Place – Marché couvert orné de jolies peintures naïves et entouré de quelques maisons de caractère en bois (dont l'épicerie). Le marché se tient tous les matins, il est plus spectaculaire le mardi, le vendredi et le dimanche ; on y trouve quelques objets artisanaux.

Autour de cette vivante petite place, quelques ruelles sont bordées de cases typiques en bois peint.

★★ LES ÎLETS DU ROBERT

Voir ci-dessous les prestataires. La promenade décrite est celle proposée par Hugues Nomel (durée 1 h-1 h 1/4). Le programme des autres prestataires est proche de celui-ci. Avec les pêcheurs, l'excursion peut être composée « à la carte » (possibilité, par exemple, de pique-niquer et passer la journée entière sur un îlet,

CARNET PRATIQUE

Office de tourisme – *Boulevard Henri-Auzé, en bord de mer, dans le bâtiment de l'Office municipal de la culture et des loisirs,* ☎ *05 96 65 47 31, fax 05 96 65 75 59. Ouvert du lundi au vendredi de 7 h 30 à 13 h 30 et les après-midi du lundi et du jeudi de 14 h 30 à 18 h.*

Excursions en bateau

Hugues Nomel – Ce pêcheur, que l'on repère facilement à son bakoua (chapeau de paille haut et pointu), ne prend pas plus de six personnes dans sa barque. Il est donc prudent de réserver. ☎ *05 96 65 16 50* ou *05 96 65 59 46.*

Viviane Vouimba – *À l'embarcadère,* ☎ *05 96 65 04 11* ou *05 96 24 10 91.* Un joli sourire féminin à la barre, un commentaire bien fait et plein d'anecdotes à propos des îlets, ti-punch ou planteur offerts, voilà une matinée bien commencée avant que votre guide ne vous dépose aux « fonds blancs » pour un déjeuner et une baignade ; vous décidez de l'heure du retour ! Pour six personnes 61 €.

Alex Ferjul – ☎ *05 96 65 06 12* ou *05 96 65 08 47.*

Bleu et Or – ☎ *05 96 65 11 01.* Trois départs quotidiens. Plusieurs circuits proposés, 12 personnes maximum. 20,10 € la demi-journée, 37,05 € la journée complète, repas et animation musicale compris.

Escapade Tour – ☎ *05 96 71 58 77.* Bain, détente, découverte des îlets et des fonds blancs sur une journée complète.

Les Kayaks du Robert – ☎ *05 96 65 33 89* ou *05 96 65 70 68. Ouvert tous les jours sur réservation.* Circuit en kayak de mer autour des îlets, de la mangrove et des fonds blancs. Une manière originale et plus sportive de découvrir les curiosités de la baie. 13 € la demi-journée (9 h-13 h ou 13 h-17 h), 21 € la journée (9 h-17 h). On vous prête même une boîte étanche pour votre pique-nique.

Le ROBERT

ou de ne se rendre qu'aux « fonds blancs » vers la baie du François) en établissant à l'avance son contenu et en convenant du prix. Protection indispensable contre les coups de soleil et l'insolation ; prévoir des boissons.

Excursion aux îlets

Le havre du Robert comporte onze îlets ; Hugues Nomel en fait découvrir neuf, distillant sur chacun d'eux des commentaires intéressants. Le premier arrêt s'effectue à proximité d'installations d'aquaculture. Les îlets sont ensuite approchés un à un. L'îlet **Petite Martinique** porte plusieurs villas avec piscine, dont les propriétaires appartiennent aux plus grandes familles békés de la Martinique. Viennent ensuite l'**îlet aux Rats** et le plus vaste de tous, l'**îlet Ramville** ou **Chancel**. Outre des vestiges de la période esclavagiste, ce dernier cacherait quelques iguanes.

Hugues Nomel propose à ses passagers, s'ils le désirent, une halte-baignade, la plupart du temps à l'**îlet Madame** ; cerné par une mer turquoise et réputé pour ses fonds blancs, bordé d'une plage de sable fin ombragée, l'endroit est idéal, à deux réserves près : les fonds, très abîmés par le non-respect des réglementations, sont peu intéressants, et ce petit paradis, assez fréquenté, devient rapidement bruyant. Les Robinson dans l'âme lui préféreront l'**îlet à Eau** : sa petite plage d'à peine dix mètres de long leur suffira amplement, elle est le plus souvent inoccupée.

Les gommiers

Plusieurs types de canots hérités des canaoa caraïbes sont en usage dans les Petites Antilles : le rapide « canot de senne » conçu pour tirer de grands filets, la « pirogue » destinée à la pêche à miquelon, la « bourrique » vouée à la pêche côtière et le « canot de charroi » réservé au cabotage. Toujours taillées dans un tronc de gommier, ces embarcations, nommées gommiers en Martinique, sont aujourd'hui en voie de disparition, remplacées par les yolplastic.

Route du SAINT-ESPRIT★
Centre – Carte « Les plus beaux sites », p. 13, HZ

Cette route qui tantôt contourne, tantôt escalade les reliefs de la montagne du **Vauclin**, traverse une région rurale piquetée de cases ou de villas isolées et de hameaux disséminés parmi une végétation luxuriante. De magnifiques vues s'échappent vers les versants verdoyants tapissés de bananiers ou égratignés de « jardins créoles » et « jardins caraïbes » *(voir encadré)*.

DU MARIN AU SAINT-ESPRIT *16 km – 1 h*

Le Marin – *Voir ce nom.*
Prendre la direction du Vauclin (N 6) et après 2,5 km, tourner à gauche (D 32) vers Pérou.

La petite route sinueuse, bordée de cases pittoresques fleuries d'alamandas et de bougainvillées, progresse péniblement vers les sommets. Sur la droite se découvre un panorama étendu, ouvert sur l'océan ; les flancs des mornes sont sillonnés de vallons encaissés que l'itinéraire doit parfois franchir. Sur la gauche, le bassin-versant de la Grande Rivière Pilote offre un paysage vallonné, constellé de petites parcelles cultivées entourées de flamboyants, d'arbres à pain et de manguiers.
Par moments une bananeraie – la banane a remplacé la canne après la fermeture de l'usine sucrière de Petit Bourg – colonise les versants, soulignant leur modelé Une halte s'impose alors, suivie d'une courte promenade sous deux ou trois rangs de bananiers pour observer les régimes et profiter du généreux ombrage dispensé par les larges feuilles.

Le Saint-Esprit – Cette commune au cœur d'une petite région détentrice de fortes traditions rurales possède une plaisante église colorée en rose dont le clocher abrite une cloche ramenée de la guerre de Crimée : la « Sébastopol » ; la mairie, aux lignes délicates, est bordée d'imposants arbres du voyageur et de nombreuses maisons traditionnelles en bois. L'économie locale repose sur la culture de la banane, de la canne et des produits maraîchers.

Route du SAINT-ESPRIT

CARNET PRATIQUE

Office de tourisme – *4, rue Cassien-Sainte-Claire, le Saint-Esprit,* ☎/fax *05 96 56 59 88.* Ouvert du lundi au vendredi de 8 h à 17 h, le samedi de 8 h à midi. Informations sur les circuits pédestres, les gîtes et les chambres d'hôtes.

Le Kalbanat d'art – *Juste en face du musée.* Ouvert du lundi au samedi de 9 h à 13 h. Cette boutique d'artisanat d'inspiration précolombienne et africaine propose quelques objets intéressants, notamment des instruments de musique en calebasse et bambou, des sculptures et des poteries.

Musée des Arts et Traditions populaires ⊙ – 4, rue Cassien-Sainte-Claire (dans l'ancien collège). Trois petites salles d'exposition retracent le mode de vie de la Martinique d'antan : mobilier et vaisselle du début du siècle, ustensiles et recettes traditionnelles, techniques d'artisanat. Attardez-vous sur les tasses à café portant des maximes en créole telles que « *temps raide* » : la vie est dure ; « *chance ka vini qué patience* » : la chance vient avec la patience, etc. Dégustation de madou (jus de canne, citron vert et eau).

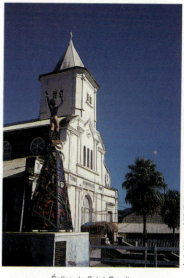

Église de Saint-Esprit

« Être créole, me disait-il, c'est être une manière de *compromis entre le Blanc et le Noir, entre le Noir et l'Indien, entre l'Indien et le bâtard-Chinois ou le Syrien. Au fond, que sommes-nous d'autres que des bâtards ? Eh bien revendiquons notre bâtardise comme un honneur et ne recherchons pas, à l'instar des békés, des ancêtres héroïques dans une Guinée de chimère ou dans l'Inde éternelle. Voyez-vous, mon cher Amédée, tout ce mélange a produit une race nouvelle, une langue neuve, souple, serpentine, tout en étant conviviale et charnelle.* »

(*Le Nègre et l'Amiral, Raphaël Confiant*)

Jardin créole et jardin caraïbe

« Nous cultivâmes ce que les békés appellent plantes secondes, et nous-mêmes : plantes-manger. Au bord des plantes-manger, il faut les plantes-médecines, et celles qui fascinent la chance et désarment les zombis. Le tout bien emmêlé n'épuise jamais la terre. C'est ça jardin créole. »

Cahiers N°s 3, 4 et 5 de Marie-Sophie Laborieux, 1965.
Cité par Patrick Chamoiseau dans *Texaco*.

Le jardin créole, ou « bokai » et le jardin caraïbe, ou « habituée » sont des modes d'exploitation du sol hérités des Amérindiens et des esclaves africains, appartenant au domaine de la petite polyculture vivrière.
Dans le jardin créole, établi à proximité de la case, poussent pêle-mêle des plantes « magiques » chargées d'éloigner les mauvais esprits (sandragon, pied-six-heures, etc.), des plantes médicinales, des espèces ornementales (bougainvillées, alamandas...), des aromates et condiments, des légumes et des arbres fruitiers (quénettiers, papayers, avocatiers, manguiers...).
Les jardins caraïbes sont des parcelles de quelques centaines de mètres carrés défrichées et cultivées au sein même de la forêt ; de nombreuses plantes, obéissant à des cycles végétatifs différents, y sont cultivées ensemble, parfois en superposition les unes par rapport aux autres, afin que le sol produise toute l'année. Patate douce, igname, christophine, giromon, dachine, cacao, banane plantain, etc. sont principalement destinés à l'auto-consommation ; le surplus est vendu au marché.

SAINT-PIERRE ★

Nord – Carte « Les plus beaux sites », p. 13, GY
5 045 habitants (les Pierrotins)

Le 15 septembre 1635, Pierre Belain d'Esnambuc *(voir encadré)*, venu de Saint-Christophe avec 80 colons, signe l'acte de prise de possession d'une large et profonde baie au pied de la Montagne Pelée. Il y construit un fort qu'il baptise fort Saint-Pierre, autour duquel va se développer la ville la plus élégante et la plus animée de l'île jusqu'à l'aube du 20e s., qui donnera le ton dans les Antilles jusqu'à Saint-Domingue. En 1902, la colère de la Montagne Pelée anéantit la joyeuse et turbulente cité.
Saint-Pierre n'a recouvré que le sixième de sa population d'alors. Patiemment dégagées des cendres, des ruines à la fois passionnantes et pathétiques justifient sa distinction comme 101e ville d'art et d'histoire française.

LE TRAGIQUE DESTIN D'UNE POMPÉI ANTILLAISE

Le « petit Paris des Antilles » – Tel est, à la veille de la catastrophe, le surnom mérité de Saint-Pierre. Quoique Fort-de-France (Fort Royal à l'époque) l'ait privé en 1692 du titre officiel de capitale de la Martinique, personne ne songe à le disputer à cette cité moderne, disposant de tout le confort métropolitain : électricité, eau courante, tramway et téléphone. Son port accueille les navires en provenance de Nantes, Bordeaux, Marseille ; entrepôts, magasins, banques, consulats et une vingtaine de distilleries témoignent de son poids économique. Dans ses rues pavées, agrémentées des derniers raffinements de l'urbanisme, de belles maisons de pierre abritent le tiers de la population blanche créole de Martinique. Celle-ci fréquente avec la même assiduité la cathédrale et le théâtre, et envoie ses enfants au lycée ou dans l'un des pensionnats religieux. Dans les cercles et les cafés, on peut lire les trois journaux imprimés à Saint-Pierre et se passionner pour la politique locale. Le jardin botanique jouit d'une grande renommée et le carnaval est l'un des plus beaux de l'île. Saint-Pierre a tout pour être heureux et ne s'en prive pas.

Compte à rebours – Dès le début de 1902, la Montagne Pelée *(voir ce nom)* multiplie les signaux d'alerte. Le volcan gronde sans arrêt, une colonne de vapeurs et de cendres noires, bientôt mêlées d'éclairs, monte du cratère et des pluies de cendres recouvrent périodiquement le Prêcheur, les Abymes et le hameau de Sainte-Philomène où les riches Pierrotins possèdent des villas de plaisance. La rivière Blanche grossit et se met à charrier toutes sortes de débris. Tous les oiseaux et les animaux libres de le faire ont déserté la région, mais le doute persiste encore à Saint-Pierre sur le danger qu'encourt la ville. Le 7 mai au soir, le gouverneur Mouttet, revenu, en pleine campagne électorale – les élections doivent avoir lieu le 11 – rassurer la population, rend publiques les conclusions de la commission scientifique : de profondes vallées protègent la ville d'une éventuelle coulée de lave, rien de grave ne peut arriver, il n'est donc pas nécessaire de fuir la ville, surtout à quatre jours du scrutin (le 27 avril il y avait eu ballottage). Personne, à l'époque, n'a idée de ce qu'est une nuée ardente dont on ne connaît aucune description historique.

ST-PIERRE

LE SOUVENIR DE LA CATASTROPHE DU 8 MAI 1902

- Principaux vestiges
- Musées, mémorial
- Principales épaves de navires

Bourse du Commerce..............................B
Église du Mouillage
(Cathédrale N.-D. de l'Assomption)......D
Musée volcanologique Frank-Perret.......M1
Musée historique de la ville
de Saint-Pierre M2

242

SAINT-PIERRE

Ruines du théâtre

Avalanche de feu – Une nouvelle proclamation rassurante doit être affichée le 8 mai à 8 h du matin. Mais à 7 h 50, la Montagne Pelée explose, un gigantesque nuage croît dans toutes les directions à une vitesse vertigineuse ; deux minutes plus tard, Saint-Pierre et ses 28 000 habitants (il n'y eut que deux survivants ; voir ci-dessous le Cachot de Cyparis) ont cessé d'exister. C'est le versant du volcan tourné vers la ville qui a cédé à la pression des gaz. En un instant, la nuée ardente, nuage de gaz, de roches et de cendres incandescentes à plus de 1 000 °C a surgi, enflammant les maisons et les bateaux dans le port, brûlant ou asphyxiant les habitants dont on ne retrouvera que des cadavres nus et noircis. L'effet de souffle a renversé les bâtiments et le phare de la place Bertin. Succédant à la nuée ardente, un incendie généralisé, des chutes de cendres, de lapilli et de boue chaude achèvent de détruire la ville dont les rhumeries ont explosé sous la chaleur.

Les premières personnes accourues sur les lieux découvrent un spectacle d'apocalypse : « Une marée de cendres. Un dépôt de chaleur fixe. Des rougeoiements de pierre. Des personnes intactes fixées au coin d'un mur qui doucement s'en allait en ficelle de fumée. Des personnes racornies comme des poupées d'herbe sèche. Des enfants stoppés sans innocence. Des corps défaits, des os trop propres, oh que d'yeux sans regard... » (*Texaco*, Patrick Chamoiseau). Cette scène de désolation sera suivie d'heures bien sombres, car la ville est abandonnée aux pillards avant d'être rayée de la carte en 1910 par les autorités.

CARNET PRATIQUE

Renseignements touristiques

Office du tourisme de la ville de Saint-Pierre – *Rue Victor-Hugo (face aux ruines de l'ancien théâtre), Saint-Pierre,* ☎ *05 96 78 15 41, fax 05 96 78 16 93.* Ouvert du lundi au jeudi de 9 h à 17 h, jusqu'à 16 h le vendredi, le samedi, et le dimanche de 9 h à 13 h.

Bureau de la randonnée – *Dans les mêmes locaux que l'Office de tourisme,* ☎ *05 96 78 30 77.* Ouvert du lundi au vendredi de 9 h à 17 h. Organise sur toute la Martinique des randonnées, des remontées de rivières et du canyoning à partir de deux personnes. Réserver deux jours à l'avance. Prix dégressif selon le nombre de participants.

Marché – Plus animé le vendredi et le samedi, il a lieu tous les matins place Bertin, en bord de mer.

Hébergement

Bungalows Le Fromager *(À bon compte)* – *Route de Fonds-Saint-Denis, Quartier Saint-James, Saint-Pierre,* ☎ *05 96 78 19 07, fax 05 96 70 77 64.* À 1 km au-dessus de Saint-Pierre, sur la D 1, direction Fonds-Saint-Denis. Une adresse toute simple dont l'attrait provient de la nature luxuriante qui l'entoure et du splendide panorama sur Saint-Pierre et sa baie. Quatre chambres dans de sobres bungalows de bois, avec salle de bains, terrasse privée donnant sur la forêt et cuisine indépendante. On s'endort au son des oiseaux, des grenouilles et des criquets. Bungalow deux personnes, 38 € (42,50 € avec un enfant). Même tarif toute l'année. **Restaurant panoramique** offrant des spécialités créoles, ouvert pour le déjeuner (menu à 23 €), le soir sur réservation uniquement.

Résidence Surcouf *(À bon compte)* – *Allée Pécoul, sortie de Saint-Pierre par la route du Morne-Rouge ou la route du Prêcheur,* ☎ *05 96 78 32 73, fax 05 96 78 13 82, www.residencesurcouf.com.* Établissement idéal pour se détendre entre deux excursions dans le Nord de l'île ; les bungalows mitoyens en duplex, bien équipés, peuvent accueillir de deux à quatre personnes. Petite piscine. Chambre double : 40 € en basse saison, 57 € en haute saison. Tarif dégressif à la semaine. Le centre de plongée **Surcouf Dive** vous fera découvrir les épaves de la baie.

Restauration

La Yole Caraïbe, le restaurant de l'habitation Joséphine *(À bon compte)* – *À l'angle des rues Victor-Hugo et Gouverneur-Ponton,* ☎ *05 96 78 34 28.* Ouvert midi et soir, sauf le dimanche soir. Cadre simple un peu défraîchi d'une ancienne maison coloniale du 18e s., mais accueil fort sympathique. Les serveuses, en costumes traditionnels, vous proposent une cuisine créole : acras, poisson ou viande grillée, langouste du vivier, gratin de christophine... Assiette du pêcheur à 7 €, menus de 13,70 à 24,40 €.

Le Tamaya *(À bon compte)* – *Rue Gabriel-Péri,* ☎ *05 96 78 29 09.* Une bonne cuisine alliant les saveurs locales aux parfums bretons, comme dans le lambi au cidre. Décor breton lui aussi, comme les patrons très accueillants. Menu à 13 €.

Le Royal Belleville *(Valeur sûre)* – *Rue Victor-Hugo,* ☎ *05 96 78 10 69.* Ouvert tous les jours de 11 h 30 à 14 h 30 et de 18 h 30 à 22 h 15, sauf le mercredi midi et le dimanche soir. Sur place ou à emporter. Envie de varier les plaisirs ? Entre deux saveurs créoles, pourquoi ne pas croquer quelques mets de ce restaurant chinois ? Cuisine fine et choix étendu. À la carte, compter 18,30 €.

Prendre un verre

Snack-bar Le Caraïbes – *Place Bertin, face à la Bourse,* ☎ *05 96 78 30 23.* Ouvert tous les jours de 9 h à minuit, plus tard si l'ambiance est de la partie. Intérieur en bois et terrasse face à la mer. Lieu animé et agréable pour savourer un cocktail ou l'une des nombreuses bières, tout en appréciant les couleurs du coucher de soleil. Programmation musicale et concert le vendredi et le samedi.

Plongée

Tropicasub – *Lieu-dit « La Guinguette », au Sud de la baie de Saint-Pierre,* ☎ *05 96 78 38 03. www.multimania.com/tropicasub.* Ouvert tous les jours sauf le lundi, deux sorties quotidiennes : 9 h 30 et 15 h. Trois types de plongée : les épaves immergées entre 10 et 60 m de profondeur, les massifs coralliens et les grands tombants. Ouvert à tous les niveaux, formation, passage de brevets. Baptême 45,75 €, plongée 38,10 €, forfait pour plusieurs plongées.

Club de l'UCPA – *Quai Fond-Corré (sur la route du Prêcheur),* ☎ *05 96 78 21 03.* Ouvert aux extérieurs en fonction des places disponibles. Il est donc judicieux de se renseigner avant de se déplacer. Tarifs spéciaux UCPA, une plongée explo 28 €. Stages de plongée, centre d'hébergement.

SAINT-PIERRE

MARTINIQUE

Une réanimation difficile – La zone sinistrée de Saint-Pierre est rattachée à la commune du Carbet jusqu'en 1923. Ce n'est qu'à cette date que Saint-Pierre retrouve une existence communale et s'engage dans une dure et difficile reconstruction. La ville est très pauvre et, malgré de gros efforts de restauration et de mise en valeur de ses vestiges, n'a pas réussi à revivre vraiment. Une circulation envahissante et des réalités économiques très difficiles bloquent son rétablissement. Souvent traversée, Saint-Pierre ne retient pas assez longtemps ses visiteurs et ne bénéficie pas de la manne touristique qui seule semble pourvoir lui donner un second souffle.

Vue générale de Saint-Pierre p. 46.

VESTIGES DU « PETIT PARIS DES ANTILLES »

Vous pouvez bien sûr découvrir les ruines à pied et visiter les deux petits musées consacrés au 8 mai 1902, mais nous vous conseillons vraiment le petit train qui apporte une autre dimension à la découverte de la ville.

★ **Le petit train « Cyparis express »** ⓥ – Départ du train aux « Ruines du Figuier » *(voir ci-dessous).* Cette étonnante machine à remonter le temps est quasiment incontournable si vous voulez vraiment savoir l'essentiel sur Saint-Pierre. Fernand Pain, Pierrotin passionné, possède une culture encyclopédique sur l'histoire de sa ville, et vous le fera partager tout au long de cet émouvant parcours dans une cité qui ne s'est jamais vraiment remise de cette terrible catastrophe.

Maisons de commerce du Figuier – Construites au 18ᵉ et au début du 19ᵉ s. pour servir de magasins et entrepôts de marchandises, ces maisons témoignent de la puissance passée du port de Saint-Pierre, par lequel transitaient les 7/8ᵉ du commerce de la Martinique et une part importante de celui de la Guadeloupe, Sainte-Lucie, Saint-Vincent et la Dominique. Protégées par l'ancienne **batterie d'Esnotz** (où un monument commémore l'abolition de l'esclavage en Martinique le 22 mai 1848), elles échappèrent à la destruction totale en 1902.

Théâtre – Bâti en 1786, puis remanié à la fin du 19ᵉ s., il reproduisait en miniature le Grand Théâtre de Bordeaux. Expression du rayonnement culturel de Saint-Pierre, il pouvait accueillir 800 spectateurs, venus parfois de Fort-de-France, qui assistaient régulièrement à des représentations de théâtre ou d'opéra ; pendant le carnaval, on y organisait des bals. Lorsque survint la tragédie, l'établissement était fermé depuis un an en raison de difficultés financières. Il n'en reste que le double escalier monumental, les vestiges du péristyle, des loges et du parterre, et quelques pans de murs.

Cachot de Cyparis – Les ruines du théâtre constituent le meilleur point d'observation de l'ancienne prison dont le principal vestige est le cachot dit « de Cyparis ». Enfermé pour rixe et ébriété, Cyparis dut à la protection de ces murs épais d'échapper à la mort le matin du 8 mai 1902. Gravement brûlé, il devint la principale attraction du cirque Barnum qui l'exhiba à travers les États-Unis. Longtemps tenu pour seul survivant de l'éruption de la Montagne Pelée, il lui fallut tardivement partager sa renommée avec un autre rescapé miraculeux mais contesté, le cordonnier Léon Compère.

Pont Roche ou Pont de pierres – Datant de 1766, il a résisté à la nuée ardente.

Ruines de l'église du Fort

SAINT-PIERRE

Église du Fort – *Suivre la signalisation après le Pont de pierres.* De ce qui fut la première église de l'île, reconstruite à la fin du 19ᵉ s., subsistent les soubassements et des blocs de pierre calcinés ; les fidèles y avaient afflué le matin du 8 mai, jour de l'Ascension, pour solliciter la protection divine. Soufflée par l'explosion, une partie de la façade barre encore la rue Deschiens.
La mise en valeur de ce monument, sans doute le plus émouvant et le plus évocateur de la violence du désastre pierrotin, a été confiée au service régional de l'Archéologie.

Rue Mont-au-Ciel (ou Monte-au-Cul) – *Accès par la rue Levassor, un peu avant la maison coloniale de Santé.* Elle est la seule rescapée des nombreuses « calles » (ruelles-escaliers) qui escaladèrent les collines autour de la ville à partir du 18ᵉ s. Un panneau explicatif représente la rue avant et après la catastrophe.

Maison coloniale de Santé – *Au bout de la rue Levassor.* Cet asile psychiatrique qui appliquait des méthodes de soins modernes pour l'époque était renommé dans toute la Caraïbe. Les sources thermales de la Montagne Pelée étaient utilisées pour soigner les patients. Longtemps abandonnés aux broussailles, les vestiges de l'établissement bénéficient depuis peu de travaux de consolidation. Détail poignant : les deux ou trois chaises de force rouillées qui occupent encore les cellules d'aliénés.

Lycée colonial – *Rue Sainte-Rose.* Quelques pans de murs subsistent de cet établissement construit à la fin du 19ᵉ s. pour former l'élite masculine martiniquaise, notamment mulâtre, les jeunes Blancs continuant de fréquenter les établissements confessionnels. À proximité *(rue de la Raffinerie)*, ruines de la chapelle de l'**asile de Bethléem**.

Vestiges sous-marins – Témoins impassibles d'une époque révolue, les épaves des navires coulés dans la baie de Saint-Pierre le matin du 8 mai 1902 offrent au plongeur un spectacle riche en couleurs et en sensations.

AUTRES CURIOSITÉS

Monument à Belain d'Esnambuc – Il s'élève à l'embouchure de la Roxelane où débarqua, le 15 septembre 1635, le fondateur de la colonie de la Martinique.

Pierre Belain d'Esnambuc

L'initiateur de la colonisation française aux Antilles naquit à Allouville en Normandie le 9 mars 1585. Cadet d'une famille noble ruinée par les guerres de Religion, il s'embarque au début du 17ᵉ s. à destination de la « côte des cannibales et autres lieux de la côte du Brésil ». En 1620, le voilà capitaine de la *Marquise* qui trafique entre la côte de Guinée et l'Amérique du Sud. En 1623, commandant *l'Espérance* armé en guerre, il est institué « capitaine entretenu », c'est-à-dire corsaire habilité à faire des prises pour le roi de France, et établit sa base à Saint-Christophe *(aujourd'hui Saint Kitts)*. Là, il fait fortune dans la culture et le commerce du petun (tabac) et se lance, avec l'appui de Richelieu, dans la colonisation d'autres îles. Reparti à Saint-Christophe peu de temps après la construction du fort Saint-Pierre, d'Esnambuc confiera le gouvernement de la Martinique à son lieutenant Du Pont, puis à son neveu Dyel du Parquet qui conduira les affaires de l'île pendant 23 ans.

Musée volcanologique Frank-Perret (M¹) ⊙ – Il rassemble, outre le bourdon de l'église du Mouillage, éclaté et déformé par la chaleur, des objets et fragments de décor récupérés après la catastrophe du 8 mai.

Musée historique de la ville de Saint-Pierre (M²) ⊙ – Des dessins et photos anciennes évoquent l'histoire et l'architecture de Saint-Pierre, ainsi que les différentes phases de l'éruption de la Montagne Pelée en avril-mai 1902.

Bourse du commerce (B) – *Place Bertin.* Ce joli bâtiment de bois a été reconstruit en 1992 à l'identique de celui détruit en 1902.

Église du Mouillage (cathédrale Notre-Dame-de-l'Assomption) (D) – Bâtiment du 18ᵉ s. dont la sévère et large façade fut relevée après 1902. L'intérieur, plus avenant, est éclairé par des jalousies. Le maître-autel séjourna une trentaine d'années dans les jardins de l'hôtel de Cluny, à Paris, avant d'être réinstallé dans l'église vers 1935.

Cimetière du Mouillage – Un ossuaire et un monument commémoratif entretiennent le souvenir de la catastrophe du 8 mai 1902.

ENVIRONS

Distillerie Depaz ⊙ – *Accès par l'allée Pécoul, soit par la route du Prêcheur, soit par celle du Morne-Rouge.* Cette vaste propriété étend ses champs de canne sur le piémont de l'imposante Montagne Pelée. Le plan remis à l'entrée permet de suivre les différentes étapes de la fabrication du rhum.

Douze cuves de fermentation, chacune d'une capacité de 30 000 litres, accueillent le jus de canne ou « vesou » ; distillé, celui-ci devient du rhum *(voir p. 234)*, traité différemment selon sa destination. Stocké dans de petits fûts de chêne du Quercy, il va y vieillir plus de trois ans, le temps de s'affiner, de se charger en tanin, en esters variés (substances obtenues par l'action des acides sur l'alcool), et de gagner en arôme et en saveur. Le rhum « paille » est conservé pendant deux à trois ans, ce qui lui donnera sa caractéristique couleur ambrée, dans des foudres de chêne de 40 à 75 000 litres.

Le rhum « blanc », enfin, séjourne quelques mois dans des cuves en inox où il a tout loisir de se reposer, s'oxygéner, s'homogénéiser, en bref de « rassir ».

Vieux Pierrotin

Dégustation à l'accueil au terme de la visite ; on peut aussi jeter un coup d'œil sur la propriété Depaz.

SAINTE-ANNE★

Sud – Carte « Les plus beaux sites », p. 13, **HZ**
3 883 habitants (les Saintannais)

Face à l'île de Sainte-Lucie, ce bourg charmant, le plus méridional de la Martinique, fleure bon les vacances. Les plages environnantes rivalisent de beauté *(voir aussi Presqu'île de Sainte-Anne)* et la présence discrète d'hôtels et de restaurants n'a pas véritablement modifié son rythme de vie nonchalant dont on profite pleinement en dehors de la saison touristique.

Quand les Anglais renoncent... – Le site stratégique de la pointe Dunkerque, au Sud du village, fut, dès les premiers temps de la colonisation, équipé d'une batterie chargée de défendre le mouillage de Sainte-Anne et la passe du Marin. Le 7 janvier 1762, une flottille anglaise, bien décidée à s'emparer du Marin, s'apprête à doubler la pointe. Retardés par l'échouage d'un navire, les assaillants se heurtent à la résistance des Français organisée depuis la batterie Dunkerque par le commandant de Folleville. Le 9 janvier, le poste avancé français finit par tomber sous les coups des boulets ennemis, et 4 000 Anglais peuvent débarquer à l'anse Caritan et au bourg de Sainte-Anne. Cependant, repoussés par deux fois au prix de contre-attaques farouches et désespérées par 400 miliciens français, ils finissent par renoncer et mettre le cap sur les Anses-d'Arlets, non sans avoir incendié de nombreuses habitations saintannaises.

CURIOSITÉS

Le bourg – Petit centre balnéaire qui s'étend le long de la plage avec son lot d'échoppes, snacks et magasins de souvenirs. Il est plaisant de venir prendre un verre face aux quelques bateaux amarrés et à la perspective du rocher du Diamant. Sous la halle, à côté des étals de légumes et de produits artisanaux, fonctionne un petit marché aux poissons. Les grands marchés de Sainte-Anne ont lieu le premier week-end du mois, de décembre à août.

★**La place et l'église** – Ombragée de tamariniers, cette charmante petite place met en valeur l'église construite au 19e s. *(voir illustration au chapitre de l'Art – Éléments d'architecture)*. Tournée vers la mer, sa façade ocre surmontée d'un clocher en bois est typique de l'architecture religieuse de la Martinique. À l'intérieur, remarquer les deux autels en marbre et la charpente en carène renversée.

★**Chemin du calvaire** – À gauche de l'église, suivre le panneau. À 100 m débute un original chemin de croix bordé de murets passés à la chaux et tapissé d'herbe. Le sentier serpente jusqu'à une petite chapelle. L'ascension prend 10 mn et l'on est récompensé de ses efforts en découvrant la splendide vue sur la baie de Sainte-Anne.

SAINTE-ANNE

CARNET PRATIQUE

Office du tourisme de Sainte-Anne – *Avenue Frantz-Fanon, à l'entrée du village sur la gauche,* ☎ *05 96 76 73 45, fax 05 96 76 70 37. Ouvert du lundi au vendredi de 8 h 30 à 17 h, le samedi de 8 h 30 à 15 h 30 et le dimanche de 9 h à 12 h 30.*

Hébergement

La Dunette *(Valeur sûre)* – *Au centre du bourg,* ☎ *05 96 76 73 90, fax 05 96 76 76 05. 18 chambres confortables et climatisées au bord de l'eau. Double avec petit déjeuner, 58 € en basse saison et 88 € en haute saison.*

Manoir de Beauregard *(Valeur sûre)* – *Route des Salines,* ☎ *05 96 76 73 40, fax 05 96 76 93 24. Demeure du 18ᵉ s. meublée en style créole. Chambres dans l'habitation ou dans des bungalows ; piscine, proximité de la plage des Salines. Restaurant proposant des plats créoles et français, ouvert tous les soirs et le dimanche midi. De 84 à 170 € selon la chambre et la saison.*

Anoli Village *(Valeur sûre)* – *Quartier Bellevue,* ☎ *05 96 76 80 56. www.anolivillage.com. Dix bungalows de deux appartements disséminés dans la verdure et les fleurs au-dessus de Sainte-Anne. L'ameublement exotique est de bon goût et le calme reposant. Télévision et piscine, location à la semaine entre 335 et 533 € selon la saison.*

Domaine de l'Anse Caritan *(Une petite folie !)* – *À l'anse du même nom,* ☎ *05 96 76 74 12, fax 05 96 76 72 59. www.anse-caritan.com. 96 chambres confortables aménagées dans un parc tropical. On prend son petit déjeuner en compagnie des oiseaux ; des mangoustes se promènent sur les pelouses. Plage étroite de sable fin ; mouillage, plongée et ski nautique. Restaurants, boutique, location de voiture. Belle vue sur le rocher du Diamant. Animation le soir. Chambre double à partir de 99 € en basse saison et de 167 € en haute saison.*

Restauration

Le Coco Nèg *(À bon compte)* – *4, rue Abbé-Hurard (derrière l'église),* ☎*/fax 05 96 76 94 82. Ouvert tous les jours midi et soir sauf en juin. Alain et Sandrina perpétuent ici la cuisine traditionnelle créole de man Théodore et Carmen : soupe de calaou, petits pâtés pays, accras de tiriri... L'accueil est souriant, la cuisine remarquable et la note très raisonnable : menu à 15,20 € ; carte, compter 23 €.*

L'Endroit *(Valeur sûre)* – *À la pointe Marin,* ☎ *05 96 76 76 74. Ouvert tous les jours, midi et soir. Buffet le dimanche à midi. Ce restaurant proche du domaine du Club Méditerranée propose des plats simples comme le thazar grillé. C'est également une discothèque animée par un DJ, on y danse tous les soirs à partir de 22 h. Menu à partir de 10 € pour le déjeuner, et de 15,24 € pour le dîner.*

Restaurant Frédéric *(Une petite folie !)* – *62, domaine de Belfond, Sainte-Anne,* ☎ *05 96 76 95 84, fax 05 96 76 78 34. Ouvert tous les jours, le soir uniquement. Maison créole habitée de charme et de romantisme : salon au mobilier ancien avec espace canapé et rocking chair, dîner sous la varangue face au jardin de palmiers. Cuisine créole et française : mousseline de homard, écrevisses flambées au vieux rhum, médaillons de sarde à la langouste, feuilleté de banane sauce vanille. Menu à 22,90 € ; à la carte, compter 38 €.*

Loisirs

Sud Loisirs – *Route du Club Med, Sainte-Anne,* ☎ *05 96 76 81 82. Location de VTT.*

Robby Cat – *Pointe Marin, Sainte-Anne,* ☎ *05 96 76 90 77. Catamaran et hobie cat.*

Alizé Fun – *Cap Chevalier, Sainte-Anne,* ☎ *05 96 74 71 58. Ouvert à partir de 11 h. Planche à voile (13 € de l'heure).*

Taxi Cap – *Excursions en bateau vers l'îlet Chevalier et les Fonds Blancs. Renseignements au restaurant Chez Gracieuse, Cap Chevalier,* ☎ *05 96 76 93 10.*

Alizés Air Services – *Plage Anse Caritan, Sainte-Anne,* ☎ *05 96 62 24 25 ou 05 96 25 26 98. Une petite folie d'un quart d'heure en hydravion pour découvrir des sites inaccessibles et magnifiques. Pensez à l'appareil photo ou à la caméra. Réservation. Prix dégressif selon le nombre de personnes (autour de 50 €).*

★ **Cimetière** – Dominant la mer (beau panorama sur tout le Sud de l'île jusqu'au rocher du Diamant), ses tombes décorées de carrelage principalement blanc et égayées de fleurs en matière plastique sont surmontées de baldaquins en fer forgé. Face au cimetière s'alignent quelques belles maisons en bois.

Plage de la pointe Marin – Garer la voiture au parking payant (devant le stade ou à proximité de l'entrée du Club Méditerranée. Plage familiale et conviviale de sable fin jaune clair, baignée par de courtes vagues. Terrain de camping, nombreuses possibilités de restauration, jeu de boules et location de matériel nautique

> **L'énigmatique origine des acras**
>
> Ce mot, qui désigne aussi sur le continent africain de petits beignets, serait d'origine yoruba et, selon toute vraisemblance, la recette en est parvenue aux Petites Antilles en transitant par les cales de navires négriers. Cependant, la légende soutient que les acras seraient nés au cours du siècle dernier dans la cuisine d'un planteur créole. La vieille cuisinière d'origine normande se désespérait de ne pas trouver sur place des pommes afin de confectionner des beignets à la mode de chez elle ; une domestique africaine, qui émiettait de la morue séchée à ses côtés, lui proposa de remplacer les fruits par sa préparation. Au terme de la cuisson, les deux femmes goûtèrent les beignets : l'Européenne leur trouva un fort goût de poisson et l'Africaine les jugea trop fades. Une jeune Indienne, occupée à hacher des cives et du piment, suggéra d'en assaisonner les beignets. Le résultat fut digne de cette collaboration entre trois continents.
> Les acras demeurent aujourd'hui l'un des plats les plus populaires aux Antilles et sont tout particulièrement en faveur pendant la Semaine sainte.

ENVIRONS

Plages – *Voir Presqu'île de Sainte-Anne.*

Presqu'île de SAINTE-ANNE*
Sud – Carte « Les plus beaux sites », p. 13, **HZ**

La presqu'île de Sainte-Anne, seule région mi-volcanique mi-calcaire de l'île, offre un paysage littoral original et varié ; quelques marigots saumâtres, la mangrove de la baie des Anglais – une des plus belles de la Martinique –, des falaises et tables rocheuses dénudées et surtout de magnifiques plages, dont la mythique Grande Anse des Salines, e composent.

LA CÔTE ET SES PLAGES

La découverte de la presqu'île s'effectue très bien à pied ou en VTT. Il existe cinq sentiers pédestres balisés permettant d'approcher les salines, les falaises et d'accéder aux plus belles étendues sablonneuses. Vous pouvez vous aider de la fiche n° 29 (La trace des caps, Macabou-Caritan) de l'ensemble *31 sentiers balisés en Martinique* édité par l'Office national des forêts et le conseil général de la Martinique.

Un décor naturel marqué par l'aridité – La forêt humide primitive, surexploitée notamment pour la construction navale, a quasiment disparu ; une forêt xérophile dont les espèces caractéristiques sont le poirier-pays, le gommier rouge, le ti-baume et le campêche lui a succédé. La zone côtière et les îlets, exposés aux embruns et au vent, prennent parfois des allures de semi-désert parsemé de taillis épineux et de cactées, comme dans la savane des Pétrifications. Menacés par l'urbanisation sauvage, ces biotopes méritent d'être protégés ; ainsi les îlets de Sainte-Anne, au large de la pointe Baham, ont été classés récemment réserve ornithologique *(voir encadré)*.

Grande Anse Macabou – *Accès depuis la N 6, à mi-chemin entre le Marin et le Vauclin ; piste menant à un village de vacances, par Malevaut et Macabou ; prendre à droite et continuer jusqu'au parking.* Dépasser la plage de Petite Anse Macabou, bordée de raisiniers bord-de-mer et généralement déserte, et continuer à pied sur le sentier jusqu'à la plage de sable doré de Grande Anse Macabou, plantée de grands cocotiers ; superbe et sauvage, celle-ci n'est fréquentée que par quelques surfeurs. À certaines périodes de l'année, cependant, elle est moins agréable car elle se couvre d'algues.

Anse Grosse Roche – *Par la D 9 au départ du Marin, direction Sainte-Anne ; au rond-point des Quatre Chemins, suivre la direction de la pointe Macré. La route, partiellement défoncée, aboutit à un parking où se trouve l'abri du Conservatoire de l'espace littoral.* Le sentier de gauche *(vers Belle Étoile)* conduit à la plage de Grande Anse Macabou, celui de droite *(après le Cap)* à celle de l'anse Grosse Roche, au sable couleur blanc cassé. La « trace des Caps » *(balisage bleu et blanc)*, aménagée par l'Office national des forêts, relie à travers une végétation d'épineux couchée par le vent les deux plages, en passant par une petite chapelle dont les nombreuses offrandes témoignent de la ferveur religieuse martiniquaise.

Anse Baleine – *D 9 depuis le Marin ; à gauche au rond-point des Quatre Chemins, puis tout droit en passant par Bois Neuf, le Cap et Bellevue.* La route contourne la mangrove du Cul-de-Sac Ferré avant d'aboutir à l'anse Baleine. Plage ombragée de raisiniers bord-de-mer, isolée dans un site sauvage ; vue sur le cap Ferré.

Presqu'île de SAINTE-ANNE

Anse Four à Chaux – *Au Nord-Est de l'anse Baleine.* Son nom rappelle l'époque où l'on fabriquait la chaux à partir de corail et de coquilles. Plage de sable clair parfois maculé d'algues.

Cap Chevalier – *D 9 ; à gauche au rond-point de Poirier, puis à droite à Barrière-la-Croix.* Végétation de pourpiers bord-de-mer et de poiriers-pays. Possibilité d'accéder à l'îlet Chevalier avec **Taxi Cap** *(voir le carnet pratique de Sainte-Anne)* et à ses plages de sable blanc.

Anse Michel et anse au Bois – *Tourner à droite après cap Chevalier.* L'anse Michel *(à gauche)* est une plage populaire à fréquentation familiale et locale, où de grands cocotiers assurent un peu d'ombre ; des algues envahissent parfois le sable.
L'anse au Bois *(à droite)*, plus calme, fait face aux îlets aux Chiens. Quelques canots à moteur sont tirés sur le sable doré et les pêcheurs maniant l'épervier (filet de pêche) donnent matière à de belles photos de silhouettes au coucher du soleil.

Anse Esprit – *Au Nord de l'anse Michel et de l'anse au Bois, vers le cap Ferré.* Même type de plage, frangée de raisiniers bord-de-mer.

Anse Noire et anse la Balle – *En remontant la côte à pied depuis l'anse Esprit.* Quelques campeurs profitent du calme de ces plages le plus souvent désertes.

Anse Trabaud – *Sur la D 9 au départ de Sainte-Anne ; à Val d'Or, prendre à gauche la piste en direction de la baie des Anglais. On traverse une propriété privée où un péage est exigé.* Sauvage, ventée, assaillie par de fortes vagues, la plage de sable grossier est ourlée de raisiniers bord-de-mer mettant les voitures à l'abri du soleil. Cet autre coin de paradis est peu à peu colonisé par les naturistes. La piste littorale dessert d'autres sites charmants vers la pointe Baham.
L'anse Trabaud peut aussi être atteinte à pied depuis l'anse à Prunes.

Grande Anse des Salines – *D 9 au départ de Sainte-Anne.* Parking ombragé le long de la plage. Longue plage de sable doré, ombragée de cocotiers et baignée par une mer calme. La plus renommée de l'île, elle est assidûment fréquentée le week-end par les familles martiniquaises. Des vendeurs de fruits, de beignets et de glaces et d'autres marchands ambulants (chemises, shorts, maillots, etc.) ont « envahi » la plage et deviennent peu à peu, du fait de leur nombre, une véritable nuisance ; des aires sont aménagées pour le pique-nique et un snack établi à la pointe des Salines propose une restauration rapide. Location de pédalos. Pour profiter de la plage agréablement, préférez le matin jusqu'à 10 h 30, et la fin de l'après-midi pour le coucher du soleil.

Cap Ferré, près de l'anse Michel – Vue aérienne

Presqu'île de SAINTE-ANNE

MARTINIQUE

Grande Anse des Salines

Sur la droite, le rocher du Diamant et le morne Larcher se découpent sur l'horizon. La pointe des Salines, à l'extrémité Est de la plage, est propice à une observation de beaux fonds marins avec masque et tuba.

Anse à Prunes – *Au terme de la piste qui se prolonge à l'Est de la Grande Anse des Salines.* Des Martiniquais viennent y camper le week-end ; plage étroite de sable fin doré, bordée de raisiniers bord-de-mer et marquant la pointe Sud de la Martinique. Belle vue sur l'îlet Cabrits et sur la dalle calcaire de la Table du Diable ; d'un côté, l'océan Atlantique, de l'autre, la mer des Caraïbes.
À l'anse à Prunes débute la « trace des Caps » *(balisage bleu et blanc)* qui traverse la savane des Pétrifications.

Savane des Pétrifications – On franchit le chenal de l'étang des Salines sur une planche branlante. La savane des Pétrifications, aride et désolée, marque l'emplacement d'un ancien volcan, dont le morne des Pétrifications (119 m) est l'un des vestiges. La terre brune, voire rouge, souvent nue, est parsemée de fragments rocheux d'origine volcanique. On y trouvait autrefois de nombreux bois silicifiés d'origine hydrothermale (venues d'eau siliceuse à travers la roche), mais l'échantillonnage sauvage a épuisé le gisement. Restent quelques filons de jaspe *(voir presqu'île de la Caravelle)* que les amateurs éclairés sauront identifier.

> **La réserve ornithologique de Sainte-Anne**
>
> Au large de la baie des Anglais, un groupe d'îlets coralliens (Hardy, Percé, Burgeaux et Poirier) accueille une importante population d'oiseaux marins qui y nidifient à partir du mois d'avril : sternes fuligineuses, sternes à collier, sternes « mauves », sternes pierregrains, noddis niais, puffins d'Audubon, frégates. De création récente, la réserve a pour but de ménager la tranquillité des oiseaux que la trop grande fréquentation humaine des îlets commençait à dissuader de s'y arrêter, et de faire connaître à la population la richesse de la faune de la région.

SAINTE-LUCE

Sud – Carte « Les plus beaux sites », p. 13, **HZ**
5 978 habitants (les Lucéens)

Ce gros bourg, autrefois tourné vers la pêche, a perdu un peu de son animation depuis que la N 5 le contourne, drainant hors de ses rues le flux des automobiles. Son développement touristique s'appuie surtout sur la fréquentation des Martiniquais qui viennent y passer le week-end. Si vous faites étape à Sainte-Luce, allez flâner sur le front de mer ; ici pas de plage, mais des pêcheurs simples et souriants, qui jouent aux dominos ou qui ramendent leurs filets. Une nonchalance bon enfant, en un mot, la vie des îles comme on se l'imagine depuis la métropole. Ses environs donnent l'occasion de se familiariser avec des traditions aussi typiquement antillaises que les combats de coqs et la fabrication du rhum.

SAINTE-LUCE

CARNET PRATIQUE

Restauration

Côté Sud *(Valeur sûre)* – Trois-Rivières, ☎ 05 96 62 59 63. Ouvert midi et soir sauf le lundi. Loin de l'agitation touristique des grands complexes hôteliers de Sainte-Luce, ce restaurant occupe une place calme et privilégiée au bord de la mer, à deux pas du petit port de pêche. Savoureuses spécialités à base de poissons. Menu à 18,3 € le midi, à la carte le soir.

Loisirs

Sainte-Luce Plongée – Sur le port, ☎ 05 96 62 40 06. Deux sorties par jour, à 8 h 30 et 14 h 30 (présence requise 1/4 h avant le départ). Matériel nickel et encadrement compétent y compris pour les enfants (petits blocs de 6 l) et les handicapés (une plate-forme de mise à l'eau spécialement conçue équipe le bateau). La spécialité du centre est aussi l'organisation de plongées nocturnes au pied du Rocher du Diamant qui se transforme alors en féerie subaquatique. Plongées de nuit le mercredi et le samedi soir, départ 17 h 15, retour 21 h (42 € + 8 € pour la location du phare).

Achats

Art et Nature – Quartier Monésie à Sainte-Luce, ☎ 05 96 62 59 19. Il est difficile d'imaginer le panel de couleurs de sable et de terre que l'on peut trouver en Martinique. Joël Caillet profite de cette inépuisable richesse en créant de beaux tableaux avec quelque 180 sables et 300 couleurs de terre naturels. Étonnant !

DISTILLERIES DE RHUM

Distillerie Trois Rivières ⓥ – *Sur la D 7 en direction de Fort-de-France.* Entourée de champs de canne à sucre, cette distillerie doit son charme pittoresque à sa situation isolée et à son air suranné. Un petit film (30 mn) projeté à l'intérieur d'un foudre résume son histoire et celle de la Martinique. 1,8 million de litres de rhum sont produits entre la mi-février et fin mai. La visite guidée gratuite fait découvrir les principales étapes de cette fabrication. La dégustation, gratuite elle aussi, fait découvrir les délicieux produits de cette fabrication. La production est stockée à Petit Bourg.

Distillerie La Mauny ⓥ – *Au Nord de Rivière-Pilote, en direction de Petit Bourg.* Du 15 février au 15 juin, la distillerie tourne 24 h/24. Les champs de canne, en pente, nécessitent une coupe manuelle qu'effectuent des saisonniers, essentiellement Saint-Luciens et Haïtiens. À la Mauny, les cannes sont broyées quatre fois *(voir p. 234).* La distillation a lieu dans des colonnes en cuivre. Entièrement destinée à la fabrication de rhum blanc, la « grappe » vieillit pendant trois mois dans des foudres de 50 000 litres ; l'embouteillage a lieu sur place. La production annuelle, qui atteint 3 millions de litres (dont 55 % sont destinés à la consommation locale et 45 % à l'exportation), place La Mauny en tête des producteurs de rhum en Martinique.

PITT CLERY ⓥ

À Rivière-Pilote, juste avant la distillerie La Mauny. On appelle « pitts » les combats de coqs et, par extension, le « gallodrome » où ils se déroulent. La coutume en aurait été introduite aux Antilles par les Espagnols. Spectacle martiniquais traditionnel, le combat de coqs est une passion que partagent de très nombreux habitants de l'île. Le **Pitt Cléry** en est l'un des emblèmes. Chaque dimanche à partir de 14 h 30, les parieurs, essentiellement des hommes, s'y retrouvent dans une atmosphère bon enfant.

Pour le non-initié, la meilleure façon de se familiariser avec le rituel qui entoure les combats est d'assister aux préparatifs (on peut descendre dans l'arène à ce moment-là, comme le font les *aficionados* martiniquais). Les volatiles sont pesés, on fixe les éperons sur leurs ergots, on n'hésite pas non plus à leur faire boire une bonne dose de rhum pour stimuler leur ardeur... L'argent circule alors dans un tumulte de musique, de danse et de cris.

Mais pour vraiment « sentir » l'esprit des lieux, mieux vaut venir un peu tard, lorsque les touristes ont déserté les gradins ; plus l'heure tourne, plus l'ambiance est surchauffée et, comme il ne reste que les vrais connaisseurs, on leur réserve les coqs les plus réputés ou les plus belliqueux.

Les combattants sont des coqs croisés de faisans, appelés « coqs guèmes » (de l'anglais *game*, jeu) ; les meilleurs valent autour de 1 500 €.

S'il n'est pas réputé pour voir circuler les mises les plus colossales (elles atteignent parfois 3 000 € dans d'autres arènes !), le pitt Cléry est le seul où s'affrontent serpents trigonocéphales et mangoustes, dans une cage de verre octogonale. Le face-à-face est souvent plus spectaculaire et plus facile à suivre que les combats de coqs, mais là, pas de paris, car le suspense est rare : le reptile ne s'impose guère plus de deux fois sur cent, même si une mangouste blessée ne survit pas longtemps à sa victoire.

SAINTE-LUCE

MARTINIQUE

Pitt Cléry

AUTRES CURIOSITÉS

Rochers de Rivière-Pilote – *À 4,5 km de Sainte-Luce par la D 18 ; sur la D 18ᵉ à l'entrée du bourg de Rivière-Pilote.* Un énorme rocher dit « rocher Zombi », du nom des fantômes martiniquais qui se manifestent parfois sous forme d'animaux, plantes ou rocs, et d'autres blocs de taille imposante, peut-être des projections volcaniques, sont éparpillés dans la nature.

Anse Corps de Garde – *3 km. Accès par la D 7 depuis Sainte-Luce.* La partie de la plage qu'on atteint en traversant un couvert de raisiniers bord-de-mer est sauvage. L'autre partie, au niveau du parking, bénéficie de divers équipements : toilettes, douches, poste de secours, petite restauration et club de voile. Belle vue sur le rocher du Diamant.

Anse Figuier – *8 km depuis Sainte-Luce en passant par Rivière-Pilote. Accès par Poirier, parking à proximité.* De superbes cocotiers se penchent avec grâce vers le sable de cette plage caressée par des vagues languissantes. Elle est équipée de tables sous kiosques, de douches et sanitaires, sans oublier des terrains de football et de volley-ball.

Écomusée de la Martinique – En bord de mer, juste avant la plage. Installé dans l'ancienne distillerie de l'anse Figuier, fermée en 1924, cet écomusée abrite des objets témoins de l'histoire de la Martinique depuis les Amérindiens, diverses reconstitutions (cabane de « quimboiseuse », intérieur créole), des maquettes dont celle du bateau négrier l'*Aurore*, et des scènes de vie caraïbe. La progression chronologique de la préhistoire à nos jours est fort bien faite, et offre une bonne introduction à l'histoire martiniquaise.

La forêt de Montravail – *D 17, direction Lépinay, sur les hauteurs à 5 km du bourg.* Alternative rafraîchissante et instructive à la plage, ce petit massif forestier est sillonné de sentiers balisés permettant de découvrir un exemple de forêt tropicale (dont un superbe fromager géant).

Le serpent « fer-de-lance »

Inconnu dans les autres Petites Antilles, le serpent trigonocéphale, ou fer-de-lance, ou bothrops, est endémique de la Martinique et de Sainte-Lucie. Venimeux, sa morsure est mortelle, et sa capture payée 15 € par tête. En diminution sensible, c'est dans la région du François, du Saint-Esprit et de Rivière-Pilote qu'il semble être le plus présent.

Pour éviter d'avoir maille à partir avec l'un d'eux, le randonneur doit se déplacer d'un pas régulier, rester sur le chemin et éviter d'emmener un chien avec lui ; ne pas fouiller les tas de bois mort ni pénétrer dans les champs de canne ou les fourrés de bambou qui sont leur habitat préféré. La morsure est imparable et douloureuse ; si elle survient, il faut alerter au plus vite la gendarmerie ou le SAMU, immobiliser le blessé et le rassurer en attendant des secours. Surtout, ne pas paniquer et ne pas faire n'importe quoi : pas de garrot, ni d'incision, ni de succion de la plaie.

SAINTE-MARIE ★

Centre – Carte « Les plus beaux sites », p. 13, HY

De Sainte-Marie on connaît la célèbre rhumerie Saint-James, et, souvent, la silhouette de l'église, à cause de sa position stratégique sur un axe qui relie le Nord et le Sud de l'île. Mais la ville cumule bien d'autres atouts qui méritent une visite plus approfondie. Tout d'abord son bord de mer, souvent agité, avec une belle perspective sur un îlet relié à la terre par un tombolo (cordon de sable). On peut observer des pêches au filet ou des halages de barques – il n'y a pas de port – qui regroupent des dizaines de pêcheurs. Sainte-Marie est également tournée vers la campagne où l'activité reste importante, malgré le déclin de grandes habitations qui témoignent d'une prospérité aujourd'hui révolue. Le tourisme semble prendre le relais et les Samaritains, fiers de leur patrimoine et de leurs traditions, organisent régulièrement des manifestations folkloriques où s'expriment leurs talents de chanteurs, de conteurs et de danseurs.

CARNET PRATIQUE

Office samaritain de tourisme (OSATOUR) – *Rue Ernest-Deproge*, ☎ *05 96 69 13 83, fax 05 96 69 40 62*. Une équipe dynamique et efficace vous accueille dans ce vaste espace, agréablement aménagé, où sont organisées d'intéressantes expositions temporaires.

Hébergement

Hôtel Primerêve *(Une petite folie !)* – *Anse Azerot, Sainte-Marie, à la sortie Sud du bourg, entre la route et la mer*, ☎ *05 96 69 40 40, fax 05 96 69 09 37*. Chambres tout confort aménagées dans des bungalows au cœur d'un parc botanique. Cadre idéal pour se reposer. Nombreuses prestations, piscine et accès direct à la plage de l'anse Azerot. Chambre double à partir de 107 € en basse saison et de 146 € en haute saison (petit déjeuner inclus). Restauration sous forme de buffets.

Restauration

La Découverte *(Valeur sûre)* – *3 km au Nord, direction Marigot (N 1), puis à droite à Forêt la Philippe*, ☎ *05 96 69 44 04. www.perso.wanadoo.fr/ville.santemarie/decouvr/jpg*. Ouvert tous les midi ; le soir sur réservation uniquement. En 18 années au fourneaux, « Tatie » Simone a assis la réputation de son restaurant. Elle a maintenant passé le relais à Mady, qui reprend avec bonheur les succès qui ont fait la « gloire » de cette excellente adresse comme le couscous aux fruits de mer. À la carte de 13 à 23 €.

Le Colibri *(Valeur sûre)* – *Au Morne des Esses*, ☎ *05 96 69 91 95*. Ouvert tous les jours midi et soir (fermé le lundi en basse saison). Restaurant avec vue panoramique, situé au cœur du village. La carte de Clotilde Palladino est une ode à la gastronomie créole : calalou aux crabes, tourte aux lambis, buisson d'écrevisses, etc. De 18,30 à 38,10 € à la carte.

Achats

Vannerie « La Paille Caraïbe » – *Morne des Esses, Sainte-Marie*, ☎ *05 96 69 83 74*. Cette coopérative artisanale confectionne des chapeaux (bakouas), des boîtes, des paniers et divers objets dans la pure tradition de la vannerie caraïbe *(voir p. 100)*.

CURIOSITÉS

Église de Sainte-Marie – Dominant le bourg, l'édifice, de style Renaissance, impose sa silhouette massive d'esprit basilical. La large façade à deux tons de bleu, flanquée de tours carrées à persiennes, et rythmée de colonnes et de pilastres, est couronnée d'un attique ajouré assez gracieux.

★★ **Rhumerie Saint-James** ⓥ – *Accès par la N 1 au Nord de Sainte-Marie, prendre à gauche après la station-service*.
Attention ! Le principal centre d'intérêt de Saint-James est la visite de sa distillerie, spectaculaire et pédagogique, mais qui n'est possible que de mars à juin ou juillet, époque de la coupe et du traitement de la canne. Le reste de l'année, il faut se contenter de la découverte du musée.
Avant de s'établir à Sainte-Marie en 1860, la rhumerie Saint-James était installée à Saint-Pierre où le Père Lefebvre l'avait fondée en 1765. Il l'aurait baptisée ainsi pour séduire d'importants clients : les colons britanniques de Nouvelle-Angleterre. Située au cœur d'une région encore fortement tournée vers la canne à sucre, la rhumerie tire sa matière première des 300 hectares qu'elle possède, et complète sa propre production en achetant la récolte d'autres agriculteurs.
Dans le parc sont exposés cuves, « rolles » et machine à vapeur. L'habitation abrite la billetterie, les comptoirs de dégustation et de vente du rhum, ainsi qu'un musée où sont exposés des objets et documents en rapport avec la boisson reine des Antilles (affiches, outils et instruments, cabrouet...). Derrière, dans la distillerie dont la haute architecture métallique se colore de vert et de rouge, s'affairent les ouvriers.

SAINTE-MARIE

Distillerie – Préparation de la canne

Distillerie – Escaliers et passerelles permettent d'accéder aux différents ateliers qui correspondent chacun à une étape précise de la fabrication du rhum. Les cannes fraîchement coupées sont happées, sitôt déchargées, par de puissantes mâchoires mécaniques, lavées *(voir la « Route du Rhum »)*, broyées et pressées. Le jus (vesou) fermente 24 h dans de grandes cuves avant de passer dans les colonnes de distillation. Un entrepôt abrite les gigantesques foudres de chêne où vieillit le rhum. La visite se termine par une dégustation de différentes catégories de rhums et de l'incontournable ti-punch *(voir la « Route du Rhum »)*.

Musée de la Banane ⓥ – *Route de la rhumerie Saint-James (D 24) ; suivre la signalisation. Liaison (petit train) prévue avec la rhumerie.* Sur le site de l'habitation Limbé. Savez-vous qu'il existe quelque 300 espèces de bananes comestibles dans le monde et près de 50 en Martinique ? À la sortie de cette agréable promenade didactique, vous saurez tout sur ce fruit si commun et pourtant si exotique, son histoire, sa culture, sa mise en distribution.

Fond Saint-Jacques ⓥ – *3 km. Direction Marigot (N 1), longer l'anse Madame, puis tourner à gauche.* Cette ancienne habitation-sucrerie, réaménagée à la fin du 17e s. par le célèbre Père Labat, vaut le coup d'œil pour la conservation de ses bâtiments, en particulier la vaste « purgerie » (64 m de longueur) où le sucre était mis à décanter avant d'être formé en pains.

Le trempage

Plat traditionnel et frugal, typique du Nord de l'île (régions de Saint-Pierre, du Carbet et de Sainte-Marie), le trempage était autrefois élaboré à partir de pain accumulé au cours de l'année dans un sac, et auquel on recourait lorsque la quantité était jugée suffisante. C'est aujourd'hui un plat familial autour duquel se rassemblent famille et amis. Sur une ou plusieurs tables, on étale, en les superposant, des feuilles de bananiers dont on recourbe les bords afin d'obtenir une sorte de moule végétal. Les morceaux de pain, vieux de quelques jours, y sont disposés avec de fines tranches d'avocat et de banane, recouvertes à leur tour de cuisses et ailes de poulet (ou de lambis, poissons et crustacés). Les convives, debout autour du plat géant, mangent avec les doigts en trempant pain, avocat, banane et poulet dans une sauce le plus souvent « maison », dont la recette est gardée secrète. Mieux vaut ne pas s'habiller trop proprement ! Le repas, très convivial, dure jusqu'à épuisement de la nourriture, et s'achève généralement en chansons. Un ti-punch l'avait ouvert, un rhum vieux le conclut.

SAINTE-MARIE

ENVIRONS

Le Morne des Esses – *9 km. Direction la Trinité (N 1), puis tourner à droite entre Belle Étoile et l'anse Azerot.* Ce village passe pour être l'un des derniers conservatoires « vivants » de la vraie culture créole. *On y vient encore, paraît-il, consulter les* **quimboiseurs** *(sorciers ou magiciens) pour soulager toutes sortes de maux.* Les vacanciers rendent plutôt visite à la **vannerie artisanale** *(voir ci-dessus)* qui perpétue de très anciennes techniques des Indiens caraïbes.

Route de la TRACE

Centre – Carte « Les plus beaux sites », p. 13, **GY**

La route de la Trace (N 3), ouverte par tronçons successifs à partir du 18ᵉ s., relie Fort-de-France à l'Ajoupa-Bouillon à travers une des régions les plus montagneuses de l'île. Très forestier, le parcours livre à chaque virage un aspect différent de sa parure verdoyante.
La Trace, commencée par les jésuites, fut poursuivie sous le Second Empire. Le tronçon Deux Choux-Morne-Rouge ne fut réalisé qu'à partir de 1929. C'est aujourd'hui le principal axe de circulation entre Fort-de-France et le Nord de la Martinique, et une étape obligée de la découverte de l'île.

DE FORT-DE-FRANCE À L'AJOUPA-BOUILLON

★**Fort-de-France** – *Voir ce nom.*

Quittant Fort-de-France, la route remonte la rivière Madame, amorçant son ascension parmi une succession de belles villas. À Balata, elle pénètre dans la forêt tropicale humide.

★★**Jardins de Balata** – *Voir ce nom.*

★**Pitons du Carbet** – *Voir ce nom.*

Les étages de la forêt

La forêt ombrophile se caractérise, entre autres, par l'étagement de sa végétation, d'autant plus manifeste que la dégradation lui aura été épargnée. Une première strate est constituée par les plus grands arbres dont les houppiers atteignent 30 à 40 m de hauteur : gommier blanc dont le fût gris clair est généralement taché de sève laiteuse, palétuvier jaune aux puissantes racines-échasses arquées, majestueux magnolia, mahogany grandes feuilles reconnaissable à son écorce grise profondément fissurée, châtaignier grandes feuilles et acomat-boucan munis d'imposants contreforts plats leur évitant d'être déracinés par les cyclones...
La deuxième strate, qui reçoit encore un peu de lumière, se compose d'arbres poussant jusqu'à 15 ou 20 m de hauteur comme la fougère arborescente, le laurier-rose, le bois doux cipré.
Au-dessous, la strate des petits arbres ou des arbustes (3-7 m) consiste essentiellement en bois-canon et bois-côtelette blanc dans les secteurs les plus éclairés, en chou palmiste, langue à bœuf, bois fragile, associés à quelques balisiers, sous couvert dense.
Au sol, enfin, où la lumière ne parvient que très parcimonieusement, peu d'espèces prospèrent en dehors des clairières.

A. Chopin/MICHELIN

Route de la TRACE

Les Pitons du Carbet s'élèvent à plus de 1 000 m d'altitude sur le côté gauche de la route. Le plus souvent, ils sont encapuchonnés de nuages et on ne les aperçoit pas. Mais, par très beau temps, à hauteur de la maison forestière de la Donis, se détachent le piton Dumauzé (1 109 m), le piton de l'Alma (1 105 m) et, plus loin, le piton Lacroix (1 196 m), sommet le plus élevé de la Martinique après la Montagne Pelée.

Des sentiers de randonnée, d'un niveau difficile (un équipement sérieux, bonnes chaussures, eau, en-cas et blouson imperméable sont vraiment nécessaires ; une serviette éponge, une carte détaillée et une boussole peuvent aussi se trouver dans votre sac à dos), débutent le long de la route après l'hôpital psychiatrique de Colson sur le plateau du Boucher. La Trace est alors son tronçon le plus sinueux, dessinant des virages serrés au cœur de la forêt tropicale ; le brouillard y est fréquent. Après Village Colson, on parvient à la Médaille où, sous le couvert des mahoganys, les habitants cultivent des anthuriums.

Deux Choux – Ce nom se rapporte à une petite chapelle et au carrefour où se croisent la route de la Trace et la route Transversale *(voir p. 258)* de Saint-Pierre à Gros-Morne.

Après Deux Choux en direction de Morne-Rouge, la route serpente sur le flanc abrupt du piton Gelé (924 m) au-dessus de la route nationale. Niveau de difficulté : facile, environ 2 h 1/2 ; la Trace des Jésuites est sur la droite.

★★★**Trace des Jésuites** – *Voir ce nom.*

Passé un tunnel, la Trace débouche dans la large vallée alluviale de la rivière Capot plantée de bananiers.

Le Morne-Rouge – *Voir la Montagne Pelée.*

Entre le Morne-Rouge et l'Ajoupa-Bouillon, on franchit de nombreux émissaires de la rivière Capot, dans une région de petites exploitations agricoles familiales dont les parcelles se dispersent dans la forêt.

L'Ajoupa-Bouillon – *Voir ce nom.*

TRACE DES JÉSUITES★★★

Centre – Carte « Les plus beaux sites », p. 13, **GY**

La « Trace des Jésuites » relie la route transversale de Saint-Pierre à la Trinité (D 1) à la route de la Trace (N 3) à travers l'épaisse forêt tropicale humide. Ce parcours magnifique plonge au cœur de l'univers végétal si particulier de la forêt dense et possède tous les atouts pour séduire les amoureux de la nature.

RANDONNÉE

Balisage jaune et blanc. Deux accès sont possibles, depuis la D 1 ou la N 3.
Côté route Transversale (D 1) : en venant de Gros-Morne, repérer en bordure de la route l'emplacement du point de vue du morne des Roseaux ; la Trace des Jésuites débute sur la droite environ 2 km après.
Côté route de la Trace (N 3) : départ au niveau du parking équipé d'un panneau décrivant l'itinéraire, 2 km au Nord du carrefour route Transversale – route de la Trace, en direction du Morne-Rouge.
Compter 3 h pour parcourir la Trace, plus 2 h pour revenir à pied vers la voiture par la route goudronnée (revenir sur ses pas en parcourant la Trace en sens inverse représente un gros effort supplémentaire). On peut aussi choisir de faire une promenade d'1 h sur la Trace à partir de l'un des deux points d'accès, puis de rebrousser chemin ; cette option, moins éprouvante, suffit pour apprécier la richesse et l'exubérance de la flore.
Le parcours entier est en effet réservé aux randonneurs confirmés : les escaliers délimités par les racines des arbres deviennent rapidement éreintants, aussi bien en montée qu'en descente, quand ils ne se transforment pas, par temps de pluie (situation fréquente), en cloaques ; des arbres couchés obstruent aussi le passage.
Ne rien laisser en évidence dans la voiture. Chaussures de marche, K-way et réserves d'eau et de nourriture sont indispensables. Malgré le balisage, il peut s'avérer nécessaire d'emporter une carte détaillée. Ne pas s'aventurer hors de la Trace, ne pas cueillir de végétaux.
Sur la D 1, un peu en contrebas du départ de la Trace, une petite source d'eau potable vient à point pour désaltérer les marcheurs et nettoyer leurs chaussures au retour de la randonnée.
Bananier, bois-rivière aux feuilles proches de celles du marronnier, châtaignier grandes feuilles, bois-canon, gommier blanc, bois-côte, laurier noir, palétuvier jaune et fougère arborescente sont quelques-unes des espèces assez aisément identifiables

TRACE DES JÉSUITES

Sur la Trace des Jésuites

du paysage forestier de la Trace. On pénètre aussi dans l'univers des plantes épiphytes nichées sur les branches ou dans les anfractuosités des troncs, et des lianes qui courent vers la canopée, le long des fûts immenses, à la rencontre de la lumière *(voir la maison de la Forêt à la Guadeloupe)*. Quelques fleurs comme le balisier, reconnaissable à son rouge flamboyant, font éclater leurs chatoyants coloris dans cet écrin de verdure. Sur le sol s'affairent des crabes de terre jaunes, peu farouches.

Près du lit de la rivière du Lorrain, que l'on traverse plusieurs fois à gué, les bambous géants deviennent omniprésents.

De très belles échappées sont parfois offertes par un éclaircissement de la forêt sur les mornes alentour, notamment le morne Platine et la Montagne Pelée.

Route TRANSVERSALE★

Centre – Carte « Les plus beaux sites », p. 13, **GHY**

Achevée en 1835, cette route qui relie la Trinité, sur la côte atlantique, à Saint-Pierre, sur la côte caraïbe, en passant par Deux Choux et Fonds-Saint-Denis, traverse une des régions les plus pittoresques de l'île, permettant de contempler de magnifiques panoramas et des paysages forestiers préservés. Des jardins caraïbes *(voir route du Saint-Esprit)* s'accrochent de manière spectaculaire aux pentes des mornes.

Jusqu'en 1929, la route Transversale était empruntée par les véhicules se rendant de Fort-de-France à Saint-Pierre, mais l'ouverture du tronçon de la route de la Trace entre Deux Choux et le Morne-Rouge en a détourné l'essentiel du trafic. Très sinueuse, souvent étroite, elle possède aujourd'hui le charme des chemins égarés dont on doute continuellement de la destination.

DE LA TRINITÉ À SAINT-PIERRE *itinéraire de 38 km – 3 h*

La Trinité – Petite ville à fonction administrative et portuaire, sans grand caractère, que l'on quitte par la D 2 en direction de Gros-Morne.

Sur la N 4, tourner à gauche pour retrouver la départementale. Après avoir enjambé la rivière du Galion, la route serpente entre les champs de canne à sucre. Passé la D 15, elle devient montagneuse.

Point de vue du morne des Roseaux – *Sur la D 1, à environ 9 km de Gros-Morne ; un panneau en bois signale son emplacement.* À droite se dressent, du Nord au Sud, les mornes Jacob, Platine et des Roseaux. Entre les courbures de leurs flancs apparaît, au loin, le bleu de l'océan. À gauche de la route, la vue porte sur la baie de Fort-de-France, les Trois-Îlets et la presqu'île du même nom dominée par les mornes Bigot et Larcher.

La cassave

La cassave – de *cazavi*, « bon en goût et salutaire » –, appréciée par Christophe Colomb dès son premier voyage, constituait alors la nourriture de base des Indiens : véritable « pain caraïbe », elle accompagnait tous les plats. C'était une galette de pâte de manioc amer débarrassée de son jus vénéneux et tamisée. Dorée sur la « platine », une sorte de plaque circulaire, la cassave pouvait être consommée chaude sans attendre ; cuite plus longtemps, elle se conservait des années ; les Caraïbes emportaient ce « biscuit de mer » lors des expéditions lointaines.

Certains Antillais sont toujours friands de cette galette qu'ils dégustent au petit déjeuner, arrosée de sirop de sucre ou de miel. Le terme de « cassave », quant à lui, n'est pas près de tomber dans l'oubli, grâce au groupe *Kassav*, connu dans le monde entier pour avoir rendu ses lettres de noblesse à la musique créole populaire.

Route TRANSVERSALE MARTINIQUE

***Trace des Jésuites – *Voir ce nom.*

Après **Deux Choux** *(voir route de la Trace)* la route, entamant sa descente vers le littoral, entre dans sa portion la plus sinueuse et la plus pittoresque. Les fougères arborescentes géantes, surtout dans les virages serrés au début de la vallée de la rivière du Carbet, semblent vouloir la recouvrir.

Cascade du Saut de Gendarme – *Descendre quelques marches, franchir la rivière du Carbet, puis passer un petit gué. Visite à éviter en période de pluie.* Une petite cascade se déverse dans un bassin aménagé avant de se jeter dans la rivière. Pique-nique possible.

Fonds-Saint-Denis – *Voir ce nom.*

*Saint-Pierre – *Voir ce nom.*

Les TROIS-ÎLETS

Sud – Carte « Les plus beaux sites », p. 13, **GZ** – Schéma p. 198
4 492 habitants (les Iléens)

Étape indispensable où commence la découverte de la plus belle côte de l'île, Trois-Îlets est un charmant petit village bâti sur un mamelon, face à Fort-de-France de l'autre côté de la baie du même nom. Son curieux port herbeux, niché au creux de la baie marécageuse de Génipa, rappelle que le lieu s'appela autrefois le Cul-de-Sac aux Vaches ; son nom actuel se rapporte à trois îlets qui portent le nom de leurs anciens propriétaires : Tébloux, Charles et Sixtain, qui émergent à faible distance de la côte. La présence d'argile dans le sous-sol a teinté le village de rouge et lui a donné son unité architecturale : on remarque l'emploi répété, dans la construction, de briques et tuiles fabriquées au hameau de la Poterie.

Poterie et tourisme – La tradition potière locale a cédé le pas à la fabrication industrielle de briques et tuiles, et se limite désormais à une petite production de pots et jarres destinée aux touristes *(voir ci-après, Artisanat et poterie)*. Le tourisme est en effet devenu la grande affaire des Trois-Îlets. Les principaux aménagements se concentrent au Nord-Ouest du village, sur la presqu'île de la **Pointe du Bout** et autour de l'**anse Mitan** : plages artificielles, marina, casino, night-clubs, complexes hôteliers vastes et luxueux (Bakoua Sofitel International, Méridien, Carayou et La Pagerie Azur…), restaurants et commerces attirent la foule des vacanciers métropolitains et donnent à cette menue portion de territoire martiniquais des allures de station branchée.

L'enfance de Joséphine – Le 27 juillet 1763 était baptisée en l'église des Trois-Îlets Marie-Josèphe Rose Tascher de la Pagerie, future impératrice Joséphine et épouse de Napoléon Ier. Après avoir passé son enfance entre la propriété familiale de la Pagerie, au Sud-Ouest du village *(voir ci-après)*, et le pensionnat des Dames de la Providence à Fort-Royal (aujourd'hui Fort-de-France), « Yeyette », comme la surnommait sa mère, embarqua pour la métropole où elle se maria avec Alexandre de Beauharnais, fils du gouverneur général des îles du Vent. Une légende veut qu'en 1787, revenue en Martinique, elle apprit d'une voyante qu'avant dix ans elle monterait « sur le premier trône de l'univers ». En 1790, elle repartit pour l'Europe accomplir sa fabuleuse destinée : devenue veuve en 1794, elle fit la connaissance du jeune général Bonaparte qu'elle épousa le 8 mars 1796.

CURIOSITÉS

Église Notre-Dame-de-la-Délivrande – À voir : les fonts baptismaux sur lesquels fut baptisée Joséphine.

Parc des Floralies ⊙ – *1 km. Accès par la D 7, vers l'Ouest, à gauche après le pont.* La propreté et le soin apportés à l'entretien des végétaux de ce parc aménagé autour d'un petit lac en font un agréable but de promenade parmi arbres et plantes d'origine tropicale, bien identifiés par des panonceaux. Pique-nique possible sous l'imposant bosquet de mahoganys.

Musée de La Pagerie ⊙ – *Continuer sur 500 m après le parc des Floralies.* Le domaine s'enorgueillit d'avoir vu naître la future impératrice Joséphine. Au milieu du 18e s., c'était une habitation sucrière de plus de 500 ha, où travaillaient environ 300 esclaves. La maison natale ayant été soufflée lors d'un cyclone en 1766, on ne visite qu'une dépendance aménagée en musée. Celui-ci expose quelques effets ayant appartenu à l'impératrice (mouchoir, paire de bas provenant du domaine de la Malmaison), ainsi que des objets retrouvés lors de fouilles.

Maison de la Canne ⊙ – *Accès par la D 7, 1 km à l'Est.* Installé dans une ancienne sucrerie, le musée relate l'histoire de la canne à sucre, intimement liée à celle de la Martinique. Des cartes murales, les remarquables maquettes de l'habitation Latouche et de la sucrerie de Rivière-Salée, ainsi que la projection d'un film (20 mn) sur le sucre égayent la visite. L'étage est réservé à la saga du rhum et à sa place dans la société créole.

CARNET PRATIQUE

Office du tourisme des Trois-Îlets – *Dans le bourg, face à l'église,* ☎ *05 96 68 47 63, fax 05 96 68 32 33.* Ouvert du lundi au samedi de 9 h à 17 h et le dimanche de 9 h à midi.

Hébergement

Le Flamboyant Beachbay *(À bon compte) – Anse Mitan, juste après l'Impératrice Village,* ☎ *05 96 66 18 80, fax 05 96 66 18 95.* Une petite résidence au calme, tout au bout du chemin, à 200 m de la mer. Studios ou deux-pièces bien équipés (kitchenette sur la terrasse, télévision, climatisation). De 45,73 à 75,45 € selon la taille de l'appartement et la saison.

Hôtel Camélia *(Valeur sûre) – Sur les hauteurs de l'anse Mitan,* ☎ *05 96 66 05 85, fax 05 96 66 11 12. www.karibea.com.* Cette villégiature confortable a le mérite d'être isolée de l'effervescence touristique de la Pointe du Bout. La vue sur l'ensemble de la baie de Fort-de-France et les Pitons du Carbet est un atout supplémentaire. Une cinquantaine de chambres agréables équipées de réfrigérateurs et de télévisions, piscine. La chambre double : 57,60 € en basse saison, 90,25 € en haute saison.

L'Impératrice Village *(Valeur sûre) – Anse Mitan,* ☎ *05 96 66 08 09, fax 05 96 66 07 10.* Le parc fleuri et très calme abrite 18 jolis bungalows d'inspiration créole divisés en studios, dont les chambres sont confortables et bien équipées (kitchenette intégrée). Plage, piscine, centre de plongée (Balaou Club), restaurant. Chambre double à 96 € en basse saison et 111,30 € en haute saison.

Bakoua Sofitel Coralia *(Une petite folie !) – Pointe du Bout,* ☎ *05 96 66 02 02, fax 05 96 66 00 41. www.accor-hotels.com.* Cet hôtel luxueux donnant sur la plage face à la baie de Fort-de-France offre de nombreuses prestations : club de voile, tennis, service de pressing, baby-sitting, etc. Plusieurs bars et restaurants, piscine. Chambre double à partir de 140 € en basse saison et de 228 € en haute saison.

Restauration

Le Régal de la mer *(Valeur sûre) – Anse Mitan,* ☎ *05 96 66 11 44 ou 46.* Ouvert tous les jours midi et soir sauf dimanche midi. Spécialités antillaises et françaises d'excellente facture, belle carte des vins ; orchestre créole tous les soirs en saison et, en plus, on sert jusqu'à 23 h, ce qui n'est pas fréquent en Martinique. Menus à 18,30, 23 et 33,50 €.

La Villa Créole *(Une petite folie) – Anse Mitan,* ☎ *05 96 66 05 53.* Ouvert tous les soirs sauf le dimanche. Depuis plus de 20 ans, Guy Bruère Dawson dirige cette quasi-institution. Sauté de bœuf au piment doux, bisque de langouste, queues de crevettes sautées au miel, voici quelques suggestions de cette cuisine bien présentée que l'on savoure dans un agréable jardin intérieur. Un orchestre anime les lieux tous les jours. Menus à partir de 24,40 € ; à la carte, compter 38 €.

Achats

Le Village Créole – *Pointe du Bout,* ☎ *05 96 66 03 19. www.villagecreole.com.* En plus de ce qui précède, cet ensemble architectural (location de studios) situé entre la plage de la Pointe du Bout et la marina regroupe commerces, restaurants et bistrots. Rien de passionnant dans ce complexe de vacances, les bâtiments sont jolis et les boutiques commodes, mais pour ce qui concerne l'authenticité martiniquaise, il manque manifestement quelque chose...

Loisirs

Golf des Trois-Îlets – *Entre Trois-Îlets et la Pointe du Bout,* ☎ *05 96 68 32 81.* Ouvert tous les jours de 8 h à 18 h. Golf de 18 trous dans un site magnifique, s'étendant depuis la mer jusqu'au domaine de la Pagerie. Location de karts, caddies et matériel ; courts de tennis, bar-restaurant, école de danse, fitness.

Poneys – **Ranch Black Horses**, *entre le parc des Floralies et la Pagerie,* ☎ *05 96 68 37 80.* Circuits de 2 h autour des mornes, pour grands et petits. Ouvert de 7 h 30 à 13 h et de 14 h à 18 h 30. **Ranch Jack**, quartier Espérance (route en direction de Anse à l'Âne), ☎ 05 96 68 37 69. Ouvert tous les jours. Guides diplômés de randonnée équestre. Balade de 2 h, 30 €, d'une demi-journée, 45 €.

Plongée sous-marine – **Balaou Club**, à côté de l'hôtel Impératrice Village.

Transport maritime

Plusieurs compagnies rallient Fort-de-France à bord de « pétrolettes », en une trentaine de minutes environ, à partir du village des Trois-Îlets, de la Pointe du Bout et de Anse à l'Âne.

Martinik Cruise Lines – ☎/*fax 05 96 68 39 19.* Départ toutes les heures du front de mer des Trois-Îlets, direction Fort-de-France. Navette assurée de 6 h 10 à 17 h 45.

Vedettes Somatour – ☎ *05 96 60 12 93.* Relient la plage de l'anse Mitan, la marina de Pointe du Bout et la plage de Anse à l'Âne à Fort-de-France. Départ toutes les 1/2 h, de 6 h 10 à minuit.

Vedettes Madinina – ☎ *05 96 63 06 46.* Effectuent le même trajet que *Somatour* de 5 h 50 à minuit.

Les TROIS-ÎLETS

Musée de la Pagerie

Le village de la Poterie ⓥ – *Accès par un chemin de terre (signalisation depuis la route), à mi-distance des Trois-Îlets et de Rivière-Salée.* À côté de la briqueterie, un long bâtiment du 18e s. a été transformé en magasin (artisanat et poterie) proposant un vaste choix de poteries au rez-de-chaussée et d'autres objets artisanaux (madras, masques, affiches...) à l'étage.

Yé krik ! Yé krak !

Le conte dit en langue créole participe de la mémoire vivante, de l'histoire et de la culture des Antilles. Ponctué par les *Yé krik* lancés par le *majolé* (conteur) auxquels répondent les *Yé krak* de la *cour* (l'auditoire), il s'est inspiré de la « parole de nuit » des amuseurs publics africains, diseurs d'histoires drôles et de devinettes ; il a intégré des croyances caraïbes, hindouistes et des traditions européennes (contes de Perrault et du baron de Münchhausen). Acclimatant tous ces apports au monde antillais des plantations, le **conte créole** est devenu un genre culturel à part entière, transmis oralement de génération en génération, sans cesse enrichi par la créativité et la « musique » des mots propre à chaque conteur.

Quelque peu figé dans les années 1950-1980, le genre a retrouvé depuis une nouvelle vigueur : rituellement énoncé durant les veillées funèbres dont il réchauffe l'atmosphère, on peut aujourd'hui l'entendre en d'autres occasions. Les vieux conteurs ont été remis à l'honneur et les techniques d'enregistrement se sont faites conservatoires de leurs dires ; la relève est de plus assurée par de jeunes talents qui perpétuent, en l'adaptant à la société moderne, la tradition d'oralité de leurs aînés.

Qu'ils soient *tim-tim* (devinettes), *konts chantés* (contes chantés), *bétises* (contes brefs) ou longues histoires, la plupart des contes donnent la parole à de pittoresques personnages. *Tijan* (Petit Jean) apparaît comme un justicier populaire, à la fois malin et cynique. L'individualiste *Konpè Lapin* (Compère Lapin), symbole de la débrouillardise du Noir, sait ruser face à *Misyé Li Rwa* (Monsieur le Roi), personnification du riche Blanc ; pour triompher, il n'hésite pas à se jouer des plus crédules tel *Konpè Chouval* (Compère Cheval). *Manman Dlo* (Maman d'eau), sorte de sirène issue des croyances caraïbes, déploie la panoplie de ses charmes maléfiques. Quant à *Konpè Tig* (Compère Tigre), il se débat dans des mésaventures qui n'en finissent pas. La galerie de portraits pourrait se poursuivre encore longtemps tant est foisonnant l'imaginaire des contes créoles.

« Il était une fois, mes amis, dans un grand pays, un très grand pays, un roi veuf, qui vivait avec sa fille unique nommée la princesse Suzanne. La fille était aussi belle que la première femme que le Bon Dieu avait créée pour mesurer la passion des hommes sur terre, le toupet des ambitieux derrière le dos du Grand Maître et la détermination du démon face aux faiblesses des hommes sur la terre, mesdames et messieurs. J'ai dit krik ! Répondez krak ! mes amis... »

La princesse Suzanne ; conté par le Martiniquais Robert Dessart dit « Ti Wobé » (extrait).

Les Maîtres de la parole créole (voir référence dans les Informations pratiques).

Les TROIS-ÎLETS

Vous pourrez également visiter les autres ateliers du village et voir des potiers au travail.

Panorama de la Pointe du Bout – *4 km au Nord-Ouest. Accès par la D 7, puis la D 38.* La **vue** embrasse la baie de Fort-de-France, les Pitons du Carbet et, par temps très clair, la Montagne Pelée.

Espèces protégées en Martinique

Le Parc naturel régional de la Martinique protèges six espèces d'oiseaux endémiques : le carouge, le colibri tête bleue, le gangan, le siffleur des montagnes, la grive à lunettes et la didine.

Sur l'ensemble du territoire de l'île sont en outre protégées 107 espèces d'oiseaux dont le balbuzard pêcheur, le colibri huppé, le faucon pèlerin, la frégate superbe, la mouette rieuse d'Amérique et la foulque des Caraïbes.

La capture, la naturalisation, la vente ou l'achat du manicou, de l'iguane des Antilles et de l'anoli terre sont interdits ; la pêche des oursins et la capture des crabes ne sont, quant à elles, autorisées que de septembre à mi-janvier.

Êtes-vous prêt à partir ?

Pour le savoir, faites le test. Les réponses aux questions se trouvent toutes dans le présent Guide Vert.

Le premier habitant de Pointe-à-Pitre fut-il :
    un exilé politique français, clown de son état ?
    un marin hollandais venu du Brésil ?
    un pêcheur au harpon du nom de Peter ?   *Réponse p. 145*

Quel était le surnom de la ville de Saint-Pierre en Martinique avant l'éruption de la Montagne Pelée en 1902 ?   *Réponse p. 242*

Qu'est-ce qu'un soucougnan ?
    un être ailé et maléfique
    un plat adapté d'une recette occitane
    un oiseau palmipède habitué de la mangrove   *Réponse p. 103*

Quelle est la signification du drapeau (illustration p. 269) d'Antigua et Barbuda ?
    Réponse p. 275

Aux Saintes, « Verlaine » et « Baudelaire » sont des célébrités locales. Sont-ils :
    d'anciens forçats du bagne de Cayenne ?
    des iguanes domiciliés sur l'une des îles de l'archipel ?
    des bateaux, vainqueurs de nombreuses régates ?   *Réponse p. 168*

Dans quelles îles risque-t-on de rencontrer le serpent fer-de-lance ?
    Réponse p. 253

Sur la Désirade s'est élevée pendant plus de deux siècles une construction particulière. Était-ce :
    un bagne de femmes ?
    un sémaphore ?
    une léproserie ?   *Réponse p. 124*

Quelle particularité a valu son nom à l'arbre du voyageur ?
    Réponse p. 60

Qu'est-ce que le gingerbread ?
    une friandise au gingembre, spécialité de la Grenade
    une forme élaborée de décor architectural
    un coquillage dont la couleur évoque le pain d'épice
    Réponse p. 314

Pourquoi les régimes de bananes, encore sur plant, sont-ils emballés dans des sacs en plastique ?   *Réponse p. 118*

Un volcan des Petites Antilles est actuellement en éruption. Est-ce :
    Soufrière Hills à Montserrat ?
    la Soufrière à Saint-Vincent ?
    la Soufrière en Guadeloupe ?   *Réponse p. 297*

Que risque-t-on en se reposant à l'ombre d'un mancenillier ?
    Réponse p. 27

Bonnes réponses

Plus de 10 : de deux choses l'une, vous avez lu votre Guide Vert avec grande attention ou vous êtes antillais(e).

Entre 6 et 10 : de bons points de repères rehaussant le plaisir de la découverte, votre séjour a toutes les chances d'être réussi.

Entre 3 et 5 : une raison supplémentaire d'emporter votre Guide Vert...

Moins de 3 : vous avez raison, rien de plus fastidieux que la préparation d'un voyage. Vive l'aventure !

Pêcheurs aux environs de Grand Bay (Dominica)

Découverte des Petites Antilles

ANGUILLA

ANGUILLA – Carte « Les plus belles îles », p. 11, **R**
8 960 habitants (les Anguillais ou Anguillans) – 91 km²

Nom caraïbe : Mallihouana

Anguilla est une île corallienne dont la forme très allongée (30 km de long, 3 à 5 km de large) évoque celle d'une anguille. Réputée pour ses plages aux eaux bleues cristallines et ses fonds marins de toute beauté, elle séduit aussi par son atmosphère tranquille. Facilement accessible depuis Saint-Martin, elle mérite une courte escapade.
Dévastée en 1989 et 1995 par les cyclones Hugo et Luis, Anguilla a mis quelques temps à panser ses plaies.

MER, PLAGES ET SOLEIL

Crocus Hill, le point culminant de l'île, ne dépasse pas 70 m. Le calcaire caverneux dont elle est formée est à l'origine d'une topographie karstique (dolines, grands lapiaz). Le littoral de la côte sous le vent compte plusieurs plages magnifiques, au sable blanc étincelant. Île basse, Anguilla bénéficie d'un climat plutôt sec et généreusement ensoleillé.
Découverte par Christophe Colomb à la fin du 15ᵉ s., Anguilla a été abordée par les Français en 1564 avant d'accueillir des colons Anglais à partir de 1650. Mais, inapte à l'agriculture, elle n'attise pas les convoitises ; au 18ᵉ s., elle semble ne posséder « ni gouverneur, ni magistrat, ni loi, ni propriété qui vaille la peine d'être gardée ». Au milieu du 19ᵉ s., seules subsistent trois ou quatre plantations sucrières.
Érigée en 1967 en État associé au Royaume-Uni en compagnie de Saint Kitts et Nevis, Anguilla, craignant la mainmise de Saint Kitts plus puissante et plus peuplée, entre en rébellion et proclame son indépendance. Investie en 1969 par les parachutistes et Marines britanniques, l'île est redevenue quelque temps colonie avant d'acquérir une large autonomie.
Sans ressources naturelles, Anguilla a toujours compté sur la mer pour assurer sa subsistance. C'est encore vrai aujourd'hui avec le développement d'un tourisme essentiellement fondé sur la fréquentation des plages, par les passagers des bateaux de croisière américains et les visiteurs venus de Saint-Martin. En voiture, en deux roues ou à pied, il est facile de faire le tour de l'île ; les quelques routes existantes sont peu fréquentées, si ce n'est par les chèvres.

CARNET PRATIQUE

Pour les généralités, se reporter au chapitre des Informations pratiques en début de volume.

Se rendre à Anguilla

Formalités d'entrée – Carte d'identité ou passeport en cours de validité.

En bateau – Ferry reliant Marigot (île de Saint-Martin) à Blowing Point. Plusieurs navettes quotidiennes à partir de 7 h 30 et jusqu'à 17 h 30 (traversée en 20 à 30 mn) ; billets à prendre sur le bateau. US$ 20 AR. ☎ *497 68 53*.

En avion – LIAT assure des vols journaliers depuis Antigua et Saint Kitts, **Winair** depuis Saint-Martin et Saint-Thomas.

Taxe de départ – Du port : US$ 2, de l'aéroport : US$ 10.

Offices de tourisme – Il n'existe pas de représentation en France, mais il est possible d'obtenir de la documentation auprès des agences suivantes :

Allemagne – *Anguilla Tourist Board, c/o Sergat Deutschland, Feldstrasse 26, D-64319 Pfungstadt.* ☎ *(0049) 6157 87816.*

Royaume-Uni – *Anguilla Tourist Office, 3, Epirus Road, London, SW6 7UJ.* ☎ *(0044) 1 71 937 7725.*

Sur place, à The Valley – ☎ *(00 1 264) 497 2759* ou *497 3389, fax 497 2710.* Ouvert du lundi au vendredi de 8 h à 17 h.

Argent – La monnaie est le dollar Est Caraïbe (EC$, change à effectuer sur place, de préférence contre des dollars américains – US$; 1 US$ vaut environ 2.70 EC$). Les US$ sont par ailleurs acceptés dans tous les établissements. Possibilité de payer avec cartes Visa, Mastercard et American Express. Attention, les hôtels ajoutent à leurs prestations une taxe de 18 % (8 % de taxe gouvernementale et 10 % pour le service).

Circulation – Conduite à gauche (mais la plupart des véhicules ont le volant à gauche). Sur l'île, il n'existe pas de service de transport en commun, il faut donc avoir recours à la location de voiture ou de deux-roues, au taxi ou à la marche.

ANGUILLA

Voitures – Sauf possession d'un permis international, un permis de conduire temporaire est indispensable (US$ 10) ; il est remis lorsque vous louez un véhicule. **Triple K Hertz**, ☎ 497 2934, **Island Car Rentals**, ☎ 497 2723, **Budget Rent a car**, ☎ 497 2217, etc.

Taxis – À l'aéroport, ☎ 497 5054 ; à Blowing Point (embarcadère), ☎ 497 6089. Les prix sont normalisés ; par exemple, un trajet Blowing Point/Shoal Bay Beach coûte US$ 16, pour une ou deux personnes (US$ 4 pour chaque personne supplémentaire).

Scooters – **Boos Cycle Rental**. *Sur la route entre South Hill Village et the Valley*, ☎ 497 2323. Ouvert du lundi au samedi de 8 h à 17 h. US$ 20 la journée, plus US$ 3 pour le casque. Une bonne solution si l'on ne dispose que d'un jour pour faire le tour de l'île.

VTT – De nombreux hôtels louent des vélos, ce qui constitue un moyen de locomotion agréable pour visiter l'île en quelques jours : très peu de dénivelé, circulation réduite et possibilité d'emprunter des chemins entre les marais salants et les plages.

Jours fériés particuliers
– 30 mai : Anguilla Day
– Mi-juin, un lundi : Jour de la Reine
– Premier lundi d'août : August Monday
– Premier vendredi d'août : Constitution Day
– Troisième vendredi de décembre : Separation Day

Vie pratique

Ambulance, police, pompiers – ☎ 911 ou 999.

Hôpital – ☎ 497 2551.

Bureau de poste – L'unique bureau de l'île est à The Valley, en face de Webster Park ; ouvert de 8 h à 15 h 30 en semaine.

Électricité – 110 volts, avec fiches plates.

Poids et mesures – Distances en miles et poids en livres.

Hébergement et restauration

Séjourner à Anguilla nécessite des moyens car les hôtels pratiquent des tarifs élevés. Sachez cependant qu'en basse saison, il est possible de négocier. Pour ceux qui disposent d'un budget plus faible, il existe des appartements et villas à louer (demandez la liste à l'Office de tourisme) et quelques pensions au confort plus sommaire.

Shoal Bay Villas *(Valeur sûre)* – *Directement sur la plage de Shoal Bay East*, ☎ 497 2051, fax 497 3631. Petit établissement moderne sur deux niveaux, composé de confortables studios et appartements avec balcon ou terrasse et cuisine équipée. Préférer les logements s'ouvrant sur l'océan. Piscine. Studio à US$ 165 en basse saison, US$ 270 en haute saison.

Mariners Cliffside Beach Resort *(Valeur sûre)* – *Sandy Ground*, ☎ 497 2671, fax 497 2901. À l'extrémité Sud de la plage de Sandy Ground, dans un grand jardin fleuri, séduisantes petites maisons de style créole associées à une bâtisse plus importante. Préférer les chambres situées dans les bungalows. Toutes facilités. Club nautique, tennis, piscine, restaurant. Chambre double à partir de US$ 150 en basse saison et de US$ 250 en haute saison.
C'est également à Sandy Ground Village que se trouvent les restaurants les plus attrayants.

Great House Beach Resort *(Valeur sûre)* – *Rendezvous Bay*, ☎ 497 6061, fax 497 60 19. Établissement familial et calme permettant de profiter au mieux de la magnifique plage de Rendezvous Bay. Les quelques maisons façon créole disposées en arc de cercle face à la baie abritent des chambres simples et agréables. Planche à voile et kayak, piscine, restaurant. Chambre double à partir de US$ 130 en basse saison et de US$ 230 en haute saison.

Sonesta Beach Resort *(Une petite folie !)* – *Rendezvous Bay*, ☎ 497 6999, fax 497 6899. Luxueux et imposant hôtel d'inspiration mauresque, donnant sur l'extrémité Ouest de la plage de Rendezvous Bay. L'unité principale, ornée de mosaïques, de fontaines et de bassins, accueille la salle de restaurant et le bar ; les grands bâtiments autour sont occupés par des chambres d'apparat. Piscine, tennis, centre de fitness, boutiques, etc. Chambre double à partir de US$ 195 en basse saison et de US$ 350 en haute saison.

Plongée sous-marine

Multiples récifs coralliens peuplés d'une faune abondante, eaux cristallines, les fonds d'Anguilla enivrent les plongeurs. Pour les novices, ce peut être l'occasion d'un baptême inoubliable ; à défaut, essayez la plongée de surface avec un masque ou de simples lunettes de nage.

The Dive Shop – *Sandy Ground*, ☎ 497 2020, fax 497 5125. PADI. Plongée à US$ 40, sorties de nuit, formations.

Anguillan Divers Ltd – *Island Harbour*, ☎ 497 4750. PADI.

ANGUILLA

Navigation

Le meilleur moyen d'apprécier les beautés naturelles d'Anguilla consiste à découvrir l'île depuis la mer. Un tour en bateau ou en voilier permet d'expérimenter les meilleurs spots de plongée de surface, et d'avoir une vue d'ensemble sur les somptueuses baies et plages.

Hoo Haa Luxury Charters – ☎ *497 4040*. Tour d'Anguilla en bateau à moteur, arrêt aux principales curiosités, plongée et croisières aux îles avoisinantes.

Island Yacht – ☎ *497 3743*, ou *235 6555*. Tour de l'île en voilier, baignade.

Schoal Bay Scuba – *Schoal Bay East*, ☎ *497 4371*.

Sandy Island

CURIOSITÉS

Blowing Point – Petite bourgade nichée au centre de la côte Sud, où se trouve le terminal des ferries, à un peu plus de 6 km de The Valley.

The Valley – Capitale administrative d'Anguilla et seule ville de l'île ; on en fait rapidement le tour. Sur la route de George Hill, on découvre **Wallblake House**, une ancienne plantation construite en 1787 et transformée en musée sur l'histoire de l'île.

Sandy Ground Village – Ici se concentrent hôtels et restaurants autour d'une baie abritée, appréciée des plaisanciers ; derrière le cordon des constructions s'étend un marais salant. Les fonds marins de la caye de **Sandy Island★** ont malheureusement souffert du cyclone de 1995.

Les plages de l'Ouest – Cette succession de plages de rêve, bordées de quelques marais salants, représente l'un des principaux attraits d'Anguilla. Orientées plein Sud pour les trois premières, faisant face aux contours montagneux de Saint-Martin, ces étendues sablonneuses sont proches les unes des autres, et facilement accessibles par d'agréables petits chemins. Tournée vers le Sud, **Rendezvous Bay** est une superbe plage de sable blanc, longue de 2 km que la construction récente d'hôtels n'a pas dénaturée. On trouve un établissement à chaque extrémité et un au centre. Quelques palmiers s'inclinent vers le rivage, face aux mornes de Saint-Martin. Au Sud-Ouest de Rendezvous Bay s'étend **Maunday's Bay**, splendide baie en demi-lune, éden d'eau claire et de sable blanc. Les petites constructions discrètes de l'hôtel Cap Juluca occupent l'arrière de la plage. **Shoal Bay West**, et **Meads Bay**, plus au Nord, sont également de très belles plages de sable clair caressées par la mer bleue.

Shoal Bay East – Située sur la côte Nord, cette grande plage où court une brise légère est à couper le souffle ; son large banc de doux sable blanc et ses limpides eaux turquoise donnent un avant-goût de paradis. Les quelques constructions hôtelières existantes sont très sobres.

ANTIGUA AND BARBUDA ★

ANTIGUA ET BARBUDA – Carte « Les plus belles îles », p. 11, **R**
68 000 habitants (les Antiguais) – 442 km²
(Antigua 280 km², Barbuda 160 km²)

Nom caraïbe d'Antigua : Oualadli
Nom caraïbe de Barbuda : Ouahomoni
Surnom d'Antigua : The land of 365 beaches (L'île aux 365 plages)

Découverte le 11 novembre 1493 par Christophe Colomb qui la baptisa *Santa María la Antigua* afin d'honorer une célèbre peinture de la Vierge de la cathédrale de Séville, Antigua forme avec deux îles plus petites, Barbuda et Redonda, un État indépendant depuis 1981.
Célèbre pour ses plages magnifiques et la transparence de ses eaux, Antigua est aussi réputée pour l'importance de ses sites archéologiques précolombiens et pour le monument historique de Nelson's Dockyard.

UN PEU DE GÉOGRAPHIE ET D'HISTOIRE

Un archipel à la topographie contrastée – Antigua, à la fois volcanique et calcaire, présente un relief faiblement accidenté où alternent plaines et collines. Le Sud-Ouest est la région la plus vallonnée et la plus élevée (Boggy Peak, 402 m). Les côtes très découpées abritent une multitude de ports naturels.
Barbuda est une île corallienne dont l'altitude est partout inférieure à 40 m ; une vaste lagune occupe la partie Ouest.
Redonda, enfin, est un îlot rocheux inhabité. Ces trois îles forment l'archipel des British Leeward Islands.

L'empreinte britannique – Les Anglais s'installèrent à Antigua dès 1632 et y développèrent des cultures de petun (tabac) et d'indigo, puis celle de la canne à sucre. La production d'« or brun » domina l'économie de l'île de la fin du 17e s. jusqu'à l'abolition de l'esclavage en 1834. Dans le même temps, les Anglais faisaient d'Antigua leur principale base navale dans les Petites Antilles. De nombreux vestiges de moulins sucriers et les bâtiments bien conservés de Nelson's Dockyard à English Harbour témoignent de l'intense activité de cette période.

Le paternalisme de V. C. Bird – L'histoire politique d'Antigua est profondément marquée par son Premier Ministre V. C. Bird qui gouverna l'île pendant 52 ans. Convaincu que les pays du Tiers-Monde ne pourraient se développer sans prendre eux-mêmes en charge leur avenir, il encouragea l'éducation et la culture, avec pour objectif de sortir la population d'une économie vivrière qu'il jugeait obsolète. Fait rarissime dans l'histoire politique, tous les jeudis après-midi, n'importe quel citoyen pouvait se plaindre directement à « Papa Bird » de ses tracas (conflits de voisinage, problèmes de bornage, etc.). Pas plus que d'autres, ses méthodes n'ont réussi à vaincre le sous-développement, et la faveur accordée aux activités tertiaires a eu pour contrepartie un recul important de l'agriculture. Le 1er novembre 1981, l'archipel devenait indépendant et membre du Commonwealth. Lester Bryant Bird, le fils du précédent, est devenu premier ministre le 8 mars 1994.

English Harbour

CARNET PRATIQUE

Pour les généralités, se reporter au chapitre des Informations pratiques en début de volume.

Offices de tourisme

France – *Office du tourisme d'Antigua et Barbuda, 43, avenue de Friedland, 75008 Paris,* ☎ *01 53 75 15 71, fax 01 53 75 15 69.* Ouvert du lundi au vendredi de 9 h 30 à 12 h 45 et de 14 h 30 à 17 h 45.

À Saint John's – *Department of Tourism, à l'angle de Nevis Street et de Friendly Alley, PO Box 363, Saint John's, Antigua, West Indies,* ☎ *(00 1 268) 462 0480, fax 462 2483.*

Formalités d'entrée – Passeport en cours de validité ; billet de retour ou de continuation du voyage exigé.

Argent – La monnaie est le dollar Est Caraïbe (EC$, change à effectuer sur place, de préférence contre des dollars américains – US$; 1 US$ vaut environ 2,70 EC$). Les US$ sont par ailleurs acceptés dans tous les établissements. Possibilité de paiement avec cartes Visa, Mastercard et American Express.

Circulation – Conduite à gauche (mais la plupart des véhicules ont le volant à gauche). Permis local temporaire indispensable pour conduire ; il peut être obtenu auprès des agences de location et coûte EC$ 50.

Voitures – Les agences de location **Avis** (☎ *462 2840*), **Budget** *(462 3009)*, **Capital Rentals** *(462 0863)*, **Hertz** *(462 4114)*, **Dollar** *(462 8802)*, **Carters** *(463 0675)* sont représentées à l'aéroport, à côté d'agences locales. Vérifier de près l'état du véhicule, ainsi que le niveau de l'essence avant le départ. Les prix tournent autour de 40 à 50 US$/jour.

Les routes sont en très mauvais état (prendre garde aux nids-de-poule), et la signalisation inexistante. Pour ne pas se perdre, il faut impérativement se munir d'une carte (remise en principe gratuitement par le loueur de voitures) et ne pas hésiter à se renseigner le long du parcours (les gens sont charmants et toujours prêts à rendre service).

Taxis – On en trouve facilement à l'aéroport, à Saint John's (Saint Mary Street et devant le supermarché Bryson's) et auprès des hôtels. Il n'y a pas de compteur, mais les prix sont normalisés ; il existe une liste officielle des tarifs ; vous pouvez demander à la voir (exemple : aéroport/Nelson Dockyard US$ 21, aéroport/Saint John's, US$ 5).

Bus – Il existe des lignes de bus traversant l'île, mais, à moins d'avoir du temps (à perdre), oubliez ce moyen de transport sympathique mais peu fiable.

Se rendre à Antigua en avion

De Paris – Vol direct chaque dimanche par **Air France**, ☎ *0 802 802 802.*

De Pointe-à-Pitre – Vol quotidien par la **LIAT**, ☎ *462 0700.*

L'aéroport international d'Antigua, situé à quelques kilomètres à l'Est de Saint John's, est aussi le siège de la compagnie **LIAT** qui dessert toutes les îles voisines (Montserrat, Saint Kitts, Nevis, Saint-Martin, etc.).

Taxe de départ de EC$ 30.

Se rendre à Antigua en bateau

Les ports des paquebots sont situés à Saint John's Harbour et Heritage Quay. Les ports de plaisance se trouvent au Sud, à English Harbour ou Saint James Club et au Nord-Ouest, à Crabbs Marina. Il est possible de louer des voiliers avec ou sans équipage par **Nicholson's Yacht Charters**, ☎ *800 662 6066, (617) 661 0554* ou **Sun Yacht Charters**, ☎ *800 772 3500, 207 236 9611.*

Se rendre d'Antigua à Barbuda, visiter Barbuda

Pour organiser une excursion à Barbuda à partir d'Antigua, le mieux est de s'adresser à l'agence indiquée ci-dessous, qui fournira aussi le billet d'avion ; la location de voiture à Barbuda par ses propres moyens est très difficile, voire impossible.

Kiskidee Travel and Tours – Willa Meyer et Dianne Hallpike organisent des excursions à la journée, en fonction des désirs de chacun. *Briggin's Road, PO Box 185, Saint John's,* ☎ *462 4801* ou *0582.*

Vie pratique

Magasins – Généralement ouverts de 8 h à 12 h et de 13 h à 16 h en semaine, de 8 h à 12 h le samedi.

Bureau de poste – Le bureau central est situé derrière l'Office de tourisme, à côté du casino d'Heritage Quay.

Holberton Hospital – ☎ *462 0251.*

Police – ☎ *462 0125.*

ANTIGUA AND BARBUDA

Électricité – Hôtels équipés en 110 ou 220 volts : bien vérifier le voltage.

Mesures – Distances en miles, poids en livres, capacités en gallons (1 gallon = 4,5 l).

Jours fériés particuliers
- Vendredi saint
- Premier lundi de mai : Labour Day (fête du Travail)
- Premier lundi de juillet : CARICOM Day (CARICOM : marché commun de la Caraïbe)
- Premier lundi et mardi d'août : Carnival Monday and Tuesday
- 1er novembre : Independance Day

Hébergement

Dickenson Bay et Runaway Bay concentrent, en bordure de plages accueillantes, une bonne partie du parc hôtelier de l'île. Les hôtels majorent leur note d'une taxe de 18,5 % (10 % pour le service, 8,5 % de taxe gouvernementale). Si vous n'avez pas de réservation, il est souvent possible de négocier un prix depuis l'aéroport ou depuis l'Office de tourisme (quelquefois jusqu'à 25 %).

The Admiral's Inn *(Valeur sûre)* – ☎ 460 1027 ou 1153, fax 460 1534. Hôtel aménagé dans un ancien entrepôt au sein de Nelson's Dockyard, au Sud de l'île. Le bâtiment de briques abrite treize chambres charmantes ; une adresse plaisante. Navette gratuite vers deux plages, base nautique. Chambre double à partir de US$ 84 en basse saison et de US$ 120 en pleine saison.

Runaway Beach Club *(Valeur sûre)* – Au centre de la plage de Runaway Bay, à 8 km de l'aéroport et à 3 km de Saint John's, ☎ 462 1318, fax 462 4172. Une cinquantaine de chambres (certaines équipées de kitchenette) réparties en sept catégories offrent une riche gamme de niveaux de confort. Restaurant, piscine, base nautique, club de plongée PADI. Chambre double à partir de US$ 95 en basse saison et de US$ 120 en haute saison.

Hawksbill Beach resort *(Valeur sûre)* – Five Islands, ☎ 462 0301, fax 462 1515. Magnifique complexe hôtelier très bien intégré dans le site. Chambres tout confort dans le bâtiment principal ou cottages sur la plage, deux bars, un excellent restaurant, une superbe piscine et pas moins de trois plages privées (dont une naturiste tout au bout) vous feraient presque oublier de visiter le reste de l'île, tant il est difficile de s'arracher au farniente dans ce paysage de carte postale. Chambre double US$ 110/ 165 selon la saison.

Yepton Beach Resort *(Une petite folie !)* – Au Sud de Saint John's, vers Five Islands, ☎ 462 2520, fax 462 3240. www.world-traveller.com/antigua/yepton.html. Accueil souriant, petite piscine, tennis, plage privée, bar, restaurant et chambres confortables font de cet hôtel un lieu idéal de retraite au calme. Chambre double US$ 90 en basse saison, US$ 135 en haute saison.

Saint Jame's Club *(Une petite folie !)* – À Mamora Bay, au Sud-Est d'Antigua (à 30 mn de Saint John's), ☎ 460 5000. Complexe hôtelier de grand luxe occupant une presqu'île privée bordée de deux plages. 105 chambres et suites très confortables dans des bâtiments à deux étages, au milieu d'un jardin tropical de 4 ha ; casino, yacht-club, tennis. Chambre double en basse saison US$ 235 ; en haute saison, pension complète obligatoire.

Restauration

La plupart des hôtels situés au Nord de Saint John's possèdent leur propre restaurant, servant une cuisine de qualité équivalente. En général, il faut ajouter une taxe de 10 % pour le service.

Catherine's Café *(À bon compte)* – Sur le quai d'English Harbour (Antiguan Slipway), ☎ 460 5050. Ouvert tous les jours pour le petit déjeuner et le déjeuner. On parle français dans cette sympathique saladerie-crêperie ; vue sur les bâtiments de Nelson's Dockyard.

Caribbean Taste *(À bon compte)* – English Harbour, dans le village, ☎ 460 1376 ou 562 3049, pour les plaisanciers : VHF Ch 68. Une petite maison en bois aux couleurs gaies, quelques tables et une vraie cuisine créole « comme à la maison ». Nicholas et Grethel Quashie vous ferons apprécier un excellent déjeuner pour environ US$ 10.

Chez Pascal *(Une petite folie !)* – Galley Bay Hill, Five Islands, ☎ 462 3232, fax 460-5730. www.antiguanice.com. Quelle belle surprise que ce restaurant gastronomique situé dans un cadre superbe ! Que ce soit de la salle ouverte par de larges arcades ou au bord de la piscine, la vue sur la mer des Caraïbes est magnifique. La cuisine artistiquement préparée par Pascal Milliat est un habile mélange de saveurs françaises et de parfums caraïbes (escargots à la Guérard, médaillon de langouste au beurre basilic). Enfin, le service discret et attentionné, sous la houlette de Florence, vous assure un moment délicieux au sens propre comme au figuré. À la carte entre 40 et 70 US$.

★ÎLE D'ANTIGUA

Saint John's

La capitale d'Antigua et Barbuda rassemble environ le tiers de la population de l'île. Son port naturel, une baie profonde, est l'une des escales les plus fréquentées des croisières caribéennes, escale qu'agrémentent ses boutiques de vente hors taxes. La ville est en outre égayée d'alignements de cases traditionnelles en bois, vivement colorées et parfois pourvues de galeries.

Antigua and Barbuda Museum – *À l'angle de Long Street et de Market Street.* Établi à l'intérieur de l'ancien palais de justice, ce musée retrace l'histoire des deux îles.

Saint John the Divine Cathedral – *À l'extrémité de Newgate Street et Church Street.* La cathédrale fut édifiée en 1847 sur le site d'une première église détruite lors du séisme de 1843. Son appareil en pierre volcanique est masqué par un enduit de ciment gris. L'aspect extérieur austère de l'édifice offre un contraste étonnant avec l'intérieur en bois de pin, riche en sculptures et mobilier.

Heritage Quay et Redcliffe Quay – Partie la plus animée de la ville, ces deux pôles francs bordant le port, en face desquels s'amarrent les paquebots de croisière, regroupent toutes sortes de boutiques (bijoux, alcools, cigares) le plus souvent hors taxes, installées dans d'anciens entrepôts restaurés datant du 19ᵉ s. et peints de couleurs vives. Thames Street et Market Street sont les territoires des vendeurs de T-shirts, bijoux, colliers, bracelets et autres breloques confectionnées localement.

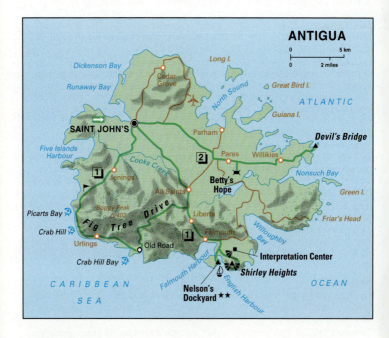

1 Le Sud de l'île *circuit de 60 km – une journée*

Quitter la capitale par All Saints Road qui longe le marché sur sa gauche, puis tourner à gauche à la station-service. On traverse All Saints, Liberta et Falmouth. La route est bordée de petites maisons de bois colorées de type *chattel house* (voir illustration au chapitre de l'Art – Éléments d'architecture, et encadré ci-après). Ces cases de campagne très caractéristiques des Petites Antilles anglophones se distinguent nettement de celles de Guadeloupe ou de Martinique.

À Cobbs Cross, tourner à droite ; bientôt apparaît, au sommet d'une colline, le bâtiment du musée historique d'Antigua.

Interpretation Center – Ce musée évoque l'histoire de l'île avec des moyens audiovisuels (séances en français).
Panorama★ vers le Sud sur Falmouth Harbour et Nelson's Dockyard. Côté Nord se développe un paysage de plateaux secs avec, au premier plan, un curieux bâtiment au toit plat : c'est le relais de communications qui permit aux téléspectateurs du monde entier d'assister aux premiers pas de l'homme sur la lune.

Continuer vers la gauche.

ANTIGUA AND BARBUDA

Nelson's Dockyard

Shirley Heights – Les « hauteurs de Shirley » sont occupées par deux observatoires d'où l'on guettait autrefois l'éventuelle approche de navires ennemis. À la bifurcation, la route de gauche mène à **Blockhouse Hill**, celle de droite à **The Lookout**. Blockhouse Hill offre un point de vue sur la côte orientale d'Antigua, échancrée de baies sablonneuses ; la maison sur la petite presqu'île, au premier plan, appartient au chanteur et guitariste Eric Clapton. The Lookout (ou Fort Shirley) conserve quelques vestiges de sa fonction militaire ; un jeu de signaux émis au moyen de drapeaux permettait, via Monks Hill, d'alerter Saint John's en cas de danger. Belle vue sur l'île de Montserrat.

★★ **Nelson's Dockyard** ⓥ – Admirablement située au creux de la profonde baie d'English Harbour, cette base navale construite en 1743 fut jusqu'au début du 19ᵉ s. le quartier général de la marine de guerre britannique aux Antilles. L'amiral Nelson *(voir Saint Kitts and Nevis)* y fut commandant en chef de 1784 à 1787. Restauré à partir des années 1950, le Dockyard est devenu un important site touristique comprenant hôtels, restaurants, banque, bureau de poste...
Passés l'entrée et son cortège d'échoppes de souvenirs, on remarque sur la gauche le bassin entouré de colonnes, où étaient construits les navires. Les sobres bâtiments de briques de la base ont été aménagés en restaurant, boulangerie, atelier de potier, etc.
À l'opposé de la baie s'élève Clarence House, construite pour le futur roi George IV. Pour les amateurs de beaux voiliers, Nelson's Dockyard est l'équivalent de Saint-Tropez avec l'ancienne Nioulargue. La fin avril voit converger vers l'île tout ce que la Floride et les Bahamas comptent comme grands voiliers de régate. Un superbe spectacle qui fait malheureusement grimper en flèche tous les prix de l'île.
Revenir vers Liberta et tourner à gauche après le village en direction de Swetes.

Fig Tree Drive – Cette route pittoresque ramène à Saint John's en traversant la partie la plus verte et la plus vallonnée de l'île ; le parcours fait alterner massifs forestiers et bananeraies *(fig* signifie ici banane) avant de longer la côte. Juste après le typique village d'**Old Road** et la presqu'île hôtelière de Curtain Bluff, la petite plage de **Morris Bay** déroule un sable doré que baigne une mer doucereuse. La route traverse ensuite une petite plaine littorale plantée d'ananas. Au-delà d'Urlings, elle dessert deux remarquables plages de sable fin désertes : **Crab Hill Bay** et **Picarts Bay**. Avant de rejoindre Saint John's, le parcours effectue, entre Jennings et Golden Grove, une incursion parmi la mosaïque de parcelles cultivées de Cooks Creek Valley, la vallée nourricière d'Antigua.

Les chattel houses

Héritées de la période esclavagiste, les *chattel houses* (cases transportables) sont de petites maisons de bois colorées, modulables, qui pouvaient être déplacées selon les besoins des cultures. Montées sur une dalle de béton, des parpaings ou des pierres, elles occupent le plus souvent des terrains loués ; en cas de déménagement, la case est démontée par panneaux posés à plat sur un camion et remontée dans la journée. Constituée d'une pièce unique, la *chattel house* peut s'agrandir par addition de volumes accolés au premier ; cette extension, au gré des besoins familiaux, se fait parallèlement à la rue.

ANTIGUA AND BARBUDA

② Betty's Hope et Devil's Bridge
Itinéraire de 44 km AR – une demi-journée

Quitter Saint John's par Queen Elizabeth Highway.
La route traverse le plateau central de l'île, couvert de friches. Après Pares, emprunter à droite la piste défoncée.

Betty's Hope

Betty's Hope ⓥ – La piste conduit à l'ancienne plantation sucrière de Betty's Hope dont le moulin a été restauré ; un petit musée expose des gravures et une maquette de la plantation. Remarquer le *fan*, système de climatisation inscrit dans la charpente.

Reprendre la route goudronnée sur la droite. Tourner à droite après le village de Willikies dont on remarquera le *water catchment*, dispositif destiné à recueillir l'eau de pluie qui est ensuite redistribuée au village.

Devil's Bridge (pont du Diable) – Ce site naturel est un « souffleur » : une cavité d'origine marine à l'intérieur de laquelle la mer s'engouffre avec fracas pour rejaillir en gerbes d'écume à la manière d'un geyser.

ÎLE DE BARBUDA

Située à quelque 40 km au Nord d'Antigua, Barbuda, dont l'intérêt se limite à sa réserve ornithologique et à ses longues plages désertes, est l'île la moins fréquentée de tout l'arc antillais ; seuls quelques touristes fortunés, vedettes du spectacle ou hommes d'affaires, viennent incognito y combattre leur stress dans l'un des deux établissements hôteliers, qui pratiquent des prix prohibitifs.

Codrington – La « capitale » de Barbuda évoque un groupe de baraquements pionniers.

Codrington Lagoon

★**Réserve ornithologique** – *Accès par bateau, au départ de Codrington.* Le Codrington Lagoon abrite la plus importante colonie de frégates de toutes les Antilles. Ces grands oiseaux marins, dont l'envergure atteint facilement 2 m, ont élu domicile dans la mangrove desséchée, site sauvage et silencieux que rien ne semble devoir troubler. Comme leur plumage non imperméabilisé leur interdit de plonger, ils pêchent à la surface de l'eau, voire subtilisent le poisson attrapé par un autre oiseau. Le bateau s'approche à quelques mètres de ces chapardeurs ailés qu'il est possible de photographier au nid avec leurs petits. Au retour, le guide propose un arrêt sur la plage de **Low Bay**, longue étendue sableuse digne des plus beaux clichés caribéens. Attention à la mer capricieuse.

Plage du Sud – Longue de 8 km, elle accueille les deux hôtels de l'île, le K Club et le Coco Point Lodge. Son accès est cependant partout public. À l'horizon se profile Antigua.

Le drapeau d'Antigua et Barbuda, haut en couleur, exprime une riche symbolique. Le soleil représente l'aube d'une ère nouvelle, la couleur rouge le dynamisme des habitants, le bleu l'espoir, le noir le sol africain, le bleu et le blanc ensemble l'activité touristique (soleil, mer et sable), et le V la victoire.

BARBADOS

LA BARBADE – Carte « Les plus belles îles », p. 11, U
254 000 habitants (Les Barbadiens ou les Bajans) – 431 km²

Nom caraïbe : Ichirouganain
Surnom : Little England (la Petite Angleterre)

Île aux paysages variés, isolée dans l'océan Atlantique à quelque 200 km à l'Est de l'arc des Petites Antilles, la Barbade se caractérise par une profusion de couleurs et une animation omniprésente : tons vifs des maisonnettes de bois au jardinet fleuri, rutilance des bonnets des rastas et des robes des femmes endimanchées (coiffées et gantées) se rendant à l'église, teintes éclatantes (jaune et bleu) des bus sillonnant les routes côtières, eaux turquoise de la mer des Caraïbes et de l'Atlantique. La musique accompagne les Barbadiens dans leur vie quotidienne : il n'est pas rare de voir les passagers marquer le rythme à l'unisson dans un bus où retentit un morceau de reggae, ou d'apercevoir un cortège religieux animé par des chanteurs et des musiciens.

SENTINELLE DES PETITES ANTILLES

« **Los Barbados** » – La Barbade fut découverte, non par Christophe Colomb, mais par un navigateur portugais, Pedro a Compas, en 1536. Celui-ci baptisa l'île « los Barbados », inspiré par les racines aériennes poilues ou « barbues » des figuiers-banians qui bordaient le rivage. Autre originalité de la colonisation de l'île : la Barbade échappa aux conflits entre puissances coloniales et eut les Anglais pour seuls administrateurs pendant plus de trois siècles.

Un récif de corail – La Barbade est essentiellement constituée de calcaire corallien. Culminant à 340 m seulement, l'île est relativement plate ; malgré des dimensions modestes (34 km sur 23), elle offre une belle variété de paysages. La végétation se réduit à des étendues de broussailles parfois interrompues par la forêt claire. Le Sud, moins vallonné, est traversé par une large dépression longitudinale : la Saint George Valley. Sur la côte Nord-Est, assaillie par l'Atlantique, alternent escarpements très découpés – parfois de véritables falaises – et larges rubans sableux. Les côtes Sud et Ouest, plus régulières, sont bordées de plages de sable blanc. Cette partie de l'île concentre de fortes densités de population : un cordon urbain se déroule depuis Speightstown au Nord jusqu'à Oistins au Sud, et accueille l'infrastructure hôtelière.

Fille mulâtre de la Barbade – Gravure aquarellée, par Louis Charles Ruotte (vers 1785-90)

BARBADOS

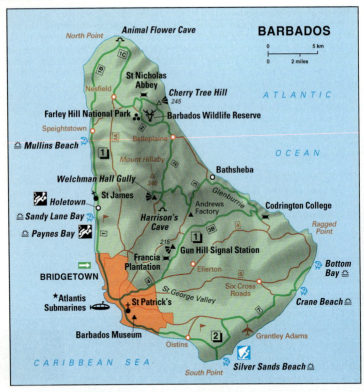

« **Le plus beau joyau de la couronne d'Angleterre** » – Après l'escale fugitive des Portugais, l'île resta à l'écart de la frénésie colonisatrice : la Barbade était difficilement accessible depuis les autres îles en raison des vents d'Est dominants. Le capitaine anglais John Powell y débarque toutefois en 1625 et en prend possession au nom de la couronne d'Angleterre.

Les massifs forestiers furent rapidement défrichés au profit de champs de coton et de tabac, puis la canne à sucre devint, vers le milieu du 17e s., une monoculture. Son essor ouvrit la voie de l'esclavage. Très prospère, l'île était alors considérée comme « le plus beau joyau de la couronne d'Angleterre ».

Demeurée sous la souveraineté du Royaume-Uni jusqu'à son indépendance en 1966, la Barbade s'est fortement imprégnée du mode de vie anglais. Les Bajans continuent de s'adonner au rite du *tea time*, s'enthousiasment pour le cricket, respectent certaines traditions vestimentaires : perruques des juges, agents de la circulation coiffés du même casque que les *bobbies* britanniques, et à Bridgetown, carillon de Big Ben rythmant la vie autour de Trafalgar Square, place sur laquelle veille la statue de l'amiral Nelson *(voir Saint Kitts and Nevis).*

CARNET PRATIQUE

Pour les généralités, se reporter au chapitre des Informations pratiques en début de volume.

Offices de tourisme – Il n'existe pas d'office en France, mais il est possible d'obtenir la brochure (en français) auprès des agences suivantes :

Allemagne – Staatliches Fremdenverkehrsamt Barbados, Neue Mainzer Strasse 22, 60311 Frankfurt am Main, ☎ (0049 069) 23 00 77.

Royaume-Uni – Barbados Tourism Authority, 263, Tottenham Court Road, London W1P 9AA, ☎ (0044) 1 71 637 1496.

À l'aéroport de la Barbade – Grantley Adams International Airport, ☎ 428 5570, fax 428 0937. Nombreux renseignements. Demandez le petit guide pratique gratuit *Barbados in a nutshell*. Si vous n'avez pas prévu de logement avant votre arrivée, procurez-vous une carte de l'île, et la liste des hôtels et des pensions avec indications de prix ; l'hôtesse pourra faire la réservation de votre choix. Juste à côté de l'office se trouve un bureau de change de la Barbados National Bank.

BARBADOS

À Bridgetown – *Barbados Tourism Authority, Harbour Road, PO Box 242, Bridgetown, Barbados, West Indies,* ☎ *(00 1 246) 427 2623 ou 24, fax 426 4080.* Ouvert du lundi au vendredi de 8 h 30 à 16 h 30.

Se rendre à la Barbade en avion

L'île est desservie par Grantley Adams International Airport, situé à 13 km à l'Est de Bridgetown (Office de tourisme, change, bars, location de voitures et boutiques hors taxes).

Vol direct depuis Londres sur **British Airways** (☎ *0 825 825 400*) ou **Virgin Atlantic Airlines** (☎ *00 44 1293 747 747*) ; au départ de Paris, vol **Air France** ou **Air Lib** jusqu'à Fort-de-France, relayé par la **LIAT** ou **Air Guadeloupe** jusqu'à la Barbade (vol tous les deux jours).

Taxe de départ – De BDS$ 25.

France – **Air France (et LIAT)**, ☎ *0 802 802 802* ; **Air Guadeloupe**, ☎ *01 47 47 51 20* ; **British Airways**, ☎ *0 802 802 902*.

Barbade – **Air Martinique**, ☎ *436 1858* ; **LIAT**, *St-Michael's Plaza, Bridgetown,* ☎ *436 6224, et aéroport,* ☎ *436 0986*.

Formalités d'entrée – Carte d'identité ou passeport en cours de validité, ainsi qu'un billet de retour ou de continuation sont exigés. La rage n'existant pas sur l'île, l'introduction d'animaux domestiques est sévèrement réglementée. En arrivant, il faut remplir une fiche de renseignements ; même si vous n'avez pas encore de logement, indiquez une adresse de séjour.

Quitter l'aéroport – L'Office de tourisme à l'intérieur de l'aéroport ne gère pas les **locations de voitures**. Si vous souhaitez conduire un véhicule, la personne se trouvant dans le petit bureau juste à gauche de la sortie se charge de contacter les agences ou les loueurs particuliers. Sachez que les tarifs sont assez élevés, à peu près équivalents d'un loueur à l'autre, et qu'il faut être patient, car peu de voitures sont disponibles à l'aéroport même ; vous devrez parfois attendre que quelqu'un vienne livrer le véhicule. Vous pouvez également prendre le **taxi** (service fonctionnant 24 h/24) ou le **bus** et aller directement à l'hôtel. L'établissement pourra alors s'occuper d'une location. L'arrêt de bus se trouve à 30 m, sur la route juste en face de la sortie de l'aéroport ; les bus passent tous les 1/4 h (coût du trajet : BDS$ 1,50, prévoir la monnaie).

Argent – La monnaie est le dollar de la Barbade (BDS$, valeur environ 1/2 US$, change à effectuer sur place) ; il est possible de payer en US$ (dollars américains). Si vous partez avec du cash, prévoyez donc plutôt des dollars américains. Les cartes Visa, Mastercard et American Express sont acceptées dans la plupart des établissements.

Circulation – Conduite à gauche. Sauf possession d'un permis international, un permis temporaire est indispensable pour conduire (BDS$ 10), il est remis par la société de location et est valable un an.

Voitures – Compter autour de US$ 60 la journée, tarif dégressif sur plusieurs jours. Il existe de nombreuses petites agences locales : **Courtesy Rent A Car** (☎ *418 2500*), **Auto Rentals/Hertz** (☎ *228 1520* ou *228 1528*), **National Car Rentals** (☎ *426 0603*), etc. Une carte routière est fournie lors de la location du véhicule : elle s'avère très pratique en raison de certaines lacunes de la signalisation. Évitez de parcourir de trop longs trajets de nuit : les routes ne sont pas toujours en bon état ni la chaussée bien éclairée.

Scooters, motos et vélos – Très peu répandus sur l'île. **Fun Seekers Inc**, *Rockley Main Road,* ☎ *435 8206*. Scooter deux places, BDS$ 58, vélo BDS$ 17 ; forfait pour plusieurs jours. **Flex Bicycle Rentals**, ☎ *422 8000*. **William, M.A. Bicycle Rentals**, ☎ *427 3955*. Compter BDS$ 17 par jour.

Taxis – On en trouve facilement à l'aéroport, à Bridgetown et auprès

Swan Street

des hôtels. Les prix sont normalisés, par exemple le trajet aéroport/Bridgetown coûte BDS$ 30 (la liste des prix est affichée à l'aéroport et inscrite dans les brochures touristiques).

Transports en commun – Les **bus** assurent un service fréquent et régulier (de 5 h 30-6 h jusque vers minuit), et sont bon marché (BDS$ 1,5 le trajet). Ils font le tour de l'île par la route principale ; la destination est inscrite au dessus du pare-brise (bus bleus : transports publics ; bus jaunes : transports privés).

Vie pratique

Poste – Le bureau de Bridgetown-Cheapside est ouvert de 8 h à 17 h en semaine.

Magasins – La plupart des boutiques sont ouvertes de 8 h 30 à 17 h du lundi au vendredi, à 12 h le samedi ; les supermarchés ferment généralement à 18 h. Dans les sites balnéaires, de petits magasins de dépannage restent presque toujours ouverts plus tard.

Ambulance – ☎ *115.*

Queen Elizabeth Hospital (Bridgetown) – ☎ *436 6450.*

Police – ☎ *436 6600,* ou *112* pour les urgences.

Pompiers – ☎ *113*

Électricité – 110 volts ; la plupart des hôtels fournissent des convertisseurs en 240 volts.

Mesures – La Barbade est passée récemment au système métrique, mais les Bajans comptent encore parfois en miles et feet.

Jours fériés particuliers
– 21 janvier : Errol Barrow Day
– Premier lundi d'août : Kadooment Day
– Premier lundi d'octobre : United Nations Day
– 30 novembre : Independence Day

Se loger

Le choix est vaste et la gamme étendue, allant du petit hôtel-pension, bon marché, familial et animé, à l'établissement de luxe offrant toutes les facilités. Les prix varient de US$ 50 à US$ 400 (TTC) la chambre double. La plupart des hôtels de catégorie supérieure se concentrent le long de la côte Ouest autour de Holetown et sur la côte Sud-Est ; ils sont principalement occupés par une clientèle d'Américains, de Canadiens et de Britanniques. Les établissements meilleur marché se trouvent plutôt dans le Sud-Ouest, autour de Saint Lawrence Gap et de Worthing.

Les hôtels majorent leurs tarifs d'une **taxe** de 17,5 % (10 % pour le service et 7,5 % de taxe gouvernementale) ; sauf mention « TTC », les prix que nous signalons ci-dessous s'entendent hors taxes. Pour éviter les mauvaises surprises, pensez à demander si les taxes sont incluses dans le prix que l'on vous donne.

Dover Beach Hotel *(Valeur sûre)* – Côte Sud, à Saint Lawrence Gap, ☎ *428 8076, fax 428 2122.* Ce petit bâtiment moderne aménagé sur trois niveaux, à l'écart de la Highway 7, dispose de chambres spacieuses et de studios équipés. Piscine et restaurant. Belle plage de sable blond juste devant l'hôtel. Studio pour deux personnes à partir de US$ 80 en basse saison et de US$ 110 en haute saison.

Crane Beach Hotel *(Valeur sûre)* – Côte Est, surplombant la magnifique plage du même nom, ☎ *423 6220, fax 423 5343.* Cet établissement doit sa renommée à la beauté du site et à la présence d'un manoir du 18e s. qui abrite d'élégantes suites donnant sur l'océan, avec parquet, lit à baldaquin et murs en pierre de corail. La partie moderne offre quelques chambres confortables. Jolie piscine dominant l'Atlantique. Restaurant panoramique proposant des spécialités de poissons et fruits de mer. Chambre double à US$ 90 en basse saison et US$ 150 en haute saison ; suite pour deux personnes à partir de US$ 150 en basse saison et de US$ 250 en haute saison.

Sandy Beach Island Resort *(Valeur sûre)* – À Worthing, entre la Highway 7 et la mer, ☎ *435 8000, fax 435 8053.* Hôtel moderne disposant de tout le confort. Piscine et plage. Chambre double à partir de US$ 93 en basse saison et de US$ 124 en haute saison.

Sam Lord's Castle Resort *(Une petite folie !)* – Long Bay, Côte Est, ☎ *423 7350, fax 423 6361.* Au cœur d'un immense parc fleuri bordé d'une belle plage aux eaux parfois un peu agitées, s'élève le **château de Sam Lord**, demeure datant de 1820 et ayant appartenu à un diabolique flibustier. Le rez-de-chaussée est aménagé en petit musée : tableaux du 18e s., mobilier ancien, tapis ; le premier étage accueille quelques chambres. Chambre double à partir de US$ TTC 200 en basse saison et de US$ TTC 250 en haute saison (prix par personne en pension complète).

Discovery Bay Hotel *(Une petite folie !)* – *Côte Ouest, à Holetown,* ☎ *432 1301, fax 432 2553.* À proximité de Saint James Church, cet établissement très confortable propose chambres, suites et studios le long de la plage de Saint James. Piscine, restaurant. Chambre double à partir de US$ 180 en basse saison et de US$ 260 en haute saison.

Coconut Creek Hotel *(Une petite folie !)* – *Côte Ouest,* ☎ *438 4690, fax 438 4696.* Petit hôtel construit autour de sa piscine et de son jardin, face à deux mignonnes criques sablonneuses, et paré d'une touche architecturale originale et colorée. Chambres tout confort, activités nautiques, restaurant. Chambre double à partir de US$ 239 en basse saison et de US$ 292 en haute saison.

Tamarind Cove *(Une petite folie !)* – *Côte Ouest, Highway 1, à Paynes Bay,* ☎ *432 1332, fax 432 6317.* Établissement de luxe s'ouvrant sur un grand parc et sur une très belle plage ombragée. Quatre piscines, jacuzzi, plusieurs restaurants, sports nautiques, boutiques, etc. Chambre double à partir de US$ TTC 240 en basse saison et de US$ TTC 446 en haute saison.

Se restaurer et prendre un verre

De même que les hôtels, les bars et les restaurants grossissent les tarifs d'une taxe de 15 % ; celle-ci n'est pas toujours comprise dans les prix indiqués sur les cartes.

Contrairement à certaines îles des Caraïbes, la Barbade ne manque pas de vie après le coucher du soleil. Les bars sont nombreux et animés, la musique retentit en tous lieux, particulièrement dans First Street et Second Street à Holetown, sur la côte Ouest, et dans certains établissements de Hastings, de Worthing et de Saint Lawrence Gap dans le Sud. L'entrée en discothèque coûte en général BDS$ 10, ou BDS$ 20 avec boissons gratuites.

Fisherman's Wharf *(Valeur sûre)* – *À Bridgetown, en face de Trafalgar Square, de l'autre côté du pont, au 1er étage,* ☎ *436 7778.* Restaurant de poissons et fruits de mer. Réservation recommandée.

Waterfront Cafe *(Valeur sûre)* – *À Bridgetown, au rez-de-chaussée de l'établissement ci-dessus,* ☎ *427 0093.* Ouvert du lundi au samedi de 10 h à minuit. Spécialités bajanes. Soirées dansantes avec orchestre du mardi au samedi. Mardi soir, buffet des Caraïbes de 19 h à 22 h. Plats entre BDS$ 20 et BDS$ 36.

Mullins Beach bar & restaurant *(Valeur sûre)* – *Côte Ouest, au Nord de Holetown,* ☎ *422 1878.* Ouvert tous les jours jusqu'à minuit. Occupant la jolie plage de Mullins, ce bar-restaurant propose salades, poulets marinés, hamburgers pour le déjeuner, et une carte de poissons et de fruits de mer pour le dîner. Salades à BDS$ 25, cocktails à BDS$ 12.

Pisces *(Une petite folie !)* – *Saint Lawrence Gap, Christ Church,* ☎ *435 6564.* Juste à côté de l'église de Saint Lawrence. Ouvert tous les soirs ; mieux vaut réserver. Comme son nom l'indique, ce restaurant de bord de mer est spécialisé dans la préparation de poissons et de fruits de mer : langouste, barracuda, poisson volant, crevettes, accompagnés de légumes et de fruits du pays. Au son des vagues, des oiseaux, et d'un fond musical doux et détendant, on savoure les plats, agréablement installé dans une salle conjuguant bois et verdure, ouverte sur la mer. À la carte, compter BDS$ 80.

David's Place *(Une petite folie !)* – *Saint Lawrence Main Road,* ☎ *435 9755.* Ouvert de 18 h à 22 h du mardi au dimanche. Réservation recommandée. Dans un cadre romantique : salle dominant la mer, mobilier en rotin, bougies et musique douce, dégustez une cuisine typiquement bajane, composée de poissons (barracuda, thazar, vivaneau rouge, poisson volant...), de fruits de mer et de viandes. Service attentionné. À la carte, autour de BDS$ 80.

Sports

West Side Scuba Center – *Baku Beach, Holetown,* ☎/fax *432 2558.* Plongée pour tous les niveaux sur une vingtaine de sites intéressants à 10-20 mn en bateau de Baku Beach.

Golf – *Sandy Lane,* ☎ *432 2946 ou 1311.* Prestigieux terrain de 18 trous.

BARBADOS

BRIDGETOWN

La ville, tournée vers la mer des Caraïbes, s'est développée autour de l'estuaire de la Constitution River où est aménagé le Careenage (port). Aux cases de bois d'un aspect souvent fatigué se mêlent d'élégantes résidences à un ou deux étages, en particulier dans la banlieue résidentielle autour du palais de la présidence. Les unes et les autres se parent fréquemment de couleurs chatoyantes. La rareté des grands immeubles et le foisonnement de palmiers royaux ou cocotiers donnent à la ville un caractère campagnard.

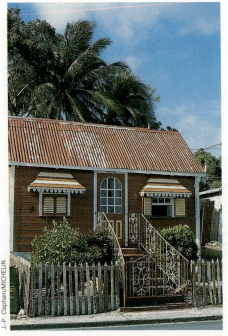

Bridgetown – Case

Parliament's buildings – Les deux bâtiments du Parlement, disposés en vis-à-vis, bordent Trafalgar Square où la statue de l'amiral Nelson fut érigée 36 ans avant sa sœur londonienne. Celui surmonté d'une tour à horloge abrite les bureaux du gouvernement, l'autre héberge le Sénat et l'Assemblée. Construits en pierre de corail dans le style néo-gothique (fin du 19e s.), ils manifestent une belle originalité architecturale.

Derrière les bâtiments, à l'opposé de Trafalgar Square, une sympathique animation règne sur la petite place qui accueille les étals de marchands ambulants.

Remonter High Street, prendre sur la gauche James Street, puis s'engager dans Synagogue Lane.

Old Synagogue – Bâtiment discret dont la décoration intérieure mérite le coup d'œil.

Revenir dans High Street et prendre Swan Street.

Swan Street – Rue pittoresque où s'alignent, dans un sympathique désordre, les échoppes ambulantes.

Gagner Trafalgar Square et poursuivre dans Saint Michael's Row.

Saint Michael's Cathedral – L'édifice en pierre de corail, de la fin du 18e s., s'élève au milieu d'un petit cimetière ombragé.

★ATLANTIS SUBMARINES

Réservation, et billets au bureau (The Wharf, 1er étage) situé à l'angle formé par Hincks Street et le parking bordant le Careenage. Durée totale 1 h 45, dont 50 mn en immersion, 28 personnes. Cette agréable excursion en sous-marin touristique, au large de Bridgetown, permet d'admirer de nombreuses espèces de poissons multicolores évoluant parmi d'extraordinaires architectures d'éponges et de corail. Commentaires d'un spécialiste et musique classique agrémentent la plongée. Il existe aussi des sorties nocturnes.

AUTOUR DE BRIDGETOWN

Prendre la Highway 7, direction Sud.

Saint Patrick's R. C. Cathedral – La cathédrale catholique est construite en pierre de corail. La nef, sobre, éclairée par des jalousies, est couverte d'une charpente en forme de carène renversée.

Barbados Museum ⊙ – Aménagé dans une ancienne prison militaire, ce petit musée évoque l'histoire de l'île à travers une succession de salles thématiques (milieu naturel, civilisation amérindienne, colonisation). L'architecture caraïbe, caractérisée entre autres par ses lambrequins ciselés appelés *gingerbread* – « pain d'épice » – *(voir Saint Lucia)*, mérite une attention particulière de même que les intérieurs coloniaux reconstitués. Les cachots sont consacrés à l'histoire militaire de la Barbade, et dans la Kidd's Gallery sont recréées quelques scènes de la vie quotidienne.

BARBADOS

1 TOUR DE L'ÎLE *circuit de 110 km.*
Comptez au minimum une journée, deux jours si vous souhaitez tout visiter.
Quitter Bridgetown au Nord par la Highway 1.

De part et d'autre de la Highway 7 s'égrènent des cases traditionnelles colorées qui font le charme de l'île, maisonnettes de plain pied, en bois teinté de rose, violet, jaune, bleu ou vert, entourées d'un jardinet fleuri et bien entretenu. Il est parfois difficile de voir la mer le long de cette route côtière en raison de la végétation tropicale et des constructions, mais de magnifiques plages toutes proches et d'accès facile n'attendent que votre visite. C'est sur la côte Ouest, surnommée Côte de Platine, que l'on trouve les sites les plus calmes et les plus agréables pour la baignade et la plongée de surface.

Paynes Bay et Sandy Lane Bay – Situées juste avant Holetown (face au Coach House Restaurant et au Sandy Lane Hotel), ces deux ravissantes plages de sable blanc aux eaux calmes et translucides méritent une halte. Plongée de surface et autres activités nautiques sont au rendez-vous.

Holetown – Juste après le centre commercial, attardez-vous dans les deux ruelles parallèles (First Street et Second Street) qui vont de la lisière de la route principale jusqu'à la mer. Ces deux venelles bordées de bars, de petites boutiques et de restaurants aménagés dans des cases traditionnelles ne manquent ni de charme ni d'animation. Holetown vit le premier débarquement anglais en 1605 et fut le premier village de la Barbade (1626).

Saint James Church – *À gauche après avoir franchi la rivière.* Église bâtie en pierre de corail au milieu d'un agréable parc. À l'intérieur, la nef lambrissée est soutenue par une gracieuse charpente apparente.

Mullins Beach – À environ 6 km au Nord de Holetown. Parking sur le bord de la route côtière. Belle plage ombragée alliant sable blanc et eau turquoise. Possibilité de se désaltérer et de se restaurer au Mullins Beach Bar.

Poursuivre sur la route côtière en direction du Nord de l'île.

Animal Flower Cave ⊙ – *À l'extrémité Nord. Se munir de chaussures à semelles antidérapantes.* Cette caverne appartient à un réseau de grottes creusées par la mer sur le littoral Nord atlantique. Des anémones de mer vivent dans de petites piscines naturelles.

De Flatfield, emprunter la Highway 1C jusqu'à Nesfield, puis suivre les pancartes indiquant « Saint Nicholas Abbey » et « Farley Hill Park ».

Saint Nicholas Abbey ⊙ – Cette maison de planteur de style Jacques Ier fut élevée au milieu du 17e s. selon des conceptions encore très proches des modèles architecturaux métropolitains, comme en témoignent les quatre souches de cheminée disposées aux angles de la toiture, surprenantes dans le contexte tropical. Les trois pignons curvilignes qui surmontent la façade donnent beaucoup de caractère à cette habitation. On visite les pièces du rez-de-chaussée (meubles barbadiens et vaisselle anglaise). Un film de 15 mn tourné en 1935, rend bien compte de la vie à la Barbade avant la guerre.

Cherry Tree Hill – *En sortant de Saint Nicholas Abbey, poursuivre dans la direction Est, sur quelques centaines de mètres.* La « colline du cerisier » – il s'agit en réalité d'acajous introduits dans l'île en 1763 – offre ici un magnifique point de **vue**★★ sur la côte atlantique de l'île : collines vertes couvertes de canne au premier plan ; au loin, immenses plages sauvages caressées par les vagues d'un océan turquoise. Aucune construction ne vient altérer les lieux. Plus au Sud, les longs bancs de sable blanc laissent place à des falaises.

Rebrousser chemin ; au deuxième croisement, tourner à gauche.

Farley Hill National Park ⊙ – Au cœur d'un splendide parc dominant la côte sauvage se dressent les murs, les colonnes et les arcades d'une ancienne plantation du 19e s., en partie détruite par un incendie. Avant la catastrophe, le manoir accueillit différentes personnalités et servit, en 1956, pour le tournage de certaines séquences du film *Island in the sun*. Afin de préserver l'intérêt historique des lieux, Farley Hill National Park fut inauguré par la reine Élisabeth II et ouvert au public en 1966. C'est un endroit tout indiqué pour se reposer ou pique-niquer, à l'ombre des multiples espèces végétales, et dans l'atmosphère un peu romanesque de vestiges maintenant habités par les fleurs et les broussailles.

Barbados Wildlife Reserve ⊙ – *Juste en face de Farley National Park. Compter 2 h de visite.* À l'entrée, on vous remet un plan de la réserve avec une description de la flore et de la faune. Cette réserve de 2 ha, aménagée dans une forêt d'acajous, héberge de nombreuses espèces animales originaires de la Barbade, des autres îles caraïbes et d'ailleurs : singes verts, perroquets, tortues, iguanes, caïmans ou des serpents. En dehors des reptiles, et des oiseaux dans les volières, les animaux sont en liberté.

En sortant de la réserve, prendre la direction de Belleplaine (Sud), puis suivre la Highway 2.

BARBADOS

Farley Hill National Park

Welchman Hall Gully ⓥ – Un belvédère à l'entrée offre un panorama sur la côte atlantique. Le Welchman Hall Gully est un ravin d'origine karstique (type d'érosion particulier au calcaire) ; dans ce site original croissent près de 200 espèces végétales, dont le fameux figuier-banian auquel l'île devrait son nom *(voir illustration)*. Aménagements pour le pique-nique.

Harrison's Cave ⓥ – Située au cœur de l'île, cette grotte fait partie d'un réseau de cavernes creusées dans le calcaire par des rivières souterraines. La visite s'effectue dans un petit train qui sillonne les galeries.
Highway 3 A, puis Highway 3, direction Bathsheba.

On peut visiter librement *(demander l'autorisation à l'entrée)* **Andrews Factory**, importante usine sucrière dont on découvre les installations depuis la route.

À partir de Saint Joseph's Church, le parcours, pittoresque, devient sinueux.

Bathsheba – Ce village de pêcheurs présente, le long du rivage, de spectaculaires **rochers-champignons**, sapés à leur base par la mer. Il est très dangereux de se baigner, les vagues sont réservées aux surfers expérimentés.
Suivre la direction de l'East Coast Road (H 3) vers le Sud.
Les bananeraies qui bordent la route annoncent un itinéraire attachant à travers la petite région agricole de **Glenburrie**.

Codrington College – Au bout d'une majestueuse allée plantée de cocotiers trône le collège théologique de Codrington. Admirer la belle maison de maître, sur la gauche derrière le plan d'eau.
La Highway 3 B mène à Gun Hill Signal Station et à la plantation Francia.

Gun Hill Signal Station ⓥ – Le sémaphore de Gun Point (215 m) offre un beau panorama sur tout le Sud-Ouest de l'île. Il appartenait à un réseau de six sémaphores dont les missions étaient d'annoncer l'approche des navires ennemis et d'alerter les autorités en cas de révolte d'esclaves. Le petit bâtiment au pied de la tour expose des documents sur l'histoire de l'armée britannique à la Barbade.

Francia Plantation ⓥ – Cette élégante maison du 19ᵉ s., construite en pierre de corail par un planteur d'origine française, offre un intéressant compromis architectural entre les influences française et britannique. Remarquer les fenêtres *demerera* munies de jalousies inclinées à double battant ; ce système, importé des Guyanes, empêche la pluie de pénétrer dans la bâtisse, tout en aérant celle-ci.
L'eau potable distribuée sur le domaine provenait d'un mécanisme ingénieux, disposé derrière la serre : l'eau de pluie était tamisée à travers des « pierres à gouttes », ensemble de filtres coniques en pierre de corail.
L'intérieur de l'habitation, spacieux et lumineux, bénéficie de l'omniprésence du bois depuis le parquet et les boiseries en sucupira (bois dur brésilien directement importé lors de la construction) jusqu'au mobilier en acajou.
Un petit jardin à la française, un potager et trois terrasses étagées dominant la Saint George Valley ajoutent au pittoresque du site.
Retour à Bridgetown par la H 3 B, puis la H 4.

② SUD DE L'ÎLE

Itinéraire de 33 km, de Bridgetown à Bottom Bay.

La côte est bordée de quelques ravissantes plages légèrement ventées. Pour les atteindre, il faut quitter la route principale et prendre les sentiers carrossables menant à la mer.

- **Silver Sands Beach** – *À deux pas de la pointe Sud de l'île*. Belle plage de sable blanc où souffle un vent qu'apprécient les véliplanchistes.

- **Crane Beach** – *L'accès se fait par un petit chemin au Nord du Crane Hotel*. Avec ses deux rubans de sable blanc teinté de rose et son eau d'un turquoise limpide, c'est l'une des plages les plus séduisantes de la côte atlantique. Quelques vagues viennent caresser le rivage.

- **Bottom Bay** – *Après Sam Lord's Castle (voir carnet pratique)*. Se garer au bord de la falaise et emprunter l'escalier menant à la large étendue de sable blond bordée de cocotiers.

DOMINICA★

LA DOMINIQUE – Carte « Les plus belles îles », p. 11, s
79 000 habitants (les Dominicains) – 750 km²

Nom caraïbe : Waitikubuli (le grand corps)
Surnoms : The Nature Island (île de la Nature), l'île aux 365 rivières

Surgissant de l'océan entre Martinique et Guadeloupe, la Dominique est l'île la plus montagneuse des Antilles, celle que les navigateurs apercevaient de plus loin. Sa forêt difficilement pénétrable et son relief tourmenté en firent, pour les Caraïbes, un refuge où leur civilisation vécut en sursis jusqu'à l'orée du 19ᵉ s. Terrible et magnifique, la Dominique privilégie, plutôt que de rares plages de sable gris, le tourisme d'exploration ou éco-tourisme.

SAUVAGE ET REBELLE

Une nature à sa démesure – Longue de 46 km et large de 20, la Dominique est formée de l'alignement de trois massifs volcaniques : du Nord au Sud, le morne au Diable, le morne Diablotin (point culminant de l'île avec 1 447 m) et le morne Trois Pitons. Ce dernier possède un lac de cratère bouillonnant **(Boiling Lake)**, curiosité géologique dont il n'existe qu'un seul autre exemple au monde, en Nouvelle-Zélande. Les plaines sont pratiquement absentes et les baies abritées fort rares.
Des pluies abondantes alimentent les innombrables cascades et ruisseaux de l'île aux « 365 rivières ». La végétation exubérante compte des plantes gigantesques, comme le gommier blanc dans le tronc duquel on taille encore, suivant l'exemple des Caraïbes, des pirogues. La forêt abrite une faune pittoresque : d'énormes insectes, plus de 160 espèces d'oiseaux dont le national « sisserou » (ou perroquet impérial, une espèce en voie de disparition) ou encore un gros crapaud dégusté sous le vocable de *mountain chicken* (poulet de montagne).

Le fief des Caraïbes – Christophe Colomb découvre l'île le dimanche 3 novembre 1493, d'où son nom de Dominique. Malgré l'hostilité des Caraïbes, cette terre est au 16ᵉ s. l'escale favorite des flottes espagnoles en route vers l'Amérique centrale, et des corsaires s'y ravitaillent. Chassés des îles voisines, les Caraïbes se regroupent en Dominique dont ils font un terrain d'embuscades contre les navires en escale, et la base de départ d'expéditions guerrières ou de représailles contre les Européens. Les relations avec ces derniers s'améliorent peu à peu à partir de 1621 ; en 1660, un traité franco-anglais prétend même abandonner la souveraineté de l'île aux Indiens. C'est surtout en Dominique que le Père Breton, missionnaire dominicain, étudie la langue et l'histoire du peuple caraïbe, au milieu du 17ᵉ s.
Pendant deux siècles, la Dominique échappe à la colonisation, puis finit par attirer des colons français planteurs de café, bientôt rejoints par des Espagnols, des Portugais et des Anglais. Les Caraïbes doivent céder progressivement du terrain, jusqu'à perdre leur indépendance en 1763 et se voir confinés dans une réserve *(voir ci-dessous, Carib Indian Reservation)*.
Devenue définitivement colonie britannique en 1815, puis État indépendant membre du Commonwealth le 3 novembre 1978, la Dominique conserve dans la toponymie et la langue créole la trace de son passé français.

PARADIS DES PLONGEURS

Du fait de la quasi-inexistance d'industrie sur la Dominique, il n'y a pratiquement aucun rejet polluant sur les côtes. Les fonds sont donc parfaitement préservés, et l'on trouve dans ces eaux toutes les espèces des Caraïbes et en grand nombre. Il n'est pas rare non plus de pouvoir rencontrer quelques majestueuses raies mantas et, seulement équipé d'un masque et d'un tuba, de pouvoir nager près des baleines. La plongée étant l'un des attraits principaux de l'île, nombreux sont les hôtels qui abritent un centre de plongée. Le matériel est en général récent et l'encadrement compétent ; la

DOMINICA

Vue de Roseau – Gravure aquarellée, par James Peake (vers 1760)

réputation de sérieux de ces centres a fait de la Dominique l'une des destinations subaquatiques les plus prisées du globe. Du Nord au Sud, les sites de plongées se succèdent, toujours différents et toujours magnifiques. Coraux pourpres à *Rodney's Rock*, épaves de la marine en bois à *Douglas Bay* dans le *Parc national de Cabrits*, canonnière de la Seconde Guerre mondiale à *Toucari* ou à *Capucin* et partout, des milliers de poissons, de coraux de toutes les couleurs : poissons chauve-souris, hippocampes... c'est splendide ! Sachez aussi qu'il n'est pas nécessaire d'être un « homme-grenouille » émérite pour profiter du spectacle, un simple équipement PMT (palmes, masque, tuba) suffira puisque, souvent, on peut descendre sur des « patates » de corail dans 3 à 4 m d'eau tiède et turquoise.

L'île résistante – Après les Caraïbes, la Dominique a offert à d'autres rebelles l'ombre de sa forêt. Des bandes de « marrons » parvenaient à y constituer de véritables petites enclaves indépendantes ; une guerre, conduite par des chefs aux noms imagés : Éléphant, Soleil, Jacko, etc. les opposa aux autorités coloniales de 1812 à 1814. Après l'abolition de l'esclavage dans les îles anglaises en 1834, la Dominique devint une terre d'asile pour plusieurs centaines d'esclaves évadés de Guadeloupe et de Martinique. Pendant la Seconde Guerre mondiale enfin, des résistants français qui réussissaient à quitter la Martinique, alors sous le contrôle du gouvernement de Vichy, par le havre de Grand'Rivière, rejoignirent les forces de la France libre via la Dominique (lire à ce sujet le roman de Raphaël Confiant *Le Nègre et l'Amiral*).

CARNET PRATIQUE

Pour les généralités, se reporter au chapitre des Informations pratiques en début de volume.

Offices de tourisme

France – *12, rue de Madrid, 75008 Paris,* ☎ *01 53 42 41 15, fax 01 43 87 32 85. Ouvert du lundi au vendredi de 9 h à 13 h et de 14 h à 18 h.*

Royaume-Uni – *Caribbean Tourism Organisation, suite 3, 15, Vigilant House, 120 Wilton Road, Victoria, London SW1V 1JZ,* ☎ *(0044) 1 71 233 8382.*

Belgique – *OECS Embassy, rue des Aduatiques n° 100, 1040 Bruxelles-Brussels,* ☎ *(0032) 2 733 4328.*

À Roseau – *Division of Tourism, National Development Corporation, Valley Road, PO Box 73/293, Roseau, Commonwealth of Dominica, West Indies,* ☎ *(00 1 767) 448 2045, fax 448 5840. www.delphis.dm/home. Situé entre le front de mer (Bay street) et le marché touristique de Roseau. Ouvert le lundi de 8 h à 13 h et de 14 h à 17 h, du mardi au vendredi de 8 h à 13 h et de 14 h à 16 h.*

Formalités d'entrée – Carte d'identité ou passeport en cours de validité.

Argent – La monnaie est le dollar Est Caraïbe (EC$, change à effectuer sur place, de préférence contre des dollars américains – US$; 1 US$ vaut environ 2,70 EC$). Les US$ sont par ailleurs acceptés dans tous les établissements. Possibilité de payer avec cartes Visa, Mastercard et American Express.

DOMINICA

Adresse utile à Roseau : Banque commerciale française, à l'angle de Queen Mary Street et de Great Marlborough Street, ☎ *448 4040. La Barclay's Bank, la Scotiabank et la Royal Bank of Canada possèdent des distributeurs de billets (Visa ou Cirrus) ; ce sont les seuls distributeurs de l'île.*

Circulation — Un permis local est indispensable (EC$ 30) ; il peut s'acheter aisément dans les aéroports, auprès des agences de location de voitures ou au bureau « Trafic Department », High Street, Roseau, à condition d'avoir plus de 25 ans et au moins deux ans de conduite. Pour la location d'un véhicule, compter autour de US$ 50 la journée. Préférer un véhicule type 4X4, les routes étant très abîmées. Attention aux camions qui roulent vite et souvent au milieu de la route.
Les principales agences de location de voitures sont installées à Roseau et proposent de livrer gratuitement le véhicule à l'aéroport de Canefield :

Avis — *4, High Street,* ☎ *448 0413.*

Valley Rent-a-Car — *Goodwill Road,* ☎ *448-3233 ; autre agence à Portsmouth,* ☎ *445-5252.*

Se rendre à la Dominique

Avion — L'île est desservie par deux aéroports. *Melville Hall* (☎ *448 21 81*) est le plus grand, mais aussi le plus éloigné de Roseau *(compter 1 h à 1 h 30 pour s'y rendre)* et des infrastructures hôtelières. Celui de *Canefield* (☎ *445 71 09*), plus petit mais situé à seulement 5 km de Roseau, est le plus pratique (pas d'agence de location de voitures, mais on vient vous chercher si vous avez réservé). Procurez-vous, au bureau de l'Office de tourisme, l'utile brochure *Discover Dominica*.
La compagnie aérienne **LIAT** *(à Roseau : King George V Street,* ☎ *448 2421 ou 2)* affrète quatre vols quotidiens au départ de la Guadeloupe, dont un sur Melville Hall. Depuis la Martinique (via Sainte Lucie), les deux vols quotidiens se dirigent l'un vers Melville Hall, l'autre vers Canefield.
Air Guadeloupe dessert quotidiennement l'aéroport de Canefield : *à Pointe-à-Pitre,* ☎ *(0590) 82 47 47 ; à Roseau,* ☎ *448 2181 ; à Paris,* ☎ *01 47 47 51 20.* Taxe de départ de 50 EC$.

Bateau — La Dominique est facilement accessible depuis Fort-de-France ou Pointe-à-Pitre. Plusieurs compagnies assurent une escale à Roseau :

Trans-Antilles Express — *à Paris,* ☎ *01 42 66 20 40.*

L'Express des Îles : *à Paris,* ☎ *01 44 26 46 46 ; à Pointe-à-Pitre,* ☎ *05 90 83 12 45 ; à Fort-de-France,* ☎ *05 96 63 12 11 ; à Roseau,* ☎ *001 767-448 2181. www.express-des-îles.com*
Taxe de départ de 45 EC$.

Vie pratique

Magasins — *Ouverts de 8 h à 13 h et de 14 h à 16 h en semaine, de 8 h à 13 h le samedi.* Certaines boutiques ne ferment pas à l'heure du déjeuner.

Bureau de poste — *La poste centrale (à Roseau) est à l'angle de Bay Street et de King George V Street ; ouverture de 8 h à 16 h en semaine.*

Internet — *Guide :* http://ladominique.free.fr/. Si vous voulez récupérer vos e-mails, *Corner House, 6 King George Street,* ☎ *449 9000.* Ouvert tous les jours de 7 h 30 à 22 h sauf le dimanche. 8 EC$ la demi-heure.

Banques — Ouvertes de 8 h à 15 h du lundi au jeudi, 17 h le vendredi.

Ambulance, pompiers, police — ☎ *999.*

Princess Margaret Hospital — *Quartier de Goodwill au Nord de Roseau,* ☎ *448 2231 ou 33.*

Poids et mesures — Distances en miles et poids en livres.

Jours fériés particuliers
– Lundi et Mardi gras : Carnaval
– Premier lundi d'août : August Monday
– 3 novembre : Independence Day
– 4 novembre : Community Service Day

Hébergement

Les hôtels majorent leurs tarifs d'une taxe gouvernementale de 5 %, les restaurants de 3 %. Le service n'est pas toujours inclus dans la note.

Tamarind Tree *(Valeur sûre)* — *Côte Ouest, entre la plage de Macoucherie et Salisbury,* ☎ *449 7395.* www.tamarindtreedominica.com. Un bien agréable hôtel familial offrant un panorama sur l'océan et sur le morne Diablotin. Chambres sympathiques équipées de réfrigérateurs, ventilateurs, télévision sur demande. Restaurant, bar et piscine. Nombreuses activités dont naturellement la plongée et le « whale-watching » (observation des baleines). De 66 à 75 US$ selon la saison pour une chambre double.

DOMINICA

Anchorage Hôtel *(Valeur sûre)* – Au Sud de Roseau, PO Box 34, ☏ 448 2638, fax 448 5680. www.anchoragehotel.dm. 32 chambres avec climatisation, téléphone, télévision câblée, terrasse sur la piscine ou l'océan. Un restaurant aéré et un bar agréable complètent le décor de cet endroit simple et sympathique. Deux bateaux, une vedette rapide et un catamaran à moteur, vous emmènent plonger ou regarder les baleines nombreuses au large de l'île. Excursions (payantes) proposées tous les jours. US$ 95 pour une chambre double toute l'année.

Lauro Club *(Valeur sûre)* – Côte Ouest, ☏ 449 6602, fax 449 6603. Située au Nord de Salisbury, au sommet d'une falaise, cette tranquille villégiature groupant des bungalows offre un beau panorama sur la côte et la mer. Piscine, bar-restaurant. Chambre double à partir de US$ 60 en basse saison et de US$ 75 en pleine saison.

Papillote Wilderness Retreat *(Valeur sûre)* – À Trafalgar, aux confins du Morne Trois Pitons National Park, ☏ 448 2287, fax 448 2285. Petit hôtel-restaurant rustique inscrit dans un décor tropical montagnard. Équipement simple. Chambre double à US$ 85, même prix toute l'année.

Castaways Beach Hotel *(Valeur sûre)* – Côte Ouest, à Mero. ☏ 449 6244 ou 5, fax 449 6246. Établissement sans fard construit en bordure d'une plage. Centre de plongée (Castaways Dive Center). Chambre double à US$ 120, même prix toute l'année.

Fort Young Hotel *(Une petite folie !)* – PO Box 519, ☏ 448 5000, fax 448 8065, www.fortyounghotel.com. Contrairement à ce qu'indique son nom, cet ancien fort date de 1770. Transformé en un hôtel luxueux, ses 53 chambres confortables donnent sur l'océan. Piscine, bar et restaurant complètent l'agrément de l'hôtel qui offre aussi de nombreuses activités nautiques et pédestres. De 95 à 235 US$ selon la vue pour une chambre double.

ROSEAU

La capitale de la Dominique s'est développée au Sud de la côte sous le vent, autour de l'embouchure de la Roseau Queen's River. Le centre-ville, construit sur la rive gauche de la rivière selon un plan quadrillé comme Pointe-à-Pitre et Fort-de-France, possède un côté désuet qui le rend plaisant.

Des maisons étroites, en bois coloré de vert et de bleu ou en pierre, s'alignent de part et d'autre de **Cork Street**, **Great George Street** ou **King George V Street**. Fréquemment, une boutique ou un entrepôt occupe le rez-de-chaussée, tandis que l'étage est réservé à l'habitation. Certaines d'entre elles sont agrémentées de balcons ou de vérandas en encorbellement, supportés par de grandes consoles en métal.

De King George V Street, on passe dans Virgin Lane où se trouve la **cathédrale**, sobre édifice que caractérisent ses baies ogivales et son massif clocher quadrangulaire. Le dimanche matin, à l'heure de l'office, il faut flâner dans les rues autour des lieux de culte. La ferveur religieuse des habitants se traduit par leur entrain à chanter. Gospel ou reggae, qu'importe le cantique pourvu qu'on ait le rythme.

Maison à Roseau

En redescendant vers la mer, à l'angle de Bay Street et de Church Street se trouve le **Dominica Museum**, au-dessus de l'Office de tourisme. On y trouve une présentation du mode de vie des anciens indiens Caraïbes et des Arawaks. En traversant l'Office de tourisme, on se trouve sur une petite place pavée, ornée d'un monument de fer forgé. Cette place était le marché aux esclaves **(the Old Market)** et le monument se dresse sur l'emplacement où se déroulaient les enchères.

À 10 mn à pied vers le Nord, la promenade du Jardin Botanique planté en 1890 vous fera découvrir les énormes banians et la volière qui abrite les deux gloires nationales dominicaines, le perroquet *Jaco* et le *Sisserou*, oiseaux endémiques de l'île. En revenant vers la sortie, vous remarquerez le bus scolaire jaune, complètement écrasé par un baobab pendant le cyclone David en 1979. Tous les passagers ont survécu ainsi que l'arbre qui continue à pousser dans cette curieuse position.

1 LE CENTRE ET LE NORD DE L'ÎLE

Les curiosités décrites ci-dessous peuvent être découvertes dans le cadre d'un circuit (de 140 km) à effectuer au départ de Roseau, dans le sens inverse des aiguilles d'une montre.

★**Emerald Pool** – *À environ 20 km de Roseau, direction Castle Bruce. Garer sa voiture sur le parking.* Un sentier s'enfonce dans la forêt tropicale où se distinguent les gommiers au tronc massif, les fougères arborescentes et les épiphytes *zel-mouches* d'un vert superbe. Une cascade se déverse dans la petite piscine naturelle dont les eaux claires invitent à la baignade. Le sentier conduit ensuite à un belvédère d'où la vue s'étend sur une partie de la côte Est, puis revient vers le parking. Tranquille le matin et en fin d'après-midi, l'endroit est quelquefois envahi par les mini-bus des tours organisés.

DOMINICA

Carib Indian Reservation

★★**Carib Indian Reservation** – *Route côtière au Nord de Castle Bruce.* Couvrant 1 500 ha entre Castle Bruce et Pagua Bay, sur la côte atlantique, cette réserve abrite depuis 1903 les descendants des Indiens caraïbes. Au nombre de 3 000, ceux-ci vivent dans des cases souvent posées sur des pilotis, qu'ils construisent eux-mêmes ; exiguës, elles leur servent surtout de chambre à coucher, car l'essentiel de la vie des Indiens se passe à l'extérieur. Les Caraïbes dédaignent la propriété et ne possèdent pas grand-chose en propre en dehors de leur habitat ; tout au plus se choisissent-ils sur la réserve un lopin où ils pratiquent quelques cultures et élèvent du petit bétail.
Un chef élu pour cinq ans règle, s'il y a lieu, les litiges au sein de la communauté rassemblée dans trois villages aux toponymes indubitablement caraïbes : Bataka, Salybia et Sineku.
De beaux articles de vannerie sont vendus le long de la route où l'on aperçoit aussi quelques pirogues taillées à la hache directement dans des troncs de gommiers. De plus en plus d'adultes travaillent à l'extérieur de la réserve, notamment dans des plantations de bananiers.

Cabrits National Park – *2 km au Nord de Portsmouth.* Ce parc s'étend sur une presqu'île formée de mornes jumeaux, qui ferme au Nord la Prince Ruppert Bay. Du **Fort Shirley**, dont les bâtiments datant du 18e et du 19e s. bénéficient d'une intéressante restauration, on jouit d'une belle **vue** sur la baie.

Indian River ⓥ – *Au Sud de Portsmouth sur la route littorale ; stationner à côté du pont où attendent les guides et les embarcations.* Remontée en pirogue, sur quelques centaines de mètres, du cours d'une rivière aux eaux assoupies. Certains arbres penchés au-dessus du lit témoignent encore du passage de l'ouragan Marilyn en septembre 1995. La végétation des berges : roseaux, fougères et surtout une variété de palétuvier appelée mangle-rivière, se mirant dans le plan d'eau, devient de plus en plus spectaculaire au fur et à mesure de la remontée vers l'amont ; il n'est pas rare d'apercevoir des poissons en surface et des animaux sur les rives. Le voyage, un peu court (1/2 h AR), aboutit à une buvette, le Bush Bar, dont le surgissement inattendu brise en partie le charme de la visite. Retour par la même voie.

Dublanc – Ce petit village au nom bien français regroupe des cases colorées dont les toits de tôle déploient toute la gamme des tons de rouille. À environ 4,5 miles du village débute le morne Diablotin Trail.

Suspension Bridge – *Remonter la vallée de la Layou River. La route traverse la rivière ; s'engager à gauche sur un petit chemin de terre qui gagne la rive.* Cet étroit pont suspendu, le seul de la Dominique, semble attendre le passage de quelque aventurier, style « Indiana Jones ».

★ ② BOILING LAKE ⓥ

Sortir de Roseau par l'Est. Bifurquer trois fois à gauche pour arriver à Laudat, petit village qui marque le début de la randonnée.

Cette excursion magnifique au cœur du Morne Trois Pitons National Park, se déroule en partie dans un environnement de vapeurs et de fumerolles soufrées avant d'aboutir à un lac de cratère bouillonnant. Elle est réservée aux randonneurs expérimentés.

Compter 7 h AR. La progression est longue et difficile, nécessitant parfois l'escalade de pentes rendues glissantes par de fréquentes averses. Guide fortement recommandé. Emporter boisson et nourriture, vêtement chaud et K-way.

La piste, accidentée et pittoresque, traverse la forêt tropicale, franchit des torrents, escalade des mornes, avant d'aboutir dans l'inquiétante **Valley of Desolation** où la végétation brûlée par les émanations de soufre se limite à une maigre savane d'altitude et à des lichens. Après le franchissement de quelques ruisseaux colorés, Boiling Lake apparaît sous un nuage de vapeur soufrée. L'opacité du site, la chaleur cotonneuse qui l'envahit transportent le randonneur sur une autre planète, le récompensant de ses efforts.

De retour vers Roseau, consacrer les quelques forces restantes à un court crochet *(tourner à gauche vers Trafalgar à 4 km de Laudat)* aux **Trafalgar Falls**. Il suffit de marcher 10 mn sur le sentier qui débute 1,5 km au-delà du hameau de Trafalgar pour contempler, depuis un belvédère, la plus spectaculaire de ces chutes, d'une hauteur de 60 m.

Les îles au trésor...

Des témoignages concordants rapportent que, vers 1587, les Caraïbes de la Dominique avaient amassé dans une grotte un fabuleux trésor constitué de lingots d'argent, de piastres et autres monnaies récupérés sur plusieurs navires naufragés dont les équipages auraient fini dans les estomacs des Indiens cannibales. Le tas était si haut, paraît-il, qu'il masquait un homme à cheval se tenant de l'autre côté. La flottille était-elle espagnole ? Venait-elle de Cuba ? Le mystère demeure d'autant plus épais qu'on n'entendit plus parler du trésor par la suite.

Si, au cours de votre séjour dans les Petites Antilles, il vous arrivait de découvrir un trésor de l'époque des galions, celui-ci comprendrait sans doute des pièces espagnoles d'or (pistole) ou d'argent (doublon ou écu, piastre du Mexique dite *Peso Gordo*), des monnaies hollandaises (florin, risdale, ducat), et plus rarement des écus français ou des guinées anglaises.

GRENADA★

Carte « Les plus belles îles », p. 11, **U**

LA GRENADE – 120 000 habitants (les Grenadiens) – 334 km²
(Carriacou 7 000 habitants – 30 km²)

Nom caraïbe de la Grenade : Cumahogne
Nom caraïbe de Carriacou : Kayryouacou (Tortue)
Surnom de la Grenade : Isle of Spice (L'île aux épices)

Extrémité Sud de l'arc des Petites Antilles, la Grenade est constituée de trois îles principales : la Grenade proprement dite, qui couvre 90 % du territoire, et les îles plus petites de Carriacou et de Petit Martinique appartenant à l'archipel des Grenadines. L'histoire de la Grenade, jeune État indépendant, est jalonnée d'épisodes guerriers, le dernier en date lié à l'intervention américaine de 1983.

LA PETITE ÉPICERIE DES ANTILLES

Verts paysages – La Grenade proprement dite, longue de 30 km et large de 13, conserve de son origine volcanique le Mount Saint Catherine, volcan éteint haut de 840 m, et les lacs de cratère Lake Antoine et Grand Etang. La côte Sud, découpée en longues et étroites péninsules, concentre près des plages les infrastructures hôtelières. Sur les rivages déserts de la côte au vent nichent des dizaines d'espèces d'oiseaux et viennent se reproduire les tortues de mer. Ailleurs, l'île, sillonnée de profondes vallées arrosées par de nombreuses rivières, demeure très verte malgré la dégradation de la végétation naturelle occasionnée autrefois par la culture de la canne.

Une île disputée – Le nom de Grenade, souvenir de la ville d'Espagne du même nom, sera préféré à celui d'*Asunción* choisi par Colomb qui aperçut l'île en 1498. 1609 voit l'échec d'une première tentative d'installation de colons anglais planteurs de tabac, vite décimés par les Caraïbes. En 1650, le gouverneur de la Martinique Dyel du Parquet « achète » l'île aux Indiens et les Français y établissent un comptoir de commerce non loin de l'actuelle Saint George's ; des heurts incessants conduiront bientôt à l'élimination des Caraïbes *(voir ci-dessous, Gouyave)*. La culture du tabac et de l'indigo se développe pendant un siècle puis, en 1762, l'amiral anglais Rodney conquiert l'île, que les deux puissances vont se disputer jusqu'au traité de Versailles en 1783. Les nouveaux propriétaires anglais introduisent la canne à sucre et viennent à bout, en 1795, de la révolte des planteurs français menés par Julien Fedon et gagnés aux idées de la Révolution.

GRENADA

Indépendante depuis 1974, la Grenade fut, en octobre 1983, le théâtre d'un des ultimes épisodes de la Guerre froide : les États-Unis, inquiets du rapprochement du nouveau gouvernement progressiste de Maurice Bishop avec le régime du *Lider Maximo* Fidel Castro, dépêchèrent sur l'île des unités de Marines qui eurent tôt fait de rétablir l'ordre antérieur.

Un surnom mérité – La noix de muscade, introduite à la Grenade au 19e s., a pleinement atteint son objectif commercial : deuxième producteur mondial, la Grenade place parfois la fleur du muscadier sur son drapeau national. En plus de la noix de muscade et du macis (enveloppe de la noix, également utilisée à titre de condiment), « l'île aux épices » produit une douzaine d'autres aromates : clous de girofle, cannelle, gingembre, laurier, safran, cinnamone, poivre noir, etc. Les épices sont transformées sur place dans plusieurs usines, à Grenville et Charlotte Town (Gouyave) notamment. Leur symphonie odorante se retrouve sur les marchés *(voir ci-dessous, Saint George's)*, dans les boutiques de souvenirs et bien sûr dans la gastronomie locale : sauces épicées, bière au gingembre et muscade préparée de diverses manières (sauces, sirop, confiture) doivent à coup sûr faire partie d'une découverte de la Grenade.

SAINT GEORGE'S

La capitale de l'île fut fondée en 1705 par les Français dans un site agréable entre mer et collines. Il convient de visiter la ville à pied, mais un moyen de transport sera le bienvenu pour se rendre au Fort George.

Bâti sur un promontoire, **Fort George** offre un beau panorama sur la ville et son site. L'agglomération s'est développée autour d'une anse abritée qu'échancrent deux ports naturels : le Lagoon, au Sud, voué à la plaisance, et le Carenage, au Nord, qui dessert la ville elle-même.

Saint George's est constituée de maisons individuelles aux couleurs pastel, étagées en amphithéâtre sur le versant du Carenage, et d'alignements mitoyens de maisons de briques couvertes de tuiles en « écailles de poisson », héritées de la période coloniale, qui forment le centre-ville dont les commerces et surtout le marché pittoresque font l'animation.

★ **Marché** – Il a lieu tous les jours sur Market Square, mais c'est le samedi matin qu'il prodigue le plus d'animation et de couleurs : parfums et musique créent une ambiance conviviale autour des tables dressées à l'ombre des parasols. Noix de muscade, safran, gingembre et clous de girofle parfument les deux halles sous lesquelles sont vendues ces épices. Ce marché, parmi les plus chaleureux des Petites Antilles, est une curiosité incontournable ; on y assiste aux marchandages et discussions en anglais teinté de créole, et on s'y imprègne de rythmes calypso ou reggae.

CARNET PRATIQUE

Pour les généralités, se reporter au chapitre des Informations pratiques en début de volume.

La Grenade

Offices de tourisme – Il n'existe pas de représentation en France, mais il est possible d'obtenir des informations auprès des agences suivantes :

Allemagne – *Grenada Board of Tourism, Liebigstrasse 8, 60323 Frankfurt am Main,* ☎ *(0049 069) 72 69 08.*

Royaume-Uni – *Grenada Board of Tourism, 1, Collingham Gardens, Earls Court, London SW5 0HW,* ☎ *(0044) 1 71 370 5164 ou 5.*

À Saint George's – *Grenada Board of Tourism, The Carenage, PO Box 293, Saint George's, Grenada, West Indies,* ☎ *(00 1 473) 440 2001 ou 2279, fax 440 6637. E-mail gbt@caribsurf.com*

Formalités d'entrée – Carte d'identité ou passeport en cours de validité et billet de retour ou de continuation exigés. Il est généralement demandé la durée du séjour : ne pas oublier d'inclure Carriacou si vous devez vous y rendre.

Argent – La monnaie est le dollar Est Caraïbe (EC$), à acquérir sur place, de préférence en échange de dollars américains (US$) – 1 US$ vaut environ 2,70 EC$. Le paiement en US$ est par ailleurs bienvenu. Les cartes Visa, Mastercard et American Express sont acceptées.

Circulation – Un permis local est indispensable (EC$ 30), disponible auprès des agences de location de voitures : **Avis**, *à Saint George's,* ☎ *440 3936* ; **David's Car Rentals**, représenté à l'aéroport, ainsi que dans trois hôtels de Grand Anse Bay, ☎ *444 3399* ; **Dollar Rent a Car**, *à l'aéroport,* ☎ *444 4786.* Location d'un véhicule autour de US$ 60 la journée.

GRENADA

Conduite à gauche, sur des routes souvent étroites, sinueuses et dangereuses ; prudence aux carrefours, utilisation du klaxon dans les virages et attention aux chauffeurs de bus qui s'approprient toute la route. Carte routière nécessaire.

Se rendre à la Grenade en avion

Point Salines International Airport se situe à 6 km au Sud-Ouest de Saint George's. On trouve, à l'aérogare, Office de tourisme, boutiques et téléphone à partir duquel on peut appeler gratuitement son agence de location de voitures si la réservation a été faite avant le départ (certaines ont leurs bureaux sur place).

Vol direct depuis Londres le dimanche par **British Airways**, les samedi, dimanche et lundi par **BWIA International** (depuis Francfort, Londres, Stockholm). À partir de la Martinique, la **LIAT** assure des vols quotidiens avec escale à la Barbade ou à Sainte-Lucie. Au départ de Paris, vol **Air France** jusqu'à Fort-de-France, relayé par la **LIAT** ou **Air Martinique** (ligne de la Barbade).

Taxe de départ de 45 EC$.

France – Air France, ☎ 0 802 802 802. Air Martinique, ☎ 01 47 47 51 20. British Airways, ☎ 0 802 802 902.

Grenade – British Airways et LIAT, ☎ 440 2796 (à l'aéroport, ☎ 444 4121) ; BWIA International (à l'aéroport, ☎ 444 4134, à Saint George's, ☎ 440 3818).

Vie pratique

Magasins – Généralement ouverts de 8h à 16h (13h le samedi).

Bureau de poste – Le bureau central est situé sur le Carenage de Saint George's. Ouverture en semaine de 8h à 11h45 et de 13h à 16h (17h le vendredi).

Banques – Ouverture de 8h à 13h, 14h ou 15h du lundi au jeudi, de 8h à 13h et de 14h30 à 17h le vendredi.

Ambulance – ☎ 434 ou 444 2113.

Police et pompiers – ☎ 911.

Poids et mesures – Distances en miles, poids en livres et capacités en gallons.

Jours fériés particuliers
– 7 février : Independence Day
– Premier lundi et mardi d'août : Fête de l'Émancipation
– 25 octobre : Thanksgiving

Hébergement

Les hôtels majorent leurs prix d'une taxe de 18 % (10 % pour le service et 8 % pour la taxe gouvernementale). Grand Anse Bay, au Sud de Saint George's, concentre les principaux hébergements de l'île.

Saint George's – Agent de la circulation

La Sagesse Nature Centre (À bon compte) – À La Sagesse Bay, ☎/fax 444 6458. Hôtel-bar-restaurant bénéficiant d'un cadre authentique. Chambre double à partir de US$ 50 en basse saison et de US$ 60 en haute saison.

Coyaba Beach Resort (Valeur sûre) – Au centre de la plage de Grand Anse, ☎ 444 4129, fax 444 4808. Agréable hôtel de 40 chambres avec piscine, restaurant, location de planches à voile et voiliers, club de plongée. Chambre double à US$ 110 en basse saison et US$ 190 en haute saison.

Restauration

Morne Fendue (Valeur sûre) – À Sauteurs, ☎ 442 9330. Le Betty Mascoll's Plantation House, restaurant considéré comme la meilleure adresse pour déguster une cuisine typiquement grenadienne, a pour cadre une élégante maison de planteur. Trois chambres d'hôtes. Réservation nécessaire. Restaurant ouvert tous les jours de 12h30 à 14h, déjeuner sous forme de buffet à EC$ 40.

GRENADA

Carriacou

Accès

Avion – Lauriston Airport, l'aéroport de Carriacou, est certainement l'un des plus pittoresques des Petites Antilles : minuscule aérogare, et route coupant la piste (gare aux avions !).
Vols quotidiens (12 mn) AR la Grenade-Carriacou par la **LIAT**. L'aéroport dessert aussi tous les jours Union Island, Saint-Vincent, Sainte-Lucie, la Martinique et Antigua.
Comptoir de la LIAT et **Airlines of Carriacou**, ☎ 444 3549.

Bateau – Approche intéressante si l'on dispose de suffisamment de temps (durée de la traversée : 3 à 4 h) ; le ferry part du Carenage de Saint George's les mardi, mercredi et samedi à 9 h 30, vendredi à 11 h et dimanche à 7 h. Depuis Carriacou (Hillsborough), départs pour Saint George's les lundi et jeudi à 10 h, mercredi et samedi à 13 h et dimanche à 8 h 30.

Circulation – Les véhicules sont loués par les habitants (un 4X4 est recommandé) : *Martin Bullen* (☎ 443 7204), *John Gabriel* (☎ 443 7454), etc. (demander au taxi à l'aérodrome).

Hébergement et restauration

Cassada Bay Resort *(À bon compte)* – ☎ 443 7317, fax 443 8435. Bungalows étagés sur le versant, avec vue imprenable sur Manchineel Bay. Restaurant en face de l'hôtel, supermarché en dessous ; certains bungalows sont équipés de kitchenette. Sur demande, sorties en bateau vers White Island ou Sandy Island. Chambre double à partir de US$ 21, même tarif toute l'année.

Saint George's – Market Square

1 LES CÔTES AU VENT ET SOUS LE VENT

Circuit de 95 km – compter une journée

S'engager sur la route côtière au Nord de Saint George's.

La pittoresque route côtière est jalonnée de petits villages noyés dans la végétation exubérante qui habille les versants jusqu'à la mer. Les nombreux virages procurent autant de vues originales où bananeraies, cocotiers, habitat diffus et pêcheurs composent un paysage sans cesse renouvelé.
Passé Halifax Harbour (autre port naturel de la côte Ouest), on arrive à Concord, village inscrit dans une grande courbe.

Concord Falls – *S'engager à droite dans le village*. La route *(2,5 km, prendre garde aux nids-de-poule)* remonte la vallée de la Black Bay River jusqu'à une première chute d'eau *(baignade possible)*. On accède à deux autres chutes en suivant un sentier.
Revenir vers Concord et poursuivre sur la route côtière.

La route longe ensuite le rivage, traversant un secteur planté d'arbres à pain, immortels et bananiers.
En vue de Gouyave, prendre la route à droite, juste avant le pont franchissant la Gouyave River.

GRENADA

Dougaldston Estate – Séchage des noix de muscade

Dougaldston Estate – Il subsiste de cette usine de traitement d'épices, dont l'activité a cessé, une construction en bois. Devant, les noix de muscade récoltées par les paysans sèchent encore sur des plateformes montées sur rails afin de les dissimuler sous le bâtiment en cas de pluie.

Gouyave – Ce typique village de pêcheurs ne manque pas de charme avec ses échoppes ouvertes sur la rue principale.
Un peu plus loin, un autre village de pêcheurs, **Victoria**, possède également du cachet.
À la pointe des Orties, la vue ménage une échappée sur l'île de Carriacou.
À partir de Duquesne Bay, la route quitte le littoral pour s'enfoncer à l'intérieur des terres. De petits villages pittoresques – **Duquesne, Union** – s'égrènent le long du parcours ; après Welcome Hall apparaissent des plantations de cacaoyers.
Le nom de **Sauteurs**, petite station balnéaire bénéficiant d'une longue plage, évoque un épisode tragique de la colonisation : en 1651, les Caraïbes – hommes, femmes et enfants – se jetèrent du haut de la falaise plutôt que de se rendre aux Français.
Continuer jusqu'à Morne Fendue, puis tourner à gauche vers River Sallee. Au carrefour, tourner à gauche pour rejoindre la côte.

Grenada Bay – Cette baie de la côte Est possède une longue plage de sable foncé, Bathways Beach, bordée de raisiniers bord-de-mer. Un récif corallien frangeant délimite une sorte de piscine naturelle. Le panorama embrasse, d'Ouest en Est, les îlets de Sugar Loaf (privé), Green Island et Sandy Island. La maison du Levera National Park, devant le parking, expose objets traditionnels, coquillages et panneaux expliquant la géologie locale. Des échoppes ambulantes proposent une restauration rapide.

Levera Bay – *2 km au Nord de Grenada Bay ; accès par la piste en terre.* Le plus souvent déserte, cette large plage de sable doré jouxte une mangrove. L'absence de tout aménagement crée un cadre pittoresque, agrémenté par la présence de l'îlet conique de Sugar Loaf. À l'horizon se découpent les silhouettes des Grenadines.
Revenir sur Grenada Bay. À River Sallee, tourner à gauche ; 1,5 km plus loin, prendre la piste à droite en direction de Lake Antoine.

Lake Antoine – Ce lac de cratère explosif de type maar, d'une forme circulaire presque parfaite, s'est formé il y a environ 15 000 ans, éventrant des brèches volcaniques nettement plus anciennes.
Reprendre la route littorale et tourner à droite à La Poterie, puis à gauche à Tivoli (devant l'esplanade de l'église).

Jusqu'à Grenville, la route est pittoresque ; remarquer, à Pearls, les cases sur pilotis.
Tourner à gauche vers Grand Etang.

On pénètre progressivement dans la forêt tropicale humide.

GRENADA

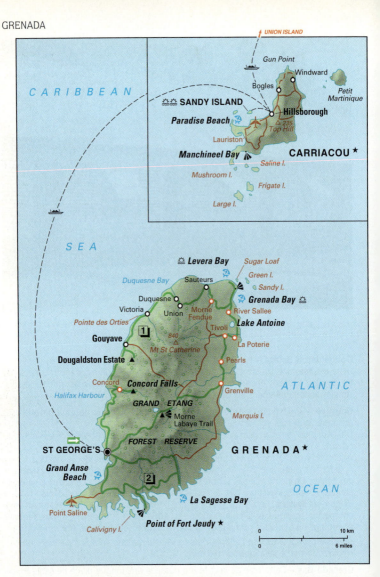

Grand Etang Forest Reserve – *Parking un peu avant le col.* Le **Morne Labaye Trail**, courte piste aménagée de marches, grimpe jusqu'à un mirador. Le panorama embrasse la côte Est, au Sud de Grenville, avec la petite île de Marquis Island.
Le **Grand Etang Lake**, lac de cratère situé de l'autre côté de la route, est visible depuis le mirador et accessible à pied par un sentier. La fréquentation en est familiale.
Retour sur Saint George's en poursuivant sur la même route au-delà du col.

2 LES PÉNINSULES DU SUD
Circuit de 50 km au départ de Saint George's – 3 h

Moins montagneux que le reste de l'île, le Sud de la Grenade possède un réseau routier plus dense, innervant les nombreuses péninsules effilées qui découpent la côte.

Grand Anse Beach – Large plage de sable noir bordée par quelques grands hôtels, s'étendant sur près de 3 km.

★**Point of Fort Jeudy** – Cette péninsule circonscrite par des falaises est parsemée de villas commandant à de vastes domaines. La végétation rase, balayée par le vent, consiste en broussailles et cactées ; des bombes volcaniques jonchent le sol. La **vue**, remarquable, permet d'apprécier l'étonnant découpage du littoral ; vers l'Ouest, elle porte sur Calivigny Island et Hog Island.

La Sagesse Bay – L'entrée se situe sur la Eastern Main Road, après Syracuse et Corinth, en face d'une ancienne distillerie et d'un moulin abandonnés. Le chemin de terre mène à La Sagesse Nature Centre à travers une bananeraie.

GRENADA

La vogue rasta

Aujourd'hui présent dans la majeure partie des îles anglophones des Caraïbes, le rastafarisme est né à la Jamaïque vers la fin des années 1920 sous l'impulsion de Marcus Garvey, défenseur du retour en Afrique ; sa prédiction selon laquelle le nouveau Messie serait un jeune dieu qui allait être couronné en Afrique se réalisa en 1930, lorsque le ras (prince) Tafari devint empereur d'Éthiopie sous le nom d'Haïlé Sélassié. En Guadeloupe et en Martinique cependant, l'esprit rasta revêt un caractère moins de religion que de refus de l'occidentalisme et de toute culture « coloniale ».

Le rastafarisme affirme la supériorité de la culture noire *(Black Pride)* et l'Éthiopie est sa terre promise. Les adeptes doivent impérativement fuir « Babylone » (la bourgeoisie, le capitalisme, le travail) et respecter un mode de vie particulier : régime végétarien, non-violence, rejet des soins médicaux, du mariage et de la contraception.

Les cheveux coiffés en longues nattes appelées *dreadlocks*, sous un large bonnet unissant les couleurs de l'Éthiopie (vert, rouge et jaune) au noir emblématique de l'Afrique, le rasta fume de la *ganja* (marijuana), pratique qui a valeur de sacrement. Dans les années 1970, le rastafarisme a joué un rôle important dans le développement du *reggae*, musique spirituelle censée porter le message rasta.

Se garer avant la barrière et continuer à pied.
L'anse décrit une courbe accentuée où se blottit une plage de sable noir bordée de cocotiers. Retiré mais fréquenté, c'est un séjour apprécié, grâce notamment au charme de son auberge La Sagesse Nature Centre *(voir carnet pratique)*.
Retour à Saint George's par la route de l'intérieur.

Jour de lessive

★ ÎLE DE CARRIACOU

Carriacou, située à 27 km au Nord de la Grenade, est l'île la plus vaste de l'archipel des Grenadines. C'est une destination originale, en marge des sentiers battus, qui a conservé un mode de vie nonchalant auquel il est très agréable de souscrire. Une journée suffit pour découvrir l'île, mais on peut aussi choisir d'y effectuer un séjour prolongé.

Hillsborough – Village sans cachet particulier, mais où règne une atmosphère très sympathique autour du marché et de la petite place en hémicycle adossée au débarcadère. Bars minuscules et « lolos » *(voir Sainte-Rose en Guadeloupe)* invitent à prendre un verre tout en se délectant d'une cuisse de poulet « boucané », en compagnie de convives très « couleur locale » et de vieux loups de mer.

Sandy Island – *Sur le petit port d'Hillsborough, des pêcheurs proposent leurs services ; fixer une heure pour le retour.*
Au large de Hillsborough, cette « caye » baignée d'eaux turquoise est un petit paradis. Les récifs abritent de véritables jardins sous-marins où coraux et poissons peuvent être contemplés en plongée avec masque et tuba *(attention : les coraux,*

GRENADA

Carriacou – Sandy Island

magnifiquement développés, atteignent presque la surface) ; la plage blanche qui borde l'îlet invite au farniente. La position de Sandy Island, à l'entrée de Hillsborough Bay, en fait aussi un mouillage de jour apprécié.

Le Nord de l'île – *Route littorale à partir de Hillsborough.* Une végétation sèche couvre l'ensemble du relief vallonné, coupé de ravines plongeant vers la mer. Au-delà de **Bogles**, la route fait place à une piste environnée de cactées, praticable uniquement en véhicule tout-terrain. Bientôt, la vue se dégage sur **Gun Point**, extrémité septentrionale de l'île ; au loin se découpent les silhouettes d'Union Island sur la gauche et de Petit Martinique sur la droite.

On retrouve la route en arrivant à **Windward**, charmant hameau fleuri coloré de bleu et de vert où vivent les descendants de charpentiers de marine écossais. De là, il est possible d'effectuer la traversée en bateau (20 mn) vers **Petit Martinique** *(uniquement les lundi, mercredi et vendredi ; se signaler sur le ponton. Il est conseillé en outre de bien définir les modalités de la course : tarif et heure de retour).*

Paradise Beach – Cette étroite plage de sable blanc, isolée de la route par un ruban de raisiniers bord-de-mer sous lesquels on peut garer sa voiture, occupe la partie Est de l'Esterre Bay, au Sud de Lauriston Airport. Au large se détachent, à l'Ouest, Mabouya Island, et à l'Est, Sandy Island.

Manchineel Bay – Cette large baie du Sud-Ouest de l'île offre un **panorama**★ grandiose sur la mer turquoise et les îlets Saline, White et Mushroom. Il n'y a pas de véritable plage en bordure du rivage, mais l'hôtel Cassada Bay dispose d'un bateau effectuant des traversées jusqu'aux îlets *(voir carnet pratique).*

MONTSERRAT

MONTSERRAT – Carte « Les plus belles îles », p. 11, **s**
12 500 habitants (les Montserratiens) – 102 km²

Nom Caraïbe : Alliouagana (Terre aux buissons épineux)
Surnom : Emerald Island (L'île émeraude)

Située à environ 50 km au Nord-Ouest de la Guadeloupe, Montserrat, peuplée de descendants de colons irlandais, est une petite île à la topographie rude que n'épargnent pas les catastrophes naturelles : après les terribles ravages du cyclone Hugo, qui détruisit en 1989 l'ensemble des bâtiments publics et arracha le quai du port de Plymouth, voici venu le temps du réveil de l'une de ses soufrières qui, s'il donne à voir un magnifique spectacle, menace les Montserratiens et limite l'accueil des touristes, auparavant principale ressource de l'île.

MONTSERRAT

VOLCANIQUE IRLANDAISE

Verte Erin aux Antilles – Christophe Colomb découvrit l'île en 1493 et la baptisa Montserrat, car son relief lui rappelait le site du monastère de Montserrat près de Barcelone. En 1632, des Irlandais de Saint Kitts se réfugièrent à Montserrat afin d'échapper aux persécutions menées par les protestants. D'autres colons suivirent, des « engagés » *(voir p. 72)* essentiellement irlandais. Il n'est donc pas étonnant que le trèfle, emblème de l'Irlande, s'y affiche aujourd'hui partout, et que la Saint-Patrick y soit célébrée avec ferveur.
Montserrat se couvrit de champs de canne et importa de la main-d'œuvre esclave. L'apogée du système sucrier se situe vers 1760, époque où l'île compte plus de cent plantations.
La traditionnelle rivalité franco-britannique n'a pas revêtu ici une grande intensité ; néanmoins, les Français occupèrent Montserrat de 1665 à 1712. Définitivement attribuée à l'Angleterre par le traité de Versailles (1783), l'île a choisi en 1967 de rester colonie britannique tout en acquérant une large autonomie interne.

Volcan en colère – Montserrat est surtout montagneuse, formée de quatre massifs principaux : au Nord, les collines de Silver Hill, burinées par l'érosion ; au centre, Centre Hills, plus élevé (741 m), entaillé de profondes vallées ; au Sud, **Soufrière Hills** (914 m au Chances Peak, point culminant de l'île), volcan actif en éruption depuis 1995 : fumerolles, explosions gazeuses, secousses telluriques et coulées de lave se succèdent ou se conjuguent pour manifester un réveil brutal et préoccupant.
En juin 1997, une brusque intensification de l'éruption, marquée par l'expulsion de millions de mètres cubes de cendres, de centaines de blocs rocheux en fusion et de deux importantes coulées de lave, a tué une trentaine de personnes et détruit sept villages. Placés sous la menace directe d'une nuée ardente, 4 000 Montserratiens ont dû être évacués vers le Nord de l'île. Muée en ville-fantôme, Plymouth s'est couverte de cendres et l'aéroport a été fermé pour une durée indéterminée.
Le « mur de Galway », empilement de coulées de lave en équilibre instable, modifie la topographie du littoral Sud-Est et menace de s'écrouler dans la mer. Ce dernier phénomène renforce le caractère abrupt de la côte au vent, bordée de falaises, tandis que la côte sous le vent, plus basse, rassemble la population et offre aux plaisanciers quelques mouillages.

CONSEILS PRATIQUES

L'humeur belliqueuse du volcan a conduit les autorités à interdire l'accès à la partie Sud de l'île. Se renseigner sur l'évolution de la situation auprès de l'organisme suivant :
Montserrat Tourist Board – *PO Box 7, Plymouth, Montserrat, West Indies,* ☎ *(00 1 664) 491 2230, fax 491 7430. www.visitmontserrat.com*
Les vols réguliers Paris-Pointe-à-Pitre via Saint-Martin, par AOM, passent à proximité de Montserrat, permettant d'observer l'éruption.
Liaisons par ferry ou hélicoptère à partir d'Antigua (aéroport international le plus proche) : **Montserrat Aviation Services**, ☎ *(664) 491 2533*. À partir de la Guadeloupe, **Alpha Aviation** (*aérodrome de Saint-François*, ☎ *05 90 88 74 50*) et **Les Ailes Guadeloupéennes** (*aéroport du Raizet*, ☎ *05 90 83 24 44*) organisent des excursions en petit avion (Cessna 172, Piper 28) qui incluent un tour de l'île de Montserrat.

SABA ★

SABA – Carte « Les plus belles îles », p. 11, **R**
1 000 habitants environ (les Sabans) – 13 km²

Nom Caraïbe : Amouhana
Surnom : Unspoiled Queen Island (La Reine vierge des Antilles)

À défaut de plages ombragées de cocotiers, Saba, la plus petite des Antilles néerlandaises, peut offrir quantité d'émotions fortes aux amateurs d'escalade : les innombrables marches taillées dans la pierre de ses versants pentus ont essoufflé des générations de visiteurs. Quant à l'atterrissage sur l'un des rares endroits plats de l'île et le plus petit aéroport des Antilles, c'est aussi une expérience peu commune. De magnifiques paysages et l'accueil sympathique des habitants sont la récompense de l'aventure.

SABA

UN PETIT COIN DE HOLLANDE SOUS LES TROPIQUES

L'île-volcan, le volcan-île – Sommet émergé d'un volcan depuis fort longtemps en sommeil, à part quelques jaillissements d'eau chaude, Saba présente des abords abrupts et rocheux dont l'aspect austère met en valeur la limpidité des eaux et la beauté des profondeurs sous-marines. L'altitude élevée (point culminant au Mount Scenery, alt. 887 m) offre une belle diversité d'étages de végétation. Le sec versant occidental contraste avec son opposé plus vert, une jungle luxuriante où fleurissent les orchidées. De nombreuses espèces d'oiseaux marins fréquentent la côte ; l'intérieur est habité par d'inoffensifs petits lézards, serpents et crapauds arboricoles ; en altitude, on apercevra des oiseaux-mouches et des paradisiers.

Travaux d'Hercule aux Antilles – Pendant des siècles, personnes et marchandises ont gravi les hauteurs de Saba à pied ou sur la tête d'étonnants porteurs noirs qui empruntaient le *ladder*, escalier géant de plusieurs centaines de marches reliant Ladder Bay à The Bottom. L'aménagement d'un réseau routier dans un tel environnement fut jugé impossible jusqu'en 1938. À partir de cette date, et pendant une vingtaine d'années, les habitants de Saba construisirent à la pelle l'unique route de l'île, de Fort Bay à Windwardside, en luttant contre la roche et la pente. Un insulaire opiniâtre s'était formé au génie civil par correspondance, afin d'être capable de diriger cette folle entreprise. Le tracé raide et sinueux oblige aujourd'hui les quelques automobilistes de Saba à effectuer maintes acrobaties sur le parcours.

Saba – Vue aérienne

Saba la paisible – On a mis au jour quatre sites archéologiques d'origine arawak à Saba : The Bottom, Saint John's, Windwardside et Spring Bay. Christophe Colomb révèle l'île à l'Europe le 13 novembre 1493. Au début du 17e s., les eaux poissonneuses de Saba attirent l'attention et, en 1640, un petit groupe de Hollandai débarque en provenance de Sint Eustatius. L'absence de rivières et de terrains plat pour les cultures limite le développement des plantations et donc de l'esclavage maître et esclaves – il y en eut néanmoins (en 1650 l'île comptait 200 habitants 57 Hollandais, 54 Anglais, 65 esclaves) – travaillent souvent côte à côte et une intégration plus profonde qu'ailleurs s'ensuivra avec le temps. Un cyclone en 1772, pui la rivalité anglo-française rompent un temps le rythme tranquille de la vie à Saba Depuis 1816 possession hollandaise aux Caraïbes, l'île a repris le cours d'une histoir paisible : le tourisme et surtout le travail dans les raffineries pétrolières de Curaça ont pris le relais de l'agriculture.

CURIOSITÉS

Juancho E. Yrausquin Airport – Établi à Flat Point (« l'endroit plat »), l'aérc drome de Saba est très insolite. D'une longueur de 400 m environ, tracée entr rocs et falaises, la piste semble bien petite lors des atterrissages et décollages q peuvent provoquer quelques frissons. Certaines boutiques de l'île vendent d'ailleur plots magnétiques et T-shirts portant une sympathique inscription : *I survived th landing* (« j'ai survécu à l'atterrissage ») – *Saba*. Dans la sorte de cabanon qui tier lieu d'aérogare, une vitrine expose les types d'appareils capables d'atterrir sur cett courte piste. À l'extérieur, des fonctionnaires de l'aérodrome jouent aux domino

CARNET PRATIQUE

Pour les généralités, se reporter au chapitre des Informations pratiques en début de volume.

Langue – Néerlandais, mais tout le monde parle anglais.

Office de tourisme – Il n'existe pas d'office en France, mais il est possible d'obtenir de la documentation (en anglais) en écrivant au **Saba Tourist Board**, *PO Box 527, Windwardside, Saba, Dutch Caribbean*, ☎ *(00 599) 4 62231, fax 4 62350*.

Formalités d'entrée – Passeport en cours de validité et billet de retour ou de continuation exigés. L'île est une zone franche.

Argent – La monnaie officielle est le florin des Antilles néerlandaises (ANG), mais on règle généralement ses notes en dollars américains (US$). Les cartes de crédit sont moins facilement acceptées que dans d'autres îles.

Circulation – Conduite à droite, inscriptions en néerlandais. L'auto-stop est la meilleure façon de visiter l'île, surtout si l'on n'y reste qu'une journée. On peut aussi commander un taxi collectif à l'aéroport (appel gratuit, se renseigner auprès du personnel aéroportuaire) qui propose d'effectuer le tour de Saba. Enfin, vous pouvez louer un véhicule auprès de **Avis**, ☎ *62279* ou **Caralfan Rent a Car**, ☎ *62575*.

Se rendre à Saba

Avion – La compagnie **Winair** (☎ *54237*) à Windwardside assure depuis Saint-Martin des vols réguliers plusieurs fois par jour (15 mn). L'île est aussi desservie depuis Saint-Barthélemy et Saint Kitts.

Bateau – Des navettes relient en 2 h Philipsburg (Saint-Martin) au port de Fort Bay. Société **Voyager**, ☎ *24096* ou *87 10 68*.
Taxe de départ de 5 à 10 US$ selon la destination.

Vie pratique

Poste – Bureaux à Windwardside et à The Bottom.

Hôpital – ☎ *63288*.

Électricité – 110 volts ; les prises sont à broches plates.

Mesures – Le système métrique est en vigueur, mais les compteurs de vitesse des automobiles sont gradués en miles.

Jours fériés particuliers
– 30 avril : Jour de la Reine
– 1er week-end de décembre : Jours de Saba

Plongée – L'île est une réserve sous-marine dont la richesse attire les adeptes de la plongée. Aux réjouissances : barracudas, tortues, mérous, requins-pointe noire et requins-marteaux. Contacter **Sea Saba Dive Center** (Windwardside, ☎ *62246, fax 62362*, PADI) ou **Saba Deep** (*Fort Bay*, ☎ *63347, fax 63397*, PADI & NAUI).

Hébergement, restauration

Scout's Place *(Valeur sûre)* – *À Windwardside*, ☎ *62205, fax 62388*. Chambres rustiques ; piscine. Quelques Sabans s'y retrouvent au bar en fin de journée, créant une sympathique ambiance ; possibilité de restauration. Chambre double à US$ 85, même tarif toute l'année.

Juliana's *(Valeur sûre)* – *À Windwarside*, ☎ *62269, fax 62389*. Établissement discret disposant de chambres bien équipées avec kichenette et terrasse. Vue sur la mer, piscine. Chambre double avec petit déjeuner : 90 US$ en basse saison, US$ 115 en haute saison.

Mount Scenery – La route, tout en courbes, escalade le flanc du volcan parmi des murets de pierre et bouquets de polyandres (fleurs roses) : on pense à l'Irlande ou à l'Écosse. Du hameau de **Hell's Gate**, vue surprenante de Flat Point. Poursuivre vers les hauteurs du mont Scenery en empruntant une chaussée étroite sur la droite ; à partir de Rendez-Vous, il faut gravir 1 064 marches (3 h AR) pour atteindre le sommet.

Windwardside – Perché sur un replat entre deux mornes, ce village d'allure nordique – les maisons blanches en pierre et bois, coiffées de tôle rouge, s'ordonnent le long d'étroites ruelles – semble parachuté sous les tropiques. Localité la plus dynamique de l'île, elle en est aussi le cœur touristique où l'on trouve restaurants, hôtels, banque et boutiques.

Le **musée de Saba** ⊙, devant lequel trône un buste de Simon Bolivar offert en 1983 par le gouvernement vénézuélien, présente objets et intérieurs d'autrefois (vitrines archéologiques, lit à colonnes, cuisine au large foyer...).

SABA

La végétation herbeuse rase ménage des échappées sur la mer, avec Sint Eustatius (Statia) à l'horizon.

The Bottom – On découvre son site★ du haut de la série de lacets qui y conduit. Lové au creux d'une dépression qui pourrait être le cratère principal du volcan, The Bottom (« le fond ») est un gros village endormi auquel une concentration de bâtiments officiels vaut le rang de capitale. Une petite route, sur laquelle on croise parfois iguanes et moutons, s'échappe à travers une gorge, vers le Sud, jusqu'au port de Fort Bay.

Fort Bay – Devenu le principal port de l'île aux dépens de Ladder Bay, Fort Bay, que défigurent des réservoirs d'hydrocarbures, est environné de superbes fonds marins qui ont attiré plusieurs clubs de plongée *(voir ci-dessus le carnet pratique)*.

Saba, reine des profondeurs

Renommées pour la richesse de leur faune et de leur flore, la variété du relief sous-marin et leur bonne visibilité, les eaux de Saba peuvent être admirées dès une faible profondeur, ce que proposent le plus souvent les organismes spécialisés. On recense autour de l'île une trentaine de sites, la plupart concentrés le long de la côte sous le vent entre Tent Bay et Diamond Rock.
Constellés de concrétions écarlates, roses ou orangées, hérissés de corail noir, les rochers gris-vert de Saba sont le décor préservé d'une intense vie sous-marine. Tent Reef Wall, Third Encounter et Twilight Zone sont célèbres pour leurs éponges et coraux : certaines éponges géantes de Tent Reef sont âgées de plus d'un siècle. À Diamond Rock, c'est la variété et la beauté des poissons qui ravira le plongeur. La faune sabane vaut le coup d'œil, en surface comme au fond. On a parfois la chance d'apercevoir tortues, poissons volants, barracudas, voire, au loin, la silhouette imposante d'une baleine à bosse.
Le Saba Marine Park, parc maritime créé en 1987 avec la participation du World Wildlife Fund, assure la protection de l'ensemble du patrimoine aquatique de l'île. La pêche au fusil avec harpon et le ramassage des coraux sont interdits. Un sentier sous-marin a été aménagé à Torrens Point pour les plongeurs avec masque et tuba qui peuvent aussi explorer le site de Well's Bay.

SAINT KITTS (ou Saint Christopher) AND NEVIS★

Carte « Les plus belles îles », p. 11, R
SAINT-CHRISTOPHE ET NIÉVÈS – Environ 45 000 habitants – 262 km²
(Saint Kitts environ 36 000 habitants – les Kittitians – 169 km²,
Nevis environ 10 000 habitants – les Nevisiens – 93 km²)

Nom caraïbe de Saint Kitts : Luamuiga ou Liamuiga (Terre fertile)
Nom caraïbe de Nevis : Oualiri (Terre des belles eaux)

Parfois qualifiées d'îles « mère et fille », Saint Kitts et Nevis ont assisté aux tout débuts de l'aventure coloniale anglo-française aux Antilles. Devenues un État indépendant au

sein du Commonwealth en 1983, les deux îles vivent cependant toujours au rythme de la culture britannique : les habitants de Nevis nourrissent, par exemple, une passion pour le cricket. Dépositaires d'un long passé sucrier, dont le réseau ferré de Saint Kitts est l'un des fleurons, Saint Kitts et Nevis s'efforcent aujourd'hui de développer le tourisme.

MÈRE ET FILLE

La balle et la batte – Ainsi peut-on décrire les silhouettes respectives de Nevis et de Saint Kitts, séparées par The Narrows, un détroit large de 3 à 6 km et tapissé des mêmes récifs coralliens qui frangent les deux îles. La forme quasi circulaire de Nevis est celle d'un cône volcanique actif culminant au Nevis Peak (alt. 985 m). Saint Kitts se divise en deux parties bien distinctes : au Nord, trois chaînes volcaniques jeunes (point culminant le Mount Misery rebaptisé Liamuiga, alt. 1 156 m) dessinent un paysage accidenté, creusé de profondes ravines ou « guts » ; d'une altitude bien plus faible, le Sud est constitué d'une étroite péninsule de terres pauvres et marécageuses élargie à son extrémité pour accueillir un étang salé, le Great Salt Pond. La végétation des deux îles présente des hauteurs forestières, alors que les zones basses accueillent des cultures.

SAINT KITTS AND NEVIS

Les meilleures ennemies du monde – Découvertes et baptisées l'une *San Jorge* et l'autre peut-être *San Martin* par Christophe Colomb, les deux îles furent renommées par d'autres navigateurs espagnols *San Cristobal* (Saint-Christophe) et *Nuestra Señora de las Nieves* (Notre-Dame-des-Neiges, référence à la couronne de nuages de Nevis ; « Nieves » se contractera plus tard en « Nevis »). Les Anglais de Thomas Warner, en 1623, et les Français de Pierre Belain d'Esnambuc *(voir Saint-Pierre en Martinique)*, s'unissant pour faire face à la menace des Indiens caraïbes, fondent en 1626 à Saint Kitts la première colonie antillaise des deux puissances rivales, ce qui vaudra ensuite à cette île d'être considérée comme la « colonie mère des Indes occidentales ». La France et l'Angleterre se partagent l'île en 1627 : Nord et Sud aux Français, centre aux Anglais qui dépêchent des colons à Nevis dès 1628. Dès lors les deux pays se disputent Saint Kitts et, à un moindre degré, Nevis, jusqu'au traité de Versailles (1783) qui en attribue la souveraineté aux Anglais.

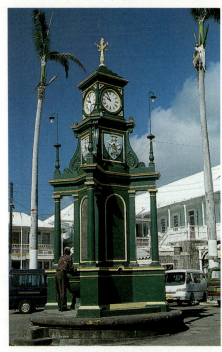

Basseterre – Berkeley Memorial

La Compagnie des Isles d'Amérique – Les plus puissants colons de la partie française de Saint Kitts, des corsaires normands devenus planteurs de petun (tabac), formèrent à partir de 1630 environ, le dessein d'aller prendre possession, vers le Sud, d'îles plus vastes et non encore colonisées. Ils fondent la Compagnie de Saint-Christophe, autorisée par Richelieu à conduire dans les îles « situées à l'entrée du Pérou, le nombre et la quantité d'hommes que bon leur semblera pour y travailler et négocier, faire du petun et toutes autres sortes de marchandises ». En 1635, la compagnie, rebaptisée Compagnie des Isles d'Amérique, lance deux expéditions. L'une, partie de Dieppe avec pour chefs Liénard de l'Olive et Duplessis d'Ossonville, aborde la pointe Allègre en Guadeloupe le 28 juin *(voir Sainte-Rose en Guadeloupe)* ; l'autre, venue directement de Saint Kitts sous le commandement de Pierre Belain d'Esnambuc, débarque dans la baie de Saint-Pierre en Martinique le 15 septembre *(voir p. 242)*.

Un destin sucrier – Introduit au 17e s., le sucre fait la prospérité, traduite dans leurs surnoms respectifs, des deux îles : Saint Kitts, « le Jardin des Indes occidentales », est au 18e s. la plus riche possession anglaise aux Antilles et, à la même époque, Nevis, « le Rocher d'Or », est une place commerciale plus importante que New York. Par la suite, les bouleversements politiques (indépendance des États-Unis), l'abolition de l'esclavage, les catastrophes naturelles, la concurrence du sucre de betterave, l'absentéisme des planteurs-propriétaires qui résident en Grande-Bretagne, et l'appauvrissement des sols à Nevis ont causé le déclin du sucre.

De nos jours, Nevis est parsemée de ruines de moulins et la production de sucre à Saint Kitts a dû être reprise par l'État. Les deux îles comptent désormais accroître leurs ressources grâce au tourisme et à la mise en valeur du patrimoine : les anciennes maisons de maître ont très souvent été reconverties en hôtels, et les merveilles de la faune et de la flore reproduites en timbres font la joie des philatélistes à Nevis.

★ ÎLE DE SAINT KITTS

Basseterre

L'actuelle capitale de Saint Kitts, fondée par les Français vers 1625, se berce d'une nonchalante quiétude, paraissant comme écrasée par le soleil tropical. Seuls les marchés sur les quais, les bateaux et les navettes donnent un peu de rythme à son quotidien. Malgré les incendies et les dommages de guerre, le centre-ville conserve encore quelques belles demeures victoriennes.

The Circus – On compare parfois cette place circulaire avec la prestigieuse Piccadilly Circus de Londres ; les édifices qui entourent le **Berkeley Memorial**★, horloge en fonte peinte en vert et délicatement ouvragée ont, il est vrai, belle allure.

SAINT KITTS AND NEVIS

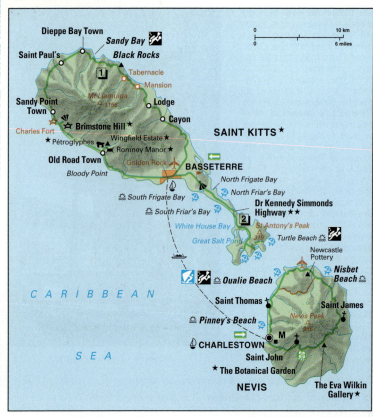

La plupart des taxis collectifs stationnent sur cette place. S'engager dans Bank Street.

Independance Square – Cette belle place-jardin plantée de quelques cocotiers et recouverte d'herbe est bordée de maisons typiques colorées, certaines en pierre, d'autres en bois. Autrefois dévolu au marché aux esclaves, l'endroit sert aujourd'hui de point de rendez-vous ; un orchestre vient souvent l'égayer de notes de *steel-drums*. Au centre de la place, une belle fontaine colorée célèbre l'abolition de l'esclavage.

Cathedral of the Immaculate Conception – Construite en 1927, elle dresse majestueusement, au-dessus de la place, sa rosace et ses deux tours couronnées de flèches.

Pelican Mall – À quelques pas du port, cette galerie commerçante abrite des boutiques où il fait bon flâner, ainsi que l'Office de tourisme et le guichet des ferries.

Saint George Anglican Church – *Cayon Street*. Élevé en 1869, ce bel édifice massif en pierre rose foncé est flanqué d'une tour qui rappelle les beffrois flamands. À l'intérieur, gracieuse nef rythmée d'arcs ogivaux ; remarquer les jolies orgues. Du haut du clocher, très belle vue sur la ville.

CARNET PRATIQUE

Pour les généralités, se reporter au chapitre des Informations pratiques en début de volume.

Saint Kitts

Offices de tourisme

Royaume-Uni – *Saint Kitts & Nevis Tourist Office, 10, Kensington Court, W8 5DL London,* ☎ *(00 44) 1 71 376 0881, fax 937 3611.*

À Basseterre – *Department of Tourism, PO Box 132, Basseterre, Saint Kitts, West Indies,* ☎ *(001 869) 465 2620/4040, fax 465 8794. Situé en bord de mer, à côté de l'embarcadère des ferries.* Ouvert lundi et mardi de 8 h à 16 h 30 et du mercredi au vendredi de 8 h à 16 h.

SAINT KITTS AND NEVIS

Formalités d'entrée – Passeport en cours de validité et billet de retour ou de continuation sont exigés. Il est généralement demandé la durée du séjour : ne pas oublier dans ce cas d'inclure Nevis si vous devez vous y rendre. En arrivant, il faut remplir une fiche de renseignements ; même si vous n'avez pas encore de logement, indiquez une adresse de séjour.

Argent – La monnaie est le dollar Est Caraïbe (EC$, change à effectuer sur place, de préférence contre des dollars américains – US$; 1 US$ vaut environ 2,70 EC$). Les US$ sont par ailleurs acceptés dans tous les établissements. Possibilité de payer avec cartes Visa, Mastercard et American Express.

Circulation – Un permis local est indispensable pour conduire ; il est délivré (EC$ 50) 24 h/24 à la caserne de pompiers de Pond Road, à l'Est de Basseterre. Les routes (conduite à gauche) sont en bon état et peu fréquentées.

Voitures – Agences de location à Basseterre : **Avis**, *South Independance Square Street* (☎ *465 6507*), **TDC Auto Rentals**, *West Independance Square* (☎ *465 2991*) et **Courtesy Rent A Car**, *Wigley Avenue* (☎ *465 7804*). L'assurance tierce collision (CDW) peut s'avérer utile en cas d'incident.

Scooters – *Mida Bassue*, ☎ *466 7841*. Ouvert tous les jours ; si personne ne répond, laisser un message, on vous rappellera. US$ 25 par jour, paiement cash uniquement.

Taxis – On en trouve facilement à l'aéroport, à la station The Circus à Basseterre ou par le biais d'un hôtel. Les tarifs sont standardisés, par exemple un trajet (quatre personnes maximum) aéroport-Basseterre coûte 16 EC$ (US$ 6) ; aéroport-Frigate Bay, EC$ 25 ; Basseterre-Turtle Beach, EC$ 84 AR.

Se rendre à Saint Kitts et Nevis en avion

Depuis la France métropolitaine comme depuis la Guadeloupe ou la Martinique, il faut passer par Saint-Martin ou par Antigua. Les îles sont desservies par la **LIAT** (☎ *465 2286*) et par **Winair** (*à Saint Kitts*, ☎ *465 8010* ; *à Nevis*, ☎ *469 7383*) ; plusieurs vols quotidiens.
Taxe de départ de EC$ 30.

Vie pratique

Magasins – Généralement ouverts de 8 h à 16 h du lundi au vendredi, à 12 h le samedi ; certains ferment le jeudi après-midi.

Marché – À Basseterre, en bord de mer (Bay Road) face à l'embarcadère pour Nevis, à gauche du magasin National Supply Ltd. Il a lieu tous les matins du lundi au samedi et est plus important le vendredi et le samedi.

Bureau de poste – Le bureau central est situé dans Bay Road à Basseterre. Ouvert lundi, mardi, mercredi et vendredi de 8 h à 15 h, jeudi de 8 h à 11 h et samedi de 8 h à 12 h. Autres bureaux à Canyon, Dieppe Bay, Old Road et Sandy Point.

Banques – Ouverture de 8 h à 15 h du lundi au jeudi, 17 h le vendredi. Elles se situent sur The Circus, à Sandy Point et à Frigate Bay.

Ambulance, pompiers ou police – ☎ *911* (ou *465 2241* pour la police).

Hôpital – JNF General *(Canyon Street, Basseterre à Saint Kitts)*, ☎ *465 2551*.

Électricité – 220 volts (110 dans certains hôtels).

Poids, mesures et capacités – Distances en miles, poids en livres et capacités en gallons.

Jours fériés particuliers
– Vendredi saint
– Second samedi de juin : Jour de la Reine
– Premier lundi d'août : Emancipation Day
– 19 septembre : Independence Day

Se restaurer et prendre un verre

Les restaurants ajoutent à leurs tarifs une taxe de 17 % (10 % pour le service et 7 % de taxe gouvernementale).

Bayembi Cafe *(Valeur sûre)* – *Bank Street, Basseterre*, ☎ *466 5280*. *Juste à côté de The Circus*. Ouvert tous les jours, de 7 h à minuit, sauf le dimanche. Ce café-bar propose une carte de snack et de copieux petits déjeuners (œufs sur le plat, omelettes, etc.) que l'on peut prendre en salle ou en terrasse. Certains soirs, l'animation bat son plein : piste de danse et soirées à thème. Un des lieux les plus vivants et sympathiques de la ville qui, par ailleurs, est calme le soir.

Ballahoo restaurant *(Valeur sûre)* – *The Circus, Basseterre*, ☎ *465 4197*. Ouvert de 8 h à 23 h du lundi au samedi. Ce restaurant est aménagé au premier étage, dans une large et agréable salle ouverte sur The Circus. Tout en dégustant des poissons et des fruits de mer, ou en prenant un plat sur le pouce, vous bénéficiez d'un bon point de vue sur le centre névralgique de la ville. Suggestions du jour. Plats entre US$ 10 et 23.

Hébergement, restauration

Les hôtels majorent aussi la note d'une taxe de 17 % (10 % pour le service et 7 % de taxe gouvernementale).

Loger dans la capitale autorise peu de choix : quelques pensions un peu sommaires (se renseigner auprès de l'Office de tourisme) et deux hôtels de bon standing.

La partie Nord de l'île offre des établissements pittoresques aménagés dans d'anciennes et splendides maisons de planteurs sur des collines surplombant la mer. Adresses raffinées et romantiques, elles sont aussi assez onéreuses ; si vous n'y logez pas, prenez tout de même le temps de vous y attarder (particulièrement à Ottley's et Rawlins) pour un thé, un repas, ou un brunch le dimanche (mieux vaut réserver).

Basseterre et ses environs

Palms Hotel *(Valeur sûre)* – The Circus, Basseterre, ☎ 465 0800, fax 465 5889. E-mail : bigra@caribsurf.com. En plein cœur de Basseterre, cet élégant petit hôtel occupe un bâtiment ancien de caractère en pierre et en bois. Chambres modernes et confortables. La « twin » est à partir de US$ 85 en basse saison et de US$ 95 en haute saison.

Ocean Terrace Inn *(Valeur sûre)* – Basseterre, ☎ 465 2754, fax 465 1057. À la périphérie de Basseterre, côté Ouest, sur la colline. Le plus grand établissement de la ville comprend plusieurs bâtiments d'architecture moderne dominant la baie et la péninsule Sud-Est. Piscines, centre de remise en forme, jacuzzi, bars, restaurants, etc. Chambre double à partir de US$ 115 en basse saison et de US$ 140 en haute saison.

Fairview Inn *(Valeur sûre)* – À 4,5 km à l'Ouest de Basseterre, au centre du village de Boyds, prendre la route en montée jusqu'au champ de canne. ☎ 465 2472, fax 465 1056. La grande maison de pierre où court une varangue, construite par les Français au 18ᵉ s., accueille maintenant le bar et le restaurant. Vingt-cinq chambres se répartissent dans les bungalows (trois sont des bâtiments anciens restaurés, les autres sont modernes) face à la mer des Caraïbes et à l'île de Nevis. Bon rapport qualité-prix. Piscine, restaurant ouvert de 7 h à 22 h, déjeuner US$ 15, dîner US$ 25. Chambre double à partir de US$ 60 en basse saison et de US$ 100 en haute saison.

Nord de l'île, route circulaire

Ottley's Plantation Inn *(Une petite folie !)* – Entre Cayon Town et Lodge, dominant la côte Est, ☎ 465 7234, fax 465 4760. E-mail : ottleys@caribsurf.com. Somptueuse plantation sucrière du 18ᵉ s. transformée en hôtel raffiné. Quinze magnifiques chambres décorées avec goût sont aménagées dans la demeure principale et dans les cottages dispersés dans le parc fleuri, onze sont dotées d'une petite piscine pri-

Ottley's Plantation Inn

vée. Accueil attentionné et tranquillité absolue. Le restaurant, en bordure de piscine, ouvert également à la clientèle extérieure, offre une cuisine de qualité. Chambre double à partir de US$ 220 en basse saison et US$ 295 en haute saison, petit déjeuner compris.

The Golden Lemon *(Une petite folie !)* – À la pointe Nord, Dieppe Bay, ☎ 465 7260, fax 465 4019. Situé en bord de mer et frangé de cocotiers, l'établissement comprend une ample bâtisse de pierre qui servait au 17ᵉ s. d'entrepôt pour les marchandises venant par bateaux, et des villas modernes, luxueuses, avec piscine privée et vue sur la mer. Petite plage de sable volcanique aux fonds coralliens. Tennis, piscine. Restauration non-stop ; le dimanche, brunch de midi à 15 h : US$ 24. Chambre double dans la bâtisse : US$ 245 en basse saison, US$ 300 en haute saison, petit déjeuner inclus.

Rawlins Plantation Inn *(Une petite folie !)* – Au Nord, entre Saint Paul's et Dieppe Bay Town, ☎ 465 6221, fax 465 4954. E-mail : rawplant@caribsurf.com. Fermé de mi-août à mi-octobre. Adossée au mont Liamuiga, au cœur d'un immense champ de canne, cette ancienne plantation se compose d'une charmante maison de maître et de 10 coquets cottages bénéficiant d'une vue splendide sur Sint Eustatius, Saba et, par temps clair, sur Saint-Martin et Saint-Barthélemy. Une des

… chambres est agencée dans l'antique moulin à sucre. Piscine, tennis. Restaurant (ouvert aussi aux hôtes de passage) proposant une cuisine locale : déjeuner, « west indian buffet », US$ 25 ; dîner, menu à US$ 45. Chambre double en 1/2-pension : US$ 285 en basse saison, US$ 420 en haute saison.

Dans la péninsule
Frigate Bay Resort *(Valeur sûre)* – Frigate Bay Resort, ☎ 465 8935, fax 465 7050. E-mail : frigbay@caribsurf.com. Pour profiter au mieux des plages et des possibilités balnéaires de l'île, voici un établissement moderne agréable et bien situé, sur la colline dominant la péninsule, à 5 mn à pied de la plage de South Frigate Bay et à proximité du golf 18 trous. Chambres confortables avec balcon ou terrasse, certaines équipées d'une cuisine. Piscine, restaurant. Package spécial plongée ou golf. Chambre double à partir de US$ 85 en basse saison et de US$ 130 en haute saison.

À la découverte de l'île
Randonnée-excursion – **Greg's Safaris**, *Basseterre*, ☎ 465 4121, fax 465 0707. Un des guides les plus expérimentés de l'île, qui vous fera découvrir les secrets de Saint Kitts. Trois types d'excursions : randonnée au volcan et pique-nique au sommet, prévoir la journée ; excursion d'une journée en Land Rover dans la partie Nord de l'île, avec visite des curiosités et notamment des plantations, déjeuner à Rawlins Plantation Inn ; randonnée-aventure dans la forêt tropicale à la découverte des mystères des espèces végétales et animales, et des pétroglyphes cachés dans les canyons, une demi-journée.
Plongée – **Pro-Divers**, *Turtle Beach*, ☎ 465 3223, fax 465 0265 ; **St. Kitts Scuba**, *entre Basseterre et Frigate Bay (à côté du Bird Rock Beach Hotel)*, ☎ 465 1189, fax 465 3696, centre certifié PADI. Les eaux de Saint Kitts sont un bonheur pour le plongeur : poissons impériaux, poissons-perroquets, poissons-anges, tortues, requins nourrices, etc. baignent au cœur des récifs coralliens.
Excursion en mer – **Blue Water Safaris**, ☎ 466 4933. Croisière d'une journée en catamaran, plongée de surface, visite des côtes de Saint Kitts, découverte de Nevis.
Golf – *À Frigate Bay*, **Royal St Kitts Golf Course**, ☎ 465 8339. Ouvert tous les jours de 7 h à 19 h. Magnifique terrain de 18 trous, bordé par l'Atlantique d'un côté et la mer Caraïbe de l'autre. Possibilité de *package* à la semaine.

Nevis

Pour les aspects pragmatiques concernant les formalités d'entrée, l'argent, la circulation, etc. se reporter au carnet pratique Saint Kitts.

Office de tourisme
À Charlestown – *Nevis Tourism Bureau, Main Street, Charlestown, Nevis, West Indies (près de l'embarcadère des ferries)*, ☎ (001 869) 469 1042, fax 469 1066. Ouvert le lundi et le mardi de 8 h à 16 h 30, du mercredi au vendredi de 8 h à 16 h et le samedi de 9 h à 13 h.

Circulation
Voitures – Comme à Saint Kitts, on roule à gauche et il faut acheter un permis local. Agences de location : **Avis** (☎ 469 1240), **TDC Auto Rentals**, *Bay Road, Charlestown* (☎ 456 5690/1005), **Nisbett Rentals Ltd** (*à l'aéroport de Newcastle*, ☎ 469 9211) : location de mini-mokes et de jeeps.
Taxis – Stations de taxi : *à l'aéroport Newcastle*, ☎ 469 9790 et *à Charlestown*, ☎ 469 1483/5631.
Bus – Il suffit de lever la main pour faire signe au chauffeur. Le service est très irrégulier et il n'y a aucun bus le dimanche.

Accès à Nevis
En avion : la **LIAT** assure plusieurs vols quotidiens depuis Saint Kitts. **Winair** et **LIAT** desservent l'île depuis Saint-Martin.
En bateau : l'embarcadère des ferries à Saint Kitts se trouve à Basseterre, le long de Bay Road. Deux AR Basseterre-Charlestown par jour ; un tôt le matin, un en milieu d'après-midi (attention aux horaires différents le jeudi et le dimanche). ☎ 465 2521. ECS 20 AR. La traversée dure environ 45 mn. Il est possible d'embarquer un véhicule sur le bateau (ajouter ECS 20 AR pour un scooter).

Vie pratique
Marché – *À Charlestown, en bord de mer, Gallows Bay, à côté de l'embarcadère*. Du lundi au samedi.
Bureau de poste – Le bureau central est situé dans Main Street à Charlestown.
Urgences – ☎ 911.
Police – ☎ 469 2241.
Hôpital – *Alexandra Hospital, Government Road, Nevis*, ☎ 469 5473.

SAINT KITTS AND NEVIS

Se loger et se restaurer

Taxe de 17 % à ajouter dans les hôtels et restaurants. Outre les adresses indiquées ci-dessous, il existe des maisons d'hôtes et des locations de bungalows et de villas. Se renseigner auprès de l'Office de tourisme.

Hurricane Cove Bungalows *(Valeur sûre)* – Côte Ouest, juste au-dessus de Oualie Beach, ☎/fax 469 9462. E-mail : hcove@caribsurf.com. Ce petit établissement original et confortable se compose de jolis bungalows en bois foncé perchés sur le flanc d'une verte colline dominant la mer des Caraïbes. Chaque logement comprend salle de bain, cuisine équipée, balcon face à la mer, une, deux ou trois chambres, et parfois une piscine privée. À 3 mn à pied de la plage Oualie. Piscine. Chalet avec une chambre double : US$ 95 en basse saison, US$ 145 en haute saison.

Oualie Beach Hotel *(Valeur sûre)* – Côte Ouest, sur la plage de Oualie, ☎ 469 9735, fax 469 9176. E-mail : oualie@caribsurf.com. Hôtel familial de bord de mer : chambres et studios (équipés d'une kitchenette) avec vue sur la mer, aménagés dans des cottages. Restaurant, planche à voile, pêche au gros, club de plongée. *Package* planche ou plongée/hébergement. Chambre double à partir de US$ 140 en basse saison et de US$ 195 en haute saison.

Montpelier Plantation Inn *(Une petite folie !)* – À 6,5 km au Sud-Est de Charlestown, ☎ 469 3462, fax 469 2932. E-mail : montpinn@caribsurf.com. Hôtel discret de seize chambres, au cœur d'une plantation sucrière du début du 18e s ; piscine, tennis, transfert à la plage, restaurant. Chambre double US$ 195 en basse saison, US$ 310 en haute saison, petit déjeuner inclus.

The Hermitage *(Une petite folie !)* – À Saint John's Parish, ☎ 469 3477, fax 469 2481. E-mail : nevherm@caribsurf.com. Cette plantation du 18e s. restaurée de charmante façon se trouve au cœur d'un magnifique jardin fleuri adossé à une colline. La maison de maître abrite le restaurant ainsi qu'un salon richement meublé ; les chambres sont aménagées dans de coquets cottages de style colonial, décorés de mobilier ancien. Piscines, tennis, restaurant ouvert également à l'extérieur. Chambre double avec petit-déjeuner à partir de US$ 160 en basse saison et de US$ 310 en haute saison.

Old Manor Estate Hotel *(Une petite folie !)* – À environ 7 km à l'Est de Charlestown, du côté gauche de la route principale, ☎ 469 3445, fax 469 3388. Treize spacieuses chambres toutes différentes occupent cette ancienne demeure de planteurs. Les bâtiments d'origine en pierre ont été surélevés d'un étage en bois. Le restaurant offre une vue somptueuse sur la mer et les îles de Montserrat et d'Antigua. Animation le vendredi soir. Chambre double avec petit-déjeuner à partir de US$ 150 en basse saison et de US$ 230 en haute saison.

Golden Rock Plantation *(Une petite folie !)* – Entre Beaumont et Zion, ☎ 469 3346, fax 469 2113. Adresse idéale pour les passionnés de nature : l'hôtel, bâti sur le flanc de Nevis Peak, baigne dans la végétation et est rythmé par le concert des oiseaux et des crickets. Trois chemins de randonnée démarrent juste à côté. Vous pouvez loger dans un bungalow moderne ou dans le moulin à sucre de l'ancienne plantation. Très agréable terrasse pour le déjeuner, piscine, restaurant. Chambre double à partir de US$ 130 en basse saison et de US$ 200 en haute saison.

Sports

Plongée – **Scuba Safaris**, Oualie Beach Club, Newcastle, ☎ 469 8518, fax 469 9619. PADI & NAUI.

Planche à voile – **Windsurfing Nevis**, Oualie Beach, ☎ 469 9682. Centre de planche à voile et de VTT. Location à l'heure, à la journée, forfait plusieurs jours. Cours de planche.

Randonnées

Ne partez pas sans vous informer : arrêtez-vous au Golden Rock Hotel qui dispose de cartes explicites, demandez des précisions à la Nevis Historical Conservation Society, ☎ 469 5786, ou randonnez avec un guide. Au départ de l'hôtel Golden Rock Plantation, plusieurs chemins de randonnée permettent la découverte de la flore et de la faune (notamment des singes verts) de Nevis : un circuit balisé de 30 mn, un autre de 4 h et le fameux *Upper Round Road Trail*. Ce dernier servait autrefois à faciliter l'accès aux champs de canne qui recouvraient les flancs de Nevis Peak ; il relie en 14,8 km le Golden Rock Hotel à Nisbet Plantation Beach Club au Nord, à travers la forêt tropicale et quelques petits villages. Une bonne manière de découvrir l'île de l'intérieur.

Top to Bottom – ☎ 469 9080. Randonnées accompagnées de guides expérimentés pour explorer les différents aspects écologiques et historiques de Nevis.

Équitation – **Nevis Equestrian Center**, côte Ouest, Main Road, Cades Bay, ☎ 469 8118. Promenades à cheval sur la plage et à travers les plantations et les villages.

Golf – **Four Seasons Resort**, à côté de la plage de Pinney's, ☎ 469 1111. Splendide terrain fleuri comportant 18 trous ; vue sur la montagne et la mer.

SAINT KITTS AND NEVIS

Basseterre – Bay Road s'éveille

1 La route circulaire *circuit de 50 km – une demi-journée*

La large route circulaire contournant les montagnes centrales est doublée par l'ancienne voie ferrée qui desservait les plantations sucrières ; c'est le vestige le plus complet de ce type de réseau dans les Petites Antilles. Utilisé à partir de 1910, le chemin de fer décrit ce parcours en boucle depuis 1925. La route, peu fréquentée, progresse à travers les champs de canne, les vestiges des domaines sucriers, les collines de jaquiers, avocatiers, papayers et bananiers, les falaises littorales et les quelques villages aux cases traditionnelles colorées. Les côtes sont restées très sauvages ; vous croiserez quelques chèvres, des ânes et des vaches. Dans les villages à l'atmosphère nonchalante et accueillante, les habitants, parfois installés devant leur maison en bord de route, vous adressent fréquemment un petit salut lors de votre passage.

Quitter Basseterre par Wellington Road au Nord-Est, en direction de l'aéroport.

Cayon – Petit village en retrait du rivage, entouré de canne à sucre.

Lodge – « Lolos » et petites cases en bois ; les paysages sont remarquablement verts et, sur la gauche, pointe le mont Liamuiga dont la cime se cache souvent dans les nuages.

Black Rocks – *Tourner à droite après Tabernacle.* Les « Rochers Noirs » sont des lambeaux de lave ciselés par la mer.

Sandy Bay – Belle étendue sauvage de sable noir battue par les vagues, la plage, en arc de cercle, est orientée Nord-Est. Plus que pour la baignade, cette baie, classée Parc marin national, présente un intérêt pour la plongée sous-marine ; on y trouve deux sites réputés : Paradise Reef, magnifiques canyons de coraux descendant à - 30 m, et Anchors Away.

Dieppe Bay Town – Les environs de cet homographe de la cité corsaire normande conservent de vieilles distilleries et d'anciennes plantations, le plus souvent reconverties en hôtels. Sur la gauche se détache la silhouette de Sint Eustatius. Remarquez l'église : édifice circulaire en pierre, avec de hautes baies ogivales et une belle charpente apparente.

Saint Paul's – Charmant village dont certaines maisons et cases sont gaiement colorées en bleu et vert.
Toute cette partie occidentale de l'île est vouée à la canne à sucre ; la campagne est parsemée de vestiges de « sucrotes » (moulins), tandis que le petit chemin de fer sucrier serpente entre les plantations.

Sandy Point Town – L'ancienne capitale de l'île a été en partie détruite par un incendie.

★ **Brimstone Hill Fortress** ⓥ – *Tourner à gauche peu après Charles Fort (ancienne léproserie).* Cet ouvrage militaire, édifié au 18ᵉ s. par les Anglais et magnifiquement restauré, fut surnommé le « Gibraltar des Antilles » en raison de sa situation stratégique. Il fut quand même pris par les Français le 25 janvier 1782, avant d'être rétrocédé aux Anglais l'année suivante dans le cadre du traité de Versailles.

SAINT KITTS AND NEVIS

Un film vidéo projeté dans le bâtiment d'accueil familiarise avec l'histoire du fort. On peut ensuite prendre son temps et musarder au hasard des constructions.

Le corps principal abrite un musée. Diverses salles évoquent l'occupation britannique et temporairement française de la forteresse.

Le site perché de Brimstone Hill offre un splendide **panorama**★ sur les champs de canne et Sint Eustatius (Statia) au large ; par temps clair, on devine les contours de Saba et Saint-Barthélemy.

Old Road Town – Le site fut celui de la première implantation anglaise dans les Petites Antilles, en 1623.

Dans Old Road Town, tourner dans la petite route à gauche vers Romney's. À une centaine de mètres sur la gauche se dressent trois grosses roches noires entourées d'un petit enclos peint en blanc et gravées de **pétroglyphes**★ *(voir Trois-Rivières en Guadeloupe)* vieux de 2 500 ans, témoignages des premiers habitants de l'île. Sur la pierre centrale, on distingue deux formes humaines.

Continuer sur la route bordée de champs de canne sur la gauche et d'une forêt tropicale sur la droite. On arrive à **Wingfield Estate**★, ancienne usine d'une plantation sucrière dont il reste quelques vestiges, notamment la cheminée ; un peu en amont apparaît **Romney Manor**★ ⏰, l'ancienne grand'case du maître. Dans cette belle bâtisse entourée d'une végétation luxuriante sont confectionnées et teintées des cotonnades **(Caribelle batik)** ; vous pourrez assister à la fabrication des tissus.

Au-dessus de Wingfield Estate, le long de la Wingfield River, on pénètre dans la **forêt tropicale**★★ : paysages enchanteurs, véritable festival de végétaux titanesques, multitude d'oiseaux (environ 40 variétés), de papillons et de singes. Au-delà d'un certain seuil, il est interdit de progresser sans guide ; il est préférable de toute manière d'être accompagné par quelqu'un d'expérimenté.

Reprendre la route côtière en direction de Basseterre sur environ 2 km. Remarquez sur la gauche la pancarte indiquant **Bloody Point**. Tragédie de l'histoire, c'est à cet endroit, le long des berges de Stonefort River que les colons anglais et français s'unirent pour massacrer plusieurs milliers d'Indiens caraïbes. Le carnage fut tel, dit-on, que la rivière déversa des flots de sang durant plusieurs jours.

Prendre le chemin qui monte à l'intérieur des terres. L'excursion dans le **canyon de Bloody River**★★ mène à des gorges profondes que l'on peut remonter sur plusieurs centaines de mètres jusqu'à des chutes. Les parois, où alternent cendres et pierres (ancienne coulée de lave) sont ornées de mystérieux **pétroglyphes**★ difficiles à discerner. Ne tentez pas de faire la randonnée seul, le chemin est impossible à trouver sans un guide *(voir carnet pratique)*.

Retour à Basseterre.

★★ 2 **La péninsule** *itinéraire de 40 km AR – une demi-journée*

Ce parcours des plus pittoresques procure des vues saisissantes sur la péninsule de Saint Kitts, véritable réserve naturelle vierge d'aménagement au-delà de Frigate Bay.

Quitter Basseterre par Pond Road ou par la route le long du port, en direction de Frigate Bay.

La péninsule – North Friar's Bay

SAINT KITTS AND NEVIS

La route traverse d'abord des champs de canne dominés par des mornes, puis s'élève au-dessus du site touristique de Frigate Bay.

Frigate Bay – Là débute la péninsule de Saint Kitts dont les paysages semblent s'allonger jusqu'à l'île de Nevis, magnifique toile de fond. Frigate Bay possède deux plages : **North Frigate Bay** assaillie par la mer et **South Frigate Bay**⚓, plus intéressante, où le sable doré et l'ombre des cocotiers invitent à prolonger l'étape. L'infrastructure touristique est encore modeste, pour le plus grand bénéfice du site.

★★ **Dr Kennedy Simmonds Highway** – Cette belle et large route déserte, récemment tracée et taillée à travers la roche parcourt la partie la mieux préservée et la plus sauvage de l'île ; elle ménage de multiples panoramas sur une succession de mornes tapissés d'herbe sèche et de léthargiques « ponds » (étangs saumâtres) endormis à leur pied. Au creux des baies se lovent de mystérieuses plages de bout du monde, veillées par la pyramidale Nevis.

Du petit parking sur Sir Timothy's Hill, étonnante **vue**★★ sur la péninsule et ses plages. Au premier plan, en contrebas, stagnent les eaux de Salt Ponds. Dans la direction Nord-Est s'étend la belle plage déserte de **North Friar's Bay** : long et large banc de sable blanc battu par quelques vagues. Du côté Sud-Ouest, quelques cocotiers se penchent tendrement sur la large plage de sable doré de **South Friar's Bay**⚓. Mer sage. La route longe ensuite la côte Sud et débouche sur Great Salt Pond, vaste étang prisonnier de trois mornes ; le paysage, qu'animent quelques singes et un insolite troupeau de vaches, est grandiose.

Bifurquer à gauche. La route mène à **Cockleshell Bay**, petite plage de sable fin et doré, passablement ombragée, faisant face à Nevis.

Revenir sur ses pas et s'engager à droite sur la piste. On parvient bientôt à la courte plage de **Turtle Beach**⚓, appréciée pour son calme et les fonds marins alentour, qu'on ira contempler en plongée. Un petit centre nautique propose location de masques, palmes, tubas et planches à voile. Restauration possible tous les jours jusqu'à 18 h, ☎ 469 9086 : snack, grillades, cocktails. Club de plongée : Pro-Divers *(voir carnet pratique).*

Revenir au carrefour et tourner à gauche. La route s'achève au creux de l'anse **Major's Bay** qui abrite une crique.

Retour à Basseterre.

ÎLE DE NEVIS

Île volcanique circulaire culminant à 985 m au Nevis Peak, Nevis a, le plus souvent, la tête encapuchonnée de nuages. C'est cette constante climatique qui inspira aux Espagnols le nom de *Nuestra Señora de las Nieves (voir ci-dessus Les meilleures ennemies du monde).*

Située à 3 km au Sud de Saint Kitts, Nevis, autrefois couverte de canne à sucre, a vu sa dernière sucrerie fermer en 1986. Son patrimoine architectural sucrier a été intelligemment mis en valeur et accueille souvent des hôtels *(voir carnet pratique).* Cependant, malgré cette infrastructure de charme et une ceinture de plages des plus avenantes, le tourisme reste confidentiel à Nevis.

Une journée peut suffire pour découvrir succinctement les principales curiosités de l'île, mais il serait dommage de se presser, d'autant que, tout comme Saint Kitts, Nevis offre une variété importante de paysages et de distractions : visite des plantations, du jardin botanique, plages, sports nautiques, randonnées dans la forêt tropicale, etc.

Tour de Nevis

Le parcours décrit tourne dans le sens inverse des aiguilles d'une montre. Départ de Charlestown. Comptez une journée, davantage si vous souhaitez effectuer des randonnées dans la forêt tropicale sur les flancs de Nevis Peak, et vous attarder sur les plages.

Charlestown – La capitale de l'île semble figée dans le 19e s. ; les maisons de la rue principale, bâties en pierre au rez-de-chaussée et en bois aux étages supérieurs, ne manquent pas d'allure.

Museum of Nevis ⓥ **– History at Hamilton House** – *Main Street.* Petit musée illustrant les heures historiques de l'île.

Saint Paul's Anglican Church – *Main Street.* Bâtie en pierres volcaniques au milieu du cimetière paroissial, cette église à l'extérieur un peu austère mérite d'être visitée pour la grâce de ses supports intérieurs.

Le port – Hormis l'effervescence que provoquent les navettes reliant Nevis à Saint Kitts, il y règne une atmosphère somnolente.

Bureau philatélique - En remontant la rue à droite, on parvient au marché et au Bureau philatélique où les collectionneurs peuvent faire provision de timbres éblouissants de couleurs et d'exotisme. Nevis fut la première île des Petites Antilles à émettre ses propres timbres, en 1861. Jusqu'en 1879, année où fut adoptée l'effigie de la reine Victoria, ils représentèrent le Grand Sceau de la colonie. Depuis 1980, Nevis utilise à nouveau des timbres distincts de ceux de Saint Kitts. Quatre ou cinq séries sont créées annuellement ; papillons, coraux et oiseaux dominent l'iconographie.

Horatio Nelson Museum ⓥ (**M**) – *Reprendre la voiture ; tourner à droite au niveau de la station-service, puis deux fois à gauche.* Ce musée est consacré à la vie et aux batailles de l'illustre amiral qui rencontra sa future épouse Fanny Nisbet à Nevis. Après Charlestown, la route pénètre à l'intérieur de l'île. Le parcours, jalonné de villas fleuries, de plantations reconverties en hôtels et d'églises, offre, au moment d'aborder la côte au vent, une vue sur le rocher de Redonda (appartenant à Antigua et Barbuda) et, par temps clair, sur Montserrat. La dernière sucrerie en activité était installée dans la plaine littorale que l'on traverse ensuite. Le Nord et la côte Ouest sont ponctués de quelques ravissantes plages.

Saint John's Anglican Church – Dans le village de Fig Tree, sur le côté gauche. Mignonne petite église de pierre datant de 1680.

★ **The Botanical Garden** ⓥ – *De la route principale, tourner à droite en direction de Montpelier Plantation. Suivre les pancartes. Le prix d'entrée inclut une visite commentée.* La découverte du jardin prend 1/2 h à 3/4 h ; un plan des lieux avec descriptif de la flore vous est remis à l'entrée. Le jardin est agrémenté de bassins, de fontaines et planté d'espèces végétales originaires du monde entier : bambous, cactus, ficus, orchidées, arbres fruitiers et serre abritant une multitude d'arbres tropicaux. Une grande boutique, ouverte tous les jours, propose de nombreux objets originaux liés aux mondes animal et végétal. Il est possible de se restaurer sur place à **Martha's Teahouse** *(sauf le lundi et le mardi)* : salon de thé, carte de snack.

En sortant du jardin, vous pouvez faire une halte rafraîchissement ou déjeuner à la plantation Montpelier ou, plus loin sur le chemin, dans l'une des autres plantations (voir carnet pratique).

★ **The Eva Wilkin Gallery** ⓥ – *Entre l'Hermitage Plantation et Old Manor, du côté droit de la route principale, signalée par une pancarte.* La petite galerie est aménagée dans un moulin à sucre du 18ᵉ s. où Eva Wilkin, artiste anglaise qui vint s'installer à Nevis après ses études, avait établi son atelier. Au premier étage sont exposés ses dessins et peintures, séduisants témoignages de la vie nevisienne. Le rez-de-chaussée présente des œuvres de peintres contemporains locaux ou habitués de l'île. Dans le magasin, on trouve d'authentiques cartes de Nevis et des îles caraïbes, des reproductions de peintures, des cartes postales, etc.

Saint James Anglican Church – Cette église du 17ᵉ s. possède un Christ noir, représentation unique dans les Petites Antilles et dont il n'existe que deux autres exemples dans l'espace caraïbe, à Trinidad et en Haïti.

Nisbet Beach – À l'extrémité Nord de l'île. Peuplée de palmiers élancés, cette belle plage de sable blanc invite à la baignade et à la plongée de surface.

Entre Nisbet Beach et l'aéroport, du côté gauche de la route est établi un centre de poteries traditionnelles, **Newcastle pottery**.

Oualie Beach – Côte Nord-Ouest. La plage de sable gris, protégée et entourée de collines, offre un beau panorama sur Saint Kitts. Lieu délicieux pour nager, plonger et faire de la planche à voile, et idéal pour les couchers de soleil. Hôtel, restaurant, bar, club nautique et centre de plongée.

Saint Thomas Anglican Church – Entre Cotton Ground et Pinney's Beach. Édifiée en 1643, cette petite église entourée de son cimetière est pavée, à l'intérieur, de dalles funéraires datant des 17ᵉ et 18ᵉ s.

Pinney's Beach – Long ruban de sable bordé d'eaux calmes et de cocotiers ; plusieurs restaurants et hôtels, notamment le Four Seasons Resort.

L'amiral Nelson aux Petites Antilles

Né en Angleterre en 1758, Horatio Nelson entre dans la marine à 11 ans, sert aux Indes et devient amiral en 1797. Il participe à diverses batailles (sièges de Bastia et de Calvi en 1793, bataille du cap Saint-Vincent en 1797, bataille d'Aboukir en 1798, bataille de Copenhague en 1801) avant de trouver la mort au cours du fameux combat naval au large du cap de Trafalgar, qui fit de lui le héros national de la Grande-Bretagne.

De 1784 à 1787, le *HMS Boreas*, qu'il commande, est basé à English Harbour sur l'île d'Antigua ; aujourd'hui, la base navale porte son nom : « Nelson's Dockyard » *(voir p. 273)*. Il a alors sous ses ordres le capitaine du *HMS Pegasus*, William Henry, futur Guillaume IV d'Angleterre.

À l'occasion d'un séjour à Nevis, lors d'une réception donnée à Montpelier House, demeure du gouverneur John Herbert, Nelson rencontre Fanny Nisbet, jeune et riche veuve, nièce du gouverneur. Il l'épouse le 11 mars 1787 à Montpelier House. Fanny porte une robe de dentelle, Horatio et le prince William Henry, garçon d'honneur, sont en uniforme bleu, blanc et or. Un service en porcelaine de la manufacture royale de Worcester fait partie des cadeaux de mariage *(on peut en voir quelques pièces à l'Horatio Nelson Museum)*.

SAINT LUCIA ★★

SAINTE-LUCIE – Carte « Les plus belles îles », p. 11, T
160 000 habitants (Les Saint-Luciens) – 616 km²

Nom caraïbe : Louanalao (Pays des iguanes) ou Hewanorra
Surnom : Helen of the West Indies (La belle Hélène des Indes occidentales)

Montagnes volcaniques couvertes de forêts et côtes découpées de rades naturelles abritant quelques plages de rêve ont fait de Sainte-Lucie, située à 35 km au Sud de la Martinique, la première destination touristique des Petites Antilles anglophones ; nombreux sont les excursionnistes venus de Martinique, et les responsables locaux s'attachent à développer les forfaits combinant la visite des deux îles. Le tourisme est devenu la première activité économique devant l'agriculture (banane, noix de coco, noix de muscade, agrumes) et les industries de main-d'œuvre délocalisées (vêtements, jouets, articles de sport, électronique de poche). Depuis le 22 février 1979, Sainte-Lucie est un État indépendant dans le cadre du Commonwealth.

UNE ÎLE LONGTEMPS FRANÇAISE

Les jumeaux antillais – Culminant au mont Gimie (alt. 950 m), Sainte-Lucie doit à sa nature volcanique de spectaculaires sources sulfureuses (Sulphur Springs) et la curiosité géologique sans doute la plus célébrée par la carte postale dans toute la Caraïbe orientale : Petit Piton (750 m) et Gros Piton (798 m), deux aiguilles de dacite formant des pains de sucre jumeaux qui agrémentent la région de Soufrière. Le reste de l'île présente des paysages variés : Nord au relief vallonné, centre montagneux arrosé par de nombreuses rivières, petites plaines littorales cultivées au Sud. La forêt dense tropicale a autrefois souffert du déboisement intensif, et ce qu'il en reste, transformé en réserve naturelle, est peu accessible. La forêt humide secondaire contribue cependant à l'aspect verdoyant de l'île. La faune terrestre, elle aussi souvent protégée, comprend le perroquet de Sainte-Lucie *(Amazona versicolor)* – emblème national aujourd'hui protégé – le colibri à gorge pourpre, des chauves-souris, iguanes et autres agoutis, sans oublier le peu fréquentable serpent trigonocéphale ou « fer-de-lance » *(voir Sainte-Luce en Martinique)* et le boa constrictor.

Les Pitons veillent sur Soufrière

CARNET PRATIQUE

Pour les généralités, se reporter au chapitre des Informations pratiques en début de volume.

Office de tourisme
À Castries – *Saint Lucia Tourist Board, PO Box 221, Castries, Saint Lucia, West Indies,* ☎ *(00 1 758) 452 4094 ou 5968.*

Formalités d'entrée – Une carte d'identité suffit pour les Français ; sinon, un passeport en cours de validité, ainsi qu'un billet de retour ou de continuation sont exigés. Une adresse de résidence dans l'île vous sera aussi demandée par la police des frontières à l'aéroport.

Argent – La monnaie est le dollar Est Caraïbe (EC$). Change à effectuer sur place, de préférence contre des dollars américains (US$) ; 1 US$ vaut environ 2,70 EC$ et, pour mémoire, 1 € approximativement 2,48 EC$. Les US$ sont par ailleurs acceptés dans tous les établissements. Possibilité de payer avec cartes Visa, Mastercard et American Express.

Circulation – Sauf possession d'un permis international, un permis local, délivré (EC$ 54) par les agences de location de voitures, est indispensable pour conduire. Celles-ci sont bien représentées dans les aéroports *(Hertz* ☎ *451 7351, Avis* ☎ *452 2046, National* ☎ *452 3050)* ; il est conseillé de bien choisir son agence en fonction des différents avantages et services proposés (le kilométrage effectué est souvent facturé).
Conduite à gauche. Une carte routière est disponible auprès des comptoirs des offices de tourisme présents dans les aéroports. Les horaires de la LIAT sont souvent élastiques, mais si vous avez réservé une voiture depuis les Antilles françaises par exemple, le loueur vous attendra, pas d'inquiétude. Soyez prudents au volant, vitesse limitée à 25 km/h en ville et 50 km/h sur les routes principales.

Se rendre à Sainte-Lucie en avion

Hewanorra Airport, à l'extrême Sud, est réservé aux moyens et longs courriers, et Vigie Airport, près de Castries, accueille les liaisons inter-îles.
Vol direct depuis Londres sur **British Airways** ou **BWIA** ; au départ de Paris, vol direct sur **Air Lib**, et vol **Air France** jusqu'à Fort-de-France, puis **Air Caraïbes** ou **LIAT** jusqu'à Sainte-Lucie.
Taxe de départ de EC$ 40.

France – **Air France**, ☎ *0 802 802 802*. **British Airways**, ☎ *0 802 802 902*. **Air Lib**, ☎ *0 803 805 805*.

Sainte-Lucie – **Air Caraïbes**, ☎ *05 90 82 47 00* ; **LIAT**, ☎ *452 3051* ; **British Airways**, ☎ *452 3951* ; **BWIA**, ☎ *452 3778*.

Vie pratique

Banques – Généralement ouvertes de 8 h à 15 h du lundi au jeudi et de 8 h à 17 h le vendredi. Fermées tout le week-end mais tant à Castries qu'à Roseau ou à Rodney Bay on trouve des distributeurs automatiques qui prennent les cartes Visa et Cirrus.

Bureau de poste – À Castries, le bureau principal est situé dans Bridge Street ; ouvert de 8 h 30 à 16 h en semaine.

Police, pompiers et premiers secours – ☎ *999.*

Hôpitaux – *Victoria Hospital (Castries),* ☎ *453 7059* ; *Saint Jude's Hospital (Vieux-Fort),* ☎ *454 6041.*

Électricité – 220-240 volts, 50 Hz.

Jours fériés particuliers
– 2 janvier : New Year's Holiday

Bras de fer anglo-français – Christophe Colomb aurait découvert l'île un 13 décembre, fête de sainte Lucie, peut-être en 1502 lors de son quatrième voyage. Le premier Européen installé réellement à Sainte-Lucie fut un pirate français, François Le Clerc dit « Jambe de bois » qui attaquait les navires espagnols depuis sa base de Pigeon Island. Par la suite, Sainte-Lucie fut visitée irrégulièrement par des navires, pirates parfois, en quête de ravitaillement. Après d'infructueuses tentatives anglaises, les Français parvinrent à imposer leur présence aux farouches Caraïbes, ce qui constitua une nouvelle pomme de discorde entre France et Angleterre. Pendant 150 ans, à travers assauts, traités, conquêtes et pertes de territoires, on construisit des fortifications, des bases navales et, malgré tout, des villes : Soufrière fut fondée par les Français en 1746. En 1803, Sainte-Lucie devint britannique, mais la langue et les coutumes anglaises ne s'imposèrent que lentement. Au total, de 1637 à 1814, l'île aura changé 14 fois de mains, destin à l'origine de son surnom de « belle Hélène des Indes occidentales ». Aujourd'hui indépendante et membre du Commonwealth britan-

SAINT LUCIA

– 22 février : Independence Day
– Neuvième jeudi après Pâques : Corpus Christi
– 2e samedi de juin : Jour de la Reine
– 1er août : Emancipation Day
– 13 décembre : Saint Lucia's National Day

Hébergement

L'infrastructure hôtelière de l'île est rassemblée en majorité sur la côte au Nord de Castries, entre Vigie et Rodney Bay. Ajouter 18 % de taxe aux tarifs des hôtels. Outre les adresses que nous indiquons ci-dessous, il existe des établissements meilleur marché (pensions, locations de bungalows et de villas) ; vous pouvez demander une liste à l'Office de tourisme ou consulter le site Internet de Sainte-Lucie (www.stlucia.org).

Marigot Beach Club *(Une petite folie !)* – À Marigot Bay, ☎ 451 4974, fax 451 4973. *www.marigotbeach.com*. Cadre paradisiaque pour cet établissement proposant des chambres en bungalows, bien aménagées et très confortables. Piscine, plongée sous-marine, éventail d'activités nautiques, bar, restaurant. Chambre double à US$ 85 en basse saison et US$ 125 en pleine saison.

Rainbow Hôtel *(Valeur sûre)* – Rodney Bay, Reduit Beach, ☎ 452 0148, fax 452 0158. *www.rainbowstlucia.com*. Situé dans la proximité des palaces de Rodney Bay, cet hôtel aux standards de confort élevés pratique néanmoins des prix un peu plus raisonnables. Piscine, tennis, salle de sport, excellent restaurant et bar au bord de l'eau, chambres vastes et confortables, lits king size et télévision câblée. Ajoutons qu'en plus l'accueil est vraiment charmant. Chambre double de 110 à 130 US$ selon la saison.

Rex Saint Lucian Hotel *(Une petite folie !)* – À Rodney Bay, Plage Reduit, ☎ 452 8351, fax 452 8331. Construction moderne de 120 chambres bien équipées, réparties entre plusieurs bâtiments. Belle piscine, courts de tennis. Chambre double à US$ 153 en basse saison et US$ 220 en haute saison.

Anse Chastanet Hotel *(Une petite folie !)* – Au Nord de Soufrière, ☎ 459 7000, fax 459 7700. *www.ansechastanet.com*. Agréable villégiature isolée sur la plage du même nom donnant sur les Pitons ; 48 chambres très bien agencées et joliment décorées donnant sur la plage ou sur une terrasse à flanc de colline. L'établissement est réputé pour ses activités de plongée sous-marine. Dépaysement certain. Centre de plongée Scuba St Lucia, ☎ 459 7355. Chambre double à partir de US$ 210 en basse saison et US$ 245 en haute saison.

Restauration

Le Café des Arts *(À bon compte)* – Rodney Bay, Reduit Beach, ☎ 452 9463. Pour soigner le mal du pays le temps d'un repas, ce joli restaurant français tout de bois vêtu, vous propose un filet de bœuf poêlé ou une gratinée à l'oignon « comme à la maison » ; belle carte de vins. On y dîne très bien pour 10/15 US$.

San Antoine *(Valeur sûre)* – À Castries, Government House Road, direction Bonne Fortune, ☎ 452 4660. Ouvert tous les jours midi et soir, sauf samedi midi et dimanche toute la journée. Souvent fermé en septembre. Décor romantique pour cette maison coloniale nichée dans la végétation tropicale sur les hauteurs de la capitale. Gastronomie européenne adaptée aux saveurs locales. Déjeuner à EC$ 30.

The Green Parrot *(Valeur sûre)* – Castries, Morne Fortune, ☎ 452 3399. Restaurant de l'hôtel du même nom. Superbe panorama sur le port de Castries et cuisine réputée auprès des gastronomes de l'île. Compter environ 10 US$ pour le déjeuner, il vous en coûtera en revanche près de 40 US$ pour le dîner.

The Still *(Valeur sûre)* – À Soufrière, ☎ 459 7224. Ouvert le midi seulement. Ce restaurant installé dans une ancienne distillerie de rhum perdue dans la forêt propose des fruits de mer et des produits de la plantation.

nique depuis 1979, l'île, régie constitutionnellement par la monarchie reste sous l'autorité symbolique de la reine d'Angleterre. Celle-ci est représentée par le gouverneur général Pearlette Louisy et par le premier ministre, le Dr Kenny Anthony.

Le souvenir vivace de la présence française – Française à l'époque de la Révolution, Sainte-Lucie vécut intensément cette période, ses colons ayant embrassé le parti des « patriotes ». C'est par une gazette saint-lucienne que la Martinique apprit les événements métropolitains de l'été 1789, et c'est de Sainte-Lucie que la Convention mena l'active propagande qui aboutit au ralliement de la Guadeloupe et de la Martinique à la République. En 1794, parmi la troupe dépêchée de Guadeloupe pour reprendre Sainte-Lucie aux Anglais figure Louis Delgrès, le futur héros anti-esclavagiste *(voir Saint-Claude en Guadeloupe)*. Après la conquête britannique, les colons seraient restés plutôt francophiles, faisant paraître un journal en français et envoyant leurs enfants suivre des études en France.

SAINT LUCIA

Le « patois » de Sainte-Lucie, encore largement en usage, se rapproche fortement du créole de Guadeloupe et de Martinique, et la religion catholique est majoritaire. Enfin, il suffit d'énumérer quelques noms de lieux pour mettre en lumière l'origine de la toponymie locale : Choiseul, Vieux Fort, Castries, Marigot, Gros Islet, Mon Repos, etc.

CASTRIES

Fondé par les Français au 18e s., Castries s'est développé au creux d'une profonde rade naturelle. Construite à l'origine selon un plan en damier, la ville a gravi au 20e s. les mornes environnants.

De multiples incendies l'ont périodiquement ravagée entre 1785 et 1948, anéantissant en fin de compte la majeure partie de ses bâtiments anciens et les traces de son passé colonial ; la cohabitation anarchique des immeubles modernes et des cases en bois est aujourd'hui le trait principal de sa physionomie.

Capitale administrative et commerciale de Sainte-Lucie, Castries, qui regroupe presque 30 % de la population de l'île, est une ville particulièrement animée. **Jeremie Street**, qui donne sur le port, en fournit la démonstration avec son marché couvert et une multitude d'étals bordant les trottoirs ou installés sur le quai *(échoppes proposant des souvenirs)*.

Dereck Walcott Square – L'ancien Colombus Square, récemment rebaptisé en hommage au prix Nobel de littérature de 1992, est le seul ensemble d'architecture coloniale relativement préservé. Bordé par la bibliothèque de style victorien, la cathédrale et quelques maisons de bois aux couleurs vives, il est planté de magnifiques flamboyants, d'un énorme mahogany (acajou) et s'orne d'un buste de Simon Bolivar.

Cathédrale de l'Immaculée-Conception – La cathédrale catholique de Castries, bâtie entre 1897 et 1899, est remarquable par sa **décoration intérieure★**, l'une des plus spectaculaires des Petites Antilles. Le carrelage noir et blanc, les colonnes peintes de cannelures et chapiteaux en trompe-l'œil, les murs ornés de fresques que l'on doit à un élève de Puvis de Chavannes, Dustan Saint-Omer, et la magnifique tribune en bois sombre composent un ensemble particulièrement séduisant.

Fanfrelich et belles dentelles

La maison antillaise reflète la nature gaie et chaleureuse de ses habitants. Largement ouverte sur l'extérieur, elle affiche un exubérant décor en bois découpé que les Créoles appellent *dentel* ou *fanfrelich* (« fanfreluches »), les Antilles anglophones employant le terme *gingerbread* (« pain d'épice »). L'inépuisable fantaisie de ces décorations, jointe aux couleurs dont sont enluminées la plupart des maisons, entraîne le visiteur dans un univers primesautier, plein d'humour et à la fraîcheur enfantine. Ces découpures soulignent les bords des toits, les balcons, galeries et vérandas. Elles remplissent aussi un rôle fonctionnel en filtrant la lumière sans faire obstacle à la ventilation. Dans les îles francophones, les *fanfrelich* sont réalisées à la main par d'habiles charpentiers-menuisiers. Dans les autres îles, l'introduction, à la fin du 19e s., d'une machine à découper le bois américaine a permis la réalisation à moindre coût de motifs virtuoses, plus complexes, plus fins et plus réguliers. Dans les Antilles francophones, le décor sculpté conserve un aspect plus naïf, touchant supplément d'âme qui peut manquer aux débauches du *gingerbread*. Variables selon les îles et les régions, les motifs privilégient les « décors animaux » à Marie-Galante, les « végétaux » en Guadeloupe ; on trouve aussi des motifs marins (poissons, vagues, mouettes) dans les villages de pêcheurs et à Saint-Barthélemy. Le soleil, fréquent un peu partout, est considéré comme un porte-bonheur.

SAINT LUCIA

Fort Charlotte – Au sommet du morne Fortune qui domine Castries de ses 852 m, ce fort fut l'objet d'une lutte sanglante entre les éternels ennemis que furent la France et l'Angleterre. Commencé par les Français en 1764, il fut achevé 20 ans plus tard par les Anglais. Deux canons, toujours pointés vers la baie, démontrent encore l'importance stratégique du site.

1 LE NORD *45 km – une demi-journée*

Le Nord de l'île offre des paysages de mornes escarpés couverts par la forêt sèche ou par un fourré bas d'arbustes et de buissons ; quelques villas dispersées forment, avec leurs piscines et leurs jardinets bien verts plantés de flamboyants, comme des oasis parmi cette nature typique des littoraux sous le vent.

Quitter Castries par le Nord.

Vigie Beach – Longée par l'aéroport du même nom, cette étroite plage de sable doré est ombragée d'amandiers, mais est malheureusement souvent sale. Vue étendue sur la baie. Quelques cabanes de bois vendent boissons et en-cas (poulet grillé, etc.)

S'engager sur Gros Islet Main Road.

Choc Beach – Plage agréable ; filet de volley-ball. Fréquentée le week-end par les Saint-Luciens elle est, en revanche, souvent déserte pendant la semaine.

Rodney Bay – Désigne à la fois la superbe baie qui englobe le bourg de Gros Islet et la plage Reduit, et aussi la plus grande marina de l'île. Vous pourrez sans doute, en flânant sur les pontons, apercevoir quelques-uns des plus beaux yachts de la planète. Ces charters de super luxe promènent leur clientèle très fortunée entre les îlots voisins des Grenadines.

SAINT LUCIA

Gros Islet

Plage Reduit – Longue étendue sableuse bordée par quelques-uns des grands hôtels de l'île. Elle est naturellement très fréquentée par les touristes, à la fois sur le sable, dans l'eau et « sur l'eau ». En effet, la réglementation étant ici très souple, les conducteurs d'engins nautiques motorisés se permettent souvent n'importe quoi.

Gros Islet – Ce bourg se compose presque entièrement de maisons en bois colorées, alignées le long de rues se recoupant à angle droit. Il y règne une nonchalance typiquement antillaise et le rhum local « Bounty », que l'on peut aller savourer dans plusieurs débits, n'est pas le dernier à contribuer à la décontraction ambiante. Sur le rivage stationnent les barques des pêcheurs, peintes de couleurs vives.

Le vendredi soir, c'est le *jump up* (sauterie) : tout le village est en fête. C'était à l'origine une vraie fête populaire reggae, mais l'afflux de touristes commence à dénaturer l'authenticité de ces « friday nights ». Ces festivités ont de plus en plus tendance à se transformer en spectacle de rue avec les touristes d'un côté et les rastas de l'autre.

Pigeon Island National Landmark – Occupant une île artificiellement reliée au rivage par une digue de sable, ce parc historique classé Parc national en 1979 est aménagé autour des ruines de Fort Rodney, élevé au 18e s. par l'amiral anglais George Rodney, vainqueur de la célèbre bataille navale des Saintes (qui conforta la domination de l'Empire britannique sur les Caraïbes), et d'un musée. Ce dernier relate l'histoire de Sainte-Lucie depuis l'arrivée des premiers Amérindiens.

De Fort Rodney, on profite d'une belle vue sur l'arrière-pays, ainsi que sur Rodney Bay et Gros Islet.

Bar installé dans les caves du musée, et possibilité de restauration.

Rebrousser chemin et tourner à gauche après Plage Reduit, en direction de La Feuillet et Mochy.

Ce parcours permet de rejoindre Castries en évitant de repasser par la route côtière ; il traverse une région vouée à l'agriculture vivrière, et dont la végétation naturelle est plus verte et plus forestière que sur le littoral ; fromagers, arbres à pain, manguiers et autres flamboyants bordent la route qui se fait sinueuse en gravissant les mornes. On dépasse Mochy, petit village groupant des cases colorées, avant de progresser sur une ligne de crête. Au Mount Monier se déploie un superbe **panorama** sur la côte Ouest.

Plus loin, de maigres vaches paissent dans des prés entourés de bananiers et de papayers. On traverse Babonneau, aux maisons peintes en bleu, avant de redescendre sur Castries.

② LE CENTRE ET LE SUD *Circuit de 150 km – compter une bonne journée*

Si on ne dispose pas de suffisamment de temps pour effectuer ce circuit dans sa totalité, il est toutefois possible d'en découvrir les principales curiosités, concentrées sur la côte Ouest, en le parcourant en sens inverse jusqu'aux Pitons et en revenant à Castries par la même route (98 km AR).

Quitter Castries par le Sud, en direction de Morne Fortune.

SAINT LUCIA

La route en lacet ménage de belles perspectives sur Castries et sa rade abritée, puis pénètre dans la vallée de Cul-de-Sac River dont l'embouchure est occupée par des raffineries et dépôts d'hydrocarbures.

Tourner à gauche.

On remonte cette vallée riante où s'adjoignent aux bananeraies des plantations de bois de teck. Gravissant ensuite des mornes, la route devient plus sinueuse et forestière ; avocatiers, eucalyptus, fougères arborescentes et arbres à pain ombragent les bas-côtés. Après le col, on bascule dans le bassin de la Fond d'Or River, sur le versant atlantique. La chaussée, bordée de bambous, de papayers et de quelques bananiers et muscadiers, descend lentement sur la Caye et Dennery.

Dennery – Ce village de pêcheurs, inscrit dans une petite baie protégée par un îlet, est l'une des rares agglomérations de la côte au vent.

La route longe un littoral découpé où alternent des baies frangées de rideaux de cocotiers et des presqu'îles aux rivages parfois très escarpés. Passé Mon Repos, on traverse une cocoteraie et une bananeraie avant d'arriver à **Micoud**, autre coquet village aux cases de bois peint.

La végétation devient plus sèche et broussailleuse. La route dépasse le Club Méditerranée et contourne Hewanorra Airport avant de parvenir à Vieux Fort.

Vieux Fort – Bourg le plus méridional de l'île, Vieux Fort est un gros village actif dont la pêche demeure la ressource principale ; en témoignent les nombreux étals de poisson le long des trottoirs. Certaines maisons présentent des arcades et un étage en encorbellement.

Laborie – Charmant village établi dans une baie ; ses cases escaladent les versants alentour.

La route progresse parmi des paysages secs et sauvages ; quelques parcelles cultivées donnent une idée de la variété de la gamme des légumes tropicaux : patates douces, choux, giraumons... Citronniers et arbres à cachous sont également présents sur cette portion de littoral. Après Choiseul, la route, pittoresque, ménage des échappées sur les Pitons.

Étal de bananes

**Pitons – Gros Piton (alt. 798 m) et Petit Piton (alt. 750 m), aiguilles jumelles de dacite (lave très visqueuse à l'origine, formant aussi le rocher du Diamant en Martinique), représentent la principale curiosité de l'île. En nul autre site des Petites Antilles l'activité volcanique n'a donné naissance à de tels jaillissements minéraux, à des édifices dont les flancs soient si proches de la verticalité. Mais il faut se contenter de les contempler à distance, leur ascension n'étant pas envisageable.

*Sulphur Springs ⓥ – *Route à droite environ 3 km avant Soufrière.* Situation exceptionnelle : on accède facilement en voiture (on l'appelle le « volcan drive-in ») à cette zone volcanique active inscrite dans une caldeira (cratère d'effondrement) formée lors d'une éruption vieille de 40 000 ans (la dernière remonte à 1780). Les émanations soufrées, les ruisseaux aux eaux fumantes, les grosses pustules terreuses agitées de bouillonnements noirâtres dont la température dépasse 150 °C composent un fascinant paysage lunaire dont on a peine à s'extraire.

On peut se baigner dans certaines sources qui ont une température aux environs de 40 °C et sont réputées être efficaces contre les maladies de la peau (eczéma, etc.) ; il est toutefois plus prudent de demander conseil au guide avant toute tentative.

*Morne Coubaril Estate – *2 km au sud de Soufrière,* ☎ *459-7340. www.coubaril.com.* Ouvert de 9 h à 17 h. Entrée EC$15 adulte, EC$ 7,5 enfant. En 1713, la famille Devaux, alors installée en Martinique, reçoit de Louis XIV un terrain de 2 000 acres à Sainte-Lucie. Les trois fils Devaux se partagèrent la propriété et prospérèrent dans le commerce de la canne, puis du coton, du cacao, du café et, enfin, de la noix de coco. La plantation, restée entre les mains de la même lignée pendant 250 ans, fut vendue en 1960 à la famille Monplaisir. Ouverte depuis 1995 au public, ce superbe témoignage des traditions agricoles mérite assurément une visite.

Soufrière – Ce gros bourg côtier vivant de la pêche bénéficie d'un **site**★ exceptionnel qui s'apprécie pleinement du petit parking aménagé au bord de la route, juste avant que celle-ci n'entame la descente. Blotti au creux d'une baie flanquée de hauts mornes, Soufrière est veillé par les majestueux Gros et Petit Pitons. Dans le centre, quelques maisons s'égayent de décors en bois découpé dits *gingerbread*, équivalents très tarabiscoté des « fanfreluches » de Guadeloupe ou de Martinique *(voir encadré)*.

Diamond Botanical Gardens (jardin botanique de Diamond) ⓥ – *Remonter la route de la Soufrière River sur 2 km, puis tourner à droite.* Enrichir ses connaissances sur la végétation tropicale tout en se promenant agréablement, voici ce que proposent ces jardins fort bien aménagés. Les **Mineral Baths**, principale attraction de ce site, furent bâtis en 1785 à la demande de Louis XVI, à qui le gouverneur de Sainte-Lucie, le baron de Laborie, avait signalé les vertus bienfaisantes des eaux locales (les mêmes qu'à Aix-les-Bains) ; il souhaitait en faire bénéficier ses soldats présents sur l'île. Presque entièrement détruits à la Révolution française, quelques bassins furent restaurés dans les années 1960. Pour 30 mn de baignade on vous demandera EC$ 7 ou 10 si vous souhaitez un bassin privé. *Possibilité de restauration.*

La route en lacets conduisant vers Marigot procure par endroits de magnifiques **échappées**★★ sur Soufrière, avec les Pitons en arrière-plan. On traverse le village de pêcheurs de Canaries. À partir d'Anse la Verdure, des vues fugitives s'offrent sur la côte ; la végétation se fait plus dense, plus haute et plus verte.

Anse La Raye – Charmant village presque entièrement composé de cases en bois colorées de type *chattel houses (voir Antigua)*, posées sur parpaings et transportables ; du côté du rivage, il n'est pas rare de voir œuvrer des pêcheurs à la senne *(voir Case-Pilote en Martinique).*

Intéressant site de plongée avec masque et tuba dans la partie droite de la baie.

★★**Marigot Bay** – Site enchanteur qui servit de cadre au film *L'Extravagant Dr Doolittle*, avec Rex Harrison (1967). La limpidité de l'eau, la majesté des cocotiers et l'écrin formé par un cirque de mornes aux versants abrupts sont une évocation du paradis terrestre. C'est aussi un mouillage enchanteur où se trouve une petite marina. Il est possible aux plaisanciers de faire de l'eau douce et des vivres, comme au temps des pirates qui ont hanté, et hantent encore sans doute, cette petite baie de rêve. Des hôtels ont poussé un peu partout, mais le lieu garde malgré tout sa magie ancienne.

Retour sur Castries.

Mots-pièges

En Guadeloupe et en Martinique, Le « homard » est en fait une langouste, le « court-bouillon » une sauce tomate épicée ; le mot « figue » désigne la banane mûre, et on appelle « pain d'épice » une galette croquante parfumée au gingembre. Les Petites Antilles anglophones réservent, elles aussi, quelques surprises : le mountain chicken (« poulet de montagne ») se révèle être un gros crapaud à la chair délicate, le johnnycake une galette de maïs rappelant la polenta et le dolphin une sorte de daurade.

Marigot Bay

SAINT VINCENT AND THE GRENADINES★★

SAINT-VINCENT ET LES GRENADINES
Carte « Les plus belles îles », p. 11, **U**
Environ 120 000 habitants – 344 km²
(Les Grenadines 91 km²)

Nom caraïbe de Saint-Vincent : Louloumain
Surnoms de Saint-Vincent : Emerald Island (L'île émeraude), la Perle des Antilles

L'archipel des Grenadines, semé sur 113 km selon une direction Nord-Sud, relève administrativement, sauf exception *(voir la Grenade)*, de l'île principale de Saint-Vincent et de sa capitale Kingstown. Les plages de sable blanc et les eaux protégées de barrières de corail des Grenadines sont depuis longtemps connues et appréciées des plaisanciers fortunés.

À l'inverse, le tourisme n'est pas encore très développé à Saint-Vincent, dont le sable noir ne peut soutenir la comparaison avec celui de ses petites sœurs coralliennes, mais qui peut faire valoir la beauté de ses reliefs volcaniques et la luxuriance de sa végétation. Restée agricole et pauvre, Saint-Vincent offre également tranquillité et pittoresque à des prix presque abordables comparés au reste des Grenadines.

DES INDIENS CARAÏBES À LA JET-SET

Une émeraude géante – Dominée par le volcan de la Soufrière (encore une) dont l'altitude approche 1 300 m, et parcourue par un réseau très dense de courtes rivières, l'île de Saint-Vincent est largement recouverte par la forêt tropicale humide. Ses profondes vallées abritent des plantations de bananiers, des cocoteraies et des cultures maraîchères qui nourrissent jusqu'à la Barbade et Trinidad, sans oublier cette spécialité dont Saint-Vincent est le premier producteur mondial : la marante dont on extrait l'*arrow-root*, une fécule utilisée jadis dans l'alimentation et aujourd'hui dans la fabrication de papier pour l'informatique.

Saint-Vincent est très montagneux ; sa chaîne axiale volcanique, de direction Nord-Sud (la Soufrière occupe toute la partie Nord), oppose une véritable barrière aux communications terrestres, interdisant les liaisons routières d'une côte à l'autre en dehors de l'extrême Sud.

L'île possède son perroquet indigène, malheureusement en voie d'extinction : le perroquet amazone de Saint-Vincent ; manicous, agoutis et serpents inoffensifs complètent une faune typiquement antillaise.

Des perles sur fond d'aigue-marine – L'archipel des Grenadines est formé de quelque 125 îles et îlots ; du Nord au Sud, les principales Grenadines de Saint-Vincent se nomment Bequia, Mustique, Canouan, Mayreau et Union. Bien que parfois très vallonnées, ces îles sont beaucoup plus basses que Saint-Vincent, et soumises à un climat plus sec dont s'accommode une végétation de broussailles, cactées et plantes grasses. La mer, aux reflets turquoise et outremer, est réputée pour sa transparence et sa température toujours tiède (autour de 28 °C). Situé à l'écart du chemin des cyclones, cet archipel paradisiaque revendique un ensoleillement atteignant 364 jours par an !

L'échec d'une « République caraïbe » – Christophe Colomb découvre l'île le 22 janvier 1498, le jour de la Saint-Vincent. L'histoire de Saint-Vincent rappelle ensuite celle de la Dominique *(voir ce nom)* : habitée par de farouches Caraïbes, l'île échappe aux colonisateurs ; les Indiens chassés de Martinique et de Sainte-Lucie s'y réfugient, rejoints par les esclaves échappés (les nègres marrons), et y préparent des raids contre les établissements européens des autres îles. En 1675, un négrier hollandais fait naufrage à proximité. Bien accueillis, les esclaves rescapés s'intègrent à la population caraïbe et en adoptent les coutumes, donnant naissance aux Caraïbes noirs ou *Black Caribs*.

Vaincus à l'issue de la grande guerre de 1795 les opposant aux Anglais, maîtres de l'île depuis 1763, Caraïbes et Caraïbes noirs sont massivement déportés dans l'île de Roatan au large du Honduras. Ainsi s'achève le rêve d'une « République caraïbe » qu'avaient encouragé les révolutionnaires français.

Meurtrière Soufrière – Trois éruptions ont marqué depuis deux siècles l'activité de la Soufrière, volcan de type péléen, très redoutable. L'éruption magmatique explosive *(voir Le décor naturel dans l'Introduction)* de 1812 tua la majeure partie des Caraïbes et Caraïbes noirs ayant échappé à la déportation de 1796 et ayant été rassemblés par les Anglais à Sandy Bay sur la côte Nord-Ouest. La terrible éruption de 1902, qui eut lieu au même moment (paroxysmes explosifs les 7 et 18 mai) que la destruction de Saint-Pierre par la Montagne Pelée *(voir p. 227)*, fit 2 000 victimes et freina durablement le développement économique de Saint-Vincent en ruinant la culture de la canne ; l'explosion du volcan s'entendit jusqu'à la Barbade, et l'on vit retomber des cendres à la Jamaïque. En 1979, année de l'accession de Saint-Vincent et des Grenadines à l'indépendance dans le cadre du Commonwealth, une nouvelle et brève phase explosive a recouvert d'un manteau de cendres les bananeraies et cocoteraies du Nord, et fait pousser un dôme d'extrusion au sein du cratère.

SAINT VINCENT AND THE GRENADINES

CARNET PRATIQUE

Pour les généralités, se reporter au chapitre des Informations pratiques en début de volume.

Offices de tourisme – Il n'existe pas d'office en France, mais il est possible d'obtenir des informations auprès des agences suivantes :

Fort-de-France – *Karib Tourism Department, 122 ter, rue Victor-Hugo,* ☎ *05 96 63 88 86, fax 05 96 63 88 86.* Vous pourrez trouver ici, en français, tous les renseignements nécessaires à une escapade dans les Grenadines.

Royaume-Uni – *Saint Vincent and the Grenadines Tourist Office, 10, Kensington Court, London W8 5DL, United Kingdom,* ☎ *(00 44) 1 71 937 6570, fax 1 71 937 3611.*

À Kingstown – *Department of Tourism, PO Box 834, Kingstown, Saint Vincent and the Grenadines, West Indies. Situé à Bay Street, face au port de Kingstown.* ☎ *(00 1 784) 457 1502, fax 456 2610.* Ouvert de 8 h à 16 h 30 du lundi au vendredi.

À l'aéroport de Saint-Vincent – Normalement, un guichet de l'Office de tourisme est ouvert aux heures d'arrivée des avions. Renseignements et, si besoin, réservations de logements.

Formalités d'entrée – Passeport en cours de validité, ainsi qu'un billet de retour ou de continuation sont exigés. Il faut remplir une fiche de renseignements et y inscrire une adresse de séjour.

Argent – La monnaie est le dollar Est Caraïbe (EC$), change à effectuer sur place, de préférence contre des dollars américains (US$) ; 1 US$ vaut environ 2,70 EC$. Les US$ sont par ailleurs acceptés dans tous les établissements. Possibilité de payer avec cartes Visa, Mastercard et American Express.

Circulation – Conduite à gauche, attention de ne pas prendre les ronds-points à l'envers ! Sauf possession d'un permis international, un permis local temporaire (EC$ 50) est indispensable pour conduire ; il est remis par l'agence au moment de la location du véhicule. Il existe de petites compagnies de location de voitures comme **Unico Auto Rentals** (*à côté de l'aéroport,* ☎ *456 5744*), **Star Garage** (*Back Street, Kingstown,* ☎ *456 1743*) ou **Kim's Rentals** (*Grenville Street, Kingstown,* ☎ *456 1884*). Les routes sont constellées de nids-de-poule et plus on va vers le Nord, plus la chaussée est délabrée. Les berlines ne tiennent pas le choc, préférer un véhicule type 4X4 à la suspension solide. Il est également possible de louer des motos.

Bequia – Taxi « pick-up »

Il est facile de se déplacer en taxi ou en bus, le système de transport en commun fonctionne bien. De l'aéroport, le trajet en taxi coûte EC$ 20 jusqu'à Kingstown, en bus EC$ 1 ; l'arrêt se trouve sur la route juste en face de la sortie.

Se rendre à Saint-Vincent en avion

L'île est desservie par l'E T Joshua Airport, situé à Arnos Vale, au Sud de Kingstown. Outre l'Office de tourisme, on trouve une banque, ouverte du lundi au samedi de 7 h à 17 h.
Vol direct depuis Londres sur **British Airways** ; au départ de Paris, vol **Air France** jusqu'à Fort-de-France, relayé par la **LIAT** ou **Air Caraïbes** jusqu'à Saint-Vincent.
Se rendre dans les Grenadines – **SVG Air**, ☎ *456 5610*, ou **Helen Air**, ☎ *458 4528*.
France – **Air France**, ☎ *0 802 802 802*. **British Airways**, ☎ *0 802 802 902*.
Saint-Vincent – **Air Caraïbes**, ☎ *05 90 82 47 00* ; **LIAT**, ☎ *458 4841* ou *457 1821* ; **Mustique Airways**, ☎ *458 4380*.
Taxe de départ de Saint-Vincent et des Grenadines : EC$ 30.

Vie pratique

Téléphone – Pour obtenir un numéro aux Grenadines depuis la France, composer 001 784 puis les sept chiffres de votre correspondant.

Magasins – En général, ouverts du lundi au vendredi de 8 h à 12 h et de 13 h à 16 h, le samedi de 8 h à midi seulement.

Urgences – ☎ *456 1185 (Kingstown)* ; ☎ *458 3294 (Bequia).*
Police et pompiers – ☎ *999.*
Électricité – 220/240 volts (sauf à Petit Saint-Vincent, 110 volts).
Mesures – Distances en miles.
Jours fériés particuliers
– 22 janvier : Saint Vincent and the Grenadines Day
– Premier lundi de mai : Labour Day
– Premier lundi de juillet : CARICOM Day
– Premier mardi de juillet : Carnival Tuesday
– 1er lundi d'août : August Monday
– 27 octobre : Independance Day

Navigation

Autorité portuaire – De Saint-Vincent et des Grenadines, à Kingstown, ☎ *456 1830, fax 456 2732.*
Ports d'entrée – Kingstown, Wallilabou Bay, Ottley Hall, Union Island, Bequia, Canouan, Campden Park.

Excursions organisées

Elles se ressemblent toutes et les prix sont à peu près alignés. On vous emmènera voir les principales curiosités de l'île à Saint-Vincent ou vous passerez une journée en voilier et sur les plages somptueuses de l'archipel. Généralement, boissons, repas, prêt de palmes : tout est compris.

Sam's Taxis Tours – ☎ *456 4338.* Cette agence s'adresse surtout aux plaisanciers : service de courses, taxi, fax, téléphone, douane, mouillage, etc.

Hazeco Tours – ☎ *457 8634, fax 457 8105.* E-mail : hazeco@caribsurf.com. Visite du Botanic Gardens et de Fort Charlotte, randonnée à la Soufrière et dans la forêt tropicale du Vermont, découverte des côtes Est et Ouest... Guides expérimentés.

Fantasea Tours – ☎ *457 4477 ou 457 5555, fax 457 5577.* Excursions à Saint-Vincent et dans les Grenadines.

SVG Tours – ☎ *458 4534, fax 456 4721.* Ici on parle français ! Dominique David vous fait visiter Saint-Vincent et les autres îles de l'archipel.

Baleine Tours – *Villa Beach,* ☎ *457 4089.* Excursions à Falls of Baleine et à l'archipel des Grenadines.

Captain Yannis – Balades à la journée en catamaran dans l'archipel, ☎ *458 8513, fax 458 8976.*

Hébergement, restauration

Les hôtels et restaurants majorent en général leur note de 17 % (10 % pour le service, 7 % de taxe gouvernementale).
En dehors des hôtels, il est possible de se loger à moindre frais à Saint-Vincent et dans les Grenadines, en fréquentant les pensions ou en louant des appartements. Se renseigner auprès de l'Office de tourisme qui tient une liste à votre disposition. Le camping est formellement interdit dans tout l'archipel.

Wallilabou Bay Hotel *(À bon compte)* – *Côte Ouest, sur la plage de Wallilabou,* ☎ *458 7270, fax 457 9917.* E-mail : wallanch@caribsurf.com. Ce petit bâtiment moderne faisant face à une ravissante baie comprend six chambres au rez-de-chaussée, et six au 1er étage. Certaines chambres peuvent accueillir un ou deux enfants en plus d'un couple ; celles du haut sont dotées de balcons. Salle de bain avec baignoire. Possibilité de se restaurer juste à côté : bar-restaurant ouvert tous les jours, du matin au soir. Chambre double : US$ 65 en basse saison, US$ 80 en haute saison.

The Cobblestone Inn *(Valeur sûre)* – *Upper Bay Street, dans le centre de Kingstown, face au port,* ☎ *456 1937, fax 456 1938.* Hôtel de caractère aménagé dans un ancien entrepôt de sucre datant de 1814. Chambres coquettes : pierres apparentes, mobilier en rotin, plancher. Clientèle composée en majorité d'hommes d'affaires. Terrasse à l'étage pour le petit déjeuner et le déjeuner. Chambre double : US$ 85 toute l'année.

Grand View Beach Hôtel *(Valeur sûre)* – *Villa Point,* ☎ *458 4811, fax 457 4174.* www.grandviewhotel.com. Très bel établissement sur le site d'une ancienne plantation au milieu d'un jardin magnifique. Prestations haut de gamme pour des prix presque raisonnables. Chambre double de US$ 130 à 215 US$ selon la saison.

Sunset Shores Beach Hotel *(Valeur sûre)* – *À Villa, à environ 3 km au Sud de l'aéroport,* ☎ *458 4411, fax 457 4800.* www.sunsetshores.com. Confortable établissement situé en face de Young Island. Piscine et petite plage. Chambre double : US$ 125 en basse saison, US$ 170 en haute saison.

SAINT VINCENT AND THE GRENADINES

Friendship Bay Resort Hotel *(Valeur sûre)* – À Bequia, ☎ 458 3222, fax 458 3840. Hôtel de charme dans un cadre idyllique. Dix chambres aménagées dans des bungalows colorés donnant directement sur la plage magnifique de Friendship. Restauration créole et internationale. Chambre double à partir de US$ 125 en basse saison et de US$ 165 en haute saison.

Palm Island Beach Club *(Une petite folie !)* – À Palm Island, ☎ 458 8824, fax 458 8804. www.palmislandresorts.com. Accès par bateau depuis Union Island (traversée : 10 mn). Île privée au cœur des Grenadines, plantée de 8 000 palmiers et bordée de plages de sable blanc. Hôtel simple composé de 24 cottages face au rivage ; pension complète. Centre de plongée sous-marine, mini-croisières possibles vers Petit Saint-Vincent, Union, etc. Extraordinaire souvenir pour une lune de miel, courte vu le prix ! Chambre double à partir de US$ 560 en basse saison, US$ 700 en haute saison.

Basil's Bar & Restaurant *(Valeur sûre)* – Upper Bay Street, au rez-de-chaussée de l'hôtel Cobblestone Inn, ☎ 457 2713, fax 456 2597. Ouvert du mardi au dimanche, de 8 h à 21 h en semaine, un peu plus tard le vendredi et le samedi. Dans une séduisante salle voûtée aux murs de pierre, on vous propose quelques plats à base de poissons ou de viandes grillés et de langoustes. Atmosphère agréable. Déjeuner sous forme de buffet pour EC$ 32 ; dîner, compter EC$ 70.

Plongée sous-marine

Les fonds de l'archipel des Grenadines sont un jardin d'Éden sous-marin. Tous les hôtels (ou presque) possèdent un club de plongée techniquement irréprochable.

Dive Saint Vincent, ☎ 457 4928, fax 457 4948. Centre PADI, NAUI & CMAS. Plongée sur les sites de Saint-Vincent et de Bequia ; **Dive Fantasea** à Saint-Vincent ☎ 457 4477, fax 457 5577 ; **Dive Paradise** à Bequia ☎ 458 3563, fax 457 3115. www.paradisebequia.com. **Grenadines Dive** à Union Island, ☎ 458 8138, fax 457 8122 ou **Blueway Diving International** à Canouan, ☎ 458 8044, fax 457 8851.

★ ÎLE DE SAINT-VINCENT

Kingstown

La capitale (30 000 habitants) de Saint-Vincent vit du commerce maritime, exportant surtout des bananes.

De facture coloniale et créole, elle compose, avec ses quelques rues pavées bordées d'arcades et ses maisons pittoresques en brique, un tableau attachant autant que suranné. Le centre-ville s'ordonne autour de trois rues parallèles au front de mer : Halifax Street (ou Grenville Street), Middle Street et Bay Street.

Halifax Street – C'est la rue des banques ; elle possède les plus belles arcades.

Bay Street – Le long du rivage. Bay Street accueille quotidiennement les **marchés** aux poissons et aux légumes (entre le centre administratif et la gare routière), particulièrement animés les vendredi et samedi matin : multitude de petits étals en

Kingstown – Arcades

bois, arrivées régulières des pêcheurs. La **gare routière** est aussi un lieu d'agitation perpétuelle, vendeurs et voyageurs attendent les arrivées et les départs de bus. Les transports en commun sont très utilisés et peu onéreux : EC$ 1 pour les trajets courts, EC$ 5 pour les plus longues distances. Les bus prennent soit la direction de la côte Ouest (Leeward Highway), soit celle de l'Est (Windward Highway).

Long Lane Upper – À proximité de l'embarcadère, cette rue pavée, bordée d'échoppes et de débits de boissons, possède du cachet.

Saint Mary's Roman Catholic Cathedral – Son ornementation extérieure chargée, mêlant des figures stylistiques d'inspiration romane, gothique ou encore mauresque, rappelle les édifices de l'architecte catalan Gaudí. Elle est l'œuvre d'un prêtre belge qui a remanié selon son goût l'église originelle datant du début du 19e s.

Saint George's Anglican Church – En face de la cathédrale Saint Mary, édifice d'architecture géorgienne aux couleurs vives (intérieur jaune et turquoise). Trois beaux vitraux de Kempe, originellement destinés à la cathédrale Saint Paul de Londres, éclairent le cœur.

★**Botanic Gardens** – *Suivre Leeward Highway et tourner à droite après l'église ; du centre-ville, compter environ 1/4 h à pied. La visite est libre et gratuite, mais des guides proposent leur service à l'entrée. Il est plus intéressant de visiter les lieux accompagné.* Fondé par le gouverneur George Melville en 1765, le très beau jardin botanique de Kingstown fut, à l'origine, aménagé pour la culture de plantes médicinales et commerciales. Couvrant 8 ha, il est planté d'une profusion d'arbres, de fleurs et de plantes en provenance des tropiques : flamboyant de Madagascar, acajou du Honduras, arbre du voyageur, ixora (la fleur nationale), le *sealing wax palm tree*, etc. Remarquez l'arbre à pain que le capitaine Bligh, commandant de la *Bounty*, aurait introduit à Saint-Vincent à son retour de Tahiti. Au cœur du jardin se trouvent également un musée archéologique présentant une collection d'objets précolombiens trouvés à Saint-Vincent, et une volière habitée de perroquets amazones.

Mutins pour l'arbre à pain

On raconte que la révolte de la *Bounty*, en 1789, eut pour origine l'arbre à pain, dont l'habitat naturel est la Polynésie. Le commandant du navire, William Bligh, était chargé d'amener aux Antilles mille plants de cette essence, véritable aubaine pour les colons, soucieux de nourrir à bon compte leur main-d'œuvre servile ; il prit l'affaire à cœur, n'hésitant pas à arroser les arbustes avec l'eau destinée à l'équipage qui se mutina et fit échouer l'expédition. Il fallut attendre 1793 pour que l'arbre à pain arrive aux Antilles, peut-être apporté par Bligh ; sa culture ne se développa vraiment que dans la seconde moitié du 19e s.

L'arbre à pain, qui pousse sans nécessiter de soins particuliers, produit de gros fruits ronds (chacun d'eux peut peser jusqu'à 10 kg !), précieuse garantie contre la disette. Leur chair farineuse est découpée en tranches que l'on fait revenir, frire ou bouillir. Le fruit à pain entre dans la composition du *migan* des îles créolophones ou du *oil down* des îles anglophones. Enterré un certain temps, il donne une sorte de fromage fermenté ; on peut aussi en faire de la purée, des gâteaux et, bien sûr, du pain.

Les fleurs confites, appelées « tototes » (Martinique) ou « popotes » (Guadeloupe), sont des friandises appréciées. Enfin, dernière aubaine alimentaire, les pelures du fruit à pain servent à engraisser le cochon que l'on dégustera à Noël.

★ 1 Windward Highway

Itinéraire de 85 km AR – une demi-journée sans la randonnée pédestre à la Soufrière, une journée entière en incluant celle-ci.

Jusqu'à Calliaqua, l'agglomération de Kingstown s'étire en un cordon ininterrompu de villas, d'hôtels et de pensions. Deux pitons volcaniques, **Young Island** et Fort Duvernette, pointent au milieu de Calliaqua Bay. Le premier héberge un hôtel de luxe, le second porte les vestiges d'un fort. Autour se déploient de magnifiques récifs coralliens ; des pêcheurs proposent d'y emmener les adeptes de la plongée avec masque et tuba *(attention toutefois au ressac, dangereux lorsqu'on évolue parmi les coraux).*

Au-delà de Calliaqua, les paysages deviennent plus verts et plus sauvages ; à partir de Diamond, la route se fait sinueuse, et, à Stubbs, débute véritablement la côte atlantique, bordée de hautes falaises.

Argyle Beach – Site résidentiel entouré de quelques cocotiers, où s'établirent les premiers colons, des Écossais.

Après Peruvian Vale, des plages de sable noir s'étalent au pied des falaises.

SAINT VINCENT AND THE GRENADINES

Sydney's Ocean View – Beau point de vue sur l'alignement de falaises dont la base est sapée par les vagues qui s'abattent avec fracas sur les plages.

Biabou – Ce petit village aux cases dispersées possède une intéressante église anglicane.

On traverse à **South Union** une superbe cocoteraie, avant d'aborder les vallonnements de **North Union**, conquis par les bananiers.

Byera Hill – Un tunnel, toujours visible, avait été creusé par les esclaves afin de relier les deux baies situées de part et d'autre de Black Point.

Rabacca Dry River – Cette vallée fluviale a été envahie par les projections de la dernière éruption de la Soufrière en 1979. Quelques filets d'eau s'écoulent paresseusement parmi les rochers et les cendres volcaniques.

Orange Hill Estate – Une route à gauche, magnifiquement bordée de cocotiers et bananiers, puis une piste mènent au départ du sentier de randonnée qui grimpe au sommet du volcan de la Soufrière et redescend ensuite sur l'autre versant, jusqu'à la côte caraïbe.

★★**La Soufrière** – Voir ci-dessous.

Reprendre en sens inverse le Windward Highway jusqu'à Peruvian Vale ; là, tourner à droite vers Mesopotamia.

Mesopotamian Vale – La route remonte la Yambou River, à la rencontre du jardin de Saint-Vincent : toute la vallée se consacre à la culture des fruits et légumes. Le parcours procure de jolies vues panoramiques sur les versants abrupts tapissés de carrés de dachines, choux caraïbes ou patates douces. Dominée par les 954 m du « Grand Bonhomme », la vallée vaut vraiment le coup d'œil.

★**Fenton Valley** – *Continuer sur la Vigie Highway, puis prendre à droite à Ashburton.* Cette vallée située juste au Nord de Kingstown est aussi minutieusement cultivée que la précédente. La pente, parfois très raide, des parcelles nécessite l'aménagement de terrasses.

Retour sur Kingstown.

★ 2 Leeward Highway

Itinéraire de 95 km AR – une journée

Desservant la côte caraïbe de Saint-Vincent, la Leeward Highway est une route sauvage, tant par les paysages traversés qu'en raison de l'état de la chaussée. Sur cette côte alternent de belles plages désertes de sable noir et des falaises sur lesquelles pousse une végétation dense. Les infrastructures touristiques sont quasi inexistantes, mais on trouve tout de même quelques restaurants et un hôtel. Au détour de la route, vous croisez de nombreux villageois, une horde d'écoliers courant sur la chaussée, des bambins se lavant au robinet extérieur, des femmes portant de lourdes charges sur la tête ou des hommes allant travailler dans les plantations.

Quitter Kingstown par l'Ouest ; au niveau de l'hôpital, tourner à gauche et poursuivre jusqu'au sommet de la colline Berkshire.

★**Fort Charlotte** ⓥ – Dominant la baie de Kingstown, le fort, achevé en 1806, a conservé cinq des trente-quatre canons d'origine. Ces canons ne sont pas pointés vers le large et la baie de Kingstown mais tournés vers l'intérieur des terres, car les militaires craignaient les Indiens caraïbes au point de leur consacrer une partie des défenses du fort. Dans les anciennes casernes, une intéressante collection de tableaux de Lindsay Prescott, ancien officier de la Royal Navy datant de 1972 retrace l'histoire des Caraïbes noirs de Saint-Vincent. Derrière, la partie du fort non accessible abrite la prison des femmes. Splendide panorama sur la baie de Kingstown et sur l'archipel des Grenadines.

Reprendre la route en sens inverse ; arrivé dans Kingstown, poursuivre tout droit, la route s'élève aussitôt.

Juste après avoir franchi la Buccament River, bifurquer à droite en direction de Vermont.

On traverse **Vermont Valley**★, val éclatant et verdoyant en raison de l'humidité ambiante ; la rivière Buccament, qui traverse cette vallée, fournit à elle seule 45 % des besoins en eau de l'île. Il existe deux chemins de randonnée, **River Trail**★ et **Parrot Lookout Trail**, s'enfonçant au cœur de la forêt tropicale. Mieux vaut être accompagné par un guide pour effectuer une excursion.

Parrot Lookout (Point d'observation des perroquets) – *Remonter la vallée sur 5,5 km, jusqu'au point de départ du sentier.* Le sentier Parrot Lookout décrit une boucle de 2,75 km à travers la partie Sud-Ouest de la réserve Saint Vincent Parrot fondée en 1987 au cœur de la forêt tropicale pour protéger le perroquet amazone *(Amazona guildingii)*. On ne compte en effet plus guère que 500 individus de cette espèce en liberté sur toute l'étendue de l'île. Il est conseillé d'effectuer cette promenade tôt

SAINT VINCENT AND THE GRENADINES

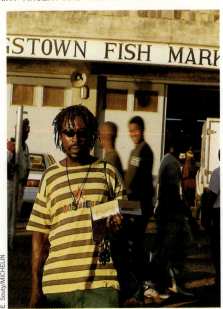
Rencontre au marché

le matin, ou le soir, si l'on désire apercevoir quelques beaux spécimens ; plus faciles à observer sont les fauvettes siffleuses, les perroquets *whistling warbler* (également endémiques de Saint-Vincent), les faucons, les hérons verts ou encore les colibris huppés.

Revenir sur la Leeward Highway.

Buccament Bay se compose d'une petite plage et d'un village réputé pour sa spécialité de poissons appelés *tritris*, que les habitants mangent frits. Il faut pêcher ces poissons remontant la rivière au moment opportun, c'est-à-dire quand ils sont blancs ; devenus noirs, ils ne sont plus comestibles.

Layou – La route retrouve la côte à hauteur de la plage de sable noir de Buccament Bay. Le village de Layou, constitué de pittoresques maisons de bois et de béton colorées, éparpillées sur la colline de Happy Hill, se consacre à la pêche.

Mais le site vaut surtout par ses **pétroglyphes** *(voir Trois-Rivières en Martinique)*, situés au Nord du village au niveau de Bible Camp et facilement accessibles. Ces remarquables pierres gravées sont peut-être à attribuer aux Ciboneys, l'un des tous premiers groupes d'Amérindiens ayant débarqué dans les Petites Antilles plus de 1 000 ans avant J.-C.

Mount Twin abrite deux très belles et tranquilles plages de sable noir, idéales pour la baignade : **Big Mount Hill** et **Little Mount Hill**.

Peter's Hope Beach – Petite vallée très verte, parsemée de vestiges d'une manufacture de tabac et se terminant par une plage. Un peu plus loin, observez la mer et remarquez le curieux rocher en forme de sous-marin ; on le nomme **Bottle and Glass**.

Barrouallie – *Prononcer « bar-relly ».* Après un crochet vers l'intérieur des terres, la route rejoint la côte au niveau de ce village de pêcheurs occasionnels de baleines (appelées ici *black fish*), encore chassées au harpon. Le long du rivage, les constructions de bambou servent à faire sécher les quartiers de baleine, les *crisps*.

Wallilabou Bay – Sur la gauche, un petit chemin en pente raide mène à une ravissante et paisible baie qui sert régulièrement de port d'entrée pour les bateaux de plaisance. Il est en effet possible d'accomplir à cet endroit les formalités douanières (☎ *458 7270*) permettant ensuite de se rendre aux Grenadines. La plage de sable noir est encerclée de falaises couvertes d'une végétation luxuriante. La baie abrite un restaurant et quelques chambres *(voir carnet pratique)*.

Wallilabou Waterfalls – *Poursuivre sur la même route.* Juste après Wallilabou Bay, à environ 10 mn de marche, ces modestes chutes (4 m) sont l'occasion d'une agréable baignade dans une eau douce et fraîche.

La Leeward Highway s'enfonce ensuite à travers la forêt tropicale. Elle traverse **Gordon Yard**, commune peuplée en majorité de Portugais, et **Spring Village** dont le nom vient des différentes rivières qui la traversent. Après **Cumberland Bay**, plusieurs toponymes : Chateaubelair, Petit Bordel, l'Anse Mahaut, etc. rappellent la présence française à Saint-Vincent au 18e s. Au cœur d'une vallée verdoyante et bordée par une jolie plage jonchée de cocotiers, **Chateaubelair** est la dernière ville de la côte ; au-delà règne la nature où ne s'immiscent que quelques minuscules bourgades. La route se poursuit à travers les champs d'ananas ménageant une superbe **vue★** sur l'imposante Soufrière et, par temps découvert, sur l'île voisine, Sainte-Lucie. Quelques kilomètres plus loin, la Leeward Highway se termine. Nous sommes à **Richmond Beach**, plage de sable noir bordée d'amandiers-pays et dominée par le volcan. Vous verrez certainement là des femmes trier de gros cailloux selon leur calibre, en vue de les vendre ; des camions viennent charger les pierres pour les utiliser dans la construction.

Au-delà de Richmond Beach, on ne peut poursuivre qu'en bateau, ou à pied. Un sentier mène, en 3/4 d'h de marche à travers la forêt tropicale, à **Trinity Falls**, groupement de trois chutes d'eau claire tombant d'une hauteur de 12 m dans un agréable bassin circulaire où l'on peut nager.

Par bateau, il est possible d'atteindre **Falls of Baleine**★, au Nord-Ouest de l'île. Le trajet offre un magnifique panorama sur la côte et particulièrement sur la Soufrière et Sainte-Lucie. À quelques minutes à pied du rivage, on atteint des chutes d'environ 20 m de hauteur. Les hôtels et les petites agences *(voir carnet pratique)* proposent toutes une excursion à Falls de Baleine ; vous pouvez également vous arranger avec un pêcheur à Chateaubelair ou à Richmond.

Retour à Kingstown par la même route, parcourue en sens inverse.

★★La Soufrière

Randonnée pédestre, environ 2 h 30 d'ascension et 1 h 30 de descente. Chaussures de marche, crème solaire, coupe-vent ou léger pull, eau et provisions de bouche nécessaires. Guide fortement conseillé (voir Excursions organisées dans le carnet pratique). Y aller tôt le matin afin d'éviter les nuages au sommet du volcan : s'arranger pour atteindre le cratère vers 11 h 30.

Après avoir franchi Rabacca Dry River, emprunter la route sur la gauche (voir ci-dessus l'excursion Windward Highway). 4 km plus loin débute le sentier qui conduit au sommet.

Culminant à plus de 1 300 m d'altitude (celle-ci est fonction de l'évolution de sa topographie sommitale), ce volcan actif, petit frère jumeau du Mont Saint Helen américain, a beaucoup fait parler de lui depuis le début du 19e s. *(voir ci-dessus Meurtrière Soufrière).*

Ses pentes abruptes sont fortement disséquées par l'érosion. Le cratère sommital, une caldeira (cratère d'explosion) de 1,5 km de diamètre aux bords très raides et aux contours parfaitement circulaires (ce cratère est considéré comme l'un des plus beaux du monde), est encombré de cendres et de scories. L'aiguille d'extrusion surgie en 1979 et le lac qui occupa longtemps le fond ont disparu.

L'excursion de la Soufrière offre des paysages spectaculaires et des sensations uniques : massifs de bambous et champs cultivés, fraîcheur et immensité d'une forêt tropicale parsemée de plantes singulières, chutes d'eau, aridité du sol rocailleux tacheté de lichen, odeur de dioxyde de soufre et vue panoramique sur l'île. Cette randonnée reste néanmoins réservée à des marcheurs aguerris (compter 4 h de marche difficile) et bien équipés.

★★ARCHIPEL DES GRENADINES

★Bequia

Accès en bateau (durée de la traversée 1 h) à partir de Kingstown.

Bequia, *Island of the Whales* (L'île des baleines), est un havre de paix ancré dans l'océan. On aborde la plus grande (18 km^2) et la plus peuplée (5 000 habitants) des Grenadines par **Admiralty Bay**★★, l'une des plus belles baies des Antilles où viennent mouiller de somptueux voiliers et d'imposants paquebots de croisière.

Port Elizabeth – La plus grande agglomération de l'île consiste en un semis de pimpantes maisons de bois dispersées sur les versants qui encadrent Admiralty Bay. On se laissera séduire par la nonchalance de l'atmosphère, la beauté des villas fleuries et l'accueil enjoué de la population.

Un promenoir littoral, le **walkaway**, dessert jetées et hôtels proches du rivage. Le bar Gingerbread House offre un bel exemple d'architecture caribéenne avec sa véranda, ses fenêtres à guillotine ou *semi-demerera* et son décor de bois découpé ou *gingerbread (voir Saint Lucia).* On peut faire une petite escale au **Whaling and Sailing Museum** qui, comme son nom l'indique est consacré à l'histoire de la pêche à la baleine et aux fameux baleiniers. On peut d'ailleurs trouver de jolis modèles réduits en bois ou des os gravés. Ne pas oublier d'aller boire une bière « Piton » (brassée à Sainte-Lucie) au **Whales Bones**. Son bar est fait d'une mâchoire de cétacé et les tabourets sont fabriqués avec des vertèbres de baleine.

Découverte de l'île – *Les nombreux taxis pick-up sont un bon moyen de visiter l'île ; largement ouverts, ils permettent de bien profiter des paysages.*
Les routes serpentent à travers une végétation sèche et broussailleuse.

Spring Bay – On quitte Port Elizabeth par l'Est ; des vaches broutant sous les cocotiers composent un tableau surréaliste, digne de figurer parmi les œuvres de Magritte. Spring Bay est un magnifique site isolé, baigné par des eaux transparentes, mais malheureusement dépourvu de plage.

Industry Bay – *Après Spring Bay.* Plage ombragée de cocotiers et environnée d'une végétation xérophile (agaves, cactées), dont l'eau est troublée par le sable en suspension. Vue sur les îlets Battowia, à gauche, et Baliceaux, à droite.
Revenir sur Port Elizabeth par la même route.

SAINT VINCENT AND THE GRENADINES

Les baleines de Bequia

La technique de la pêche à la baleine a été introduite à Bequia en 1876 par William Wallace, un Bequian d'origine écossaise qui, vingt ans auparavant, s'était embarqué à bord d'un baleinier américain. Il fonda la première pêcherie à Friendship Bay, bientôt imité, sur l'îlot de Petit Nevis, par un propriétaire d'origine française, Joseph Ollivierre. En 1925, les Grenadines comptaient une vingtaine de pêcheries en activité. La baleine constituait alors une part importante de l'économie de Bequia : la viande était consommée sur place et le gras, une fois transformé en huile d'éclairage, était exporté vers l'Angleterre ou les États-Unis.

Vint le pétrole qui détrôna l'huile de baleine. Vint surtout la pêche industrielle qui, en trente ans, mena l'espèce de la baleine à bosse au bord de l'extinction. En 1966, la commission baleinière internationale en interdit complètement la chasse ; Bequia, où est toujours pratiquée une pêche modeste et traditionnelle, fait exception. Quand la chasse est bonne – moins d'une fois par an – c'est la fête à Bequia : la viande et le gras, que les habitants ont intégré dans leur alimentation depuis qu'ils ne l'exportent plus, seront ensuite vendus aux enchères. À défaut de chasse, les baleinières de Bequia, embarcations rapides et nerveuses aux deux voiles en ciseaux, s'illustrent encore lors des spectaculaires régates de Pâques. L'*Iron Duke* de Wallace s'y distingue malgré son grand âge, preuve de la qualité de la construction navale à Bequia.

Friendship Bay – Large baie en anse de panier, ouverte vers le Sud ; ce site enchanteur accueille un hôtel *(voir carnet pratique)*.

La Pompe – Petit village héritier d'une longue tradition de pêche à la baleine. En se promenant sur la plage, on peut admirer les frêles baleinières qui ne participent plus désormais qu'à deux ou trois chasses par an.

Au-dessus, dans l'**Atheneal's Private Museum**, Atheneal Ollivierre, descendant de Joseph Ollivierre *(voir encadré)*, explique les techniques ancestrales du harpon et commente diverses représentations de scènes de chasse. À **Petit Nevis**, juste en face de Bequia, on peut toujours voir la « cale » sur laquelle sont tirées les baleines avant d'être dépecées ; les énormes chaudrons servant à faire fondre la graisse sont aussi visibles, car quelques baleines sont encore pêchées aujourd'hui à Bequia.

Mustique (Moustique)

Pas de liaison régulière par bateau. Air Martinique dessert Moustique à partir de la Martinique : deux vols quotidiens avec escale à Sainte-Lucie et Saint-Vincent. Également, accès aérien depuis Saint-Vincent ou Bequia par Mustique Airways.

Maison à Moustique

L'île est mondialement connue pour abriter, loin des projecteurs et des médias, bon nombre de personnalités qui souhaitent « décompresser » en oubliant leurs soucis quotidiens. Ce paradis pour milliardaires, situé à 12 km au Sud-Est de Bequia, a éclos à la fin des années 1950 lorsque Sir Colin Tennant, voulant offrir un cadeau de mariage original à la princesse Margaret, lui donna 5 ha de l'île qu'il venait d'acquérir. La princesse s'enthousiasma et, bientôt, tout le gotha royal et la jet-set britannique eurent à cœur de venir passer quelques jours à Moustique. Aujourd'hui, il est possible d'y séjourner dans de somptueuses villas, à condition d'en avoir les moyens. Avec de la chance, on pourra croiser Mick Jagger, David Bowie ou Elton John, tous trois propriétaires d'une résidence à Moustique.

SAINT VINCENT AND THE GRENADINES

★★Tobago Cays

Excursion en catamaran ⓥ – *Une journée ; les Tobago Cays sont accessibles par avion depuis la Martinique. Après l'atterrissage à Union Island, la croisière se déroule à bord d'un catamaran affrété par « Captain Yannis »(voir coordonnées dans le carnet pratique).*

Ces quatre îlets baignant dans des eaux paradisiaques à 7 km au Nord de Union Island laissent un souvenir inoubliable à leurs visiteurs. D'aucuns considèrent le site comme le plus beau des Grenadines, et même, des Petites Antilles. Baignés dans une eau limpide aux reflets bleutés et turquoise, les Tobago Cays sont une incarnation du paradis.

Le catamaran glisse sur les flots jusqu'à Palm Island où une halte permet le premier bain, dans une eau d'une délicieuse température ; puis il se dirige vers les Tobago Cays et va mouiller entre Petit Rameau et Petit Bateau ; on pourra traverser à pied ce dernier îlet et faire connaissance avec sa végétation xérophile. Après un copieux déjeuner-buffet servi en musique (la croisière s'amuse...), les passagers ont le choix entre une sieste sur la plage de sable blanc qui ceinture Petit Bateau et une escapade avec masque et tuba vers le récif corallien le plus proche. Au retour, le voilier fait un crochet par Morpion, minuscule « caye » coiffée d'un insolite parasol de paille.

Le catamaran rentre à Union Island en fin d'après-midi ; le vol vers la Martinique emporte des images inoubliables dans les têtes... et les appareils photo.

Tobago Cays

Conditions de visite

Les renseignements énoncés ci-dessous s'appliquent à des touristes voyageant isolément et ne bénéficiant pas de réduction. Pour les groupes constitués, il est généralement possible d'obtenir des conditions particulières concernant les horaires ou les tarifs. Ces données ne peuvent être fournies qu'à titre indicatif en raison de l'évolution du coût de la vie et de modifications fréquentes dans les horaires d'ouverture de nombreuses curiosités. Lorsqu'il nous a été impossible d'obtenir des informations à jour, les éléments figurant dans l'édition précédente ont été reconduits. Dans ce cas ils apparaissent en italique.

Les **édifices religieux** ne se visitent pas pendant les offices. Certaines églises et la plupart des chapelles sont souvent fermées. Les conditions de visite en sont précisées si l'intérieur présente un intérêt particulier ; dans le cas où la visite ne peut se faire qu'accompagnée par la personne qui détient la clé, une rétribution ou une offrande est à prévoir.

Dans certaines villes, des **visites guidées** de la localité dans son ensemble ou limitées aux quartiers historiques sont régulièrement organisées en saison touristique. Cette possibilité est mentionnée en tête des conditions de visite, pour chaque ville concernée. Dans les Villes d'Art et d'Histoire et les Villes d'Art , les visites sont conduites par des guides-conférenciers agréés par la Centre des monuments nationaux.

Lorsque les curiosités décrites bénéficient de facilités concernant l'accès pour les handicapés, le symbole ♿ figure à la suite de leur nom.

A

L'AJOUPA-BOUILLON (Martinique)

Gorges de la Falaise – Visite libre ou accompagnée de 9 h 30 à 15 h 45 (dernier départ). Meilleur moment pour la visite : entre 10 h et midi. Fermé en période cyclonique. 7 €. Mieux vaut téléphoner au préalable. Parking surveillé. ☎ 05 96 53 37 56.

Les Ombrages – Visite tous les jours de 9 h à 17 h (dernière entrée à 16 h 15). 3,05 €. ☎ 05 96 53 31 90 ou 05 96 53 32 87.

ANTIGUA AND BARBUDA

Antigua and Barbuda Museum – Visite libre ou accompagnée (20 mn) de 8 h à 16 h du lundi au vendredi. Fermé le week-end et les jours fériés. Se renseigner auprès de l'Office du tourisme. ☎ 268 462 04 80.

Interpretation Center – Visite libre ou accompagnée tous les jours de 9 h à 17 h (dernière entrée 16 h 30). Spectacle audiovisuel en français. US$ 5 (comprenant aussi l'entrée à Nelson's Dockyard). ☎ (268) 481 5045.

Betty's Hope – ♿ Visite libre ou accompagnée (20 mn) de 9 h à 16 h du lundi au samedi. Fermé le dimanche et les jours fériés. US$ 2. ☎ (268) 462 1469.

Nelson's Dockyard – Visite libre ou accompagnée tous les jours de 9 h à 16 h 30. US$ 5 (comprenant l'entrée à Interpretation Center). ☎ (268) 460 1379/80.

B

Jardins de BALATA (Martinique)

Visite de 9 h à 18 h ; du 15 novembre au 15 janvier de 9 h à 17 h 30. Fermé le lundi, le mardi, le mercredi et le jeudi en septembre. 6,5 € (enf. 1,6 €). ☎ 05 96 64 48 73.

BARBADOS

Atlantis Submarines – Visite de 9 h à 16 h du lundi au samedi. BD$ 160. Réserver. ☎ (246) 436 8929.

Barbados Museum – Visite de 9 h à 17 h du lundi au samedi et de 14 h à 18 h le dimanche et les jours fériés. Fermé du 24 au 27 décembre. BDS$ 6. ☎ (246) 427 0201.

Animal Flower Cave – Visite accompagnée de 9 h 30 à 16 h 30 tous les jours. Fermé les jours fériés. BDS$ 10. ☎ (246) 439 8797.

Saint Nicholas Abbey – Visite libre ou accompagnée de 10 h à 15 h 30 du lundi au vendredi. Fermé le week-end et les jours fériés. BDS$ 5. ☎ (246) 422 8725.

BARBADOS

Farley Hill National Park – Ouvert tous les jours de 9 h à 17 h. Visite libre. Parking payant, voiture BDS$ 3,45, mini-bus BDS$ 13,80.

Welchman Hall Gully – Visite tous les jours de 9 h à 17 h (dernière entrée à 16 h). Fermé les jours fériés. US$ 6. ☎ (246) 426 2461.

Barbados Wildlife Reserve – *Visite libre tous les jours de 10 h à 17 h. Fermé le 25 décembre et le 1er janvier.* BDS$ 23. ☎ 422 8826.

Harrison's Cave – Visite accompagnée tous les jours (sauf Pâques, Vendredi Saint et 25 décembre) de 9 h 30 à 16 h. BDS$ 10. ☎ (246) 438 6640.

Gun Hill Signal Station – Visite libre ou accompagnée (20 à 30 mn) de 9 h à 17 h (dernière entrée à 16 h 30) du lundi au samedi. Fermé le dimanche et les jours fériés. US$ 5. ☎ (246) 429 1358.

Francia Plantation – Visite libre ou accompagnée (20 mn) de 10 h à 16 h du lundi au vendredi. Fermé le week-end et les jours fériés. US$ 10. ☎ (246) 429 0474.

BASSE-TERRE (Guadeloupe)

Cathédrale – Visite tous les jours de 6 h à 11 h 30.

Fort Louis-Delgrès – Ouvert tous les jours sauf jours fériés. Visite de 9 h à 17 h (dernière entrée 16 h 30). Entrée gratuite. ☎ 05 90 81 37 48.

Distillerie Bologne – De 8 h à 13 h du lundi au samedi. ☎ 05 90 81 12 07.

BOUILLANTE (Guadeloupe)   🛈 Le Bourg – 97125 – ☎ 05 90 98 73 48

Parc zoologique et botanique des Mamelles – Visite tous les jours de 9 h à 17 h. 6,5 € (enf. – 12 ans : 4 €). ☎ 05 90 98 83 52. http://perso.wanadoo.fr/zooguadeloupe.com/

C

CAPESTERRE-BELLE-EAU (Guadeloupe)

Plantation Grand Café Bélair – Visite (1 h) du lundi au vendredi de 9 h à 16 h 30, le samedi de 9 h à 12 h d'octobre à août. En septembre, ouvert du lundi au samedi uniquement de 9 h à 12 h. 10 € (dégustation incluse). Fermé dimanche et jours fériés. Table d'hôte, pour le déjeuner, du lundi au vendredi (repas 18 €). ☎ 05 90 86 33 06.

Presqu'île de la CARAVELLE (Martinique)

Château Dubuc – Visite guidée de 8 h à 18 h. 3 €. ☎ 05 96 58 09 00.

Le CARBET (Martinique)   🛈 Grande Anse – 97221 – ☎ 05 96 78 05 19

Distillerie Neisson – Visite de 8 h 30 à 17 h du lundi au vendredi et de 8 h 30 à 12 h le samedi. Fermé le dimanche et les jours fériés. Entrée gratuite. ☎ 05 96 78 03 70. www.neisson.com

Galerie d'Histoire et de la Mer – Visite sur rendez-vous de 8 h 30 à 12 h et de 13 h 30 à 16 h le lundi et le jeudi, de 8 h à 14 h le mardi, le mercredi et le vendredi. 4,57 € (enf. 1,52 €). ☎ 05 96 78 43 46 ou 05 96 78 03 72.

Musée Paul-Gauguin – ♿ Ouvert tous les jours de 9 h 30 à 17 h 30. 4 €. ☎ 05 96 78 22 66.

Habitation CLÉMENT (Martinique)

Visite libre tous les jours (avec système de vidéo guidage) de 9 h à 18 h (dernière entrée à 17 h 15). Fermé en septembre. 7 €. ☎ 05 96 54 62 07.

D

DESHAIES (Guadeloupe)   🛈 Pl. de la Vague Bleue – 97126 – ☎ 05 90 68 01 48

Jardin botanique – Visite (1 h 30) de 9 h à 17 h 30 toute l'année. 9 € (enfants de 5 à 12 ans : 6 €). ☎ 05 90 28 43 02. www.jardin-botanique.com

La Montagne aux Orchidées – ♿ Tous les jours 9 h à 17 h. 6,9 €. ☎ 05 90 28 54 99.

DOMINICA

Indian River – *Visite accompagnée toute l'année. Environ EC$ 20.*

Boiling Lake – *Excursion avec guide, sous réserve de conditions météo favorables. Une à quatre personnes : US$ 160 ; US$ 40 pour chaque personne supplémentaire.* ☎ (767) 44 84 850.

F

FONDS-SAINT-DENIS (Martinique)

Observatoire de la Montagne Pelée – Visite de 8 h à 15 h du lundi au vendredi. Fermé le week-end et les jours fériés. Entrée gratuite. ☎ 05 96 78 41 41.

Maison de la FORÊT (Guadeloupe)

&. Visite tous les jours (sauf le mardi) de 9 h 30 à 13 h et de 13 h 45 à 16 h 30. Fermé les 1er janvier, 1er mai, 27 mai, 2 novembre et 25 décembre et pour la fête des Mères. Entrée gratuite. ☎ 05 90 80 86 00.

FORT-DE-FRANCE (Martinique)

🛈 76, rue Lazare-Carnot – 97200 – ☎ 05 96 60 27 73

Musée départemental d'Archéologie et de Préhistoire de la Martinique – &. Visite accompagnée (1 h) du lundi au vendredi de 8 h à 17 h, le samedi de 9 h à 12 h. Fermé le dimanche et certains jours fériés. 3,05 €. ☎ 05 96 71 57 05. www.cg972.fr/mdap

Bibliothèque Schœlcher – &. Visite libre ou accompagnée (1 h environ) de 13 h à 17 h 30 le lundi, de 8 h 30 à 17 h 30 du mardi au jeudi, de 8 h 30 à 17 h le vendredi et de 8 h 30 à 12 h le samedi toute l'année. Dernière entrée 30 mn avant la fermeture. Fermé le dimanche et les jours fériés. Entrée gratuite. ☎ 05 96 70 26 67.

Fort Saint-Louis – Fermé temporairement.

Musée régional d'Histoire et d'Ethnographie – Visite tous les jours (sauf mardi 14 h à 17 h et samedi de 8 h à 12 h 30) de 8 h à 17 h. Fermé le dimanche.

Musée du Carnaval et des Traditions populaires – Visite tous les jours (sauf lundi et dimanche) de 9 h à 16 h, le samedi de 9 h à 12 h. 3,05 €. ☎ 05 96 73 49 07, fax 05 96 75 74 01.

Distillerie Dillon – Visite de 9 h à 16 h. Entrée gratuite. Fermé le week-end et les jours fériés. ☎ 05 96 75 20 20.

L – M

Plantation LEYRITZ (Martinique)

&. Visite tous les jours de 7 h à 18 h. 2,3 €. ☎ 05 96 78 53 92.

Île de MARIE-GALANTE (Guadeloupe)

Écomusée « Au Mouillage » – Visite accompagnée du lundi au jeudi de 8 h à 13 h et de 15 h à 17 h, le samedi de 8 h à 12 h, le dimanche de 8 h à 11 h, (10 h 30 la dernière entrée). Fermé le vendredi et en septembre, et 1er janvier, Pâques, 1er mai Pentecôte, Toussaint et 25 décembre. 3,5 €. ☎ 05 90 97 59 67.

Distillerie Poisson Domaine du Père Labat – Visite libre tous les jours (sauf le dimanche) de 7 h à 13 h. Gratuit. ☎ 05 90 97 93 42.

Château-Murat – &. Visite du lundi au vendredi de 8 h à 12 h 30 et de 14 h à 17 h 30 Fermé mercredi, vendredi après-midi et week-end. Entrée gratuite. ☎ 05 90 97 94 41

Distillerie Bellevue – Tous les jours de 6 h à 17 h. Fermé le dimanche, les jours fériés et le mois d'août. Gratuit.

Moulin Bézard – &. Visite accompagnée tous les jours de 9 h 30 à 13 h 30. Ferm 3 semaines en septembre, le 25 décembre et le 1er janvier. 2 €. ☎ 05 90 97 20 93

La MONTAGNE PELÉE (Martinique)

Maison des Volcans – &. Visite libre ou accompagnée (1 h) de 8 h à 17 h du lund au vendredi (dernière entrée 16 h 30). Fermé le dimanche, les jours de la Toussain et de Noël. 3 €. ☎ 05 96 52 45 45.

Plantation Mac Intosh – Visite libre ou accompagnée de 9 h à 17 h tous les jour (dernière entrée à 16 h). 5 €. ☎ 05 96 52 34 21. www.macintosh.com

Le MOULE (Guadeloupe) 🛈 32, rue Duchassaing – 97160 – ☎ 05 90 23 89 03

Distillerie Damoiseau – Visite de la distillerie de 7 h à 14 h du lundi au samedi. Espace vente, la Cabane à Rhum, ouvert de 8 h à 18 h. ☎ 05 90 23 55 55. www.damoiseau.gp

Musée de la Préhistoire Edgar-Clerc – ♿ Visite libre ou accompagnée (3/4 h) tous les jours (sauf le lundi) de 8 h 50 à 17 h 05 de septembre à mars ; de 9 h 50 à 18 h 05 d'avril à août. Tarif non communiqué. Fermé le 1er janvier, Mardi gras, l'après-midi de mi-Carême, le mercredi des Cendres, l'après-midi du Vendredi saint, le lundi de Pâques, le 1er mai, le lundi de Pentecôte, les 27 mai, 14 juillet, 1er novembre et 25 décembre. ☎ 05 90 23 57 57.

N – P

Le NORD-OUEST CARAÏBE (Martinique)

Habitation Céron – Visite tous les jours de 9 h à 17 h. Fermé le 25 décembre. 6 €. ☎ 05 96 52 94 53.

PETIT-CANAL (Guadeloupe)

Parc paysager – Visite tous les jours de 9 h à 17 h. 3,81 €. ☎ 05 90 22 76 18.

POINTE-À-PITRE (Guadeloupe) 🛈 5, sq. de la Banque – 97110 – ☎ 05 90 92 09 30

Musée Schœlcher – Visite de 9 h à 17 h. Fermé le week-end et les jours fériés (sauf le matin du 27 mai). Tarif non communiqué. ☎ 05 90 82 08 04. www.net-guacom.fr/musee schoelcher

Musée Saint-John-Perse – Visite de 9 h à 17 h du lundi au vendredi et de 8 h à 12 h 30 le samedi. Fermé le dimanche et les jours fériés. 3 €. ☎ 05 90 90 01 92.

Aquarium de la Guadeloupe – ♿ Visite tous les jours de 9 h à 19 h. 6,5 € (enf 3,5 €). ☎ 05 90 90 92 38.

POINTE-NOIRE (Guadeloupe) 🛈 Route des Plaines – 97116 – ☎ 05 90 99 92 43

Le Parc des Orchidées – Visite guidée (2 à 3 h) le week-end. Départ à partir de 11 h. Il est préférable de prendre rendez-vous en saison. ☎ 05 90 98 02 85.

Caféière Beauséjour – Visite tous les jours (sauf le lundi) de 10 h à 17 h. ☎ 05 90 98 10 09. www.cafeierebeausejour.com

Casa Vanille – Visite d'octobre à août : le week-end à 9 h, 11 h et 15 h. Fermé en septembre. 4 €. ☎ 05 90 98 22 77.

Maison du Cacao – Visite tous les jours sauf le dimanche de 9 h à 17 h (16 h 30 la dernière entrée). Fermé le 1er janvier, le 1er mai, le 29 mai et le 25 décembre. 3,81 € (enf. 2,29 €). ☎ 05 90 98 25 23.

R – S

Route du RHUM (Martinique)

Distillerie La Favorite – Visite libre ou accompagnée (35 mn) tous les jours sauf dimanche de 9 h à 12 h et de 14 h à 16 h du lundi au vendredi ; de 9 h à 12 h le samedi de février à juin. Fermé le 1er janvier, carnaval, Pâques, Toussaint et Noël. Entrée et dégustation gratuites. ☎ 05 96 50 47 32.

SABA

Musée de Saba – Visite libre de 10 h à 12 h et 13 h à 16 h du lundi au vendredi. Fermé le week-end et les jours fériés. US$ 2. ☎ (599) 416 2359.

Île de SAINT-BARTHÉLEMY (Guadeloupe) 🛈 BP 113 – 97098 – ☎ 05 90 29 71 55

Musée municipal – Visite accompagnée tous les jours sauf le dimanche de 8 h 30 à 12 h 30 et de 14 h 30 à 18 h du lundi au vendredi, de 9 h à 13 h le samedi. 2 €. ☎ 05 90 29 71 55.

SAINT-CLAUDE (Guadeloupe)

La Bonifierie – Visite tous les jours (sauf lundi) de 9 h à 17 h. 6,1 €. ☎ 05 90 80 06 05.

SAINT-ESPRIT (Martinique) 🛈 4, rue Cassien-Sainte-Claire – 97270 – ☎ 05 96 56 59 88

Musée des Arts et Traditions populaires – Visite libre ou accompagnée (1 h) de 9 h à 12 h 30 et de 14 h à 17 h de janvier à fin € avril et de novembre à fin décembre ; de 9 h à 12 h 30 et de 14 h à 17 h le reste de l'année ; sur rendez-vous le dimanche et les jours fériés. 3,81 €. ☎ 05 96 56 76 51.

SAINT KITTS AND NEVIS

Brimstone Hill Fortress – Visite tous les jours de 9 h 30 à 17 h 30. Fermé le vendredi de Pâques et le 25 décembre. US$ 5. ☎ (869) 465 2609 ou 465 6771.

Romney Manor – ♿ Visite de 8 h à 16 h du lundi au vendredi toute l'année, et de 8 h à 13 h le samedi de décembre à avril. Entrée gratuite. ☎ (869) 465 6253.

Museum of Nevis – ♿ Visite libre ou guidée de 9 h à 16 h du lundi au vendredi et de 9 h à 12 h le samedi. Fermé dimanche et jours fériés. US$ 2. ☎ (869) 469 0408 ou 5786.

Horatio Nelson Museum – ♿ Visite de 9 h à 16 h du lundi au vendredi et de 9 h à 12 h le samedi. US$ 2. ☎ (869) 469 0408.

The Botanical Garden – Visite guidée tous les jours sauf dimanche de 9 h à 16 h 30 du 1er novembre à fin mars, de 10 h à 16 h le reste de l'année. US$ 9. ☎ 469 35 09.

The Eva Wilkin Gallery – Visite libre du lundi au vendredi de 10 h à 15 h ou sur rendez-vous. Gratuit. ☎ 469 2673.

SAINT LUCIA

Pigeon Island National Landmark – Tous les jours de 9 h à 17 h. US$ 5. ☎ (758) 450 0603.

Sulphur Springs – *Visite libre ou accompagnée tous les jours (sauf le 25 décembre) de 9 h à 17 h. EC$ 3.*

Diamond Botanical Gardens (Mineral Baths & Waterfall) – ♿ Visite de 10 h à 17 h du lundi au samedi et de 10 h à 15 h le dimanche et les jours fériés (de 10 h à 14 h le 25 décembre). EC$ 15 (bain inclus : EC$ 25). ☎ (758) 459 7565.

Île de SAINT-MARTIN (Guadeloupe)

Musée de Saint-Martin, « Sur la trace des Arawaks » – Visite libre ou accompagnée de 9 h à 16 h, le samedi de 9 h à 13 h. Fermé le dimanche et les jours fériés. 5 €. ☎ 05 90 29 22 84.

SAINT-PIERRE (Martinique) 🛈 Rue Victor-Hugo – 997250 – ☎ 05 96 78 15 41

Petit Train « Cyparis express » – Du 1er septembre au 15 octobre : visite commentée, 1 h. Départ tous les jours (sauf mercredi après-midi) à 11 h et 14 h 30. 8 €. ☎ 05 96 55 50 92.

Musée volcanologique Franck-Perret – ♿ Visite libre ou accompagnée (20 mn) de 9 h à 17 h toute l'année. 2,5 €. ☎ 05 96 78 15 16.

Musée historique de la ville de Saint-Pierre – Visite de 10 h à 17 h du lundi au samedi et de 9 h 30 à 13 h le dimanche et les jours fériés. Fermé le 1er janvier. 3 €. ☎ 05 96 78 22 66.

Distillerie Depaz – Visite de 9 h à 17 h du lundi au samedi. Fermé le dimanche et les jours fériés. Entrée gratuite. ☎ 05 96 78 13 14.

SAINT VINCENT AND THE GRENADINES

Botanic Gardens – Ouvert tous les jours de 6 h à 18 h. Visite libre. Il est recommandé de prendre un guide, tarif à votre convenance (EC$ 10 ou plus). ☎ 457 1003.

Fort Charlotte – Ouvert tous les jours de 6 h à 18 h. Gratuit.

Tobago Cays – Excursion en catamaran toute l'année, sauf en période cyclonique. US$ 50 (repas compris). ☎ (784) 45 88513, fax (784) 45 88976.

SAINTE-LUCE (Martinique)

Distillerie Trois-Rivières – Visite accompagnée (30 mn) de 9 h à 17 h 30 du lundi au vendredi et de 9 h à 13 h le samedi. Fermé le dimanche et les jours fériés. 1,52 € (enf. gratuit sauf en saison). ☎ 05 96 62 51 78.

Distillerie La Mauny – Visite accompagnée (30 mn) de 9 h à 17 h 30 du lundi au vendredi et le samedi de 9 h à 13 h. Fermé le dimanche et les jours fériés. 1,52 € (enf. gratuit sauf en saison). ☎ 05 96 62 62 08.

Pitt Cléry – Ouvert le dimanche toute la journée. 8 €. ☎ 05 96 62 62 28 62 ou 05 96 61 61 69.

Écomusée de la Martinique – ♿ Visite de 8 h 30 à 17 h 30 mercredi et jeudi ; fermeture à 17 h vendredi ; de 8 h 30 à 13 h et de 14 h à 17 h samedi ; de 9 h à 13 h et de 14 h à 17 h dimanche. Fermé certains jours fériés. 3 €. ☎ 05 96 62 79 14

SAINTE-MARIE (Martinique)

Rue Ernest-Deproge – 97230 – ☎ 05 96 69 13 83

Rhumerie Saint-James – Visite tous les jours de 9 h à 17 h. Visite accompagnée de la distillerie de février à juin (période de la récolte). Fermé le 1er janvier et le 25 décembre. 4,57 € (musée gratuit). ☎ 05 96 69 30 02.

Musée de la Banane – Visite de 9 h à 17 h du lundi au samedi (dernière entrée à 16 h 30) toute l'année ; le dimanche de 9 h à 17 h (dernière entrée à 16 h 30) du 1er décembre au 31 mars et de 9 h à 13 h (dernière entrée à 12 h 30) du 1er avril au 30 novembre. Fermé le 1er janvier. 5 €. ☎ 05 96 69 45 52.

Fond Saint-Jacques – Visite libre ou accompagnée (3/4 h) de 9 h à 17 h du lundi au samedi ; de 10 h à 17 h le dimanche. Fermé les 1er janvier, lundi de Pâques et de Pentecôte, 1er, 8 et 22 mai, 14 juillet, 15 août, 1er et 11 novembre, 25 décembre. 2,5 €. ☎ 05 96 69 10 12.

SAINTE-ROSE (Guadeloupe)

Le Jardin créole – Visite tous les jours (sauf lundi) de 9 h à 16 h 45, visite guidée sur demande à 10 h et 15 h. Fermé en septembre. 5,34 €. ☎ 05 90 28 67 98.

Musée du Rhum – Visite de 9 h à 17 h du lundi au samedi. Fermé le dimanche et les 1er janvier, lundi de Pâques, 1er mai, jeudi de l'Ascension, lundi de Pentecôte, 27 mai, 15 août, 1er et 11 novembre et 25 décembre. 6 €. ☎ 05 90 28 70 04. www.rhumagricole.com/musee

Domaine de Séverin – & Visite libre ou accompagnée en petit train (45 mn) de mai à mi-décembre de 8 h à 13 h et de 14 h à 17 h 30 du lundi au vendredi ; de 8 h à 13 h le samedi ; de mi-décembre au 30 avril de 8 h à 13 h et de 14 h 30 à 17 h 30. Fermé dimanche et jours fériés. 5,5 €. ☎ 05 90 28 91 86. rhumseverin.com

Archipel des SAINTES

Fort Napoléon – Visite libre ou accompagnée de 9 h à 12 h 30, dernière entrée à 11 h 55. Fermé les 1er janvier, 1er mai, 27 mai, 15 et 16 août et 25 décembre. 3,5 €. ☎ 06 90 61 01 51.

T

Les TROIS-ÎLETS (Martinique)

97229 – ☎ 05 96 68 47 63

Parc des Floralies – & Visite de 8 h 30 à 17 h 30 du lundi au vendredi ; 9 h 30 à 17 h 30 le week-end et les jours fériés. 3 €. ☎ 05 96 68 34 50. www.sasi.fr/pnrm

Musée de La Pagerie – Visite accompagnée (1/2 h) de 9 h à 17 h 30 (dernière entrée à 17 h) du mardi au vendredi, de 9 h à 13 h et de 14 h 30 à 17 h 30 le week-end ; de 9 h 30 à 12 h 30 (dernière entrée à 12 h) les jours fériés et veilles de fêtes. Fermé les 1er janvier, 22 mai, 1er et 2 novembre, 25 décembre. 5 €. ☎ 05 96 68 48 25 ou 05 96 68 38 34 et 05 96 68 48 26.

Maison de la Canne – Visite libre ou accompagnée (1/2 h environ) de 8 h 30 à 17 h 30 du mardi au samedi, de 8 h 30 à 17 h et de 9 h à 17 h le dimanche et certains jours fériés. 3,05 €. ☎ 05 96 68 32 04 ou 05 96 68 31 68.

Le village de la poterie – Visite de 9 h à 18 h du lundi au samedi ; de 9 h à 12 h le dimanche et les jours fériés. ☎ 05 96 68 78 90.

TROIS-RIVIÈRES (Guadeloupe)

Pl. de l'Église – 97114 – ☎ 05 90 92 77 01

Parc archéologique des Roches Gravées – Visite tous les jours de 8 h 30 à 17 h, dernière entrée à 16 h 30. Tarif non communiqué. ☎ 05 90 92 91 88.

V

Domaine de VALOMBREUSE (Guadeloupe)

Visite tous les jours de 9 h à 17 h. 7 €. ☎ 05 90 95 50 50.

VIEUX-HABITANTS (Guadeloupe)

Habitation Caféière la Grivelière – Visite accompagnée (1 h) de décembre à avril, en juillet et août tous les jours à 10 h à 16 h 30 ; en mai, juin, octobre et novembre le week-end de 10 h à 16 h. 6,1 €. ☎ 05 90 98 60 92.

Index

Pointe-à-Pitre .... Curiosités, localités.
Schœlcher .... Personnage historique ou célèbre, terme faisant l'objet d'un texte explicatif.

A

Acras 249
Admiralty Bay *Grenadines* 327
Ajoupa-Bouillon *Martinique* 195
Ali Tur (Georges) 87
Alizé (Vent) 56
Amandiers (Plage) *Guadeloupe* 162
Anegada (Passage) 48
Anguilla 266
Animal Flower Cave *Barbados* 281
Anse à la Barque *Guadeloupe* 114
Anse à la Gourde (Plage)
 Guadeloupe 152
Anse à l'Âne (Plage) *Martinique* ... 197
Anse à Plume (Plage) *Guadeloupe* . 151
Anse à Prunes (Plage) *Martinique* . 251
Anse au Bois (Plage) *Martinique* ... 250
Anse à Voile (Plage) *Martinique* ... 232
Anse Baleine (Plage) *Martinique* ... 249
Anse-Bertrand *Guadeloupe* 135
Anse Cafard (Plage) *Martinique* 198
Anse Canot (Plage) *Marie-Galante* . 140
Anse Céron (Plage) *Martinique* 230
Anse Corps de Garde (Plage)
 Martinique 253
Anse Couleuvre (Plage) *Martinique* 231
Anse de Grand Galet (Plage)
 St-Barth' 183
Anse d'Échelle (Plage)
 Guadeloupe 127
Anse de Colombier (Plage)
 St-Barth' 182
Anse de Grande Saline (Plage)
 St-Barth' 183
Anse de la Petite Chapelle (Plage)
 Guadeloupe 135
Anse de Lorient (Plage) *St-Barth'* . 182
Anse de Marigot (Plage) *St-Barth'* 183
Anse des Châteaux (Plage)
 Guadeloupe 151
Anse des Flamands (Plage)
 St-Barth' 182
Anse des Galets *Martinique* 233
Anse Dufour (Plage) *Martinique* ... 197
Anse du Gouverneur (Plage)
 St-Barth' 183
Anse du Grand Cul-de-Sac (Plage)
 St-Barth' 183
Anse du Mont (Plage) *Guadeloupe* 128
Anse du Petit Cul-de-Sac (Plage)
 St-Barth' 183
Anse du Souffleur (Plage)
 Guadeloupe 154
Anse Esprit (Plage) *Martinique* 250
Anse Figuier (Plage) *Martinique* 253
Anse Four à Chaux (Plage)
 Martinique 250
Anse Gros Sable (Plage)
 Guadeloupe 160
Anse Grosse Roche (Plage)
 Martinique 249
Anse la Balle (Plage) *Martinique* ... 250
Anse Laborde (Plage) *Guadeloupe* . 134
Anse la Celle *Martinique* 233
Anse La Raye *St Lucia* 318
Anse Latouche (Habitation)
 Martinique 204
Anse l'Étang (Plage) *Martinique* ... 200
Anse Lévrier (Plage) *Martinique* ... 232
Anse Marcel (Plage) *St-Martin* 190
Anse Maurice (Plage) *Guadeloupe* . 133
Anse Michel (Plage) *Martinique* 250
Anse Mitan *Martinique* 259
Anse Noire (Plage)
 Martinique 197, 250
Anse Tarare (Plage) *Guadeloupe* ... 152
Anse Toiny (Plage) *St-Barth'* 183
Anse Trabaud (Plage) *Martinique* . 250
Anse Turin (Plage) *Martinique* 204
Anses (Route) *Martinique* 196
Anses-d'Arlets *Martinique* 198
Antigua and Barbuda 269
Antillais 88
Antillanité 90, 104
Aquarium de la Guadeloupe 150
Arawak (Peuple) 71, 145
Arbre à pain 324
Arbre du voyageur 60
Argyle Beach *St Vincent* 324
Artisanat 98, 261
Artisanat et poterie *Martinique* 261
Atlantis Submarines
 Barbados 280
Autre Bord (Plage) *Guadeloupe* 143

B

Bagnard (Maison) *Martinique* 198
Baie aux Prunes (Plage) *St-Martin* 191
Baie de Saint-Jean (Plage)
 St-Barth' 182
Baie Longue (Plage) *St-Martin* 191
Baie Mahault *Désirade* 125
Baie Mahault *Guadeloupe* 162
Baie Nettlé (Plage) *St-Martin* 191
Baie Orientale (Plage) *St-Martin* ... 190
Baie Rouge (Plage) *St-Martin* 191
Baignoire de Joséphine *Martinique* 220
Bains Jaunes *Guadeloupe* 171
Balata (Jardins) *Martinique* 195
Baleines 328
Banane 64, 118

Banane (Musée) *Martinique* 255
Barbados 275
Barbados Museum *Barbados* 280
Barbuda 269, 274
Barrouallie *St Vincent* 326
Bas-du-Fort (Quartier) *Guadeloupe* 150
Basse-Pointe *Martinique* 222
Basse-Terre de Guadeloupe 52, 111
Basseterre *St Kitts* 301
Bathsheba *Barbados* 282
Beauregard (Canal) *Martinique* 211
Beauséjour *Désirade* 125
Beauséjour (Plage) *Désirade* 127
Belain d'Esnambuc (Pierre) ... 72, 246
Bellevue (Distillerie) *Marie-Galante* 141
Bequia *Grenadines* 327
Betty's Hope *Antigua* 274
Bézard (Moulin) *Marie-Galante* 141
Biabou *St Vincent* 325
Bibliothèque Schœlcher *Martinique* 215
Bielle (Distillerie) *Marie-Galante* 141
Bird (V. C.) 269
Black Rocks *St Kitts* 307
Blancs-Matignon 130
Bloody Point *St Kitts* 308
Blowing Point *Anguilla* 268
Boiling Lake *Dominica* 288
Bois Jolan (Plage) *Guadeloupe* 160
Botanic Gardens *St Vincent* 324
Botanical Garden *Nevis* 310
Bottom Bay (Plage) *Barbados* 283
Bouillante *Guadeloupe* 114
Bras Saint-Jean (Rivière)
 Guadeloupe 173
Breton (Père) 163, 283
Bridgetown *Barbados* 280
Brimstone Hill Fortress *St Kitts* 307
Buccament Bay *St Vincent* 326
Byera Hill *St Vincent* 325

C

Cabrit (Îlet) *Les Saints* 167
Cabrits National Park *Dominica* 288
Cacao (Maison) *Guadeloupe* 152
Caféière Beauséjour *Guadeloupe* ... 153
Camp Jacob *Guadeloupe* 155
Canne à sucre 64, 132, 154, 234
Canne (Maison) *Martinique* 259
Cannibale 71
Cap Chevalier *Martinique* 250
Capesterre-belle-eau
 Guadeloupe 118
Capesterre-de-Marie-Galante 140
Cap Macré (Plage) *Martinique* 226
Caraïbe (Peuple) ....
 71, 89, 135, 142, 145, 319
Caraïbe (Plage) *Guadeloupe* 153
Caraïbes (Mer) 60
Caravelle (Plage) *Guadeloupe* 160
Caravelle (presqu'île)
 Martinique 200
Carbet *Martinique* 202
Carbet (chutes) *Guadeloupe* 120
Caret (Îlet) *Guadeloupe* 132
Carib Indian Reservation *Dominica* 288

Carnaval 98
Carriacou (île) *Grenada* 295
Cartes historiques 34, 53
Casa Vanille *Guadeloupe* 153
Case 87, 236
Case-pilote *Martinique* 205
Cassave 258
Castries *St lucia* 314
Cateau-Cambrésis (Traité) 73
Cathédrale Saint-Louis *Martinique* . 216
Cayon *St Kitts* 307
Céron (Habitation) *Martinique* 230
Césaire (Aimé) 222
Chameau *Les Saintes* 167
Champfleury *Guadeloupe* 142
Chancel (Îlet) *Martinique* 240
Changy (Temple) *Guadeloupe* 119
Charlestown *Nevis* 309
Château Dubuc *Martinique* 201
Château Murat *Marie-Galante* 140
Chateaubelair *St Vincent* 326
Chattel house 273
Chemin de croix *Désirade* 126
Cherry Tree Hill *Barbados* 281
Choc Beach (Plage) *St Lucia* 315
Cimetières 135, 158, 208, 246, 248
Citerne (Volcan) *Guadeloupe* 172
Clément (Habitation)
 Martinique 206
Clugny (Plage) *Guadeloupe* 123
Cocktails 237
Cocotier 60
Codrington *Barbuda* 274
Codrington College *Barbados* 282
Coffre à Mort *Martinique* 230
Coin *Martinique* 203
Coin (Plage) *Martinique* 204
Colomb (Christophe) 71
Commerce triangulaire 75
Compagnie des Indes occidentales 74
Compagnie des Isles d'Amérique ... 301
Concord Falls (Chutes) *Grenada* 292
Contes créoles 261
Corail 60
Corossol *St-Barth'* 182
Cousteau (réserve)
 Guadeloupe 116
Crane Beach *Barbados* 283
Cratère du Sud *Guadeloupe* 172
Crawen (Plage) *Les Saintes* 168
Créole (Langue) 100
Créole (Population) 241
Croisières 33
Cul-de-Sac du Marin *Martinique* ... 225
Cupecoy Bay (Plage) *St-Martin* 191
Cyclone 56

D

Dawn Beach (Plage) *St-Martin* 191
Delgrès (Louis) 155
Dennery *St Lucia* 317
Dentelle 314
Depaz (Distillerie) *Martinique* 246
Deshaies *Guadeloupe* 121
Desirade *Guadeloupe* 124
Deux Choux *Martinique* 257

Devil's Bridge *Antigua* 274
Diamant *Martinique* 208
Diamant (Rocher)
  Martinique 210
Diamond Botanical Gardens
  St Lucia 318
Didier (Plateau) *Martinique* 219
Dieppe Bay Town *St Kitts* 307
Dillon (Distillerie) *Martinique* 218
Distractions 208
Dominica 283
Dougaldston Estate *Grenada* 293
Dr Kennedy Simmonds Highway
  St Kitts 309
Drake (Francis) 73
Duberran (Îlet) *Guadeloupe* 130
Dublanc *Dominica* 288
Dumanoir (Allée) *Guadeloupe* 119

E

Eau (Îlet) *Martinique* 240
Écomusée de la Martinique 253
Écrevisses (Cascade) *Guadeloupe* .. 173
Edgar-Clerc (Musée) *Guadeloupe* .. 144
Emerald Pool *Dominica* 287
Engagé 72
Épices 36, 290
Épiphytes 127
Esclavage 75, 135
Eva Wilkin Gallery *Nevis* 310

F

Fajou (Îlet) *Guadeloupe* 132
Falaise (Gorges) *Martinique* 195
Falls of Baleine (Chutes) *St Vincent* 327
Famille 91
Fanfreluches 314
Farley Hill National Park *Barbados* .. 281
Favorite (Distillerie) *Martinique* 235
Fenton Valley *St Vincent* 325
Fer-de-lance (Serpent) 253
Ferrière (Plage) *Marie-Galante* 140
Ferry *Guadeloupe* 153
Fêtes 89
Fifi (Plage) *Désirade* 125
Fig Tree Drive *Antigua* 273
Flibustier 73, 184, 289
Fond Saint-Jacques *Martinique* 255
Fonds-Saint-Denis *Martinique* 211
Forêt 58, 127, 231, 233, 256
Forêt (Maison) *Guadeloupe* 127
Fort Bay *Saba* 300
Fort Charlotte *St Vincent* 325
Fort-de-France *Martinique* 212
Fort Napoléon *Les Saintes* 167
Fort Saint-Louis *St-Martin* 189
Fort Saint-Louis *Martinique* 216
Francia Plantation *Barbados* 282
François *Martinique* 219
François (Îlets) *Martinique* 220
Friendship Bay *Grenadines* 328
Frigate Bay *St Kitts* 309

G

Gadet (Point de vue) *Guadeloupe* . 123
Galion (Chute) *Guadeloupe* 171
Gaoulé (Révolte) 208
Gastronomie 35, 104, 255
Gauguin (Musée) *Martinique* 204
Gingerbread 87, 314
Gommier (Embarcation) 240
Gosier *Guadeloupe* 128
Gosier (Îlet) *Guadeloupe* 128
Gouyave *Grenada* 293
Grand Anse Beach (Plage) *Grenada* 294
Grand-Bourg *Marie-Galante* 139
Grand Café Belair (Plantation)
  Guadeloupe 119
Grand-Case *St-Martin* 190
Grand Cul-de-Sac Marin
  Guadeloupe 130
Grand Étang *Guadeloupe* 120
Grand Étang de Simsonbaai
  St-Martin 191
Grand Etang Forest Reserve
  Grenada 294
Grand'Rivière *Martinique* 223
Grand'Rivière (Route)
  Martinique 221
Grand Savane *Désirade* 126
Grande Anse des Salines (Plage)
  Martinique 250
Grande Anse du Diamant (Plage)
  Martinique 208
Grande Anse Macabou (Plage)
  Martinique 249
Grande Anse (Plage)
  Guadeloupe 123, 151, 175
Grande Anse (Plage) *Martinique* ... 197
Grande Anse *Les Saintes* 169
Grande-Terre (Nord)
  Guadeloupe 51, 132
Grande Terre *St-Martin* 189
Grands Fonds *Guadeloupe* 129
Grenada 289
Grenada Bay (Plage) *Grenada* 293
Grenadines (Archipel) 327
Grivelière (Habitation) *Guadeloupe* 116
Gros Islet *St Lucia* 316
Grosse Montagne (Sucrerie)
  Guadeloupe 162
Guana Bay (Plage) *St-Martin* 191
Gueule Grand Gouffre
  Marie-Galante 140
Gun Hill Signal Station *Barbados* .. 282
Gustavia *St-Barth'* 182

H

Habitation 78, 86, 114
Harrison's Cave *Barbados* 282
Hawkins (John) 73
Hillsborough *Grenada* 295
Holetown *Barbados* 281
Horatio Nelson Museum *Nevis* 310
Houëlbourg *Guadeloupe* 162
Huécoïde (Style) 71
Hugo (Cyclone) 56
Hugues (Victor) 75

I – J – K

Iguanes 168
Indépendance 90
Indian River *Dominica* 288
Indiens d'Inde 89, 119, 221
Industry Bay (Plage) *Grenadines* ... 327
Interpretation Center *Antigua* 272
Jardin botanique *Guadeloupe* 122
Jardin créole *Guadeloupe* 161
Jardins caraïbe, créole 241
J. E. Yrausquin Airport *Saba* 298
Joséphine (Impératrice) 259
Kahouanne (Îlet) *Guadeloupe* 123
Karstique (Relief) 51
Kingstown *St Vincent* 323

L

La Pompe *Grenadines* 328
La Sagesse Bay (Plage) *Grenada* :.. 294
Labat (Père) 255
Laborie *St Lucia* 317
Lake Antoine *Grenada* 293
Lambi 62
Lamentin *Guadeloupe* 162
Lareinty *Martinique* 235
Layou *St Vincent* 326
Leeward Highway *St Vincent* 325
Leroux (Plage) *Guadeloupe* 153
Levera Bay (Plage) *Grenada* 293
Leyritz (Plantation)
 Martinique 223
Lézarde (Saut) *Guadeloupe* 173
Lianes 127
Lodge *St Kitts* 307
Lolos 163
Lorient *St-Barth'* 182
Lorrain *Martinique* 221
Luis (Cyclone) 57, 123

M

Mabi (Boisson) 207
Mac Intosh (Plantation)
 Martinique 229
Macou (Îlet) *Guadeloupe* 131
Macouba *Martinique* 222
Madame (Îlet) *Martinique* 240
Madras 94
Magie 89
Maho Bay (Plage) *St-Martin* 191
Mamelles *Guadeloupe* 173
Mamelles (Parc zoologique
 et botanique) *Guadeloupe* 174
Mancenillier 27
Manchineel Bay (Plage) *Grenada* .. 296
Mangrove 58, 130
Marchés 151, 218
Marie-Galante *Guadeloupe* 136
Marigot *St-Martin* 189
Marigot Bay *St Lucia* 318
Marin *Martinique* 224
Marina de Pointe-à-Pitre
 Guadeloupe 150
Marina Port la Royale *St-Martin* ... 189
Matouba *Guadeloupe* 156
Maunday's Bay (Plage) *Anguilla* ... 268
Mauny (Distillerie) *Martinique* 252
Meads Bay (Plage) *Anguilla* 268
Mesopotamian Vale *St Vincent* 325
Meubles créoles 207, 224
Micoud *St Lucia* 317
Montagne aux Orchidées
 Guadeloupe 122
Montagne Pelée *Martinique* 226
Montagne Pelée (Observatoire)
 Martinique 211
Monts Caraïbes *Guadeloupe* 142
Montserrat 296
Morne-à-l'Eau *Guadeloupe* 135
Morne à Louis *Guadeloupe* 174
Morne des Esses *Martinique* 256
Morne des Roseaux *Martinique* 258
Morne du Vitet *St-Barth'* 183
Morne Pavillon *Guadeloupe* 151
Morne Pavillon *Martinique* 200
Morne-Rouge *Martinique* 228
Au Mouillage (Musée de la mer)
 Marie-Galante 139
Moule *Guadeloupe* 143
Moulins 141
Mount Scenery *Saba* 299
Mount Twin (Plages) *St Vincent* ... 326
Moustique (Plage) *Marie-Galante* .. 142
Mullet Beach (Plage) *St-Martin* 191
Mullins Beach (Plage) *Barbados* ... 281
Musée départemental d'archéologie
 Martinique 214
Musée des arts et traditions populaires
 Martinique 241
Musique 40, 96
Mustique (Île) *Grenadines* 328
Mygale 232

N

Négritude 92, 104
Neisson (Distillerie) *Martinique* 204
Nelson (Amiral) 310
Nelson's Dockyard *Antigua* 273
Nevis 309
Nisbet Beach (Plage) *Nevis* 310
Nord-Ouest Caraïbe
 Martinique 229
North Friar's Bay (Plage) *St Kitts* . 309

O

Oiseaux 59, 131, 262, 275
Old Road Town *St Kitts* 308
Ombrages *Martinique* 195
Ombrophile (Forêt) 59
Orange Hill Estate *St Vincent* 325
Oscar (Îlet) *Martinique* 220
Oualie Beach (Plage) *Nevis* 310
Oyster Pond *St-Martin* 191

P

Pagerie (Domaine) *Martinique* 259
Pain de Sucre (Plage) *Les Saintes* .168
Pain de Sucre *Les Saintes* 169
Papiamento (Langue) 186
Paradise Beach (Plage) *Grenada* ...296
Parc des Floralies *Martinique* 259
Parc des Orchidées *Guadeloupe* 153
Parrot Lookout *St Vincent* 325
Paynes Bay (Plage) *Barbados* 281
Pêche 30, 65, 158, 206
Pécoul (Habitation) *Martinique* 222
Péléen (Volcan) 50, 226
Perle (Plage) *Guadeloupe* 123
Peter's Hope Beach (Plage)
  St Vincent 326
Petit-Canal *Guadeloupe* 135
Petit David (Rivière) *Guadeloupe* ..173
Petit Havre (Plage) *Guadeloupe* 128
Petit Martinique (Île) *Grenada* 296
Petite Anse (Plage)
  Guadeloupe 114, 153
Petite Anse du Diamant (Plage)
  Martinique 198
Petite Anse (Plage) *Marie-Galante* .140
Petite Martinique (Îlet) *Martinique* 240
Petite Rivière (Plage) *Désirade* 125
Petite Terre *Guadeloupe* 127
Petites-Anses *Les Saintes* 169
Pétroglyphes 71, 174
Philatélie 309
Philipsburg *St-Martin* 188
Pic du Paradis *St-Martin* 189
Pigeon Island (Parc) *St Lucia* 316
Pinel (Îlet) *St-Martin* 190
Pinney's Beach (Plage) *Nevis* 310
Pitons *St Lucia* 317
Pitons du Carbet
  Martinique 233
Pitt Cléry *Martinique* 252
Plage 28
Plage du Sud *Barbuda* 275
Plage Reduit *St Lucia* 316
Plaisance 33
Plinien (Volcan) 226
Plongée sous-marine 30, 62, 300
Point of Fort Jeudy *Grenada* 294
Pointe-à-Pitre *Guadeloupe* 145
Pointe de la Grande Vigie
  Guadeloupe 134
Pointe des Châteaux
  Guadeloupe 150
Pointe des Colibris *Désirade* 127
Pointe Doublé *Désirade* 125
Pointe du Bout *Martinique* 262
Pointe du Piton *Guadeloupe* 134
Pointe Marin (Plage) *Martinique* ...248
Pointe-Noire *Guadeloupe* 152
Poisson (Distillerie) *Marie-Galante* .139
Pompierre (Plage) *Les Saintes* 168
Port Elizabeth *Grenadines* 327
Port-Louis *Guadeloupe* 154
Porte d'Enfer *Guadeloupe* 134
Prêcheur *Martinique* 230
Proverbes 176
Punch 237

R

Rabacca Dry River *St Vincent* 325
Raisins Clairs (Plage) *Guadeloupe* .158
Ramville (Îlet) *Martinique* 240
Rastafarisme 295
Rats (Îlet) *Martinique* 240
Religion 89
Rendezvous Bay (Plage) *Anguilla* ..268
Réserve ornithologique *Barbuda* ...275
Rhum 65, 234, 237
Rhum (Musée) *Guadeloupe* 162
Rhum (Route) *Martinique* 234
Richmond Beach (Plage)
  St Vincent 326
Rifflet (Plage) *Guadeloupe* 123
Rivière-Pilote *Martinique* 253
Rivière Salée *Guadeloupe* 163
Rivière-Salée *Martinique* 238
Robert *Martinique* 238
Robert (îlets) *Martinique* 239
Roches Gravées (Parc)
  Guadeloupe 174
Rocroy (Plage) *Guadeloupe* 116
Romney Manor *St Kitts* 308
Roseau *Dominica* 286
Roseau (Plage) *Guadeloupe* 119
Rotours (Canal) *Guadeloupe* 132
Rues cases-nègres 236

S

Saba 297
Sacré-Cœur de Balata *Martinique* .199
Saint-Barthélemy
  Guadeloupe 178
Saint-Claude *Guadeloupe* 155
Saint-Esprit *Martinique* 240
Saint-Esprit (route)
  Martinique 240
Saint-François *Guadeloupe* 156
Saint George's *Grenada* 290
Saint-James (Rhumerie)
  Martinique 254
Saint James Anglican Church *Nevis* 310
Saint-John Perse (Alexis Léger dit) 149
Saint-John-Perse (Musée)
  Guadeloupe 148
Saint John's *Antigua* 272
Saint Kitts 301
Saint Kitts and Nevis 300
Saint-Louis (Plage) *Marie-Galante* .140
Saint Lucia 311
Saint-Martin *Guadeloupe* 184
Saint-Martin (Musée) 189
Saint Nicholas Abbey *Barbados* 281
Saint Patrick's R. C. Cathedral
  Barbados 280
Saint Paul's *St Kitts* 307
Saint-Pierre *Martinique* 242
Saint Thomas Anglican Church
  Nevis 310
Saint Vincent 323
Saint Vincent
  and the Grenadines 319

Sainte-Anne *Guadeloupe* 159
Sainte-Anne (Plage) *Guadeloupe* ... 159
Sainte-Anne *Martinique* 247
Sainte-Anne (Presqu'île)
  Martinique 249
Sainte-Anne (Réserve) *Martinique* . 251
Sainte-Luce *Martinique* 251
Sainte-Marie *Guadeloupe* 118
Sainte-Marie *Martinique* 254
Sainte-Rose *Guadeloupe* 160
Saintes (Les) *Guadeloupe* 164
Saladoïde (Style) 71
Salako 169
Sandy Bay (Plage) *Barbados* 281
Sandy Bay (Plage) *St Kitts* 307
Sandy Ground Village *Anguilla* 268
Sandy Island (Île) *Anguilla* 268
Sandy Island (Île) *Grenada* 295
Sandy Point Town *St Kitts* 307
Santé 27
Saut de Gendarme *Martinique* 259
Saut des Trois Cornes (Sentier)
  Guadeloupe 162
Sauteurs *Grenada* 293
Savane à Mulets *Guadeloupe* 171
Savane des Pétrifications
  Martinique 251
Schœlcher (Victor) 78, 147, 216
Schœlcher (Musée) *Guadeloupe* 147
Séverin (Domaine) *Guadeloupe* 162
Shirley Heights *Antigua* 273
Shoal Bay East (Plage) *Anguilla* 268
Shoal Bay West (Plage) *Anguilla* ... 268
Silver Sands Beach (Plage)
  Barbados 283
Simson Bay (Plage) *St-Martin* 191
Sofaïa (Source sulfureuse)
  Guadeloupe 162
Souffleur (Plage) *Désirade* 125
Soufrière *Guadeloupe* 169
Soufrière Hills *Montserrat* 297
Soufrière *St Lucia* 318
Soufrière *St Vincent* 327
South Friar's Bay (Plage) *St Kitts* . 309
Sport 30
Spring Bay *Grenadines* 327
Suazoïde (Style) 71
Sucre 79
Sulphur Springs *St Lucia* 317
Suspension Bridge *Dominica* 288
Sydney's Ocean View *St Vincent* ... 325

T

Tartane (Plage) *Martinique* 200
Terre-de-Bas *Les Saintes* 169
Terre-de-Haut *Les Saintes* 167
Tête à l'Anglais (Îlet) *Guadeloupe* . 123
The Bottom *Saba* 300
The Circus *St Kitts* 301
The Valley *Anguilla* 268
Ti-punch 68, 237
Tobago Cays (Îlets) *Grenadines* 329
Tombeau des Caraïbes *Martinique* 230

Tortue (Île) 73
Trace (Route) *Martinique* 256
Trace des Crêtes *Les Saintes* 169
Trace des Jésuites
  Martinique 257
Trafalgar Falls (Chutes) *Dominica* . 289
Transversale (Route)
  Martinique 258
Traversée (Route)
  Guadeloupe 173
Trempage 255
Trésors 289
Trinity Falls (Chutes) *St Vincent* ...327
Trois-Bras (Rivière) *Martinique* 233
Trois Îlets (Plage) *Marie-Galante* ... 139
Trois-Îlets *Martinique* 259
Trois-Rivières *Guadeloupe* 174
Trois Rivières (Distillerie)
  Martinique 252
Trou du Diable Guadeloupe 52
Trou Madame Coco *Guadeloupe* ... 134
Turtle Beach (Plage) *St Kitts* 309

U – V

Usines centrales 133, 238
Vallée des Papillons *Martinique* 204
Valley of Desolation *Dominica* 289
Valombreuse (Domaine)
  Guadeloupe 175
Vauclin (Montagne) *Martinique* 240
Vermont Valley *St Vincent* 325
Vieux-Fort *Guadeloupe* 143
Vieux Fort (Plage) *Marie-Galante* .. 140
Vieux Fort *St Lucia* 317
Vieux-Habitants *Guadeloupe* 114
Vigie Beach (Plage) *St Lucia* 315
Volcan 50, 169, 226, 297
Maison du Volcan *Guadeloupe* 155

W

Wallilabou Bay (Plage) *St Vincent* . 326
Wallilabou Waterfalls *St Vincent* ...326
Warner (Thomas) 72
Welchman Hall Gully *Barbados* 282
Wildlife Reserve *Barbados* 281
Windward Highway *St Vincent* 324
Windwardside *Saba* 299

X – Y – Z

Xérophile (Végétation) 58
Yoles 43, 220
Young Island *St Vincent* 324
Zévallos (Maison) *Guadeloupe* 144

Éditions des Voyages

46, avenue de Breteuil – 75324 Paris Cedex 07
☎ 01 45 66 12 34
www.ViaMichelin.fr
LeGuideVert@fr.michelin.com

Manufacture française des pneumatiques Michelin
Société en commandite par actions au capital de 304 000 000 EUR
Place des Carmes-Déchaux – 63 Clermont-Ferrand (France)
R.C.S. Clermont-Fd B 855 200 507

Toute reproduction, même partielle et quel qu'en soit le support,
est interdite sans autorisation préalable de l'éditeur.

© Michelin et Cie, Propriétaires-éditeurs
Dépôt légal février 2001 – ISBN 2-06-000150-1 – ISSN 0293-9436
Printed in France 02-04/2.3

Compogravure : NORD COMPO, Villeneuve d'Ascq
Impression et brochage : AUBIN, Ligugé

Maquette de couverture extérieure : Agence Carré Noir à Paris 17e